Hermann Vogt   Sozialverband Unternehmen

Hermann Vogt

Sozialverband Unternehmen

eine Alternative zur arbeitsrechtlichen Mitbestimmungsstrategie?

Zum Problem der Integration von Mitbestimmung und Vermögensbildung der Arbeitnehmer im Sozialverband Unternehmen

Verlag Paul Haupt Bern und Stuttgart

CIP-Kurztitelaufnahme der Deutschen Bibliothek

Vogt, Hermann:
Sozialverband Unternehmen, eine Alternative zur arbeitsrechtlichen Mitbestimmungsstrategie? : Zum Problem der Integration von Mitbestimmung und Vermögensbildung der Arbeitnehmer im Sozialverband Unternehmen / Hermann Vogt. – Bern; Stuttgart: Haupt, 1981.

ISBN 3-258-03083-9

Für Betta

"Wo es um menschliche Freiheit geht, ist auch gute Gesinnung kein Alibi für falsche Politik."

(Dahrendorf)

"Aber von allen politischen Idealen ist der Wunsch, die Menschen glücklich zu machen, vielleicht der gefährlichste. Ein solcher Wunsch führt unvermeidlich zu dem Versuch, anderen Menschen unsere Ordnung 'höherer' Werte aufzuzwingen, um ihnen so die Einsicht in Dinge zu verschaffen, die uns für ihr Glück am wichtigsten zu sein scheinen."

(Popper)

Vorwort

Das vergangene Jahrzehnt, die mit vielen Reformversprechungen begonnenen siebziger Jahre, hat für die Geschichte der Sozialen Marktwirtschaft in der Bundesrepublik Deutschland primär negative Erfahrungen hinterlassen:

Waren die ersten beiden Nachkriegsjahrzehnte geprägt von Vollbeschäftigung, allseits steigendem Wohlstand und realisierten Sozialreformen, so markierte das dritte Jahrzehnt die Trendwende: Sinkende Wachstumsraten einerseits, verbunden mit steigender Arbeitslosigkeit und Inflation, und andererseits unerfüllte Reformversprechungen kennzeichnen heute die Situation der Arbeitswelt.

In ihrer ersten Regierungserklärung am 28.10. 1969 stellte die sozial-liberale Koalition die Weichen für die Wirtschafts- und Gesellschaftspolitik und erklärte unter anderem:

"Zu den Schwerpunkten der Wirtschafts- und Gesellschaftspolitik dieser Bundesregierung gehört das Bemühen um eine gezielte Vermögenspolitik. Die Vermögenspolitik in breiten Schichten - vor allem in Arbeitnehmerhand - ist völlig unzureichend, sie muß kräftig verstärkt werden."

Diese von allen Parteien und Verbänden unterstützte Aussage blieb allerdings ohne gesetzgeberische Folgen! Zwar wurde im Sommer 1970 im 3. Vermögensbildungsgesetz der Förderungsbetrag des sogenannten 312-DM-Gesetzes auf 624,- DM verdoppelt, wenn auch dabei Produktionsvermögen in die förderungswürdigen Anlagenformen nicht aufgenommen wurden.

Danach herrschte jedoch eine zehnjährige Funkstille beim Gesetzgeber in Sachen Vermögensbildung.

Die jüngste Regierung Schmidt/Genscher geht sogar so weit, das ständig wachsende Defizit des Staatshaushaltes einzudämmen mit Hilfe eines Abbaus staatlicher Förderungsleistungen für die Vermögensbildung.

Durch ein höchstrichterliches Urteil wurde die bisher bereits restriktive Auslegung des Einkommensteuergesetzes (§ 15,1) noch zementiert und damit einer Arbeitnehmerbeteiligung an den Anteilen einer Kommanditgesellschaft ein höchst wirkungsvoller Riegel vorgeschoben - wenigstens solange der Gesetzgeber das Einkommensteuergesetz nicht ändert. Daran denkt derzeit in Bonn aber nur die Opposition.

Was bleibt zu tun? Steigende Arbeitslosigkeit, steigende Energiepreise und steigender Konkurrenzdruck vom Ausland zwingen zum Handeln, nur in welche Richtung?

Eine Möglichkeit, die Arbeitswelt für die Arbeitnehmer durch materielle und ideelle Beteiligung humaner zu gestalten und zugleich die Leistungskraft der Unternehmen zu stärken, wird in dieser Arbeit aufgezeigt. Die einzelnen Gedanken sind nicht neu, in ihrem Zusammenwirken und im Hinblick auf die sich bietenden Chancen für alle in der Wirtschaft arbeitenden Kräfte bisher aber wenig untersucht und noch weniger praktiziert. Hierbei geht es nicht um tagespolitische Methoden und Strategien, sondern um die Grundsätze einer neuen Unternehmensordnung zur Bewältigung der Zukunftsaufgaben. Bisher galt es sich zu entscheiden zwischen den Wegen der marxistisch orientierten und von Klassenkampf geprägten Verwaltungswirtschaft und dem System der Sozialpartnerschaft, in dem sich die "Partner" durch ungelöste Konflikte gegenseitig lähmen.

Als Alternative dazu bietet sich das in dieser Arbeit untersuchte Grundmodell des Unternehmens als Sozialverband an.

Diese Arbeit wurde im Frühjahr 1980 im Seminar für wissenschaftliche Politik der Albert-Ludwigs-Universität in Freiburg/Breisgau als Dissertation angenommen. Für die Bereitschaft, dieses im Brennpunkt der politischen Diskussion zur Wirtschaftsdemokratie stehende Thema als Dissertation anzunehmen und zu betreuen, danke ich meinem Lehrer Professor Dr. Dieter Oberndörfer. Zugleich gilt der Dank aber auch meinen Seminarteilnehmern, die in vielen Diskussionen wertvolle Anregungen und kritische Ansätze beigetragen haben.

Nicht zuletzt gilt es auch zu danken meiner Frau für die

Geduld und die immer wieder aufmunternde Unterstützung und Frau Fritz stellvertretend für alle, die bei der Reinschrift des Manuskripts viel Arbeit investiert haben.

Frankfurt, Januar 1981

Hermann Vogt

A Inhaltsverzeichnis

Seite

B **Verzeichnis der Schaubilder** Seite

Alle Schaubilder ohne Quellenangabe sind vom Verfasser erstellt.

C Verzeichnis der Tabellen

Alle Tabellen ohne Quellenangabe sind vom Verfasser erstellt.

D Verzeichnis der Anlagen

Die mit + bezeichneten Anlagen konnten aus rechtlichen Gründen nicht veröffentlicht werden.

1. Einführung: Die Suche nach einer neuen Unternehmensverfassung

1.1 Reformobjekt Unternehmen

"Das eine bestimmende Merkmal der gesamten Geschichte der industriellen Beziehungen in Deutschland ist, daß diese eine Serie von reformierenden Eingriffen in die Struktur industrieller Unternehmungen und Betriebe darstellt."[1]

Ralf Dahrendorf belegt diese seine These u.a. mit den Arbeitsergebnissen Neulohs über den neuen Betriebsstil[2]: Nicht die eigentlichen industriellen Beziehungen, die sich aus vorhandenen Strukturen als Interessenkonflikte ergeben, stehen auf dem Reformprogramm, sondern die Veränderung der Strukturen selbst, vor allem durch das Instrument Mitbestimmung und andere Regelungen des Arbeitsrechts, die vom Gesetz festgelegt werden. Durch das Unternehmensrecht regelt der Gesetzgeber nämlich nicht nur die Rechtsverhältnisse der Wirtschaftsunternehmen nach innen und außen, sondern auch das Verhältnis von Kapitalgebern und Arbeitnehmern zueinander.

Statt die Konfliktregelung den betroffenen Arbeitnehmern und Arbeitgebern direkt zu überlassen, greift der Staat ein; statt Sozialmechanismen für den erfolgreichen Umgang mit den permanent auftretenden Konflikten zu erarbeiten, werden Organisationsstrukturen fixiert und reformiert.

Das Ergebnis dieser deutschen Eigentümlichkeit ist für Dahrendorf beklagenswert: "Die Konzentration auf Veränderungen der Betriebsverfassung und das auf Staat und

---

1) Dahrendorf (164) S.194
In allen Fußnoten ist die Kurzzitierweise gewählt: Die nach dem Verfasser in Klammern angegebene Zahl weist auf die Nummerierung der Titel im Literaturverzeichnis hin.
2) Neuloh (557)

Einzelunternehmen verteilte allgemeine Vertrauen hat dazu geführt, daß es an einem rationalen System der industriellen Beziehungen, in dem die verläßliche Kanalisierung von Auseinandersetzungen und damit ihre Kontrolle möglich ist, in Deutschland bis heute fehlt. An seiner Stelle finden wir immer unübersichtlichere und aufwendigere Strukturen betrieblicher Sozialorganisation, mit denen niemandem gedient ist."[1)]

Obwohl diese 1965 von Dahrendorf verfaßten Gedanken schon einige Jahre alt sind, hat sich daran im Prinzip nichts geändert. Zwar wurde die Ebene der Auseinandersetzung um mehr Mitbestimmung - nach der gesetzlichen Fixierung eines neuen Betriebsverfassungsrechts im Januar 1972 - von der Ebene des Betriebes auf das Unternehmen verlagert, dennoch geht es auch dabei lediglich um Strukturveränderung - zudem noch partitieller statt grundsätzlicher Art: Die überkommene Unternehmensverfassung bleibt in ihrem juristisch fixierten Verständnis erhalten, nur die Unternehmensorgane sollen in ihrer Besetzung zugunsten der Arbeitnehmer verändert werden.

Auf diesem Weg konnten die Gewerkschaften mit der Einführung der Mitbestimmung einen Teilerfolg erringen, zumal das neue Mitbestimmungsgesetz von 1976[2)] vom Bundesverfassungsgericht als verfassungskonform erklärt worden war.[3)] Danach scheint eine Weiterentwicklung der Mitbestimmung der Arbeitnehmer auf dem arbeitsrechtlichen Weg noch möglich, z.B. durch den Einbezug weiterer Unternehmen mittels Veränderung der Kriterien: am ehesten kann die Mitbestimmung auf Unternehmen mit weniger als 2.000 Arbeitnehmern[4)] ausgedehnt werden.[5)]

---

1) Dahrendorf (164) S.197
2) Vgl. dazu (115)
3) Vgl. dazu das Urteil (146)
4) Einen entsprechenden Vorstoß hat der DGB z.B. in den Ausschüssen des neu gewählten Europaparlaments unternommen.
5) Die von der Bundesregierung schon 1972 konstituierte Unternehmensrechtskommission, die "Vorschläge für die ... Änderungen des Gesellschaftsrechts mit dem

So hat der Deutsche Gewerkschaftsbund die Forderung nach mehr Mitbestimmung auch in sein neues Aktionsprogramm aufgenommen: "Mitbestimmung der Arbeitnehmer am Arbeitsplatz, im Betrieb, im Unternehmen, in öffentlichen Verwaltungen und Betrieben und in der Gesamtwirtschaft muß die politische Demokratie ergänzen."[1)]

Dennoch bleibt dieser Weg für Dahrendorf - und mit ihm für viele Kritiker des Instruments Mitbestimmung - eine Sackgasse, "denn die industrielle Demokratie in Deutschland ist im Grunde stets industrielle Utopie gewesen. Ihr Motiv war der Griff nach der ein für allemal gerechten Lösung, damit dieselbe Suche nach Gewißheit und dieselbe Angst vor der widerspruchsvollen Vielfalt der Wirklichkeit, die in anderem Gewande die deutsche Wissenschaft beherrscht und die jedenfalls eine wenig taugliche Voraussetzung für die Etablierung des Prinzips liberaler Demokratie im politischen Gemeinwesen bildet."[2)]

Folgt man dieser Grundüberlegung, daß es eine für alle Zeiten gerechte Lösung industrieller Konflikte nicht geben könne, die deutsche Mitbestimmungskonzeption aber eine solche allzeit gerechte Konfliktregelung anstrebe, muß ein alternativer Weg gesucht werden, der aus der Sackgasse der Utopie herausführt - sofern man an den bestehenden Verhältnissen überhaupt etwas reformieren will.

(Forts. Fußnote)
Ziel erarbeiten (soll), ein den wirtschaftlichen und sozialen Entwicklungen unserer Zeit gerecht werdendes Unternehmensrecht zu schaffen", hat die Veröffentlichung ihres Berichtes mehrfach verschoben (vgl. (138) S.1). Nach mündlichen Informationen aus dem Bundesjustizministerium soll der Bericht Ende 1979 vorgelegt werden, wenn er auf das Urteil des Bundesverfassungsgerichts zum Mitbestimmungsgesetz (vgl. (146)) abgestimmt sein wird.

1) DGB-Aktionsprogramm von 1979 (207) S.393

2) Dahrendorf (164) S.197

Gerade im Willen zur Reform sind sich alle politischen Parteien mit den Gewerkschaften in der Bundesrepublik einig.[1]

Welches Ziel sollen die Reformen aber haben? Kann die bloße Übertragung des Ordnungsmodells "Demokratie" aus den politischen Systemen auf gesellschaftliche Subsysteme schon einen Selbstwert haben und damit als Reformziel fungieren? Wenn das Ziel fixiert ist, stellen sich weitere Fragen: Welche Instrumente und Methoden können zur Zielerreichung überhaupt eingesetzt werden, ohne daß mit den zugleich auftretenden Nebenwirkungen andere Subsysteme oder das Gesamtsystem negativ beeinflußt werden? Kann die Reform von Ordnungsstrukturen in Betrieb und Unternehmen dazu eingesetzt werden, um z.B. eine Veränderung der industriellen Beziehungen zu erzielen?

In seinem schon zitierten Aufsatz über die "Wege der industriellen Utopie"[2] nimmt Dahrendorf eine pessimistische Haltung in Bezug auf solche Reformchancen in der Wirtschaft ein: "In vielen Bereichen der deutschen Gesellschaft verraten noch die Institutionen eine merkwürdige Starre der Haltung, die zwischen krampfhaftem Festhalten des Status quo und dem Griff nach den Sternen wechselt."[3]

Als wesentliche Ursache dafür nennt er den Mangel einer Konfliktbereitschaft in den industriellen Beziehungen, die für ein dynamisches Verhältnis eine unabdingbare Voraussetzung sei. Darin sieht er auch "die Tragödie der deutschen Arbeiterbewegung", denn "eine Organisation, deren innerer Sinn in der Vertretung solidarischer Interessen innerhalb eines sozialen Institutionsbereichs liegt, verfolgt planmäßig eine Politik, die eben dieser Interessenvertretung den Boden entzieht".[4]

---

1) Vgl. dazu die Gesetzentwürfe zur Mitbestimmung und deren Begründung (188) bis (197).
2) Vgl. Dahrendorf in (164) S.191-208
3) Dahrendorf (164) S.208
4) Dahrendorf (164) S.210

Genau dies tun nach der Dahrendorfschen These aber die deutschen Gewerkschaften und die deutsche Sozialdemokratie. Er konstatiert die "Aversion gegen Konflikt" aber nicht nur bei diesen genannten Organisationen sondern in der ganzen Gesellschaft, ja auch in anderen Staaten.

Wie weit diese Analyse zutreffend ist, soll hier nicht überprüft werden, vielmehr hat seine Interpretation der mangelnden Konfliktbereitschaft besondere Bedeutung für die gesamtgesellschaftliche Entwicklung:

Trifft es nämlich zu, daß die Aversion gegen den Konflikt "ein Grundzug autoritären politischen Denkens (ist), dessen Praxis allemal nicht nur mit der Kontrollierbarkeit des Wandels, sondern auch mit der Freiheit der Bürger bezahlt wird"[1], so hat er damit ein gewichtiges Kriterium für die Beziehungen und ihre Ordnungsstrukturen in Organisationen aufgestellt: Soll in gesellschaftlichen Organisationen, wie z.B. in Unternehmen, die Freiheit der Mitglieder bewahrt bleiben, dürfen also Herrschaftsstrukturen nicht so fixiert werden, daß ständig auftretende Konflikte nicht mehr in Zusammenarbeit aller Betroffenen zu regeln sind. Eine dynamische Konfliktregelung könne aber nur dann einsetzen, wenn soziale Integration und soziale Harmonie nicht miteinander verwechselt werden, d.h. daß in einer Organisation soziale Integration trotz vorhandener Interessengegensätze stattfinden kann, ohne daß zugleich auch soziale Harmonie geschaffen wird.

Diese These begründet Dahrendorf mit der Feststellung, daß "es wohl integrierte Gemeinwesen geben kann, in denen lebhafte Auseinandersetzungen stattfinden; ja vielleicht kann Konflikt umso heftiger sein, je klarer die Zusammengehörigkeit der Antagonisten zutage liegt".[2]

Folgt man diesem Gedankengang, ohne ihn zur Monokausalität zu erhöhen, ergibt sich nicht nur eine Erklärung der

---

1) Dahrendorf (164) S.222
2) Dahrendorf (164) S.223

gesellschaftlichen Realität, sondern auch ein Schlüssel zur Reform des mikroökonomischen Bereichs: Es sind die äußeren Rahmenbedingungen dafür zu schaffen, daß sowohl eine soziale Integration der Mitglieder im Unternehmen als auch ein permanentes, aber in der Form geregeltes Austragen von Konflikten stattfinden kann, ohne daß dabei das eigentliche, das wirtschaftliche Organisationsziel des Unternehmens beeinträchtigt wird.

Ob allerdings in den heute noch gegebenen Ordnungsstrukturen des Unternehmens sich eine solche Entwicklung der industriellen Beziehungen vollziehen kann, muß bezweifelt werden, liegt doch die Entscheidungsbefugnis nach dem Unternehmensrecht allein bei den Kapitalgebern bzw. deren Vertretern. Selbst wenn diese Entscheidungsfreiheit vom Markt und dem Arbeitsrecht eingeschränkt wird, gibt es für die Beziehungen der Unternehmensmitglieder kein gleichberechtigtes Neben- und Miteinander, sondern eine Über- und Unterordnung.

Wenn diese Analyse des Wirtschafts- und Arbeitsrechts zutrifft, was hier zunächst als These aufgestellt werden soll, resultiert daraus eine weitere Zielvorgabe für eine Reform der Organisation Unternehmen: wenn die Organisationsstrukturen und die Beziehungen der Organisationsmitglieder in einem interdependenten Verhältnis stehen, eine Veränderung der Strukturen allein aber industrielle Beziehungen nicht nachhaltig beeinflussen kann, muß ein vernetztes Reformmodell geschaffen werden, das nicht mono- sondern multidimensional ausgerichtet ist.

Eine solche Gestaltung muß auch noch weitere Rahmenbedingungen umfassen. Will man nämlich die bestehende Wirtschaftsordnung - hier in der Bundesrepublik Deutschland z.B. die Soziale Marktwirtschaft - weder reformieren noch von einem Subsystem wie z.B. dem Unternehmen systemwidrig determinieren, indem man eine Unternehmensordnung festlegt, die mit der Ordnung des Gesamtsystems kompatibel ist, muß für das Unternehmen ein systemkonformes Ordnungsmodell geschaffen werden. Das gleiche gilt auch in

Bezug auf die staatliche Ordnung der Bundesrepublik, die durch die beiden Begriffe Rechtsstaat und Sozialstaat geprägt ist.[1)]

Selbstverständlich wäre die These, der bisherige Weg der arbeitsrechtlich ausgestalteten Arbeitnehmermitbestimmung sei eine Sackgasse, da damit die industriellen Beziehungen letztlich nicht grundlegend veränderbar seien, eingehend zu begründen. Solche Argumente waren in der in den letzten zehn Jahren verstärkt geführten Mitbestimmungsdiskussion[2)] immer wieder zu vernehmen trotz der formalen Schwierigkeit, Stellungnahmen gegen eine Arbeitnehmer-Mitbestimmung grundsätzlicher Art von jenen zu unterscheiden, welche die Beteiligung der Arbeitnehmer an der Herrschaft in Betrieb und Unternehmen bejahen, aber den vom Gesetzgeber und den Gewerkschaften eingeschlagenen Weg ablehnen. Gerade die Anhörung von Sachverständigen, sei es zur Erfahrung mit der Montanmitbestimmung oder zur Kritik des Regierungsentwurfs zum neuen Mitbestimmungsgesetz geben dafür ein gutes Beispiel.[3)]

Gibt es zu diesem Weg einer Stärkung der Arbeitnehmerrechte mittels des Instruments "Arbeitsrecht" - Betriebsverfassung und Mitbestimmung stellen fundamentale Teile davon dar - überhaupt eine Alternative, um die industriellen Beziehungen nachhaltig positiv beeinflussen zu können?

Denkbar sind sicherlich alle Formen einer Vergesellschaftung des Produktionskapitals bis hin zum jugoslawischen System der Arbeiterselbstverwaltung.[4)] Karl Marx glaubte,

---

1) Vgl. dazu Artikel 20 und 28 Grundgesetz
2) Zwar wurde diese Diskussion seit dem Kriegsende geführt, dennoch kann man seit Beginn der siebziger Jahre eine deutliche Intensivierung feststellen, die u.a. verursacht wurde durch
   - die ersten Entwürfe zur Novellierung des Betriebsverfassungsgesetzes, vgl. (172) bis (174)
   - den Bericht der Sachverständigenkommission, vgl. (187)
   - die erste Regierungserklärung des Bundeskanzlers Brandt (126).
3) Vgl. dazu die Sachverständigenkommission zur Begutachtung der Mitbestimmung (187) und Anhörungen im Bundestag (193) bis (196)
4) Vgl. dazu Furtak (288), Lemân (466) und Vanek (746)

auf dem Weg der Vergesellschaftung des Produktivkapitals den von ihm gesehenen antagonistischen Gegensatz zwischen Arbeit und Kapital endgültig beheben zu können. Allerdings ergeben sich aus dem Marx'schen Modell auch bestimmende Kriterien für die Wirtschaftsordnung im Makrobereich ebenso wie für die gesamte Staats- bzw. Gesellschaftsordnung, bei denen die Ordnungsformen Soziale Marktwirtschaft und Sozialer Rechtsstaat zumindest in Frage gestellt werden.

Wer den marxistisch geprägten Gesellschaftstheorien und den daraus abgeleiteten Ordnungsmodellen - aus welchem Grund auch immer - nicht zu folgen vermag, ist auf andere Konzeptionen angewiesen.

Geht man von der Annahme aus, daß die industriellen Beziehungen nicht monokausal erklärbar und damit beeinflußbar sind, gilt es, nach den wesentlichen Bestimmungsgrößen und ihren vernetzten Beziehungen zu suchen. Als eine dieser wesentlichen Größen ist das Unternehmen zu betrachten, und zwar aus mehreren Gründen: Zum einen nimmt es in der Sozialen Marktwirtschaft als die eine der beiden "autonomen" Wirtschaftseinheiten neben dem anderen, dem Verbraucherhaushalt, eine zentrale Stellung ein. Zum andern verbringen die Arbeitnehmer einen großen Teil ihres Lebens an ihrem, durch das Unternehmen geschaffenen und gestalteten Arbeitsplatz, der damit ihre Erfahrung industrieller Beziehung weitgehend prägt.

Damit beeinflussen die Arbeitnehmer aber auch umgekehrt mit ihren individuellen und sozialen Interessen die industriellen Beziehungen in der Organisation Unternehmen, so daß neben dem wirtschaftlichen Ziel der Güterversorgung und dem sozial-marktwirtschaftlichen Ziel der Kapitalrendite als dritte Zielsetzung die Befriedigung der Bedürfnisse der Arbeitnehmer bzw. die Verbesserung der Beziehungen aller Unternehmensmitglieder in den Vordergrund rückt.

Was aber sind die bestimmenden Faktoren für die Erreichung eines der genannten Ziele? Sind sie wesentlich von den beiden andern Zielen determiniert oder stehen sie gar in einem antagonistischen Verhältnis? Gibt es ein Modell für die Organisation Unternehmen, das alle drei Ziele gleichermaßen berücksichtigt und eine optimale Basis für deren Verwirklichung schafft und zwar innerhalb der gegebenen Rahmenbedingungen des Makrosystems (Staat - Wirtschaft - Gesellschaft)?

Einzelne Unternehmen haben als Ergänzung oder Alternative zu den arbeitsrechtlichen Ansätzen einer Verbesserung der industriellen Beziehungen im Unternehmen individuelle Modelle entwickelt, realisiert und immer wieder veränderten Bedingungen angepaßt. Gerade weil die Modelle individuell entwickelt sind, divergieren sie sehr stark in den Organisationsformen und -methoden; dennoch lassen sich fundamentale Faktoren daraus abstrahieren und als Bausteine eines theoretischen Modells verwenden.

1.2 Die Organisation Unternehmen als Sozialverband

Aus den oben angestellten Überlegungen läßt sich direkt die Hypothese für diese Arbeit ableiten:

Das wirtschaftliche Unternehmen stellt nicht nur ein Wirtschaftssubjekt mit definierten Zielen und Organisationsstrukturen dar, sondern entspricht zugleich dem Typus einer Organisation[1] und hat damit einen dreifachen Zweck:

- zum ersten sollen die Menschen ausreichend mit Gütern und Dienstleistungen versorgt werden;
- zum zweiten soll das Unternehmen für das eingesetzte Kapital einen Gewinn erwirtschaften entsprechend dem Gewinnsteuerungsprinzip in der Sozialen Marktwirtschaft;
- zum dritten sollen die individuellen und sozialen Bedürfnisse aller Organisationsmitglieder, also auch die der Arbeitnehmer, befriedigt werden und
- zum vierten sollen die aufgrund von unterschiedlichen Zielsetzungen und Interessen auftretenden Konflikte nach Prinzipien geregelt werden, die von allen Organisationsmitgliedern getragen werden und im Sinne aller Organisationsziele auf Effektivität ausgerichtet sind.

Daraus folgt, daß es für die Organisation Unternehmen ein Modell zu entwickeln gilt, in dem alle Ziele (bzw. Zwecksetzungen)[2] gleichrangig und die Interdependenz berücksichtigend verwirklicht werden. Insofern kann man hier von einem "magischen Viereck" der Mikroökonomie analog dem "magischen Viereck" der Makroökonomie[3] sprechen, als die Zielsetzungen in einem Konkurrenzverhältnis stehen.

---

1) Zum soziologischen Verständnis des Begriffs "Organisation" vgl. u.a.: Etzioni (252) und Mayntz (503).
2) Zur Abgrenzung unterschiedlicher Zielsetzungen in Organisationen vgl. z.B. Mayntz (503) S.59 ff.
3) Darauf ist die staatliche Wirtschaftspolitik entsprechend dem Stabilitätsgesetz festgelegt; folgende vier Ziele sind gleichrangig zu verfolgen: Vollbeschäftigung, Wachstum, Geldwertstabilität und außenwirtschaftliches Gleichgewicht. Vgl. (111)

Da für eine Organisation, in der die Beziehungen der Mitglieder untereinander und deren Individualbedürfnisse neben den spezifischen Organisationszielen einen eigenen Stellenwert haben, kein allgemein festgelegter Begriff gebräuchlich ist[1], soll hier die Bezeichnung "Sozialverband" dafür verwendet werden. Er hat nämlich den Vorteil, daß er einerseits noch weitgehend offen ist in der inhaltlichen Ausgestaltung für die Organisation Unternehmen, zum andern aber durch die CDU schon in die politische Diskussion eingeführt wurde.[2]

Hieraus ergibt sich als Zielsetzung dieser Arbeit die Beschreibung und Analyse einiger weniger Perspektiven des Modells "Sozialverband" in Theorie und Praxis als Alternative arbeitsrechtlicher Reformansätze.

Da die wesentlichen Thesen zum Aufbau des Theoriemodells hier nicht alle untersucht werden können, sie zum Modellverständnis aber notwendig erscheinen, werden einige davon im Sinne einer Prämisse behandelt, d.h., von ihrer Gültigkeit wird ausgegangen; vor allem die Thesen, die auf Wertentscheidungen beruhen, können hier weder verifiziert noch falsifiziert werden.

Hieraus ergeben sich schon erste Bestimmungsgrößen für das Modell Sozialverband: Es dient nicht dazu, Wertentscheidungen zu analysieren, zu begründen oder zu beurteilen, sondern den anhand jener Entscheidungen getroffenen Zielsetzungen und Ordnungs- und Handlungsprinzipien in der Realität möglichst nahe zu kommen. Im Sinne einer Hypothese erhebt das Modell auch nicht den Absolutheitsanspruch, die gerechte Ordnung zu institutionalisieren und damit zu fixieren.

---

1) Zur Organisationstypologie vgl. Mayntz (503) S.55 ff.
2) Der Begriff "Sozialverband" wird von der CDU in ihrem Modellentwurf verwendet (beschrieben unten in Kapitel 5); vgl. Hamburger Beschlüsse von 1973 in (152), Seite 63

Als Prämissen werden hier folgende Thesen behandelt:

1) Die Menschen haben neben den festen Grundbedürfnissen sich ständig wandelnde Bedürfnisse und Interessen (Pluralismus).
2) Die Makroordnungen für Staat und Wirtschaft (sozialer Rechtsstaat und Soziale Marktwirtschaft) haben sich trotz partieller Schwächen bzw. Anpassungsschwierigkeiten im Sinne der Bedürfnisbefriedigung und des Interessenpluralismus bewährt.
3) Die Makroordnungen sind offen für eine Reform der wirtschaftlichen Mikroordnungen (Unternehmen), nicht aber für alle Möglichkeiten der Reform (Voraussetzung der Systemkonformität).
4) Die Arbeitnehmer in der Bundesrepublik akzeptieren immer weniger einseitig (primär durch das Kapital) legitimierte Herrschaftsstrukturen.
5) In jeder Organisation entstehen Konflikte infolge des Interessenpluralismus, aus der Divergenz von Organisationsziel und Individualinteresse und aufgrund notwendiger Herrschaftsstrukturen.
6) Zur Konfliktregelung in Organisationen wird das Grundprinzip der Legitimation und Kontrolle von Macht und Herrschaft als optimal betrachtet, da es sowohl dem Menschenbild der Verfassung entspricht als auch bislang funktionsfähig war.
7) Die Bedeutung des Faktors Arbeit nimmt durch den Strukturwandel von der Industrie- zur Dienstleistungsgesellschaft wieder zu.
8) Die wirtschaftliche Leistungsfähigkeit eines Unternehmens ist proportional zu seiner sozialen Fähigkeit, Bedürfnisse und Interessen unter den Mitgliedern zu berücksichtigen und Konflikte zu regeln.
9) Das geltende Unternehmensrecht wird nur der einen Dimension, nämlich der wirtschaftlichen, gerecht und bedarf - wegen der Gültigkeit der Thesen 1) bis 8) - einer Ausweitung zumindest auf die zweite, die soziale.

Aus diesen Prämissen ergibt sich nicht nur - rein formal logisch - die Notwendigkeit einer Unternehmensreform, sondern auch eine wesentliche Komponente für das Reformmodell selbst: Es muß so strukturiert sein, daß die Organisationsmitglieder ihre Konflikte eigenständig austragen können, wobei die Komponenten des oben skizzierten magischen Dreiecks als unveränderbare Zielsetzungen fungieren.

Außerdem ergibt sich noch eine weitere Anforderung an das Modell: Vorhandene Rechtsbestimmungen (vor allem im Arbeitsrecht) und Machtverhältnisse im Makrobereich (Sozialpartnerschaft) sollen möglichst wenig tangiert werden, da umgekehrt wohl die These gilt, daß die Wahrscheinlichkeit der Reformrealisierung um so geringer ist, je mehr Rahmenbedingungen zugleich reformiert werden müssen.

Neben diesen allgemeinen Bedingungen, an die jedes Modell zur Unternehmensreform gebunden ist, das sich systemkonform in die Gesamtordnung einfügen will, sind nun die speziellen Zielsetzungen zu nennen, die mit dem Modell "Sozialverband" erreicht werden sollen. Aus diesem Komplex sind für diese Arbeit vier Ziele relevant:

1) Legitimation und Kontrolle der Herrschaft im Unternehmen durch alle Mitglieder (interne Betroffene),
2) Verringerung der Interessen- und Zielkonflikte durch Abbau konfliktträchtiger Strukturen bzw. Wirtschaftsmethoden und Austragung dieser Konflikte durch spezielle Regelungsmechanismen,
3) Abbau und Regelung der materiellen Verteilungskonflikte durch Erfolgsbeteiligung und Kapitalbeteiligung,
4) Befähigung der Organisationsmitglieder für die Anforderungen, die sich aus den Zielen 1) bis 3) ergeben.

Mit diesen Zielsetzungen sind drei wesentliche Konfliktbereiche in der Organisation Unternehmen erfaßt; das vierte Ziel der Befähigung der Mitglieder bildet dann eine notwendige Zielerweiterung, wenn ein Modell nicht nur theoretisch in sich stimmig, sondern auch erfolgreich und praktikabel sein soll.

1.3 Sozialverband Unternehmen - ein interdisziplinäres Problem

Das Unternehmen als Wirtschaftssubjekt stellt naturgemäß ein Forschungsobjekt der Mikroökonomie (Betriebswirtschaft) dar, die in einem interdependenten Verhältnis zur Makroökonomie steht. Daneben ist es aber auch Gegenstand eines Teils des Wirtschaftsrechts, nämlich des Unternehmens- oder Gesellschaftsrechts, das die internen und externen Beziehungen mit einer rechtlichen Basis versieht. Da das Unternehmen vom Wirtschaftsrecht als ein Verband von Kapitalgebern gesehen wird und damit die Arbeitnehmer nicht erfaßt sind, hat sich in der Bundesrepublik als weiterer Rechtszweig das Arbeitsrecht herausgebildet, das den Arbeitnehmern teilweise originäre Rechte verleiht oder das Unternehmensrecht einschränkt. Schließlich bleibt die Soziologie zu nennen, die sich mehr oder weniger intensiv mit den Lebens- und Arbeitsverhältnissen im Betrieb beschäftigt; Medizin und allmählich auch Psychologie kümmern sich um "humane" Arbeitsbedingungen, die Pädagogik beschäftigt sich schon lange mit der beruflichen Aus- und Weiterbildung.

Entsprechend den unterschiedlichen Arbeitsbereichen der Teilwissenschaften werden auch unterschiedliche Methoden bzw. Instrumente ausgearbeitet, um die Ziele der Organisation Unternehmen zu erreichen und/oder die bei dem Wirtschaftsprozeß auftretenden Probleme zu lösen.

Dazu überlagern sich noch die divergierenden wertorientierten Ziele gesellschaftlicher Gruppen (Gewerkschaften, Arbeitgeberverbände, Parteien, Kirchen usw.), die ihrerseits ein Bündel von - oftmals untereinander nicht abgestimmten - Forderungen bzw. Instrumente für den Wirtschaftsprozeß anbieten.

Schließlich sind die - ebenfalls uneinheitlichen - Bestimmungen des Gesetzgebers oder die sich aus dem Verfassungsanspruch von Rechtsstaatlichkeit und Sozialstaatlichkeit ergebenden Spannungen in der Rechtsauslegung zu nennen.

All dies führte in der Vergangenheit in Bezug auf die Reform der Unternehmensverfassung dazu, daß zum einen nur partielle aber keine grundsätzlichen Reformen vorgenommen werden konnen und zum andern gerade diese partiellen Änderungen erhebliche Rechtsunsicherheiten und zusätzliche Probleme in der Tätigkeit des Unternehmens mit sich bringen.

Gerade wegen dieses Zusammentreffens von unterschiedlich begründeten Zielsetzungen der Organisation Unternehmen und ihrer Mitglieder und dem - teilweise auch mit wissenschaftlichen Argumenten geführten - Methodenstreit, scheint ein interdisziplinär angelegtes Organisationsmodell eine conditio sine qua non zu sein, wenn es praktikabel sein soll. Die Frage ist allerdings, ob eine solche interdisziplinäre Arbeit auch in der Wissenschaft möglich ist bzw. in welchem Fachbereich koordinierende Theorien von vornherein vorhanden sind.
Hier bietet sich z.B. die Politikwissenschaft[1] an:

Betrachtet man nämlich die seit Jahrzehnten geführte Mitbestimmungsdiskussion, so taucht dort als Zielsetzung, als Reformbegründung, als Ordnungsstruktur unter anderem der multifunktionale Begriff "Demokratie" oder "Demokratisierung" auf.[2] Dieser aus der politischen Ordnungstheorie und -praxis entlehnte Begriff scheint ein Schlüsselbegriff für die Ordnung aller gesellschaftlichen Subsysteme.

Somit wird nicht nur rein formal die Politikwissenschaft, zu deren wesentlichen Arbeitsfeldern die Demo-

---

1) Der Begriff "Politikwissenschaft" wird hier synonym gebraucht für die Fachbezeichnung "Wissenschaftliche Politik".

2) Zur Demokratie in Staat, Wirtschaft und Unternehmen bzw. Demokratisierung vgl. unter vielen anderen: Greiffenhagen (313), Hennis (356) und (357), Naphtali (548) und Oberndörfer/Jäger (565)

kratie als politisches Ordnungsmodell gehört[1], angesprochen, sondern dieser Wissenschaftszweig wird auch dann direkt betroffen, wenn durch die Interdependenz von Gesamt- und Subsystemen über die Ordnung eines Subsystems auch das Ganze determiniert wird.

Insofern kann der Soziologe Dahrendorf die politische Theorie als "in der Tat die Königin der sozialwissenschaftlichen Disziplinen, die alle andern in sich verbindet", bezeichnen, "und zwar als neue Verbindung von begründeter Zielsetzung und gründlicher Analyse".[2]

Nicht zuletzt setzt auch der Marxismus die Politikwissenschaft in den Zugzwang, ein alternatives Ordnungsmodell nicht nur für den Staat und die Gesellschaft zu entwickeln, sondern auch für das wirtschaftliche Subsystem Unternehmen, von dessen Ordnung aus, nämlich den "Produktionsverhältnissen", er sein gesamtes Gedankengebäude aufbaut.[3] Dieser Druck entsteht wenigstens dann, wenn ein durch individuelle Freiheit und Interessenpluralismus geprägtes Menschenbild als Bezugsgröße für Wertentscheidungen bei der Begründung von wissenschaftlichen Ordnungsmodellen dient.

Wenn Ordnungsstrukturen und Beziehungen - wie angeführt - ein interdisziplinäres Problem darstellen, ist also auch - vielleicht sogar gerade dann, wenn diese Probleme über den Gesetzgeber gelöst werden sollen - die Politikwissenschaft in besonderem Maße gefragt. Dies sogar in einem doppelten Sinn: Von ihrem Verständnis von Macht und Herrschaft und sozialen Konflikten und deren Behandlung kann und muß sie Begründungen geben für Reformen realer Systeme. Außerdem können aus der Kenntnis der inneren Zusammenhänge demokratisch strukturierter Systeme auch Prinzipien für den Sozialverband Unternehmen aufgestellt werden, und zwar überall dort, wo es sich um systemspezifische, also verallgemeinernde Bedingungen handelt.

---

1) Vgl. z.B. Hättich (336) Bd.I
2) Dahrendorf (167) S.9
3) Vgl. dazu z.B. Fetscher (264) und (265) und Oberndörfer/Jäger (564)

1.4 Die angewandte Arbeitsmethode

Welche Arbeitsmethode bietet sich in der Politikwissenschaft nun an, um das Modell "Sozialverband" zu untersuchen? Prinzipiell ergeben sich der deduktive und der induktive Weg: Aus den wissenschaftlich fundierten Bedingungen zum Aufbau einer Ordnung für ein soziales System - z.B. parlamentarische Demokratie - können die notwendigen Ordnungsstrukturen für ein Subsystem abgeleitet werden, um daraus unter Einbezug der Erkenntnisse anderer Wissenschaftsbereiche ein Modell aufzubauen und auf seine Systemkonformität, Zielerreichungsmöglichkeiten und Nebenwirkungen zu überprüfen. Der induktive Weg führt über die Analyse von geforderten Problemlösungen und den dazu angebotenen Modellen zur Auswahl des optimalen Modells, das die anstehenden Probleme mit rationalen Methoden zu lösen vermag, ohne daß seine Nebenwirkungen die eigentlichen Organisationsziele zu sehr beeinträchtigen bzw. die anderen Subsysteme (horizontaler Bezug) oder das Gesamtsystem (vertikaler Bezug) systemwidrig beeinflussen. Als nächster Schritt wäre dann die Überprüfung des Modells mit den vorhandenen Theorien der Einzelwissenschaften und gegebenenfalls eine Korrektur notwendig, um auch hier eine Systemkonformität zu erzielen.

In dieser Arbeit wird der induktive Weg beschritten: Die drei Schwerpunkte liegen auf der Problemanalyse (Kapitel 2 und 3), dann folgt eine Skizzierung der gängigen Problemlösungsansätze (Kapitel 4), um diesen schließlich das Modell "Sozialverband" als Alternative gegenüberzustellen, zunächst in zwei theoretischen Entwürfen (Kapitel 5) und dann in einem praktischen Beispiel eines Unternehmens (Kapitel 6).

Dieser Dreischritt wird aus folgenden Gründen als sinnvoll und notwendig erachtet: Weil die Funktionsfähigkeit eines Problemlösungsmodells von der Genauigkeit der Problembeschreibung wesentlich abhängt, wird ihr in Form des ersten Hauptteils ein breiter Raum gewidmet.

Außerdem wird die Überprüfung der Effizienz von Maßnahmen (Verhältnis von gesetztem Ziel zu erreichtem Ergebnis) wesentlich erleichtert, wenn eine detaillierte Problemanalyse zur Verfügung steht. Allerdings bleibt die Beschreibung auf die Probleme im Unternehmen beschränkt, die sich aus dem Zusammenleben von Menschen in dieser Organisation ergeben (industrielle Beziehungen).

Die Beschreibung der bisherigen Lösungsmethoden im zweiten Hauptteil dient ebenfalls einem doppelten Zweck: Zum einen kann nur dann eine mögliche Unterlegenheit dieser Ansätze gegenüber der Alternative "Sozialverband" nachgewiesen werden, wenn an sie alle als Maßstab die Größe der Effizienz angelegt werden kann; zum andern lassen sich Teile dieser Lösungen in das alternative Gesamtmodell integrieren. Dies erscheint vor allem dann als sinnvoll oder gar notwendig, wenn Lösungsmodelle schon realisiert und damit in den "sozialen Besitzstand" aufgenommen sind - wie z.B. die Mitbestimmung der Arbeitnehmer - und kaum mehr rückgängig gemacht werden können.

In den dritten Schwerpunkt, der Darstellung und Analyse des Modells "Sozialverband", wurden Beispiele aus der Theorie und Praxis aufgenommen, da die Untersuchung theoretischer Konzeptionen und praktischer Versuche zusammen ein detaillierteres Bild des Modells "Sozialverband" ergeben.

Schließlich ergibt sich durch die Aufnahme von theoretischen Modellen zusammen mit deren Begründung auch die Möglichkeit, direkt wertbezogene und auf das Gesamtsystem orientierte Zielvorstellungen wirksam werden zu lassen, die in der Praxis nur indirekt aus dem Interesse der Organisationsmitglieder abzuleiten sind.

Umgekehrt können empirische Daten aus der Untersuchung eines funktionierenden Modells eine Reihe von Thesen zum Sozialverband wesentlich wirksamer verifizieren oder falsifizieren, als dies bei einer rein abstrakten

Modelldiskussion möglich ist; vor allem in Fragen wie der Funktionsfähigkeit, der Systemkonformität, der Identifikation der Betroffenen mit dem Modell oder der Problemlösungsfähigkeit.

Für die Modelltheorie fällt die Auswahl nicht schwer: Die beiden aufgenommenen Ansätze sind die in der aktuellen politischen Diskussion am weitesten entwickelten, obwohl auch sie sich noch in der Phase der Festlegung von Rahmenbedingungen befinden. Die Konzeptionen der Partnerschaftsbewegung, die in der Bundesrepublik Deutschland intensiv an der Unternehmensreform arbeitet[1], wurden bewußt nicht als Modell aufgenommen, da unter ihrer Fahne unterschiedlichste praktische Modelle vereint sind, die, auf einen Nenner gebracht, eine Summe von Einzelmaßnahmen darstellen; als solche sind sie allerdings wesentliche Bestandteile der Sozialverbandsidee und bieten deshalb auch reichlich Quellen für empirische Untersuchungen, vor allem einzelner Details.[2]

Als praktisches Beispiel für das Modell "Sozialverband" wurde das Unternehmen Opel-Hoppmann ausgewählt, da dies nach den vorliegenden Erkenntnissen zu den am weitesten entwickelten gehört und auch von der Literaturlage her gute Bedingungen aufweist. Außerdem wurde die Entwicklung dieses Modells seit 1971[3] beobachtet und mehrfach beschrieben[4], so daß aufgrund der damit verbundenen persönlichen Gespräche mit Unternehmensmitgliedern und Modelldiskussionen auf Seminaren eine weitere - wenn auch wissenschaftlich nicht direkt verwertbare - Quelle zur Verfügung steht.

---

1) Hier ist vor allen Dingen die "Arbeitsgemeinschaft zur Förderung der Partnerschaft in der Wirtschaft e.V." zu nennen, in der sich Unternehmer, Arbeitnehmer und Wissenschaftler zusammengeschlossen haben. Vgl. dazu: (12) bis (16).
2) Vgl. z.B. Ballerstedt (33), Beteiligungsmodelle (49), Esser (248) und Jungbluth (398)
3) Eine der ersten Veröffentlichungen des Modells fand in der Fernsehsendung "Panorama" des NDR am 28.6.1971 statt, womit es größere Publizität erreichte.
4) Vgl. z.B. in: von Voss (784) S.42-46

Da die Modelluntersuchung einen wesentlichen Bestandteil dieser Arbeit darstellt, wobei als Bewertungsmaßstäbe die Zielerreichungsfähigkeit und Praktikabilität eingesetzt werden, kann der nächste notwendige Schritt, das Modell anhand der Theorie der Politikwissenschaft zu überprüfen, nicht mehr vorgenommen werden, wenn ein vertretbarer Umfang der Arbeit eingehalten werden soll. Auch sind die bisher vorliegenden empirischen Daten über Modelle des Sozialverbandes zu spärlich, um sie schon so verallgemeinern zu können, daß eine brauchbare Basis für wissenschaftstheoretische Untersuchungen gegeben wäre.

Auf eine weitere methodologische Problematik ist hier hinzuweisen: Aus der oben beschriebenen Arbeitshypothese und den aufgestellten Prämissen ergibt sich nicht zwangsläufig eine anzuwendende Erkenntnistheorie, so daß auch hier eine subjektive Entscheidung zu treffen ist, auch wenn durch den Untersuchungsgegenstand und den ausgewählten induktiven Weg schon einige Bedingungen gesetzt sind.

Als praktikabel hat sich die Methode der Falsifizierung der aufgestellten Hypothese erwiesen und zwar vor allem deshalb, weil von vornherein auf eine positive (normative) Rechtfertigung der Reform selbst oder bestimmter Modelle zur Veränderung des bestehenden Unternehmensrechts verzichtet wurde. Der Schwerpunkt dieser Arbeit liegt vielmehr darauf, die aufgestellte Hypothese und das daraus abgeleitete Modell vor allem durch empirische Daten zu überprüfen und gegebenenfalls zu falsifizieren.[1]

Außerdem wurde auch keine eigene Konflikttheorie aufgestellt, sondern gängige Ansätze dazu auf ihre Taug-

---

1) Vgl. zur Erkenntnistheorie und Methoden in der Wirtschaftswissenschaft: Schmidt (657) Bd.1, S.19-38 und Steinmann (714) S.108-130. Steinmann lehnt die Möglichkeit einer positiven Rechtfertigung von Reformmodellen auf wissenschaftlicher Basis kategorisch ab.

lichkeit hin überprüft[1] und ein allgemeiner, pluralistisch geprägter Ansatz der Untersuchung zugrunde gelegt. Aber auch hier mußte auf eine weitere Präzisierung einer mit dem Arbeitsmodell Sozialverband systemkonformen Konflikttheorie verzichtet werden und zwar aus den oben, in Bezug auf die politikwissenschaftliche Weiterführung schon genannten Gründen.

Somit besteht neben der ausgeführten allgemeinen Zielsetzung dieser Arbeit noch eine spezielle darin, mit dem Modell "Sozialverband" zur Untermauerung der Arbeitshypothese ein Instrument zu schaffen und mit interdisziplinären Betrachtungen so weit zu verfeinern, daß es für weitere politikwissenschaftliche und interdisziplinäre Arbeiten eingesetzt werden kann.

---

1) Aus der Vielzahl vorhandener Ansätze wurden für diese Arbeit vier Autoren ausgewählt: Bühl (103) und (104), Dahrendorf (167) und (169), Esser (250) und Muszynski (542) bis (544).
Während die ersten drei Autoren allgemeine Konflikttheorien untersuchen, überträgt Muszynski unterschiedliche Konfliktansätze auf das Mitbestimmungsproblem.

1.5 Sozialverband Unternehmen in der Literatur

Die aktuelle Literaturlage zum Modell "Sozialverband" wird durch folgende Gegebenheiten gekennzeichnet, die thesenartig zusammengefaßt werden:

1) Entsprechend der bisherigen Forschungs- und Reformpraxis sind zu dem Modell "Sozialverband" als ein unterschiedliche Ziele und Instrumente integrierendes Modell nur wenige Arbeiten vorhanden.
2) In den Einzelwissenschaften ist eine zunehmende Beschäftigung mit der neuen Perspektive auf ein Gesamtmodell hin erkennbar.[1)]
3) Empirische Untersuchungen über praktizierte Unternehmensmodelle fehlen - bis auf wenige Ausnahmen - ganz; die vorhandenen sind wegen unterschiedlichster Forschungsansätze kaum miteinander vergleichbar.[2)]
4) Quellen, hier vor allem Stellungnahmen von Parteien und Verbänden, sind speziell zum Sozialverband nur spärlich vorhanden und in der Regel in Aussagen über Methoden und Ziele der Mitbestimmung verwoben.
5) Die Arbeiten, die sich mit den Problemen klassischer Instrumente zur Konfliktregelung beschäftigen - allen voran die Mitbestimmung in Betrieb und Unternehmen - sind seit längerer Zeit schon in eine unüberschaubare Fülle hineingewachsen.
6) Eine klare Trennung von Zielen, ihren wert- und/oder systembezogenen Begründungen und den daraus abzuleitenden Instrumenten und Methoden kann weithin nicht festgestellt werden.

Daraus ergeben sich für einen interdisziplinären Forschungsansatz erhebliche Schwierigkeiten: Da die direkt verwendbaren Quellen zu dürftig für eine Fundierung des

---

1) Vgl. dazu z.B.: Ahlbrecht (5), Lösch (475), May (500), Raiser (609), Seiwert (688), Steinbrenner (713), Steinmann (714) und Vilmar (763), (767) und (772)
2) Mit einzelnen Unternehmen beschäftigen sich z.B. Ballerstedt (33), Bundesministerium für Forschung und Technologie (137) und Faltlhauser (262)

Modells "Sozialverband" sind, muß eine erhebliche Menge Literatur herangezogen werden, aus der die spärlichen Aussagen zum Sozialverband herauszufiltern sind. Dabei entsteht gleich das Problem einer subjektiven Interpretation, da die zu überprüfenden Stellungnahmen ja in der Regel in einem anderen Zusammenhang getroffen wurden und damit auch eine andere Funktion haben.

Des weiteren sind aus den verschiedenen tangierten Einzelwissenschaften deren Erkenntnisse zusammenzutragen und mosaikartig zu einem Ganzen zusammenzufügen, was nicht nur eine spezifische Kenntnis der einzelnen Arbeitsmethoden voraussetzt, sondern auch erhebliche sprachliche oder sachliche Transformationen bedingt, um die Ergebnisse der Erkenntnisquellen überhaupt verwerten zu können.

Ein Niederschlag dieses Problems findet sich in der umfangreichen Literaturliste, die zwar mehr Titel als die in den Fußnoten direkt nachgewiesenen enthält, aber dennoch nur eine bescheidene und damit notwendigerweise auch subjektive Auswahl der neueren Literatur darstellt. Um eine totale Ausuferung zu vermeiden, wurden nur Werke aus den letzten fünf Jahren angeführt, soweit es sich nicht um grundlegende Quellen oder Untersuchungen handelt.

Als Quellen dienten im wesentlichen die Gesetzesentwürfe der im Deutschen Bundestag vertretenen Parteien (Bundestagsdrucksachen) und eine Auswahl von Protokollen der Plenums- und Ausschußsitzungen, die sich mit der Novellierung der Betriebsverfassung und gesetzlichen Regelung der Mitbestimmung im Unternehmen befassten.[1) da hierbei auch die Vertreter der betroffenen Verbände reichlich zu Wort kamen, wurden deren Aussagen als offizielle Verbandsmeinung gewertet. Diese Eingrenzung er-

---

1) Vgl. Stichworte "Bundesgesetzblatt" und "Deutscher Bundestag" im Literaturverzeichnis

leichtert die vergleichende Auswertung, da die Stellungnahmen unter der jeweils gleichen Fragestellung abgegeben wurden. In Ergänzung dazu wurden einige Fachzeitschriften herangezogen, in denen vor allem die Parteien und Verbände direkt zu Wort kommen.[1)]

Für die beiden im fünften Kapitel dargestellten Modelltheorien der CDU und KAB ist die Quellenlage sehr dürftig: Die CDU hat zwar auf ihrem Parteitag in Hamburg 1973 Beschlüsse über die Rahmenbedingungen des Sozialverbandes gefaßt, die beiden ebenfalls beschlossenen und installierten Kommissionen, welche die Beschlüsse in realisierbare Modelle umsetzen sollten, haben aber bis zum 30. Juni 1979 als Literaturstichtag keine Arbeitsergebnisse veröffentlicht, so daß allein Protokolle und Beschlüsse des Hamburger Parteitages herangezogen werden können, durch die bisherigen Parteiprogramme ergänzt.

Die CDU/CSU-Fraktion im Deutschen Bundestag hat ihrerseits die Parteibeschlüsse nur partiell in die politische Arbeit umgesetzt: Lediglich zum Thema Vermögensbildung wurden bisher Gesetzesentwürfe im Deutschen Bundestag eingebracht, wogegen zum zentralen Thema "Unternehmensverfassung" jegliche Gesetzesinitiative fehlt.[2)]

Noch spärlicher sehen die Veröffentlichungen zum KAB-Modell aus: Hier lag bis zum Literaturstichtag lediglich der erste Entwurf vor, sowie einige Stellungnahmen dazu in der Presse. Die für den Bundesverbandstag der KAB im September 1979 überarbeitete Fassung wurde erst kurz vorher fertiggestellt, so daß weder er noch die Diskussionen des Verbandstages berücksichtigt werden konnten.

---

1) Die Titel dieser Zeitschriften sind im Literaturverzeichnis unter folgenden Kennzahlen aufgenommen: 16 / 20 / 28 / 41 / 234 / 308 / 309 / 524 / 554 / 555 / 593 / 601 / 718 / 819
2) Diese Entwürfe werden im fünften Kapitel behandelt und im einzelnen nachgewiesen.

Wesentlich besser ist es aber um Quellen und Literatur zu dem im sechsten Kapitel untersuchten Praxis-Modell von Opel-Hoppmann bestellt: Das Unternehmen selbst hat dazu eine genügend große Anzahl schriftlicher Unterlagen erarbeitet; weiterhin wurde das Modell mehrfach in der Literatur kurz beschrieben, meist vom Unternehmer selbst. Eine wesentliche Stütze der Untersuchung stellt außerdem die vom Bundesministerium für Forschung und Technologie in Auftrag gegebene und finanzierte Forschungsarbeit über die Auswirkungen der Mitarbeiterschulung im Modellunternehmen dar, ebenso die in deren Rahmen durchgeführten empirischen Forschungen. Insofern prädestiniert auch die verhältnismäßig günstige Literaturlage das Modellunternehmen Opel-Hoppmann für wissenschaftliche Arbeiten.

2. Das Problemfeld

2.1 Das Unternehmen als Untersuchungsobjekt

2.11 Definition und Abgrenzung

Zentrales Objekt der Untersuchung ist das Unternehmen als reales soziales System[1]. Da von Unternehmen bei jeder Art von menschlicher Tätigkeit gesprochen werden kann , wird für den "Prozeß des Wirtschaftens, der sich in Betrieben vollzieht... (und) durch das Bemühen um rationale Durchdringung der Umwelt zum Zwecke der Befriedigung von Bedürfnissen"[2] gekennzeichnet ist, oft auch der Begriff Unternehmung verwendet; dennoch ist der Begriff "Unternehmen" gebräuchlicher und daher vertrauter, deshalb wird er hier synonym zu "Unternehmung" gebraucht.

In der Regel wird der Begriff "Unternehmen" eingeschränkt auf das wirtschaftliche Handeln, wozu eine Organisation[3], eben das "Unternehmen", aufgebaut wird, in dem Menschen und Sachen für den Zweck zusammengefaßt werden, Güter und Dienstleistungen zu produzieren und zu verteilen, um die Bedürfnisse der Menschen zu befriedigen.

---

1) Sozial wird hier verstanden im Sinne der "Gesamtheit des zwischenmenschlichen Geschehens", vgl. Alfred Bellebaum (45) S.18; zur Systemtheorie in der Betriebswirtschaftslehre vgl. Ulrich (741) S.42; Ulrichs Kritik, die Systemtheorie sei eine rein formale Betrachtungsweise, da sie zwar untersucht, wie etwas, aber nicht, warum etwas geschieht, zeigt die Notwendigkeit, daß sich auch die Sozialwissenschaften stärker mit der Organisation "Unternehmen" zu befassen haben.

2) Grochla (315) S.13

3) Unter dem Begriff "Organisation" kann sowohl der Prozeß des Organisierens als auch das Ergebnis, nämlich das organisierte System, verstanden werden. Während die Wirtschaftswissenschaften dabei den Prozeß vor Augen haben, ist für die Soziologie primär die Struktur des Systems der Organisation wichtig. Zu dem hier verwendeten Organisationsbegriff vgl. im übrigen weiter unten. Zum betriebswirtschaftlichen Begriff vgl. Raiser (609) S.103 ff

Solche Organisationen, die in marktwirtschaftlich geordneten Volkswirtschaften selbständig (autonom) wirtschaften, sind zwar eine ökonomische Realität, ihre begriffliche Fixierung aber hat sich im "Rahmen der Wirtschaftswissenschaft zu einem Problem entwickelt, dessen Behandlung bisher zu einer Fülle von individuellen Meinungen und Vorschlägen geführt hat"[1], so daß in der Literatur bei der "Verwendung dieses Begriffes mehrere voneinander abweichende Grundrichtungen"[2] festzustellen sind.

Je nachdem, von welchem teilwissenschaftlichen Standort man das Unternehmen betrachtet, wird es definiert[3] als

- wirtschaftliche Einheit
- rechtliche Einheit
- finanzielle Einheit.

Damit sind aber noch nicht alle relevanten Tatbestände der konkreten Wirtschaftseinheit erfaßt. Meist wird die kleinste ökonomisch handelnde Einheit als "Betrieb" bezeichnet, wobei dann der Betrieb als Instrument für das Unternehmen[4] gesehen wird, für dessen Zielsetzungen er eingesetzt wird.

Aber auch der Betrieb selbst wird unter verschiedenen Perspektiven betrachtet und bewertet[5], nämlich

---

1) Erwin Grochla (316) S.583
2) Erwin Grochla (316) S.584
3) vgl. dazu Erwin Grochla (316) S.584 ff
4) Biedenkopf versteht den Betrieb als "Teilkörperschaft des Unternehmens", siehe (53) S.323
5) vgl. dazu Erwin Grochla (316) S.583 ff und Raiser (609) S.123 ff. Letzterer verwendet die "überall gebräuchliche Definition, .. (wonach) der Betrieb eine Vereinigung von Arbeitsmitteln, welche vermöge der Identität ihres Inhabers, ihrer einheitlichen Zweckbestimmung und ihrer auf diesen Zweck hin ausgerichteten Organisation eine sich von der Umwelt unterscheidende Einheit bildet". (S.123)

als
- technische[1)]
- soziale[2)]
- organisatorische[3)]
- ökonomische

Einheit.

Wie bei allen Versuchen, die konkreten Wirtschaftseinheiten zu definieren, werden dabei die individuellen Schwerpunkte von den anderen Wesenszügen isoliert und idealtypisch abstrahiert. Wer sich damit nicht zufrieden geben will, verbindet einfach verschiedene Sichtweisen: So nennt von Oertzen z.B. den Betrieb eine "technisch-organisatorische Einheit"[4)], noch umfassender beschreibt von Nell-Breuning den Betrieb als "mehr oder weniger dauerhafte Vereinigung produktiver Kräfte zur Erzielung bestimmter Arbeitsergebnisse. Der Betrieb ist die Stätte, an der

---

1) Weber sieht im Betrieb "jene technisch - in Anlagen, Arbeitsmitteln, Arbeitskräften und (eventuell: heterokephaler und heteronomer) technischer Leitung - gesonderte Einheit..., die es ja auch in der kommunistischen Wirtschaft (...) gibt." vgl. (793) S.64.

2) Als soziale Einheit betrachtet auch der Gesetzgeber den Betrieb: In dem "Betriebsverfassungsgesetz" geht es vor allem um die Mitbestimmungsrechte der Arbeitnehmervertreter in sozialen Angelegenheiten. Vgl. dazu: Bundesminister für Arbeit und Sozialordnung (133) S.16

3) Halberstadt definiert den Betrieb als "organisatorische Einheit von Arbeitsmitteln, mit deren Hilfe jemand allein oder in Gemeinschaft mit seinen Mitarbeitern einen bestimmten arbeitstechnischen Zweck fortgesetzt verfolgt". G. Halberstadt (341) S.415

4) von Oertzen schließlich sieht den Betrieb als "die technisch-organisatorische Einheit des Wirtschaftslebens; er umfaßt die materiellen Grundlagen des Wirtschaftens - Baugrund, Gebäude, maschinelle Anlagen, Energiequellen - und die arbeitenden Menschen, die in bestimmten Formen der arbeitsteiligen Zusammenarbeit den Betrieb in Gang halten. Der Zweck des Betriebes ist die Erzeugung von Gütern oder Dienstleistungen; der Maßstab seiner Tätigkeit ist der technisch-organisatorische Wirkungsgrad." von Oertzen (566) S.12

nicht nur ein einzelner, nicht nur eine Mehrzahl von einzelnen, sondern auch informelle und formelle Gruppen von Menschen zum Arbeitsvollzug zusammenwirken. Auch dieses Zusammenwirken ist - ähnlich wie die Arbeit des einzelnen an seinem Arbeitsplatz - weitgehend technologisch bestimmt durch die Art der zu lösenden Produktionsaufgabe und der dazu bereitgestellten Apparatur; ebenso entscheidend, unter Umständen noch entscheidender aber wird es geprägt durch die Beziehungen von Mensch zu Mensch, durch die Art der Menschenbehandlung, die dort herrscht, vor allem natürlich der Menschenführung."[1)]

2.12 Das Unternehmen als Organisation

Neben diesen in den Wirtschaftswissenschaften gängigen Vorstellungen, die sich bisher bei ihren organisatorischen Gestaltungsmaßnahmen vorwiegend an den betriebswirtschaftlich-organisatorischen Ansätzen orientieren und dabei wesentliche Aspekte des organisatorischen Phänomens ausklammern, gewinnen weiter gefaßte Definitionen an Bedeutung. Dabei tritt vor allem der soziale Bezug in den Vordergrund, d.h. die technischen Teile und Personen werden als zusammenwirkende Elemente des Systems Unternehmen angesehen. Unter System soll hier mit Grochla die "Gesamtheit miteinander in Beziehung stehender Elemente"[2)] verstanden werden, wobei "Eigenschaften und Verhaltensweisen von Systemen grundlegend durch die Art und Häufigkeiten der Beziehungen zwischen den Elementen geprägt werden"[3)]. Aktionsträger und damit Einzelelemente sind die in

1) v. Nell-Breuning (552) S.
2) Grochla (315) S.15
3) Grochla (315) S.16

dem Unternehmen tätigen Menschen und Maschinen gleichermaßen.

Der sehr vage Begriff "soziales System"[1] befriedigt für die Definition von "Unternehmen" noch nicht, so daß nach weiteren Merkmalen zu suchen ist. Hier bietet sich der Begriff "Organisation" aus der soziologischen Organisationstheorie[2] an, zumal die ein Unternehmen kennzeichnenden Komponenten - wie oben dargestellt - auch für den Organisationsbegriff[3] wesentlich sind:

- Es handelt sich um ein soziales System mit einem abgegrenzten Kreis von Mitgliedern;
- das Unternehmen hat ein genau definiertes Ziel und schließlich
- soll dieses Ziel mit rationalen Mitteln erreicht werden.

Typisch für jede Organisation ist deren Einbindung in die Gesellschaft, die Organisation ist also "immer nur ein Teil, ein Gebilde in einer Gesellschaft"[4]. Trotz dieser interdependenten Beziehung der Organisation zur Gesellschaft, die sich für das Unternehmen aus der Abhängigkeit von Markt, Wirtschaftsordnung, Konjunktur usw. ergibt, kann das Unternehmen als autonome Organisation interpretiert werden[5].

Entsprechend dem jeweiligen Verständnis von Unternehmen wird dort die Ordnung installiert, die eine dauerhafte, rationale Zielverwirklichung garantieren soll.

---

1) vgl. Ulrich (741) S.166
2) vgl. dazu: Bellebaum (45) S.39 f, Raiser (609), S.94 ff, Etzioni (252) und Mayntz (503).
3) vgl. Raiser (609) S.100
4) vgl. Mayntz (503) S.38, außerdem S.45
5) Die gegen die Übertragung des Organisationsbegriffs auf die Unternehmung vorgetragene Kritik wird von der Position traditionaler Unternehmensvorstellungen erhoben und zwar ohne eingehendere Begründung; so z.B. Mestmäcker (510) S.20 f

Wird nun das Unternehmen als soziales System in Form einer Organisation verstanden, so ergeben sich auch Konsequenzen für den inneren Aufbau: Da es sich bei den Einzelelementen des sozialen Systems - zumindest teilweise - um Menschen mit eigenen Interessen und staatlich garantierten Rechten handelt, können diese im Gegensatz zu den Organisationszielen stehen; es bedarf also auch Konfliktregelungsmechanismen, die das Unternehmen funktionsfähig erhalten.

Bisher wurden eben diese Konflikte dadurch ausgeklammert, daß die Zielsetzung des Unternehmens rein ökonomisch betrachtet und juristisch entsprechend abgesichert wurde.

Solange das System "Unternehmen" nur als wirtschaftliche, finanzielle oder rechtliche Einheit gesehen wird und die sozialen Beziehungen auf das Subsystem "Betrieb" reduziert bleiben[1], entstehen - zumindest formal - keine innerorganisatorischen Konflikte zwischen der Zielsetzung des Systems "Unternehmen" und der Einzelelemente "Personen".

Gerade diese Reduktion der sozialen Beziehungen auf den Betrieb widersprechen aber den empirischen Erfahrungen. Raiser stellt als Ursache für diese Entwicklung "gedankliche Wurzeln...ideologischer Natur... (fest, die) aufs engste mit der Entwicklung des Privatrechts in den letzten hundert Jahren"[2] zusammenhängen. Neben der positivistischen Methode der Rechts-

---

1) Von diesem Denkansatz ist das bisherige Arbeitsrecht geprägt. So wurden z.B. bei der Novellierung des Betriebsverfassungsgesetzes II alle unternehmensrechtlichen Bestimmungen bewußt ausgeklammert; vgl. Entwurf eines Betriebsverfassungsgesetzes der Bundesregierung (175) S.31
2) Raiser (609) S.128

wissenschaft[1] und monistisch argumentierenden Wirtschaftsrechtlern[2] ist es vor allem der ideologisch verfestigte Antagonismus zwischen den Produktionsfaktoren Arbeit und Kapital, auf dem z.B. das Arbeitsrecht[3] basiert, das "sich bekanntlich in scharfer Frontstellung gegenüber dem bürgerlichen Recht und Handelsrecht entwickelt"[4] hat.

Da diese Argumentationsansätze nicht befriedigen können, ist neben dem Betrieb auch das Unternehmen als Organisation zu betrachten und dafür eine Ordnungsstruktur[5] - auch im juristischen Sinne - zu institutionalisieren, in die sich sowohl die Ziele der Organisation selbst als auch die aller Mitarbeiter integrieren lassen.

---

1) Vgl. Raiser (609) S.128: Die Juristen suchen nach "systematischen Ordnungsbegriffen, in denen sich der von rechtspolitischen Zielvorstellungen und Entscheidungen geprägte Sinnzusammenhang der Gesetze verdichtet". So beziehen sich die Begriffe "Betrieb" und "Unternehmen" zwar auf dasselbe 'Substrat', aber sie stehen gleichwohl unvereinbar und gleichgeordnet nebeneinander aus dem Grund, weil der Betrieb ein Begriff des Arbeitsrechts, das Unternehmen hingegen des Handels- und Wirtschaftsrechts ist."
2) Vgl. Raiser (609) S.129. Betrieb und Unternehmen werden allein dadurch unterschieden, daß das Unternehmen "als selbständiges Wirtschaftssubjekt auftritt", wobei das System der liberalen Verkehrswirtschaft impliziert wird, während "Betriebe als unselbständige Leistungsorganisationen" in der zentralen Verwaltungswirtschaft gesehen werden.
3) Arbeitsrecht als Sammelbegriff für alle Gesetze, die das Recht der "unabhängigen Arbeit" betreffen. Vgl. dazu Etzel (251) S.XI
4) Raiser (609) S.128
5) Als Ordnung wird verstanden die "Gesamtheit der für einen Bereich geltenden Regeln und der diesen Bereich tragenden und gestaltenden Einrichtungen." Vgl. Lampert (455) S.16

2.13 Juristische Fixierung

Das Unternehmen ist - wie oben dargestellt - zwar eine autonome Wirtschaftseinheit, es steht aber als Subjekt im Wirtschaftsprozeß vielen weiteren Subjekten gegenüber, seien es andere Unternehmen oder Haushalte[1]. Bleiben aufgrund einer bestimmten Wirtschaftsordnung - so z.B. der Sozialen Marktwirtschaft - die Herstellung, Verteilung und Beschaffung von Verbrauchsgütern autonomen Entscheidungen überlassen, so bedarf es bestimmter Normen, die sowohl an den Wirtschaftsprozeß[2] als auch an die Beschaffenheit der Subjekte gewisse Anforderungen stellen, damit sich das Wirtschaften in einem "rechtsinstitutionellen Rahmen"[3] abspielen kann.

Von den vielfältigen Beziehungen, die zwischen den Wirtschaftssubjekten bestehen können[4], sind hier diejenigen von Interesse, die das Unternehmen zum

---

1) Wie für die Organisation "Unternehmen" gibt es auch für die Haushalte verschiedene Begriffe, um die Nicht-Produzenten zu bezeichnen. Analog "Unternehmen" wird hierfür die Institution "Haushalt" gebraucht; personifiziert kann sonst das Begriffspaar Produzent-Verbraucher oder Arbeitgeber-Arbeitnehmer verwendet werden, wenn andere Beziehungen im Vordergrund stehen.

2) So fordert z.B. Max Weber: "Der kapitalistische Wirtschaftsbetrieb muß sich, wenn er rational wirtschaften soll, darauf verlassen können, daß berechenbar judiziert und verwaltet wird." Wirtschaftsgeschichte (793a) S.240

3) Raisch (574) S.15. Nach Parsons sind Institutionen "die normativen Muster, durch die definiert wird, welche Formen des Handelns oder welche sozialen Beziehungen in einer gegebenen Gesellschaft als angemessen, rechtmäßig oder erwartet betrachtet werden". Parsons (574) S.140

4) Raisch teilt vier Gruppen ein:
1. Vorschriften zwischen Unternehmern oder Unternehmen und Verbrauchern
2. Beziehungen zwischen Personen, die ein Unternehmen betreiben
3. Regelungen für Konflikte aus 1 und 2 mit dem Gegenstand Unternehmen
4. Beziehungen zwischen Arbeitnehmern und Arbeitgebern
Raisch (605) Bd.1, S.18 f

Gegenstand haben und die Beziehungen innerhalb der Organisation regeln, also das "klassische" Unternehmens- oder Handelsrecht[1]. Aber auch der Versuch, den faktischen Gegenstand Unternehmen juristisch einheitlich zu definieren, ist der deutschen Rechtswissenschaft nicht gelungen.

Da das als Rechtsobjekt konzipierte Unternehmen von vornherein die Bindung an ein "tragendes Subjekt"[2] benötigte, wurde es im Handelsrecht[3] primär der Person des Einzelkaufmanns[4] angepaßt, während andere Formen wie gemeinsames Handeln einzelner Kaufleute oder die unternehmerische Tätigkeit nur nach und nach Eingang fanden. So konnte schon Paul Gieseke 1940 feststellen, daß es angesichts der verschiedenartigen handels- und wirtschaftsrechtlichen Gesetze "prinzipiell falsch (sei), eine einheitliche Begriffsbestimmung für das Unternehmen anzustreben".[5]

1) Vgl. zur Entwicklung des Unternehmens- und Handelsrechts in Deutschland: Raisch (605) und Raiser (609).
2) Vgl. dazu: Raisch (605)Bd.1, S.2 ff
3) Im Handelsrecht, dessen Grundlage das Handelsgesetzbuch HGB bildet, werden vor allem die allgemeinen Rechte eines Unternehmers oder eines Unternehmens festgelegt; die speziellen "Regeln über die Beziehung zwischen Personen, die zusammen ein Unternehmen betreiben bzw. sich an einem Unternehmen beteiligen, einschließlich der Rechtsverhältnisse von Personen, die mit einer solchen Handelsgesellschaft, z.B. als Gläubiger, in rechtlicher Verbindung stehen" sind im Gesellschaftsrecht zusammengefaßt. Raisch (605) Bd.1, S.120
4) Kaufmann bzw. Handelsgewerbe, wie in § 1 HGB beschrieben, sind "als Typusbegriff gemeint, der mit wirtschaftlichen Gebilden schon dann als deckungsgleich angesehen werden kann, wenn die an ihm zu messenden Erscheinungen nur in einer Vielzahl von Merkmalen, aber nicht unbedingt in allen mit ihm übereinstimmt". Der Typusbegriff wird also im Gegensatz zu einem klassifikatorischen Begriff gesehen. Vgl. Raisch (605) Bd.1 , S.67
5) zit. n. Raiser (609) S.3

Damit scheint es nur konsequent für diesen Denkansatz, daß die Rechtswissenschaft ihr Objekt Unternehmen unter dem Blickwinkel des Handelsrechts, Wirtschaftsrechts[1] und Arbeitsrechts[2], einer bis heute weitgehend gültigen Trichotomie[3], betrachtet. Dies zeigt die Gegenüberstellung von Unternehmens- und Arbeitsrecht auf den beiden Schaubildern 2.1 und 2.2 (s.u.) deutlich.

Normierende Vorschriften für die Ordnung des Unternehmens finden sich im Bürgerlichen Gesetzbuch (BGB)[4] und im Handelsgesetzbuch (HGB)[5], den beiden großen Werken des deutschen Privatrechts[6], und in den Ein-

---

1) Wirtschaftsrecht wird hier verstanden als die Summe der Normen für die Organisation und den Ablauf der Wirtschaft, soweit sie nicht die Organisation des Unternehmens (Handels- bzw. Gesellschaftsrecht) oder die Sonderrechte der Arbeitnehmer (Arbeits- und Sozialrecht) betreffen.

2) "Als Arbeitsrecht gilt die rechtliche Ordnung, die der in Abhängigkeit geleisteten Arbeit ihre Grundlage, ihren Inhalt und ihre Form gibt." Steuer- und Wirtschafts-Kurzpost 19, S.1293

3) Vgl. dazu: Raiser (609) S.4. Auch das zweibändige Lehrbuch von Raisch (605) entspricht dieser Einteilung, auch wenn das Schwergewicht auf das Handelsrecht gelegt ist.

4) Das Bürgerliche Gesetzbuch (BGB) enthält die Grundformen der juristischen Organisation einer Unternehmung: Verein (§§ 21-79) und (bürgerliche) Gesellschaft (§§ 705-740).

5) Handelsgesetzbuch (HGB) - geschichtliche Entwicklung:

1862 - 1864	"Allgemeines Deutsches Handelsrecht" eingeführt
10.5.1897	An BGB angeglichen
1.1.1900	Mit BGB in Kraft getreten
10.1.1937	Das Recht der Aktiengesellschaft als Sondergesetz ausgeklammert

6) Beide, BGB und HGB, sind zum 1.1.1900 in Kraft getreten. In dem Nebeneinander von BGB und HGB sieht Raisch "eine historische Zufälligkeit", da sich die Verfechter einer Vereinigung beider Rechtskomplexe gegenüber der "einflußreichsten Persönlichkeit der deutschen Handelsrechtswissenschaft in der zweiten Hälfte des 19. Jahrhunderts, Lewin Goldschmidt" nicht durchsetzen konnten. Vgl. Raisch (605) Bd.1, S.38

Schaubild 2.1:

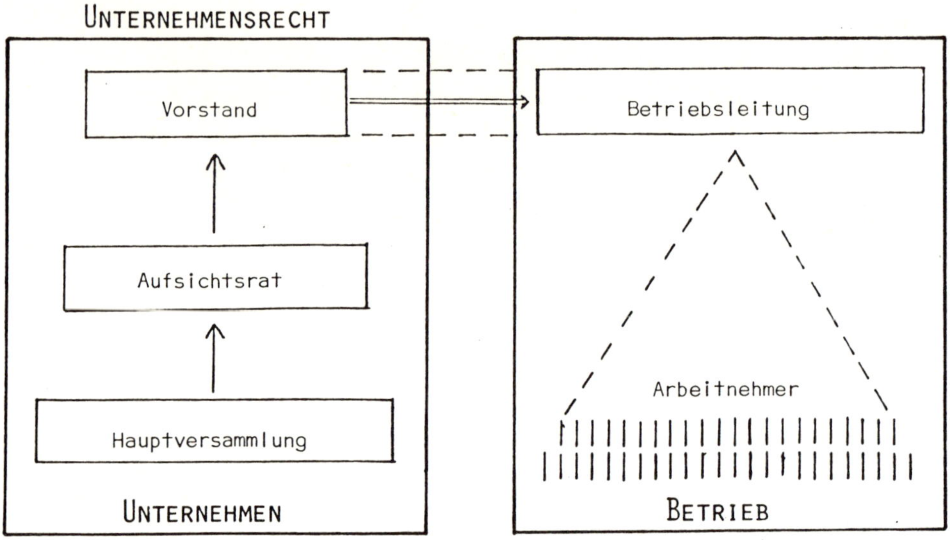

Schaubild 2.2:

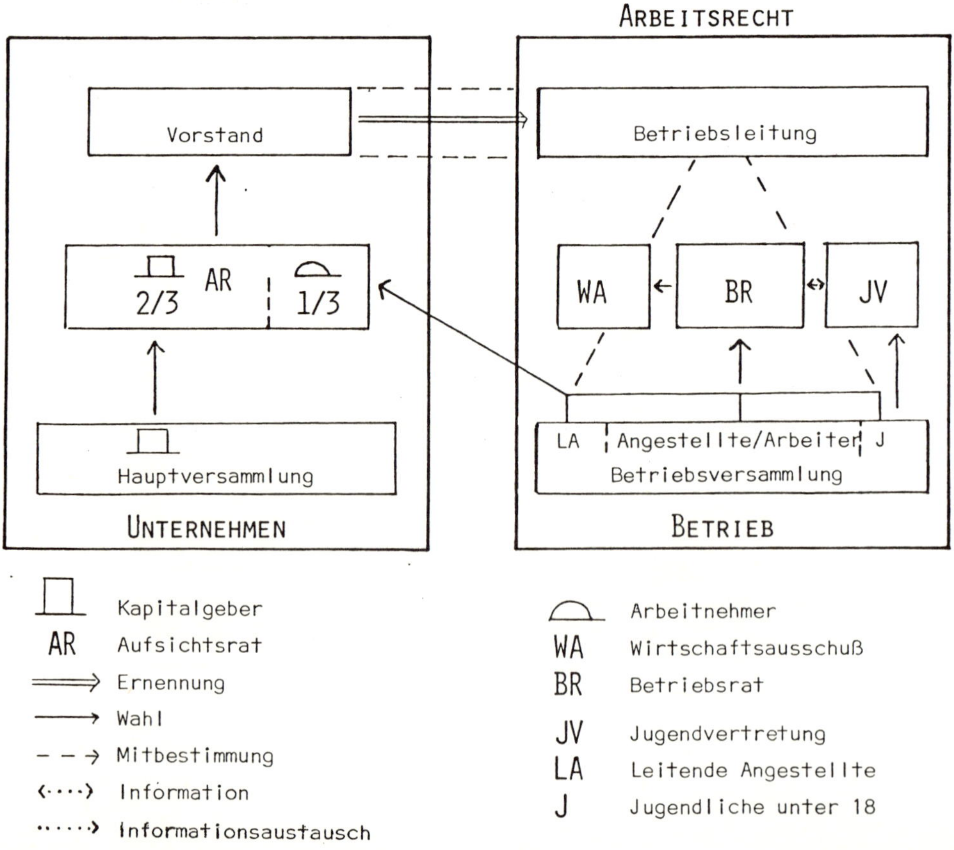

zelgesetzen, wie z.B. dem Aktien-[1], dem GmbH-[2] und dem Genossenschaftsgesetz, die zusammen das Gesellschaftsrecht bilden[3].

Außerdem hat auch das Arbeitsrecht zur Unternehmensverfassung Normen geschaffen, allem voran das Betriebsverfassungsgesetz - wie das Schaubild 2.2 oben zeigt - und verschiedene Mitbestimmungsgesetze. Trotz der zunehmenden Verflechtung von Handels- und Arbeitsrecht werden nach den primär geltenden handelsrechtlichen Bestimmungen nur die

---

1) Entwicklung des Aktienrechts:
1843 Preußisches Aktiengesetz
1861 ADHGB: in ihm wurde das Aktienrecht neu normiert und mit staatlichem Konzessionsrecht versehen
1870 Aufhebung des staatlichen Konzessionssystems
1884 AG-Rechtsnovelle mit Gründungs- und Bewertungsvorschriften
1965 AG neu verfaßt, nachdem es 1937 umgestaltet wurde.
vgl. Raisch (605) Bd.1, S.65

2) Die GmbH wurde 1892 als neue Form der Kapitalgesellschaft eingeführt, das Gesetz ist im wesentlichen bis heute unverändert. Ein Entwurf zur Novellierung wurde schon am 31.1.1972 von der Bundesregierung dem Bundestag zugeleitet (179), wurde aber auch vom 7. Bundestag nicht verabschiedet.

3) Auf weitere Ausführungen der einzelnen Unternehmensformen wird hier verzichtet, da diese in juristische Detailfragen führen, die den Rahmen aber sprengen. Soweit im Text dazu Aussagen getroffen werden, wurden sie folgender Literatur entnommen:
Norbert Fritz, in: Meyers (513) S.123-176
Peter Raisch (605)
Hans J. Schneider (662) S.154-193
Eine Übersicht über die einzelnen Rechtsformen bietet das unten auf der Seite 39 wiedergegebene Schaubild 2.3

Funktionen der Kapitalgeber und Unternehmensleiter normiert[1], nicht aber die der Arbeitnehmer. Danach werden letztere als der Organisation "Unternehmen" nicht zugehörig betrachtet, sondern in einem Außenverhältnis an das Unternehmen gekoppelt. Hierzu dient die vom Arbeitsrecht hilfsweise eingeführte Institution Betrieb.

Gemeinsames Kennzeichen aller Unternehmensformen des Gesellschaftsrechts[2] - sowohl der Personen- als auch der Kapitalgesellschaften[3] - ist der Tatbestand, daß die Träger der Gesellschaft, die Kapitalgeber, direkt oder indirekt[4] die jeweilige Unternehmensleitung ernennen und kontrollieren. Das Gesellschaftsrecht schränkt also die handelnden Subjekte im Unternehmen auf die Kapitalgeber und die Unternehmensleitung ein.
Den Zusammenhang der verschiedenen Unternehmensrechtsformen zeigt folgendes Schaubild:

---

1) Die Studienkommission des Deutschen Juristentages, eingesetzt, um eine Reform des Unternehmensrechts vorzubereiten, stellt fest, daß "eine gesellschaftsrechtliche Behandlung das Unternehmen nicht in seiner Ganzheit erfaßt, weil auf diese Weise nur der Unternehmer und der Kapitaleigner als Subjekte des im Unternehmen ablaufenden Wirtschaftsgeschehens erscheinen". Vgl. Deutscher Juristentag (223).
2) "Die Regeln über die Beziehungen zwischen Personen, die zusammen ein Unternehmen betreiben bzw. sich an einem Unternehmen beteiligen, einschließlich der Rechtsverhältnisse von Personen, die mit einer solchen Handelsgesellschaft, z.B. als Gläubiger, in rechtlicher Verbindung stehen, nennt man Gesellschaftsrecht." Vgl. Raisch (605) Bd.1, S.120
3) Der wesentliche Unterschied zwischen den Personen- und Kapitalgesellschaften besteht darin, daß in den Personengesellschaften ein oder mehrere Kapitalgeber (Gesellschafter) voll - d.h. auch mit Privatbesitz - haften, während in den Kapitalgesellschaften die Haftung auf das ausgewiesene Grundkapital beschränkt bleibt. Steuerlich wird nur die Kapitalgesellschaft als eigene Rechtspersönlichkeit betrachtet und der Einkommensteuer (=Körperschaftssteuer) unterworfen.
4) Bei der Aktiengesellschaft wählt die Hauptversammlung den Aufsichtsrat, dieser den Vorstand.

Schaubild 2.3

Unternehmensrechtsformen

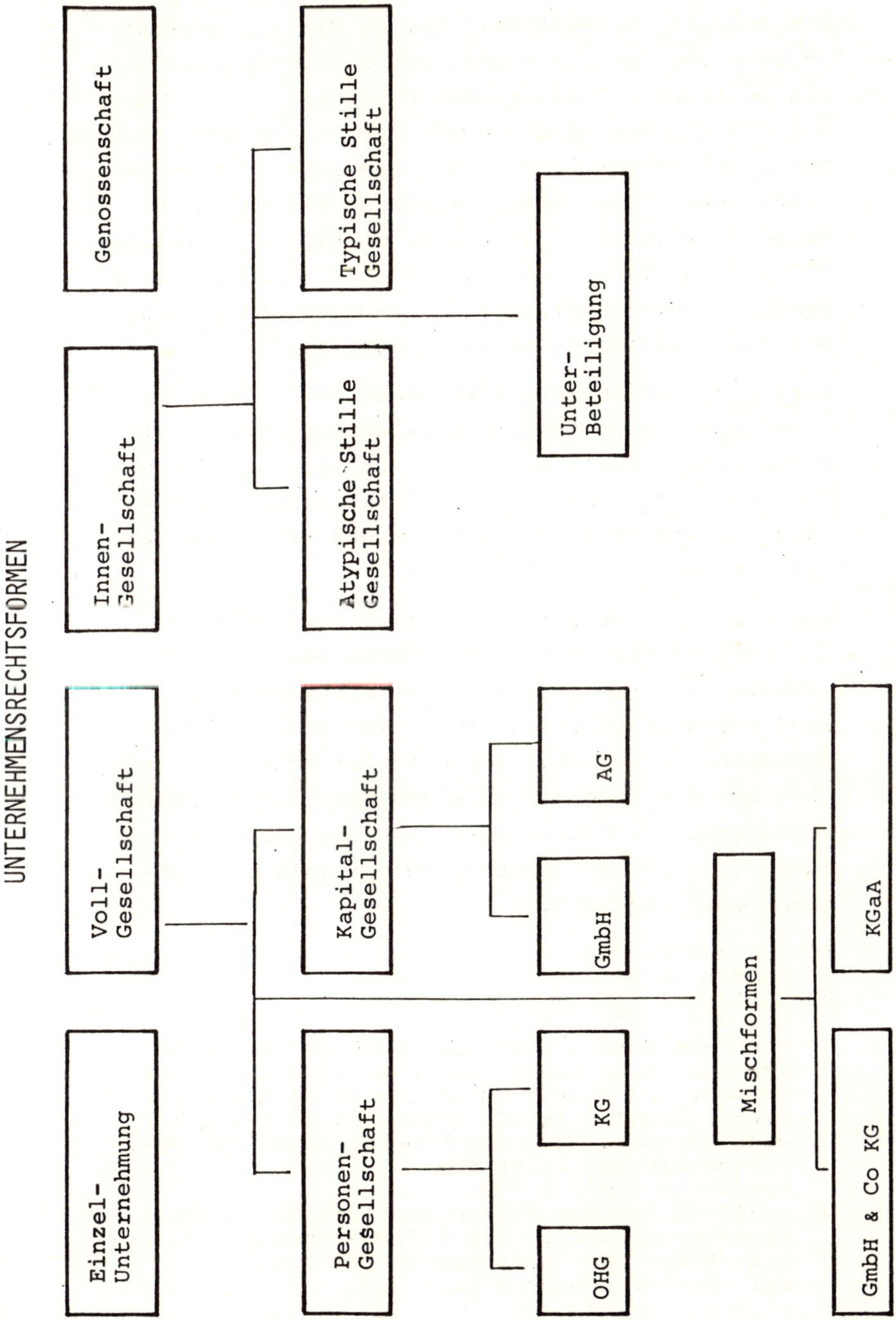

2.2 Die handelnden Personen im Unternehmen

2.21 Der Unternehmer

Der Begriff "Unternehmer" hat in der Wirtschaftstheorie und -praxis erhebliche Bedeutungswandlungen vollzogen: "Infolge des Fortschritts der Technik und der wachsenden Größe der Unternehmen (mußte) der kraft seines Eigentums alles Geschehen regierende Unternehmer seinen Platz an die Gruppe der Manager abtreten.., die, ohne am Kapital beteiligt zu sein und daher...auf Grund ihres Sachverstandes gemeinsam die komplizierten Prozesse dirigieren, die das Unternehmen am Leben erhalten"[1].

Karl Marx sah in dem Unternehmer noch die nach ständiger Gewinnvermehrung strebende Person, gekennzeichnet durch die "rastlose Bewegung des Gewinnens", indem er in einer "leidenschaftlichen Jagd auf den Wert" das Geld "stets von neuem der Zirkulation preisgibt"[2].

Das Erwerbsstreben markiert auch bei Max Weber den Unternehmer, den er der "Erwerbsklasse" zuordnet: "positiv privilegierte Erwerbsklassen sind typisch: Unternehmer"[3]. Von diesem soziologischen Verständnis des Unternehmerbegriffs hat sich nun die Wandlung zu einem mehr funktionalen[4] vollzogen: Der Unternehmer als "the force that integrates men and physical plant into an efficient operating unit"[5]

---

1) Raiser (609) S.7 f.
2) Karl Marx (493) Bd.23 S.168
3) Max Weber (793) S.178
4) Die funktionale Seite des Unternehmens wird von Max Weber ebenfalls berücksichtigt, wenn er z.B. den "Kampf um eigene Macht und die aus dieser Macht folgende Eigenverantwortung für eine Sache.. (als) das Lebenselement des Politikers wie des Unternehmers" sieht.
   Max Weber (793) S.837
5) Treffend ist die Unternehmerfunktion gekennzeichnet in dieser Begriffsbestimmung, die L.A. Keith vom 'management' gibt.
   vgl. Nell-Breuning (551_a) S.35

Diese Managementfunktion - deshalb wird statt "Unternehmer" dafür auch meist "Manager" gebraucht - liegt für Schumpeter darin, "die Produktionsstruktur zu reformieren oder zu revolutionieren entweder durch die Ausnützung einer Erfindung oder, allgemeiner, einer noch unerprobten technischen Möglichkeit zur Produktion einer neuen Ware bzw. zur Produktion einer alten auf eine neue Weise, oder durch Erschließung einer neuen Rohstoffquelle oder eines neuen Absatzgebietes oder durch die Reorganisation einer Industrie usw."[1]. Diese Funktion, die "Dinge in Gang setzt", verlangt nach Schumpeter "Fähigkeiten, die nur in einem kleinen Teil der Bevölkerung vorhanden sind"[2].

Einen weiteren Schritt in dem Bedeutungswandel des Unternehmerbegriffs zu dem des Managers vollzieht Galbraith[3] in seiner Analyse der modernen Industriegesellschaft, in der er als "die richtungsweisende Intelligenz - das Gehirn - des Unternehmens" den Kreis all derer ansieht, die "zur Entscheidungsfindung durch die Gruppe spezielles Wissen, besondere Talente oder Erfahrungen beitragen"; er verwendet dafür den Begriff "Technostruktur".

Wie eng oder weit man diese Leitungsfunktion auch immer fassen mag, eines ist deutlich zu erkennen: Der Begriff Unternehmer (oder Manager) läßt sich nicht mehr auf eine Person reduzieren, sondern er bezeichnet die Funktion der Unternehmensleitung[4].

---

1) Schumpeter (680) S.214
2) Schumpeter (680) S.215
Diese Aussage bestätigt eine Umfrage des Emnid-Instituts, Bielefeld, wonach in der Bundesrepublik nur 4 % der Bevölkerung bereit sind, eine größere Geldsumme (Lottogewinn) in eine eigene Firma zu investieren. vgl. FAZ 170/26.7.1977
3) John Kenneth Galbraith (290) S.73 f
4) Juristen, die weiterhin an dem alten Unternehmerbild festhalten, jagen nach Meinung Raisers einem "Phantom" nach, wenn sie glauben, dadurch die Personenbezogenheit des Handelsrechts retten zu können. vgl. Thomas Raiser (609) S.8

Die besondere Stellung des Unternehmers sieht Kosiol dadurch legitimiert, daß dieser den Unternehmensprozeß wirtschaftlich erfolgreich steuert, indem er Voraussetzungen schafft, Initiative aufbringt, plangerecht lenkt und schließlich Risiko berücksichtigt und auch trägt.[1]

Bei der Betrachtung des sich wandelnden Unternehmerbegriffs ist einschränkend zu bemerken, daß dabei vor allem Kapitalgesellschaften im Vordergrund stehen, bei denen Kapitalgeberfunktion und Leitungsfunktion getrennt sind. Diese sind zwar zahlenmäßig nur der kleinere Anteil aller Unternehmen - Ende 1975 wurden in der Bundesrepublik 2189 Aktiengesellschaften und 133 382 Gesellschaften mit beschränkter Haftung gezählt bei ca. 2,2 Mill. Arbeitsstätten[2] - andererseits erbringen gerade die Kapitalgesellschaften einen Großteil der industriellen Produktion.

Trotz der Trennung der beiden Funktionen in Kapitalgeber und Unternehmer bleibt die Leitungsbefugnis nach deutschem Gesellschaftsrecht immer in Händen der Eigentümer. Diese nämlich nominieren und kontrollieren - direkt oder indirekt - die Unternehmensleitung.

Juristisch scheint diese Abhängigkeit abgedeckt sowohl durch das bestehende Gesellschaftsrecht als auch durch das Grundgesetz, vor allem Artikel 14.1.

2.22 Der Kapitalgeber

Der Begriff "Kapital" bezeichnet in der geltenden Wirtschaftswissenschaft neben Arbeit und Boden den dritten Produktionsfaktor.

Er ist ein Sammelbegriff für "alle finanziellen (Geld-Kapital) und Sachmittel (Sach-Kapital), die

---

1) vgl. Kosiol (432) S.159
2) vgl. dazu Statistisches Jahrbuch 1976 (707) S.170 ff

einer Volkswirtschaft oder einem Unternehmen zu Investitionszwecken zur Verfügung stehen"[1].

In dem geltenden Unternehmensrecht werden mit der betriebswirtschaftlichen Funktion des Kapitals als Produktionsfaktor noch direkt zwei weitere Funktionen verbunden:

- Unternehmensleitung
- Verwendung des Unternehmenserfolges.

Da es sich bei dem verwendeten Kapital um Eigentum handelt, unterliegt auch das Kapital der Dispositionsbefugnis des Eigentümers, wie es im Grundgesetz und BGB garantiert ist. Infolge dieser Kopplung verschiedener Kapitalfunktionen werden die Kapitalgeber auch als Träger des Unternehmens verstanden, wobei entweder primär die Leitungsfunktion gesehen wird (z.B. Gutenberg, Luhmann) [2] oder die Risikoübernahme im Vordergrund steht (Rieger)[3].

Angezweifelt wird die Trägerschaft der Kapitalgeber durch R.B. Schmidt, da nach seinen Überlegungen diese "weder einhellig bejaht, noch grundsätzlich verneint werden kann"[4].

Hiermit ist eines der Kernprobleme angesprochen: Einerseits garantiert das geltende Recht den Eigentümern auch die Verfügungsgewalt über das Produktivkapital, andererseits wird die juristische Begründung von immer mehr Kritikern in Frage gestellt, da sie Widersprüche zu sozial-ethischen Normen und/oder den Verhältnissen in der Wirtschaftsrealität sehen[5].

---

1) Meyers Handbuch über die Wirtschaft, S.925
vgl. dazu auch R.B. Schmidt: "Die Teilnahme der Eigenkapitalgeber an der Unternehmung erfolgt über die Bereitstellung von Beteiligungskapital in Geld oder Realgüterform für die Durchführung des Wirtschaftsprozesses." Schmidt (481) S.65
2) vgl. Gutenberg (331) S.470 ff., Luhmann (481) S.286 ff.
3) vgl. Rieger (618) S.99/109
4) R.B. Schmidt (657) Bd.1, S.70
5) Die verschiedenen Positionen werden in den folgenden Kapiteln untersucht.

2.23 Der Arbeitnehmer

Die Zugehörigkeit zur Gruppe der Arbeitnehmer ist von verschiedenen Kriterien abhängig, die im Laufe der Geschichte auch eine Wertungsverschiebung erfahren haben:

War für Marx und seine Nachfolger das wesentliche Merkmal der Zugehörigkeit zum Proletariat der Verkauf der eigenen Arbeitskraft gegen Entgelt[1], was Max Weber mit der Zugehörigkeit zur "negativ privilegierten Erwerbsklasse"[2] bezeichnet, gilt für die moderne Rechtsauffassung zumindest gleichrangig ein zweites Kriterium: die Unterordnung unter fremde Weisungsbefugnis[3]. So wird "Arbeitnehmer" als Sammelbegriff verwendet für Arbeiter, Angestellte und zum Zwecke der Ausbildung Beschäftigte, und zwar für "jede natürliche Person, die sich einer anderen Person (Arbeitgeber) meist gegen Entlohnung zur Leistung ganz bestimmter Dienste verpflichtet, unter Aufgabe der persönlichen Selbständigkeit und bei Einordnung in den Betrieb und Unterordnung unter die Weisungsbefugnis des Arbeitgebers"[4]. Damit sind die Selbständigen und die arbeitnehmerähnlichen Personen[5], auch wenn sie nur von dem Einkommen aus

---

1) "Das Proletariat ist diejenige Klasse der Gesellschaft, welche ihren Lebensunterhalt einzig und allein aus dem Verkauf ihrer Arbeit und nicht aus dem Profit irgendeines Kapitals zieht." Engels (493) Bd.4, S.363
2) Max Weber (793) S.179
3) Das soll nicht heißen, daß vor allem die Wirtschaftswissenschaften ihren Bezug auf das Einkommen aufgegeben hätten; die Arbeitnehmer werden als nicht selbständig produzierende Personen gesehen, die ihr "Einkommen durch Beiträge zum Produktionsprozeß gegen ein kontraktlich festgelegtes Entgelt" erwerben. E. Schneider (660) S.19
4) Meyers (513) S.675
5) Arbeitnehmerähnliche Personen sind Personen, die zwar wirtschaftlich abhängig, rechtlich aber selbständig sind, z.B. Heimarbeiter, Handelsvertreter, freiberuflich tätige Geistesarbeiter und dergleichen. vgl. Meyers (513) S.676

Arbeit leben, von der Gruppe der Arbeitnehmer ausgeschlossen. Ebensowenig gehören aber auch Vorstandsmitglieder und Beamte dazu. Mit dem Abschluß eines individuellen, an keine Form gebundenen Arbeitsvertrages[1] wird zwischen den Vertragspartnern das "Arbeitsverhältnis" begründet, "aufgrund dessen der Arbeitnehmer dem Arbeitgeber zur Leistung von Arbeit verpflichtet ist"[2]. Darüber hinaus unterliegt der Arbeitnehmer folgenden weiteren Pflichten[3]:

- Gehorsam gegenüber Weisung
- Treue
- Verschwiegenheit
- Unterlassung von Wettbewerb.

Demgegenüber hat der Arbeitgeber[4] die Pflicht zur angemessenen Lohnzahlung, Fürsorge und - im Rahmen der Vertragsfreiheit - zur Gleichbehandlung der Arbeitnehmer. Allerdings stimmt die Funktion von gleichberechtigten Vertragspartnern[5], die dem Arbeitsvertrag zugrunde liegt, mit der Wirklichkeit nicht überein: Gerade weil der Arbeitnehmer abhängig ist vom Arbeitgeber ist er ja Arbeitnehmer, der seine

---

1) "Der Arbeitsvertrag ist eine Unterart des Dienstvertrages im Sinne §§ 611 ff. BGB. Er beinhaltet die vertraglichen Bindungen des Arbeitsverhältnisses, die Vereinbarung der Rechte und Pflichten von Arbeitgeber und Arbeitnehmer." vgl. Weber/Bitzer (792) S.13

2) Hueck-Nipperdey (378) S.43

3) Vgl. dazu: Lucas - Bachert, in: Meyers (513), S.598 f.

4) Obwohl dieser Begriff immer wieder Verwirrung stiftet - der Arbeitgeber ist ja Empfänger von Arbeitsleistung - kennzeichnet er deutlich das einseitige Abhängigkeitsverhältnis.

5) Vgl. dazu Peter Raisch (605) S.116 ff. "Damit verstellte sich der Gesetzgeber den Blick für die Realität, die im Bereich der Beziehungen zwischen Unternehmern und Arbeitnehmern noch ungleichgewichtiger war." (S.116)

Arbeitsleistung zur Verfügung stellt[1]. "Die sozialistische Bewegung des 19. Jahrhunderts deckte diese Wirklichkeitsverfehlung auf,...(ihre) eigene ideologisch begründete Realitätsverfehlung"[2] brachte sie um einen wirksamen Einfluß auf die Normierung des Arbeitsverhältnisses.

Dennoch wurden schon im Laufe der zweiten Hälfte des letzten Jahrhunderts eine Reihe von Arbeits- und Sozialgesetzen erlassen[3]. Obwohl diese Normen erst als Reaktion auf das Handels- und Gesellschaftsrecht im letzten Jahrhundert entstanden sind[4], haben sie heute eine solch starke Stellung, daß der Arbeitnehmer nicht nur umfassenden sozialen Schutz genießt, sondern an den Rechten der Unternehmer immer mehr partizipiert, wie im folgenden zu zeigen sein wird.

Eine zweite Welle der Kodifizierung des Arbeitsrechts setzte nach 1920 ein: Sie brachte eine Fülle von weiteren Einzelvorschriften, die sich in vier große Bereiche[5] aufteilen lassen:

- Individualarbeitsrecht
  (privatrechtl. Beziehungen zwischen Arbeitgeber u. Arbeitnehmer aufgrund des Arbeitsvertrages),
- Arbeitsschutzrecht
  (öffentlich-rechtliche Pflichten, die der Staat dem Arbeitgeber unter Strafandrohung auferlegt),

1) Vgl. dazu: Mitbestimmungskommission (187) S.58: "Dieser Vertrag ist trotz des Umstandes, daß er als personenrechtliches Gemeinschaftsverhältnis und deshalb als gemeinschaftsbegründend angesehen wird, ein schuldrechtlicher Vertrag. Er rechnet, im Unterschied zu gesellschaftsrechtlichen Beziehungen, zu den sogenannten Austauschverträgen."
2) Peter Raisch (605) S.116
3) Hier ist z.B. die Sozialgesetzgebung des Reichskanzlers Bismarck zu erwähnen, die wesentliche Grundlage der heutigen Versicherungen.
4) Vgl. Lütge (480)
5) Die Einteilung folgt Etzel (251) S.XI

- Kollektives Arbeitsrecht
  (Recht der Arbeitsverbände),
- Arbeitsrechtliches Verfahrensrecht
  (Regelungen für Arbeitsgerichtsverfahren).

Wenn auch das Arbeitsrecht derzeit gekennzeichnet ist durch ein "Stadium der dynamischen Entwicklung, deren Ende noch nicht abzusehen ist"[1], sind gravierende Probleme nicht zu übersehen:

Zum einen sind die Arbeitsverbände bei der Anwendung der verschiedenen Gesetzesvorschriften immer wieder auf die Gerichte bis hin zum Bundesarbeitsgericht[2] angewiesen und fordern deshalb eine Kodifizierung des gesamten Arbeitsrechts in einem einheitlichen Buch[3], zum anderen stoßen grundlegende Arbeitsgesetze schnell an verfassungsrechtliche Normen[4], da - wie oben schon dargestellt - das Arbeitsrecht nicht als Bestandteil des Wirtschaftsrechts, sondern als dem Arbeitnehmer zugeordneter und damit eigenständiger Rechtskomplex aufgefaßt wird.

Damit ist auch die gängige Auffassung des Arbeitnehmerstatus reformbedürftig, womit der gleiche Sach-

---

1) Lucas - Bachert, in: Meyers (513) S.597
2) Deshalb hat auch das Bundesarbeitsgericht als Quelle des Arbeitsrechts eine große Bedeutung. Damit wird aber die Rechtslage für den einzelnen Arbeitnehmer immer weniger überschaubar, und die Forderung nach einer Kodifizierung immer dringlicher. Vgl. dazu Lucas - Bachert (513) S.597
3) Mit der Kodifizierung des Arbeitsrechts ist eine Kommission im Bundesministerium für Arbeit und Sozialordnung beschäftigt. Obwohl von dieser Kommission offiziell noch keine Ergebnisse vorliegen, hat der Deutsche Gewerkschaftsbund am 5.4.1977 den Entwurf für ein neues Arbeitsverhältnisrecht verabschiedet, dem der Vorentwurf des Bundesarbeitsministeriums zugrunde liegt.
4) Die Verfassungsmäßigkeit des Mitbestimmungsgesetzes vom 4.5.1976 wurde von den Arbeitgeberverbänden in einer Verfassungsklage angezweifelt. Das Bundesverfassungsgericht hat aber mit seinem Urteil vom 1.3.79 das vorliegende Gesetz für verfassungsgemäß erklärt.
   Vgl. Bundesverfassungsgericht (146)

verhalt wie bei Unternehmern und Kapitalgebern vorliegt.

Neben dem Arbeitsrecht spielt für den Arbeitnehmer auch das Sozialrecht - wenn auch nur materiell - eine wesentliche Rolle. Hier sind Versicherungen zusammengefaßt, die der Gesetzgeber zum Schutz vor den Risiken des Arbeitslebens und vor materiellem Notstand eingeführt und immer wieder verbessert hat[1].

1) Das Sozialrecht, ähnlich unübersichtlich wie das Arbeitsrecht in einzelnen Gesetzen normiert, soll in einem einheitlichen Gesetzbuch zusammengefaßt werden. In § 1 des allgemeinen Teiles, der am 11.12.75 in Kraft trat (BGBl I, S.3015) werden als Ziele die "soziale Gerechtigkeit" und "soziale Sicherheit" genannt, womit im einzelnen erstrebt wird, "ein menschenwürdiges Dasein zu sichern, ... besondere Belastungen des Lebens, auch durch Hilfe zur Selbsthilfe, abzuwenden oder auszugleichen." Bundesminister (135) S.11

2.3 Das Unternehmen in seinem Bezugsfeld

2.31 Interdependenz der Ordnungen in Staat und Wirtschaft

Das Unternehmen als selbständiges Wirtschaftssubjekt ist nur frei in den Entscheidungen des Wirtschaftsprozesses innerhalb der bestehenden Rahmenbedingungen. Diese werden zum einen durch die Wirtschafts-, zum anderen durch die politische Ordnung sowie das gesamte Gesetzgebungswerk fixiert.

Einen Eindruck über den Gesamtkomplex vermittelt folgendes Schaubild[1)] zum ordnungspolitischen Rahmen:

Schaubild 2.4
Ordnungspolitischer Rahmen

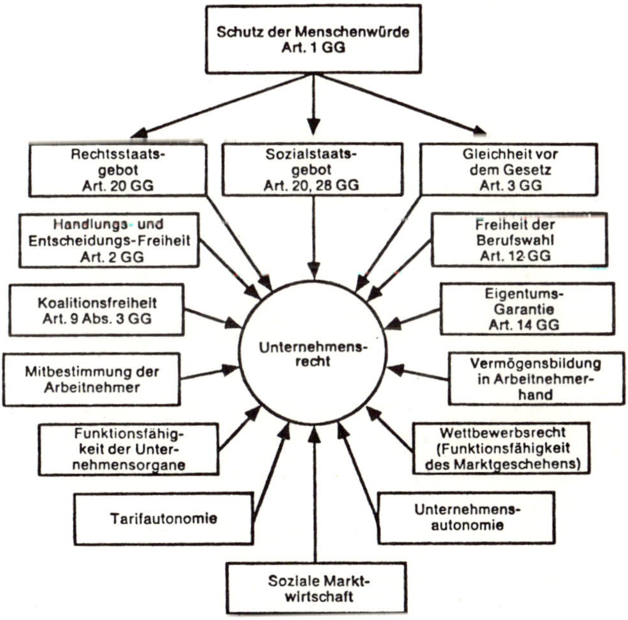

Quelle: Rüdiger v. Voss, Partnerschaft und Parität, Bonn 1974, S. 23.

1) Rüdiger von Voss (784) S.23

Geht man von interdependenten Zusammenhängen des Gesamtsystems und dessen Subsystemen aus und bejaht zugleich die Grundkonzeption der Gesamtordnung, so muß die Verfassung des Unternehmens an eben jener ausgerichtet sein. Deshalb scheint es notwendig, die wichtigsten Normen[1] hier zu skizzieren, wobei es zunächst nur darum gehen kann, diese in einer zur Vereinfachung und Lückenhaftigkeit drängenden Kürze darzustellen.

2.32 Die Soziale Marktwirtschaft

Wird die Ordnung der Wirtschaft, als "Gesamtheit aller für den organisatorischen Aufbau und für den Ablauf der Volkswirtschaft geltenden Regeln sowie aller wirtschaftsgestaltenden Institutionen"[2] verstanden, lassen sich daraus zumindest Rahmenbedingungen auch für die Unternehmensordnung ableiten:

Nach Meinung des "Vaters der Sozialen Marktwirtschaft"[3]; Müller-Armack, kann der Begriff der Sozialen Marktwirtschaft als "eine ordnungspolitische Idee definiert werden, deren Ziel es ist, auf der Basis der Wettbewerbswirtschaft die freie Initiative mit einem gerade durch die marktwirtschaftliche Leistung gesicherten sozialen Fortschritt zu verbinden"[4].

---

1) Selbstverständlich liegt schon in der Auswahl eine Wertung vor, da im wesentlichen die Positionen erläutert werden, die für Interdependenzen mit der Unternehmensverfassung möglich oder zwingend sind.
2) Lampert (455) S.16
3) Als Grundlage der Sozialen Marktwirtschaft gilt der "Ordo-Liberalismus", begründet von Franz Böhm, dessen erste Schrift der Ordo-Reihe 1937 erschien. Zur Gruppe des Ordo-Liberalismus gehören außerdem Walter Eucken, Hans Großmann-Doerth u.a..
In die Praxis umgesetzt wurde die Theorie der Sozialen Marktwirtschaft durch Alfred Müller-Armack; weiterentwickelt wurde die Theorie durch Prof. Alexander Rüstow und Prof. Wilhelm Röpke; von Müller-Armack soll auch der Begriff "Soziale Marktwirtschaft" stammen (1947). Vgl. Lampert (455) S.90
4) Müller-Armack (535) S.245

Zur Erläuterung nennt er folgende Punkte[1], die zum Grundbild dieser Ordnung gehören:

- Beweglich und dynamisch funktionierender Markt,
- Anspruch auf soziale Fortschritte auf der Basis von wirtschaftlichem Wachstum,
- Vorhandensein eines starken demokratischen Staates zur Überwachung der Funktion dieser Ordnung,
- Sekundärverteilung der Einkommen unter sozialen Gesichtspunkten durch Staatshaushalt und Versicherungen,
- Aktive staatliche Gesellschaftspolitik im Bereich der Infrastruktur, der sozialen Sicherung, der Bildung und Forschung usw.,
- Offenheit für zukünftige gesellschaftspolitische Ziele und freie Betätigung aller Gruppen unter Beibehaltung des festen marktwirtschaftlichen Formprinzips.

Handelt es sich bei dieser Ordnung nun tatsächlich um den dritten Weg zwischen der "Scylla Kapitalismus" und "Charybdis Zentralverwaltungswirtschaft", um eine Synthese von rechtsstaatlich gesicherter Freiheit und den sozialstaatlichen Idealen der sozialen Sicherheit und sozialen Gerechtigkeit?[2]

Zumindest im theoretischen Anspruch sieht Müller-Armack die Soziale Marktwirtschaft in dieser Mittenposition, wenn er z.B. glaubt, daß gerade diese Ordnung den Versuch darstellt, "innerhalb der modernen Massengesellschaften freie wirtschaftliche Initiative und freien Wettbewerb mit den sozialen Überzeugungen, die für unsere Zeit als unabdingbare Voraussetzungen der staatlichen und gesellschaftlichen Existenz angesehen werden müssen, zu verbinden"[3]. Auch hat der Staat die Möglichkeit, durch gezielte Wirtschafts- und

---

1) Vgl. Erhard/Müller-Armack (246) S.25 ff.
2) Lampert (455) S.92
3) Müller-Armack (535) S.254

Sozialpolitik der durch die Marxisten verkündeten "Verelendung der Massen"[1] entgegen zu wirken, denn gerade der "marktwirtschaftliche Einkommensprozeß bietet der Sozialpolitik ein tragfähiges Fundament für eine staatliche Einkommensumleitung, die in Form von ... Subventionen usw. die Einkommensverteilung korrigiert"[2].

Die wesentlichsten wirtschaftspolitischen Orientierungsdaten einer "aufgeklärten Wirtschaftspolitik" Schiller'scher Prägung wurden in dem § 1 des Stabilitätsgesetzes vom 8.6.1967 zusammengefaßt: "Bund und Länder haben bei ihren wirtschafts- und finanzpolitischen Maßnahmen die Erfordernisse des gesamtwirtschaftlichen Gleichgewichts zu beachten. Die Maßnahmen sind so zu treffen, daß sie im Rahmen der marktwirtschaftlichen Ordnung gleichzeitig zur Stabilität des Preisniveaus, zu einem hohen Beschäftigungsstand und außenwirtschaftlichen Gleichgewicht bei stetigem und angemessenem Wirtschaftswachstum beitragen."

Die Instrumente einer solchen Globalsteuerung sind aber ebenso überfordert wie schon bei der Lageanalyse und der Zielformulierung[3].

Kritiker dieser sozial-marktwirtschaftlichen Ordnung erkennen in ihr keine über den Kapitalismus hinausgehenden Bestimmungsmerkmale. Folgt man Sombart[4], der den Kapitalismus beherrscht sieht von den drei Leitideen

- Erwerbsprinzip,
- Konkurrenzidee,
- ökonomischer Rationalismus,

wird man unschwer erkennen, daß kapitalistische Grundprinzipien zwar in der Sozialen Marktwirtschaft ent-

---

1) Zur Verelendungstheorie des Marxismus vgl. z.B. Oberndörfer/Jäger (564) S.44 ff.
2) Müller-Armack (535) S.246
3) Vgl. dazu Hillmann (366) S.186; Hans Tietmeyer (729)
4) Sombart (694) S.27 f.

halten sind, diese aber - wie oben gezeigt - darüber hinaus wesentliche Kennzeichen hat[1].

Sieht man wie Galbraith den Kapitalismus durch eine "Machtverlagerung von Grundbesitz auf das Kapital"[2] geprägt, wird man den Errungenschaften des modernen Sozialstaates (Arbeitsrecht, Sozialrecht usw.) weder in seinen Zielvorstellungen, noch in seiner aktuellen Realität gerecht.

v. Oertzen skizziert in einem Arbeitsheft der IG-Metall ein Schema von Wirtschaftsordnungen, in dem die auf dem Privateigentum gründende Marktwirtschaft "Kapitalismus" genannt wird. Darin ist auch ein Mischsystem (neben Marktwirtschaft und Planwirtschaft) zu finden, das der Sozialen Marktwirtschaft nahe kommt und "Wohlfahrtskapitalismus" genannt wird[3].

---

1) Ähnlich bei Max Weber: "Kapitalismus ist da vorhanden, wo die erwerbswirtschaftliche Bedarfsdeckung einer Menschengruppe auf dem Wege der Unternehmung stattfindet, gleichviel, um welchen Bedarf es sich handelt, und speziell kapitalistischer Betrieb ist ein Betrieb mit Kapitalrechnung, d.h. ein Erwerbsbetrieb, der seine Rentabilität rechnerisch durch das Mittel der modernen Buchführung und die (zuerst von dem holländischen Theoretiker Simon Sterin im Jahre 1608 verlangte) Aufstellung der Bilanz kontrolliert." Siehe Max Weber (793a) S.238

2) Galbraith (290) S.63 ff.

3) Vgl. Oertzen (567) S.39 f.
Sein Schema lautet:
1) marktwirtschaftliche Systeme
   a) auf der Grundlage des Privateigentums
      "Kapitalismus"
   b) auf der Grundlage des Gemeineigentums
      "Sozialistische Marktwirtschaft"
2) Planwirtschaftliche Systeme
   a) auf der Grundlage des Privateigentums
      "Staatskapitalismus"
   b) auf der Grundlage des Gemeineigentums, nichtdemokratisch
      "Stalinismus"
   c) auf der Grundlage des Gemeineigentums, demokratisch
      "Klassischer Sozialismus"
3) Gemischte Systeme
   a) "Wohlfahrtskapitalismus", autoritär oder demokratisch
   b) "Soziale Demokratie"
   c) "Moderner demokratischer Sozialismus"

Gegen diese Art von Kritik ist grundsätzlich einzuwenden, daß bei der Gleichsetzung von Kapitalismus und (Sozialer) Marktwirtschaft meist übersehen wird, daß diese Begriffe auf verschiedenen Ebenen angesiedelt sind. So stellt Marktwirtschaft einen Begriff für eine bestimmte Wirtschaftsordnung dar, deren Gegensatz in der Zentralverwaltungswirtschaft zu sehen ist[1]. Dabei geht es primär darum, wer im Wirtschaftsprozeß plant: entweder autonome Wirtschaftssubjekte dezentral über den Markt oder eine zentrale Verwaltung.

Dagegen bezeichnet "Kapitalismus" in der Regel eine Herrschaftsform im Unternehmen, die aus dem Privateigentum an Produktionsmitteln (= Kapital) abgeleitet wird: Derjenige, der die Produktionsmittel besitzt, hat damit über das Sacheigentum hinaus auch die Herrschaft über die Unternehmensleitung und die, in "seinem Unternehmen" beschäftigten Arbeitnehmer. Als Gegenbegriff dazu steht Gemeineigentum oder Sozialismus[2].

Allerdings wird die Wirtschaftsordnung nicht nur von dem Wirtschaftssystem sondern auch von der Eigentumsordnung und von der politischen Verfassung bestimmt. Wenn die Soziale Marktwirtschaft auch offen ist für die verschiedensten Eigentumsformen, so hat das Privateigentum an Produktionsmitteln dennoch eindeutige Präferenz; das daneben bestehende gemeinwirtschaftliche oder Staatseigentum spielt nur eine untergeord-

---

1) Oft wird der Begriff "Planwirtschaft" dazu synonym verwendet.
2) Eine weitere Erläuterung der Begriffe Kapitalismus und Sozialismus erscheint hier unnötig, da beide von der jeweiligen Ideologie abhängig und zur Skizzierung des Systems der Sozialen Marktwirtschaft nicht wesentlich sind.

nete Rolle[1].

Schließlich soll noch auf einen wichtigen, oft mißgedeuteten Tatbestand[2] hingewiesen werden, den Franz Böhm aufgezeigt hat: "Ein Zusammenhang zwischen rechtlicher Legitimation und unternehmerischer Betätigung und Privateigentum besteht nicht", denn "das Recht, ein Gewerbe zu betreiben, ist in einer Gesellschaft mit marktwirtschaftlicher Ordnung aus der Privatautonomie abgeleitet"[3].

Nach Meinung von Nell-Breuning liegt bei allen "Autoren, die das Privateigentum für die Legitimationsgrundlage der unternehmerischen Tätigkeit halten", ein Irrtum vor, indem diese "die Legitimation zu einer Tätigkeit mit der Erfolgsgrundlage für eine Tätigkeit"[4] verwechseln.

Den Zusammenhang zwischen Wirtschaftsordnung und politischem System charakterisiert Müller-Armack als ein Verhältnis der Unterordnung. Für ihn ist die Soziale Marktwirtschaft "ein Instrument, ein Organisationsmittel, nicht ein Selbstzweck und daher noch nicht Träger bestimmter Werte. So ist eine letzte Entscheidung über sie nur möglich, wenn wir gewiß sein dürfen, die Ideale und Werte einer von uns angestrebten Gesamtlebensordnung durch sie verwirklicht zu sehen.

---

1) Das Grundgesetz zeigt sich zwar als "wirtschaftsordnungsneutral": "Es hat ... seine bisherige Rechtsprechung, insbesondere zum Eigentum und zur Offenheit des Grundgesetzes in bezug auf die Ordnung der Wirtschaft, bestätigt und in einer Weise fortentwickelt, die bisher umstrittene Freiräume gesetzgeberischer Tätigkeit nun deutlicher werden läßt." So interpretiert der Bundesminister für Arbeit und Sozialordnung das am 1.3.1979 verkündete Urteil des Bundesverfassungsgerichtes zur Mitbestimmungsklage der Arbeitgeber.
In: Bundesminister (132) S.22
Zum Mitbestimmungsurteil vgl. Ausführungen unten.
2) Vgl. dazu Franz Böhm (65) S.161
3) Franz Böhm (65) S.164
4) v. Nell-Breuning (552) S.15

Die Marktwirtschaft ist ein formales und neutrales Organisationsmittel, welches selbst noch keine bestimmte Lebensgesinnung zum Inhalt hat"[1].

Damit ist deutlich die übergeordnete Funktion der staatlichen Ordnung gekennzeichnet, welche die Werte und Ziele normiert, die u.a. mit dem Instrument Wirtschaft verwirklicht werden sollen. Damit ist zugleich aber auch impliziert, daß zwischen dem System Wirtschaft und dem System Staat Interdependenzen[2] bestehen:

"Das Konzept der Sozialen Marktwirtschaft setzt als Idee den freiheitlichen Rechtsstaat voraus, die marktwirtschaftliche Ordnung ermöglicht und sichert diesen aber zugleich auch. Dies ist der Kern dessen, was Walter Eucken die 'Interdependenz der Ordnungen' nannte"[3].

2.33 Der soziale Rechtsstaat

2.331 Die politische Ordnung

Die Frage nach der politische Ordnung soll hier nicht mit einer umfassenden Darstellung aller juristischen, soziologischen und politischen Probleme beantwortet werden, die Frage zielt vielmehr auf die Tatbestände, die auf eine Unternehmensverfassung positive oder negative Normen setzen.

Ausgangspunkt dafür ist das Grundgesetz, das "ein umfassendes (also nicht teilhaftes) Schema von dem gemeinschaftlichen Leben eines Volkes (entwirft) unter dem Gesichtspunkt der Herrschaftsordnung: von diesem

---

1) Müller-Armack (535) S.126
2) Diese Interdependenzen wertet Mestmäcker so: "Die wirtschaftlichen Kontroversen über Möglichkeiten und Grenzen der Wirtschaftsverfassung sind nur als Kontroversen über die zugrundeliegenden verschiedenen Auffassungen von Staat, Recht und Gesellschaft verständlich." Mestmäcker (510) S.12
3) Henning Hillmann (366) S.184

Grundgesetz leiten alle anderen Gesetze ihre Gesetzeskraft ab"[1].

Neben der Orientierung des politischen Handelns auf die Menschenwürde (Artikel 1)[2] stellt die Kennzeichnung der Bundesrepublik als "sozialer Rechtsstaat"[3] die Kernaussage des Grundgesetzes dar. Diese beiden Bestandteile erschienen dem Gesetzgeber so wichtig, daß er eine Änderung in Artikel 79.3[4] ausdrücklich als unzulässig erklärte.

Was bedeutet die Verbindung von Rechtsstaat und Sozialstaat für Ordnungsmodelle im mikroökonomischen Subsystem?

2.332 Der Rechtsstaat

Der Begriffsinhalt des Rechtsstaates ist weitgehend unumstritten. Als Staatsidee der sich im 19. Jahrhundert ausbildenden "bürgerlichen Gesellschaft" spiegelt er deren Kennzeichen wider , die der Verfassungsrechtler Ernst Rudolf Huber[5] in 4 Punkten zusammenfaßt:

---

1) Kuhn (452) S.13
2) Artikel 1 des Grundgesetzes: "Die Würde des Menschen ist unantastbar. Sie zu achten und zu schützen ist Verpflichtung aller staatlichen Gewalt."
3) Der Begriff: "sozialer Rechtsstaat" ist nur im Artikel 28 (1) zu finden, in dem es heißt: "Die verfassungsmäßige Ordnung in den Ländern muß den Grundsätzen des republikanischen, demokratischen und sozialen Rechtsstaates im Sinne dieses Grundgesetzes entsprechen."
Eine andere Stelle lautet nur ähnlich, nämlich Artikel 20 (1): "Die Bundesrepublik Deutschland ist ein demokratischer und sozialer Bundesstaat."
4) Artikel 79 (3) schreibt vor: "Eine Änderung dieses Grundgesetzes, durch welche ... die in den Artikeln 1 und 20 niedergelegten Grundsätze berührt werden, ist unzulässig."
5) Huber, in: Forsthoff (274) S.591

- freies Selbstbestimmungsrecht des Einzelnen
- freies Spiel der Kräfte durch Selbstregulierung im wirtschaftlichen und kulturellen Schaffensprozeß,
- freier Leistungswettbewerb,
- Entstehen einer mit Bildung und Besitz ausgezeichneten Oberschicht unter Einebnung der alten privilegierten Stände.

Diese materiellen Rechte bzw. gesellschaftlichen Entwicklungsmöglichkeiten werden durch normierte staatsrechtliche Prinzipien abgesichert[1]:
- Prinzip der Gewaltenteilung,
- Prinzip der Unabhängigkeit der Gerichte,
- Gesetzmäßigkeit der Verwaltung,
- gerichtlicher Rechtsschutz gegen jeden rechtswidrigen Verwaltungseingriff,
- Prinzip der öffentlich-rechtlichen Entschädigung bei Eingriffen in die Vermögenssphäre.

Nicht diese Prinzipien zu verwirklichen, sondern mit deren Hilfe "materielle Gerechtigkeit" zu schaffen, ist nach Hubers Meinung der "wahre Sinn"[2] des Rechtsstaates.

Die Bezugsgröße, auf die alles rechtsstaatliche Handeln ausgerichtet sein soll, ist die im Artikel 1 genannte "Menschenwürde", eine Umschreibung des höchsten anzuerkennenden Wertes, nämlich "des Menschseins der Menschen oder Personalität des Individuums"[3].
In der bürgerlichen Gesellschaft galt die Legalität des Rechtsstaates "als die beste und sicherste Garantie des legitimen Unantastbarkeitsbereichs, das heißt des Lebens, der Freiheit und des Eigentums"[4].

1) Huber in(274)S.593
2) Huber in(274)S.594
3) Huber in(274)S.594
4) Huber in(274)S.594

2.333 Der Sozialstaat

Die Gesellschaft ist heute aber nicht mehr nur durch die Kennzeichen der bürgerlichen, sondern auch der industriellen Gesellschaft geprägt; der Staat muß also auch für deren Probleme - vor allem die Konflikte zwischen den gesellschaftlichen Klassen - Regelungsmechanismen schaffen[1].

Mit folgenden fünf Kennzeichen umschreibt Huber die "vollentwickelte Industriegesellschaft"[2]:

- Wirtschaftssystem mit "hochentwickelter Kapitalkonzentration" und "rationalisiertem Arbeitsprozeß",
- Gesellschaftssystem, geprägt durch gegensätzliche, aber gleichberechtigte Klassen,
- Kultursystem mit allgemeinem Zugang zu durchorganisiertem Bildungs- und Kulturbetrieb,
- Staatssystem mit einem an den Massenbedarf angepaßten Verwaltungsapparat,
- Staatssystem, vom Prinzip der Nichtintervention zu einem "System der sozialen Intervention" gewandelt.

Diesen Staat, der aus der Anpassung an die Industriegesellschaft hervorging, nennt Huber den "Sozialstaat im Sinne des Grundgesetzes", wenn auch der Begriff selbst weder im Grundgesetz noch in den Landesverfassungen - mit Ausnahme der bayerischen in Art. 3 - verankert ist.

Über die Nichtnormierung des Sozialstaates (im Gegensatz zum Rechtsstaat) wurde viel spekuliert[3]. Einleuchtend ist wohl das Argument, daß es der verfassungsgebenden Versammlung nicht möglich war, die "sozialwirtschaftliche Struktur der kommenden Zeit"[4] zu erkennen und sie deshalb der Entwicklung auch nicht vorgreifen wollte.

---

1) Vgl. dazu H. Achinger in(699) S.67 ff. und Daniel Bell (44)
2) Huber in (274) S.598
3) Vgl. z.B. Löw (478) S.109
4) Werner Weber (795) S.202

Über die Meinung, was der Sozialstaat nun sei, gehen die Ansichten weit auseinander, da man ja nur auf die Exegese von Gesetzestexten zurückgreifen kann.

Erfüllt ein Staat dann schon das Sozialstaatspostulat, "wenn er sich nach Kräften bemüht, soziale Gerechtigkeit zu verwirklichen?"[1] Danach ginge es getreu dem römischen Kaiser Justinian bei "Gerechtigkeit (um) den festen Willen, jedem das Seine zuzuteilen"[2].

Bei dieser Definition des Sozialstaates wird aber ein philosophischer Begriff durch einen andern, ebenso interpretationsbedürftigen - die Gerechtigkeit - ersetzt. Deshalb war auch die "Frage nach dem normativen Gehalt des Sozialstaatspostulats des Grundgesetzes ... in den 50er **und** 60er Jahren in erster Linie die beherrschende Fragestellung"[3], wobei die verschiedensten Deutungsmöglichkeiten diskutiert wurden: "Tatsachenfeststellung, unverbindliche Absichtserklärung, Interpretationshilfe, Rechtsnorm ohne Berechtigte, Anspruchslage für den Bürger"[4].

Das Bundesverfassungsgericht hat schon früh[5] auf die Bedeutung des Sozialstaatspostulats als Exegesehilfe für jede Art von Gesetzesinterpretation hingewiesen, ohne aber den Begriff selbst endgültig zu normieren. Deshalb bleibt es überwiegend dem Gesetzgeber und der Verwaltung überlassen, das "was an unserer gesellschaftlichen Ordnung sozial ist"[6] zu beschreiben und zu verwirklichen[7].

---

1) Löw (478) S.108
2) "Justitia est constans et perpetua voluntas jus suum cuique tribuendi." Justinian, in den degesten ulpians (S.108) zit. n. Löw (478) S.108
3) Standfest (706a) S.11
4) Löw (478) S.107
5) Bundesverfassungsgericht Entscheidungen 1,105
6) Achinger in (699) S.73
7) Das Bundesverfassungsgericht hat mit dem oben schon genannten "Mitbestimmungsurteil" (146) dieser Praxis wieder genau entsprochen.

Damit wird der Staat also gerade nicht - wie beim Rechtsstaatspostulat - in seiner Handlungsfreiheit eingeschränkt, um die Freiheit des Bürgers zu schaffen, zu festigen und zu schützen, sondern ist stattdessen zum Handeln verpflichtet.

Dieses muß zu einem Eingriff in die Autonomie der Staatsbürger führen, sobald der Staat - im Sinne des Sozialstaatspostulats - Maßnahmen "zur Sicherung des sozialen Aufstiegs, zur Herstellung der sozialen Partnerschaft und zur Deckung des Daseinsbedarfs der breiten Schichten im Weg der kollektiven Daseinsfürsorge und -vorsorge"[1] ergreift.

Abgesehen von den Spannungen, die sich aus diesem dialektischen Gegeneinander von Rechtsstaat und Sozialstaat ergeben, bleibt auch die generelle Zielsetzung des Handelns umstritten: Sollen die Klassenkonflikte in der Industriegesellschaft durch Abschaffung der Klassen - wie es der Marxismus anstrebt - oder durch die "Bändigung des sozialen Konflikts im sozialen Kontakt"[2] gelöst werden? Befürworter des Sozialstaatsgedankens plädieren für eine an der Menschenwürde orientierte, ja allein darauf ständig ausgerichtete Konfliktregelung, weil sie in der Abschaffung der als antagonistisch propagierten Klassen ein autoritäres, die menschliche Entfaltungsfreiheit ruinierendes Vorgehen sehen[3].

Um die soziale Integration der verschiedenen Klassen in die Gesellschaft zu verwirklichen, bedarf es eines staatlichen Maßnahmebündels, eingebettet in Formen des sozialen Kontakts wie "sozialer Aufstieg, soziale

---

1) Huber in (274) S.605
2) Huber in (274) S.605
3) Vgl. dazu Huber (274) S.604 und passim: "Klassenlosigkeit ließe sich nur durch Gewalt, durch die Diktatur einer Klasse schaffen. Die Vielheit der Klassen und damit der immer neu hervorbrechenden Klassenkonflikte ist der Preis, den wir für die Freiheit in der Industriegesellschaft zu zahlen haben. Der gesellschaftliche Pluralismus ... hat sein ökonomisch-soziales Fundament im Pluralismus der Klassen."

Partnerschaft, soziale Daseinsvorsorge,... die verhindern, daß der Klassenkonflikt sich in Klassenkampf (den Klassenkampf von oben oder von unten) entlädt"[1)]

Diese Sozialstaatsposition ist von allen Seiten heftiger Kritik ausgesetzt. Als ein auf Seiten der aktuellen Staats- und Gesellschaftsordnung stehender Staatsrechtler in der Bundesrepublik ist hier vor allem Forsthoff zu nennen, der eine Verbindung von Rechtsstaat und Sozialstaat seit eh und je ablehnt, da diese beiden Formen nicht vereinigt werden könnten und zum Ruin von Staat und Gesellschaft führen müßten[2)]; in einer jüngeren Schrift qualifiziert er sie als eine Öffnung gegenüber der Ideologie und zugleich als eine Banalität[3)] ab.

Weniger vom grundsätzlichen Ansatz als von seiner Realisierungsschwierigkeit her wird der Sozialstaat von anderer Seite angezweifelt, sei es, weil der Staat mangels geeigneter Instrumente gegenüber den Konflikten in der Industriegesellschaft kapitulieren muß[4)] oder aber einmal staatlich beschlossene Maßnahmen nicht mehr rückgängig zu machen sind: "Es geht nur hinauf, aber nicht mehr herunter"[5)].

---

1) Huberin(274) S.605
2) Vgl. dazu: Forsthoff (273)
3) "Vor allem die Formel sozialer Rechtsstaat (Art. 20 u. 28 GG) hat sich als ein Mittel zur Einschleusung der Ideologie in das Verfassungsrecht erwiesen. Inzwischen gibt es eine umfangreiche Literatur, die sich unter Berufung auf hohe und höchste Werte bemüht, dieser Form einen faßbaren Gehalt abzugewinnen. Sie kommt, mit Abweichungen im einzelnen, zu dem Ergebnis, daß mit ihr die Bundesrepublik zur sozialen Gerechtigkeit verpflichtet werde, die jedoch notwendig undefiniert bleibt, so daß jeder nach seinem Gutdünken verstehen kann - eine Leerformel und eine Banalität das Ganze."
Forsthoff (273) S.68
4) Schnurr(666) S.20
5) Schnurr(666) S.25

Auch ist die Gefahr nicht zu übersehen, daß der Bürger durch sozialpolitische Maßnahmen materiell zwar sichergestellt aber in einem goldenen Staatskäfig lebt, denn dabei wird "bekanntlich dieser tatsächlich individuelle Freiheitsraum kleiner, je mehr der einzelne auf die Leistungen eben dieses Staates angewiesen ist"[1].

Die Fähigkeit zur sozialen Integration wird dem Sozialstaat überall dort abgesprochen, wo die Konflikte durch Aufhebung der Klassengesellschaft gelöst werden sollen. Die Vertreter der "Systemveränderung" greifen jede Art von Konflikten auf, um mit deren angeblicher Unlösbarkeit das System selbst in Frage zu stellen[2].

Dabei dient das inhaltlich nicht normierte Sozialstaatspostulat als Ansatzpunkt, auf demokratischem Wege eine legitime sozialistische oder wie auch immer geartete neue Ordnung zu schaffen[3]. So auch, wenn z.B. Abendroth feststellt, "daß das Grundgesetz zwar das spätkapitalistische Wirtschaftssystem und seine sozialen Widersprüche und politischen Gefahren mit wenigen Veränderungen bestehen gelassen hat, aber die Chance garantiert, es mit gesetzlichen Mitteln und ohne Grundgesetzänderung durch Entscheidung der Majorität der Legislative, die durch die Wähler erzwungen werden kann, in eine sozialistische Ordnung zu verwandeln"[4].

---

1) Schnurr (666) S.21
2) Dazu dienen aktuelle Probleme wie Arbeitslosigkeit, Numerus Clausus an Universitäten, Umweltgefährdung durch Industrie und dergleichen.
3) "Das Grundgesetz als Garantie der Möglichkeit ihrer demokratischen Abschaffung - damit hat die Kunst der 'Umfunktionierung' im Dienst der Systemveränderung ihr äußerstes getan." Kuhn (452) S.12
4) Abendroth (1) S.68

2.334 Zuordnung von Staat und Gesellschaft

Mit der Ausprägung des modernen Sozialstaates gerät die - zumindest verfassungstheoretische - Unterscheidung von Staat und Gesellschaft in zunehmende Bedrängnis, ja es "ist heute nahezu einhellige Meinung, daß ... (sie) im Zeichen der modernen Demokratie und im Zeichen des Sozialstaates überwunden sei"[1]. Gerade weil der Staat in immer mehr Bereichen materiell und immateriell interveniert[2], könne es keine "staatsfreie" Gesellschaft mehr geben, das Sozialstaatspostulat sei zugleich auch die Legitimation für die staatliche Durchdringung der Gesellschaft.

Diese Position übersieht aber, daß der Verfassungsauftrag an den Staat die Realisierung eines "sozialen Rechtsstaats" ist, d.h., daß die beiden Prinzipien Rechtsstaatlichkeit und Sozialstaatlichkeit gleichrangig nebeneinanderstehen und beider Orientierungspunkt die Personalität des Einzelnen, die Menschenwürde, darstellt. Durch eine einseitige Verlagerung des Schwergewichts auf eines der beiden Prinzipien, wird das jeweils favorisierte Prinzip nicht gestärkt, sondern im Gegenteil letztendlich sogar bedroht: Der Rechtsstaat garantiert nämlich die "Unantastbarkeit des Kernbereichs personaler Freiheit"[3], ist aber "in unserer Zeit nur noch sinnvoll und möglich, wenn er zugleich Sozialstaat ist"[4].

---

1) Böckenförde (64b) S.7
2) Die materielle Seite der Staatsintervention verdeutlicht die Verwendung des Sozialproduktes zwischen 1969 bis 1975:
Dabei ist der Staatsverbrauch von 15,7 auf 21,3 % des Bruttosozialprodukts (BSP) gewachsen, das staatliche Sozialbudget von 25,3 % auf 32,1 % des BSP. Vgl. Statistisches Jahrbuch 1976 (707) S.526 und Sozialbericht 1976 (198) S.122
3) Huber (274) S.615
4) Huber (274) S.616

Andererseits gefährdet ein Staat, der nur die Sicherheit der Gesellschaft vor Augen hat, gerade die rechtsstaatlich garantierte individuelle Freiheit, da er "notwendigerweise in den sozialen Kollektivismus"[1] ausartet - in der "Kollektivierung aber gehe gerade das Soziale des Sozialstaates"[2] unter.

Was gefordert wird, ist ein sozialer Rechtsstaat im Sinne des Grundgesetzes, "der auf der dialektischen Zusammenfügung der Momente des Personalen und Sozialen zu einer Einheit beruht..., (denn) das Soziale, für sich allein gesetzt, entartet ins Kollektiv; das Personale, für sich allein gesetzt, löst sich in Anarchie auf"[3]. Damit ist zugleich aber auch notwendig eine "verfassungstheoretische Unterscheidung von Staat und Gesellschaft als Bedingung der individuellen Freiheit"[4].

---

1) Huber (274) S.616
2) Huber (274) S.616
3) Huber (274) S.617 f.
4) Titel einer Rede von Ernst-Wolfgang Böckenförde am 12.7.1972 in Düsseldorf (64b)

3. Die Probleme

3.0 Formulierung und Abgrenzung der Einzelprobleme

Ausgehend von der Prämisse, daß die Organisation "Unternehmen" systemkonform eingebunden werden soll in die vorgegebenen politischen und volkswirtschaftlichen Ordnungsformen - also in den sozialen Rechtsstaat und die soziale Marktwirtschaft - sind idealtypisch geprägte Organisationsstrukturen nicht realisierbar; sie werden vielmehr weitgehend determiniert durch die interdependenten Beziehungen, wie sie zwischen der Organisation selbst, ihren handelnden Personen und ihrem Umfeld bestehen.

Mit diesen Einschränkungen ergeben sich auch Kriterien für die Formulierung und Abgrenzung von Struktur-Problemen: Primär relevant sind solche, die sich aus der aktuellen realen Situation ergeben, also z.B. nicht generelle betriebswirtschaftliche Fragen. Da mit der Art der Problemerfassung auch schon Lösungswege vorgezeichnet werden, sind folgende Fragen besonders zu beachten: Welcher Wissenschaftsansatz wird verwendet, und welcher Arbeitsweg wird eingeschlagen (deduktiv, induktiv, empirisch oder philosophisch)? Wie stark sind weltanschaulich geprägte Kategorien eingearbeitet? Sind a priori allgemein verbindliche Normen oder Ziele enthalten? So impliziert z.B. die apodiktisch aufgestellte Forderung nach einer "Demokratisierung aller Lebensbereiche" die Behauptung, daß bisher darin keine Demokratie oder eine andere Form zu finden sei.

Eine letzte, oft für eine realisierbare Lösung unabdingbare Frage ist schließlich rein formal zu stellen: Wie genau kann ein Problem erfaßt, analysiert und beschrieben werden?

Angesichts solcher Überlegungen ergeben sich für die dieser Arbeit zugrunde liegende Fragestellung vor allem drei Problembereiche, nämlich die organisatorischen Strukturen (Macht und Herrschaft), die Verteilung der materiellen Ergebnisse (Verhältnis Arbeitsentgelt und Gewinn) und schließlich die individuellen Interessen. Voll unberücksichtigt bleiben die Bereiche des Arbeitsprozesses und weitgehend auch die zwischenmenschlichen Beziehungen, obwohl gerade diese für jedes soziale System mitentscheidend für das Erreichen des Organisationszieles sind.

3.1. Macht und Herrschaft im Unternehmen

3.11 Begriffliche Fixierung der Macht

Bei der Betrachtung der Indikatoren gesellschaftlicher Lebensbedingungen gibt es wohl keinen Begriff, der häufiger und kontroverser diskutiert wird als die "Macht". Je nachdem von welchem politischen, ideologischen oder philosophischen Standort aus man die Gesellschaft betrachtet, wird eine "wachsende Macht der Gewerkschaft"[1], ein "Gewerkschaftsstaat"[2], oder eine "Vermachtung der Wirtschaft"[3] gesehen oder von dem "Unternehmer" DGB als "die unbekannte Macht"[4], von der Macht des Kapitals, der Interessenverbände, des Staates gesprochen; die Frage nach der Verteilung "gesellschaftlicher Macht"[5] zeigt sich als ein Dauerthema.

Dennoch ist die Häufigkeit des Begriffsgebrauchs umgekehrt proportional zur Fähigkeit der genauen inhaltlichen Bestimmung; der Begriff erweist sich als "soziologisch amorph", denn "alle denkbaren Qualitäten eines Menschen in allen denkbaren Konstellationen können jemand in die Lage versetzen, seinen Willen in einer gegebenen Situation durchzusetzen"[6]. So bestechend einfach die Max Weber'sche Definition auch klingt, wenn für ihn Macht einfach "jede Chance (bedeutet), innerhalb einer sozialen Beziehung den eigenen Willen und gegen Widerstand durchzusetzen: gleichviel, worauf diese Chance beruht"[7], so wenig lassen sich damit "Machtverhältnisse im Unternehmen fixieren oder klassifizieren.

Wenn der Begriff in den Wirtschaftswissenschaften sich als "überraschend wenig festliegend" darstellt, liegt

---

1) Roberts (624) S.499
2) Niedenhoff (559)
3) Köser (426) S.15
4) Niedenhoff (561)
5) Adam (4) S.392
6) Brodersen (97) S.33
7) Max Weber (793) S.28

die Vermutung nahe, daß es möglicherweise umstritten ist, ob die Macht "überhaupt ein notwendiger wirtschaftswissenschaftlicher Begriff ist"[1]. Zwar werden immer wieder Versuche unternommen, diesen Begriff einzugrenzen, so z.B. als "bewußte Fähigkeit, einen wahrzunehmenden Einfluß auszuüben", wobei dann als "ökonomische Macht" gilt die "bewußte Fähigkeit, einen wahrnehmbaren Einfluß auf ökonomische Parameter auszuüben"[2].

Um diese definitorische Unzulänglichkeit nicht in einen unergiebigen Wissenschaftsstreit münden zu lassen, wird stattdessen meist primär die Frage nach den Bedingungen der Macht gestellt, d.h. also danach, "ob es Möglichkeiten der Interessenverfolgung gibt, die in irgend einem Sinn auf Kosten gleichberechtigter Interessen anderer gehen, also durch die Frage der Relation einer Macht im Verhältnis zu anderen Mächten, und die alte Frage der Möglichkeiten (Grenzen) solcher Machtausübung"[3].

Als solche Machtquellen fand Max Weber schon eine Reihe von Merkmalen wie Charisma eines Führers, Gottesgnadentum eines weltlichen Herrschers, irdische göttliche Stellvertretung für geistliche Würdenträger, Usurpation von Einflußmöglichkeiten, Reichtum[4]. Übertragen auf die Wirtschaft und konkretisiert sieht v. Oertzen in diesen Merkmalen "drei Erscheinungsformen oder Wirkungsbereiche wirtschaftlicher Macht". Er unterscheidet

- Die "reine wirtschaftliche Macht"[5] mit den Bereichen Warenmarkt, Arbeitsmarkt und Verteilungskampf.
- Die "soziale Macht"; sie wirkt sich aus im unternehmerischen "Entscheidungskonflikt" und dem "Autoritätskonflikt" zwischen den sogenannten Herrschenden und Beherrschten.

1) Rittig (621) S.81 ff.
2) Roberts (625) S.407
3) Rittig (621) S.82
4) Vgl. Weber (793)
5) v. Oertzen IGM (567) S.10

- Die "Politische Macht" des Unternehmens nach außen als Konflikt zwischen der "Herrschaft unverantwortlich kleiner 'Eliten' und der Demokratie"[1], also der Herrschaft der Mehrheit.

Aus diesen komplexen Machtverhältnissen soll ein Bereich, nämlich der unternehmensinterne, für die weitere Untersuchung herausgeschält werden[2].

Dies scheint logisch konsequent, wenn man die Regelung der Außenwirkung der Unternehmensmacht nur der Wirtschaftsordnung, hier also der sozialen Marktwirtschaft überläßt, zumal diese Macht in dieser Ordnung durch eine interessenpluralistische Unternehmensverfassung bisher nicht aufgehoben werden konnte; dies wird als Aufgabe von Markt und staatlicher Aufsicht aufgefaßt[3].

Geht man davon aus, daß Macht zunächst wertneutral gesehen wird, da sie sich in der Regel in allen Sozialsystemen ergibt, stellt sich eine doppelte Frage: Können Machtverhältnisse in Organisationen überhaupt ganz aufgelöst werden (= funktionale Fragestellung)? Daneben sind die bestehenden Machtverhältnisse zu bewerten anhand eigener Ordnungsvorstellungen und gegebenenfalls dahingehend zu ändern (= Wertfrage).

Folgt man Max Weber, so ist eine allgemeingültige und damit berechenbare Rechtsordnung die Voraussetzung für einen "rationalen Machttypus"[4].

Daraus folgt, daß nach einer Ordnung zu suchen ist, die Anerkennung bei allen Betroffenen findet, damit die nicht direkt bejahte Macht nicht in Gewalt mündet, wo-

---

1) v. Oertzen IGM (567) S.12
2) Auch hier ergibt sich eine wertende Vorentscheidung, indem - zumindest für diese Untersuchung - der Machtkonflikt auf die direkt in dem Unternehmen tätigen Person (Arbeit, Kapital, Leitung) eingeengt wird. Zur Position des sog. "öffentlichen Interesses" ist weiter unten noch Stellung zu nehmen.
3) Vergleiche dazu Biedenkopf (53) S.339 ff.
4) Max Weber (793) S.124

bei die zwischenmenschlichen Beziehungen in bloße Sachbeziehungen verwandelt werden; hier nämlich überschreitet Macht die sozialethischen Grenzen, "wenn sie nicht nur die ihr Untergebenen vernichtet, indem sie aus Partnern dinghafte Objekte macht, sondern letztlich auch sich selbst zerstört, weil sie sich ihres eigenen Wertes begibt"[1].

Es stellt sich also die Frage nach der Legitimation und Kontrolle der Macht und damit die Frage nach der Herrschaft in der Organisation Unternehmen.

3.12 Herrschaftsverhältnisse im Unternehmen

Herrschaft, verstanden als eine "institutionalisierte, dauerhafte und auf Befehlsbereiche abgestimmte Macht"[2], eine "Canalized Power"[3] wird, wie in jeder Organisation, auch im Unternehmen ausgeübt[4], legalisiert durch den zwischen Arbeitgeber und Arbeitnehmer individuell abgeschlossenen - wie oben skizzierten - Arbeitsvertrag. Durch diesen verpflichtet sich der Arbeitnehmer zur Dienstleistung[5] und gibt damit dem Vorgesetzten "die Chance, für einen Befehl bestimmten Inhalts bei angebbaren Personen Gehorsam zu finden"[6] und zwar "kraft eingeübter Einstellung für einen Befehl prompten, automatischen und schematischen Gehorsam"[7].

---

1) Hauser (348) Sp.499 ff.
2) Gehlen (298) S.77
3) Karl Mannheim (492) zit. n. Gehlen (298) S.77
4) "Daß Herrschaft (einschließlich ihres Korrelates Disziplin auch in Industriebetrieben und über solche ausgeübt wird, kann nicht bezweifelt werden." Gehlen (298) S.78
5) "Der wirtschaftliche Zwang zum Abschluß eines Arbeitsvertrages setzt sich ... in der Notwendigkeit fest, der Planungszuständigkeit des Unternehmens und damit der Existenz und Ausübung von Befehlsbefugnissen zuzustimmen." Biedenkopf (53) S.319
6) Max Weber (793) S.28
7) Max Weber (793) S.28 (= Teil der Definition des Begriffs Disziplin)

Die Pflicht zum Gehorsam kollidiert bei dem Einzelnen natürlich mit seinem Recht auf Selbstentfaltung der Persönlichkeit[1]. Nimmt man Machtverhältnisse als a priori gegeben in einem Sozialsystem an, kann es bei der Regelung des Konflikts zwischen Selbstbestimmung und Gehorsam nur darum gehen, die Machtausübung durch eine institutionalisierte Ordnung zu kanalisieren und zu legalisieren, was "grundsätzlich auf die Dauer nur möglich (ist), wenn die geltenden Rechts- und Moralvorstellungen in sie aufgenommen sind"[2].

Max Weber konstatiert nun "drei neue Typen legitimer "Herrschaft", die
- "rationalen",
- "traditionalen" oder
- "charismatischen"

Charakter haben, und legitimiert damit die durch die "Legalität gesetzte der Ordnungen und des Anweisungsrechts der durch sie zur Herrschaft Berufenen"[3]. Dadurch bleibt aber dennoch ein etwa vorhandener Widerspruch zwischen bestehendem Recht und der aktuellen Moral. Gerade die Ordnung des Unternehmens scheint den heute geltenden Moralvorstellungen kaum zu entsprechen, die prinzipiell Herrschaft nur dann anerkennen wollen, wenn alle durch sie direkt Betroffenen auch über ihre "Herrscher" mitbestimmen[4] können:

"Weder Tarifvertrag noch Betriebsvereinbarung noch gesetzliche Schutznormen können in dem Maße zur Kontrolle der Leitungskompetenz des Unternehmens beitragen, wie es 'von der Wertgebundenheit aller Leitungsgewalt' gefordert wird. Vielmehr zeigt es sich, daß die

---

1) Im Grundgesetz Artikel 2 ist als Menschenrecht verankert: "Jeder hat das Recht auf freie Entfaltung seiner Persönlichkeit, soweit er nicht die Rechte anderer verletzt und nicht gegen die verfassungsmäßige Ordnung oder das Sittengesetz verstößt."
2) Gehlen (298) S.79
3) Max Weber (793) S.124
4) Biedenkopf (53) S.320

aus den besonderen organisatorischen Bedingungen des Unternehmens resultierende Abhängigkeit der Arbeitnehmer bei prinzipieller Beibehaltung des Arbeitsvertrages und damit bei Verzicht auf eine echte gesellschafts- und genossenschaftsrechtliche Ausgestaltung des Arbeitsverhältnisses nur durch institutionelle 'Teilnahme' der Arbeitnehmer an der Handhabung der Leitungsgewalt zureichend gebunden werden kann."

Folgerichtig wird die einseitige Prädestination der Kapitalgeber zur Unternehmensleitung auf Kosten der Arbeitnehmer[1] heute immer mehr abgelehnt. Die Vertreter dieser Position können deshalb eine Legitimation mit "traditionalem" Charakter auch nicht anerkennen, da eine Herrschaft, die "auf dem Alltagsglauben an die Heiligkeit von jeher geltender Traditionen und die Legitimität der durch sie zur Autorität Berufenen"[2] beruht, gerade die bestehenden Verhältnisse stabilisiert.

In einem Herrschaftsverband sei es nun einmal die "Hauptaufgabe der Herrschenden, die Interessen des gesamten Verbandes zu vertreten und zwischen konkurrierenden Interesssen im Verband zu entscheiden"[3]. Gerade diese Pflichten werden aber im Unternehmen nicht erfüllt, da "die Herrschenden ihre eigenen Gruppeninteressen... mit den Interessen der Gesamtheit gleichsetzen"[4]. Diese Situation muß zum unvermeidbaren Konflikt führen, wenn die Beherrschten ihre eigenen Interessen formulieren, sie diese aber durch die Herrscher nicht vertreten sehen, wie es bei einer einseitig von den Kapitalgebern legitimierten Unternehmensleitung der Fall ist.

---

1) So z.B. Franz Klüber (422) S.495 ff.
Er skizziert den in der katholischen Soziallehre vertretenen "Laborismus" als "Vorrang der Arbeit vor dem Eigentum" aus grundsätzlichen sozialethischen Überlegungen.
2) Max Weber (793) S.124
3) Oertzen (567) S.5
4) Oertzen (567) S.5

Als Ausweg bietet z.B. von Oertzen die "freiwillige genossenschaftliche[1] Zusammenarbeit", die "als Gegensatz zur Herrschaft... auf der Gleichberechtigung der Genossen und auf ihrer eigenen, in freier Diskussion gewonnenen Einsicht"[2] beruht. Zwar wird dabei eine hierarchische Ordnung mit Leitungs- und Kontrollfunktion nicht grundsätzlich abgelehnt, "diese Leitung aber rechtfertigt sich ausschließlich durch die sachliche Befähigung der Anweisenden und durch die aufgrund vernünftiger Überlegungen gewährte freie Zustimmung der Ausführenden"[3].

3.13 Bürokratie und Technokratie

Ob kapitalistische Unternehmensordnung oder genossenschaftliche Alternative, die v. Oertzen von der Position des "demokratischen Sozialismus" aus aufzeigt, - beide unterliegen der Gefahr weiterer unlegitimierter Herrschaft, wie sie z.B. von den "Bürokraten" ausgeübt wird. Schon Karl Marx sieht die Bürokratie als einen "Kreis, aus dem niemand herausspringen kann. Ihre Hierarchie ist eine Hierarchie des Wissens. Die Spitze vertraut den unteren Kreisen die Einsicht ins Einzelne zu, wogegen die unteren Kreise der Spitze die Einsicht in das Allgemeine zutrauen, und so täuschen sie sich wechselseitig"[4].

Ob kapitalistische oder sozialistische Organisationsform des Unternehmens - beide werden nach Max Weber durch die zunehmende Herrschaft der Bürokratie geprägt: "Der Bedarf nach stetiger, straffer intensiver und kalkulierbarer Verwaltung, wie ihn der Kapitalismus... historisch geschaffen hat ... und jeder Sozialismus einfach übernehmen und steigern würde, bedingt diese

1) Hoppe (375), Kühne (444) u.a.
2) Oertzen (567) S.5
3) Oertzen (567) S.5
4) Karl Marx (493) Bd.1, S.248

Schicksalshaftigkeit der Bürokratie als Kern jeder Massenverwaltung. ... Die Bürokratische Verwaltung bedeutet: Herrschaft kraft Wissen: dies ist ihr spezifisch rationaler Grundcharakter. Über die durch das Fachwissen bedingte gewaltige Machtstellung hinaus hat die Bürokratie ... die Tendenz, ihre Macht noch weiter zu steigern durch das Dienstwissen: die durch Dienstverkehr erworbenen oder 'aktenkundigen' Tatsachenkenntnisse"[1].

Diese so vorhandene bürokratische Herrschaft sieht Max Weber im Unternehmen nur des "kapitalistischen Unternehmers" gewachsen, da dieser durch sein privates Erwerbsinteresse ein noch größeres Wissen ansammle und damit die einzige "(zumindest relativ) immune Instanz"[2] sei. Die Vertreter des Marxismus[3] sehen zwar in der Herrschaft der Bürokraten ebenfalls ein beachtliches Problem, das aber nur von sekundärer Bedeutung sei, da die eigentlichen Herrschaftsträger im Kapitalismus die Eigentümer der Produktionsklasse seien und damit die Umverteilung des Produktiveigentums den Schlüssel zur Lösung der Herrschafts- und Klassenkonflikte darstelle[4].

Schließlich ist noch auf einen anderen Ansatzpunkt zur Kritik des Herrschaftsmißbrauchs hinzuweisen: Wie im Staat den Volksvertretern, so entgleitet die wirkliche Macht - je größer das Unternehmen umso stärker - den gewählten Vertretern zugunsten von technischen Experten, sei es der reine Techniker als Produktions-

---

1) Max Weber (793) S.129
2) Max Weber (793) S.129
3) Mandel untersucht z.B. in einer Schrift die Frage der "Arbeiterbürokratie, deren Entstehen, Wirkung und Bekämpfungsmöglichkeiten". Ernest Mandel (491)
4) Für Daniel Bell dient dieses ideologische Dogma dem Marxismus nur zur Verschleierung der Tatsachen, was empirische Daten - z.B. aus der Sowjetunion - auch belegen. Vgl. zum Problem der Bürokratie im Marxismus (in Theorie und Praxis) Bell (42) S. 85 ff.

spezialist [1] oder der Technokrat als Verwalter der technisierten Produktion[2].

Lederer/Marschak beschreiben diesen Vorgang folgendermaßen: "Den technischen Angestellten in seiner Eigenart kennen weder das Handwerk noch die Industrie in ihren Anfängen. Denn der Werkmeister der früheren Zeit, als selbständiger Betriebsleiter, ist grundverschieden von dem technischen Beamten der Riesenbetriebe. Diese industriellen Betriebe haben einen ganzen Überbau, einen Apparat geschaffen, in welchen sich der einzelne technische Beamte eingliedern muß, einen Apparat, der aus dem Betrieb alle geistige Leistung und alle bloß traditionellen Verfahrenselemente herauszieht, in sich einsaugt und hier rationalisiert"[3].

Schon nach diesen wenigen Überlegungen zur Herrschaft im Unternehmen bleibt festzuhalten, daß

1) Herrschaft im Unternehmen immer ausgeübt wird,
2) die Herrschaft aus verschiedenen Quellen abgeleitet wird, sei es Besitz, Arbeit, technisches oder organisatorisches Wissen und
3) schließlich alle oben angesprochenen Herrschaftsformen wegen Tendenzen zur Einseitigkeit, Unkontrollierbarkeit und Möglichkeiten zum Machtmißbrauch kritisiert werden.

Danach bleibt die prinzipielle Frage zu stellen, ob in der Organisation Unternehmen überhaupt alle Mitglieder an der Legitimation und Kontrolle beteiligt werden können und welche Interessen dabei zu berücksichtigen sind. Dabei muß - wie eingangs schon erörtert - das Unternehmen als Subsystem des wirtschaftlichen und sozialen Umfeldes als Gesamtsystem betrachtet werden.

---

1) Nach Ansicht von Saint-Simon ist der Techniker (technicien) ein Produkt der Industriegesellschaft, die ihm aufgrund des Wissens Autorität und Macht verlieh. Vgl. Bell (42) S.81
2) Vgl. zum Problem der Technokratie: Daniel Bell (42) S.81 ff.
3) Emil Lederer und Jakob Marschak (463) S.124, zitiert nach Daniel Bell (42) S.82

3.14 Rechtsnormen und Herrschaftslegitimation im Unternehmen

Auch wenn die Rechtsnormen für die einzelnen Gruppen der Organisation Unternehmen - Unternehmer, Kapitalgeber und Arbeitnehmer - im vorigen Kapitel schon angesprochen wurden, sind diese hier wieder aufzunehmen, um sie der Praxis gegenüberzustellen, und zwar mit der Frage: Ist eine Legitimation der Herrschaft im Unternehmen notwendig, wie z.B. im staatlichen Bereich, und wenn ja, durch wen wird bzw. soll sie vorgenommen werden? Zwar ist nur die Analyse des Bestehenden empirischen Aussagen zugänglich, da sowohl die Notwendigkeit als auch die Begründung der Legitimation von einem Werturteil abhängig sind - zumindest bei der Vorfrage, welche Normsysteme eigentlich angesetzt werden sollen: die juristischen, wirtschafts- und sozialpolitischen, die sozialethischen oder auch die "normative Kraft des Faktischen". Dennoch wird in der politischen Praxis und Literatur häufig dem Sollen schon eine Normen-Realität beigemessen.

Versteht man das Unternehmen als eine Organisation im oben dargestellten Sinne, so stellt sich als wesentliche Aufgabe die Integration der Interessen aller vorhandenen Organisationsmitglieder. Genau dies ist die Funktion der Organisationsleitung, hier also der Unternehmensleitung, des Unternehmers.

Daraus wird organisationstheoretisch abgeleitet, daß eine Leitung, die nicht von allen Interessengruppen legitimiert und kontrolliert wird, darein verfällt, in zunehmendem Maße Individualinteressen mit den Organisationsinteressen gleichzusetzen. Dies muß, sobald sich die vernachlässigten Gruppen darüber bewußt werden, zum Konflikt führen[1].

Die vor allem bei den Arbeitnehmern vorhandene Abhängigkeit kann bis heute aber "weder durch kollektive

1) So argumentiert z.B. von Oertzen (567) S.5

Vereinbarung noch durch gesetzliche Bindung ausreichend kompensiert werden"[1], die organisationsimmanente Herrschaft scheint also unzureichend - zumindest aus der Sicht der Arbeitnehmer - legitimiert. Dies sei auch gar nicht möglich, so wird teilweise argumentiert, da die Forderung nach Demokratisierung im Sinne einer "Legitimation von Herrschaftsverhältnissen ... von der für jede arbeitsteilige Wirtschaft unhaltbaren Vorstellung aus(geht), daß es sich beim Unternehmen um einen in sich geschlossenen, vor allem jedoch durch sich selbst gerechtfertigten sozialen Verband handele, der als solcher über die Fähigkeit verfüge, sich 'selbst' zu legitimieren"[2]. Der Sozialverband Unternehmen bekomme erst durch seine Leistung eine Existenzlegitimation von seiten der Gesellschaft, indem das "Interesse an einer optimalen Güterversorgung der Verbraucher"[3] erfüllt wird. Diese Funktion führe aber primär der Unternehmer aus, der aus persönlichem Interesse ohne Auftrag einer öffentlichen Instanz die Voraussetzungen für das Wirtschaften schafft, indem er ständig neu "die Produktionsfaktoren zum Zwecke der Güterproduktion wirtschaftlich"[4] kombiniert.

An diesem Punkt verläßt aber die Argumentation die logische Stringenz: Jede Organisation wird von ihrem selbstgesetzten Zweck her aufgebaut und geführt, die Mitglieder haben den jeweiligen Organisationszweck bejaht. Wenn nicht alle Mitglieder - also z.B. die Arbeitnehmer - die Leitungsfunktion legitimieren können, weil sie a priori durch den Dienstleistungs- und Gehorsamspflicht statuierenden Arbeitsvertrag zur "unternehmerischen 'Verfügung' über das Arbeitskräftepotential des Unternehmens, über den Produktionsfaktor Arbeit"[5] stehen, dann liegt es doch gerade an der so gestalteten

---

1) Biedenkopf (53) S.319
2) Biedenkopf (53) S.325
3) Biedenkopf (53) S.324
4) Biedenkopf (53) S.324
5) Biedenkopf (53) S.322

privatrechtlichen Fixierung des Arbeitnehmerstatus.

Dieser Tatbestand kann einmal aus der Wirtschaft systemimmanenten Gründen notwendig sein (was zu beweisen wäre), er kann aber auch einfach in der Rechtsgeschichte in der heutigen Form entstanden sein. Letzteres ist dann jedenfalls nicht schlüssig zu widerlegen, wenn man wie Wiethölter das vom preußischen "Allgemeinen Landrecht" von 1794 geprägte Zivilrecht (BGB und HGB) betrachtet als ein "im Geiste des Vernunftrechts und zugleich weitgehend auch Kants errichtetes Gesetzbuch, vor allem in der Korrespondenz von Rechten und Pflichten als der streng individualistischen Grundlage menschlicher Beziehungen in der Rechtsordnung der jeweiligen Stände"[1].

Auch Raisch sieht das BGB und HGB in einer Tradition von Normsystemen, die nicht vorbildlos institutionalisiert wurden, sondern "in diesen Kodifikationswerken haben sich vielmehr in einer kaum zu entwirrenden Gemengelage Verhaltensmodelle niedergeschlagen, die in vielen Teilen Nachbildungen des römischen Rechts sind, durch zahlreiche Einflüsse verwandelt, vermengt mit im deutschen historischen Raum entstandenen Regeln, die erst in örtlich beschränkten Bereichen, z.B. in Städten, dann in den autonom gewordenen Landesterritorien kodifiziert wurden und so den Gesetzesverfassern des BGB und HGB zahlreiche Vorbilder lieferten"[2].

Es kann sich also bei den im Zivilrecht kodifizierten Normen um kein unveränderliches Naturrecht handeln, das als unerschütterliche Rechtsquelle die innere Ordnung der Organisation Unternehmen präjudiziert.
Das Recht zeigt also sich als eine relative Instanz, gekoppelt an Tradition und zeitbedingte Gesellschaftsprozesse, die auch auf das gesamte juristische Staatsverständnis Einfluß haben: "Es wandelte sich - charakterisiert durch die Entwicklung von Arbeitsrecht und

---

1) Vgl. Raisch (605) Bd.1, S.117, Anmerkung 173
2) Raisch (605) Bd.1, S.28

Wirtschaftsrecht als machtausgleichende Normkomplexe in den verschiedenen Bereichen der Wirtschaft - der Formalrechtsstaat zum Sozialrechtsstaat"[1].

Wird das Recht nun verstanden als "Struktur eines sozialen Systems, die auf kongruenter Generalisierung normativer Verhaltenserwartungen beruht"[2], dann muß das erwartete Verhalten von den Betroffenen auch positiv erbracht werden können, es muß also auf Dauer eine formale Identität zwischen Erwartung und tatsächlichem Verhaltenswillen vorhanden sein.

Demgegenüber wird die durch die eigene Tätigkeit für organisationsexternen Nutzen zu legitimierende Herrschaftsposition des "Unternehmers" als Kombinator der Produktionsfaktoren auch von faktischen Rechtsnormen widerlegt: In jedem Falle ist der Leiter heute noch von der Institution des Privateigentums abhängig, direkt oder indirekt. Auch wenn die Verfügungsgewalt im großen Kapitalgesellschaften für den einzelnen Kleinaktionär gering sein mag, ist sie in jedem Fall vorhanden[3].

Schließlich wird die bisherige Herrschaftslegitimation und deren Begründung durch den in der Verfassung verankerten Grundrechtskatalog erschüttert: Aus dem Gebot, die Menschenwürde "zu achten und zu schützen - ist Verpflichtung aller staatlichen Gewalt", im Artikel 1 Grundgesetz als unveränderliche Norm[4] postuliert, wird das Recht auf Mitwirkung bei Entscheidungen für die Betroffenen abgeleitet, das z.B. auch von der Mitbestimmungskommission[5] anerkannt wird. "Aus der Forderung der Verwirklichung der Menschenwürde durch die Rechtsordnung resultiert nach Ansicht der Kommission

1) Raisch (605) Bd.1, S.117
2) Luhmann (481) Bd.1, S.105
3) Vgl. dazu Hans Willgerodt (810) S.15 ff.
4) Artikel 79,3 GG untersagt eine Änderung der "in den Artikeln 1 und 29 niedergelegten Grundsätze".
5) Vgl. Mitbestimmungskommission (187)
Auch das Bundesverfassungsgericht hat jüngst in seinem Mitbestimmungsurteil (146) darauf hingewiesen, daß dem Arbeitnehmer in gleichem Maße die Grundrechte zukommen wie Kapitalgebern oder deren Vertretern in der Unternehmensleitung.

als konkrete Anforderung an die Organisation des Unternehmens die weitestmögliche Beobachtung des Prinzips der 'Teilnahme' im Sinne der Ermöglichung einer unmittelbaren oder mittelbaren Mitwirkung der Betroffenen bei Entscheidungen, die sie betreffen"[1]. Damit ist allerdings nicht eine bestimmte Form, etwa die im Staat geübte parlamentarische Demokratie, impliziert. Denn durch andere Grundrechte, wie die Eigentumsgarantie in Artikel 14,1 GG oder die Koalitionsfreiheit für die Sozialpartner in Artikel 9,3 GG, werden die Gestaltungsmöglichkeiten für die breite Herrschaftslegitimation im Unternehmen ebenso eingeengt wie durch seinen primären Organisationszweck: unter wirtschaftlichen Gesichtspunkten zu produzieren und zu verteilen.

Eine Reduktion der Arbeitnehmerbeteiligung auf den Betrieb, wie es im wesentlichen durch das Betriebsverfassungsgesetz geschieht, kann kaum akzeptiert werden - im Gegenteil muß sogar Mitbestimmung für die Arbeitnehmer im Unternehmen zusätzlich gefordert werden.

Nach Ansicht des Vorsitzenden des Deutschen Gewerkschaftsbundes, Heinz O. Vetter, muß "die Kontrolle wirtschaftlicher Macht ... dort ansetzen, wo die wirtschaftlichen Entscheidungen getroffen werden. Die Unternehmen entscheiden nicht nur über Investitionen, Produktion und Absatz, diese Entscheidungen legen weitgehend auch die Arbeitsbedingungen in den Betrieben fest"[2]. Auch wenn Biedenkopf glaubt, daß "die Orientierung der Zusammensetzung der Kontrollorgane im Unternehmen an der interessenpluralistischen Struktur des Unternehmens nicht geeignet ist, externe Kontrolle der wirtschaftlichen Macht des Unternehmens zu ersetzen"[3], also etwa Marktkontrolle über den Wettbe-

---

1) Biedenkopf (53) S.318
2) Arendt/Vetter (19) S.269
3) Biedenkopf (53) S.336

werb auszutauschen mit einer demokratisierten Unternehmensverfassung, so ist kaum zu leugnen, daß umgekehrt die bisherige Unternehmensverfassung dem unternehmensinternen Interessenpluralismus zu wenig entspricht. Außerdem sind zu der gewerkschaftlichen Demokratisierungskonzeption - diese wird in Kapitel 8 behandelt - sicherlich noch Alternativen denkbar, die sowohl dem Markt als auch den Interessen aller betroffenen Gruppen gerecht werden.

Eine Alternativkonzeption zu entwickeln scheint auch notwendig, wenn man bedenkt, daß "das Entsendungsrecht der Gewerkschaften ... sich nicht als geeignet (erwies), die Macht der Großunternehmen durch die Allgemeinheit zu legitimieren"[1]. Stattdessen "führt die Verwirklichung der Forderung nach Demokratisierung im Unternehmen nicht zu weniger Herrschaft oder zu politisch legitimierter Herrschaft, sondern zu einer Redistribution vorhandenen Herrschaftschancen unter den organisierten sozialen Gruppen"[2].

Aus den bisherigen Ausführungen über die Herrschaft läßt sich zusammenfassend die These aufstellen, daß die bisherige Unternehmensordnung zwar dem Markt und damit den Bedürfnissen der Verbraucher, den Interessen der Unternehmer und Kapitalgeber weitestgehend gerecht wird, nicht aber den Interessen der in dem Sozialverband Unternehmen zusammen tätigen Gruppen. Wenn, wie oben gezeigt wurde, gerade normiertes Unternehmens- und Arbeitsrecht entgegenstehen, kann durch deren Novellierung der Interessenpluralismus besser als bis-

---

1) Schwerdtfeger (683) S.243
So auch die Mitbestimmungskommission, die als Ergebnis ihrer Untersuchungen feststellte, "daß die Mitbestimmung der Arbeitnehmer in den Unternehmensorganen bisher nicht geeignet war, einen möglichen Mißbrauch wirtschaftlicher Macht durch Großunternehmen zu verhindern."
Kommissionsbericht (187) S.55

2) Biedenkopf (53) S.332

her institutionalisiert werden. Wie weit sich dazu die Unternehmungsordnung als Ansatzpunkt eignet, wird in den folgenden Kapiteln untersucht. Dabei wird auch der bisher aufgestellte und primäre Gültigkeit beanspruchende Interessenantagonismus zwischen den Klassen Kapital und Arbeit[1] zu hinterfragen sein, da - wie Bell ausführt - "in der heutigen Gesellschaft ... die Trennungslinie nicht mehr (verläuft) zwischen den Eigentümern der Produktionsmittel und einem homogenen Proletariat; entscheidend (sind) die bürokratischen und Autoritätsbeziehungen zwischen Leuten mit und solchen ohne Entscheidungsbefugnissen in politischen, wirtschaftlichen und sozialen Organisationen aller Art. Die Aufgaben des politischen Systems bestehen darin, diese Beziehungen entsprechend dem von den verschiedenen Seiten ausgeübten Druck nach Beteiligung und sozialer Gerechtigkeit zu managen"[2].

3.2 Zielfindung im Unternehmen

Die Diskussion über die Zielsetzung der Unternehmen erwies sich vielfach - vordergründig betrachtet - als nur scheinbare Notwendigkeit, denn "die Ziele des ökonomischen Handelns wurden als gegeben und damit nicht als notwendiger Bestandteil der fachbezogenen Analyse angesehen"[3], ging doch die "traditionelle Theorie der Unternehmung von der vereinfachenden Annahme aus, daß das Unternehmungsziel von einer einzelnen Person, dem Unternehmer, bestimmt wird und daß das Ziel nur Gewinnmaximierung beinhaltet"[4]. Ein Blick in die jüngere

1) Mit dem Begriff "Klassenantagonismus" wird zwar eine marxistische Formulierung verwendet, obwohl die marxistische Wirtschaftsanalyse überholt ist, nicht aber überholt ist die auf der Klassenlage basierende Rechtsordnung: Jede Klasse hat ihren eigenen Rechtskodex, wie oben schon gezeigt wurde.
2) Bell (42) S.120
3) R.B. Schmidt (657) Bd.1, S.111
4) Grochla (315) S.153

Fachliteratur zeigt aber, daß dieser Zielmonismus langsam einem Zielbündel weicht; als Ergänzung oder auch als Alternative werden als "Unternehmungsziele auch begrenzte Gewinnziele, gemeinwirtschaftliche Ziele, Kapitalerhaltung, Marktversorgung, Eroberung von Marktanteilen, Selbständigkeit, wirtschaftliche Macht und außerökonomische Ziele genannt"[1].

Angesichts solch divergierender Meinungen ist die Frage zu stellen, ob alle Autoren auch das Gleiche wollen, wenn sie von Zielen sprechen oder ob es dabei nicht um eine Zielhierarchie geht, deren Bestandteile im wesentlichen die gleichen sind, sich aber in der Zuordnung unterscheiden.

Wenn R.B. Schmidt unter einem Ziel "eine erwünschte, zu erreichende Situation"[2] versteht, bindet er eben dieses an individuelle Interessen (Wünsche) und nimmt es aus einer apriorisch normierten Eigenständigkeit; damit ist "die Verhandlung zur Zielbildung ein kontinuierlicher Prozeß"[3].

Die Entscheidung darüber, wer wie an diesem Prozeß zu beteiligen sei, führt zum ersten Konflikt: Hat das Unternehmen als eigenständige Organisation damit auch schon ein Ziel, unterteilt in das Sachziel - fixiert durch "Art, Menge und Zeitpunkt der im Markt abzusetzenden Leistungen"[4] - und in das Formalziel, rentabel zu wirtschaften? Oder ist dieses Organisationsziel selbst schon in Frage zu stellen? Wenn darüber erst entschieden werden soll, wer ist dann Entscheidungsträger? Aus der Sicht der Betriebswirtschaft ist die letzte Frage am einfachsten zu beantworten: "Die Wahl der Zielkonzeption erfolgt durch die hierfür kompetenten Unternehmensträger"[5]. Wenn nun aber, wie Grochla feststellt, "die der Zielentscheidung nachfolgenden Entscheidungs- und Realisationsprozesse in der

---

1) R.B. Schmidt (657) Bd.1, S.112
2) R.B. Schmidt (657) Bd.1, S.111
3) Grochla (315) S.156
4) Kosiol (432) S.212
5) R.B. Schmidt (657) Bd.1, S.127

Unternehmung durch den Zielinhalt und die Zielformulierung weitgehend gesteuert werden"[1], hat die Zielsetzung entscheidenden Einfluß auf die Tätigkeit des gesamten Unternehmens, also auch auf darin tätige Arbeitnehmer; diese aber werden nicht als zur Gruppe der Unternehmensträger zugehörig betrachtet.

Um einem Konflikt bei der Zielbildung, soweit er durch verschiedene Gruppenrechte veranlaßt werden könnte, zu vermeiden, wurde vielfach der Versuch unternommen, die Ziele als allgemeingültig zu begründen und durch die Wissenschaft beweisen zu lassen. Dabei sollten vor allem "von der Gesellschaft ganz oder teilweise nicht gebilligte Zielvorstellungen ... mithilfe der Autorität der Wissenschaft untersagt oder zumindest nicht gefördert werden. Umgekehrt glaubte man, Kernziele der Gesellschafts- und Wirtschaftspolitik wissenschaftlich fundieren zu können"[2]. Damit aber verläßt die Wissenschaft den Boden der empirisch nachprüfbaren Seinsurteile und begibt sich in den Bereich subjektiver Werturteile, die, wie eingangs festgestellt, einer wissenschaftlichen Verifikation nicht zugänglich sind. In die gleiche Kategorie gehören Versuche, bestimmte Ziele aus einer realen Wirtschafts-[3] und/oder Gesellschaftsordnung abzuleiten und damit eine objek-

---

1) Grochla (315) S.153
2) Kosiol (432) S.205
3) Zum Zusammenhang von Wirtschaftsordnung und Unternehmenszielen führt Kosiol u.a. aus: "Häufig wird z.B. die Hypothese aufgestellt, daß die Gewinnmaximierung zur Funktionsfähigkeit der marktwirtschaftlichen Ordnung beitrage oder sogar unerläßlich sei. Diese Konsequenz würde im allgemeinen als positive Wirkung der Gewinnmaximierung aufzufassen sein ... falls sie zutrifft, wäre jedoch die normative Kritik damit keineswegs entkräftet. Der Kritiker wäre dann aber gezwungen, durch Werturteil abzuwägen, ob er die Nachteile der Profitmacherei oder die Vorteile einer funktionsfähigen Wirtschaftsordnung höher einschätzt." Kosiol (432) S.214

tive Gültigkeit zu induzieren.

Bleiben also mit Kosiol für den Entscheidungsträger "die Aufgaben

1) mehrere gleichzeitig vorliegende Zielvorstellungen auf ihre Verträglichkeit hin zu untersuchen,
2) die Eignung von Mitteln im Hinblick auf festgelegte Ziele oder, was das gleiche bedeutet, die Eignung von Zielen im Hinblick auf festgelegte übergeordnete Ziele unter bestimmten Bedingungen zu analysieren und
3) Nebenwirkungen von Mitteln zu erforschen"[1].

Die Aufstellung eines solchen Aufgabenkataloges für den ständigen Zielfindungsprozeß bedeutet allerdings nicht, daß das Unternehmen ohne festdefiniertes Ziel arbeitet, denn die "Unternehmung als Organisationseinheit verlangt jedoch ein geschlossenes Zielsystem, auf das alle zielerreichenden Einzelentscheidungen ausgerichtet sind"[2].

Ein solches Zielsystem, an dem sich die Maßnahmen des Wirtschaftsprozesses orientieren, wird in der Realität in Form von Verhandlungen gefunden, die so lange geführt werden, bis die Suche nach "einem die Zielkonflikte eliminierenden gemeinsamen Zielsystem ... mit der Auffindung der ersten allgemeinen, zufriedenstellenden Zielformulierung"[3] beendet werden kann; es ist also nicht die Optimallösung gefragt, jedenfalls nicht nach Grochla's Meinung:

"Die für die Unternehmungsmitglieder gegebene Verhandlungssituation bei der Lösung von Zielkonflikten kann wie folgt beschrieben werden (Deutsch-Kraus 1962):

1. Es wird ein kollektives Ziel angestrebt, bei dessen Erreichen jedes Unternehmungsmitglied besser oder zumindest nicht schlechter gestellt ist als ohne diese Zielsetzung.

---

1) Kosiol (432) S.207
2) R.B. Schmidt (657) Bd.1, S.110
3) Grochla (315) S.155

2. Das Verhandlungsergebnis braucht nicht nur in einem Ziel zu bestehen, es können auch mehrere Ziele festgelegt werden.
3) Hinsichtlich der möglichen Unternehmungsziele haben die Unternehmungsmitglieder unterschiedliche Präferenzen.
4) Das Verhandlungsergebnis wird nicht für jedes Unternehmungsmitglied gleichgültig sein, da das Verhandlungsergebnis durch die in der Verhandlungsgruppe herrschende Machtverteilung und die Anwendung von Verhandlungsstrategien und Verhandlungstaktiken mitbestimmt wird.
5) Zwischen den Verhandlungsgegnern besteht vollkommene Information über die individuellen Zielvorstellungen und deren Stabilität im Verlaufe des Verhandlungsprozesses."[4]

Etwas idealistischer sieht Kosiol den Entscheidungsprozeß: "Aus der Kombination von Entscheidungsziel und -kriterium, d.h. von Zielfunktion und Optimierungskriterium, ergibt sich die sogenannte Zielvorstellung des Entscheidungssubjektes. So kann z.B. die Zielvorstellung in der Minimierung von Kosten, der Maximierung des Gewinns oder der Minimierung des Risikos bestehen. An derartigen Zielvorstellungen werden die einzelnen zur Verfügung stehenden Entscheidungsalternativen gemessen. Diejenige Alternative, die der Zielvorstellung genau entspricht oder ihr am nächsten kommt, ergibt sich am Ende des Entscheidungsprozesses als Lösung des Problemes."[5]

Grochla stellt für die Ziele "in der Regel die Form des Anspruchniveaus" fest, worunter er versteht "die

---

1) Kosiol (432) S.207
2) R.B. Schmidt (657) Bd.1, S.110
3) Grochla (315) S.155
4) Grochla (315) S.154
5) Kosiol (432) S.202

Gesamtheit der mit jeder Leistung sich verschiebenden, einmal unbestimmteren, ein anderes Mal präziseren Erwartungen, Zielsetzungen oder Ansprüche an die zukünftige eigene Leistung"[1].

Zur Erläuterung solchermaßen definierter Ziele führt Grochla weiter aus: "Wesentliche Bestimmungsgrößen bei der Bildung eines Anspruchsniveaus sind (Lewin-Dembo u.a. 1944):

1. Das Gefühl des Erfolges oder Mißerfolges als Reaktion auf das in der Vergangenheit erreichte Leistungsniveau. Das nicht Erreichte des gesetzten Zieles löst Suche aus, durch die die Ursachen des Mißerfolges festgestellt und beseitigt werden sollen.
2. Die Erwartungen bezüglich des in der Zukunft erreichbaren Leistungsniveaus und das mit der Wahl des Leistungsniveaus verbundene Risiko des Erfolges oder Mißerfolges. Die Höhe der Erwartungen wird mit von der Intensität und dem Ausmaß der Suche abhängen. Je höher die Suchinvestitionen sind, desto höher sind die in die Zukunft gerichteten positiven Erwartungen.
3. Die Höhe des hinsichtlich anderer Aufgaben gesetzten Anspruchsniveaus der Bezugsgruppen in der Umwelt."[2]

Aufgrund einer der individuellen Organisation entsprechenden Entscheidungsstruktur liegt zwar die endgültige Zielfixierung bei der Unternehmensleitung, dennoch wird gerade durch die "Dezentralisierung der Entscheidungsbefugnis" und durch die Zielverwirklichung "in einem zeitlichen Nacheinander" eine erfolgreiche Handlungsfähigkeit gewährleistet. Als mögliches Kriterium für temporäre Zielklassifikation dient die Dringlichkeit bestimmter Ziele.

---

1) Grochla (315) S.157
2) Grochla (315) S.157

Wenn auch R.B. Schmidt dem Durchsetzungsvermögen der Unternehmensträger einiges Gewicht beimißt[1], läßt sich aus betriebswirtschaftlicher Sicht - wie oben dargestellt - eine interessenmonistische Entscheidungsstruktur nicht a priori erkennen. Besitzen Unternehmen in der Zielfindung ein "relativ stabiles Zielsystem"[2], so liegt das an der Einhaltung wesentlicher Erfahrungen, die hier nur stichwortartig[3] genannt werden können:

- Vorhandensein interner Weisungs- und Kontrollsysteme
- formulierte und fixierte Verhaltensnormen
- präzise Formulierung der gültigen Unternehmungsziele
- Aufstellung einzelner Bereichsziele
- operationale Ziele[4]
- flexible Organisationsform[5]
- offene Kommunikationsbeziehungen
- Formalisierung des Sachverhaltes
- werturteilsfreie Ziel-Mittel-Relation.

---

1) Die Zielkonzeption der "Unternehmung ist das Ergebnis ihres Durchsetzungsvermögens von Unternehmungsträgern oder eines intra- oder interpersonellen Kompromisses."
R.B. Schmidt (657) Bd.1, S.127

2) Grochla (315) S.156

3) Vgl. dazu: R.B. Schmidt (657) Bd.1, S.110
Grochla (315) S.156
Kosiol (432) S.207

4) "Daß die Unternehmung diese Bedürfnisse nur über die Verwirklichung von operationalen Zielen verfolgen kann, ergibt sich aus ihrer Konstruktion als einem wirtschaftlichen Instrument. Gleichwohl lassen sich diese operationalen Ziele der Unternehmung nur aus den makroökonomischen Zielen der Unternehmungsträger motivieren und erklären."
R.B. Schmidt (315) Bd.1, S.48 ff.

5) "Als besonders flexible Organisationsform wird oft eine Organisationsstruktur bezeichnet, die offene Kommunikationsbeziehungen, eine relativ große Leistungsspanne, wenige Hierarchiestufen (also einen geringen Grad der Bürokratisierung) und einen hohen Dezentralisationsgrad aufweist. Die Forderung nach offenen Kommunikationsbeziehungen läßt sich von den Vorteilen der Gruppe gegenüber isolierten Individuen bei der Lösung innovativer Probleme ableiten."
Grochla (315) S.167

Bleibt festzuhalten, daß die Zielfindung im Unternehmen weniger ein statisches, von externen (z.B. Wirtschaftsordnung) oder einzelnen internen Elementen determiniertes Entscheidungsverhalten ist, sondern sich in einem dynamischen, für sich ändernde Bedingungen offenen Prozeß vollzieht[1]. Welche Interessen in welcher Intensität allerdings berücksichtigt werden, gilt es in den folgenden Abschnitten noch zu untersuchen.

3.3 Interessen und Konflikte

3.31 Soziale Konflikte in der Theorie

Wie in der Skizzierung der Zielfindung oben schon mehrfach angedeutet wurde, handelt es sich bei den Entscheidungsträgern eines Unternehmens nicht um einen homogenen Kreis mit einer a priori vorhandenen und unveränderlichen Zielvorgabe, sondern um einen kontinuierlichen Prozeß. Welche Interessen letztlich zur Zielbestimmung führen, hängt nicht nur von sachlichen Notwendigkeiten sondern auch von den daran beteiligten (bzw. nichtbeteiligten) Personen ab.

Soweit die wirtschaftliche Sachgesetzlichkeit die Zielfindung und -verwirklichung präjudiziert, ist damit die betriebswirtschaftliche Theorie und Praxis angesprochen[2]. Ganz anders verhält es sich aber mit dem sozialen Aspekt der entscheidenden oder ausführenden Personen in der Organisation Unternehmen, insofern sie als Individuum bzw. Gruppe handelnde Subjekte sind mit eigenen Wünschen, Interessen, Bedürfnissen, die zu sozialen Konflikten[3] führen.

---

1) Quelle: Grochla (315) S.165 nach: Cyert-March,1963; Kieser 1970

2) Einführungen in die Betriebswirtschaftslehre wie Spezialwerke widmen der Zielproblematik einen breiten Raum. Da diese Thematik dort schon intensiv aufgearbeitet ist, kann hier auf eine schematische Wiederholung verzichtet werden. Vgl. dazu u.a. Kosiol (432), Grochla (315), Ralf Bodo Schmidt (657) Bd.1 .

3) Für eine erste, allgemeine Konflikt-Definition sei hier Dahrendorf zitiert: "Der Begriff des Konflikts soll zunächst jede Bezie-

Die Existenz von Konflikten in Organisationen ist ein empirisches Faktum, ob der Konflikt ein notwendiges, jeder Organisation immanentes Phänomen darstellt oder nur an bestimmten Organisationsstrukturen haftet, ist eine offene Frage. Deren Beantwortung hängt von einem doppelten ab: was wird unter Konflikt verstanden bzw. wodurch wird er determiniert und - da es sich ja um ein soziales System handelt - wie werden die Subjekte, also die handelnden Individuen, interpretiert[1].

Im Bereich der Konfliktsoziologie gibt es zu diesem Fragenkomplex eine Reihe von Denkmodellen, wovon wesentliche Ansätze hier nutzbar gemacht werden können:
"Wo Herrschaftsverhältnisse bestehen ... gibt es auch aus diesen hervorwachsende Konflikte, deren allgemeinster Gegenstand in der Veränderung der je bestehenden Herrschaftsverhältnisse gesehen werden kann."[2]

Damit reduziert Dahrendorf die Konfliktproblematik auf das der Gesellschaft - und damit auch den gesellschaftlichen Subsystemen - immanente "Hobbes'sche Ordnungsproblem" mit prinzipiell zwei Lösungsalternativen als "Archetypen sozialen Denkens":

Die beiden Typen werden bei Dahrendorf mit je 4 Grundannahmen charakterisiert:[3]
Consensustheorie:
"1. Jede Gesellschaft ist ein (relativ) beharrendes, stabiles Gefüge von Elementen (Annahme der Stabilität).

(Forts. Fußnote)
hung von Elementen bezeichnen, die sich durch objektive (latente) oder subjektive (manifeste) Gegensätzlichkeit kennzeichnen läßt."
"Sozial soll ein Konflikt dann heißen, wenn er sich aus der Struktur sozialer Einheiten ableiten läßt, also überindividuell ist."
Dahrendorf (167) S.23

1) Nach den einleitenden wissenschaftstheoretischen Ausführungen ist diese Fragestellung dem Bereich der Werturteile zuzuordnen und ist damit - zumindest in der wissenschaftlichen Abhandlung - offenzulassen.
2) Dahrendorf (167) S.33
3) Dahrendorf (167) S.29 f.

2. Jede Gesellschaft ist ein gleichwertiges Gefüge von Elementen (Annahme des Gleichgewichts).
3. Jedes Element in einer Gesellschaft leistet einen Beitrag zu ihrem Funktionieren (Annahme der Funktionalität).
4. Jede Gesellschaft erhält sich durch einen Consensus aller ihrer Mitglieder über bestimmte gemeinsame Werte (Annahme des Consensus)."

Zwangstheorie:
"1. Jede Gesellschaft und jedes ihrer Elemente unterliegt zu jedem Zeitpunkt dem Wandel (Annahme der Geschichtlichkeit).
2. Jede Gesellschaft ist ein in sich widersprüchliches und explosives Gefüge von Elementen (Annahme der Konfliktualität).
3. Jedes Element in einer Gesellschaft leistet einen Beitrag zu ihrer Veränderung (Annahme der Dysfunktionalität oder Produktivität).
4. Jede Gesellschaft erhält sich durch den Zwang, den einige ihrer Mitglieder über andere ausüben (Annahme des Zwanges)."

Danach wird also die Gesellschaft durch Zwang zusammengehalten oder durch den Consensus aller[1] - Macht oder Herrschaft wird also ausgeübt. Damit liegt es auch nahe - zumindest für Dahrendorf - "daß die große Zahl von Phänomenen, die hier als Konfliktphänomene gedeutet werden, sich wahrscheinlich durch ihr Verständnis als Vielfalt der Ausdrucksformen desselben Grundphänomens fruchtbarer erschließt als durch die Aufgliederung in eine Mehrzahl von Phänomenen"[2].

Die Existenz von Herrschaftsverhältnissen ist für Dahrendorf also die letzte Ebene, auf die Ursachen, und zwar alle, reduziert werden können. Dagegen bietet er ein zweidimensionales Feld an (Matrix)[3], mit dem er die

---

1) Dahrendorf (167) S.28 f.
2) Dahrendorf (167) S.24 f.
3) Dahrendorf (167) S.27 f.

Konflikte nach dem "Umfang der sozialen Einheit" und dem "Rangverhältnis der beteiligten Gruppen bzw. Elemente" klassifiziert[1]. Danach handelt es sich beim Unternehmen[2] primär um Konflikte "zwischen organisierten Interessengruppen" oder nichtorganisierten ("Quasi-Gruppen") sozialen Gruppierungen innerhalb von ... institutionellen Sektoren von Gesellschaften", wobei diese

---

1) Nach Dahrendorf lassen sich in "prinzipiell willkürlicher Beschränkung ... von kleineren zu größeren Einheiten aufsteigend, mindestens 5 Arten sozialer Konflikte unterscheiden:
A. Konflikte innerhalb und zwischen einzelnen sozialen Rollen ... ('Intra-Rollenkonflikt'), aber auch der ... so typische Widerspruch zwischen Familie und Beruf, also der Familien- und Berufsrolle, vor allem des Mannes ('Inter-Rollenkonflikt').
B. Konflikte innerhalb einzelner sozialer Gruppen. ...
C. Konflikte zwischen organisierten ('Interessengruppen') oder nichtorganisierten ('Quasi-Gruppen') sozialen Gruppierungen innerhalb von regionalen oder institutionellen Sektoren von Gesellschaften ... .
D. Konflikte zwischen organisierten oder nichtorganisierten Gruppierungen, die eine ganze Gesellschaft (im Sinne einer territorialen staatlichen Einheit) erfassen. ...
E. Konflikte innerhalb größerer Einheiten von Verbindungen zwischen 2 Ländern über breitere Föderationen bis zur gesamten Welt. ..."
"Quer zu dieser Einteilung liegt eine andere, die sich am Rangverhältnis der an Konflikten beteiligten Gruppen bzw. Elemente orientiert. Innerhalb jeder der unterschiedenen sozialen Einheiten (Rollen, Gruppen, Sektoren, Gesellschaften, übergesellschaftlichen Verbindungen) gibt es
1. Konflikte zwischen prinzipiell ranggleichen Gegnern,
2. Konflikte zwischen unter einem relevanten Gesichtspunkt einander über- bzw. untergeordneten Gegnern,
3. Konflikte zwischen dem Ganzen der betreffenden Einheit und einem ihrer Teile."
Dahrendorf (167) S.25

2) Vgl. dazu auch frühere Veröffentlichungen von Dahrendorf, in denen er die Herrschaftsverhältnisse in Betrieb und Unternehmung untersucht. So z.B.:
Industrie- und Betriebssoziologie (166) und:
Das Mitbestimmungsproblem in der deutschen Sozialforschung (168)

Gruppen als prinzipiell gleichrangige oder über-bzw. untergeordnete Gegner anzusehen sind[1]. Demgegenüber sieht Seidel das "Spannungsfeld vor allem durch zwei Aspekte gekennzeichnet: den Lohnkonflikt und den Autoritätskonflikt"[2]. Setzt man seinen zweiten Aspekt mit der Dahrendorf'schen Herrschaftstheorie gleich, bleibt der Lohnkonflikt, in dem "das Kosteninteresse des Unternehmers mit dem Einkommensinteresse des Arbeitnehmers in einem Widerstreit, in einem Konflikt, der unlösbar ist"[3] liegt. Da nun die Arbeitnehmer vertraglich (individueller Arbeitsvertrag und Tarifvertrag) ihren Lohn bekommen, wird die Verteilungsfrage zwar entschieden, der Konflikt aber nicht gelöst, weil eine objektiv begründete Verteilung des Unternehmensergebnisses auf einzelne Gruppen nicht möglich ist.

Das Dahrendorf'sche Modell würde durch diesen Ansatz bestätigt, wenn ein direkter Zusammenhang, vielleicht sogar ein hierarchischer, zwischen den beiden von Seidel aufgestellten Konfliktbereichen implizit vorhanden wäre. Dahrendorf subsumiert nämlich auch das Verteilungsproblem unter den Herrschaftskonflikt, da die Verteilungsfrage ja durch den Einsatz von Macht und/oder Herrschaft gelöst wird.

Auch bei Seidel kann dieser Zusammenhang vermutet werden, wenn er zwar keine Lösung, so doch eine Entschärfung der sozialen Konflikte durch die Mitbestimmung vorschlägt. Mittels Institutionalisierung des Konflikts durch ein zweiseitiges System von Verhandlungen ... hat sich "... die Form der Austragung verändert. Die Macht der Unternehmensleitung ist demokratisiert worden"[4].

Ein weiteres, in der Argumentation etwas anders ansetzendes Modell gibt Coser, indem er den Konflikt sieht als "Kampf um Werte und Ansprüche auf knappe Statuspositionen,

---

1) Dahrendorf (167) S.25
2) Heinz Seidel (684); zit. n. v. Oertzen (567) S.19
3) Vgl. Dahrendorf (167)
4) Seidel (684); zit. n. v. Oertzen (567), S.21

Macht und Mittel, durch welche die Ziele der Gegner zunichte gemacht und die Rivalen beeinträchtigt oder beseitigt werden können"[1]. Zu dieser Kategorie von Konfliktmodellen, nämlich auf der Basis der "monistischen Gesellschaftsauffassung" rechnet Bühl auch "das 'sozialistische' Konfliktmodell (das seinen Ausgang bei Karl Marx und Friedrich Engels nimmt und das - in Gestalt der 'Klassentheorie' und der 'Imperialismustheorie' - bei Lenin, Stalin oder bei Mao Tse-tung, bei den 'Orthodoxen' wie den 'Revisionisten', ganz verschiedene Ausprägungen erfährt)"[2].

Die "konstruktiven Prinzipien" bei all den hier genannten Modellen sind für Bühl "im wesentlichen die gleichen ..., die sich zur Not auf vier Postulate zusammenfassen lassen:

1. Die Eindimensionalität des Konflikts, ...
2. Die Bipolarität des Konflikts, ...
3. Die Annahme der Einheit (Homogenität) der konfligierenden Parteien. ...
4. Alle Konflikte sind als 'reine' ('Nullsummen'-) Konflikte[3] zu verstehen"[4].

Auch wenn sich die (ideologisch) diversen Konfliktmodelle unter wenige gemeinsame Punkte subsumieren lassen, soll weder übersehen noch "verschleiert werden, daß es sich hier - der politischen Intention nach - um zwei konträre Theorieansätze (und sich bitter bekämpfende Theorieschulen) handelt: In der liberalistischen Theorie wird der Herrschaftskonflikt (Dahrendorf) oder Wertkonflikt (Coser) als ein Verteilungs- oder Interessenkonflikt dargestellt; in der sozialistischen Theorie er-

---

1) E. Coser, zit. n. Bühl (103) S.17
2) Bühl (103) S.16
3) "'Reine' Konflikte oder 'Nullsummen'-Konflikte sind Konflikte, bei denen es keine wesentliche Beimischung von Kooperation, keine 'gemischten' Motive gibt, bei denen der Gewinn des einen stets der Verlust des anderen ist."
Bühl (103) S.19
4) Bühl (103) S.17 ff.

scheint umgekehrt der ökonomische Verteilungs- und Interessenkonflikt und der darin eingeschlossene Herrschaftskonflikt als ein Wert- und Ordnungskonflikt"[1].

Ob ein liberales, einen geheimen Wertdissens vernachlässigendes Konsensusmodell[2], das in die Theorie der Konfliktinstitutionalisierung führt oder ein sozialistisches Klassenkampfmodell mit impliziertem Revolutionsmodell - beide Ansätze scheinen wegen ihrer Eindimensionalität und Monokausalität wenig geeignet für ein Konfliktmodell, mit dem das - zumindest soziale - Geschehen in einem Unternehmen erfolgversprechend abgebildet werden kann, weil sie nämlich "die Soziabilität des Menschen außer acht lassen"[3].

Bevor aber ein Alternativmodell erstellt werden kann, sind die in der Organisation Unternehmen maßgeblichen Interessen zu erfassen, denn genau diese gilt es ja in das Modell zu integrieren. Wie weit neben dem Interessenkonflikt, der "auf der Basis des gemeinsamen Interesses am Interessenkonflikt einen Kompromiß"[4] zuläßt, auch der Wertkonflikt zu berücksichtigen ist, soll jetzt noch nicht entschieden werden. Es sind ja Positionen denkbar, die sich in "einem Dissens im Bezug auf den

---

1) Bühl (103) S.20
2) Bühl sieht nur in den Werturteilen des liberalistischen Ansatzes einen Dissens, sonst aber einen - wenn auch geheimen - Konsens. Wie dieserbeschaffen ist, kann nicht eindeutig erfaßt werden. Dies mag an einer falschen Interpretation Dahrendorfs liegen, der sich gerade von der Konsensus-Theorie (Rousseau) abhebt. Dahrendorf geht vielmehr aus von der "Zwangstheorie" der gesellschaftlichen Integration. Diese Meinungsverschiedenheit ist aber für obige Argumentation nicht relevant.
3) Bühl (103) S.24
4) Muszynski (544) S.15

normativen Status eines sozialen Objekts"[1] befinden[2].

3.32 Interessenpluralismus

Die Forderung eines interessenpluralistisch konzipierten Konfliktmodells ergibt sich aus der Ablehnung der oben skizzierten monistischen, bipolaren Modelle liberalistischer oder sozialistischer Prägung. Dabei kann mit Bühl unter 'pluralistisch' ein "System (ob Person, Gruppe, Nation oder internationales System) verstanden werden, das erstens aus zahlreichen und heterogenen analytisch zu unterscheidenden Variablen zusammengesetzt ist; das zweitens einen hohen Grad der gegenseitigen Abhängigkeit zwischen diesen Variablen aufweist; und bei dem drittens ein hoher Grad der Variabilität dieser Beziehungen im zeitlichen Ablauf gegeben ist"[3].

Speziell für das Unternehmen heißt dies, daß nicht eine Person bzw. Gruppe allein Macht haben kann (weil sie Eigentümer der Produktionsmittel ist), sondern Herrschaft aus verschiedenen Quellen wie fachliche Autorität, Hierarchieposition, Organzugehörigkeit und dergleichen abgeleitet und legitimiert werden sollte. Auch wenn der Begriff "Interesse" in der Literatur noch nicht genau definiert ist[4], kann man zwar wie Muszynsky davon ausgehen, daß die Interessen "potentiell antagonistisch"

---

1) Muszynski (544) S.15
2) Esser konstatiert "die überwiegende Mehrzahl der Konfliktursachen im Bereich der Werte" und führt dazu an als Beispiele: "Rassen-, Religion-, Ideologiekonflikte, Ziel-, Interessen- und Verteilungskonflikte, Konflikte innerhalb und zwischen politischen Systemen, sowie Konflikte, die sich aus Über- und Unterordnungsbeziehungen ergeben. Allen diesen Konflikten ist ein Kampf um Werte gemeinsam, d.h. ein Kampf um Befriedigung von Bedürfnissen, um Macht, um Status und Anerkennung, um grundlegende und letzte Werte." Esser (250) S.53
3) Bühl (103) S.13
4) Dies erklärt jedenfalls Muszynski (544) S.15 Vielleicht ist damit auch nur gemeint, daß es keine allgemein anerkannte verbindliche oder aus sich selbst evidente Definition gibt.

sind, dies birgt aber die Gefahr in sich, Tatbestände[1], die sich in der Motivation unterscheiden, in der Zielwirkung ergänzen oder decken, zu vernachlässigen[2].

Demgegenüber ist davon auszugehen, daß prinzipiell die ganze Spannbreite von total gleichgerichteten bis zu völlig antagonistischen Interessen im Unternehmen vorhanden sein kann. Diese Position impliziert aber auch, daß weder die "Wahrheit"[3] von Interessen noch eine positive Rechtfertigung[4] subjektiver Modelle - seien sie monistisch oder pluralistisch strukturiert[5] - Inhalt wissenschaftlicher Beweisführung sein kann. In einer Beziehung gilt es aber Einschränkungen vorzunehmen: Es können nicht alle, ein Unternehmen auf irgendeine Weise tangierende Interessen berücksichtigt werden.

Die Abgrenzung dafür kann hier zunächst unter rein formalen Gesichtspunkten vorgenommen werden: wird

---

1) "Zwischen den Zielen der Entscheidungsträger können Konflikte in Form von Zielantinomien oder Zielkonkurrenzen bestehen ... Zielantinomien sind dadurch gekennzeichnet, daß sich Ziele diametral gegenüberstehen." Grochla (315) S.153

2) So spricht z.B. Ralf Bodo Schmidt von harmonisierenden Zielen: "Einzelne harmonisieren in einer Zielkonzeption dann miteinander, wenn ihre gleichwertige Verfolgung zu einer gegenseitigen Förderung ihrer Erreichung führt."
Ralf Bodo Schmidt (657) Bd.1, S.135

3) "Eine Argumentation mit 'wahren' Interessen ist subjektiv verständlich, objektiv oft richtig ... aber methodologisch wegen Mißbrauchsgefahr stets gefährlich."
Chmielewicz (150) S.223

4) Eine positive Rechtfertigung des Interessenpluralismus ist zu finden z.B. bei:
Deutscher Juristentag (223), Ballerstedt, Nell-Breuning, Köhler und Kunze.
Aus dem Naturrecht folgern Klüber und Messner den Interessenpluralismus.
Vgl.: Steinmann (714) S.114

5) "Mit einer gewissen Selbstverständlichkeit wird in den Diskussionsbeiträgen vorausgesetzt, daß eine positive Rechtfertigung der interessenmonistischen oder interessenpluralistischen Reformposition notwendig oder möglich ist." Steinmann (714) S.114

das Unternehmen als Organisation definiert, dann ist zumindest der Mitgliedskreis - mit einigen wenigen Ausnahmen[1] - genau festgelegt. Dem Unternehmen als zugehörig können nach gesellschaftsrechtlichen Bestimmungen die Kapitalgeber, die Mitglieder der Unternehmensorgane und die in zum Unternehmen zählenden Betrieben tätigen Arbeitnehmer betrachtet werden[2].

Ein dergestalt eng gefaßtes Modell, das die wirtschaftlichen Interessen von Lieferanten, Kunden, Kreditgebern und Verbrauchern ebenso ausschließt wie die politischen Interessen der Bürger, ist nicht unwidersprochen: Viele politisch-philosophische oder programmatische Richtungen denken mehr oder weniger stark über wesentlich weitergefaßte Modelle nach - nicht nur Marxisten, Sozialisten[3] oder Behavioristen[4],

---

1. Z.B. im Bereich der Arbeitnehmer kann es Schwierigkeiten geben: Durch den Arbeitnehmerbegriff ist der Gesetzgeber bemüht, hier die Grenze operational und justitiabel so zu gestalten, daß dieser Abgrenzung gefolgt werden kann.
2) Vgl. dazu die obigen Ausführungen über Gesellschafts- und Arbeitsrecht.
3) Vgl. dazu z.B. das von einer Projektgruppe unter Leitung von Ota Šik (1968 Wirtschaftsminister der ČSSR, heute Professor an der Hochschule St. Gallen) entwickelte Modell:
Gärtner/Luder (289)
Dieses erste Teilergebnis wurde gerade veröffentlicht.
4) Die "von Cyer und March konzipierte behavioristische Theorie der Unternehmung" sieht "die Unternehmung als eine Koalition von Individuen", wobei die Individuen innerhalb der Unternehmungen in Subkoalitionen zusammengeschlossen sein können. Von Bedeutung ist, daß neben den Mitgliedern der Unternehmensführung, den Eigentümern, den Angestellten und Arbeitern auch die Lieferanten, Kunden, Kreditgeber und externen Berater als zur Unternehmung gehördend betrachtet werden. ... Die Zugehörigkeit zu einer Unternehmung wird durch die Möglichkeit der aktiven Teilnahme an den Entscheidungsprozessen oder der Beeinflussung der Entscheidungsprozesse in der Unternehmung bestimmt."
Grochla (315) S.153

sondern auch Wissenschaftler[1] und Politiker[2] - wie folgendes Schaubild zeigt[3]:

Schaubild 3.1

Das Unternehmen im Bezugsfeld von Personen und Institutionen

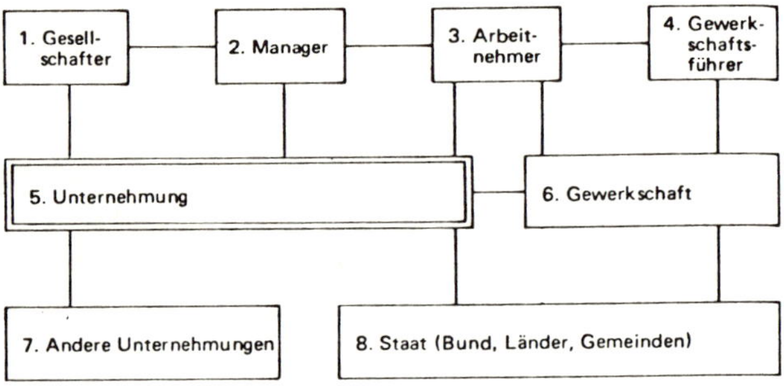

Quelle: Chmielewicz (150) S. 54

---

1) so z.B. Steinmann:
"Als Unternehmensinteressen, deren Schutz gegen einen Mißbrauch aufgrund ihrer typischen Interessenlage eine Einwirkung auf die Unternehmensführung erforderlich macht, erkannten wir dabei die Interessen von Kapitaleignern, Arbeitnehmern, des Unternehmens, Endverbrauchern und Allgemeinheit (notwendige Unternehmensinteressen) sowie die von Großgläubigern, Großabnehmern und Großlieferanten (mögliche Unternehmensinteressen)."
Steinmann (714) S.298

2) Vgl. dazu den Entwurf zum OR 85 der SPD (696)

3) Quelle: Chmielewicz (150) S.54

Diese Interessen werden durch das in dieser Arbeit vertretene Modell nicht vernachlässigt, sondern den politischen bzw. makroökonomischen Funktionsträgern, den jeweiligen Ordnungssystemen entsprechend, überlassen[1], die ordnungspolitischen Systeme des sozialen Rechtsstaates und der sozialen Marktwirtschaft erscheinen dafür als adäquate Konzeptionen.

3.33 Wirtschaftliche Interessen des Unternehmens

Bei dem Unternehmen handelt es sich, wie schon mehrfach angesprochen, um eine zweckgerichtete Organisation, womit die Erfüllung eben dieses Zweckes sich als primäres Interesse von selbst ergibt: "Welche Ziele die einzelne Unternehmung tatsächlich verfolgt, hängt im Rahmen einer überwiegend dezentralisierten Wirtschaftsordnung weitgehend von ihr selbst ab"[2]. Dennoch haben die Unternehmen prinzipiell auch gleichlaufende Interessen, die sich in Sachziel und Formalziel aufteilen lassen, nämlich die Bereitstellung von Leistung (Sachziel) unter Wahrung der Wirtschaftlichkeit oder Rentabilität (Formalziel)[3]. Nicht mehr generalisieren läßt sich das Verhältnis der beiden Teilziele zueinander, da dies nicht nur von individuellen Faktoren determiniert, sondern auch - in einer

---

1) Der von Vertretern der "Sozialen Marktwirtschaft" erhobene Anspruch, diese offene Ordnung sei immer funktionsfähig, wenn durch systemadäquates Verhalten bei Wirtschaftssubjekten und Politikern keine Diskrepanz zwischen Ordnungs- und Prozeßpolitik geschaffen würde, konnte bislang nicht falsifiziert werden. Krisen, die als systemimmanent bedingt apostrophiert werden, um damit als eine Grundlage für die Postulierung einer Wirtschaftsreform zu dienen, hatten bisher keine Beweiskraft.
2) Kosiol (432) S.212
3) "Das Sachziel der Unternehmung bezieht sich auf Art, Menge und Zeitpunkt der im Markt abzusetzenden Leistungen. In gesamtwirtschaftlicher Sicht wird damit der qualitative und quantitative Beitrag des Unternehmens zur gesellschaftlichen Bedarfsdeckung festgelegt. Als Formalziel wird dagegen die Wirtschaftlichkeit, insbesondere die Rentabilität, aufgefaßt." Kosiol (432) S.212

dezentralen Wirtschaftsordnung - der unternehmungsindividuellen Zielentscheidung vorbehalten ist.

So kann z.B. in öffentlichen Unternehmen das Sachziel dominieren (Versorgungsprinzip), während in rein privatwirtschaftlichen meist die Gewinnoptimierung das primäre Ziel darstellt. Diese Gewinnausrichtung hält Kosiol auch für die Betriebswirtschaftslehre für sinnvoll, denn "erstens führt eine Beschäftigung mit höheren Zielen im Endeffekt dazu, daß die Problematik letzter Ziele erörtert wird, ... zweitens ist der Geldgewinn unerläßliche Voraussetzung für die Erreichung der höheren Ziele, da die marktwirtschaftliche Ordnung die Existenz der Unternehmung vom Geldgewinn abhängig macht"[1].

Gerade durch diese Interdependenz von Wirtschafts- und Unternehmensordnung ist es dem einzelnen Unternehmen in der Regel nicht möglich, das Kostendeckungsprinzip zu vernachlässigen[2].

Diese Position leugnet nicht die Existenz weiterer Ziele, wie z.B. das "Streben nach Macht oder gesellschaftlicher Anerkennung"[3]. Trotz der angeführten und sicher darüberhinaus auch noch weiterer vorhandener Interessen bleibt für alle gemeinsam "das Ziel der Kapitalerhaltung als Untergrenze des Rentabilitätsziels. In Verbindung mit dem Liquiditätsziel wird dadurch die Erhaltung der Unternehmung angestrebt"[4].

---

1) Kosiol (432) S.214
2) "Besonders bei schlechter Wirtschaftslage wird sich die Unternehmung mehr der Sicherung eines individuell bestimmten Mindestgewinns widmen müssen als der Erreichung übergeordneter Ziele. Eingetretene Geldverluste führen bei Kapitalgesellschaften von einer bestimmten Höhe an Kraft Gesetzes zum Konkurs." Kosiol (432) S.215
3) Vgl. Kosiol (432) S.214
Allerdings relativiert Kosiol auch das Machtstreben, indem er fragt, inwieweit dieses nicht als Mittel zur Erfüllung noch weiterer Ziele dient.
4) Kosiol (432) S.216

Auf die gegen diese Position vorgebrachte Kritik kann aus doppeltem Grund nicht eingegangen werden: Zum einen wurde die Gültigkeit der Sozialen Marktwirtschaft hier von vornherein als Prämisse aufgestellt, zum anderen handelt es sich um normative Überlegungen[1].

3.4 Sozial-psychologische Interessen der Personen in der Organisation

3.41 Allgemeines

In den Wirtschaftswissenschaften - vornehmlich in der Betriebswirtschaft - wurde die Organisation bislang primär unter dem Aspekt der Ordnung von Sachbeziehung und Produktionsprozessen gesehen. Der wirtschaftende Mensch wurde dabei als Träger einer bestimmten Aufgabe auf seine Rollenfunktion reduziert, die einzige Differenzierung erfolgte nach den im Produktionsprozeß verwertbaren individuellen Fähig keiten. An dieser "Formalisierung der strukturellen Beziehungen"[2] konnte auch der frühe Hinweis von Karl Marx auf den Entfremdungsprozeß[3] durch die

---

1) "Zunächst wird die Gewinnmaximierung aus moralischen Erwägungen kritisiert und als Profitmacherei bezeichnet. Es handelt sich dabei um normative Überlegungen, über die, wie dargelegt, keine direkten wissenschaftlich begründbaren Aussagen gemacht werden können. Diese Feststellung bezweckt nicht, die gesellschaftspolitische Bedeutung oder Berechtigung normativer Untersuchungen über die Unternehmungsziele abzuwerten, sondern bemüht sich lediglich, die der Wissenschaft gezogenen Grenzen klar hervortreten zu lassen."
Kosiol (432) S.213 f.

2) Kosiol (432) S.97

3) "Der Begriff der Entfremdung, der physisch-psychischen Deformierung des Menschen, die ihren Gipfel im Kapitalismus erreicht, wird vom jungen Marx in mehreren begrifflich schillernden Bedeutungsnuancen gebraucht, wodurch der Phantasie der Interpreten ein weiter Spielraum gelassen wird. Für die verschiedenen Arten der Entfremdung sind insbesondere die folgenden vier Vorstellungen konstitutiv: Entfremdung des Menschen vom Produkt sei-

arbeitsteilige Wirtschaft nichts ändern[1].

Selbst die "Human Relations Bewegung", in den 30er Jahren in den USA entstanden, vermochte die klassische Organisationstheorie nicht wesentlich zu verändern. Die Anregungen der human-relations-Bewegung, auch die individuellen Bedürfnisse des arbeitenden Menschen aufzunehmen, wurden nur insoweit realisiert, als es der Erfolgssteigerung nützte.

Verstärkt wurde dieses Ideal in der Bundesrepublik erst wieder in den 70er Jahren aufgegriffen, und zwar mit der Forderung nach einer "Humanisierung der Arbeitswelt". Die Zielsetzung war dabei vor allem die Anpassung des Arbeitsplatzes und des Produktionsprozesses an die physischen Bedingungen des Menschen[2].

Mit den sozialpsychologischen Bedingungen des arbeitenden Menschen beschäftigt sich vor allem die Ergonomie; als relativ junger Teil der angewandten Psychologie entstand sie in den 20er Jahren. Sie "befaßt sich mit den wechselseitigen Beziehungen und Verbindungen des Menschen zu seiner Arbeitsumwelt in ihrer ganzen Mannigfaltigkeit, Dynamik und Struktur. ...

(Fortsetzung Fußnote)
ner Arbeit, Entfremdung der Menschen voneinander, Entfremdung des Menschen von seiner Gattung sowie Entfremdung des Menschen in und von seiner Arbeit."
Oberndörfer/Jäger (564) S.12 und FN 7
Vgl. dazu: Karl Marx: Ökonomisch-philosophische Manuskripte, EB I (496) S.510-522; Deutsche Ideologie, MEW 3 (494) S.33 ff.; Das Kapital I, MEW 23 (495) S.596 und 674; N. Lobkowicz, Entfremdung, in (413) Bd.2, S.149-159; I. Fetscher (264) S.18-32

1) Es darf dabei allerdings nicht übersehen werden, daß von verschiedenen Institutionen - Staat, Kirche, Gewerkschaften und anderen Verbänden - vielfältige Anstrengungen unternommen wurden, die negativen Auswirkungen der industriellen Produktion auf den Menschen abzuschwächen bzw. aufzuheben. Diese Problematik ist in einer umfangreichen Literatur aufgearbeitet. Vgl. dazu Wehler (799)

2) Diese Forderungen, die sehr stark durch arbeitsmedizinische Erkenntnisse initiert wurden, sind mittlerweile politisches Allgemeingut und finden sukzessive Eingang in die Tarifverträge.
Vgl. dazu Birkwald/Pornschlegel (58)

Den heutigen wissenschaftlichen Trends, Möglichkeiten und Bedürfnissen entsprechend, konzentriert sich die Aufmerksamkeit auf das System Mensch-Maschine"[1]. Dieses System ist zwar für den Arbeitnehmer von primärer Bedeutung, dennoch muß es hier ausgeklammert bleiben, da Gegenstand dieser Untersuchung das Mensch-Mensch-System darstellt. Folglich kann sich auch die Zusammenstellung der Individualinteressen auf diejenigen beschränken, die das Sozialsystem beeinflussen bzw. determinieren. Aber auch durch diese Einengung bleibt noch eine große Zahl von Faktoren, so daß hier nochmals selektiert werden muß[2].

3.42 Soziale Schichtung und Interessen

Die Theorie der sozialen Schichtung versucht, das alte soziologische Problem der Ungleichheit unter den Menschen zu erklären und zu lösen, "ohne daß das Problem sich verändert oder eine befriedigende Lösung gefunden hätte"[3].

In diesem empirischen Tatbestand der Ungleichheit kann sich die Individualität der menschlichen Persönlichkeit ausdrücken, es kann aber auch ein Zusammenspiel mehrerer Faktoren sein. Während der Marxismus allein die "ökonomischen Verhältnisse" dafür verantwortlich macht, sieht Dahrendorf den Ursprung der Ungleichheit unter den Menschen "in der Existenz von mit Sanktionen verbundenen Normen des Verhaltens in

---

1) Lanc (456) S.9
2) Diese Selektion mag willkürlich erscheinen, sie ist dennoch notwendig, wenn der Gesamtbereich der Determinanten abgedeckt werden soll. Das Pars-pro-toto-Vorgehen erscheint für den ersten Schritt gerechtfertigt, indem erst einmal der Minimalrahmen für das mikroökonomische Ordnungsmodell abzustecken ist.
3) Dahrendorf (169) S.4

allen menschlichen Gesellschaften"[1]; er erkennt in der Schichtung aber auch ein System "der Ungleichheit des distributiven Status von Menschen, d.h. ein System unterschiedlicher Verteilung von begehrten und knappen Dingen"[2]. Die Verteilungsverhältnisse ihrerseits können als Ergebnis des menschlichen Leistungsstrebens betrachtet werden, wenn die These von Chmielewicz zu halten ist, "daß im Grunde das kapitalistische Einkommensstreben ein von der Person und Wirtschaftsordnung unabhänginges Streben nach materiellem Nutzen des Menschen ist"[3]. Die Alternative dazu, der "Neue Mensch" ohne Einkommensstreben, entspringt dem Streben nach einem neuen Sozialsystem, in dem "der realistische Charakter der Utopie der Herrschaftslosigkeit durch eine andere Utopie - den neuen Menschen - zu begründen versucht"[4] wird. Eben diesen neuen Menschen ohne Einkommensstreben bezeichnet Watrin als "jenes in dialektischem Gegensatz zum homo oeconomicus stehende Fabelwesen, dessen Motivationsprobleme durch die innere Einsicht in das allgemeine Beste gelöst werden"[5]. Diese subjektiv bedingte Ungleichheit versucht Dahrendorf zu erklären, indem er sic in 4 Formen unterteilt:

"1. natürliche Verschiedenartigkeit des Aussehens, des Charakters, der Interessen
2. natürliche Verschiedenartigkeit der Intelligenz, der Talente, der Kräfte
3. soziale Differenzierung prinzipiell gleichwertiger Positionen
4. soziale Schichtung nach Ansehen und Reichtum als Rangordnung des sozialen Status"[5].

---

1) Dahrendorf (169) S.21 ff.
2) Dahrendorf (169) S.26
3) Chmielewicz (150) S.134
4) Pross (598) S.86, zit. n. Chmielewicz (150) S.135
5) Watrin (790) S.135, zit. n. Chmielewicz (150) S.135
6) Dahrendorf (169) S.6

Diese subjektiven Bedingtheiten des Individuums korrespondieren auch mit den verschiedenen Rollen, die jeder Mensch ausübt. Ob zugeschrieben oder erworben - das Vorhandensein eines Rollenbündels bedingt für jeden Menschen Rollenkonflikte, die er entweder mit sich selbst (Intrakonflikt) oder mit andern (Interkonflikt) austrägt[1].

3.43 Psychologische Motivationstheorie

Was aber sind die eigentlichen Wünsche, Interessen, Bedürfnisse? Jede Antwort auf diese Frage heißt, den Menschen in seiner Entfaltungsfreiheit einzuengen und einer wie auch immer gearteten Ideologie unterzuordnen. Dennoch können Aussagen von Sozialpsychologen, soweit sie in der Verallgemeinerung empirisch haltbar sind, Grundlagen schaffen für eine menschengerechte Organisationsgestaltung im Sinne von notwendigen aber nicht auch hinreichenden Bedingungen.

Eingang gefunden in die Wirtschaftswissenschaft hat inzwischen die sog. "Motivationstheorie"[2], in der die Beweggründe des menschlichen Verhaltens untersucht und stärker als bisher für den Einbezug in den Produktionsprozeß aufgearbeitet werden[3]. Konkret heißt dies, daß zusätzlich zum Sach- und Formalziel das Sozialziel immer größere Bedeutung erlangt, das sich mit dem Begriff "Arbeitszufriedenheit" umschreiben läßt.

---

1) Vgl. dazu Dahrendorf (165) S.52
2) Von einer Theorie zu sprechen scheint angesichts der wenigen deutschsprachigen Arbeiten etwas vermessen, wohl aber ist "die pragmatische Diskussion und die empirische Untersuchung der Arbeitszufriedenheit ... in den letzten Jahren vor allem in den USA intensiv betrieben worden". Vgl. dazu Oswald Neuberger (553)
3) Vgl. z.B. Kurt Haberkorn (333) S.211 ff. Er gibt eine komprimierte Darstellung der Motivationstheorie und hat daraus eine "Checkliste zur Motivation der Mitarbeiter" zusammengestellt, die 25 Punkte umfaßt.

Bei dem Versuch, das, was unter Motivation allgemein verstanden[1] wird, zu beschreiben, stößt man auf erhebliche Schwierigkeiten, wenn man mehr ausdrücken will als: Motivation bezeichnet das Warum einer Handlung. Schließlich handelt es sich bei der Motivationsforschung um eines der Hauptgebiete der Psychologie.

Trotz der darüber hinaus vorhandenen Probleme im methodologischen und erkenntnistheoretischen[2] Bereich soll hier mit Thomae ein Definitionsbeispiel gegeben werden: "Motive bzw. Motivationsprozesse sind Abstraktionen aus dem Sinnzusammenhang der menschlichen Aktivität, die in ihrem (sinnvollen) Zusammenhang mit Veränderungen jener Aktivität in bezug auf Intensität, Richtung und Form gesehen werden"[3].

Die Theorien der Arbeitsmotivation übernehmen die allgemeinen psychologischen Erkenntnisse und übertragen sie auf den speziellen Bereich der Arbeit, wobei in der Regel unter Arbeit die Tätigkeit in "formalen, arbeitsteiligen, hierarchisch aufgebauten Organisationen"[4] verstanden wird. Daraus ergibt sich dann auch für den Begriff "Arbeitsmotivation" der "Aspekt der Motivation eines Menschen ..., der mit der Erfüllung der formell übertragenen Verpflichtungen ver-

---

1) Vgl. dazu z.B. H. Thomae (727a); Neuberger (553) S.11-48, Kapitel 1: Motivationspsychologie, Begriffe und Theorien.
2) Neuberger weist auf einen grundlegenden Gegensatz hin: "Während die phänomenologisch vorgehende 'humanistische' Psychologie das komplexe Bedingungsgeflecht menschlichen Daseins verstehend zu durchschauen sucht, versuchen die positivistisch-naturwissenschaftlich orientierten Psychologen Gesetzmäßigkeiten des Verhaltens durch die Kombination von S-H-R-Variablen (d.h. Bedingung - Hypothetisches Konstrukt - Wirkung-Variablen, der Verfasser) zu entwickeln und dem Text der Empirie zu unterwerfen." Neuberger (553) S.48
3) Thomae (727a) S.43
4) Neuberger (553) S.49

bunden ist"[1], sofern man allein die Erfüllung der Organisationsziele vor Augen hat. Wird daneben aber der Mensch auch als Subjekt mit individuellen Zielen gesehen, gehören zur "Motivation am Arbeitsplatz ... alle Aspekte der Aktivität eines Organisationsmitglieds, die diese in ihrer Intensität und Richtung beeinflussen"[2]. Wenn die Rede ist von "allen Aspekten", so ist das ein Hinweis darauf, daß nicht nur die individuellen, sondern auch die sozialen Rahmenbedingungen maßgebend sind, die Neuberger in den vier Gruppen: Arbeitsteilung, Erfordernis der Zusammenarbeit, Fremdbestimmung des Einzelnen und Lohnabhängigkeit des Einzelnen zusammenfaßt, "dazu kommen noch die jeweiligen wirtschaftlichen und gesellschaftlichen Ordnungsprinzipien und Leitvorstellungen (Kapitalismus, Leistungsprinzip, Erfolgsideologien, religiöse Normen, Konsumanreiz...)"[3]. Über den Zusammenhang von Bedingung und Ergebnis des menschlichen Handelns gibt es inzwischen auch für den Bereich Arbeitsmotivation eine Reihe von empirischen Untersuchungen und daraus abgeleiteten Theorien bzw. Modellen[4]. Einige dieser Ansätze erklären grundlegende Bedingungen in Organisationsstrukturen für eine optimale Arbeitsmotivation, und deshalb soll hier exemplarisch ein Modell aus dem Bereich der humanistischen Theorien, nämlich das Modell von

---

1) Neuberger (553) S.49
2) Neuberger (553) S.50
3) Vgl. dazu Neuberger (553) S.51
4) Neuberger (553) nennt vier Gruppen der Motivationshypothesen:
   1. Bedürfnisorientierte homöostatische Konzeptionen (S.58 ff.)
   2. Anreiztheoretische Konzeptionen (S.71 ff.)
   3. Kognitive Konzeptionen (S.94 ff.)
   4. Humanistische Theorien (S.101)

Maslow beschrieben werden[1].

3.44 Bedürfnisstruktur nach Maslow

In seiner Psychologie der Person reduziert Thomae das menschliche Vorhaben auf vier grundlegende Interessen- oder "Wunschtypen", die mit dem Wunsche zusammenhängen nach neuem Erleben, Meisterung, Anerkennung und Sicherheit[2]. Schon hieraus ließen sich bestimmte Faktoren für die Strukturierung einer Organisation unter humanen Gesichtspunkten ableiten. Diese Funktion erfüllt das Bedürfnismodell von Abraham H. Maslow[3], dem Mitbegründer und Vertreter der sogenannten "Humanistischen Psychologie". Sein psychologisches Modell basiert auf der "Annahme, daß die menschliche Daseinsführung von zwei Arten von Bedürfnissen beeinflußt wird: den Defizit-und den Wachstums-Bedürfnissen"[4].

Die Defizit- oder Mangelbedürfnisse bleiben unbemerkbar, solange sie erfüllt werden, d.h. durch die Erfüllung wird Krankheit vermieden. Entsteht ein Mangel in der Befriedigung, so führt das nicht nur zur Krankheit (der umgekehrte Vorgang zur Gesundung), sondern "dabei wird auch eine Hierarchie

---

1) Die Bezeichnungen folgen Neuberger (553). Er stellt in seinem vierten Bereich (humanistische Theorien) neben Maslow die Theorien von Alfelder, Lersch, De Man und Herzberg dar.
Auf die Beschreibung der vieldiskutierten Herzbergschen Zweifaktorentheorie wurde hier verzichtet, da seine Untersuchungsmethoden aus wissenschaftlicher Sicht sehr fragwürdig erscheinen (darin ist Neuberger zuzustimmen, vgl. S.139). Die Verwendung solcher Hypothesen als Quelle für menschliches Verhalten determinierende Faktoren erscheint wenig nützlich.

2) Thomae (727a) S.152

3) Als klinischer Psychologe hatte Maslow bei seinen Untersuchungen nicht die Unternehmung und die betrieblichen Arbeitsbedingungen vor Augen; dennoch findet er auch im arbeitswissenschaftlichen Bereich immer mehr Beachtung.

4) Neuberger (553) S.103

der einzelnen Bedürfnisse erkennbar im Sinne eines zeitlichen Nacheinanders, wobei die in der sogenannten "Bedürfnispyramide"[1] gestaffelten Bedürfnisse sukzessive (von unten nach oben) befriedigt werden, wie es im folgenden Schaubild zu sehen ist.

Schaubild 3.2
<u>Bedürfnispyramide nach Maslow</u>

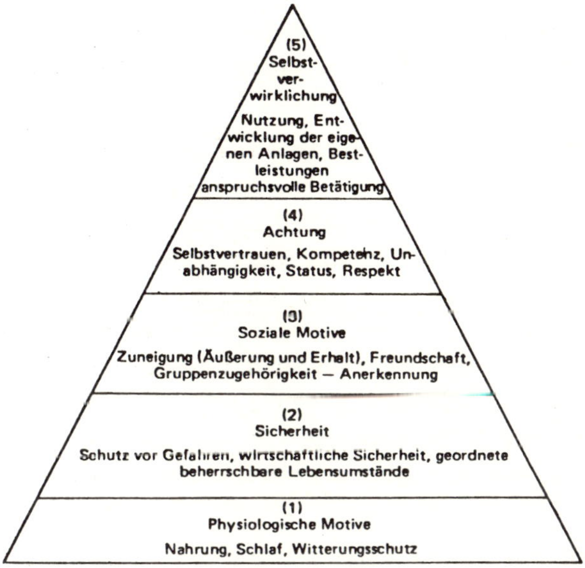

Quelle: Chmielewicz (150) S. 129

Im Mittelpunkt der nach diesen empirischen Befunden aufgestellten Theorien stehen die Wachstumsbedürfnisse, zu deren Aktivierung eine Befriedigung der Defizitmotive unumgänglich ist. Letztlich erreicht werden soll dabei die Selbstverwirklichung als "fortschreitende Verwirklichung der Möglichkeiten, Fähigkeiten und Talente, als Erfüllung einer

1) Vgl. Neuberger (553) S.103

Mission oder einer Berufung, eines Geschicks, eines Schicksals, eines Auftrags, als bessere Kenntnis und Aufnahme der eigenen inneren Natur, als eine ständige Tendenz zur Einheit, Integration oder Synergie innerhalb der Persönlichkeit"[1]. Diese Definition gibt allerdings wenig empirisch nachprüfbare Faktoren, so daß hier eine genauere Inhaltsfixierung des Begriffs eine Frage von individuellen Werturteilen zu sein scheint. Daraus wird deutlich, daß man Selbstverwirklichung nicht generalisieren oder gar normieren kann; es gibt dafür "keine Norm, kein Schema, keinen Vergleichsmaßstab. Selbstverwirklichung ist immer ideosynkratisch, schöpferisch, einmalig"[2].

Damit scheint dieses individuelle Ziel nach Selbstverwirklichung aus dem Bereich des wissenschaftlich begründbaren Fundus für Rahmenbedingungen herauszufallen. Wenn das Ziel schon nicht operationabel ist, wie sollen dann daraus funktionsfähige oder gar normierte Organisationsformen aufgestellt werden können? So berechtigt diese Kritik auch erscheinen mag, so wenig ist darüber hinwegzusehen, daß ein Menschenbild, wie es dieser Untersuchung als Prämisse dient, auch die Möglichkeit zur Selbstverwirklichung umfassen muß[3].

So kann es sich bei dem Maslow-Modell nicht um eine empirisch fundierte und allseits anerkannte Theorie handeln, wohl aber zeigt sich diese als "eine Fundgrube für Hypothesen"[4].

---

1) Maslow (497) S.41, zit. n. Neuberger (553) S.105
2) Neuberger (553) S.104
3) Neuberger vertritt diese im Grundgesetz Artikel 2 normierte Position wie folgt:
"Daß es so etwas wie 'Selbstverwirklichung' gibt, ist unleugbar: Die Geschichte der Philosophie und der Religionen erweisen die unaufhörliche Aktualität dieses Problems."
Neuberger (553) S.107
4) Neuberger (553) S.109

4. Problemlösungen

4.1 Allgemeines

Geht man von den drei speziellen Konfliktbereichen des Problemfeldes Unternehmen aus, wie sie oben skizziert wurden, nämlich

- Macht und Herrschaft
- Materielle Verteilung
- Individual- und Organisationsinteressen,

ergeben sich rein theoretisch zahlreiche Ansätze zur Installierung wirkungsvoller Konfliktregelungsmechanismen.

Zunächst ist die Frage zu klären, wer als Subjekt der Regelung auftritt, Einzelpersonen, Vertreter der Organisationsmitglieder, Sozialpartner oder Staat.

Dann ist die Frage nach der Methode zu stellen: Sollen Konflikte vermieden bzw. geregelt werden mittels Veränderung der Organisationsstrukturen, der Arbeitsbedingungen, der zwischenmenschlichen Beziehungen, der Verhaltensveränderung (freiwillig oder erzwungen) oder der Kombination einzelner Möglichkeiten[1]?

Schließlich müssen die geeigneten Mittel ausgewählt werden, z.B. vertragliche Vereinbarung unter den verschiedenen handelnden Subjekten mit Individual- oder Kollektivverträgen oder Kampf und Druckmittel. Zwar können hier nicht alle Methoden und Mittel analysiert werden, dennoch scheint es notwendig, die wichtigsten kurz zu skizzieren, damit die, die im Mittelpunkt dieser Untersuchung stehen,

---

1) Selbstverständlich gibt es noch weitere Methoden außerhalb der Organisation selbst wie z.B. die Veränderung der politischen oder wirtschaftlichen Ordnung; der oben genannten Prämisse entsprechend sollen diese hier aber nicht betrachtet werden. Das gleiche gilt auch für die im Anschluß genannten Mittel.

richtig eingeordnet und damit auch einfacher bewertet werden können, selbst wenn es sich dabei nur um ein Substrat aus der Fülle vorliegender Arbeiten handelt.

Selbstverständlich kann es hierbei nur um eine subjektive Auswahl gehen, die aber im wesentlichen sich an die aktuelle Diskussion anlehnt, das heißt nichts anderes, als daß die derzeit in der Bundesrepublik realisierten oder diskutierten Lösungsansätze - soweit sie in der Organisation Unternehmen selbst ansetzen - aufgegriffen werden. Man kann sie in vier Komplexe gliedern:

- Arbeitsrecht
- Strukturelle Veränderung
- Materielle Verteilung
- Integrative Wege.

Dabei dreht es sich bei dem ersten Punkt, dem Arbeitsrecht, vor allem um gesetzgeberische Maßnahmen, bei den übrigen um tarifliche Reglungen oder freiwillige betriebliche Vereinbarungen.

4.2 Arbeitsrecht

Das "Arbeitsrecht" ist die Summe aller gesetzlichen Vorschriften, soweit sie die Beziehungen zwischen unselbständig beschäftigten Arbeitnehmern[1] und ihren jeweiligen Arbeitgebern betreffen. Dazu gibt es in der Bundesrepublik eine ganze Reihe von speziellen Gesetzen[2], weitere Normen sind in vielen anderen Gesetzeswerken, wie z.B. dem Bürgerlichen Gesetzbuch (= BGB) oder dem Handelsgesetzbuch (= HGB), zu finden. Dabei wird das "sozialrechtliche Schutzprinzip ...

---

1) Bisher ist eine einheitliche gesetzliche Definition des Arbeitnehmerbegriffs nicht vorhanden; deshalb ist dieser Begriff primär durch die Rechtsprechung geprägt.
Vgl. Götz (307) S.5

2) Vgl. dazu z.B. Arbeitsgesetze (17)

nicht nur Motiv der Arbeitsrechtsordnung, sondern ist Wesenszug des Arbeitsrechts schlechthin geworden"[1], um die Abhängigkeit, bedingt durch den individuellen Arbeitsvertrag, für den Arbeitnehmer erträglicher zu gestalten.

Schon aus dieser Grundkonzeption heraus ergeben sich Probleme dann, wenn mit diesem rechtlichen Mittel der ehemals Schutzbedürftige zum selbständig handelnden Subjekt mit originären Rechten erhoben werden soll, wie dies vor allem in den Gesetzen zur Betriebsverfassung und Mitbestimmung geschieht und in den beiden folgenden Abschnitten gezeigt werden soll.

Deshalb wird der arbeitsrechtliche Ansatz zur Regelung organisationsinterner Konflikte von verschiedenen Seiten her - mehr oder weniger stark - kritisiert: Zum einen ist hierbei auf die Zersplitterung und die sich daraus ergebende Undurchschaubarkeit des Gesamtkomplexes hinzuweisen. Obwohl schon in der Weimarer Reichsverfassung die Schaffung eines einheitlichen, alle Regelungen integrierenden Arbeitsgesetzbuches vorgesehen war, ist es dem Gesetzgeber bis heute nicht gelungen, dieses Werk zu realisieren. Zwar liegen von der damit beauftragten Kommission des Bundesministeriums für Arbeit und Sozialordnung noch keine Veröffentlichungen vor, weshalb alle Überlegungen über mögliche Arbeitsschwierigkeiten in der Kommission noch Spekulationen bleiben müssen. Betrachtet man aber den vom DGB am 5. April 1977 verabschiedeten Entwurf eines Arbeitsverhältnisgesetzes, dem ein Kommissionsvorentwurf zugrunde gelegt worden sein soll[2], so kann man

---

1) Scheuermann (651) S.11
2) Vgl. Vorwort des DGB-Entwurfs: "Er hofft, daß die Bundesregierung dies zum Anlaß nimmt, nunmehr auch den seit längerem fertiggestellten Entwurf der Arbeitsgesetzbuchkommission, auf dessen Grundlage die Alternativvorschläge des DGB erarbeitet wurden, der Öffentlichkeit vorzulegen." (211) S.III f.

aus der Gliederung der angesprochenen Themen auf mögliche Streitpunkte schließen[1]:

- Der Begriff "Arbeitnehmer" muß allgemeinverbindlich - d.h. zumindest für das gesamte Arbeitsrecht - definiert werden, was man im DGB-Entwurf vergeblich sucht.
- Die bisher dem Arbeitsverhältnis zugrunde liegenden Vorschriften des BGB über den Dienstvertrag (§§ 611-630) sollen durch ein neues, als erster Teil des Arbeitsgesetzbuches geplantes Gesetz über das Arbeitsverhältnis ersetzt werden. Damit wird für den Arbeitnehmer als Vertragspartner eine neue Rechtsposition geschaffen, deren Abgrenzung naturgemäß zu erheblichen Konflikten zwischen den verschiedenen Interessenvertretern führen muß[2].

Die hier beispielhaft genannten Schwierigkeiten bei der Erarbeitung eines Gesamtkodexes zum Arbeitsrecht führen weiter zu der Frage, ob der Gesetzgeber überhaupt weitere Normierungen vornehmen soll, oder ob genau dies nicht Sache der Tarifpartner sei, wie es Artikel 9,3 GG zumindest zuläßt. In diesem Fall wäre es Aufgabe des Gesetzgebers, die bisherigen arbeitsrechtlichen Vorschriften in ein Werk widerspruchslos zusammenzuführen und soweit als möglich zu minimieren.

Eine Antwort auf diese Frage wäre entscheidend geprägt von der jeweiligen Vorstellung über die Funktion des Arbeitsrechts überhaupt: Soll es als Schutz vor allem aus dem Arbeitsverhältnis resultierender Gefahren dienen, oder soll es darüber hinaus dem Arbeitnehmer originäre Rechte schaffen, die z.B. als Gegenpol zum Eigentumsrecht der Kapitalgeber entweder

---

1) Vgl. Artikel 4,§ 1 "Geltungsbereich" und Artikel 4, § 2 "Arbeitnehmerähnliche Personen" in dem Entwurf (211)

2) Diese Vermutung dürfte z.B. durch Art. 4,3 des DGB-Entwurfs (211) erhärtet werden, der vorsieht, daß von den Vorschriften dieses Gesetzes "nur zugunsten des Arbeitnehmers" außer in dem Gesetz vorgesehenen Ausnahmen abgewichen werden kann.

konkurrierend oder jenes einschränkend auftreten?

Ein mögliches Ziel wird von Hugo Sinzheimer, dem Mitbegründer und spiritus rector des deutschen Arbeitsrechts[1] genannt, der in Anlehnung an die staatliche Freiheit die "Befreiung der Arbeit"[2] in dreifacher Hinsicht anstrebt:

- Verleihung von "sozialen Grundrechten" zur Sicherung einer menschenwürdigen Existenz;
- Verwandlung der "Wirtschaftsuntertänigkeit in ein wirtschaftliches Bürgertum" durch Mitwirkung der Arbeit (Mitbestimmung);
- Hinführung zu einem "Gemeinwesen der Wirtschaft" mit gemeinwirtschaftlichen Trägern ohne Privatpersonen.

Obwohl diese Ziele sicherlich auch mit anderen Mitteln als dem Arbeitsrecht erreichbar wären, fußen gerade darauf die wesentlichen bisherigen Ansätze des Gesetzgebers zur Konfliktregelung, wie es besonders in der Betriebsverfassung und Mitbestimmung - um von zwei zentralen Materien im kollektiven Arbeitsrecht zu sprechen[3] - deutlich wird.

Nicht zuletzt deshalb ist das Kollektivrecht "zum beherrschenden Merkmal unserer Arbeitsrechtsordnung geworden"[4].

Zur Mitbestimmung selbst liegen jetzt vier verschieden normierte Systeme[5] vor, die sich an der Unternehmensgröße, der Unternehmensrechtsform, der Branche und/oder am Umsatz orientieren:

---

1) Vgl. dazu: Otto Kahn-Freund in (693) Bd.1, S.1 ff. Er sieht in Sinzheimer den "Schöpfer" des deutschen Arbeitsrechts, obwohl Lohmar vor ihm schon wesentliche Grundlagen dazu geschaffen hat.
2) Vgl. dazu Hugo Sinzheimer (693) Bd.1, S.113
3) Bei diesen beiden Materien handelt es sich um einen der drei Teilbereiche des kollektiven Arbeitsrechts, die mit den beiden anderen Bereichen "Tarifvertragsrecht" und "Recht der Koalition" (Gewerkschaften und Arbeitgeberverbände) eng verbunden sind.
4) Wlotzke in (52) S.VIII
5) Die genaue Erläuterung folgt in den nächsten Abschnitten.

- Das Betriebsverfassungsgesetz gilt für alle privatrechtlich organisierten Betriebe mit in der Regel mehr als fünf Arbeitnehmern (also außerhalb des öffentlichen Dienstes);
  allerdings ist die darin vorgesehene wirtschaftliche Mitbestimmung auf Unternehmensebene auf Kapitalgesellschaften beschränkt, wobei eine GmbH erst ab 500 Mitgliedern einen Aufsichtsrat zu bilden hat,diesen aber teilweise mit Arbeitnehmervertretern besetzen muß.
- Das Mitbestimmungsgesetz von 1976 gilt für alle Kapitalgesellschaften mit mehr als 2000 Arbeitnehmern.
- Das Montanmitbestimmungsgesetz von 1951 gilt für Kapitalgesellschaften der Montanindustrie.
- Das Mitbestimmungs-Ergänzungsgesetz von 1956 gilt für Konzerne in der Rechtsform von Kapitalgesellschaften, die Montanunternehmen beherrschen, wenn der Umsatz der beherrschten Montanunternehmen die Hälfte des Konzernumsatzes übersteigt[1].

4.3 Mitbestimmung

4.31 Zur Begründung der Forderung nach Mitbestimmung

Die Forderung nach mehr Mitbestimmung wird heute in vielen Lebensbereichen erhoben und zwar überall dort, wo in Organisationen mit stark hierarchisch ausgeprägten Strukturen ein Teil der Organisationsmitglieder - aus welchen Gründen auch immer - an wesentlichen Planungs- und Entscheidungs- oder Durchführungsvorgängen nicht teilhaben können[2]. Nachdem der Staat durch Teilhabe aller Bürger an der politischen Macht - sie sind in einer Demokratie als Staatsvolk der eigentliche Souverän - sich einer weitgehenden Mitbe-

---

1) Heute fällt unter dieses Gesetz lediglich ein Konzern!
2) So z.B. in Hochschulen, Kirchen u.a., vgl. dazu Hennis (357)

stimmung geöffnet hatte, wurden weitere Systeme - hier vor allem Betrieb und Unternehmen - zur Zielscheibe solcher Forderungen, die, wie folgt, begründet werden:

1) aus Grundwerten, wie Freiheit der Persönlichkeit und Würde des Menschen,
2) aus sozial-politischen Überlegungen,
3) aus Grundrechten der Verfassung, vor allem Entfaltungsfreiheit der Persönlichkeit und Selbstbestimmung,
4) aus dem im staatlichen Bereich anerkannten Ordnungsprinzip der Demokratie, das auch in Teilsystemen der Gesellschaft gelten müsse,
5) aus prinzipiellen Überlegungen zur Legitimation und Kontrolle von Macht und Herrschaft, auch im Unternehmen,
6) um Organisationen effizienter zu gestalten, indem durch den Grundsatz der Beteiligung der Betroffenen Konflikte abgebaut werden.

Zu den einzelnen Punkten dieser Motivationsskala seien aus dem breiten Spektrum einige wenige Meinungen zitiert:

Zu 1)

"Im Grunde ist die Mitbestimmung ein sozialer Imperativ unserer Zeit, gehört also zu ihren sittlichen Kategorien!"[1)]

"Die Frage der Mitbestimmung kann nicht in einer Reihe gesehen werden mit anderen sozialen und gesellschaftlichen Gesetzeswerken. Mitbestimmung - und das ist hier der entscheidende Unterschied - ist eine langfristige Aufgabe zur freiheitlichen und verantwortlichen Gestaltung unserer Gesellschaft. Wir sollten uns ohne Vorbehalt mit der gesellschaftlichen Wirklichkeit konfrontieren. Diese Wirklichkeit sieht

---

1) Otto A. Friedrich, ehemaliger BDA-Präsident, am 18.3.1970 (280)

doch so aus, daß in immer weiteren Kreisen unseres Volkes die Sorge wächst, ob und wie es gelingen soll, den Menschen in seiner Individualität, in seiner Würde zu stärken, zu stärken in einer Gesellschaft, deren Kennzeichen ein wachsender Prozeß der Konzentration und der Kollektivierung, die immer stärkere Herausbildung neuer geschlossener Entscheidungsgruppen und gesellschaftlicher Großgebilde ist."[1)]

Zu 2)

"Bei der Frage der Mitbestimmung geht es nicht um eine bloß technisch-zweckrationale Veränderung der wirtschaftlichen Bedingungen, auch nicht um eine mehr formal-taktische Neugliederung im Betriebs- und Unternehmensbereich, sondern qualitativ um die Ordnung des wirtschaftlich-gesellschaftlichen Zusammenwirkens. Als Ordnungsproblem ist die Mitbestimmung unweigerlich auch eine ethische, eine sozialethische Frage, deren Lösung weder dem sachrationalen Kalkül noch der Vertretung machtpolitischer Interessen überlassen bleiben kann. Das bedeutet freilich nicht, daß die von der Sachgesetzlichkeit her gegebenen Daten des modernen Wirtschaftsablaufs dem ethischen Gestaltungsanspruch ausgeliefert werden könnten. Nur unter voller Berücksichtigung und Integration der verschiedenen Aspekte, der Sachgesetzlichkeit, der interessenpolitischen Verhältnisse und der ethischen Begründung liegt die Chance einer realitätsbezogenen und damit praktischen Durchsetzbarkeit der sozialen Gerechtigkeit."[2)]

Zu 3)

"Selbstbestimmung der Arbeitnehmer verlangt Mitbestimmung bei der Fremdbestimmung durch die Arbeitgeber. Diese Forderung folgt für liberale Gesell-

---

1) Katzer, ehemaliger Bundesarbeits- und Sozialminister (407) S.91
2) Rauscher (613) S.13

schaftspolitik aus dem nicht nur für die Demokratisierung des Staates, sondern auch der Gesellschaft leitenden obersten Grundsatz der Menschenwürde und damit der Achtung der Selbstbestimmung des anderen. Dies verlangt in den arbeitsteiligen Verhältnissen von Betrieb und Unternehmen die angemessene und verhältnismäßige, ihrer Funktion adäquate (funktionsgerechte) Teilhabe und Mitwirkung aller Betroffenen an allen Entscheidungen, die sie betreffen. Nur so werden sie diese Entscheidungen nicht als Objekte hinnehmen, sondern als Subjekte mittragen."[1)]

Zu 4) und 5)

"Die Mitbestimmung ist im Grunde, so glaube ich, das Wesen einer demokratischen Gesellschaft. Das heißt, die Legitimation derer, die regieren, ganz gleich auf welcher Ebene und wo auch immer, soll von denen kommen, die regieren werden. Das ist ein Grundsatz, der allgemein gültig ist und sicherlich auch nicht bestritten wird."[2)]

Zu 6)

Wirtschaftliche Mitbestimmung kann verstanden werden als "Versuch, Konfliktaustragungsmechanismen respektive ihre Rahmenbedingungen normativ zu konstituieren".[3)]

Kritiker der Mitbestimmung anerkennen zwar die Motivationen - zumindest in weiten Bereichen- sprechen aber dem Konzept Mitbestimmung die Fähigkeit ab, die durch die Motivationsskala vorgegebenen Ziele tatsächlich erreichen zu wollen bzw. erreichen zu können. Als engagierter Vertreter der Gegenposition gilt Götz Briefs:

"Meiner Ansicht nach liegt das entscheidende Merkmal der Mitbestimmung darin, daß die Gewerkschaft sich

---

1) FDP-Freiburger Thesen zur Unternehmensmitbestimmung (275) S.57
2) Rosenberg, ehemaliger DGB-Vorsitzender, in (224)S.17
3) Muszynski (544) S.14

im Zentrum der unternehmerischen Funktion und Verantwortung ansiedeln wollen. Das widerspricht einer freiheitlichen Wirtschaftsordnung, weil der Unternehmer eine Funktion hat, die zwar primär wirtschaftlicher Art ist, die aber gleichzeitig als solche von höchster sozialer Bedeutung ist: Seine Funktion ist es, die Kosten der Unternehmung in Schach und Proportion zu halten, und ich bin sehr glücklich, daß Pater von Nell-Breuning mir in diesem Punkte seine volle Zustimmung gibt."[1)]

Diese sehr kurzen Bemerkungen zur Begründung der Mitbestimmung können eine jahrzehntelange und auf eine unüberschaubare Zahl von Veröffentlichungen angeschwollene Diskussion nur schlaglichtartig beleuchten.

4.32 Zur Begriffsbestimmung

Kaum einfacher als die Aufstellung der Motivationsskala gestaltet sich die rein formale Abgrenzung des Begriffsinhaltes der Mitbestimmung. Je allgemeiner eine Definition gefaßt ist, umso eher findet sie deshalb breite Zustimmung, wie z.B. der schon 1962 aufgestellte Mitbestimmungsbegriff von Walter Weddigen:

"Mitbestimmung im weitesten Sinne ist die Teilnahme der Arbeitnehmer durch ihre Vertretungen in Arbeitsgemeinschaft mit Arbeitgebern und deren Vertretern an Beschlüssen über Regelungen und Maßnahmen, welche Fragen, vor allem sozialpolitischer und personalpolitischer Art, oder Angelegenheiten der Wirtschaftsführung betreffen."[2)]

Diese Definition unterscheidet schon zwischen den drei gebräuchlichen Feldern der Mitbestimmung[3)], näm-

---

1) Briefs, in (613) S.64
2) Walter Weddigen (798) S.14
3) Alle - oben schon genannten - Gesetze zur Mitbestimmung nehmen diese Differenzierung vor.

lich:
- personelle Angelegenheiten
- soziale Angelegenheiten und
- wirtschaftliche Angelegenheiten.

Neben diesen - meist vertikal gesehenen - Feldern werden auch horizontale Ebenen unterschieden:

- weltwirtschaftlich - volkswirtschaftlich - Branche	=	makroökonomische Ebene
- Unternehmung - Betrieb - Arbeitsplatz	=	mikroökonomische Ebene

Schließlich ist noch zu fragen nach der Intensität der Beteiligung an einem Entscheidungsprozeß, dafür ist folgende Skala[1)] gebräuchlich:
- Recht auf Information
- Recht auf Anhörung
- Recht auf Beratung
- Vetorecht gegen Beschlüsse
- Mitentscheidungsrecht
- Mitbestimmungsrecht mit Ausschluß einer Gruppenübereinstimmung.

Legt man sich nicht von vornherein auf die Intensität der Mitbestimmung fest, so kann man sie mit der Sachverständigenkommission[2)] als "institutionelle Teilnahme der Arbeitnehmer oder ihrer Vertreter an der Gestaltung und inhaltlichen Festlegung des Willensbildungs- und Entscheidungsprozesses im Unternehmen, und zwar zunächst ohne Rücksicht auf die Art und den Umfang einer Teilnahme von Arbeitnehmerinteressen in den Unternehmensorganen"[3)]verstehen.

---

1) Diese Abstufungen finden sich auch in den Mitbestimmungsgesetzen wieder.
2) Die "Sachverständigenkommission zur Auswertung der bisherigen Erfahrungen bei der Mitbestimmung" legte im Januar 1970 ihren Bericht vor (187). Im folgenden wird die Kommission kurz als "Biedenkopf-Kommission" zitiert.
3) Biedenkopf-Kommission (187) S.8

Diese Definition, die vermutlich Rücksicht auf das Kommissionsmodell[1] zu nehmen hatte, wird heute weitgehend als unzureichend empfunden, es soll - ohne die Begriffe gleichwertig, gleichgewichtig, qualifiziert usw. zu verwenden - deshalb von Mitbestimmung nur dort die Rede sein, wo es um die "gleichwertige Mitentscheidung der Arbeitnehmer oder ihrer Repräsentationen geht"[2].

Eine weitere Einschränkung, etwa auf das Feld wirtschaftlicher Angelegenheiten, hier zu treffen, erscheint wenig sinnvoll, da ansonsten andere Felder nur schwer mit dem Begriff abgedeckt werden können.

4.33 Historische Entwicklung

Gerade weil das Thema besonders hart umstritten ist, wird oft das Blickfeld sehr eingeengt, obwohl viele Argumentationsansätze gerade erst aus der langen historischen Entwicklung verständlich werden[3].

Die Mitbestimmung ist nicht, wie viele Kritiker oder Gegner der Mitbestimmung glauben machen möchten, eine Erfindung machtbesessener deutscher Gewerkschaften oder Sozialisten, sondern eine Grundforderung der Arbeiterbewegung seit der Industrialisierung in Deutschland. Mit der Novelle zur Gewerbeordnung 1891,

---

1) Der Vorschlag der Biedenkopf-Kommission (Teil V) für die Mitbestimmung im Aufsichtsrat - ein Kompromiß zwischen Montanmitbestimmung und der Regelung nach dem Betriebsverfassungsgesetz (6:4 und 2 mit Mehrheit zu kooptierende Mitglieder) ist weniger als ein dem Untersuchungsergebnis am nächsten kommendes Modell zu sehen, sondern vielmehr aufgrund subjektiver Wertentscheidungen der Kommission (vgl. Teil IV) entstanden.
2) Däubler (162) S.7, Fußnote 34
3) Eine sehr breit angelegte Arbeit über die Entwicklung der deutschen Mitbestimmungstheorie und -praxis wurde von der Sozialforschungsstelle an der Universität Münster in Dortmund durchgeführt und in drei Teilen veröffentlicht:
1. Otto Neuloh (556), 2. ders. (557), 3. Teuteberg (727).
Die verschiedenen Theorieansätze zur Mitbestimmung,

an deren Ausarbeitung der Zentrumsabgeordnete und führende Sozialpolitiker der christlich-sozialen Bewegung[1], Franz Hitze, maßgeblich mitgearbeitet hat, wurden Arbeiterausschüsse erstmals legitimiert und gesetzlich vorgeschrieben. Im gleichen Jahr erschien auch die erste bedeutende Sozialenzyklika "Rerum-Novarum" der katholischen Kirche zur sozialen Frage, in der Arbeitnehmerorganisationen (= Gewerkschaften) zum Selbstschutz der Arbeiter gefordert wurden. Die weitere Entwicklung wird in der folgenden Zeittafel kurz zusammengefaßt[2]:

1891	Gewerbeordnungsnovelle
1891/92	Einführung von Arbeiterausschüssen
5.12.1916	Hilfsdienstgesetz (Mitwirkungsrecht am Arbeitsplatz)
23.12.1918	Tarifvertragsordnung des Rates der Volksbeauftragten schreibt Arbeitnehmerausschüsse für alle Betriebe mit mindestens 20 Arbeitnehmern gesetzlich vor.
5.3.1919	Erklärung der Reichsregierung, Arbeitsräte als wirtschaftliche Interessenvertretung anzuerkennen (vgl. Weimarer Verfassung Art. 165,2 und 3).
4.2.1920	Betriebsrätegesetz
15.2.1922	Reichsgesetz über die Entsendung von Betriebsratsmitgliedern in die Aufsichtsräte
1933	Nationalsozialistische Vertrauensmänner bilden mit dem "Führer des Betriebs" den Vertrauensrat, lösen die Betriebsräte ab, haben aber keine selbständigen Funktionen.

(Fortsetzung Fußnote)
wie sie in den ersten Jahren nach dem 2. Weltkrieg diskutiert wurden, sind in dem Sammelband von Christmann/Leminsky (159) zusammengestellt.

1) Zur Idee und Entwicklung der Christlich-Sozialen Bewegung und des Christlichen Sozialismus vgl.: Bernd Uhl (737)

2) Vgl. dazu: Niedenhoff (560) S.14 f.

10.4.1946	Kontrollratsgesetz Nr.22 gestattet die Wiedereinführung demokratisch gewählter Betriebsräte.
1.-3.2.1947	Ahlener Programm der CDU fordert Mitbestimmung, Ertrags- und Kapitalbeteiligung der Arbeitnehmer.
15.7.1949	Düsseldorfer Leitsätze der CDU: Mitbestimmung ist wesentlicher Bestandteil einer humanen Arbeitswelt.
14.4.1950	Entwurf des DGB zur Neuordnung der deutschen Wirtschaft fordert Mitbestimmung der Arbeitnehmer sowohl im Betrieb/Unternehmen (Parität im Aufsichtsrat) als auch in den übergeordneten betrieblichen Organen der Wirtschaft.
21.5.1951	Montanmitbestimmungsgesetz
14.11.1952	Betriebsverfassungsgesetz
6.9.1955	Personalvertretungsgesetz
7.8.1956	Mitbestimmungsergänzungsgesetz
27.4.1967	Erste Novellierung des Mitbestimmungsergänzungsgesetzes.
März 1968	DGB-Gesetzesvorlage zur Mitbestimmung (Montan-Modell)
24.11.1968	Konstituierung der Mitbestimmungskommission.
18.12.1968	Gesetzesvorlage der SPD-Bundestagsfraktion über die Unternehmensverfassung in Großunternehmen und Konzernen.
Februar 1969	DGB-Konzeption zur überbetrieblichen Mitbestimmung.
21.1.1970	Vorlage des Berichtes der Mitbestimmungskommission.
Januar 1971	Mitbestimmungsbeschluß des Düsseldorfer CDU-Parteitages.
Oktober 1971	Mitbestimmungsbeschluß des Freiburger FDP-Parteitages (Freiburger Thesen).

29.11.1971	Zweite Novellierung des Mitbestimmungsergänzungsgesetzes.
19.1.1972	Neues Betriebsverfassungsgesetz
9.5.1972	Einsetzung einer Unternehmensrechtskommission durch die Bundesregierung
19.11.1973	Hamburger Parteitag der CDU beschließt Mitbestimmungsmodell für Großunternehmen mit Parität im Aufsichtsrat, gleichzeitig Entwicklung einer partnerschaftlichen Unternehmensverfassung.
22.2.1974	Bundesregierung legt neuen Gesetzentwurf zur Mitbestimmung vor.
16.10.-19.12.1974	Bundestagshearing zur Mitbestimmung
6.1.1975	FDP stellt auf Dreikönigstreffen Regierungsentwurf in Frage.
18.3.1976	Bundestag verabschiedet mit großer Mehrheit das neue Mitbestimmungsgesetz.
4.5.1976	Mitbestimmungsgesetz wird mit Wirkung ab 1.7.1976 verkündet. Verfassungsklage der Arbeitgeber gegen das Mitbestimmungsgesetz.
1.7.77-30.6.1978	Wahlen zu den Aufsichtsräten nach dem Mitbestimmungsgesetz.
1.3.1979	Verfassungsklage vom Bundesverfassungsgericht zurückgewiesen.

Schon aus dieser tabellarischen Übersicht[1)] wird deutlich, daß in der Geschichte des deutschen Arbeitsrechts die Mitbestimmung eine zentrale Rolle gespielt hat. Aber wie das gesamte Arbeitsrecht, so ist auch das spezielle Recht der Mitbestimmung auf mehrere Gesetze aufgeteilt, deren Zersplitterung aus dem historischen Kontext zwar verständlich sein mag, sachlich aber zumindest erheblichen Zweifeln unterworfen ist.

---

1) Unberücksichtigt bleibt das Sonderrecht im Bereich des öffentlichen Dienstes, das durch Personalvertretungsgesetze ähnliche, wenn auch nicht so weitgehende Mitwirkungsrechte der Arbeitnehmer geschaffen hat. Vgl. dazu: Bundespersonalvertretungsgesetz (112) und Landespersonalvertretungsgesetze.

Im folgenden sollen nur die wichtigsten Bestimmungen, die zum einen in der Betriebsverfassung, zum anderen in den drei genannten Mitbestimmungsgesetzen verankert sind, erläutert werden, obwohl auch über andere Wege, wie z.B. das Tarifvertragswesen, nicht unwesentliche Mitbestimmungsmöglichkeiten in Bezug auf Arbeitsgestaltung gegeben sind.

4.34 Betriebsverfassung

Galperin definiert in seinem Kommentar zum Betriebsverfassungsgesetz II die Betriebsverfassung als "die rechtliche Grundordnung des Zusammenschlusses der beiden Sozialpartner des Betriebes, dessen Bestand sie gewährleisten und dessen Gestalt, Befugnisse und Willensbildung sie regeln soll"[1].

Diese "sozialrechtliche Gemeinschaftsordnung im Rahmen des Privatrechts"[2] wird vor allem geprägt durch das Betriebsverfassungsgesetz, aber auch durch ergänzende tarifvertragliche und innerbetriebliche Rechtsquellen oder Beschlüsse der Beteiligten.

Die einzelnen Bestimmungen des Betriebsverfassungsgesetzes ordnen dem Arbeitnehmer als Individuum (vgl. § 81 ff.) eine Reihe von Informations- und Anhörungsrechten zu in Angelegenheiten, die seine Person oder seinen Arbeitsplatz unmittelbar betreffen.

Viel wichtiger sind aber die Mitwirkungs- und Mitbestimmungsrechte des Betriebsrates, die seit der ersten gesetzlichen Regelung von Fabrikausschüssen im Arbeiterschutzgesetz vom 1.6.1891 kontinuierlich ausgebaut worden sind. Im einzelnen handelt es sich dabei um folgende Bereiche betrieblicher Arbeit[3]:

---

1) Galperin (292) Bd.I, S.69
2) Galperin (292) Bd.I, S.69
3) Vgl. dazu Einführungen und Kommentare zum Betriebsverfassungsgesetz: Bleistein (61), Galperin (292), Feichtinger (263), Fitting/Auffarth/Kaiser (269), Johansson (393), Sahmer (642), Schüssler (676), Winter (814).

- Soziale Angelegenheiten (§ 87)
- Arbeitsplatzgestaltung und Arbeitsablauf (§§ 90 ff.)
- Personalwirtschaft (§§ 92 ff.)
- Berufsbildung (§§ 96 ff.)
- Personelle Einzelmaßnahmen wie Umgruppierung, Einstellung und Entlassung (§§ 99 ff.)
- Wirtschaftliche Angelegenheiten (§§ 106 ff.)

Der letztgenannte Bereich der wirtschaftlichen Angelegenheiten bleibt aber dem Zugriff betrieblicher Mitbestimmung weitgehend entzogen. Zwar hat der vom Betriebsrat einzusetzende Wirtschaftsausschuß[1] das Recht auf eine umfassende Information, auch hat der Betriebsrat bei Betriebsänderungen Informations- und Anhörungsrecht, die zentralen unternehmenspolitischen Zielsetzungen werden aber außerhalb eines Betriebes - auf der Ebene des Unternehmens nämlich - entschieden. Naheliegend wäre eine besondere gesetzliche Regelung zur wirtschaftlichen Mitbestimmung, wie sie in einem Teil der Großunternehmen mit Sondergesetzen zur Mitbestimmung im Aufsichtsrat schon besteht. Dennoch gilt im Betriebsverfassungsgesetz II ein Katalog von Rechtsvorschriften weiter, der unverändert aus dem Betriebsverfassungsgesetz I übernommen wurde:

Die Paragraphen 76 bis 77a, 81, 85 und 87 schreiben vor, daß der Aufsichtsrat eines Unternehmens zu einem Drittel mit Vertretern der Arbeitnehmer besetzt werden muß; diese Regelung soll bis zum Inkrafttreten einer neuen Unternehmensverfassung gültig bleiben[2].

Damit durch eine Rechtsformänderung - z.B. durch Ausweichen von einer AG auf eine GmbH - die Mitbestimmung nicht umgangen werden kann, schreibt das Betriebs-

---

1) Ein Wirtschaftsausschuß ist nur vorgeschrieben für Betriebe mit mehr als 100 beschäftigten Arbeitnehmern.
2) Eine solche neue Unternehmensverfassung vorzubereiten, ist Aufgabe der "Unternehmensrechtskommission" der Bundesregierung; ein Entwurf ist aber noch nicht vorgelegt.

verfassungsgesetz im § 77 vor, daß eine GmbH, eine bergrechtliche Gesellschaft mit eigener Rechtspersönlichkeit, ein Versicherungsverein auf Gegenseitigkeit, sowie Erwerbs- und Wirtschaftsgenossenschaften dann einen mitbestimmten Aufsichtsrat bilden müssen, wenn die Gesellschaft in der Regel mehr als 500 Arbeitnehmer beschäftigt[1].

Damit gelten nach dem Betriebsverfassungsgesetz folgende Mitbestimmungsbeziehungen: [2]

Schaubild 4.1
Mitbestimmung nach dem BetrVG
(am Beispiel einer AG mit unter 2.000 Beschäftigten)

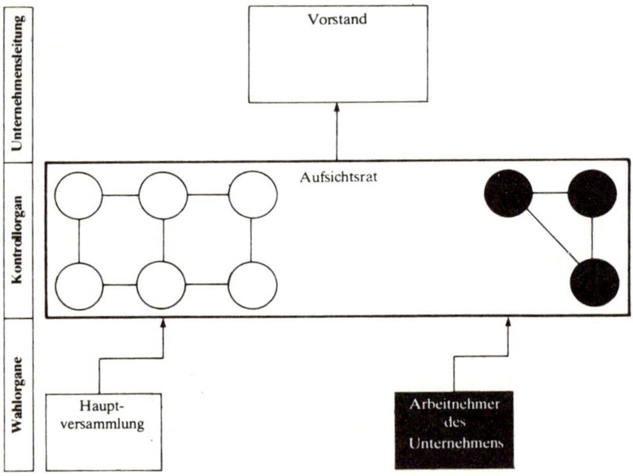

Quelle: Niedenhoff (560) S. 30

---

1) In dem jeweiligen Unternehmensrecht - zum Beispiel GmbH-Gesetz - ist kein Aufsichtsrat vorgesehen.
2) Quelle: Niedenhoff (560) S.30

4.35 Mitbestimmung in speziellen Gesetzen

4.351 Montanmitbestimmung

Das "Gesetz über die Mitbestimmung der Arbeitnehmer in den Aufsichtsräten und Vorständen der Unternehmen des Bergbaues und der Eisen und Stahl erzeugenden Industrie" vom 21.5.1951, kurz "Montanmitbestimmungsgesetz" (= Montan-MitbestG) genannt, gewährt den Arbeitnehmern in Großunternehmen des Montanbereichs volle paritätische Mitbestimmung, womit es bis heute eine Spitzenstellung einnimmt.

Danach werden in den betroffenen Unternehmen[1] die Aufsichtsratsposten paritätisch besetzt, Pattstellungen sollen durch ein neutrales Mitglied verhindert werden (5:1:5); in den Vorstand muß ein sogenannter Arbeitsdirektor aufgenommen werden. Dieser kann nicht gegen die Mehrheit der Stimmen der Arbeitnehmervertreter im Aufsichtsrat gewählt oder entlassen werden und ist ausnahmslos für Personalfragen zuständig.

Die Besetzung der einzelnen Institutionen ist in folgendem Schaubild[2] dargestellt:

Schaubild 4.2

Mitbestimmung nach dem Montanmitbestimmungsgesetz

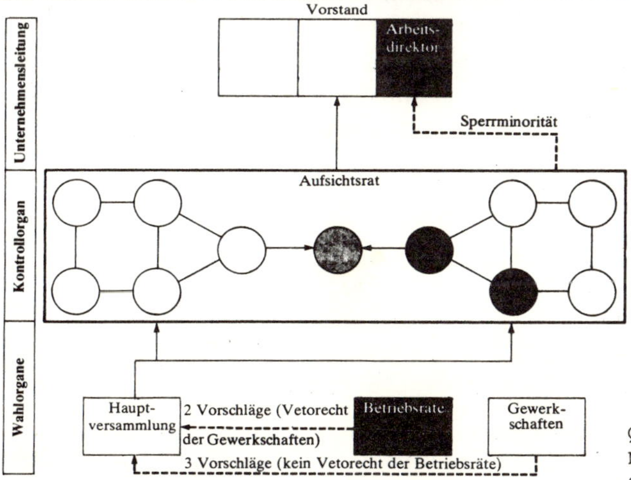

Quelle: Niedenhoff (560) S. 37

1) Vgl. dazu § 1 des Gesetzes in (113) S.37
2) Quelle: Niedenhoff (560) S.32

In dem 1970 veröffentlichten Bericht der Mitbestimmungskommission über die Wirkung der Montanmitbestimmung wurde das Gesetz zwar generell anerkannt, einige Schwächen wurden aber herausgestellt:

- Das neutrale Mitglied im Aufsichtsrat ist bei der Entscheidungsfindung in Konfliktsituationen überfordert;
- Dic Entscheidungen werden in die Aufsichtsratsausschüsse verlagert;
- Die Mitbestimmung der Arbeitnehmer war bisher nicht geeignet, "einen möglichen Mißbrauch wirtschaftlicher Macht durch Großunternehmen zu verhindern"[1].

Durch die insgesamt indifferenten Ergebnisse und mangelnde Wissenschaftlichkeit bei der Arbeit brachte dieser Bericht nicht die erhofften Grundlagen für ein neues Mitbestimmungsmodell, sondern dient nun Gegnern und Befürwortern der Mitbestimmung gleichermaßen dazu, die eigene Position mit einer Fülle von Zitaten zu untermauern[2].

Das "Gesetz zur Ergänzung des Gesetzes über die Mitbcstimmung der Arbeitnehmer in den Aufsichtsräten und Vorständen der Unternehmen des Bergbaues und der Eisen und Stahl erzeugenden Industrie" (= Mitbestimmungs-Ergänzungsgesetz) vom 7. Aug. 1956[3] hat an den inhaltlichen Bestimmungen des Mitbestimmungsgesetzes nichts geändert, sondern die Montanmitbestimmung auch auf Konzerngesellschaften ausgeweitet, wenn deren Umsatz zu mehr als der Hälfte aus mitbestimmungspflichtigen Montanunternehmen stammt[4]. Damit sollte der Status quo gesichert werden, unabhängig von den unternehmensrechtlichen Veränderungen.

---

1) Biedenkopf-Gutachten (187) S.55
2) So z.B. in den Debatten im Bundestag zur Novellierung des BetrVG und Verabschiedung des MitbestG. Vgl. BT-Protokolle (191), (194), (195) und (196)
3) Vgl. (114)
4) Vgl. dazu: §§ 1 ff. Mitbestimmungs-Ergänzungsgesetz (114)

4.352 Das Mitbestimmungsgesetz 1976

Das Gesetz über die Mitbestimmung der Arbeitnehmer (Mitbestimmungsgesetz - MitbestG) vom 4.5.1976 wurde nach 25-jähriger Diskussion über die Form der Mitbestimmung in der gesamten Industrie verabschiedet[1]. Hatten die Befürworter der Mitbestimmung nach dem Inkrafttreten des Montan-MitbestG im Jahre 1951 gehofft, dessen Regelungen würden auch auf die - zumindest Groß- Unternehmen der Wirtschaft übertragen, sahen sie sich schon bei der Verabschiedung des Betriebsverfassungsgesetzes 1952 getäuscht: Wie oben schon dargestellt, hatte dieses Gesetz auf die Parität im Aufsichtsrat verzichtet und den Arbeitnehmern dort nur 1/3 der Sitze zugestanden. Diese Regelung wurde 20 Jahre später beibehalten bei der Novellierung des Betriebsverfassungsgesetzes mit der Begründung, daß "die Unternehmensverfassung aus rechtssystematischen Gründen nicht in das Betriebsverfassungsgesetz paßt"[2]. Deshalb wurde ab 1972 die Diskussion um ein eigenes Mitbestimmungsgesetz - ohne neue Unternehmensverfassung - stark intensiviert[3].

Strittig waren dabei vor allem folgende Fragen[4]:

- Wie kann bei voller Parität eine Pattsituation aufgelöst werden, um die Funktionsfähigkeit des Aufsichtsrates zu erhalten?
- Wie kann das im Grundgesetz Art. 14.1 garantierte Recht auf Privateigentum (und damit auch das Nutzungsrecht) erhalten bleiben?

---

1) Die Erfahrungen mit dem Montan-Mitbestimmungsgesetz bildeten dabei einen besonderen Schwerpunkt. Vgl. dazu: 25 Jahre MontanMitBestG (528) und Biedenkopf-Bericht (187)
2) Begründung der Bundesregierung zu ihrem Entwurf des BetrVG II (175) S.31
3) So stellte Bundeskanzler Brandt am 18.1.1973 in seiner Regierungserklärung fest: "Den Ausbau der Mitbestimmung sehen wir als eine unserer Hauptaufgaben. Mitbestimmung gehört zur Substanz des Demokratisierungsprozesses unserer Gesellschaft." (127) S.47
4) Vgl. dazu die Protokolle der öffentlichen Infor-

- Welche Stellung und Funktion haben die leitenden Angestellten, vertreten sie Arbeitnehmer- oder Kapitalinteressen?
- Wie kann die von der Tarifautonomie geforderte "Gegnerfreiheit" erhalten bleiben, wenn sich die Gegner im entscheidenden Unternehmensorgan gleich stark gegenübersitzen?
- Nach welchem Modus soll gewählt werden, direkt oder indirekt, wer hat das Vorschlagsrecht?

Es dürften in der Geschichte der Bundesrepublik wohl nur ganz wenige Gesetzesvorhaben verabschiedet worden sein, die so intensiv und kontrovers diskutiert worden sind[1]: Allein der Ausschuß für Arbeit und Sozialordnung veranstaltete im Herbst 1974 vier öffentliche Sitzungen[2] zur Anhörung von über 50 Sachverständigen aus der Wirtschaft[3].

Der schließlich gefaßte Beschluß konnte wegen der kontroversen Haltung aller Beteiligten nur als Kompromiß zustande kommen, der den Arbeitgebern[4] dennoch zu weit, den Gewerkschaften dagegen nicht weit genug geht. Dieses Gesetz sieht vor, daß alle Kapitalgesellschaften[5], ausgenommen die der Montan -

---

(Fortsetzung Fußnote)
mationssitzungen des Ausschusses für Arbeit und Sozialordnung des Deutschen Bundestages von 1974 (193), (194), (195) u. (196).

1) Vgl. dazu die Protokolle des 7. Deutschen Bundestages: 1. Lesung 20.6.74 (192) u. 2./3. Lesung 18.3.76 (197)

2) Diesen Protokollen sind auch ergänzende schriftliche Stellungnahmen der Sachverständigen eingefügt. Vgl. Fußnote 4, S.133

3) Ein Sach- und Personenregister zu diesen Anhörungen, zur 1. Lesung des Gesetzentwurfs im Bundestag und zum Bericht der Mitbestimmungskommission wurde herausgegeben von Rüdiger von Voss (783).

4) Deshalb haben die Arbeitgeberverbände im Mai 1977 eine Verfassungsklage des Mitbestimmungsgesetzes eingereicht, die aber am 1.3.79 vom Verfassungsgericht zurückgewiesen wurde (146).

5) Unter dem Oberbegriff "Kapitalgesellschaften" sind folgende Unternehmensrechtsformen zusammengefaßt: AG, KGaA, GmbH, eGmbH, EWeGmbH. In der Wirtschaftswoche (516) S.23-25 wurden 583 Unter-

mitbestimmung oder dem Tendenzschutz[1] unterliegenden Unternehmen, die in der Regel mehr als 2000 Arbeitnehmer beschäftigen, ihren Aufsichtsrat paritätisch besetzen mit Vertretern der Kapitalgeber und Arbeitnehmer. Ein neutrales Mitglied wie im Montan-MitbestG ist nicht aufgenommen; dafür hat der Aufsichtsratsvorsitzende, den immer die Kapitalseite stellt, zur Auflösung von möglichen Pattsituationen ein Doppelstimmrecht.

Die Anzahl der Sitze für Arbeitnehmervertreter ergibt sich aus folgender Tabelle:

Tabelle 4.1

Anzahl der Sitze für Arbeitnehmervertreter im Aufsichtsrat nach dem Mitbestimmungsgesetz

Mitarbeiter	Zahl der Sitze insg.	L A	Angest.	Arb.	Gewerkschaft
2.000 - 10.000	6	1	1 - 3	1 - 3	2
10.000 - 20.000	8	1	1 - 4	1 - 4	2
über 20.000	10	1	1 - 5	1 - 5	3

Dabei richtet sich die genaue Zahl der Angestellten- und Arbeitervertreter nach dem Verhältnis der Beschäftigtenzahl.

Zwar ist für den Vorstand auch ein Arbeitsdirektor vorgesehen, dieser wird aber - entgegen dem Montan-MitbestG[2] - wie jedes andere Vorstandsmitglied auch -

(Forts. Fußnote)
nehmen aufgeführt; tatsächlich gewählt wurde lt. DGB aber nur noch in 457 Unternehmen. Vgl. (27) S.492 und (28) S.495

1) In § 1 Abs.4 ist die gleiche Einschränkung gegeben wie schon beim Betriebsverfassungsgesetz 1972 § 118 (= sog. Tendenzschutz)

2) Im Montanmitbestimmungsgesetz darf der Arbeitsdirektor nicht gegen die Mehrheit der Arbeitnehmervertreter gewählt werden; damit hat diese Mehrheit, die darüberhinaus von den Gewerkschaften vorgeschlagen wird, das primäre Entscheidungsrecht bei der Wahl des Arbeitsdirektors.

von der qualifizierten Mehrheit des gesamten Aufsichtsrates gewählt.

Diese zentralen Bestimmungen des MitbestG sind im folgenden Schaubild zusammengestellt.[1]

Schaubild 4.3
<u>Mitbestimmung nach dem MitbestG</u>
(Beispiel: Unternehmen mit mehr als 8.000 Beschäftigten)

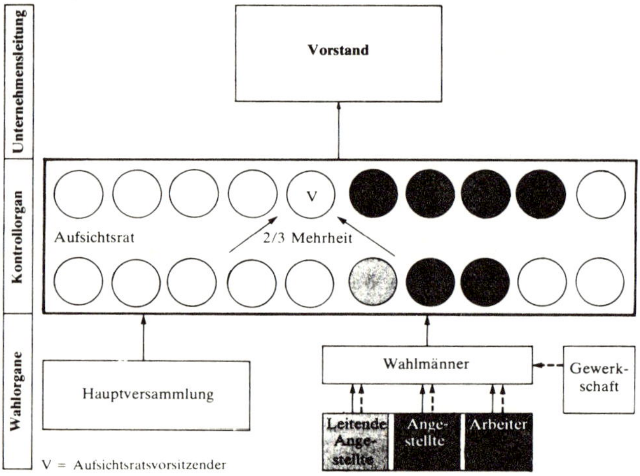

Quelle: Niedenhoff (560) S.35

Nicht nur diese Zusammensetzung des Aufsichtsrates ist geprägt von Kompromissen, sondern auch das Wahlverfahren selbst[2]:

Direkte wie indirekte Wahlen sind vorgesehen; und zwar unter 8.000 Beschäftigten direkt, darüber indirekt über Wahlmänner, wobei ein Wahlmann je nach

1) Quelle: Niedenhoff (560) S.35
2) In § 10 Abs.5 MitbestG ist eine äußerst bedenkliche Fiktion hundertprozentiger Zustimmung der Belegschaft enthalten: "Wird für einen Wahlgang nur ein Vorschlag gemacht, so gelten die darin aufgeführten Arbeitnehmer in der angegebenen Reihenfolge als gewählt."
Vgl. zur Kritik: Philipp (580) und (581)

Größe seiner Gruppe (Arbeiter oder Angestellte) 1 bis 4 mal 60[1] Arbeitnehmer mit entsprechend jeweils 1 bis 4 Stimmen vertritt. Normalerweise wählen Angestellte und Arbeiter getrennt; wollen sie zusammen wählen, müssen sie vorher, jede Gruppe für sich, mit Mehrheit darüber befinden.

Obwohl die Wahl selbst an kein Quorum gebunden ist, müssen an den beiden möglichen Vorentscheidungen (also ob direkte oder indirekte und Gruppen-/oder gemeinsame Wahl) mindestens 50 % der Wahlberechtigten teilnehmen[2].

Die Wahl der Wahlmänner und der Arbeitnehmervertreter im Aufsichtsrat verdeutlichen folgende Schaubilder:

Schaubild 4.4

Wahl der Wahlmänner nach dem Mitbestimmungsgesetz[3]

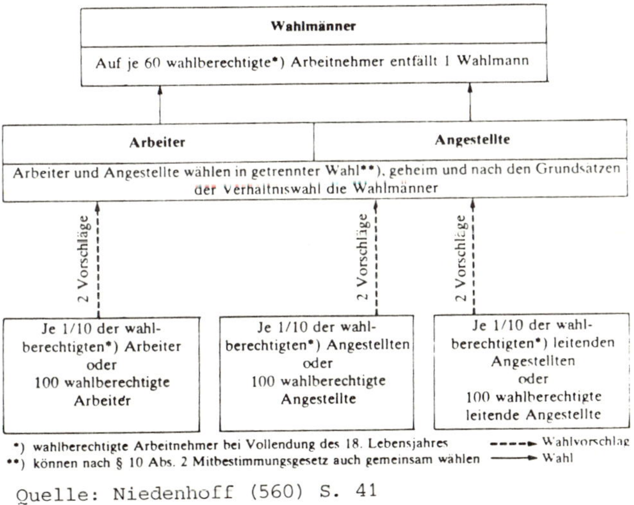

Quelle: Niedenhoff (560) S. 41

1) Um die Zahl der Wahlmänner nicht zu groß werden zu lassen, enthält § 11 Mitbestimmungsgesetz diese Regelung, daß nach 30, 90 und 150 Wahlmännern jeweils 60 Arbeitnehmer pro Mann mehr vertreten werden, wobei sich die Stimmenzahl jeweils um ein bis maximal vier Stimmen erhöht.

2) An diesem Quorum sind bei der ersten Wahl viele Vorentscheidungen - vor allem in Produktionsunternehmen - gescheitert, so z.B. bei der Hoechst AG.

3) Quelle: Niedenhoff (560) S.41

Schaubild 4.5

Wahl der Arbeitnehmervertreter im Aufsichtsrat nach dem neuen Mitbestimmungsgesetz

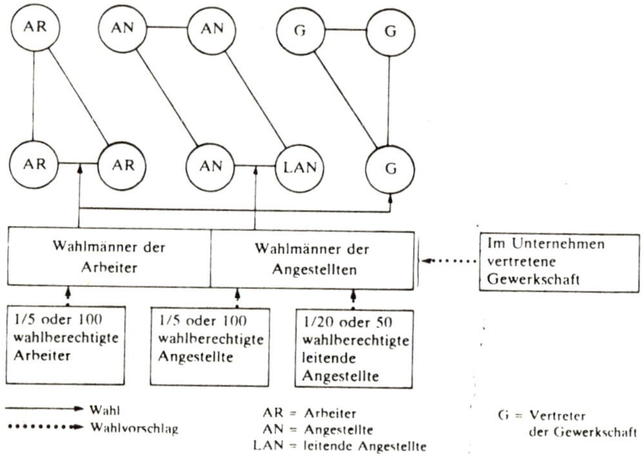

Quelle: Niedenhoff (560) S. 42

4.36 Zusammenfassung der Mitbestimmungsregelungen

Entsprechend der Einleitung zu diesem Kapitel 4 war beabsichtigt, die Einzelregelungen des kollektiven Arbeitsrechts, insofern sie die Mitbestimmung im Unternehmen betreffen, so weit zu skizzieren, daß die Position des Gesetzgebers zur Mitbestimmungsfrage als eine Möglichkeit zur Problemlösung deutlich wird.

Soweit es sich um die wirtschaftliche Mitbestimmung auf der Ebene des Unternehmens handelt, ist allen Gesetzen gemeinsam, daß sie ihre Mitbestimmung in dem unternehmensrechtlichen Organ Aufsichtsrat ansetzen - obwohl der Umstand, daß die Mitbestimmung durch das Arbeitsrecht geregelt wird, dem Gesetzgeber selbst als änderungsbedürftig erscheint[1].

Zur Verdeutlichung des gemeinsamen Ansatzes bei unterschiedlichen Modalitäten soll das folgende Schaubild 4.6 dienen (auf der nächsten Seite).

---

1) Statt dieser unsystematischen Verbindung von Unternehmens- und Arbeitsrecht soll eine neue Unternehmensverfassung geschaffen werden; diese Aufgabe hat die Unternehmensrechtskommission, die sich am 9.5.72 im Bundesjustizministerium konstituiert hat. Vgl. Informationen des BMJ vom 9.5.72 (138). Bis zur Einführung des neuen Unternehmensrechts gelten die alten Mitbestimmungsregelungen des BetrVG I weiter (§§ 76, 77 u. 77a)

Schaubild 4.6

Gesetzliche Mitbestimmungsregelungen im Vergleich

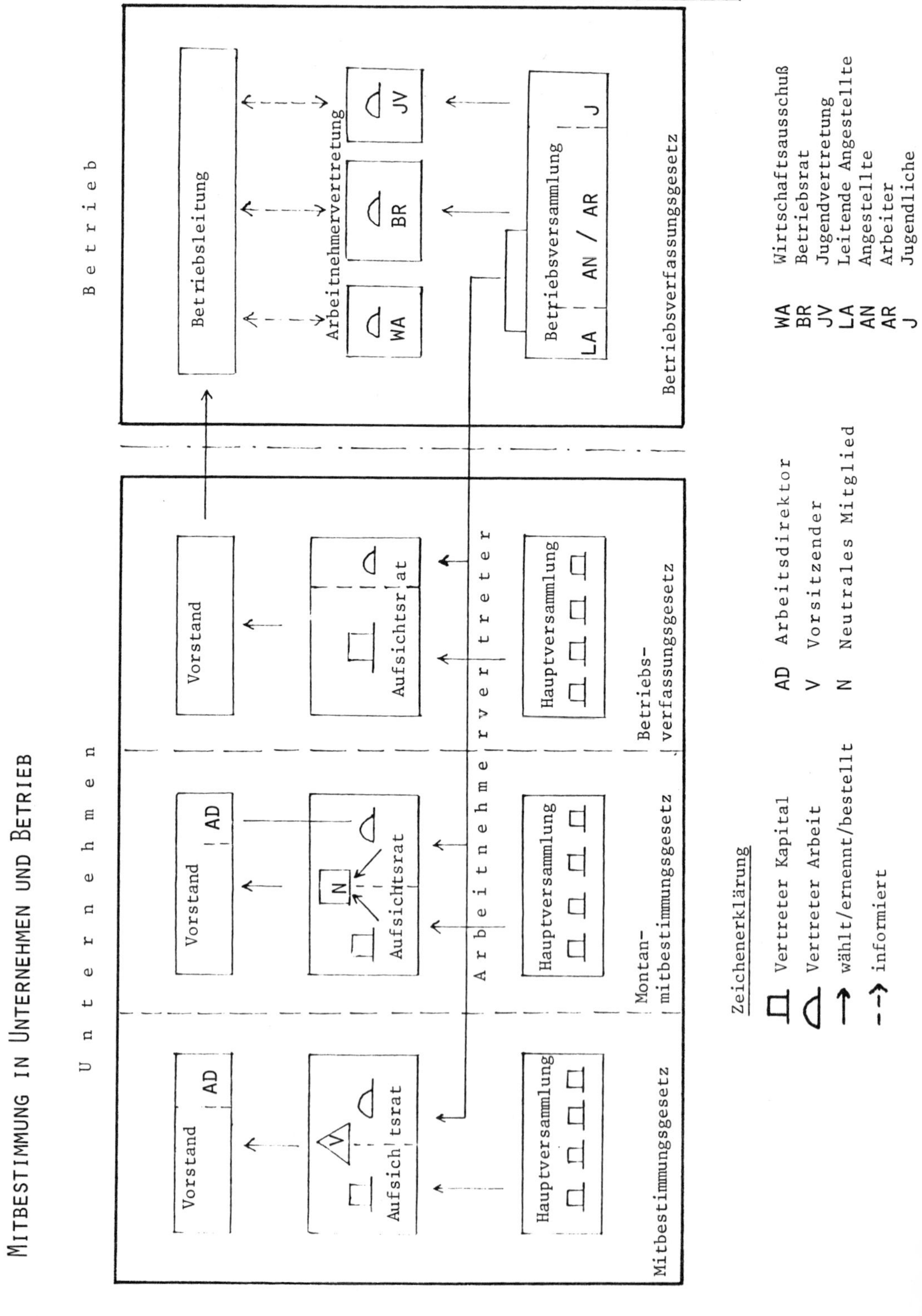

4.37 Ansatz zur Kritik

Ein ordnungspolitisches Problem dieser Größenordnung, wie es durch die Verfassung von Betrieb und Unternehmen gegeben ist, ruft bei jeder Reform naturgemäß viele Kritiker auf den Plan. Wenn auch die Berücksichtigung aller Standpunkte und Meinungen heute in überschaubarer Form nicht mehr möglich ist, so mag eine Zusammenfassung gleichgelagerter Kritikansätze für die weitere Suche nach Lösungsmöglichkeiten für das oben genannte Konflikttriumvirat von Nutzen sein.

Zunächst wird überhaupt bezweifelt, ob in einer marktwirtschaftlichen Ordnung Arbeitnehmer an den Willensbildungs- und Entscheidungsprozessen beteiligt werden können bzw. sollen - schließlich werden diese Entscheidungen doch geprägt durch die Autonomie der Verbraucher auf dem Markt, woran jede Unternehmensleitung gebunden ist.

Eine andere Gruppe von Kritikern bejaht zwar die Mitbestimmung als Prinzip der Kontrolle von Macht und Herrschaft, die gegenwärtigen gesetzlichen Regelungen werden aber schon als zu weitgehend betrachtet. Diese Position vertreten vor allem die Arbeitgeberverbände, deren damaliger Vorsitzender Schleyer seine Ablehnung wie folgt zusammenfasste:
"Wenn dieser Gesetzentwurf in der vorliegenden Grundkonzeption vom Deutschen Bundestag verabschiedet und vom Bundesverfassungsgericht bestätigt würde, dann wären damit die Weichen gestellt für eine Entwicklung, die die Gewerkschaften zur dominierenden Macht in diesem Lande machen würde. Die Unternehmen würden in gewerkschaftliche Regie überführt, die Beschäftigten unter gewerkschaftliche Vormundschaft gestellt, die Gesellschaft und letztlich der Staat in gewerkschaftliche Abhängigkeit gebracht."[1]

---

1) Hanns Martin Schleyer in (193) S.3
Die Ausführungen beziehen sich auf den Gesetzesentwurf zur Mitbestimmung der Bundesregierung vom 29.4.79, (188).

Demgegenüber gehen die gesetzlichen Regelungen dem Deutschen Gewerkschaftsbund nicht weit genug, zumindest will er die Qualität der Montan-Mitbestimmung erreichen, soweit die Unternehmensebene betroffen ist; nach seiner Meinung muß die Mitbestimmung aber auch auf allen Ebenen eingeführt und miteinander verbunden werden:

"Wahr ist, daß die qualifizierte Mitbestimmung die bisherige Alleinbestimmung der Kapitalseite aufhebt und sie zwingt, die Interessen der Arbeitnehmer gleichberechtigt zu berücksichtigen - nicht mehr und nicht weniger... Wir wissen, daß die Mitbestimmung im Unternehmen nur ein Ansatzpunkt zur schrittweisen Umgestaltung dieses 'häßlichen Gesichts des Kapitalismus' ist. Deshalb sprechen wir vom Mitbestimmungssystem, das Betrieb, Unternehmen und die gesamtwirtschaftliche Einflußnahme verbindet... Deshalb fordern wir Wirtschafts- und Sozialräte, die, wenn sie auch keine eigenen Bestimmungsrechte haben, wenigstens die Wechselwirkung zwischen wirtschaftlicher, gesellschaftlicher und staatlicher Macht aufdecken und Ansatzpunkte demokratischer Planung entwickeln können."[1]

Neben diesem Zuviel oder Zuwenig an Mitbestimmung muß hier nochmals die oben schon mehrfach aufgezeigte fragwürdige arbeitsrechtliche Konstruktion, die arbeitsrechtliche Normen an das Unternehmensrecht koppelt, genannt werden: Es ist zu bezweifeln, daß die Mitbestimmung im Aufsichtsrat den gewünschten Erfolg erreicht[2], weshalb auch nach einer neuen Unternehmensverfassung gesucht wird, in der unternehmens- und arbeitsrechtliche Normen zu einer Einheit verschmolzen sind.

(Forts. Fußnote)
Vgl. dazu unter anderem z.B.:
Wolfgang Ohm (569) 1973, BDA (143) 1974, Hanns Martin Schleyer (655) 1974, BDA (144) 1974

1) Heinz O. Vetter, Bundesvorsitzender des DGB, Rede in einer öffentlichen Veranstaltung der Hans-Böckler-Gesellschaft vom 26.4.1974 in Düsseldorf, in:(759a) S.63

2) Diesen Zweifel hat schon die Biedenkopf-Kommission bestätigt, so z.B. S.55 (187)

Außerdem wird bisher auch das Prinzip der Gleichbehandlung verletzt: Da Aufsichtsräte nur in Kapitalgesellschaften gebildet werden können, müssen alle Arbeitnehmer, die nicht bei solchen Gesellschaften beschäftigt sind, auf eine weitgehende Mitbestimmung verzichten; sie sind auf das Betriebsverfassungsgesetz oder auf die Personalvertretungsgesetze angewiesen; auf wie viele Arbeitnehmer die unterschiedlichen Mitbestimmungsregelungen zutreffen, veranschaulicht folgendes Schaubild:

Schaubild 4.7

Anzahl der Arbeitnehmer in mitbestimmten Unternehmen

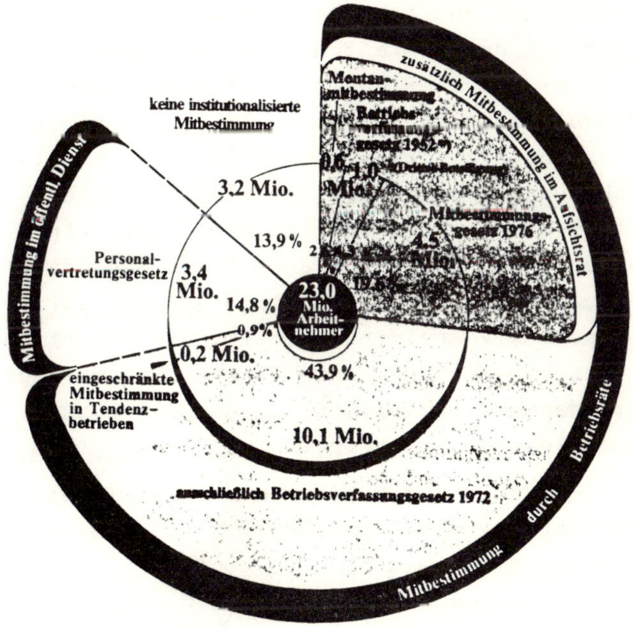

*) in Verbindung mit dem Betriebsverfassungsgesetz 1972

Quelle: Niedenhoff (560) S. 20

Nach dieser Darstellung kommen keine 30 % der bundesdeutschen Arbeitnehmer in den Genuß einer erweiterten Mitbestimmung. Darüberhinaus kann auch vermutet werden, daß durch die Beschränkung der Mitbestimmung auf Kapitalgesellschaften die Flucht aus der Mitbestimmung durch Umwandlung der Unternehmensrechtsform angetreten wurde und wird.

Schließlich ist das gesetzlich geregelte Wahlverfahren so "langwierig, kompliziert, unübersichtlich, aufwendig und teuer", daß es nicht nur als "Zumutung insbesondere für die Wahlvorstandsmitglieder" gesehen wird, sondern auch "in keinem vernünftigen Verhältnis zu dem Ergebnis, nämlich einer mehr als mageren 'Mitbestimmung' im Aufsichtsrat" steht[1]. Damit ist zumindest eine mögliche Erklärung für den Widerspruch gegeben, daß dem Arbeitsrecht zwar eine wichtige Funktion bei der Gestaltung der Arbeitswelt zukommt, in der Praxis aber weder Arbeitnehmer noch Juristen diese Bedeutung erkennen und sich entsprechende Kenntnisse aneignen[2]. Inwieweit diese passive Haltung gegenüber dem Arbeitsrecht auch durch systemtransformatorische Ansätze bewirkt wird, kann hier nicht untersucht werden; von dieser Seite jedenfalls wird das "Arbeitsrecht als bürgerliches Recht aktiv der herrschenden Klasse" dienend, bzw. als "wichtiges Instrument des imperialistischen Staates ... mit der Aufgabe ..., das kapitalistische System der Lohnsklaverei zu sichern"[3] interpretiert.

In der hier gebotenen Kürze konnten naturgemäß nicht alle Kritikansätze genannt werden, wie sie z.B. auch in den vielen in der Diskussion vorgeschlagenen Modellen[4] zum Ausdruck kommen; die Argumente sind auch

1) Die Quelle (27) S.493
2) So z.B. Broich (98) S.8; Däubler (163) S.19
3) Premßler (596) S.13. Ähnliche Positionen werden vertreten von Schneider/Kuda (665)
4) Allein 35 Modelle und Meinungen hat Siegfried Hergt zusammengestellt in (360)
Vgl. auch: Gunther Schwerdtfeger (682)

schon vielfach zusammengestellt worden[1]. Was letztlich systemkonform mit der Verfassung ist, hat nach vielen widersprüchlichen Gutachten[2] das Verfassungsgericht entschieden[3].

---

1) Vgl. dazu Christmann/Kunze (158) und Schwerdtfeger (683)
2) Für die Verfassungsmäßigkeit haben sich Kübler/Schmidt/Simitis ausgesprochen (443); vgl. dazu auch Mitbestimmung (132) S.9 ff.; ebenso Raiser (610) und Scholz (671); diese beiden Autoren haben im Auftrag des Bundesjustizministeriums den Regierungsentwurf begutachtet und die Verfassungskonformität bestätigt. Ferner: Stellungnahmen vor dem Bundesverfassungsgericht von Vetter (760), Judith (395), Esser (249) und Vogel (777). Gegen die Verfassungskonformität des MitbestG spricht sich das sog. "Kölner Gutachten" der Professoren Peter Badura, Fritz Rittner und Bernd Rüthers aus. Vgl. dazu: Systemveränderung (725)
3) Die erste Beratung über die Mitbestimmungsklage im Bundesverfassungsgericht fand am 28.11.1978 statt. Dabei haben Arbeitgeber und Gewerkschaften und Bundesregierung ihre bekannten Positionen wiederholt. Vgl. dazu: E.R. Huber (376), Schwerdtfeger (683), Urteil Bundesverfassungsgericht 7.5.1969 (146)

4.4 Veränderung der Arbeitsstrukturen und -prozesse

4.41 Demokratisierung

Die Mitbestimmung der Arbeitnehmer wird oft als Bestandteil einer viel umfassenderen "Demokratisierung der Wirtschaft" gesehen. Steckt hinter dem Begriff ein bestimmtes Programm, oder handelt es sich um einen Modebegriff der heutigen Zeit, da die Demokratie gerade den höchsten Stellenwert staatlicher Ordnungsformen genießt?[1)]

"Demokratisierung aller Lebensbereiche" - das ist zunächst die zentrale Forderung unserer Tage[2)], obwohl seit der klassischen Dreiteilung der Staatsformen durch Aristoteles die Demokratie als Herrschaft aller Bürger von derjenigen eines Einzelnen mehr oder weniger unterschieden wird. Diese Diskussion fand einen Höhepunkt, als Bundeskanzler Willy Brandt in seiner Regierungserklärung vom 28.10.1969 dem Bundestag versprach: "Wir wollen mehr Demokratie wagen"[3)]. Wenn Schelsky als "Gegenformel" fordert: "Wir wollen mehr Freiheit verwirklichen"[4)], so unterstellt er damit gleichzeitig, daß die Vorstellung regierungsamtlicher Prägung etwas anderes will, als mehr Freiheit zu verwirklichen.

Die Frage, wie und in welchen Lebensbereichen der Gesellschaft die Demokratisierung vollzogen werden soll, ist dann heftig umstritten, wenn sie über die in der Verfassung eindeutig geregelten Bereiche der parlamentarischen Demokratie als staatlicher Ordnung hinausgeht[5)].

---

1) "Demokratie ist eine in der ganzen Welt geschätzte Staatsform. Wenn schon der Positiv einen guten Klang hat, so muß der Prozeß, der mehr Demokratie verspricht, als Steigerung des Positiven zwangsläufig überzeugen. Wer dagegen ist oder Bedenken anmeldet, ist suspekt." Löw (477) S.34
2) Vgl. dazu Hennis (357), Dettling (170),Landeszentrale für politische Bildung NRW (458)
3) Regierungserklärung vom 28.10.1969 (126) S.4
4) Schelsky (649) S.48
5) Vgl. dazu: Greiffenhagen (313), Erhard (245), Schelsky (649) u.a. Die Auseinandersetzung über die richtige Form der Demokratie ist ein wesentlicher Bestandteil der politischen Philosophie der Neuzeit.

So wurde seit Anfang des Jahrhunderts auch eine Demokratisierung der Wirtschaft gefordert[1] und in den dreißiger Jahren durch das Werk Naphtalis[2] zum offiziellen Programm der deutschen Gewerkschaften erkoren; noch heute gehört sie zum "begrifflichen Kernbestand der Mitbestimmungsdiskussion"[3], es werden Mitbestimmung und Wirtschaftsdemokratie als weitgehend synonyme Begriffe gesehen[4].

Dennoch können alle diese Äußerungen nicht über die Tatsache hinwegtäuschen, daß aus der "demokratischen" Staatsordnung und deren grundgesetzlicher Normierung nicht zwangsläufig eine Demokratisierung anderer nichtstaatlicher Ordnungen oder Organisationen abgeleitet werden kann. Es kann sich hier nur um eine normative Entscheidung[5] handeln, wobei die Beantwortung dieser Frage auch entscheidend davon abhängt, was man unter Demokratisierung versteht.

---

1) Die Entstehung des Wortes "Wirtschaftsdemokratie" ist nicht eindeutig festzustellen. Allgemein wird der Ausdruck auf den Titel des Buches von Sidney/Webb, Industrielle Demokratie, das 1897 erschienen ist (deutsch: Theorie und Praxis der englischen Genossenschaftsvereine, Stuttgart 1906) zurückgeführt.
Schachtschabel (645) S.14, Anmerkung 4

2) Naphtali, Fritz, Wirtschaftsdemokratie. Ihr Wesen, Weg und Ziel (548)
Nach Naphtali hat die Wirtschaftsdemokratie 3 Kerninhalte:
1. Sie gründet auf Notwendigkeit des Klassenkampfes bis zur Überwindung des Kapitalismus durch Sozialisierung, d.h. Wirtschaftsdemokratie und Kapitalismus sind unvereinbare Gegensätze.
2. Sie gründet auf der Beseitigung des Privateigentums von Produktivvermögen.
3. Sie beinhaltet deduziertes Mißtrauen in die Wahrnehmung der Unternehmerfunktion durch Privatpersonen. Vgl. dazu Gaugler (295) S.14
Neben diesen Autoren hat auch eine Reihe von Politikern wie Kelsen und Renner und Soziologen wie Max Weber den Begriff Wirtschaftsdemokratie geprägt.

3) Biedenkopf in: Erhard (245) S.313; vgl. auch Schwerdtfeger (683) S.69

4) Otto Brenner, ehemaliger DGB-Vorsitzender, in: (742b) S.67

5) Vgl. Erhard/Prüß/Hagemeier (245), Vorwort

Folgt man der Demokratisierungstypologie von Hennis[1], in der er die drei Bereiche: Parole, Herrschaft (oder Machtverhältnisse) und schließlich Aufhebung der Herrschaft von Menschen über Menschen aufstellt, so geht es hierbei meist um den zweiten Bereich: Demokratisierung heißt im wesentlichen die demokratische Legitimation und Kontrolle der Herrschaftsträger durch die Herrschaftsunterworfenen, wobei es primär nicht interessiert, welche Zwecke oder Ziele eine Ordnung oder eine Organisation verfolgt[2].

Je nachdem, ob nun die Demokratisierung nur als ein Mittel zum Zweck der Konfliktlösung in einer Organisation oder Ordnung, wie im Unternehmen oder in der Wirtschaft, eingesetzt wird, oder als Synonym für Sozialisierung der Produktionsmittel und zentrale Wirtschaftslenkung[3] selbst als ein Ziel verstanden wird, findet der Begriff entscheidende inhaltliche Füllung.

So ist die Wirtschaftsdemokratie nach Willgerodt ein "Mittel liberaler Politik unter anderen", und zwar aus der Erkenntnis, daß "das demokratische Wahl- und Abstimmungsverfahren deswegen ein liberales Element enthalten, weil sie die friedliche Lösung von Konflikten und Kollektivproblemen ermöglichen und weil sie bei richtiger Konstruktion dem Einzelnen die Mitwirkung am Entscheidungsprozeß sichern"[4]. Im Gegensatz dazu versieht er all diejenigen, die Demokratie zum Selbstzweck erheben, mit dem Beinamen "Demokratisten" oder "Jakobiner".

---

1) Hennis (356) S.64
2) Vgl. Biedenkopf (245) S.314 ff.
3) Die Sozialisten verstehen unter Wirtschaftsdemokratie "die Aufhebung des Privateigentums an Produktionsmitteln sowie die Einführung einer sozialistischen Organisation der Wirtschaft, die allerdings sehr allgemein beschrieben wird als direkte zentrale Entscheidung über Produktion und Konsum." Schachtschabel (645) S.13
4) Willgeroth in (65) S.9; zu beachten ist hierbei besonders die Forderung einer "richtigen Konzeption"; aber wer stellt fest, was eine richtige Konzeption sein kann und anhand welcher Kriterien?

Noch allgemeiner faßt Biedenkopf den Demokratisierungsbegriff: Für ihn besagt Demokratisierung der Wirtschaft nur, "daß sich die Verfassung der Wirtschaft als Organisation zweckrationaler Vorgänge an bestimmten, in den Grundrechten der Sozialpflichtigkeit der Rechtssituation und in allen Rechtseinschränkungen enthaltenen Wertvorstellungen orientieren muß"[1].

Für Sozialdemokraten und Gewerkschaften sind dagegen "Mitbestimmung im Betrieb und Unternehmen, staatliche indirekte Investitionslenkung auf der Grundlage eines bundesweiten Infrastrukturkonzeptes, Überführung von Produktionsmitteln in Gemeineigentum ... und Vermögensbildung in Arbeitnehmerhand ... heute die Instrumente einer Demokratisierung der Wirtschaft"[2].

Diesem Ansatz wurde von verschiedenen Positionen aus widersprochen:

Aus funktionaler Sicht: Gerade im wirtschaftlichen Bereich darf die Demokratie nicht zum Selbstzweck erhoben werden, da die Unternehmen primär auf den Gewinn hin orientiert sind[3].

Aus normativer Sicht: Das Grundgesetz gebe der privatwirtschaftlichen Eigentumsstruktur und der dezentralen marktwirtschaftlichen Lenkung den Vorzug[4].

---

1) Biedenkopf (55) S.133
2) von Schenck (650) S.259
3) "Wo Demokratie zum Selbstzweck wird, drohen die Kosten auszuufern, werden Mittel vergeudet, die dann an anderer Stelle fehlen. Daher scheint mir für die Erörterungen von Fragen der Demokratie der Ökonom sogar in erster Linie zuständig zu sein und das erklärt mir - weil man dort den ökonomischen Ansatz weitgehend auszuklammern pflegt - zugleich den geringen Ertrag der Demokratieforschung in allerhand anderen Wissenschaftsbereichen." Boettcher (67) S.VII
4) Vgl. dazu z.B. Müller-Armack (535)

Aus ethischer Sicht: Die individuelle Freiheit wird durch eine auf Gleichheit beruhende Formaldemokratie eingeengt, ja weitgehend aufgehoben[1].

Während sich die Sozialdemokraten und Gewerkschaften in der Nachkriegsgeschichte stärker auf die Mitbestimmung und die Vermögensbildung als Einzelmaßnahmen der Gesamtkonzeption Demokratisierung beschränkt haben, fordern radikale Sozialisten, wie etwa die JuSos, immer wieder die Wirtschaftsdemokratie, eingedank der Lehre Naphtalis, daß "das Ideal des Sozialismus ... ohne demokratischen Aufbau der Wirtschaftsführung nicht zu verwirklichen ist" und daß "Sozialismus und Wirtschaftsdemokratie ... als Endziel untrennbar miteinander verknüpft"[2] sind.

Daneben wurde von Politologen, Soziologen und andern Wissenschaftlern eine Demokratisierungsstrategie entwickelt und immer weiter ausgearbeitet - hier ist vor allem Fritz Vilmar zu nennen, der mit einer Serie von Veröffentlichungen diese Diskussion wesentlich geprägt hat[3].

Soweit unter der "Demokratisierung der Wirtschaft" die Grundsätze der Selbstbestimmung, der Achtung vor der Würde des Menschen, der Ausgleich oder Abbau einseitiger Machtstellungen durch Kooperation der Beteiligten und der Mitwirkung an Entscheidungen durch die Betroffenen verstanden werden, ist die Formel von der Demokratisierung der Wirtschaft nach Auffassung der Kommission verwendbar[4], um die Veränderung von Autoritätsbeziehungen im Unternehmen zu kennzeichnen, obwohl es aus den genannten Gründen nicht immer zweckmäßig ist.

---

1) Vgl. dazu z.B. : F.A. von Hayek (349a)
2) Naphtali (548) S.16
3) Vgl. Vilmar (763) bis (772)
4) Biedenkopf-Kommission (187) S.65

Schon aus diesen wenigen Gegenüberstellungen möglicher Inhalte des Demokratiebegriffs wird deutlich, daß es sich hier um einen "Schlüsselbegriff" ordnungspolitischer Zielsetzungen für den Gesamtbereich der Wirtschaft handelt. Dennoch scheint er weder für eine Zielbeschreibung noch für eine Abgrenzung der Reform-Methoden tauglich, da er - wie oben skizziert - mit zu unterschiedlichen Inhalten verwendet wird.

4.41 Humanisierung der Arbeitswelt

Die Forderung nach einer menschlichen Gestaltung der Arbeitswelt reicht zurück bis in die Anfänge der industriellen Revolution. Waren im letzten Jahrhundert bis hin zum ersten Weltkrieg Gegenstand der Auseinandersetzung zwischen Arbeitgebern und Arbeitnehmern vor allem die Fragen der Arbeitsgestaltung wie Arbeitszeit, Nachtarbeit, Schichtarbeit, Frauen- und Kinderarbeit und soziale Schutzmaßnahmen, z.B. gegen Arbeitslosigkeit, Unfall, Invalidität, wandelte sich der Schwerpunkt der Arbeitnehmerforderungen - nachdem die ursprünglichen wenigstens annähernd durch gesetzliche Regelungen wie Betriebsverfassungsgesetz[1], Sozialversicherungen[2] verwirklicht worden waren - auf den materiellen Verteilungskampf, den Prozeß der Willensbildung und Entscheidungsfindung[3].

Erst seit einigen Jahren[4], seitdem auch die Gewerkschaften festgestellt haben, daß die Forderungen nach mehr Mitbestimmung für die Arbeitnehmer in deren

---

1) Die ersten gesetzlichen Regelungen zur betrieblichen Mitbestimmung waren in der Novelle zur Reichsgewerbeordnung (1891) verankert. Vgl. Teuteberg (727)S.376 ff.

2) So z.B. die unter Bismarck erlassenen Sozialgesetze, die bis heute die Grundlage der Reichsversicherungsordnung darstellen.

3) Vgl. Teuteberg (727), Christmann/Kunze (158) und (159) sowie die Reihe im ötv-Magazin: Mitbestimmung - Weg einer Idee (519).

4) Vereinzelt sind die im folgenden dargestellten Ansätze zur Humanisierung der Arbeitswelt auch schon viel früher diskutiert worden; vgl. Lang/Helpach (459)

Wunschskala immer mehr nach unten fällt[1], besinnt man sich immer mehr auf die Qualität des Arbeitsprozesses und dessen äußere Bedingungen[2]. Diese Diskussion wurde vornehmlich durch Fritz Vilmar eingeleitet, der 1968 in den gewerkschaftlichen Monatsheften forderte: "Die Mitbestimmung muß am Arbeitsplatz beginnen"[3].

Kurz vorher stellten die vom DGB und der CDU/CSU-Fraktion vorgelegten Entwürfe zur Reform des Betriebsverfassungsgesetzes[4] die Forderungen nach wesentlichen Verbesserungen für den Arbeitnehmer in personellen und sozialen Fragen auf. Nach Verabschiedung der Gesetzesnovelle[5] zum Jahresende 1971, in der vor allem organisatorische Fragen der Entscheidungsprozesse geregelt wurden[6], war der Weg frei für die Diskussion

---

1) Vgl. dazu z.B.: Moder (529)
Im neuen DGB-Aktionsprogramm wurde die Forderung nach Mitbestimmung deutlich in den Hintergrund verschoben.
Vgl. Aktionsprogramm 1972 (206) und 1979 (207)
2) Erstmalig wurden 1973 im Metall-Manteltarifvertrag des Bezirkes Nordbaden-Nordwürttemberg (748) - nach mehrtägigem Streik - Regelungen zur Qualität der Arbeit selbst aufgenommen.
3) Vilmar, in: (766) S.472-476. Schon 1966 erschien unter dem Titel "Work and the nature of man" von Frederik Herzberg die grundlegende Darstellung seiner Theorie zur Humanisierung der Arbeitswelt.
Vgl. dazu: Darstellung der Herzberg-Theorie in Neuberger (553) S.119
4) In dieser Zeit wurden folgende Entwürfe zur Novellierung des Betriebsverfassungsgesetzes vorgelegt:
2.11.1967 CDU/CSU-Fraktion (172)
16.12.1968 SPD-Fraktion (173)
20.3.1969 FDP-Fraktion (174)
Vgl. dazu auch: Stellungnahme des DGB zum CDU-Entwurf (213) und die Synopse DGB - Regierungsentwurf (214)
5) Betriebsverfassungsgesetz II (107) S.13
In den §§ 90/91 wurde unter dem Begriff "Menschengerechte Gestaltung der Arbeit" die Humanisierung der Arbeit angesprochen und eine Mitwirkung und Mitbestimmung der Arbeitnehmer bei der Gestaltung von Arbeitsplatz, Arbeitsablauf und Arbeitsumgebung" institutionalisiert.
6) Die Ziele der Arbeitshumanisierung sind in dem

der Gestaltung des Arbeitsprozesses[1] selbst, die in der Forderung nach einer "Humanisierung der Arbeitswelt" ihr werbewirksames und so einprägsames Schlagwort fand. Drei Aspekte zeigen deutlich, daß dieser Begriff nicht frei von Ideologie sein kann:

- Die Forderung nach einer Humanisierung beinhaltet die Unterstellung, daß die bestehende Arbeitswelt "inhuman" sei.
- Unter dem Begriff Humanisierung werden Maßnahmen der Arbeitsorganisation ebenso subsumiert wie Mitbestimmung, Einkommens- und Vermögensverteilung, Sozialisierung des Produktivvermögens, Demokratisierung der Wirtschaft.
- Der Begriff "human" ist weder empirisch überprüfbar noch wissenschaftlich definierbar, vielmehr wird er vom Menschenbild her bestimmt.

Aber selbst, wenn ein Grundkonsens über die Menschenrechte bestehen sollte - wie in der Bundesrepublik etwa durch die Anerkennung des Grundrechtskatalogs der Verfassung -, entzieht sich die Interpretation des zentralen Begriffes "Würde des Menschen" in einer pluralistischen Gesellschaft einer gesetzlichen Normierung. Deshalb versucht das Rechtswesen wenigstens einen interpretatorischen Minimalkonsens aufzustellen.

So heißt es z.B. bei Hamann: Die Würde des Menschen "enthält einmal das Moment der Freiheit des Willens und weiter einen stark individualistischen, auf die

---

(Forts. Fußnote)
BetrVG II (107) nur in Art. 90 angesprochen: Bei der Gestaltung von Arbeitsplatz, Arbeitsablauf und Arbeitsumgebung sollen "Arbeitgeber und Betriebsrat ... die gesicherten arbeitswissenschaftlichen Erkenntnisse über die menschengerechte Gestaltung der Arbeit berücksichtigen".

1) Die Widersprüche in der Arbeitswelt wurden in den USA in einer Regierungsstudie zusammengestellt mit dem Titel: "Work in America", deutsche Ausgabe: "Die 8 Stunden am Tag" (584). Vgl. dazu: MAGS 12 (514) S.3, Kasteleiner, Humane Arbeitswelt (405) und Sonderdruck Psychologie (381) S.4/5

einzelne Person in ihrer Eigenart bezogenen Akzent"[1]. Bei Maunz/Dürig "besteht Menschenwürde in folgendem: Jeder Mensch hat kraft seines Geistes, der ihn abhebt von der unpersönlichen Natur und ihn aus eigener Entscheidung dazu befähigt, seiner selbst bewußt zu werden, sich selbst zu bestimmen und sich die Umwelt zu gestalten"[2].

Wenn also der zentrale Begriff "Würde" nicht allgemein verbindlich zu normieren ist, folgt daraus zwangsläufig auch eine subjektiv geprägte Definition von Humanisierung:

Von rein ergonomisch oder organisatorisch ausgerichteten Zielsetzungen zur Verbesserung des Arbeitsplatzes bzw. -ablaufs, über Qualitäten der Arbeitsinhalte oder materielle Verteilungsaspekte bis hin zur "Qualität des Arbeitslebens" insgesamt, zum Abbau hierarchischer Strukturen in Betrieb und Unternehmen oder zur Mitbestimmung wird - wie ein Blick in die schnell anwachsende Literatur zur Humanisierung zeigt - alles unter einem Begriff subsumiert[3].

Da außerdem an dieser Diskussion jede Art von gesellschaftlichen Gruppen und Interessenverbänden[4] ebenso beteiligt ist wie die Wissenschaft (Arbeitswissenschaft, Arbeitsmedizin, Organisationssoziologie usw.), ergibt sich je nach deren Position bzw. Erkenntnisinteresse ein besonderer Aspekt der Humanisierung. Somit entzieht sich dieser Begriff gänzlich einer allgemein anerkannten Definition.

---

1) A. Hamann (342) S.73
2) Maunz/Dürig (499) S.11
3) Vgl. dazu: Grabatin, Günther (311) S.8-16
Er gibt in Kurzbesprechung einen Überblick über die neuere Literatur (108 Titel), in der die genannte Problematik sich deutlich zeigt; über 900 Beiträge sind zusammengestellt in: Gaugler/Kolb/Ling (296); einen guten Überblick über die englisch/amerikanische Literatur gibt das Verzeichnis in Pieroth (584)
4) Vgl. dazu die Dokumentation von Froemer (282) oder Keil/Oster (409)

Auch eine Fülle von Kongressen und Fachtagungen[1] brachte keinen Konsens über Ziele und Strategie zutage. Obwohl diese aber fehlen, kann Humanisierung nicht mehr auf einen Teilbereich wie Arbeitsgestaltung[2] oder eine bestimmte Strategie wie etwa Demokratisierung[3] eingeengt werden, sondern sie umfaßt zunehmend alle Maßnahmen die geeignet sind, dem Ziel ein Stück näher zu kommen, die Arbeitswelt immer humaner werden zu lassen. Dabei wäre unter human "eine dem Menschen gemäße, seine persönliche Würde wahrende und seine persönliche Entfaltung fördernde Arbeitswelt"[4] zu verstehen.

---

1) Kongresse zum Thema Humanisierung fanden u.a. statt:
   - 15.-17.3.1972 : 18. Kongress und 12.-14.3.1974: 20. arbeitswissenschaftlicher Kongress der "Gesellschaft für Arbeitswissenschaft"
   - 11.-14.4.1972: 4. Internationale Arbeitstagung Oberhausen zum Thema "Qualität des Lebens" der IG-Metall
   - 6.11.1972 Symposion "Humanisierung des Arbeitslebens" und 6./7.4.1976 Kongress in Essen des RKW
   - 16./17.5.1974 DGB-Konferenz, München: "Humanisierung der Arbeit"
   - Oktober 1974 Bundestagung der "Arbeitsgemeinschaft für Arbeitnehmer" der SPD
   - 6./7.12.1974 Bundeskongress der CDU/CDA in Leverkusen

2) Vetter, Vorsitzender des Deutschen Gewerkschaftsbundes, formuliert dies sehr klar: "Zwar ist es grundsätzlich berechtigt, in der Mitbestimmung selbst ein Element der Humanisierung der Arbeitswelt zu sehen. Dennoch sind aus gewerkschaftlicher Sicht selbstverständlich beide Forderungen nicht identisch. Humanisierung spricht in erster Linie die inhaltliche Gestaltung der Arbeit an, die Struktur des Arbeitsprozesses, während Demokratisierung vor allem den Prozeß der Willensbildung und der Entscheidungsfindung umfaßt."
   in: Pieroth (584) S.18

3) So z.B. Vilmar (771), (770), (768) u.a.

4) Leo Schütze (677) S.63

Zwar wird in dieser Definition "human" umschrieben mit allgemeinen Begriffen wie Menschenwürde und persönliche Entfaltung, die aber den Vorteil haben, daß sie Begriffe des Grundgesetzes sind und damit in Rechtsprechung und deren Kommentaren inhaltlich gefüllt und erläutert werden[1].

Grabatin führt diese Begriffserweiterung von Humanisierung darauf zurück, daß "das klassische Aufgabengebiet der Arbeitswissenschaft ... bisher die unmittelbare menschengerechte Gestaltung des Arbeitsplatzes unter Berücksichtigung technischer, ergonomischer, physiologischer Erkenntnisse" war, durch neuere soziologische und physiologische Erkenntnisse der Humanwissenschaften aber "eine Abkehr von der weitgehend rein ergonomischen Betrachtungsweise der Arbeitsgestaltung"[2] erzwungen worden war.

Durch die Kombination dieser Erkenntnisse mit motivationstheoretischen Erfahrungen[3] geht die Humanisierungsstrategie über den lange Zeit gültigen Taylorismus[4] hinaus und strebt als wichtigstes Ziel die

---

1) siehe Hamann (342) und Maunz-Dürig (499)
2) Grabatin (311) S.9
3) Die Motivationstheorie von Herzberg z.B. besagt, vereinfacht dargelegt, daß die Faktoren, welche die Mitarbeiter motivieren, nicht mit jenen identisch sind, deren Fehlerhaftigkeit oder Nichtvorhandensein den Arbeitnehmer demotivieren. Die ersteren Faktoren bezeichnet Herzberg als die "Motivatoren", die übrigen nennt er "Hygiene-Faktoren".
   Zu den Motivatoren zählt er insbesondere:
   1) Selbstbestätigung durch Erfolgserlebnisse und Anerkennung
   2) Herausforderung durch eine Aufgabe
   3) Mehrung der Verantwortung
   4) persönliche Entwicklung wie Aufstieg, Beförderung und weitere Entwicklungsaussicht.

   Vgl. Pieroth (584) S.20;
   zur "Differenzierung der Theorie der Arbeitsmotivation" von F.Herzberg vgl.(362) Klaus J. Zink (828)
4) Vgl. Psychologie Sonderdruck (381) S.21

"Arbeitszufriedenheit" an.

Diese Entwicklung hat sich auch niedergeschlagen in der 1973/74 schlagartig einsetzenden Diskussion um die Humanisierung der Arbeitswelt, die sich an die damals auftauchenden politischen Forderungen nach Lebensqualität[1] und Umweltschutz nahtlos anschloß. An dieser Diskussion beteiligte sich auch die Bundesregierung und stellte 1974 ein Forschungsprogramm zur Humanisierung des Arbeitslebens auf mit dem allgemeinen Ziel, "die Möglichkeiten zu untersuchen, wie die Arbeitsbedingungen stärker als bisher den Bedürfnissen der arbeitenden Menschen angepaßt werden können. Praktische Lösungsvorschläge sollen das Ergebnis der Forschungs- und Entwicklungsarbeit sein"[2]. Dabei sollen vor allem folgende Teilziele berücksichtigt werden:

- Vermeidung von gesundheitlichen (physischen) und psychischen Schäden;
- Selbstverwirklichung der Arbeitnehmer.

Parallel dazu versuchten einzelne Forschungsarbeiten, teils mit öffentlicher Unterstützung, Indikatoren zur Humanisierung der Arbeitswelt aufzustellen bzw. zu entwickeln, um z.B. den zentralen Begriff Arbeitszufriedenheit auch quantifizieren zu können. Die vom Ministerium für Arbeit, Gesundheit und Soziales des Landes Nordrhein-Westfalen in Auftrag gegebene infas-Studie[3] stellt Indikatoren zur Humanisierung

---

1) Vom 11.-14.4.1972 führte die IG-Metall in Oberhausen ihre vierte internationale Arbeitstagung durch mit dem Thema "Aufgabe Zukunft - Verbesserung der Lebensqualität"; unter dieses Thema wurden viele aktuelle Themen subsumiert, und zwar von der Bildung bis zur Demokratisierung.
Vgl.: Aufgabe Zukunft (383)

2) Bundesminister (137)
Nach diesem Programm genehmigte das Ministerium bis Ende 1977 allein 16,7 Mill. DM für ein Projekt, versuchsweise Fließbandarbeiten durch neue Arbeitsstrukturen zu ersetzen, woran die Robert Bosch GmbH und vier wissenschaftliche Forschungsinstitute beteiligt sind. Vgl. Wirtschaftswoche (260a) S.39

3) Vgl. dazu z.B.: Ministerium für Arbeit, Gesundheit und Soziales des Landes NRW, Indikatoren zur Humani-

der Arbeitswelt unter den folgenden Aspekten zusammen:

- Arbeitszufriedenheit generell
- Ausbildung und berufliche Tätigkeit
- Arbeitsanforderung und Arbeitsbedingung
- Verhaltensreaktion und Arbeitsbedingungen (z.B. Absentismus, Fluktuation, Streik usw.)
- Regionale Mobilität und Zufriedenheit mit Wohnort und Arbeitsweg.

Schon aus diesem Katalog wird die Komplexität und Interdependenz mit anderen sozioökonomischen Bedingungen ersichtlich. Viel weiter noch faßt Fritz Vilmar den Rahmen für die Humanisierung der Arbeitswelt: Als Ursachen und Formen der "Dehumanisierung" nennt er drei Hauptgruppen, nämlich:

- Existenzbedrohung und Ausbeutung der Arbeitnehmer durch Verweigerung des Eigentums an Produktionsmitteln und des Arbeitsmehrwertes, sowie jederzeit drohende Arbeitslosigkeit;
- Psychologisches Arbeitsleid durch unmenschliche Arbeitsplätze und - bedingungen, sowie Monotonie;
- Fremdbestimmung durch "disfunktionale Regelung und Kontrolle der Arbeit durch Hierarchien, Fremdbestimmung der Produktionsziele, -Prozesse, -Innovationen"[1].

Danach fixiert er in acht Thesen "die wichtigsten inhaltlichen und strategischen Grundsätze einer demokratischen, also auch humanen Betriebs- und Wirtschaftsordnung"[2]:

(Forts. Fußnote)
sierung (514). Dieser Forschungsbericht wurde vom Institut für angewandte Sozialwissenschaft (infas) in Bad Godesberg durchgeführt (Methode der Repräsentativerhebung).

1) Vilmar (771) S.23
2) Vilmar (771) S.27; die Thesen werden in Stichworten wiedergegeben.

1) Demokratisierung der Gesamtwirtschaft durch die "Unterwerfung der betriebswirtschaftlichen Gewinninteressen unter die Erfordernisse einer volkswirtschaftlichen Stabilitäts- und Wohlfahrtsplanung".
2) Vergesellschaftung von Konzernen und Ausbau des gemeinwirtschaftlichen Sektors, sowie flankierende steuerliche Maßnahmen.
3) "Dreidimensionaler Prozeß der Befreiung der Arbeit" durch Arbeitszeitverkürzung, Ausweitung des Tätigkeitsspielraumes im Betrieb und Ausweitung des Entscheidungs- und Kontrollspielraumes im Betrieb und Unternehmen.
4) Abbau aller nicht funktional notwendigen und Kontrolle der notwendigen Direktionsrechte im Arbeitsprozeß durch Mitbestimmung und Selbstverwaltung ("Recht der kollektiven Gegenmachtbildung").
5) Erfüllung aller ergonomischen Forderungen (Sicherheit, Lärmschutz, Verbesserung der Licht- und Luftverhältnisse usw.) sowie Abbau von Arbeitsmonotonie; Vergrößerung und Verselbständigung der Arbeitsaufgaben; teilautonome Gruppen.
6) "Qualitative Neuorganisation inner- und überbetrieblicher Informations- und Aktionsbildungs- sowie gruppenpädagogischer Prozesse."
7) Soziale Gerechtigkeit durch Abbau der Diskriminierung bestimmter Personengruppen.
8) Abschaffung des "betrieblichen Patriarchalismus (Neofeudalismus, Human-Relations-Systeme)" sowie der freiwilligen betrieblichen Sozialleistungen.

Aufgrund der bisher aufgezeigten Bedeutungsinhalte des Begriffs Humanisierung der Arbeitswelt scheint es unmöglich, nach objektivierbaren Kriterien überhaupt nur eine Abgrenzung des Begriffs zu finden, denn zu Recht weist Pieroth in seiner Darstellung der Humanisierung der Arbeitswelt darauf hin, daß Globaldefinitionen "außerordentlich problematisch, angreifbar und lückenhaft" sind. Aber auch sein Vorschlag, "nach den einzelnen inhaltlichen Bestandteilen zu suchen, die diesen Begriff aufhellen könnten und diese nach ihrer politischen Darstellbarkeit zu überprüfen"[1], führt kaum aus dem Dilemma der subjektiv, ideologisch oder zeitpolitisch geprägten Auffassung von Humanisierung der Arbeitswelt heraus. So geht Hans Matthöfer, als ehemaliger Bundesforschungsminister mit dem Problem sehr vertraut, so weit, auch Maßnahmen zur Wiederherstellung von Vollbeschäftigung unter das Thema Humanisierung der Arbeitswelt zu subsumieren[2].

Als Fazit dieser Betrachtung bleibt, daß unter Humanisierung der Arbeitswelt im engeren Sinn die Weiterentwicklung klassischer arbeitswissenschaftlicher Methoden unter Einbeziehung motivationstheoretischer und arbeitspsychologischer Erkenntnisse und Erfahrungen zu verstehen ist[3], im weiteren Sinn aber mit diesem Begriff alle Methoden zur Veränderung materieller wie immaterieller Gegebenheiten und Bedingungen der Arbeitswelt, die eine Verbesserung unter humanen Gesichtspunkten bringen, bezeichnet werden.

Damit kann die Vermutung nicht entkräftet werden, daß es sich hierbei - ähnlich wie bei "Demokratisierung" - um einen Begriff handelt, der sowohl zur Rechtfertigung als auch zur positiven Bewertung jeglicher Art von Strukturveränderungen gebraucht wird, handelt es sich doch bei der Realisierung von Selbstentfaltung, Selbstverwirklichung und Würde des Menschen um die zentralen Begriffe des Grundrechtskataloges der Verfassung wie der christlichen Ethik[4].

---

1) Pieroth geht von folgender Globaldefinition zur Humanisierung aus: Humanisierung der Arbeitswelt sind "alle diejenigen Maßnahmen, die dazu dienen der Persönlichkeit des Arbeitnehmers in der Weise gerecht zu werden, daß er seiner Selbstverwirklichung auch durch Arbeit näher zu kommen" vermag. Pieroth (584) S.18
2) Vgl. Hans Matthöfer (498)
3) Eine kurze Zusammenfassung dieser Methoden gibt der Sonderdruck von "Psychologie heute"; unter dem Titel "Humanisierung des Arbeitslebens" sind einige aktuelle Aufsätze zusammengefaßt. Vgl. (381)
4) Vgl. dazu Edgar Nawroth (549) S.12-28

Sicherlich bedarf es auf diesem Feld noch breiter, sozialwissenschaftlicher Forschung, um eine Bewertungsskala für Humanisierungsmaßnahmen zu erstellen, denn die bisherigen Indikatoren wie Zufriedenheit, Absentismus, Fluktuation oder materielle Arbeitsleistung allein können nicht befriedigen.

Zwischen dem Istzustand der Arbeitswelt und dem Sollzustand politischer Ordnungsmodelle wie sozialer Rechtsstaat und Soziale Marktwirtschaft, bedarf es praktisch realisierbarer, systemadäquater, verfassungskonformer und schließlich auch empirisch quantifizierbarer Maßnahmen. Diese Forderung scheint notwendig, wenn man den Hawthorne-Effekt vermeiden will: "Was immer man am Arbeitsbereich eines Arbeiters verändert - es führt in jedem Fall zu einer Leistungsverbesserung. Streich die Fabrikwände grün, streich sie gelb; gib jedem eine Uniform, nimm die Uniform wieder weg; verbessere die Beleuchtung am Arbeitsplatz, verschlechtere sie - der Effekt ist immer derselbe. Die Arbeiter sind froh, daß man ihnen Aufmerksamkeit und Verständnis entgegenbringt, daß die Firmenleitung Interesse zeigt."[1)]

---

1) Psychologie Sonderdruck (549) S.29

4.43 Organisationsentwicklung

Als eine weitere Methode zur strukturellen Veränderung der Arbeitswelt wird seit einigen Jahren die Methode der Organisationsentwicklung (= OE) diskutiert und teilweise auch praktiziert. Sie ist in den USA vor gut zwei Jahrzehnten als Weiterentwicklung der Human-Relations-Bewegung entstanden und konnte aus verschiedenen Gründen in der Bundesrepublik noch nicht richtig Fuß fassen. Vor allem konnte der Begriff neben dem Schlagwort der "Humanisierung der Arbeitswelt" - zumindest in der Öffentlichkeit - nicht bestehen.

Warren G. Bennis versteht unter OE "eine vielfältige pädagogische Strategie, mit der man Überzeugungen, Ansichten, Wertvorstellungen und den Aufbau von Organisationen in solcher Weise verändern will, daß sie sich neuen Technologien, Märkten, Ansprüchen und dem schwindelerregenden Ausmaß des Wandels selbst besser anpassen können"[1]. Als grundlegenden Wert der gesamten OE sieht er ihre "Wahlmöglichkeiten, die sich infolge gezielter Aufmerksamkeit, sachdienlicher Datenauffindung und -rückkopplung an zuständige Mitarbeiter ergeben und die schließlich zu besseren Entscheidungen führen"[2].

Gaben psychologische und verhaltenstheoretische Erkenntnisse und Grundsätze in der ersten Hälfte dieses Jahrhunderts die Grundlage für die Bestrebungen des Taylorismus oder der Human-Relations-Bewegung, nämlich durch Arbeitsmotivation die Produktivität des Unternehmens zu erhöhen, geht die OE von der Ganzheitlichkeit eines Systems aus, in dessen Mittelpunkt der individuelle Mensch "mit spezifischem Charakter, mit eigener Kultur- und Wertordnung"[3] steht. Das Unternehmens-

---

1) Bennis (47) S.14
2) Bennis (47) S.36 f.
3) Beckhard (40) S.16

ziel der Produktivitätssteigerung wird also nicht als alleiniger oder zumindest ranghöchste Wert der Skala betrachtet, sondern die Ziele der Organisationsmitglieder selbst, also der darin tätigen Menschen, erhalten ebenfalls einen hohen Stellenwert.

In der Wahrscheinlichkeit, daß dabei Konflikte zwischen den genannten Zielen auftreten, sieht der OE-Fachmann Beckhard das große "Dilemma: Wie können wir die Fähigkeiten und Kräfte der Menschen bestmöglich für die Erreichung der Unternehmensziele mobilisieren, dabei aber eine Organisation lebens- und entwicklungsfähig erhalten, die aus eben jenen Menschen besteht, deren eigenem Bedürfnis nach Anerkennung, Weiterbildung und Zufriedenheit Rechnung getragen werden muß"[1].

Schon hier wird die Grundproblematik der OE deutlich: Kann es in diesem Interessenkonflikt einen Ausgleich geben oder werden letztendlich die Menschen den Produktivitätsinteressen untergeordnet? Genau diese Befürchtung hegen die deutschen Gewerkschaften.

Auf dem ersten europäischen Forum über Organisationsentwicklung im Herbst 1978 in Aachen[2] erklärte Ulrich Briefs aus gewerkschaftlicher Sicht: "Für die Beschäftigten fügt sich OE mehr und mehr in umfassende Rationalisierungsstrategien ein, die sich im Zusammenhang mit der Umstrukturierung großer Bereiche der Wirtschaft und den Bedingungen von Krise

1) Beckhard (40) S.16 f.
Diese doppelte Zielsetzung der Organisationsentwicklung sieht auch Prof. Sievers - seit Mai 1978 Inhaber des einzigen deutschen Lehrstuhls für Organisationsentwicklung an der Gesamthochschule Wuppertal: Die Organisationsentwicklung "intendiert eine Steigerung der Effektivität von Organisation sowie eine qualitative Erweiterung der Selbstverwirklichung und Selbstbestimmungsmöglichkeiten ihrer Mitglieder im Arbeitsprozeß".
in (310a) S.49

2) Vgl. dazu: Kurzfassung der Vorträge (257) und Karsten Trebesch in (733)

und Stagnation vollziehen."[1] Diese kritisch-zurückhaltende Position der Gewerkschaften wird vor allem erklärt mit folgenden Mängeln der OE, die ihrer Bedeutung wegen hier wörtlich wiedergegeben werden:

"1. Zu geringe Beteiligung der Beschäftigten und ihrer Interessenvertretung
2. Hochgradige und noch zunehmende Abhängigkeit von den wirtschaftlichen Strategien und Bedingungen der Unternehmen
3. Tendenzen zur Entmündigung der Beschäftigten durch eine esoterische, z.T. arbeitsfremde Systematik und Sprache
4. Überschätzung der Möglichkeiten zur organisatorischen Veränderung im Rahmen des gegebenen Wirtschaftssystemes
5. Überschätzung der Bedeutung sozialwissenschaftlicher Erkenntnisse
6. Unzureichende Berücksichtigung von Veränderungstendenzen infolge zunehmender Automation und verstärkter Bürokratisierung."[2]

Aufgrund welcher theoretischer oder empirischer Erfahrungen ein Gewerkschaftsvertreter zu einer solch kritischen Beurteilung der OE gekommen sein mag, kann hier nicht erörtert werden.

Um die Richtigkeit der Behauptung zu überprüfen, können zum einen OE-Modelle in der Praxis untersucht werden, wobei eine Mindestzahl von Fällen vorauszusetzen ist, um überhaupt eine gültige Aussage zu treffen. Genau diese Erhebungen liegen aber - zumindest für den europäischen Raum - nur ganz vereinzelt vor, was auch beim ersten Europäischen Forum über OE

---

1) Ulrich Briefs, Wissenschaftlicher Referent am Wirtschafts- und Sozialwissenschaftlichen Institut des DGB (=WSI) (88)
2) Ulrich Briefs (88)

deutlich wurde[1].

Zum anderen kann das Verfahren der OE auch vom theoretischen Ansatz her analysiert werden, wobei vielleicht schon ersichtlich wird, daß zwischen Theorie und Praxis - aus welchen Gründen auch immer - erhebliche Differenzen bestehen.

So bezeichnet Beckhard die OE als "ein Verfahren, das

1. planmäßig,
2. betriebsumfassend,
3. von der Führung gesteuert,
4. zum Zweck der Verbesserung von Wirksamkeit und Gesundheit der Organisation,
5. durch geplantes Eingreifen in den Organisations-'Ablauf' mittels Erkenntnissen aus den Verhaltenswissenschaften

angewandt werden kann"[2].

Stellt man die Äußerungen von Briefs und Beckhard gegenüber, lassen sich an jeder beliebigen Stelle Widersprüche aufzeigen: So fußt etwa die OE auf Erkenntnissen der Verhaltenswissenschaften, die auch auf wirtschaftliche Organisationen übertragen werden (vgl. Punkt 5, Beckhard); genau diese Möglichkeit will Briefs aber nur beschränkt zulassen[3]. Untersucht man die umfangreiche amerikanische Literatur[4], so wird anhand empirischer Daten nachgewiesen, daß die richtige Anwendung sozialwissenschaftlich orientierter Verfahren in Organisationen sehr wohl positive Wirkungen mit großer Signifikanz erreichen.

---

1) Vgl. dazu Einladungsschreiben und Kurzfassung der Vorträge des Kongresses (257)
2) Beckhard (40) S.24 f.
Diese Punkte werden von Beckhard ausführlich erläutert.
3) Auch innerhalb der Gewerkschaften wird kritisiert, daß "viele Gewerkschaftler in einer historisch begründeten - gleichwohl verhängnisvollen Distanz zu den Wissenschaften" verharren. Siehe Bernhard Muszynski (541)S.36
4) Vgl. z.B. Unger/Fischer (742). Die beiden Autoren haben für ihren gleichnamigen Vortrag auf dem OE-Kongress die angelsächsische Literatur zum Thema "Verhinderung des Absentismus" verarbeitet.

Briefs' Zweifel gegenüber dem OE-Verfahren liegen aber nicht nur in dem zu starken Wissenschaftsbezug begründet, sondern auch in seiner distanzierten Haltung zum geltenden Wirtschaftssystem (vgl. Punkt 4), das nur bedingt - auch systemimmanente - Veränderungsmöglichkeiten zulasse.

Offener als die Gewerkschaften stehen maßgebliche Wirtschaftswissenschaftler dem Ziel und den Methoden der OE gegenüber. In einer Einführung in die Wirtschaftswissenschaft spricht Erich Kosiol noch davon, daß die "Unternehmensaufgabe inhaltlich als Absatz von Sachgütern oder Diensten an Abnehmer im Markt"[1) zu bestimmen sei. Er weist aber auch darauf hin, daß bei dem organisatorischen Gestaltungsvorgang die Besonderheiten zu berücksichtigen sind, "die sich aus dem Wesen des Menschen ergeben"[2), wobei der Mensch unter zweierlei Aspekten zu sehen ist: Als Funktionsträger und als personales Wesen. Bisher allerdings stand nach seiner Meinung der Mensch als Funktionsträger im Vordergrund, dagegen ist "der Mensch als Sozialwesen hinter die zu ordnenden Sachbeziehungen zurückgetreten"[3), da allein "die Eignung des Menschen zur Erfüllung von Aufgaben"[4) - eben als Funktionsträger - interessiert habe.

Neben dieser Rolle wird nun aber auch der Eigenwert des Menschen immer mehr in die Betrachtung einbezogen, der z.B. "in dem Grad der Achtung, der Eigenständigkeit und Würde der Mitarbeiter zum Ausdruck"[5)kommt. Allerdings - und hier folgt gleich eine zentrale Einschränkung - "sollen alle Maßnahmen der Aufgabenbildung und -verteilung nur so weit gehen, daß sie eine Entfaltung des Eigenwertes bis zu einem Grad er-

---

1) Kosiol (432) S.89
2) Kosiol (432) S.95
3) Kosiol (432) S.96 f.
4) Kosiol (432) S.97
5) Kosiol (432) S.97

möglichen, der auf den Funktionswert fördernd wirkt"[1]. Als geeignet dafür werden dann OE-typische Maßnahmen wie Dezentralisierung von Entscheidungsaufgaben vorgeschlagen.

Darüber hinaus weist Kosiol noch auf einen anderen Aspekt menschlicher Interessen hin, die sich aus dem Tatbestand ergeben, daß in einer Organisation mehrere Personen miteinander handeln. Auch hier unterscheidet er zwei verschiedene Rollen: Zum einen ist jede Person Mitglied eines Teilsystems in dem Gesamtsystem - die Zuordnung erfolgt durch die hierarchische Gliederung -, zum anderen entstehen aus dem menschlichen Kontaktbedürfnis auch informelle Gruppen, deren Strukturelemente die persönlichen Beziehungen bilden. Diese Gruppen geben sich eigene Normen des Verhaltens, z.B. Arbeitsleistung oder -verweigerung in der Organisation; diese Normen sind entweder zugleich auch auf das Organisationsziel ausgerichtet, womit sie die Leistungsfähigkeit der Organisation also verstärken oder zumindest nicht beeinflussen; andere Gruppennormen dagegen konfligieren mit den Organisationszielen und können so das Leistungsergebnis erheblich beeinträchtigen. Deshalb sieht Kosiol auch die Notwendigkeit, "die Einflüsse auf die Effizienz von Kommunikationssystemen und deren Auswirkungen"[2] wissenschaftlich aufzuarbeiten und diese in die Organisationslehre einzubauen.

Dieser Aufgabe haben sich in den letzten Jahren im europäischen Raum eine Reihe von Instituten gewidmet, wie das Battelle-Institut in Frankfurt[3], das Tavistock-

---

1) Kosiol (432) S.98
2) Kosiol (432) S.99
3) Vgl. dazu die empirische Analyse zum Problem des Absentismus von Unger/Fischer, die im Battelle-Institut erstellt wurde. (742)

Institut[1] in London oder das NPI in Zeist/Niederlande, die neben den wissenschaftlichen Hochschulen[2] speziell über die Theorie der OE und deren Verwirklichung forschen.

Dennoch sind gerade im deutschsprachigen Raum zur Verbesserung der einzelnen OE-Methoden und ihres Zusammenwirkens in der Praxis noch grundlegende sozialwissenschaftliche (theoretische und empirische) Forschungsarbeiten notwendig[3].

4.44 Zusammenfassung: Perspektiven einer Strukturveränderung

Demokratisierung von Betrieb und Unternehmen, Humanisierung der Arbeitswelt und Organisationsentwicklung sind gleichermaßen komplexe Konzeptionen zur Veränderung von Strukturen und Bedingungen in der Arbeitswelt, die sich teilweise überlappen oder auch in einem hierarchischen Verhältnis zueinander stehen. Neben der formalen Zielsetzung haben diese Konzeptionen gemeinsam als ideelles Ziel, die Lebens- und Arbeitsbedingungen in der Organisation Betrieb bzw. Unternehmen zu verbessern.

Welche Einzelmethoden zu diesem Ziel hinführen, bleibt aber ebenso umstritten, wie die optimale Organisationsform für Betrieb und Unternehmen, ja es ist sogar die Frage zu stellen, ob nicht die jeweils gerade angestrebte Organisationsform für die Wirtschaftseinheit die internen Arbeitsmethoden so weit determiniert, daß das Wohl des einzelnen arbeitenden Menschen als Handlungsmaßstab nur noch eine Sekundärrolle spielt, im Gegensatz zum verbalen Anspruch.

---

1) Vgl. dazu die auf dem 1. OE-Kongress vorgelegten Referate der Mitarbeiter des Tavistock Institute of Human Relations (257), z.B. Lisl Klein: "Was die Sozialwissenschaften bieten, wie man es anwendet und welche Probleme sich dabei ergeben."(421)

2) Die Sammlung der Kurzfassung der Vorträge des 1. Seminars über OE gibt einen guten Überblick über die derzeitigen Forschungs- und Praxisschwerpunkte der OE; vgl. (257)

3) Einen Überblick über die aktuelle Literatur gibt

Diese Vermutung bleibt bei einigen Demokratisierungsstrategien mit Hilfe des Vehikels Mitbestimmung ebenso bestehen wie bei tayloristisch geprägten Führungskonzeptionen unter dem Deckmantel der Organisationsentwicklung.

Angesichts solch offener, ja konfligierender oder sogar antagonistischer Einzelkonzeptionen bedarf es zur Beurteilung von Erfolgsaussichten nicht nur empirisch erfassbarer Indikatoren über die Wirkung von Maßnahmen, sondern auch klarer Organisationsmodelle, um aus dem Theorie-Praxis-Vergleich notwendige Strategien ableiten und deren Effektivität und Effizienz[1] beurteilen zu können.

Alle hier angesprochenen Konzeptionen haben in der Praxis ihre Effizienz in Einzelfällen bewiesen, denn jede Maßnahme zur Steigerung der Arbeitszufriedenheit wirkt indirekt auch als Produktivitätsfortschritt, ein Tatbestand, der mittlerweile auch von den Wirtschaftswissenschaften herausgestellt wird[2].

Humanität und Produktivität schließen sich also nicht gegenseitig aus, sondern stehen in einem proportionalen Verhältnis in der Form, daß zufriedene Arbeitnehmer zu höherer Produktivität bereit sind. Allerdings scheint nicht zulässig der Umkehrschluß, daß eine bestimmte Produktivitätszuwachsrate auch auf größere Arbeitszufriedenheit schließen läßt, da erstere noch von anderen Faktoren abhängig ist.

Wie schnell und intensiv die hier angesprochenen Methoden aber für Veränderungsprozesse in der Arbeitswelt

---

Karsten Trebesch (734); Dietmar Gottschall hat ein Praxismodell vorgestellt (310b); einen Arbeitskreis für OE hat das Gottlieb-Duttweiler-Institut eingerichtet, vgl. Braune-Kriekau (78).

1) Effektivität und Effizienz werden hier unterschieden:
Effektivität = Verhältnis von eingesetzten Mitteln zu erreichtem Ergebnis.
Effizienz = Verhältnis von erreichtem Ergebnis zu gestecktem Ziel.

2) Vgl. z.B. Kosiol (432) S.95 ff.

eingesetzt werden, bleibt eine spekulative Fragestellung, denn zu vielfältig sind die Rahmenbedingungen, konkurrierenden Zielsetzungen und entsprechenden Strategien.

4.5 Materielle Lösungen

4.51 Die Diskussion um die Vermögensbildung

So alt wie die industrielle Gesellschaft selbst ist das Problem der Ergebnisverteilung für den Einsatz von Arbeit, Boden und Kapital: In welchem Verhältnis sollen

- Arbeitslohn
- Bodenrente
- Kapitalzins

zueinander stehen? Sollen überhaupt alle drei Produktionsfaktoren bezahlt werden? Welche Maßstäbe sollen zugrunde gelegt werden, betriebswirtschaftliche, volkswirtschaftliche, wissenschaftliche, politische, sozialethische oder nochmals andere? Wer kann sie überhaupt, wer soll sie definieren?

Dieser Fragenkatalog läßt sich noch ein gutes Stück verlängern, will man alle relevanten Probleme der materiellen Verteilung von Produktionsergebnissen darin aufnehmen.

Seit David Ricardo, der bedeutendste klassische Theoretiker der englischen Volkswirtschaftslehre, Anfang des letzten Jahrhunderts seine Theorien über die Verteilung aufstellte, sind zwar weitere Theorien gefolgt, dennoch ist das Problem bis heute noch nicht gelöst, sondern spitzt sich im Gegenteil wieder zu: Neben den am Produktionsprozeß direkt beteiligten Wirtschaftssubjekten Haushalt und Unternehmen erhebt zusätzlich auch der Staat einen immer größeren Anspruch auf das Bruttosozialprodukt[1].

---

1) Zur Geschichte, Konzeption und Wirkung der verschiedenen Verteilungstheorien vgl.
Külp (449), Föhl (272), Krelle (434), Willgeroth/Bartel/Schillert (811)

Weder die "wissenschaftlichen" Verteilungstheorien noch die sozialethisch geprägten Konzeptionen (Grundwert Gerechtigkeit) können das Dilemma lösen: Pluralistische Demokratien beanspruchen auch ein pluralistisch geprägtes Grundwerteverständnis, das damit eine absolute Gültigkeit einer bestimmten Form von Verteilungsgerechtigkeit ausschließt.

Das Problem der Transparenz der Einkommensverteilung hat die "Kommission für wirtschaftlichen und sozialen Wandel"[1] eingehend anhand mehrerer Forschungsaufträge untersucht[2] und dabei in ihrem Schlußbericht festgestellt, daß die "Verteilungsproblematik fast allen Inhalts entleert (wird), wenn mit der Lohnquote wie mit einer magischen Größe argumentiert wird"[3].

Zwar konnte die Kommission wegen ihrer Zusammensetzung mit kontrahierenden Tarifpartnern "keine gemeinsam getragene, langfristige theoretische Konzeption über die Verteilung von Einkommen und Vermögen"[4] erarbeiten, dennoch hat sie einige "Dimensionen der Verteilungsziele"[5] zusammengestellt, welche "die Verteilungsproblematik in voller Breite transparent macht. Die sozial wichtigsten Dimensionen sind:

---

1) Diese Kommission wurde am 9.2.1971 von der Bundesregierung berufen, mit Vertretern der Wissenschaft, Gewerkschaften und Arbeitgeberverbände besetzt und beauftragt, "ein Gutachten über die mit technischem, wirtschaftlichem und sozialem Wandel zusammenhängenden Probleme im Hinblick auf eine Weiterentwicklung der Gesellschaftspolitik zu erarbeiten". Der 1130 Seiten umfassende Bericht wurde am 28.10.76 vorgelegt (430).
2) Mit dem Transparenzproblem der Einkommensverteilung beschäftigen sich folgende einzelne Forschungsaufträge: Krupp (440), Mückl/Hauser (531), Heilmann (351)
3) Kommissionsbericht (430) S.344
4) Kommissionsbericht (430) S.344
5) Kommissionsbericht (430) S.349
Diese Dimensionen werden hier wörtlich zitiert, da sie als ein Maßstab für die Bewertung von Verteilungsmodellen dienen können, die von beiden Sozialpartnern anerkannt werden.

- die Verteilung der Möglichkeiten für die Haushalte, ihren Bedarf zu decken - bezogen sowohl auf private als auch auf öffentliche Güter;
- die subjektive Bewertung der Bedarfsdeckungsmöglichkeiten durch die Haushalte;
- der Umfang der Armut, d.h. die Größe jenes Teils der Bevölkerung, dessen Einkommen unter der Grenze liegt, die von der Gesellschaft als Mindesteinkommen betrachtet wird;
- die Leistungsangemessenheit der im Produktionsprozeß erzielten Einkommen - gemessen an allgemein anerkannten Kriterien;
- die Leistungsangemessenheit der Einkommen nach subjektiver Einschätzung der Einkommensbezieher unter den Aspekten der Fairneß, Angemessenheit oder Gerechtigkeit;
- die Stetigkeit und Sicherheit des Einkommensstromes"[1].

So hilfreich diese Kriteriensammlung für Wissenschaftler oder Politiker zur Bewertung von verteilungswirksamen Maßnahmen auch sein mag, leidet sie - wie alle anderen Kataloge auch - gleichermaßen unter zwei Schwächen: Zum einen ist sie mit einigen allgemeinen, weder normativ noch empirisch definierbaren Größen durchsetzt (z.B. Leistungsangemessenheit, Fairneß, Gerechtigkeit usw.), zum anderen muß auch die Kommission selbst feststellen, daß "für die Bundesrepublik Deutschland kein quantifizierbares und empirisch gehaltvolles Theoriesystem zur Verfügung steht, mit dessen Hilfe die Verteilungswirkungen wirtschafts- und gesellschaftspolitischer Maßnahmen analysiert werden könnten"[2]. Trotzdem schlägt die Kommission im Anschluß an diese Feststellungen einerseits einen eigenen Theorieansatz[3] vor, kommt andererseits aber zu

---

1) Kommissionsbericht (430) S.349 f.
2) Kommissionsbericht (430) S.353
3) Der Kommissionsansatz konzentriert sich auf die Situationsanalyse; daneben scheint aber ebenso notwendig, die Veränderungen der Realverteilung zu erfassen, wozu Josef Stadelbauer einen Vorschlag erarbeitet hat (706).

folgendem Fazit ihrer Grundsatzüberlegungen: "Die Entwicklung langfristiger und zielkonformer Verteilungsstrategien ist somit an zwei sich wechselseitig bedingende Voraussetzungen geknüpft: Auf der einen Seite müssen in Zukunft verteilungspolitisch einsetzbare, geschlossene Theoriesysteme entstehen, auf der anderen Seite muß die Datenlage über die tatsächliche Verteilungssituation nachhaltig verbessert werden"[1]. Solange diese Bedingungen nicht erfüllt sind, läßt sich in der Verteilungstheorie über allgemeine Zielsetzungen diskutieren, konkrete Ausprägungen aufgestellter Ziele lassen sich - wenn überhaupt - nur anhand partieller empirischer Daten quantifizieren, sobald solche Ziele in die Praxis umgesetzt und die Modelle eine genügende Zeit beobachtet sind.

Die folgende Zusammenstellung von Modellen und Strategien zur Verteilungsveränderung beschreibt deshalb auch nur die jeweilige Zielsetzung, nicht aber empirisch überprüfbare bzw. überprüfte Wirkungen.

4.52 Die Primärverteilung

Wesentlicher Bestandteil der Wirtschaftsordnung in der Bundesrepublik Deutschland ist die in Artikel 9,3 Grundgesetz garantierte Tarifautonomie der Sozialpartner. Danach können Arbeitgeberverbände und Gewerkschaften ohne äußeren, vor allem ohne staatlichen Einfluß die Arbeitsbedingungen, zu denen wesentlich die Entlohnung gehört, frei vereinbaren. Diese Verteilung des Bruttoinlandprodukts zwischen den Produktionsfaktoren Arbeit und Kapital - Primärverteilung genannt - bleibt ständigen Konflikten ausgesetzt:

Da es bisher keine normativ fixierte Verteilungsformel gibt, werden verschiedene Ziele ins Spiel ge-

1) Kommissionsbericht (430) S.353

brachte. Schon die Forderung, daß alle Produktionsfaktoren gleichberechtigt am Überschuß beteiligt werden sollen, wird vom Marxisten nicht akzeptiert, da nur die Arbeit den Mehrwert schaffe[1]. Eine andere Position bewahrt zwar die Beteiligung aller Produktionsfaktoren bei der Überschußverteilung, sieht aber in der bestehenden Relation zwischen Gewinnquote und Lohnquote eine ungerechte Bevorzugung des Kapitals - so vor allem die Gewerkschaften; deshalb wollen sie die Quote zugunsten der Arbeitnehmer erhöhen[2].

Rein ordnungspolitisch orientierte Wissenschaftler sind dagegen der Auffassung, daß die Lohnpolitik "preisniveau-neutral" sein soll, um so eine bestmögliche Stabilität zu gewährleisten, wobei die Arbeitnehmer am Produktivitätszuwachs ebenso beteiligt wie unvermeidliche Preisschwankungen ausgeglichen werden. Da eine Umverteilung durch Änderung der Lohnquote ohnehin nicht erreicht werden könne - dafür gibt es zu viele Kostenabwälzmechanismen - sei die stabilitätskonforme Lohnpolitik auch das ordnungspolitisch richtige Verhalten[3].

Inwieweit ein schnelleres Wachsen der Löhne im Vergleich zum Wachsen der Volkswirtschaft tatsächlich zu wirtschaftlichen Störungen führen kann oder muß, läßt sich hier nicht definitiv festlegen; die meisten Vertreter der Sozialen Marktwirtschaft gehen jedenfalls von einer Interdependenz[4] aus, andere befürworten

---

1) Zur Mehrwerttheorie vgl.: Stichwort Mehrwert in Kernig: Sowjetsystem (413) Bd.IV, Spalte 459 f.; Fetscher (264) S.128 ff.

2) Die Tarifverhandlungen vom Herbst 1978 untermauert der DGB mit dem Hinweis auf die Öffnung der Einkommensschere zwischen Arbeitnehmern und Selbständigen. Vgl. Günter Pehl (575) S.467 f.; ders. (576) S.479-481, Himmelmann (367)

3) "Solange dabei mit Hilfe der Nominallohnpolitik versucht wird, die Verteilung zum eigenen Vorteil dauerhaft zu verändern, belastet und gefährdet der Prozeß der Lohnbestimmung durch die Tarifpartner die Bemühungen um Stabilität erheblich." Sachverständigenrat 1972 (180) S.516

4) Die Wirtschaftstheorie geht davon aus, daß die vier Ziele in einem bestimmten Verhältnis zueinander stehen müssen (dynamisch); wird eines der Ziele

freie Lohngestaltung, ohne daß direkte Auswirkungen zu befürchten seien[1]. Eine gesetzliche Fixierung gibt es dazu nicht, denn das "Grundgesetz" der sozialen Marktwirtschaft, das sogenannte "Stabilitätsgesetz von 1967"[2], verplichtet in § 1 den Staat "nur", darauf zu achten, daß in seiner Wirtschaftspolitik die Ziele Vollbeschäftigung, Geldwertstabilität, Wirtschaftswachstum bei einem außenwirtschaftlichen Gleichgewicht gleichrangig angestrebt werden[3].

Dennoch weist der Sachverständigenrat[4] immer wieder in seinen Gutachten darauf hin, daß zu hohe Lohnabschlüsse mitverantwortlich für die aktuellen wirtschaftlichen Schwierigkeiten seien und deshalb nach anderen Formen der Umverteilung unter sozialethischen Gesichtspunkten gesucht werden müsse[5].

(Fortsetzung Fußnote) nachhaltig gestört, so werden auch die anderen negativ beeinflußt. Vgl. (111).

1) Naturgemäß vertreten diese Position vor allem Funktionäre und Autoren der Gewerkschaften. Vgl. dazu: Projektgruppe Gewerkschaftsforschung (597), Pfromm (578), kritisch: E.G. Vetter (755)

2) Stabilitätsgesetz: "Gesetz zur Förderung der Stabilität und des Wachstums der Wirtschaft" vom 8.6.1967 (111)

3) Es handelt sich dabei um das sogenannte "magische Viereck" der Wirtschaftspolitik.

4) Zur Erklärung des Sachverständigenrats (= SVR), seiner Zusammensetzung und Aufgaben vgl. Stichwort "Sachverständigenrat" in: Lexikon der Volkswirtschaft (299) und "Gesetz über die Bildung eines Sachverständigenrates zur Begutachtung der gesamtwirtschaftlichen Entwicklung" vom 13. August 1963 (110)

5) So nennt der SVR schon 1972 folgende drei Ziele der Vermögensbildung:
   1) größerer Anteil am Volkseinkommen für die Arbeitnehmer
   2) Erleichterung der Vermögensbildung der Arbeitnehmer
   3) ausgewogene personelle Verteilung

   Gutachten 1972 (180) Nr.511
   Vgl. auch:
   Gutachten 1976/77 (182) Nr. 361-379 und
   Gutachten 1975 (181) Nr.280-283 (= Verteilungsgerechtigkeit)

4.53 Die Sekundärverteilung

Haushalte und Unternehmen können die erwirtschafteten Güter nicht allein unter sich aufteilen, denn einen immer größeren Anteil davon beansprucht der Staat, sei es für Eigenverbrauch, für Infrastrukturmaßnahmen oder für die Umverteilung unter sozialen Gesichtspunkten. Diese nachrangige, deshalb auch sekundäre Verteilung von Mitteln, die Haushalte und Unternehmen in Form von Steuern und Gebühren aufbringen, soll zunächst die Primärverteilung ausgleichen. Entsprechend der Konzeption der Sozialen Marktwirtschaft ist der Staat für alle Bürger verantwortlich, die kein eigenes Einkommen aus eigener wirtschaftlicher Tätigkeit haben wie Kinder oder Alte, Auszubildende oder Kranke.

Darüber hinaus werden große Summen für die sogenannte Umverteilung verwendet, wozu der Staat mehrere wirkungsvolle Gesetze geschaffen hat:

Einen Überblick über die derzeit gültigen Gesetze zur staatlichen Sparförderung gibt folgendes Schaubild:

Schaubild 4.8
Gesetze zur Vermögensbildung

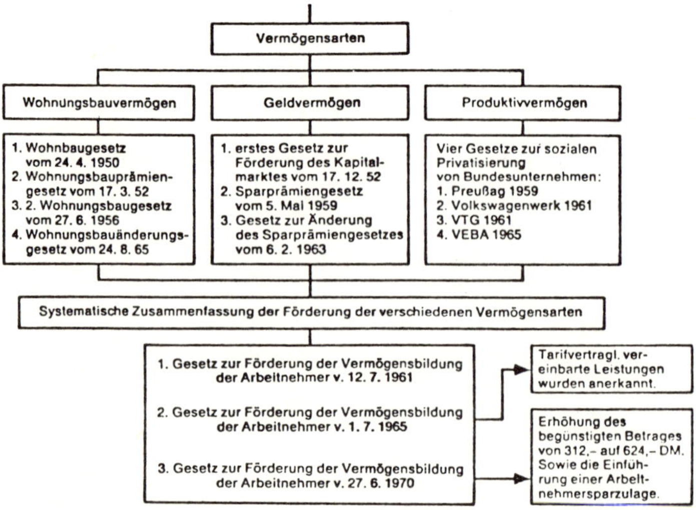

Quelle: Elmar Pieroth, Das vermögenspolitische Grundsatzprogramm der CDU, in: v. Voss (784) S. 68

Jährlich werden absolut zwar immer größere Summen für die Sparförderung ausgegeben, dennoch zeigen die Zahlen, daß nach 1974 der Anteil der Sparförderung am gesamten Sozialbudget rückläufig ist, was folgende kleine Statistik beweist (in Millionen DM) [1]:

Tabelle 4.2 :
Aufwendungen der staatlichen Sparförderung

	1970	1972	1974	1976	1978
Sozialbudget	174.735	223.959	288.068	353.787	402.844
Sparförderung	6.063	11.524	15.182	16.839	17.008
%	3,46	5,15	5,27	4,76	4,22

Eine Ursache liegt in der Einkommensbegrenzung auf jährlich DM 24.000,- / 48.000,- (ledig/verheiratet) für die staatlichen Förderungsmaßnahmen, weshalb mit jeder Lohnerhöhung immer mehr Arbeitnehmer aus der Prämienberechtigung herauswachsen.

Viel gravierender aber wirkt sich die Tatsache aus, daß der Schwerpunkt der staatlichen Sparförderung völlig einseitig auf Geld- und Wohnungsvermögen ausgerichtet ist. Obwohl die Aufbringung der Sparmittel nach dem 624,- DM-Gesetz schon weitgehend tarifvertraglich verankert und damit zwischen Arbeitnehmer und Arbeitgeber aufgeteilt ist, dürfen diese Mittel während der gesetzlichen Bindungsfrist nicht zum Erwerb von Produktivvermögen, mit Ausnahme von Aktien, verwendet werden. Deshalb fordern Parteien und Verbände seit Jahren eine Ausweitung des sogenannten Anlagekataloges[2], was der ehemalige Bundeskanzler Brandt schon in seiner Regierungserklärung 1969 zugesagt hat[3].

---

1) Quelle: Sozialbericht 1978 der Bundesregierung (199), Leistungstabelle nach Funktionen, S.167; Prozentzahlen eigene Berechnungen.

2) Vgl. dazu: Gesetzentwurf des Bundesrates vom 13.1.78 (203); Gesetzentwurf CDU/CSU-Fraktion vom 24.2.78 (204); Guski in (329) S.5

3) Regierungserklärung vom 28.10.1969: "Nach Absicht der Bundesregierung (soll) ... das Sparen im eigenen Betrieb in die allgemeine Sparförderung ... einbezogen werden." (126) S.11

Auch der Gesamtbereich der betrieblichen Sozialleistungen, staatlich durch Steuererleichterungen gefördert, vermag die tarifliche Primärverteilung nur auszugleichen. Die betriebliche Altersrente, durch das Betriebsrentengesetz vom 5.12.1974[1] gesetzlich geregelt, schafft als eine der wichtigsten betrieblichen Sozialleistungen in der Regel nur den Anspruch auf Geldvermögen, desgleichen die gesamten staatlichen Sozialversicherungen.

Deshalb wird seit Jahren die Ausweitung der staatlichen Sparförderung auch auf das Produktivvermögen gefordert. Dabei gilt für die Bundesregierung ebenso wie für die Oppositionsparteien als oberstes Prinzip: "Jeder Bürger soll die freie Wahl sowie die materielle Möglichkeit haben, jede Art von Vermögen zu bilden"[2].

Produktivvermögen in Arbeitnehmerhand läßt sich aber in die oben angewandte Unterscheidung zwischen Primär- und Sekundärverteilung nicht einordnen, da - wie in den folgenden Überlegungen gezeigt wird - die Finanzierung des Produktivvermögens in beide Bereiche hineinreicht.

---

1) Betriebsrentengesetz (120), vgl. dazu Sozialbericht 1976 (198) S.34 ff.
1976 waren schon 65 % der Arbeitnehmer in eine betriebliche Altersversorgung einbezogen; 1977 wurden dafür 17,6 Mrd. DM aufgewendet. Kurzinformationen in (16) Nr.217, S.9

2) Vgl. dazu:
Der Vermögensplan der CDU (155)
Regierungserklärung 1969 (126)

4.54 Die betriebliche Gewinnbeteiligung

Unter allen Konzeptionen zur Bildung von Produktivvermögen in Arbeitnehmerhand (BPvA) nimmt die individuelle Gewinnbeteiligung in der Theorie[1] wie in der Praxis[2] eine Spitzenstellung ein. Da diese Konzeption auch ein wesentlicher Bestandteil des "Sozialverbandes Unternehmen" darstellt, soll sie hier - stellvertretend für alle anderen Modelle zur BPvA - skizziert werden.

Ausgehend von der Überlegung, daß die Tarifverträge immer für eine ganze Region einer Branche abgeschlossen werden und dabei die Gewinnsituation eines einzelnen Unternehmens kaum berücksichtigt werden kann, ist die Höhe der Kapitalrendite in den einzelnen Unternehmen sehr unterschiedlich.

Demgegenüber wird argumentiert[3], daß alle eingesetzten Produktionsfaktoren, also auch die Arbeit, ihren Teil zum Unternehmensergebnis beitragen. Deshalb soll auch der Nettogewinn, der nach Abzug der

---

1) Vgl. dazu:
Handbuch der Mitarbeiterbeteiligung (661), in dem die wichtigsten Fragen der intensiven Bindung von Arbeitnehmer-Anteilen aus der Gewinnbeteiligung behandelt werden.
Außerdem: Schriftenreihen der AGP (14) und Willgerodt (811)

2) Vgl. dazu: Guski/Schneider (330)
Anfang 1977 waren dieser Forschergruppe ca. 800 Unternehmen vom Kleinst- bis zum Größtunternehmen bekannt, die ein freiwilliges Gewinnbeteiligungssystem praktizieren; die Dunkelziffer wird dabei auf weitere 80 Modelle (= 10 %) geschätzt. (S.34 ff.)
Vgl. außerdem: Jungblut (398), Beteiligung (49) Esser/Faltlhauser (248)

3) Diese Position vertreten in der Regel alle diejenigen, die ein Gewinnbeteiligungsmodell realisiert haben.
Vgl. außer den oben angeführten Werken (letzte Fußnote):
Geißler/Fricke (300), Ballerstedt (33) , Faltlhauser (261) und (262), Gross (318), Fabian (258) und Strasser (720)

Faktorkosten (Löhne/Gehälter, Zinsen, Renten), des Unternehmerlohns[1] und der Steuern aus dem Unternehmenseinkommen entsteht, gleichermaßen auf alle Faktoren aufgeteilt werden. Schematisiert ergibt sich dann für die Unternehmen folgende Ergebnisrechnung:

Schaubild 4.9

Berechnung des Verteilungs-Gewinns

ERTRÄGE

./. Aufwendungen
- Sachkosten
- Löhne/Gehälter
- Vergütungen

GEWINN VOR STEUERN

./. Steuern
Rücklagen

GEWINN NACH STEUERN

./. Geschäftsführung-Gehälter
Verzinsung Eigenkapital
Risikoprämie Haftungskapital

VERTEILUNGSGEWINN

---

1) Bei Personengesellschaften wird der Unternehmerlohn (= Geschäftsführergehälter) aus dem Gewinn bezahlt, in Kapitalgesellschaften ist er aber Bestandteil der Faktorkosten aus Arbeit.

Aus dem Schaubild wird deutlich, daß neben den Arbeitslohntarifen die Größen für Zinsen/Renten und für Rücklagen in einer gewissen Breite[1] schwanken können und deshalb einer eindeutigen Regelung bedürfen, allerdings mit unterschiedlichen Verfahrensweisen:

Für die drei Punkte der letzten Gruppe im Schaubild (Geschäftsführer-Gehälter, Verzinsung, Risikoprämie) können externe Bezugsgrößen durch eine Betriebsvereinbarung festgelegt werden, z.B. für Verzinsung oder Risikoprämie[2] der Jahresdurchschnitt des Zinssatzes einer örtlichen Sparkasse + X %.

Dagegen gestaltet sich die Fixierung der Rücklagen wesentlich schwieriger: Neben den betriebswirtschaftlichen Faktoren wie Kapitalbedarf, Produktionsrisiko und anderen muß dabei berücksichtigt werden, wieviel Prozent der ausgeschütteten Gewinnbeteiligung zur Thesaurierung (Investition) wieder an das Unternehmen zurückfließen müssen. Handelt es sich bei letzterem um einen geringen Prozentsatz, so werden die Rücklagen relativ hoch gehalten; fließt aber die gesamte Gewinnbeteiligung zurück, so kann theoretisch[3] in der Abrechnung die freie Rücklage[4] zunächst unberücksichtigt bleiben, da sie ja aus der Gewinnbeteiligung unmittelbar dotiert wird, d.h. also, daß Rücklagen-

---

1) Normalerweise wird die Schwankungsbreite durch den Jahresgewinn begrenzt; bei kurzfristigen Gewinnausfällen können aber auch Rücklagen eine Bezahlung von Zinsen für das Eigenkapital ermöglichen.

2) Die Risikoprämie wird üblicherweise für vollhaftendes Kapital in Personengesellschaften zusätzlich zur Normalverzinsung gewährt.

3) Neben den betriebswirtschaftlichen spielen auch steuerliche Überlegungen eine wichtige Rolle, da Teile der Rücklagen steuerlich abzugsfähig sind, Gewinne aber voll versteuert werden.

4) Das Unternehmensrecht schreibt den Kapitalgesellschaften vor, daß sie einen bestimmten Prozentsatz ihres Grundkapitals als Rücklage ausweisen müssen; die darüber hinausgehenden Beträge werden als "freie Rücklagen" bezeichnet.

dotierung und Reinvestition in einem umgekehrt proportionalen Verhältnis zueinander stehen.

Genau dieser Punkt hat aber auch zentrale vermögenspolitische Bedeutung: Da aus den Rücklagen viele Investitionen bezahlt werden, wächst damit auch der Wert des Unternehmens. Gehört nun ein Teil dieser Gelder den gewinnbeteiligten Arbeitnehmern, haben diese auch einen Eigentumsanteil an dem Wertzuwachs und damit Eigentum am Produktivvermögen.

Ohne Umverteilung des bestehenden Eigentums, die ohnehin nach dem Grundgesetz (Artikel 14 und 15) nur für die Überführung in Gemeineigentum zulässig ist, ermöglicht eine aus der Gewinnbeteiligung finanzierte BPvA einen Zugang zu eben dieser Vermögensform für eine Großzahl von Arbeitnehmern[1]. Diese Zahl kann noch wesentlich vergrößert werden, wenn - wie oben beschrieben - die staatliche Sparförderung z.B. mit dem 624,-DM-Gesetz auch diese Anlageform unterstützt[2].

Immer mehr Unternehmer stehen solchen Modellen auch positiv gegenüber, wie verschiedene Meinungsäußerungen zeigen. So haben z.B. bei der Unternehmerumfrage 1977, durchgeführt von der Industrie- und Handelskammer Koblenz[3], 93 % der befragten mittelständischen Unternehmen sich positiv zur Mitarbeiterbeteiligung geäußert und 88 % glaubten darin eine Stärkung des eigenen Unternehmens[4] zu sehen.

1) Vgl. dazu: Guski/Schneider(330)
2) 1976 haben sich ca. 15,6 Mio. Arbeitnehmer an der staatlich geförderten Vermögensbildung beteiligt und insgesamt 9,6 Mrd. DM angelegt, die Hälfte davon als Spareinlagen, nur 28 % als Bauspareinlagen und 20 % in Form von Lebensversicherungen. Vgl. Vermögensbildung in (16) Nr.213, S.4
3) Industriemagazin (392) , S.52
4) Zu dieser Meinung sind bislang nur aus den USA empirische Erhebungen bekannt. Danach sind die Dividenden von Vergleichsunternehmen (Warenhäuser) unterschiedlich gestiegen: Die Beteiligungsunternehmen konnten in den Jahren 1952 - 1969 die Dividenden vom Hundert auf 293,7 steigern, die "Normalunternehmen" aber nur auf 175,3. Vgl. Industriemagazin 11/78, S.54

Diesen Trend hat auch die Bundesvereinigung Deutscher Arbeitgeberverbände (BDA) aufgegriffen und im Herbst 1976 einen eigenen Vorschlag zur BPvA[1] veröffentlicht. Danach soll diese Vermögensbildung nicht gesetzlich vorgeschrieben werden, sondern freiwilligen Vereinbarungen der Tarifpartner überlassen bleiben und die Arbeitnehmer Wahlfreiheit der Anlageform haben. Auch die Bundesregierung hat im Mai 1978 in ihrem Sozialbericht nochmals ihren Willen bekräftigt, die BPvA zu unterstützen und zwar sowohl durch Ausweitung der Anlageformen nach den staatlichen Spargesetzen, als auch durch den Abbau der steuerlichen Hemmnisse[2].

Alle im Deutschen Bundestag vertretenen Parteien haben in den letzten Jahren Pläne zur BPvA erarbeitet, allerdings unterscheiden sie sich grundsätzlich in ihren Methoden. Sowohl SPD als auch FDP bevorzugen eine überbetriebliche Vermögensbildung in der Form, daß die Unternehmen aus ihren Gewinnen Anteile (Vermögensanteile) abführen in zentrale Beteiligungsfonds, an denen dann die Arbeitnehmer beteiligt werden; es handelt sich also um eine indirekte Gewinn- und Kapitalbeteiligung.

Grundlage des Vermögensbildungskonzeptes der SPD stellen die auf dem Parteitag in Hannover 1973 getroffenen "Beschlüsse zur Vermögensbildung"[3] dar, die aller-

---

1) BDA, Grundsätze für eine weiterführende Vermögenspolitik vom 7. Okt. 1976 (siehe Anhang Nr. 4.1)

2) Der Sozialbericht 1978 der Bundesregierung nimmt zur Vermögensbildung Stellung: "Bestimmte Beteiligungsformen, wie z.B. der Erwerb von Aktien, insbesondere von Belegschaftsaktien, und die Vereinbarung von Arbeitnehmerdarlehen werden schon bisher mit staatlichen Mitteln gefördert. Um die Begründung von zusätzlichen Beteiligungen an Unternehmen zu erleichtern, wird die Bundesregierung eine entsprechende Erweiterung des Anlagekataloges des Sparprämiengesetzes und des dritten Vermögensbildungsgesetzes vorschlagen und den Abbau steuerlicher Hemmnisse für solche Beteiligungen anstreben." (199) S.44

3) Vorstand der SPD (698)

dings nicht in den Katalog von Schwerpunktthemen des im Herbst 1975 verabschiedeten Orientierungsrahmens 1985[1] aufgenommen wurden. Danach sollen die Großunternehmen der Wirtschaft mit mehr als DM 400.000,- Steuerbilanzgewinn jährlich ca. 5 Mrd.DM für die Dotierung der Beteiligungsfonds abführen, von denen die Arbeitnehmer Anteilscheine erhalten, soweit sie das zu versteuernde Einkommen von jährlich DM 36.000,- (verheiratet DM 48.000,-) nicht überschreiten.

Die Fonds sollen entsprechend folgender Modellskizze organisiert werden: (siehe Schaubild folgende Seite)

---

1) Vorstand der SPD (697)
Im vierten Kapitel sind aus dem wirtschaftlichen Bereich folgende drei Schwerpunkte ausgeführt:
- Modernisierung unserer Wirtschaft
- Reform der Berufsausbildung
- Humanisierung der Arbeitswelt

Schaubild 4.10

Vermögensbildungsmodell der SPD

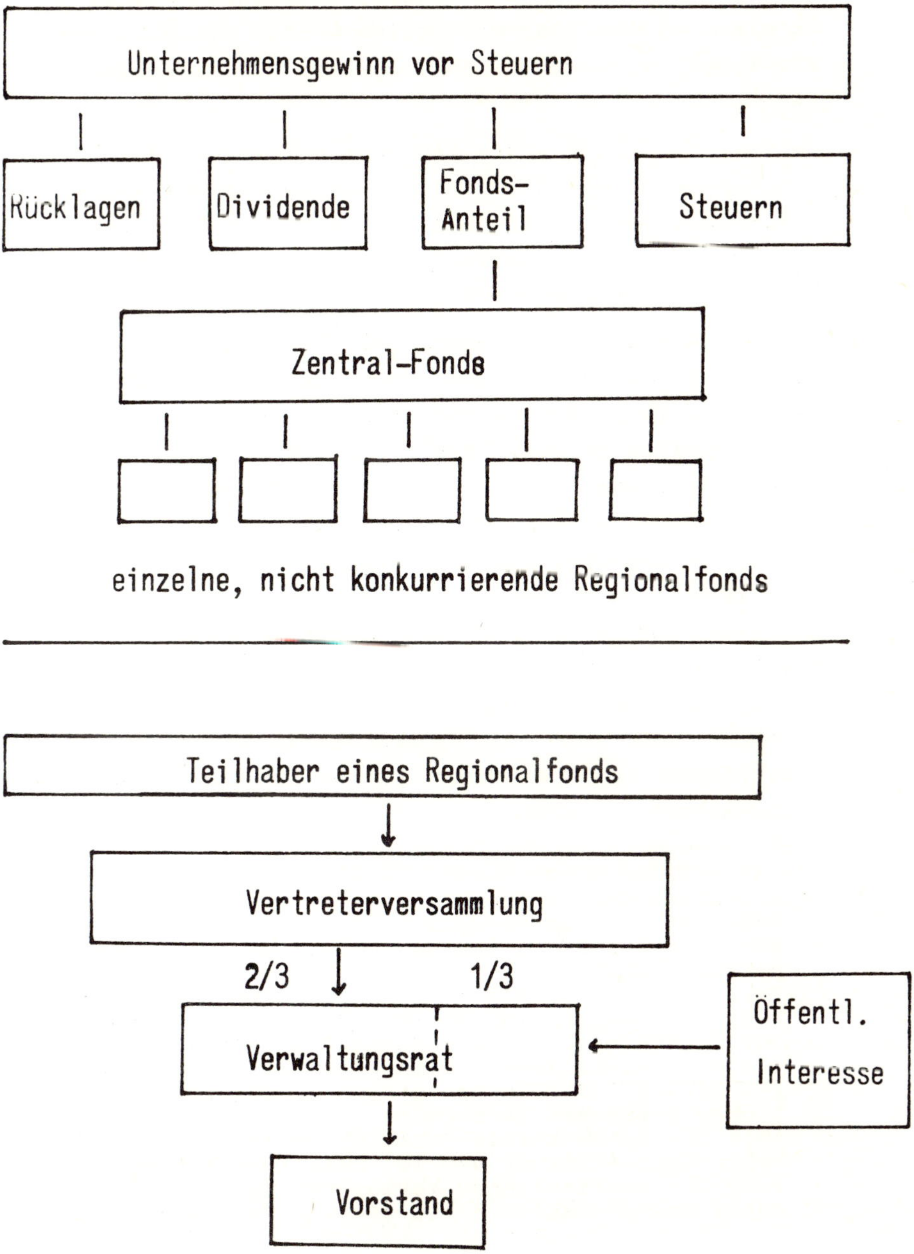

Quelle: Entwurf nach Beschluß des SPD-Parteitages in Hannover 1973, in: Vorstand der SPD, Beschlüsse zur Vermögensbildung, Bonn o. J.

Die FDP hat auf ihrem Freiburger Parteitag innerhalb der "Freiburger Thesen"[1] ebenfalls ein Fonds-Beteiligungsmodell beschlossen, die Fonds-Anteilscheine sollten aber wesentlich weiter als nach dem SPD-Modell gestreut werden, nämlich auf alle Bundesbürger.

Im Zuge der konjunkturellen Schwierigkeiten der letzten Jahre ist es allerdings um diese Vermögensbildungspläne sehr still geworden, zumal im Mittelpunkt der gesellschaftspolitischen Reformen die Weiterentwicklung der Mitbestimmung stand.

Daß die Bonner Koalitionsparteien trotzdem weiterhin die Fondslösung einer individuellen Gewinnbeteiligung vorziehen, wurde in der vermögenspolitischen Debatte im Juni 1978[2] deutlich: Obwohl die Bundesregierung 1976 sich noch mehrfach positiv zur betrieblichen Vermögensbildung geäußert hat[3], brachte der erste Sprecher der Regierungsparteien, der SPD-Abgeordnete Rosenthal, selbst auch Fabrikant mit Gewinnbeteiligung, zwei entscheidende Einwände gegen die betriebliche Gewinnbeteiligung vor[4]:

- Damit zu dem Arbeitsplatzrisiko für den Arbeitnehmer nicht noch das Kapitalrisiko komme, müsse letzteres durch überbetriebliche Lösungen (Fonds) abgesichert werden.

---

1) FDP - Freiburger Thesen (275)

2) Anläßlich der ersten Sitzung der von der CDU/CSU-Fraktion und dem Bundesrat eingebrachten Gesetzesentwürfe zur Förderung der individuellen Vermögensbildung.(205)

3) Vgl. dazu die Veröffentlichung des Bundeswirtschafts-Ministeriums vom August 1976 "Realistische Vorschläge zur Fortentwicklung der Vermögenspolitik" (139), in der die betriebliche Vermögensbildung als wichtiges Bindeglied zwischen gesamt- und einzelwirtschaftlichen Maßnahmen bezeichnet wird.
Auch der Bundeskanzler Schmidt sprach sich in seiner Regierungserklärung vom 16. Dez. 1976 für eine Förderung der betrieblichen Vermögensbildung aus.

4) Bundestagsprotokoll 8/100 (205) S.7940 A

- "Der Gesetzesentwurf ist kein wirkliches Angebot für die Gewerkschaften" weil "ein echtes Vorurteil ... hineinspielt, daß die Vermögensbildung eventuell die Solidarität mit den Gewerkschaften verhindern könnte"[1].

Die Diskussion zeigte auch mit solchen Argumenten die enge Verbindung zwischen der SPD-Konzeption und den Vorstellungen des DGB, der für die BPvA ebenfalls ein Fonds-Modell erarbeitet hat[2].

Das Konzept der betriebsbezogenen individuellen Gewinnbeteiligung hat der Sachverständigenrat[3] schon mehrfach in seinen Jahresberichten aufgegriffen, insbesondere in den Jahren 1972, 1975 und 1976. In seinem Gutachten von 1972 nennt er drei wichtige Ziele über Einkommensverteilung und Vermögensbildung:
- Arbeitnehmer sollen einen größeren Anteil am Volkseinkommen erhalten;
- Für die Arbeitnehmer soll die Vermögensbildung erleichtert werden;
- Es soll eine ausgewogenere Einkommensverteilung angestrebt werden[4].

Allerdings hält der Sachverständigenrat die Wege und Ziele der bisherigen Tarifpolitik für ungeeignet, denn "solange dabei mit Hilfe der Nominal-Lohnpolitik versucht wird, die Verteilung zum eigenen Vorteil dauerhaft zu verändern, belastet und gefährdet der Prozeß der Lohnbestimmungen durch die Tarifpartner die Bemühungen um Stabilität erheblich"[5]. Nach seiner Meinung ist "die Größe, an der eine Umverteilung allein

---

1) Bundestagsprotokoll 8/100 (205) S.7941
2) Einen guten Überblick darüber gibt die von Froemer (283) zusammengestellte Sammlung von 58 Vermögensbildungsmodellen; eine Synopse der wichtigsten Modelle am Schluß jenes Werkes erleichtert den Überblick.
3) Vgl. oben S.175
4) Sachverständigenrat (180) S.511
5) Sachverständigenrat (180) S.516

ansetzen kann, ... der Gewinn"[1]. Während nämlich die Arbeitseinkommen tariflich fest vereinbart werden, fällt das wachstumsträchtige Residualeinkommen "den Faktoren zu, die auf eine vertragliche Fixierung ihres Einkommens verzichten"[2]. Dieses Einkommen beziehen derzeit in der Bundesrepublik primär die Kapitalgeber (Eigenkapital), denn schon die Kosten des Fremdkapitals (Kredite z.B.) sind mittels eines Kontraktpreises (Zins) festgelegt, ebenso wie die Arbeitskosten.

Grundsätzlich hält der Sachverständigenrat es für möglich, daß "auch der Faktor Arbeit den jeweils anderen Faktor zu einem Kontraktpreis beschafft und selbst Residualeinkommen bezieht"[3]; genau dies wird im jugoslawischen Modell der Arbeiterselbstverwaltung praktiziert[4].

Drei Jahre später bekräftigen die Wissenschaftler im Jahresgutachten 1975[5] ihre Forderung nach der Gewinnbeteiligung und skizzieren ein realisierbares Modell[6]. Angesichts der über Jahre hinweg andauernden konjunkturellen Krise beschäftigt der Sachverständigenrat im Herbst 1976[7] sich nochmals mit der BPvA, da er in dieser Konzeption konjunkturfördernde Maßnahmen sieht:
- Förderung der Investitionsbereitschaft, da das Risiko des Lohnkostendrucks geringer werde;
- Die Einnahmen der Arbeitnehmer sind stärker vom Branchengewinn abhängig, was zu einer Verbesserung der Beschäftigung führt, da ein Teil des Arbeitsplatzrisikos in Einkommensrisiko transformiert werde;

1) Sachverständigenrat (180) S.503
2) Sachverständigenrat (") S.503
3) Sachverständigenrat (") S.505
4) Vgl. z.B. Drulović (232), Furtak (288), Lemân (466) und Vanek (746)
5) Vgl. Sachverständigenrat (181)
6) Vgl. Sachverstöndigenrat (181) S.371
7) Vgl. Sachverständigenrat (182) S.361-379

- Die Einnahmen der Arbeitnehmer aus Lohn und Gewinn sind höher als der alleinige Arbeitslohn, damit sei eine echte Umverteilung möglich.

Im Laufe weniger Jahre konnte der Sachverständigenrat seine ursprünglichen erheblichen Bedenken gegen die Gewinnbeteiligung der Arbeitnehmer[1] - vor allem Gefahr der Kostenüberwälzung und Rückgang der Investitionsneigung - nicht nur entkräften, sondern er glaubt vielmehr, daß gerade die Gewinnbeteiligung funktionsgerecht realisiert und in Verbindung mit der Bildung von Eigen- und Fremdkapital "einen wesentlichen Beitrag zur Lösung der anstehenden mittelfristigen Wachstums und Beschäftigungsprobleme leisten"[2] könne.

4.55 Zusammenfassung
Die verteilungspolitischen Alternativen

Das bisherige Verteilungsprinzip zeigt viele Vorteile, aber auch Schwachstellen: Zwar hat die Ordnung der Sozialen Marktwirtschaft einen Verbund von Primär- und Sekundärverteilung geschaffen, dessen Ergebnisse das Grundrecht auf "Leben und körperliche Unversehrtheit"[3] materiell annähernd[4] erfüllen, dennoch bleibt bei vielen Arbeitnehmern das Gefühl der ungerechten Verteilung. Trotz starker Gewerkschaften in der Bundesrepublik konnte aber über die Tarifpolitik das Verhältnis zwischen Lohn und Gewinneinkommen nicht grundlegend verschoben werden, neue Ansätze werden also gesucht. Die BPvA, im wesentlichen aus der Gewinnbeteiligung und ergänzend durch staatliche Förderung finanziert, bietet sich als der gesuchte Ausweg aus der Sackgasse an.

---

1) Sachverständigenrat (180) S.501
2) Sachverständigenrat (182) S.379
3) Grundgesetz Art. 2,1
4) Vgl. Geißler (301)

Die Frage, ob das bestehende Verteilungssystem einer Veränderung bedarf, wird so lange gestellt und bejaht werden, wie zwischen den eingesetzten Produktionsfaktoren keine ausgewogene Ergebnisverteilung gewährleistet ist. Auf welchem Wege aber eine Lösung gefunden werden kann, bleibt politische Streitfrage. Kann es überhaupt im kapitalistisch geprägten System der Sozialen Marktwirtschaft eine Verteilungsgerechtigkeit geben? Vertreter aller Spielarten des Sozialismus und des marxistischen Kommunismus sehen eine Möglichkeit nur in der Systemüberwindung, da sie den "Kapitalismus" als Ursache jeglichen Übels betrachten.

Die Vertreter der BPvA aber meinen, mit dem Abbau der reinen "Lohnabhängigkeit" der Arbeitnehmer über individuellen Produktionsmittelbesitz auch eine Verteilungsgerechtigkeit schaffen zu können, die zudem noch konjunkturneutral und systemkonform zu erreichen sei.

Bis heute lehnt der Deutsche Gewerkschaftsbund die individuelle Gewinn- und Kapitalbeteiligung aber ab[1], die Koalitionsparteien der Regierung haben sich noch nicht geeinigt, neigen aber einem Fondsmodell zu[2].

---

1) Vgl. dazu:
DGB, Ablehnung betrieblicher Mitarbeiter-Beteiligung, in (16) Nr. 216, S.5 ff. und
Küller (445) bis (447)

2) Vgl. dazu:
Industriemagazin (392); "Letzter Anlauf" in: (468) S.11; Beratung Jahreswirtschaftsbericht 1977 im Bundestag (186)

4.6 Die Interdependenz der Probleme im Unternehmen und ihrer Lösungsansätze

Steht das Individuum als arbeitender Mensch im Mittelpunkt der Reformbestrebungen im Unternehmen, so kann weder eine Hierarchie einzelner wichtiger oder weniger wichtiger Probleme aufgestellt werden, noch kann es einen absolut richtigen und damit allgemein verbindlichen Lösungsansatz geben: Die subjektive Gebundenheit der Grundwertinterpretation läßt bei der Bejahung individueller Freiheit nur pluralistisch geprägte Ordnungsprinzipien - auch im Unternehmen - zu.

Zwar spricht Maslow von einer "Bedürfnishierarchie", dennoch können daraus auf normativem oder empirischem Weg kaum hierarchisch aufgebaute Ordnungssysteme im Sinne des mehr oder weniger Guten, Gerechten oder Richtigen usw. abgeleitet werden, da jedes Individuum auf einer anderen Stufe der Maslow'schen Hierarchie sich befindet und damit auch individuell - subjektiv ausgerichtete Interessen und Bedürfnisse hat.

Wenn aber das Problemfeld Unternehmen und die darin zentralen Probleme Macht und Herrschaft, Individual- und Organisationsinteressen und schließlich der materielle Verteilungskonflikt - wie in den vorigen Kapiteln ausgeführt - schon ein interdependentes Feld darstellen, kann die These aufgestellt werden, daß am ehesten auch ein Ordnungsmodell für das Unternehmen die Konflikte regeln kann, das nicht mit einem einzigen Ansatzpunkt, sondern mit einem in sich abgestimmten Bündel von Ordnungsstrukturen arbeitet.

Zwei solcher multifunktional ausgerichteter Modelle sollen deshalb in den folgenden Kapiteln untersucht werden. Allerdings kann es sich dabei nicht um eine Effizienz-Analyse handeln, sondern es geht primär um den ihnen zugrunde liegenden demokratie-theoretischen Ansatz und um die interdependenten Strukturen der Reformmodelle.

5. Der Sozialverband Unternehmen in der Theorie

5.1 Die Grundkonzeption

Was der rheinische Katholikenführer, Peter Franz Reichensperger, in seinem grundlegenden Werk zur gesellschaftlichen Neuordnung unter dem heute einseitig klingenden Titel "Die Agrarfrage"[1] 1847 gefordert hat, scheint derzeit aktueller denn je: Gelingt es, Kapital und Arbeit "in ein gerechteres gegenseitiges Verhältnis zueinander" zu bringen, werde damit "eine der bedeutungsvollsten sozialen Aufgaben der Gegenwart wenigstens teilweise gelöst"[2].

Aber nicht erst in der vorrevolutionären Zeit der Mitte des 19. Jahrhunderts, schon Jahrzehnte früher, als die einsetzende Industrialisierung in Deutschland die alten sozialen Bindungen und Schichtungen aufzulösen begann, forderte 1819 der Wiener Staatsphilosoph Adam Müller, "demjenigen Teil der Nation, welcher durch unser Geld- und Fabriksystem die Wurzel seines Daseins verloren hat und der gleichsam als Taglöhner, als heimatloser Einlieger oder vergänglicher Mietsmann, hors de la loi, außer den eigentlich bleibenden Umkreis des Staates gestellt worden ist, nicht bloß zu einem Kapital, sondern zu einem Zustande (état), in natura zu verhelfen"[3].

Es geht also darum, genauso wie im staatlichen Bereich, aus den "Wirtschaftsuntertanen", wie Friedrich Naumann die weitgehend arbeitslosen Arbeitnehmer nannte, Wirtschaftsbürger werden zu lassen. Die Konzeptionen dafür sind zwar in ihrem Ansatz und dessen Begründung zeitgeprägt, durchgängig bleibt aber der rote Faden - soweit es sich um pluralistisch geprägte

---

1) Peter Franz Reichensperger (614a)
2) Reichensperger (614a) S.253, zit. n. Burgbacher (147) S.9
3) Adam Müller (531a) S.131, zit. n. Burgbacher (147) S.7

Formen handelt - nämlich die Vorstellung, daß alle, die als Produktionsfaktoren irgendeine Leistung ins Unternehmen einbringen, dafür nicht nur gleichberechtigt entschädigt werden, sondern als Menschen auch eine Gemeinschaft im soziologischen Sinn bilden mit gemeinsamen, aber auch individuellen Zielen und Interessen, egal ob die Organisation Unternehmen mit Begriffen wie Produktionsgenossenschaft, Sozialisierung, Partnerschaft oder Sozialverband belegt wird.

Diese Tradition ist für die Theorie des Sozialverbandes ebenso prägend, wie der zu ordnende Gegenstand Unternehmen selbst: Über zwei Jahrhunderte gewachsene sozialethische Wertvorstellungen zur Ordnung der Subsysteme in der Industriegesellschaft können nämlich durch erfahrungswissenschaftliche Erkenntnisse verstärkt, abgeschwächt oder ganz negiert werden. Nimmt man die eingangs aufgestellte Prämisse der Systemkonformität mit den Makroordnungen (Sozialer Rechtsstaat und Soziale Marktwirtschaft) und die Orientierung an sozialwissenschaftlichen Erkenntnissen und Einflüssen hinzu, so wird deutlich, daß das Modell "Sozialverband" sich in bezug auf die normative Orientierung (zumindest) tripolar ausgerichtet hat, wie es folgendes Schaubild zeigt:

Schaubild 5.1

Sozialverband Unternehmen im Bezugsfeld

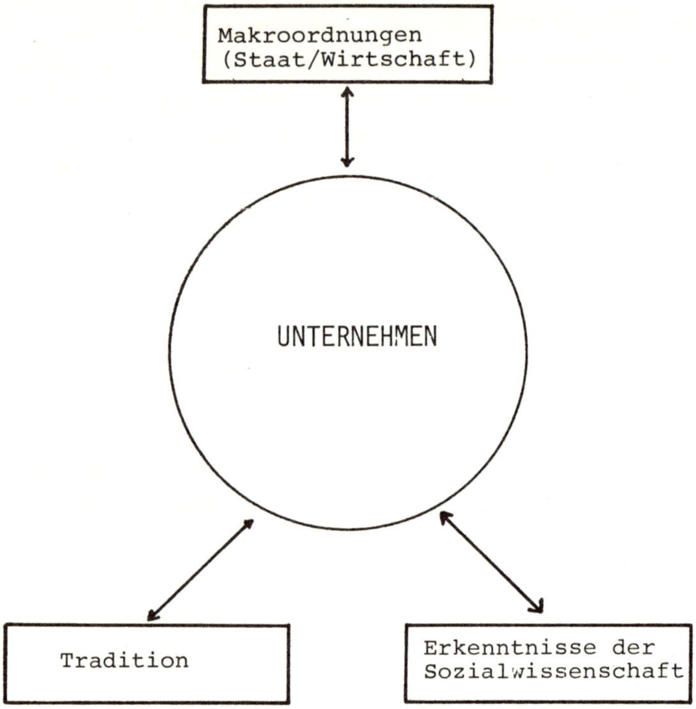

Ebenso zeigt sich die Zielsetzung der Organisation Unternehmen im sozialverbandlichen Verständnis nicht monolithisch orientiert: Das Doppelziel Produktion/ Verteilung und Gewinnerwirtschaftung des Unternehmens insgesamt steht nicht vorrangig, sondern gleichrangig neben den Individualinteressen und -zielen der Menschen als Organisationsmitglieder. Dabei wird allerdings vorausgesetzt, daß ein alle Mitglieder umfassendes Interesse am weiteren Bestand und an der Aufgabenerfüllung des Unternehmens gleichsam als Minimalkonsens vorhanden sein muß.

Aus dieser pluralistischen Zielsetzung ergeben sich die notwendigen Arbeitsprinzipien und -methoden: Nicht eine Maßnahme allein kann - z.B. etwa die Vergesellschaftung der Produktionsmittel - die Interessenkonflikte lösen, sondern es bedarf vielmehr eines Bündels zielkonformer Strategien, Methoden und Mittel, deren

Interdependenzen mit zu berücksichtigen sind. Im wesentlichen handelt es sich um folgendes Ziel-Mittel-Verhältnis:

Ziele:

1) Transparente, sachgerechte, legitimierte und kontrollierte Herrschaftsstrukturen;
2) sozial geprägte Organisationsstrukturen mit autoritätsbegründeter und allseits anerkannter Hierarchie;
3) materielle Gleichberechtigung aller Produktionsfaktoren;
4) humane Arbeitsplätze und -methoden.

Auch wenn die einzelnen Methoden zur Erreichung dieser genannten vier Ziele in einem interdependenten Verhältnis zueinander stehen und deshalb nicht losgelöst voneinander betrachtet werden können, lassen sie sich dennoch - wenigstens in ihrem Schwerpunkt - den einzelnen Zielen zuordnen:

1) Mitbestimmung auf allen drei mikroökonomischen Ebenen im Sinne von "checks and balance of power";
2) Organisationsentwicklung (OE);
3) Gewinn- und Kapitalbeteiligung für Arbeitnehmer;
4) Humanisierung der Arbeitswelt.

Darüber hinaus sind selbstverständlich weitere strukturbestimmende Faktoren für die Organisation Unternehmen zu berücksichtigen wie Gesamtgesellschaft, Staat und Umwelt, Lieferanten und Verbraucher, Arbeitgeber und Arbeitnehmerverbände - um nur die wichtigsten davon zu nennen; diese Vernetzungen werden im Schaubild 5.2 (auf der folgenden Seite) gezeigt.[1] Diese Beziehungen sind - soweit sie nicht rein wirtschaftlich ausgerichtet sind - in ihren wechselseitigen Auswirkungen noch kaum erforscht. Erste Ansätze dazu sind die sogenannten "Sozialbilanzen" von Unternehmen.[2]

---

1) Vgl. dazu von Voss (784) S.9-31
2) Vgl. dazu Dierkes (225)

Schaubild 5.2

Ordnungspolitischer Rahmen des Unternehmensrechts[1]

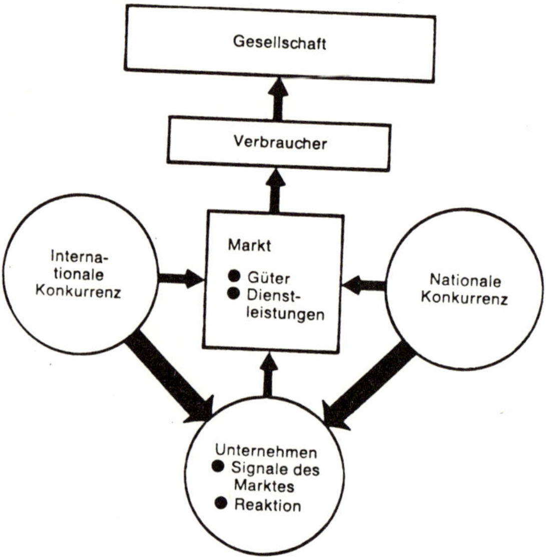

Quelle: v. Voss (784) S. 29

Aber auch die einzelnen Mitglieder stehen natürlich in einem großen Beziehungsfeld ihrer informellen Gruppen wie Familie, Vereine, Verbände und viele andere mehr. Faßt man die drei Bereiche der normativen Orientierung, der Zielsetzung und der Realisierung mit bestimmten Methoden und Mitteln zusammen, läßt sich der "Sozialverband" verstehen als ein mikroökonomisches Modell für die Organisation Unternehmen mit pluralistisch geprägten Strukturen.

Die kürzeste und zugleich umfassendste Definition für einen solcherart verstandenen Sozialverband hat

---

1) Quelle: v. Voss (784) S.23

die AGP[1] entwickelt für ihr Verständnis von Partnerschaft im Unternehmen:
"Betriebliche Partnerschaft ist eine vertraglich vereinbarte Form der Zusammenarbeit zwischen Unternehmensleitung und Mitarbeitern. Sie soll allen Beteiligten ein Höchstmaß an Selbstentfaltung ermöglichen und durch verschiedene Formen der Mitwirkung und Mitbestimmung bei entsprechender Mitverantwortung einer Fremdbestimmung entgegenwirken. Notwendiger Bestandteil dieser Partnerschaft ist die Beteiligung der Mitarbeiter am gemeinsam erwirtschafteten Erfolg, am Kapital des Unternehmens oder an beidem."[2]

Gerade dieses vielschichtige und zugleich multipolare Verständnis des Unternehmens führt einerseits zu der kaum überwindbaren Schwierigkeit, auch nur die wichtigsten Spektren in ihrer Interdependenz gleichzeitig in einem Modell zu erfassen, andererseits führt es leicht dazu, in einem monokausalen Denken nach dem Primärfaktor zu suchen und diesen in die jeweils durch eine Ideologie vorgezeichnete Richtung zu verändern, wie es z.B. im Liberalismus oder marxistischen Kommunismus[3] geschieht. Insofern kann neben diesen letztlich totalitär geprägten Ansätzen der Sozialverband als dritter Weg[4] mit einer anderen Ordnungsqualität verstanden werden, da er statt monistisch pluralistisch geprägt ist.

---

1) Die AGP (Arbeitsgemeinschaft zur Förderung der Partnerschaft in der Wirtschaft e.V.) setzt sich zusammen aus Unternehmern, Arbeitnehmervertretern und Wissenschaftlern und arbeitet seit knapp drei Jahrzehnten daran, die Idee des Sozialverbandes zu realisieren.
Vgl. AGP - Mitteilungen (16)
2) Paragraph 3 der Vereinssatzung
3) Vgl. dazu Bühl (103) S.16 ff.
4) Von dem Begriff "dritter Weg" sprechen die unterschiedlichst orientierten Wirtschaftler bzw. Verbände: der Sozialist Ota Šik (691a) ebenso wie die CDU (152) S.19

Auch wenn die Partnerschaftsbewegung in der Bundesrepublik Deutschland eine sehr umfassende Vorstellung von ihrem Ordnungsmodell entwickelt hat, die teilweise dem Modell "Sozialverband" gleichkommt, können beide Begriffe nicht von vorn herein gleichgesetzt werden, denn zu viele Inhalte werden unter dem Begriff "Partnerschaft" subsumiert:

Gerade bei den Modellen der Partnerschaftsvertreter, die verbandsmäßig (z.B. in der AGP) organisiert sind, läßt sich deutlich erkennen, daß diese, auch wenn sie alle der gleichen Definition von Partnerschaft verpflichtet sind, trotzdem sehr individuelle Ausprägungen haben.[1)]

Daneben verwendet die katholische Soziallehre[2)] den Begriff Partnerschaft ebenso wie die CDU in ihrem Berliner Programm[3)]. Schließlich wird auch im gesamtwirtschaftlichen Bereich von der "Sozialpartnerschaft" der Rarifparteien[4)] (Arbeitgeber und Gewerkschaften) gesprochen.

Da also der Begriff der Partnerschaft weder in der Theorie noch in der Praxis eindeutig abgrenzbar ist, scheint er als Grundlage für die Arbeitshypothese ungeeignet. Deshalb wird in dieser Arbeit stattdessen der noch nicht mit unterschiedlichen Inhalten gefüllte Begriff "Sozialverband" verwendet.

Im folgenden werden nun drei Theorieansätze skizziert, die eine unterschiedliche Ausformulierung aufweisen: Während katholische Soziallehre und CDU nur davon sprechen,

---

1) Vgl. Esser/Faltlhauser (248), außerdem die Modellbeschreibungen in der Mitgliederzeitschrift der AGP (16).
2) Die katholische Soziallehre verwendet in ihren Verlautbarungen den Begriff Partnerschaft sehr selten, u.a. deshalb, weil er ein typisch deutscher Begriff ist; dennoch ist er u.a. an zwei zentralen Stellen zu finden:
- Mater et magistra Ziff. 97, (406b) S. 227
- Octogesima adveniens Ziff. 47 (406b) S. 517
Nicht zu verwechseln damit ist der in den lateinischen Urtexten öfter verwendete Begriff "participatio", der in einem viel umfassenderen Sinn als Partnerschaft zu verstehen ist. (Vgl. Ausführungen dazu unten.)
3) CDU-Programme (152) S. 63 ff.
4) Der Begriff "Sozialpartnerschaft" wird oft für die im Grundrechtskatalog des Grundgesetzes (Art. 9, Abs. 3) verankerte Tarifautonomie verwendet.

welche Ziele erreicht und welche Prinzipien dabei verwirklicht werden sollen, geht die Katholische Arbeitnehmerbewegung (KAB) einen Schritt weiter und setzt Werte, Ziele und Prinzipien in ein konkretes Modell für die Praxis um.

Die von der Bundesregierung 1972 eingesetzte "Unternehmensrechtskommission" hat zwar am 10.11.1977 ihre Arbeit abgeschlossen und darauf einen über tausend Seiten umfassenden Bericht vorgelegt, aber sie hat keine Thesen oder Leitsätze zu einem neuen Unternehmensrecht verfaßt, gemeinsame Auffassungen der Kommissionsmitglieder wurden nur ausnahmsweise vertreten. Vielmehr "beschränkt sich der Bericht darauf, die unternehmensrechtlic wesentlichen Fragen herauszuarbeiten, Möglichkeiten zur Lösung dieser Fragen aufzuzeigen und die Gesichtspunkte und Argumente gegenüberzustellen, die für oder gegen die jeweiligen Lösungsmöglichkeiten vorgebracht worden sind"[1].

So kann auch dieser Bericht wie die meisten seiner Vorgänger[2] zwar als Zusammenstellung wichtiger Argumente und Positionen der gesellschaftlich relevanten Gruppierungen in der politischen Diskussion wertvolle Dienste leisten, er sagt aber nichts aus über die Position der Bundesregierung oder der sozial-liberalen Koalition. Notwendig wären, wie die Kommission selbst feststellt, "politische Entscheidungen", da es "vielfältige Möglichkeiten für die Ausgestaltung eines Unternehmensrechts gibt"[3]. Hierzu muß die politische Diskussion des Berichts erst einmal abgewartet werden.

Somit verbleiben derzeit die drei oben genannten Ansätze zum Sozialverband Unternehmen, die im folgenden Kapitel dargestellt und analysiert werden.

---

1) Am 18.12.1979 hat der Bundesminister der Justiz in der Informationsschrift "recht" (138b) die Vorlage des Berichts bekannt gegeben; vgl. S. 2.
Der Bericht selbst ist erst 1980 - also nach Fertigstellung des Manuskriptes dieser Arbeit - erschienen und konnte deshalb nicht analysiert werden; vgl. (138a).

2) recht (138a) S. 2

3) Vgl. Mitbestimmungskommission (187) und das Gutachten der Kommission für wirtschaftlichen und sozialen Wandel (430).

5.2 Leitsätze der christlichen Gesellschaftslehre zur Wirtschaftsordnung

5.21 Zur Funktion der christlichen Gesellschaftslehre

"Päpste und Bischöfe üben das kirchliche Lehramt aus, der Papst und die zum Konzil versammelten Bischöfe für die Gesamtkirche, die einzelnen Bischöfe für ihre Diözesen, in begrenztem Umfang auch die zu Bischofskonferenzen zusammengetretenen Bischöfe eines Landes oder Sprachbereichs für ihr jeweiliges Gebiet. Das gilt wie für die gesamte Glaubens- und Sittenlehre so auch für die Soziallehre, d.i. die Lehre darüber, wie wir unser Zusammenleben in der menschlichen Gesellschaft verstehen, einzurichten und zu ordnen und wie wir uns als große oder kleine gesellschaftliche Gruppen, aber auch als einzelne in der Gesellschaft zu verhalten haben."[1)]

Dabei sind die verschiedenen Aussagen der Träger des Lehramtes in der katholischen Kirche zur Soziallehre gleichermaßen gültig, seien sie nun in Enzykliken oder Briefen, Rundfunkansprachen oder öffentlichen Reden geäußert worden. Sie sind sowohl aus der christlichen Glaubens- und Sittenlehre abgeleitete Ordnungsprinzipien für das richtige Verhalten in der Gesellschaft[2)] als auch einzelne Anregungen zur Lösung konkreter Probleme im jeweiligen Zeitpunkt der Aussagen.

Deshalb stellen gerade diese vom kirchlichen Lehramt geäußerten Meinungen zu Ordnungsfragen in der Gesellschaft neben den Kernaussagen der Heiligen Schrift das Fundament für eine christlich geprägte Ordnung der Gesellschaft dar. Dabei ist zu berücksichtigen, daß es sich bei einer auf einzelne Lehraussagen gründenden Soziallehre um kein geschlossenes und für alle Zeiten absolut gültiges Gedankengebäude handeln kann. Vielmehr antwortet das kirch-

---

1) Nell-Breuning (406b) S. 9
Hier wird der Begriff "Christliche Gesellschaftslehre" synonym verwendet mit "katholischer Soziallehre", was in der Wissenschaft üblich ist, wie der Titel von Höffners Grundwerk zeigt (367a), auch wenn im folgenden nur die Position der katholischen Kirche skizziert wird.

2) Vgl. dazu: Höffner (367a) S. 21-25
Nell-Breuning (551b) S. 11-31

liche Lehramt, ebenso wie einzelne Wissenschaftler der christlichen Soziallehre[1], in der Regel auf Herausforderungen in zeitgeschichtlichen Entwicklungen und zwar immer dann, wenn sie durch gesellschaftliche Strömungen oder politische Maßnahmen Fundamente des Christentums in Frage gestellt oder gefährdet sieht.

Aus dieser Zeitgebundenheit ergeben sich für spätere Interpretationen recht unterschiedliche Gewichtungen der einzelnen Aussagen. Dennoch weiß sich die katholische Kirche immer der Tradition verpflichtet, so daß sich Positionsveränderungen als Reaktion auf gesellschaftliche Wandlungen nur langsam vollziehen. Diese Veränderungen können jedoch grundlegender Natur sein, sind also mehr als nur Randerscheinungen.[2]

Will man nun zu einer aktuellen ordnungspolitischen Frage die Position der christlichen Soziallehre ermitteln, muß also der gesamte Katalog kirchlicher Lehraussagen herangezogen werden, womit Auswahl, Gewichtung und Interpretation solcher Lehrmeinungen nur als eine subjektiv geprägte Position betrachtet werden kann.

Dennoch lassen sich in der Tradition kirchlicher Soziallehre gewisse Grundlinien verfolgen, die in den verschiedensten Reden und Schriften kirchlicher Lehre aufgenommen sind: Der Mensch als Bezugspunkt der ganzen Schöpfung Gottes, die zentrale Funktion der menschlichen Arbeit und der Institution Eigentum haben sich prinzipiell nicht verändert, wohl aber differieren die Interpretationen allgemeiner kirchlicher Aussagen in Bezug auf die Ordnung

---

1) So z.B. leitet Oswald von Nell-Breuning, wegen seiner umfangreichen Arbeiten gern als "Nestor der katholischen Soziallehre" bezeichnet,"seine Soziallehre..nicht aus theologischen Überlegungen ab, was zur Folge hätte, daß diese Soziallehre nur von denen verstanden und akzeptiert werden könnte, die seine theologischen Überzeugungen teilen. Nell-Breuning sieht sich (vielmehr) von praktischen gesellschaftlichen Problemstellungen herausgefordert und entwickelt aus der Analyse der Situation seine sozialphilosophische Theorie mit dem Ziel, dadurch einen theoretischen Beitrag zur Lösung praktischer Fragen zu leisten." (680a) S. 11

2) Vgl. dazu u.a. Höffner (367a) und Nell-Breuning in KAB (406b) S. 9-30

und Gestaltung der Gesellschaft oder deren Subsystemen zu einem konkreten Zeitpunkt oder - da die katholische Kirche universal arbeitet - in einem konkreten Staat.[1)]

Als Grundlage der neueren christlichen Soziallehre wird bis heute die von Papst Leo XIII. im Jahr 1891 verkündete Sozialenzyklika "Rerum novarum" betrachtet: hat sie doch "die Reihe der Sozialenzykliken eröffnet und wirkte damit bahnbrechend; das sichert ihr ein für alle mal einen einzigartigen Platz: im Vergleich dazu sind alle späteren Verlautbarungen nur Ergänzungen und Nachträge".[2)]

Diese Enzyklika fußt ihrerseits auf vielen theoretischen Überlegungen, politischen Forderungen und praktischen Erfahrungen einer Reihe von Trägern der christlich-sozialen Bewegung, die sich für die Sorgen und Nöte der Arbeiterschaft schon in der Anfangsphase der Industrialisierung im Bereich des ehemaligen deutschen Reiches einsetzten. Zu nennen sind hier Ritter von Buß, Adam Müller und Peter Franz Reichensperger, später Adolf Kolping, Bischof Ketteler und Franz Hitze.[3)]

Gerade das vielseitige Engagement der christlich-sozialen Bewegung im deutschsprachigen Raum prägte die Sozialenzyklika Leos XIII. ebenso wie die Verlautbarungen seiner Nachfolger.

Grundlegende Aussagen des kirchlichen Lehramtes zur Ordnung von Wirtschaft und Unternehmen finden sich in

---

1) Daraus werden die - teilweise beträchtlichen - Meinungsunterschiede der einzelnen Richtungen in der katholischen Soziallehre verständlich, wie sie zwischen namhaften Wissenschaftlern wie z.B. Gustav Gundlach, Franz Klüber, Edgar Nawroth, Oswald von Nell-Breuning, Anton Rauscher, Hermann J. Wallraff und Wilhelm Weber bestehen. Aufgrund der hier gebotenen Beschränkung orientiert sich die Darstellung der Grundzüge der christlichen Gesellschaftslehre im wesentlichen an der von Nell-Breuning vertretenen Position.

2) Nell-Breuning (551b) S. 46

3) Vgl. dazu: Budde (101) und (102) sowie Reichensperger (614a)

folgenden Sozialenzykliken:[1]
- Rerum novarum (RN) von 1891, Leo XIII.
- Quadragesimo anno (QA) von 1941, Pius XI.
- Mater et magistra (MM) von 1961, Johannes XXIII.
- Pacem in terris (PT) von 1963, Johannes XXIII.
- Populorum progressio (PP) von 1967, Paul VI.

Eine besondere Stellung nimmt die Pastoralkonstitution "Gaudium et spes" des 2. Vatikanischen Konzils von 1965 ein. Zur Arbeiterfrage gab auch die gemeinsame Synode der Bistümer in der Bundesrepublik Deutschland eine wichtige Erklärung ab als Beschluß Nr. 7 mit dem Titel "Kirche und Arbeiterschaft".[2]

Da die gleichen Themen in den lehramtlichen Verlautbarungen immer wieder auftauchen, allerdings mit zeitbedingt unterschiedlichen Gewichtungen, werden sie im folgenden Abschnitt nicht in der zeitlichen Reihenfolge, sondern nach thematischen Schwerpunkten wiedergegeben.

5.22 Positionen der christlichen Soziallehre im Problemfeld "Unternehmen und Betrieb"

5.221 Der Mensch als zentraler Orientierungspunkt

Im Zentrum der christlichen Soziallehre steht immer der Mensch, auf ihn ist alles auszurichten, wie es Papst Johannes XXIII. in "Mater et magistra" fordert:"Nach dem obersten Grundsatz dieser Lehre muß der Mensch der Träger, Schöpfer und das Ziel aller gesellschaftlichen Einrichtungen sein. Und zwar der Mensch, sofern er von Natur aus auf Mit-sein angelegt und zugleich zu einer höheren Ordnung berufen ist, die die Natur übersteigt und diese zugleich überwindet."[3]

---

1) Die wesentlichen kirchlichen Verlautbarungen (Sozialenzykliken u.a.) sind abgedruckt in der KAB-Ausgabe (406b) und von Nell-Breuning erläutert (551b); vgl. außerdem Schasching (647).
Außerdem vgl. u.a. die Gesamtausgaben der Werke einzelner Päpste bzw. des Konzils und der Synoden: Pius XII: Utz-Groner (743a); Paul VI: Krämer (432a)
2. Vatikanum: Rahner/Vorgrimler (603); Deutsche Synode (302a).

2) Vgl. (302a) S. 313ff.

3) Mater et magistra 219 (406b) S. 259

Pius XI. verpflichtet den Staat dazu, sein Handeln auf die menschliche Persönlichkeit auszurichten: " Den unantastbaren Lebenskreis der Pflichten und Rechte der menschlichen Persönlichkeit zu schützen und seine Verwirklichung zu erleichtern, ist wesentliche Aufgabe jeder öffentlichen Gewalt. Dies ist der eigentliche Sinn des von ihr zu wahrenden 'Gemeinwohls'." [1] Diese Forderung wird durch das 2. Vatikanum wieder aufgenommen und weiter ausgeführt: "Die gesellschaftliche Ordnung und ihre Entwicklung müssen sich dauernd am Wohl der Person orientieren; denn die Ordnung der Dinge muß der Ordnung der Person dienstbar werden und nicht umgekehrt."[2]

Von dieser personellen Betrachtung des Menschen leitet Nell-Breuning seine gesamte Sozialphilosophie ab, die somit "die Entfaltung eines personalistischen Menschenbildes darstellt"[3]. Seine Sozialphilosophie kann deshalb von dem anthropologischen Ansatz her entwickelt werden, "weil 'Person' für ihn kein e i n -facher, sondern ein z w e i - facher Begriff ist. 'Personalität' heißt für Nell-Breuning, daß der Mensch Einzelwesen und Gemeinschaftswesen ist und daß er nur durch eine Zuordnung von 'individualitas' und 'socialitas' charakterisiert werden kann, die das eine dem anderen nicht unterordnet."[4] Dabei sind beide Ausprägungen, die individuale und die soziale, originär und stehen in einem unauflösbaren Spannungsverhältnis zueinander. Daraus folgt, daß jeder einseitige Individualismus und Kollektivismus in Widerspruch steht zu dem personalen Menschenbild aus christlicher Sicht.[5]

---

1) Pfingstbotschaft 1941 (406 b) S. 159
Dieser Gedanke ist auch im Artikel 1 Grundgesetz verankert.

2) Gaudium et spes Ziff. 26 (406 b) S. 344
Vgl. dazu Rahner/Vorgrimler (603) S. 423 ff.

3) Schwaderlapp (680 a) S. 25

4) Schwaderlapp (680 a) S. 25 vgl. dazu:
Nell-Breuning in Rauscher (613) S. 19-32

5) Gegen den Individualismus, ausgeprägt in Liberalkapitalismus des 19. Jahrhundert, und den Kollektivismus im marxistischen Sozialismus wendet sich schon Leo XIII. im "Rerum novarum".

Die Wechselbeziehung zwischen Mensch und Gemeinschaft stellt also in keiner Richtung ein hierarchisches Verhältnis dar; beide, Mensch und Gesellschaft, sind gleichermaßen auf einander zugeordnet, sie stehen in einem Verhältnis von "Bindung und Rückbindung"[1].

5.222 Solidarität und Subsidiarität als Baugesetze der Gesellschaft

Die Wechselbeziehungen zwischen Mensch und Gemeinschaft sind durch die beiden grundlegenden "Baugesetze der Gesellschaft", das Solidaritäts- und das Subsidiaritätsprinzip geregelt.
Das umfassende Solidaritätsprinzip fordert die "gegenseitige Verantwortung"[2] von Mensch und Gemeinschaft und erhält mit dem Subsidiaritätsprinzip - von Nell-Breuning mit "hilfreicher Beistand"[3] übersetzt - ein Regelsystem für die Ausgestaltung in der Praxis: letzteres Prinzip nämlich legt fest, wer wann und wie die Verantwortung für das Wohlergehen jedes einzelnen Menschen zu tragen hat.

Damit der individuale Mensch durch seine Sozialbindungen in der Gesellschaft nicht unter die Planung und den Machteinfluß zentraler gesellschaftlicher Instanzen gerät, ist das "Subsidiaritätsprinzip" für das personale Menschenbild unverzichtlich:
"Wie dasjenige, was der Einzelmensch aus eigener Initiative und mit seinen eigenen Kräften leisten kann, ihm nicht entzogen und der Gesellschaftstätigkeit zugewiesen werden darf, so verstößt es gegen die Gerechtigkeit, das was die kleineren und untergeordneten Gemeinwesen leisten und zum guten Ende führen können, für die weitere und übergeordnete Gemeinschaft in Anspruch zu nehmen; zugleich ist es überaus nachteilig und verwirrt die rechte Ordnung. Jedwede Gesellschaftstätig-

1) Nell-Breuning zit. n. Schwaderlapp (680 a) S. 33
2) Nell-Breuning zit. n. Schwaderlapp (680 a) S. 33 f.
3) Nell-Breuning zit. n. Schwaderlapp (680 a) S. 34

keit ist ja ihrem Wesen nach subsidiär; sie soll die Glieder des Sozialkörpers unterstützen, darf sie aber niemals zerschlagen oder aufsaugen".[1]

Dieses Grundprinzip verweist Staat und Gesellschaft jedoch nicht in die Rolle eines "Nachtwächterstaates", in dem die einzelnen Individuen weitestgehend sich selbst überlassen sind, sondern fordert eine jeden einzelnen Menschen unterstützende Tätigkeit der Gesellschaft, dies aber eben nur so weit, wie die Unterstützung nicht in eine Bevormundung der Unterstützten umschlägt. Schließlich hat auch die subsidiäre Tätigkeit ihre Funktion in der Entfaltung der einzelnen Person.

Diese beiden Grundregeln der Solidarität und Subsidiarität gelten nicht nur in dem Verhältnis Mensch und Gesellschaft, sondern auch für alle Beziehungen zwischen den Individuen und den Subsystemen der Gesellschaft.[2] Damit sind diese Baugesetze auch für die Ordnung in der Wirtschaft und dem Unternehmen anzuwenden: "Auch im Wirtschaftsleben sind die Würde der menschlichen Person und ihre ungeschmälerte Berufung wie auch das Wohl der gesamten Gesellschaft zu achten und zu fördern, ist doch der Mensch Urheber, Mittelpunkt und Ziel aller Wirtschaft."[3]

5.223 Die Institution "Eigentum"

Die Eigentumslehre hat in der christlichen Gesellschaftslehre einen breiten Raum: Nutzung und Besitz von Eigentum sind für den Menschen von grundlegender Bedeutung. So kann schon Leo XIII. vor seiner ersten Sozialenzyklika "Rerum novarum" auf eine lange Tradition christlicher Eigentumslehre zurückblicken; die Sozialenzykliken nehmen diese Lehre auf und interpretieren die spezielle

---

1) Quadragesimo anno, 79 (406 b) S. 121 und Mater et magistra, 53 (406 b) S. 214 f; vgl. auch Pacem in terris, 140 (406 b) S. 309 f.
2) Vgl. Schwaderlapp (680 a) S. 32 ff. und Nell-Breuning (551), (551 b).
3) Gaudium et spes 63, (406 b) S. 384

Auffassung zum Eigentum aus christlicher Sicht im Unterschied zu Liberalismus und Kommunismus. So kann schließlich die Eigentumslehre Nell-Breunings sowohl auf Thomas von Aquin als auch auf "Rerum novarum" und "Quadragesimo anno" aufbauen.
Zwei zentrale Aspekte des Eigentums sind danach zu unterscheiden:"1. das grundsätzliche Verhältnis des Menschen zu den Sachgütern ('usus') als metaphysisch-ethische Angelegenheit; 2. die zwischenmenschlichen Beziehungen zur Herstellung einer Ordnung für die Nutzung der Sachgüter innerhalb einer Gemeinschaft ('potestas procurandi et dispensandi') als soziologisch-juridische Angelegenheit." [1] Dabei ist der Gebrauch oder die Nutzung der Erdengüter für alle Menschen bestimmt, alle Menschen haben ein Recht auf Eigentum - ein Naturrecht: "Aber, was schwerer wiegt, das von den Sozialisten empfohlene Heilmittel der Gesellschaft ist offenbar der Gerechtigkeit zuwider, denn das Recht zum Besitze privaten Eigentums hat der Mensch von der Natur erhalten." [2]

Dabei ist dieses Naturrecht "die vor allem Eigentumsrecht liegende, nicht rechtlich, sondern metaphysisch begründete Herrschaft des Menschen ... über die Erdengüter", denn Eigentum kann"kein Rechtsverhältnis zwischen Mensch und Sache sein, sondern ist notwendig ein zwischenmenschliches ... in bezug auf die Sachenwelt". [3]

Dieses allgemeine Recht des Gemeingebrauchs enthält aber noch kein spezielles Recht, mit persönlichem Eigentum beliebig umzugehen, da der im Naturrecht begründete Gemeingebrauch nur den Rahmen für eine Eigentumsordnung absteckt, letztere aber nicht selbst darstellen kann.

---

1) Schwaderlapp (680 a) S. 62 vgl. auch: Thomas von Aquin, Summa Theologica, II-II, q. 66, a. 2.
2) Rerum novarum 4, (406 b) S. 33
3) Nell-Breuning in (613) S. 278

Die im Naturrecht gründende Lehre vom Eigentum wird von den grundlegenden kirchlichen Lehräußerungen immer wieder hervorgehoben: "Es ergibt sich hieraus wieder, daß privater Besitz vollkommen eine Forderung der Natur ist. Die Erde spendet zwar in großer Fülle das, was zur Erhaltung und zumal zur Vervollkommnung des irdischen Daseins nötig ist; aber sie kann es nicht aus sich spenden, d.h. nicht ohne Bearbeitung und Pflege durch den Menschen." [1] Die Kirche begnügt sich aber nicht mit der Eigentumstheorie, sondern fordert immer wieder, praktische Konsequenzen daraus abzuleiten, nämlich durch Umverteilung der Erdengüter zu einem gerechteren Verhältnis zu kommen: "Es genügt jedoch nicht, nur das naturgegebene Recht auf Privateigentum, auch an Produktionsmitteln, zu betonen. Mit gleichem Nachdruck muß alles unternommen werden, damit alle Kreise der Bevölkerung in den Genuß dieses Rechtes gelangen... Breitere Streuung des Eigentums ist, wenn jemals, so heute ganz besonders geboten." [2]

Immer wieder wird diese Auffassung mit dem im Naturrecht gründenden Gemeingebrauch des Eigentums untermauert; ganz direkt geht die Mahnung an die Reichen - unter Berufung auf die Kirchenväter -,welche Haltung sie "gegenüber den Notleidenden einzunehmen haben: 'Es ist nicht dein Gut', sagt Ambrosius, 'mit dem du dich gegen den Armen großzügig erweist. Du gibst ihm nur zurück, was ihm gehört, denn du hast nur herausgenommen, was zu gemeinsamer Nutzung gegeben sit. Die Erde ist für alle da, nicht nur für die Reichen. Das Privateigentum ist also für niemand ein unbedingtes und unumschränktes Recht. Niemand ist befugt, seinen Überfluß ausschließlich sich selbst vorzubehalten, wo andern das Notwendigste fehlt." [3]

---

1) Rerum novarum 7, (406 b) S. 35
2) Mater et magistra 113 und 115 (406 b) S. 231
3) Populorum progressio 23, (406 b) S. 444

Dies gilt für das Verhältnis zwischen Besitzenden und Nichtbesitzenden in den Entwicklungsländern ebenso wie in den Industrieländern: "Privateigentum und ein gewisses Maß an Verfügungsmacht über äußere Güter vermitteln den unbedingt nötigen Raum für eigenverantwortliche Gestaltung des persönlichen Lebens jedes einzelnen und seiner Familie; sie müssen als eine Art Verlängerung der menschlichen Freiheit betrachtet werden; auch spornen sie an zur Übernahme von Aufgaben und Verantwortung; damit zählen sie zu den Voraussetzungen staatsbürgerlicher Freiheit." [1] Dabei wird keine Eigentumsform ausgenommen: war ursprünglich der Besitz von Boden als Nutzungsfläche für Haus und Ernährung im Mittelpunkt des Interesses, so rückt heute das Produktivkapital - vor allem natürlich in den Industrieländern - in den Vordergrund: "Lange genug konnte in der Tat das Kapital ein Übermaß für sich vorwegnehmen. Das ganze Erträgnis, die ganzen Überschüsse nahm das Kapital vorweg für sich in Anspruch, dem Arbeiter kaum die Notdurft für die Erhaltung der Arbeitskraft und ihre Reproduktion übriglassend. Nach einem unwiderstehlichen Naturgesetz der Wirtschaft sollte alle Kapitalakkumulation nur beim Kapitalbesitzer stattfinden können, während das gleiche Gesetz den Arbeiter zu ewiger Proletarität und zu einem Leben an der Grenze des Existenzminimums verdamme." [2]

Gegen eine solche Eigentumsordnung mit der Konzentration des Reichtums in wenigen Händen wendet sich die christliche Soziallehre ebenso wie gegen die totale Auflösung des privaten Eigentums in Gemeineigentum, denn der "Forderung der Gemeinwohlgerechtigkeit läuft es zuwider, wenn eine Klasse der anderen jeden Anteil abspricht. Gegen dieses Gesetz versündigt sich gleicherweise eine satte Bourgeoisie, die in naiver Gedankenlosigkeit es als die natürliche und befriedigende Ordnung der Dinge ansieht, daß ihr allein alles zufällt und der Arbeiter

---

1) Gaudium et spes 71, (406 b) S. 392 f.
2) Quadragesimo anno 54, (406 b) S. 111

leer ausgeht, wie ein in seinem Recht verletztes und darob leidenschaftlich gereiztes Proletariat, das, in seinem Rechtssinn und in seiner Rechtsverfolgung einseitig geworden, nunmehr alles als vermeintlich seiner Hände Werk für sich beansprucht und daher jegliches nichterarbeitete Vermögen oder Einkommen unterschiedslos und ohne Rücksicht auf seine Bedeutung im Gesellschaftsganzen schlechthin als solches bekämpft und beseitigen will."[1)]

Daraus ist zu folgern, daß der Zugang zum Eigentum für alle Menschen offen sein soll und dies mit einer adäquaten Eigentumsordnung zu regeln ist.

5.224 Die menschliche Arbeit

Wie das Eigentum hat auch die menschliche Arbeit eine grundlegende Stellung in der christlichen Gesellschaftslehre, ja die Arbeit hat sogar eine zentrale Funktion: "Der Wert des Menschen liegt mehr in ihm selbst als in seinem Besitz. Ebenso ist alles, was die Menschen zur Erreichung einer größeren Gerechtigkeit, einer umfassenderen Brüderlichkeit und einer humaneren Ordnung der gesellschaftlichen Verflechtungen tun, wertvoller als der technische Fortschritt." [2)] Immer wieder weist das 2. Vatikanum, wie alle vorausgegangenen Sozialenzykliken, darauf hin, daß die menschliche Arbeit den Vorrang vor allen anderen Faktoren im Wirtschaftsprozeß habe: "Die in der Gütererzeugung, der Güterverteilung und in den Dienstleistungsgewerben geleistete menschliche Arbeit hat den Vorrang vor allen anderen Faktoren des wirtschaftlichen Lebens, denn diese sind nur werkzeuglicher Art.
Die Arbeit nämlich, gleichviel, ob selbständig ausgeübt oder im Lohnarbeitsverhältnis stehend, ist unmittelbarer Ausfluß der Person, die den stofflichen Dingen

1) Quadragesimo anno 57, (406 b) S. 113
2) Gaudium et spes 35, (406 b) S. 351

ihren Stempel aufprägt und sie ihrem Willen dienstbar macht. Durch seine Arbeit erhält der Mensch sein und der Seinigen Leben, tritt in tätigen Verbund mit seinen Brüdern und dient ihnen; so kann er praktische Nächstenliebe üben und seinen Beitrag zur Vollendung des Schöpfungswerkes Gottes erbringen." [1)]

Schon Rerum novarum hat die mehrfunktionale Sicht der Arbeit in der christlichen Gesellschaftslehre aufgezeigt: "Arbeiten heißt, seine Kräfte anstrengen zur Beschaffung der irdischen Bedürfnisse, besonders des notwendigen Lebensunterhaltes. 'Im Schweiße deines Angesichtes sollst du dein Brot essen.' Zwei Eigenschaften wohnen demzufolge der Arbeit inne: sie ist persönlich, insofern die betätigte Kraft und Anstrengung persönliches Gut des Arbeitenden ist; und sie ist notwendig, weil sie den Lebensunterhalt einbringen muß und eine strenge natürliche Pflicht die Erhaltung des Daseins gebietet." [2)]

Mit diesem Verständnis der Arbeit ist das Privateigentum untrennbar verbunden, es soll unmittelbares Ergebnis der menschlichen Arbeit, die ja Werke schafft, sein: " Und es soll kein Widerspruch gegen alle Gerechtigkeit sein, jenen Boden mit der Behauptung, daß Eigentum nicht bestehen dürfe, seinem Besitzer zu entziehen und dasjenige anderen zu überantworten, was der Bebauer im Schweiße seines Angesichtes geschaffen hat? Nein, wie die Wirkung ihrer Ursache folgt, so folgt die Frucht der Arbeit als rechtmäßiges Eigentum demjenigen, der die Arbeit vollzogen hat." [3)]

Selbstverständlich kann nicht jede Arbeit - vor allem in der industriellen Produktion - direkt zu Privateigentum führen. Deshalb stellt sich auch für die christliche Gesellschaftslehre die Frage nach der "gerechten" Entlohnung.

---

1) Gaudium et spes 67, (406 b) S. 388
2) Rerum novarum 34, (406 b) S. 56
3) Rerum novarum 8, (406 b) S. 36

13 ↓

Das Lohnverhältnis an sich wird nicht als ungerecht empfunden: Schon Leo XIII. hat sich in Rerum novarum ausführlich mit dessen inhaltlicher Ausgestaltung beschäftigt. Diese Position hat Pius XI. in Quadragesimo anno wieder aufgenommen und weiter ausgeführt: Aus der "der menschlichen Arbeit wesenseigenen Doppelnatur" [1), der individualen und der sozialen, leitet Pius XI. drei Kriterien für die Bewertung der menschlichen Arbeit [2) ab:

- "ein ausreichender Lohn..für seinen und seiner Familie Lebensunterhalt";
- "die Lage des Unternehmens bzw. des Unternehmers" muß berücksichtigt werden, denn "ungerecht wäre die Forderung übertriebener Löhne, die zum Zusammenbruch des Unternehmens mit allen sich daraus ergebenden bösen Folgen für die Belegschaften selbst führen müßten";
- unter Berücksichtigung "der allgemeinen Wohlfahrt" sind die Löhne so zu bemessen, "daß Arbeiter und Angestellte einen Lohn- oder Gehaltsanteil, den sie von der Lebensnotdurft erübrigen, zurücklegen können und so allmählich zu bescheidenem Wohlstand gelangen". Andererseits dürfen die Löhne aber auch nicht so hoch festgesetzt werden, daß dadurch die Unternehmen in ihrer Entwicklungsfähigkeit eingeschränkt werden und dadurch Arbeitslosigkeit entsteht. Die Lohnhöhe nämlich ist "von nicht zu unterschätzendem Einfluß: so günstige Wirkungen ihre richtige Festsetzung hat, so nachteilig kann es sich auswirken, wenn der zulässige Spielraum nach oben oder unten überschritten wird".

  Schließlich beeinflußt auch "das richtige Verhältnis der Löhne untereinander" die allgemeine Wohlfahrt, denn eng damit zusammen hängt wieder "das richtige Verhältnis der Preise für die Erzeugnisse

---

1) Quadragesimo anno 70, (406 b) S. 117
vgl. auch: QA 69, RN 34 ff (406 b) S. 56 ff.
2) siehe Quadragesimo anno 71-75, (406 b) S. 117-120

der verschiedenen Wirtschaftszweige, beispielshalber für Agrar- und Industrieprodukte".

Mit diesen Kriterien kann nur der Rahmen für eine gerechte Lohnfindung abgesteckt sein, die Lohngestaltung selbst muß den Vertragsparteien, also den Arbeitnehmern und Arbeitgebern bzw. ihren Vereinigungen überlassen bleiben.

Deutlich wird aber aus diesen Rahmenrichtlinien, daß, trotz der prinzipiellen Vorrangstellung der Arbeit gegenüber dem Eigentum, die Arbeitnehmer selbst gegenüber den Kapitalgebern nicht die gleiche Priorität wie das Prinzip Arbeit beanspruchen können: "Gerade diesen Fall hatte Leo XIII. vor Augen, wenn er schrieb: 'So wenig das Kapital ohne die Arbeit, so wenig kann die Arbeit ohne das Kapital bestehen'. Es widerstreitet daher den Tatsachen, einem der beiden, dem Kapital oder der Arbeit, die Alleinursächlichkeit an dem Ertrag ihres Zusammenwirkens zuzuschreiben; vollends widerspricht es der Gerechtigkeit, wenn der eine oder der andere Teil auf diese angebliche Alleinursächlichkeit pochend das ganze Erträgnis für sich beansprucht." [1]

Genau auf dieser Linie argumentiert auch Pius XI. in Quadragesimo anno: "Jedem soll also sein Anteil zukommen; im Ergebnis muß die Verteilung der Erdengüter, die heute durch den ungeheuren Gegensatz von wenigen Überreichen und einer unübersehbaren Masse von Eigentumslosen aufs schwerste gestört ist... wieder mit den Forderungen des Gemeinwohls bzw. der Gemeinwohlgerechtigkeit in Übereinstimmung gebracht werden." [2]

Damit ist aber nicht nur ein wichtiges Kriterium für die wirtschaftliche Ordnung genannt, sondern zugleich auch der Auftrag zur Reform diesen Grundprinzipien widersprechender Ordnungen.

---

1) Quadragesimo anno 53 (406 b) S. 111
2) Quadragesimo anno 58 (406 b) S. 113

V 15

Überall da, wo Arbeitnehmer oder Kapitalgeber als Privateigentümer durch eine einseitige Ordnung von der Mitentscheidung oder materiellen Beteiligung ausgeschlossen sind, müssen die bestehenden Verhältnisse geändert werden: "Ebenso wie das Eigentum weist nun auch die Arbeit, ganz besonders die in den Dienst eines anderen gestellte, neben ihrem Personal- oder Individualcharakter auch eine soziale Seite auf, die offenbar nicht übersehen werden darf. Nur der Bestand eines wirklichen Sozialorganismus, nur der Schutz der gesellschaftlichen Rechtsordnung, nur die gegenseitige Befruchtung und Ergänzung der verschiedenen, in ihrem Wohl und Wehe aufeinander angewiesenen Gewerbszweige, nicht zuletzt das Zusammenwirken, der innige Bund von Intelligenz, Kapital und Arbeit gewährleisten der menschlichen Schaffenskraft ihre Fruchtbarkeit. Außerachtlassung des zugleich sozialen und individualen Charakters der menschlichen Arbeit verunmöglicht daher wie ihre gerechte Wertung, so ihre Abgeltung zum Gleichwert."[1]

5.225 Das Unternehmen als Sozialverband

Aus den bisher ausgeführten Positionen der christlichen Gesellschaftslehre, nämlich der zentralen Funktion des Menschen im Wirtschaftsprozeß, der menschlichen Arbeit und des Privateigentums, verbunden mit den Baugesetzen Solidarität und Subsidiarität, ergeben sich für eine adäquate Unternehmensordnung zwei grundlegende Kriterien:

- Das Unternehmen ist auf die darin wirtschaftenden Menschen auszurichten, also auf die Bedürfnisse, Interessen und sozialen Beziehungen der einzelnen Menschen: "In den wirtschaftlichen Unternehmen stehen Personen miteinander in Verbund, d.h. freie, selbstverantwortliche, nach Gottes Bild geschaffene Menschen. Darum sollte man

---

1) Quadragesimo anno 69 (406 b) S. 116 f.

unter Bedachtnahme auf die besonderen Funktionen der einzelnen, sei es der Eigentümer, der Arbeitgeber, der leitenden oder der ausführenden Kräfte, und unbeschadet der erforderlichen einheitlichen Werkleitung die aktive Beteiligung aller an der Unternehmensgestaltung voranbringen."[1])

- Die einzelnen Gruppen im Unternehmen haben eine gleichrangige Position, stehen aber zugleich auch in einem interdependenten Verhältnis.

Zwar kann nun die christliche Soziallehre trotz ihrer klaren Kriterien keine konkrete Unternehmensordnung als verbindlich erklären - nicht zuletzt wegen ihres universalen Charakters -, dennoch beziehen die kirchlichen Verlautbarungen klare Positionen gegen einseitig kapitalistisch oder kommunistisch geprägte Ordnungen und nennen auch Kriterien, die in einer Unternehmensordnung positiv zu erfüllen sind. Dabei wird ein antagonistischer Klassengegensatz von vornherein abgelehnt: "Ein Grundfehler in der Behandlung der sozialen Frage ist sodann auch der, daß man das gegenseitige Verhältnis zwischen der besitzenden und der unvermögenden, arbeitenden Klasse so darstellt, als ob zwischen ihnen von Natur ein unversöhnlicher Gegensatz Platz griffe, der sie zum Kampf aufrufe. Ganz das Gegenteil ist wahr. Die Natur hat vielmehr alles zur Eintracht, zu gegenseitiger Harmonie hingeordnet; und so wie im menschlichen Leibe bei aller Verschiedenheit der Glieder im wechselseitigen Verhältnis Einklang und Gleichmaß vorhanden ist, so hat auch die Natur gewollt, daß im Körper der Gesellschaft jene beiden Klassen in einträchtiger Beziehung zueinander stehen und ein gewisses Gleichgewicht darstellen. Die eine hat die andere durchaus notwendig. So wenig das Kapital ohne die Arbeit, so wenig kann die Arbeit ohne das Kapital bestehen."[2])

---

1) Gaudium et spes 68 (406 b) S. 389 f.
2) Rerum novarum 15 (406 b) S. 41

Aus dieser Interdependenz zwischen Arbeit und Kapital wird die materielle Beteiligung am Produktionsergebnis über Mindestlohn oder Mindestkapitalzins hinaus ebenso wie am Produktivkapital selbst gefordert: "Darum ist mit aller Macht und Anstrengung dahin zu arbeiten, daß wenigstens in Zukunft die neugeschaffene Güterfülle nur in einem billigen Verhältnis bei den besitzenden Kreisen sich anhäufe, dagegen in breitem Strom der Lohnarbeiterschaft zufließe. Gewiß nicht, damit der Arbeiter von der Arbeit ablasse - ist doch der Mensch zur Arbeit geboren wie der Vogel zum Fluge -, sondern damit er durch Sparsamkeit seine Habe mehre ... und der Daseinsunsicherheit, die so recht eigentlich Proletarierschicksal geworden ist,"[1] nicht mehr hilflos ausgeliefert ist.

Neben dieser materiellen Sicherung für alle Menschen stellt die christliche Soziallehre aber auch immer wieder die Forderung auf, daß der arbeitende Mensch sowohl Eigenverantwortung tragen als auch sich an den wirtschaftlichen Entscheidungen beteiligen kann - in welcher Form auch immer: "Nunmehr ist es Ihre Aufgabe, durch entsprechende Maßnahmen allen Arbeitern eine organische Beteiligung zu sichern nicht nur an den Früchten ihrer Arbeit, sondern auch an den Entscheidungen über wirtschaftliche und soziale Angelegenheiten, die für deren eigenes Los und für dasjenige ihrer Nachkommenschaft von Bedeutung sind."[2]

Begründet wird diese Forderung mit der Erkenntnis, es mache "sich stärker als der Anspruch auf Mehr-Haben in steigendem Maß ein berechtigtes Verlangen nach Mehr-Sein"[3] unter den Menschen bemerkbar.

---

1) Quadragesimo anno 61 (406 b) S. 114 f.

2) Papst Paul VI., Ansprache vor der Internationalen Arbeiterorganisation (IAO) am 10.6.1969 in Genf, Ziffer 21 in (406 b) S. 482, zit. IAO 21 (406 b)

3) IAO 21 (406 b) S. 482, vgl. auch die Enzyklika Populorum Progressio, Ziffer 1 und 8 (406 b) S. 435 und 438
Mit dieser Entwicklung beschäftigt sich auch Erich Fromm in seinem Werk "Haben oder Sein". Stuttgart 1976

Zwei Jahre später fordert Paul VI. in Octogesima adveniens, die einzelnen notwendigen Reformmaßnahmen zusammenzufassen: "Alle sozialen Probleme, die die heutige Wirtschaftsweise mit sich bringt, als da sind: der Mensch und seine Lage im Produktionsprozeß, gerechter Güteraustausch und gerechte Verteilung des Reichtums, Bedeutung und Gewicht des gesteigerten Verbrauchs lebensnotwendiger Bedarfdeckungsmittel, Teilhabe an der Verantwortung (Mitbestimmung) müssen in den umfassenderen Zusammenhang einer neuen (Stufe der) Zivilisation hineingestellt werden"[1]

Welche Reformen im einzelnen notwendig sind, listet schon das 2. Vatikanum auf: "Hier sind Reformen geboten mit dem Ziel, je nach Lage des Falles die Bezüge zu erhöhen, die Arbeitsbedingungen zu verbessern, das Beschäftigungsverhältnis zu sichern, Anreiz zu eigener Unternehmungslust zu bieten, schließlich auch die nicht hinreichend genutzten Besitzungen aufzuteilen unter diejenigen, die imstande sind, diese Flächen ertragbringend zu machen. In letzterem Falle mussen die nötigen Sachmittel und Hilfseinrichtungen beigestellt werden, insbesondere Ausbildungsbeihilfe und organisatorischer Verbund echt genossenschaftlicher Art."[2]

Maßstab für alle Reformen soll die Gerechtigkeit sein, die nicht mit materiellem Wohlstand abgegolten werden kann: "Wenn darum in der Gütererzeugung eine Betriebsordnung gilt und Verfahren zur Anwendung kommen, die der Würde des arbeitenden Menschen zu nahe treten, sein Verantwortungsgefühl abstumpfen oder seine schöpferischen Kräfte lahmlegen, so widerspricht eine solche Art des Wirtschaftens doch wohl der Gerechtigkeit; das gilt selbst dann, wenn der Güterausstoß sehr hoch liegt und die Verteilung nach Recht und Billigkeit erfolgt."[3]

---

1) Octogesima adveniens 7 (406 b) S. 491
2) Gaudium et spes 71 (406 b) S. 394
3) Mater et magistra 83 (406 b) S. 223

Die menschliche Natur als wichtigster Maßstab für Gerechtigkeit stellt an die Unternehmensordnung hohe Anforderungen: "Aber nicht nur die Verteilung des Wirtschaftsertrages muß den Forderungen der Gerechtigkeit entsprechen, sondern auch der gesamte Wirtschaftsvollzug. In der menschlichen Natur selbst ist das Bedürfnis angelegt, daß, wer produktive Arbeit tut, auch in der Lage sei, den Gang der Dingc mitzubestimmen und durch seine Arbeit zur Entfaltung seiner Persönlichkeit zu gelangen."[1]

Nach dem Subsidiaritätsprinzip sind für eine solche der Natur des Menschen angepaßten Unternehmensordnung zunächst einmal die direkt am Wirtschaftsprozeß beteiligten Personen, also Arbeitnehmer und Arbeitgeber verantwortlich; aber auch der Staat muß seinen Teil dazu beitragen.[2]

Zusammenfassend läßt sich feststellen, daß für die christliche Gesellschaftslehre der arbeitende Mensch sich nur in einem als Sozialverband ausgeprägten Unternehmen entfalten kann, indem die drei Gruppen Arbeitnehmer, Management und Kapitalgeber als gleichberechtigte Partner zusammenwirken. Das den einzelnen Arbeitnehmer oft einschränkende Lohnarbeitsverhältnis soll durch ein Gesellschaftsverhältnis ergänzt werden, oder besser - beide sind zu einer Einheit zu verschmelzen. Diesen Weg hat Pius XII. schon 1941 vorgezeichnet: "Für den heutigen Stand der gesellschaftlichen Wirtschaft mag immerhin eine gewisse Annäherung des Lohnarbeitsverhältnisses an ein Gesellschaftsverhältnis nach Maßgabe des Tunlichen sich empfehlen. Erfreuliche Anfänge sind ja bereits gemacht zum beiderseitigen nicht geringen Vorteil der Arbeitnehmer wie der Produktionsmittelbesitzer. Arbeiter und Angestellte gelangen auf diese Weise zu Mitbesitz oder Mitverwaltung oder zu irgendeiner Art Gewinnbeteiligung."[3]

---

1) Mater et magistra 82 (406 b) S. 223
2) Vgl. z.B. Pius XII. Pfingstbotschaft von 1941 (406 b) S. 161
3) Quadragesimo anno 65 (406 b) S. 116

5.3 Die ordnungspolitischen Ansätze der CDU

5.31 Geschichtliche Entwicklung

Von der 1947 - unmittelbar nach dem Schock des 3. Reiches und des 2. Weltkriegs - aufgestellten Forderung, bei der Neuordnung von Großunternehmen den "Weg der Vergesellschaftung zu beschreiten"[1], bis zum jüngsten Beschluß auf dem Hamburger Parteitag, in dem die CDU "die gleichberechtigte Kooperation der im Unternehmen tätigen Kräfte"[2] anstrebt, liegt eine enorme Spannweite.

Gerade die Forderung der Vergesellschaftung im Ahlener Programm, das der Partei-Zonenausschuß für die britische Zone im Februar 1947 beschlossen hatte, führt immer wieder zu kontroversen Diskussionen in der CDU[3]. Diese frühen programmatischen Sätze sind aus der Sicht der historischen Lage ebenso verständlich wie aus der besonderen Bedeutung der zwischen 1945 bis 1947 stark ausgeprägten Idee des "christlichen Sozialismus"[4].

Dennoch ist das Programm, das keine einzige Aussage zur marktwirtschaftlichen Ordnung enthält, nur zu interpretieren im Zusammenhang mit dem 1946 beschlossenen Programm von Neheim-Hüsten[5] und den Düsseldorfer

---

1) Ahlener Programm (152), S.12; vgl. Anlage 5.1 im Anhang
2) Programme (152) S.63
Der Beschluß des 22. Bundesparteitages der CDU vom 18.-20.11.1973 in Hamburg zur Mitbestimmung und zum Unternehmensrecht (siehe Anlage 5.3 im Anhang) wurde in das Berliner Programm zwischen die Punkte 72 (Mitbestimmung) und 73 (Vermögensbildung) eingefügt (vgl. Anlage 5.2 im Anhang); der Beschluß: "Vermögenspolitisches Grundsatzprogramm" (siehe Anlage 5.4 im Anhang) wurde dem Berliner Programm als Anhang beigefügt.
3) So bezeichnet z.B. Ralf Badstübner das Ahlener Programm als das zwar nicht bedeutendste, aber umstrittenste Programm der CDU; in: (30a) S. 1790
4) Die Entwicklung und Ausprägung der Idee des christlichen Sozialismus hat Bernd Uhl ausführlich dargestellt und dabei das Ahlener Programm zu Recht als "in sich unausgewogen, der Diktion nach ... antikapitalistisch, in Strukturfragen sozialreformerisch, in Prozeßfragen unschlüssig" bezeichnet.
Uhl (737) S.92
5) 26.2. bis 1.3.1946 auf der Tagung des CDU-Zonenaus-

Leitsätzen von 1949[1]; diese bilden das "grundlegende Dokument der CDU für ihre Politik der Sozialen Marktwirtschaft"[2], womit "die CDU den dritten Weg zwischen Kapitalismus und Sozialismus eingeschlagen"[3] hat: die bis heute gültige Wirtschaftsordnung war geschaffen.

Nicht gelöst war aber das Problem der Neuordnung der Unternehmen: Mit der Ablehnung des "Staatskapitalismus" als dirigistischer Wirtschaftsordnung wurde auch die Vergesellschaftung der Unternehmen verworfen, übrig blieb die alte, auf das Kapital und dessen Herrschaft aufgebaute Unternehmensordnung, die durch die Eigentumsgarantie des 1949 beschlossenen Grundgesetzes erhärtet wurde.

Die alten Gesetze zum Gesellschaftsrecht galten weiter, so daß Parteien und Gewerkschaften ebenfalls an die Tradition anknüpften und Betriebsverfassung sowie Mitbestimmung weiter ausbauten, damit aber die "klassische" antagonistische Unternehmensordnung - wie oben skizziert - fest zementierten.

Das 1968 beschlossene und 1971 aktualisierte CDU-Aktionsprogramm fordert zwar, "daß alle an der Wirtschaft beteiligten Kräfte zu funktionsgerechter Mitbestimmung in partnerschaftlicher Zusammenarbeit vereinigt werden"[4], setzt dabei aber an der Weiterentwicklung des Mitbestimmungsrechtes innerhalb des geltenden Unternehmensrechtes an.

Hier konnte sich die CDU nicht zu einer Parität im Aufsichtsrat - wie 1951 für den Montanbereich schon eingeführt - durchringen, es blieb bei dem sogenannten

---

(Forts. Fußnote)
schusses der britischen Zone. Es ist im wesentlichen von Adenauer geprägt, der auf dieser Tagung zum 1. CDU-Vorsitzenden der britischen Zone gewählt wurde.

1) Die Düsseldorfer Leitsätze wurden von der "Arbeitsgemeinschaft der CDU/CSU" als Wahlkampfplattform für die Wahlen zum 1. Deutschen Bundestag 1949 beschlossen.
2) CDU-Generalsekretär Heiner Geißler in der Einführung zu den Düsseldorfer Leitsätzen; Programme (152) S.19
3) Geißler in (152) S.19
4) Berliner Programm in (152) S.72

"7-zu-5-Modell"[1]. Dies bedeutet nichts anderes als quantitative Systemkosmetik, denn in der nach dem BetrVG I gültigen Aufsichtsratsformel "8 zu 4" (d.h. 2/3 Kapitalgeber zu 1/3 Arbeitnehmer) wurde durch die Verschiebung eines Sitzes qualitativ nichts verändert.

Erst im Zuge der verstärkt einsetzenden Mitbestimmungsdiskussion und der daraus resultierenden Modellinflation - Siegfried Hergt hat 1973 in seiner Dokumentation 35 Modelle zusammengestellt[2] - beschloß die CDU nach einer äußerst kontrovers geführten Parteitagsdiskussion[3] eine Quasi-Parität für den Aufsichtsrat - Quasi-Parität deshalb, weil zwar Kapitalgeber und Arbeitnehmer mit der gleichen Anzahl von Vertretern im Aufsichtsrat vertreten sind, durch eine besondere Konstruktion aber die Kapitalseite mit dem sogenannten Durchgriffsrecht der Hauptversammlung im Konfliktfall die Arbeitnehmervertreter majorisieren kann[4].

Entscheidend für die Neuordnung des Unternehmens ist aber nicht der Mitbestimmungskompromiß, der wesentlich durch den damaligen CDU-Generalsekretär und Mitbestimmungsfachmann Biedenkopf[5] beeinflußt wurde; als Zukunftsperspektive sind vielmehr die ersten drei Kapitel des Reformbeschlusses zu sehen, in denen das Modell "Sozialverband" skizziert wird. Eine Konkreti-

---

1) Gemeint ist die Mitbestimmung der Arbeitnehmer im Aufsichtsrat gemäß BetrVG I § 77 ff.
2) Hergt (360)
3) Vgl. CDU (153)
4) Der Hamburger Parteitagsbeschluß zur "Reform des Unternehmensrechts" sieht im IV. Kapitel eine dreistufige Regelung für den Konfliktfall vor (vgl. Anlage 5.3):
   1. Zustimmungspflichtige Geschäfte entscheidet der Vorstand (Abs.4).
   2. Bei der Bestellung des Vorstandes entscheidet letztlich der Aufsichtsratsvorsitzende (Abs.5)
   3. Der Aufsichtsratsvorsitzende wird letztlich von der Hauptversammlung gewählt (Abs.6).
5) Vgl. dazu Biedenkopf (55)

sierung dieses Modells aber wurde bisher von der CDU noch nicht erstellt. Getrennt von diesem Gesamtkomplex Unternehmensrecht - Mitbestimmung - Betriebsverfassung verlief die innerparteiliche Diskussion und die davon beeinflußte Gesetzgebung bzw. Gesetzesinitiative im Bereich der Vermögensbildung[1].

Durch die Festlegung der Partei in den Düsseldorfer Leitsätzen auf die Soziale Marktwirtschaft wurde die Primärverteilung gänzlich der Tarifarbeit der Sozialpartner überlassen, während sich der Staat auf die Förderung von Geld- und Wohnungsvermögen im wesentlichen beschränkte[2].

Trotz der zwischen 1959 und 1965 durchgeführten Teilprivatisierung von Staatsunternehmen stand das Produktivvermögen in der staatlichen Vermögenspolitik während der Regierungszeit der CDU fast gänzlich im Hintergrund, was z.B. in den schon 1960 aufgestellten zwanzig Grundsätzen für CDU-Eigentumspolitik auch zum Ausdruck kam[3].

Zwar hat Karl Arnold schon 1951 einen "Zwei-Pfennig-Plan" ausgearbeitet, um über die investive Festlegung eines geringen Lohnanteils die BPvA zu ermöglichen und 1954 legte Erwin Häussler seine Denkschrift vor mit dem Titel: "Der Arbeitnehmer von morgen" mit der Konzeption des Beteiligungslohnes[4]. Aber erst zwanzig Jahre nach Gründung der Bundesrepublik gelang es einer CDU-Kommission, unter Vorsitz Burgbachers, die Idee des Beteiligungslohnes so zu konkretisieren, daß sie zu einem Gesetzesentwurf ausgearbeitet und am 15.4.1970

---

1) Vgl. dazu die von der CDU/CSU-Fraktion in den Deutschen Bundestag eingebrachten Gesetzesentwürfe und die Protokolle vermögenspolitischer Diskussionen, die weiter unten im Text angeführt werden.
2) Eine wesentliche Ursache für diese einseitige Fixierung ist wohl in dem Nachholbedürfnis durch Kriegsschäden, Inflation und Währungsreform zu sehen.
Vgl. dazu Gesetze zur Vermögensbildung (121) bis (125)
3) Burgbacher (147) S.18 ff.
4) Vgl. dazu Häussler (337) S.10 ff.

in erster Lesung im Bundestag beraten werden konnte[1]. Diese Neuorientierung fand auch im Berliner Programm, Artikel 73 seinen Niederschlag.

Insgesamt hat die CDU/CSU-Bundestagsfraktion seit 1974 folgende Gesetzesentwürfe zur BPvA im Bundestag eingebracht:

- "Entwurf eines Gesetzes über die Beteiligung der Arbeitnehmer an Produktivvermögen und zur Verbesserung der Kapitalstruktur der Wirtschaft, insbesondere des Mittelstandes (Beteiligungslohngesetz - BLG)"[2];
- "Antrag der Angeordneten Pieroth ... und der Fraktion der CDU/CSU betreff: betriebliche Gewinn- und Kapitalbeteiligung der Arbeitnehmer"[3];
- "Antrag der Abgeordneten Pieroth, Dr. Burgbacher und der Fraktion der CDU/CSU betr ff: Förderung der betrieblichen Gewinn- und Kapitalbeteiligung der Arbeitnehmer"[4];
- "Gesetzentwurf der Abgeordneten Pieroth ... und der Fraktion der CDU/CSU
  Entwurf eines Gesetzes zur Förderung freiwilliger betrieblicher Gewinn- und Kapitalbeteiligung"[5].

Schließlich hat auch der Bundesrat auf Antrag des Freistaates Bayern einen "Entwurf zum Abbau steuerlicher Hemmnisse für die Vermögensbeteiligung der Arbeitnehmer"[6] im Bundestag eingereicht; die erste Lesung der beiden letzteren Entwürfe fand am 22. Juni 1978 statt und ließ erkennen, daß die Koalitionsparteien erhebliche Einwände gegen eine individuelle BPvA haben[7].

---

1) Vergl. dazu Burgbacher (147)
2) BT-Drucksache (200), vgl. dazu Burgbacher (147)
3) BT-Drucksache (201)
4) BT-Drucksache (202)
5) BT-Drucksache (204)
6) BT-Drucksache (203)
7) Protokoll (205)

5.32 Die Hamburger Beschlüsse

Der 22. Bundesparteitag der CDU befaßte sich als Programmparteitag mit den vier Einzelthemen:

- Soziales Baubodenrecht,
- Vermögenspolitische Leitsätze,
- Reform des Unternehmensrechts,
- Reform der beruflichen Bildung.

Der programmatische Schwerpunkt lag eindeutig auf den Problemen der Arbeitswelt, wobei sich zwei Themen speziell mit der mikroökonomischen Ordnung befaßten oder, wie der Vorsitzende der vermögenspolitischen Antragskommission, Elmar Pieroth, in seiner Antragsbegründung formulierte, mit der "Reform von Arbeit und Kapital"[1]. Nach seinen Worten sei es Ziel der Partei, ein Gesamtprogramm zur Lösung der gesellschaftspolitischen Grundprobleme Vermögensbildung, Mitbestimmung, Selbstbestimmung am Arbeitsplatz und Unternehmensverfassung aufzustellen, "nicht um den Gegensatz zwischen Arbeit und Kapital zum Klassenkampf zu verschärfen, sondern um ihn aufzuheben durch Partnerschaft"[2].

Was aber auf jenem Parteitag als Einheit beschworen wurde, wird gleich darauf - zumindest formal - wieder säuberlich geteilt: Der Beschluß zur "Reform des Unternehmensrechts" wird als Ergänzung zu Artikel 72 unter der Überschrift "Mitbestimmung" direkt in das Berliner Programm eingefügt, während das "vermögenspolitische Grundsatzprogramm" als Anhang an das Berliner Programm angehängt wird, obwohl in letzterem unmittelbar nach dem Artikel Mitbestimmung unter Artikel 73 die Vermögensbildung folgt.

Aber auch inhaltlich unterscheiden sich die beiden Beschlüsse wesentlich: Die Mitbestimmungsformel des Berliner Programms wird durch Hamburg verändert, der Beschluß zur Vermögensbildung stellt aber eine Ergänzung bzw. Weiterführung des Berliner Programms dar.

---

1) Protokoll (153) S.194
2) Vgl. dazu: Programme (152) S.194; eine Erläuterung der Beschlüsse erfolgt unten in den anschließenden Abschnitten.

5.33 Reform des Unternehmensrechts

Die Vorstellung des Hamburger Parteitages zur Reform des Unternehmensrechts beschränkt sich auf die Aufstellung abstrakter Ziele in 6 Punkten[1]:

- Die Arbeitnehmer sollen als Mitglied des Sozialverbandes Unternehmen behandelt werden;
- Es soll ein partnerschaftliches Verhältnis zwischen den drei Gruppen Arbeit, Kapital und Unternehmensleitung auf der Grundlage der Parität geschaffen werden;
- Der ordnungspolitische "Zusammenhang von Koalitionsfreiheit, Privateigentum und Unternehmensautonomie im Rahmen der Sozialen Marktwirtschaft" soll gesichert werden;
- Die "gleichberechtigte gesellschaftsrechtliche Mitbestimmung" der Arbeitnehmer soll geschaffen werden;
- Die vermögenspolitischen Zielsetzungen sollen mitberücksichtigt werden und schließlich
- sollen Unternehmensrecht und Betriebsverfassung miteinander verbunden[2] und das Unternehmensrecht der Entwicklung der Großunternehmen angepaßt werden.

In seiner Begründung des Vorstandsantrags der CDU wies Generalsekretär Biedenkopf darauf hin, daß insbesondere durch die "Verbindungen zwischen Betriebsverfassung und Gesellschaftsrecht so schwierige allgemeine Fragen"[3] aufgeworfen werden, daß deshalb auf eine weitere Konkretisierung eines Modells verzichtet wurde. Da dazu sehr viel Zeit notwendig sei, die sich die Partei auch lassen möchte, hat sich die CDU für eine Übergangslösung für die Mitbestimmung im Großunternehmen entschieden, auch um sich "mit dem Hinweis auf das neue Unternehmensrecht nicht aus der Verant-

---

1) Programme (152) Seite 63
2) Die Vorstellung, Unternehmensrecht und Betriebsverfassung miteinander zu verbinden, war nicht neu, sie war schon in dem CDU-Gesetzesentwurf zur Reform der Betriebsverfassung enthalten.
Vgl. BT-Drucksache (176)
3) Protokoll (153) S.267

wortung zurückzuziehen, (sondern) auch in der Gegenwart Auskünfte darüber zu geben, wie sie sich die Fortentwicklung der Mitbestimmung in Großunternehmen vorstellt"[1].

So einsichtig der Hinweis auf organisatorische Schwierigkeiten eines konkretisierten Modells des Sozialverbandes auch sein mag, so wenig überzeugen können die immer wieder auf dem Parteitag beteuerten Gemeinsamkeiten in der Zielsetzung des Unternehmensrechts, wie sie z.B. Hasinger, ein Vertreter der Sozialausschüsse[2], oder Wissmann, der frühere Bundesvorsitzende der Jungen Union[3], aufgezeigt haben.

Gerade aber bei der Diskussion um die Parität in der Mitbestimmung zeigte es sich, daß so groß die Übereinstimmung über das Verhältnis von Kapital und Arbeit nicht sein konnte. Offen muß die Frage bleiben, ob es sich nur um organisatorische Probleme handelt, wie die Pattauflösung in einem Entscheidungsorgan, oder ob dahinter auch prinzipielle Positionen die Distanz zu einer echten Parität im Sinne einer gleichberechtigten Mitbestimmung der Arbeitnehmer im Aufsichtsrat verstärkt haben[4].

In dieser Parteitagsdiskussion wurde ebenso wie in der generellen Auseinandersetzung um die Mitbestimmung deutlich, daß sich die Gleichberechtigung der Arbeitnehmer auf dem Weg der Mitbestimmung allein nicht realisieren läßt, da letztere in einer verfassungsrechtlichen Sackgasse geraten zu sein scheint: Um verfassungsrechtliche Bedenken auszuschalten, hat der Gesetzgeber im neuen Mitbestimmungsgesetz dem Aufsichtsratsvorsitzenden, der immer von der Kapitalseite gestellt werden muß, ein Doppelstimmrecht für den Konfliktfall gegeben[5].

---

1) Protokoll (153) S.267
2) Protokoll (153) S.269
3) Protokoll (153) S.273
4) Hasinger sah in der dem Grundsatz nach auch beschlossenen CDU-Vorstandsvorlage keine echte Parität. Vgl.Protokoll (153) S.270 ff.
5) Genau auf diesen Sachverhalt, der die angestrebte

Da der Parteitagsbeschluß noch nicht konkretisiert wurde, läßt sich selbst Jahre nach dem Hamburger Parteitag zur Konzeption der CDU nicht mehr sagen, als daß die Partei den Sozialverband will. Die entsprechend Kapitel drei jenes Beschlusses einberufene Kommission[1] hat nach jahrelanger Arbeit nämlich ohne Zwischen- oder Abschlußbericht ihre Tätigkeit vorläufig eingestellt, bis der Beschluß des Bundesverfassungsgerichtes zum Mitbestimmungsgesetz vorliegt; auch die CDU/CSU - Bundestagsfraktion hat bisher noch keinen Gesetzesentwurf eingebracht[2].

Als Fazit bleibt somit, daß die CDU "in der Mitbestimmung auf der Ebene der Betriebe und der Unternehmen eine Einheit"[3] sieht, die in einem Sozialverband Unternehmen auch so realisiert werden soll, daß alle Gruppen in Betrieb und Unternehmen in voller gleichberechtigter Partnerschaft zusammenarbeiten - ein Modellentwurf für diese Konzeption aber noch nicht vorliegt.

(Fortsetzung Fußnote)
Parität zur "Scheinparität" degradiert, hat das Bundesverfassungsgericht in seinem Mitbestimmungsurteil (132) abgehoben und deshalb auch das MitbestG als verfassungskonform erklärt. Zu der echten Parität hat das Gericht keine Stellung bezogen, da darüber "nicht zu entscheiden" war. Vgl. (132) S.20

1) Der Beschluß lautet:
"Der Bundesparteitag beauftragt den Bundesvorstand, eine Kommission zu berufen, die die rechtlichen Grundlagen für die Verwirklichung der in Ziffer II genannten Zielvorstellungen der CDU erarbeitet." (Konzeption Sozialverband)
Programme (152) S.64

2) Dieser Tatbestand hat die Sozialausschüsse der CDU (CDA) bewogen, eine eigene Unternehmensrechtskommission einzuberufen, die am 19.10.1978 unter Leitung von Fritz Stricker zum ersten Mal getagt hat.

3) BT-Drucksache (176) S.1

5.34 Das Vermögenspolitische Grundsatzprogramm

Ein entscheidender Schwerpunkt in der eigentumspolitischen Konzeption der CDU wurde durch den Hamburger Parteitag gesetzt: Die BPvA wurde als "partnerschaftliche Beteiligung am Produktivvermögen"[1)] anhand der vorgegebenen Weltanschauung in Grundsätzen und Leitsätzen fixiert, als Zielsetzung postuliert und in einem Aktionsprogramm auch konkretisiert.

Keine parteiprogrammatische Aussage hatte bis dahin aus der Sozialen Marktwirtschaft so viele Ordnungsprinzipien für das Unternehmen abgeleitet, von denen im einzelnen genannt werden:
- Ablehnung des Klassengegensatzes,
- Kapitaleinkommen neben Arbeitseinkommen für jeden Bürger,
- partnerschaftliches Zusammenwirken von Arbeitgebern und Arbeitnehmern,
- Teilhabe aller an den "ausschlaggebenden Entscheidungsrechten" in Betrieb und Unternehmen,
- Teilhabe aller an Gewinn und Kapital,
- Verwirklichung der Selbstbestimmung in der Wirtschaft.

Diese Ziele sollen entsprechend dem Aktionsprogramm durch folgende Maßnahmen erreicht werden:
- gesetzlicher Beteiligungslohn,
- Abbau der steuerlichen Hemmnisse für Arbeitnehmerbeteiligungen,
- Erleichterung und Förderung der betrieblichen Gewinn- und Kapitalbeteiligung,
- Rahmenvorschriften zur Erhaltung der Mobilität und für fundierte Mitwirkungsrechte für Arbeitnehmergesellschafter,
- Anpassung von Gesellschaftsrecht, Arbeitsrecht und Steuerrecht an die partnerschaftliche Beteiligung,
- Änderung der Einkommens- und Gewerbesteuer,

---

1) Parteitagsbeschluß von Hamburg 1973 als Anhang zum Berliner Programm der CDU, Programme (152) S.90 ff.

- Förderung von Unternehmensbeteiligungsgesellschaften für Klein- und Mittelbetriebe,
- weitere Privatisierung "geeigneter öffentlicher Erwerbsvermögen" (staatliche Unternehmen).

Dieser Katalog faßt die wichtigsten Maßnahmen zusammen, die von der materiellen Seite her durch den Gesetzgeber veranlaßt werden können, um die Bereitschaft der Tarifpartner sowie einzelner Unternehmen bzw. Arbeitnehmer zur Realisierung partnerschaftlicher Beteiligungen zu wecken.

Der jüngste "Entwurf eines Gesetzes zur Förderung freiwilliger betrieblicher Gewinn- und Kapitalbeteiligung"[1] der CDU/CSU-Bundestagsfraktion greift denn auch die genannten programmatischen Punkte wieder auf. Durch drei Maßnahmenbündel soll die BPvA realisiert werden[2]:

I.: Änderung des 3. Vermögensbildungsgesetzes
   1. Erweiterung des Anlagenkatalogs für vermögenswirksame Leistungen auf alle Beteiligungsformen;
   2. Rahmenvorschriften für Gewinn- und Kapitalbeteiligungsverträge;
   3. Absicherung der halben Arbeitnehmereinlagen während der gesetzlichen Sperrfrist (5 Jahre)

II.: Änderung des Steuerrechts
   1. Lohnsteuerliche Begünstigung der Arbeitnehmeranteile
   2. Abbau der Doppelbesteuerung der Arbeitnehmer-Gesellschafter
   3. Pauschale Besteuerung für Arbeitnehmer-Zuwendungen
   4. Aufhebung der Gesellschaftssteuer für Arbeitnehmerbeteiligungen

III.: Steuerliche Erleichterung für mittelständische Betriebe durch Erhöhung der Freibeträge.

---

1) BT-Drucksache (204)
Am 22.6.78 fand die erste Lesung im Bundestag statt.

2) Die Nummerierung stammt aus dem Teil B, Lösung, des Gesetzentwurfs; die Einzelpunkte sind hier - soweit möglich - stichwortartig zusammengefaßt. (204)

In der Gesetzesbegründung werden als wichtige Gestaltungsprinzipien weiterhin genannt, daß es sich nur um gesetzgeberische Rahmenbedingungen für eine freie Ausgestaltung durch die Tarifpartner oder die Betroffenen in den einzelnen Unternehmen selbst handeln kann.

Gerade die Offenheit für individuelle Gestaltungsfreiheit auf makroökonomischer (Tarifpartner) oder mikroökonomischer Ebene (Unternehmen/Betriebsvereinbarung) hebt diesen Entwurf in doppelter Hinsicht von den bisherigen gesetzlichen Mitbestimmungsregelungen ab:
Zum einen wird eine teilweise Verschmelzung von Unternehmens- und Arbeitsrecht angestrebt, indem die Polarität zwischen Kapital und Arbeit abgebaut wird; zum anderen bleibt viel Spielraum für individuelle Regelungen, um jedes Beteiligungsmodell an die Bedürfnisse von konkreten Einzelfällen anpassen zu können.

5.35 Die Einzelansätze in der Zusammenschau

Seit Hamburg werden bei der CDU Mitbestimmung und Vermögensbildung zunehmend in einem Atemzug genannt, dennoch ist es der Partei bisher nicht gelungen, die Einzelansätze - am ehesten noch bei der materiellen Beteiligung - oder ein integriertes Modell praxisnah zu erarbeiten. In diesem Dilemma sind auch viele Kritikpunkte begründet, soweit sie nicht generell die Zielsetzung der individuellen Vermögensbildung ablehnen.

So kann z.B. eine Kapitalbeteiligung - soweit es sich nicht um Großkonzerne handelt, in denen einzelne Kleinaktionäre als Kapitalgeber keinen Einfluß haben - zu einer gerade von den Arbeitgebern immer wieder befürchteten "Überparität" führen, da Mitbestimmung nach dem Arbeitsrecht (Mitbestimmungsgesetz, Betriebsverfassungsgesetz) und Mitbestimmung aus dem Kapital sich so kumulieren, daß kapitalbeteiligte Arbeitnehmer (oder deren Vertreter) alle anderen Gruppen im Unternehmen majorisieren können.

Als flankierende Maßnahme für eine materielle Beteiligung scheint also eine Reform des Unternehmensrechts unerläßlich, in welcher auch eine gesellschaftsrechtliche Einbindung der Arbeitnehmer in das arbeitgebende Unternehmen vollzogen wird.

Gerade zu einem solchen Reformansatz scheinen Teile der CDU nicht fähig oder bereit zu sein. Diese Vermutung drängt sich jedenfalls auf, wenn man bedenkt, daß die Arbeit der Unternehmensrechtskommission bis zur Verkündung des Verfassungsgerichtsurteils zur Mitbestimmungsklage ruht. Will man ein neues Gesellschaftsrecht schaffen, können Gerichtsurteile zu gesetzgeberischen Akten, die sich auf das alte Recht bzw. dessen Auffassung beziehen, nur von zweitrangiger Bedeutung sein[1].

Schon diese eine beispielhafte Querverbindung von materieller und immaterieller Beteiligung der Arbeitnehmer zeigt, daß die bisherigen vorgelegten programmatischen Aussagen, einschließlich der Gesetzesinitiativen, nur Mosaiksteine, wenn auch zentrale, eines Gesamtmodells darstellen, dessen Konturen bisher jedoch vage zu erkennen sind.

Nach den bisherigen Aussagen kann der Eindruck entstehen, daß bei der CDU im Mittelpunkt ihrer Partnerschaftskonzeption die materielle Beteiligung steht, die zwar die Verteilungsgerechtigkeit entscheidend zu verbessern vermag, aber an den innerorganisatorischen Strukturen von Unternehmen und Betrieb wenig verändert.

Es fehlen nämlich nicht nur qualitative Rechtsveränderungen, sondern auch Strategien für das tägliche Zusammenleben in Betrieb und Unternehmen, die auf partnerschaftliche Weise auf allen Ebenen Konflikte austragen und regeln helfen, wie es die Konzeption der

---

1) Zur Ausgestaltung der Subsysteme in der Sozialen Marktwirtschaft (= Unternehmen) können auch - falls dies erforderlich scheint - vom Gesetzgeber Verfassungsartikel geändert, aufgehoben, eingeschränkt oder konkretisiert werden. (Ausnahmen sind durch Artikel 79, Absatz 3 festgelegt).

Organisationsentwicklung vorsieht. Als Fazit bleibt festzuhalten, daß die CDU einige Schritte hin zum Sozialverband gegangen ist, dabei aber die entscheidende Frage noch offen bleibt, ob die wichtigsten Hürden genommen werden oder die Zielsetzungen lediglich programmatische Absichtserklärungen darstellen.

5.4 Der Arbeitnehmer als Unternehmensmitglied - das KAB-Modell einer neuen Unternehmensverfassung -

5.41 Grundlagen und Ziele

Die Katholische-Arbeitnehmer-Bewegung (KAB) hat im Herbst 1977 einen Entwurf für eine neue, partnerschaftlich geprägte Unternehmensverfassung[1] veröffentlicht, um der in den Parteien festgefahrenen "Diskussion neue und praktische Impulse"[2] zu geben.

Zwar wird die Neuregelung des Unternehmensrechts von allen Parteien in ihren jeweiligen Programmen als Ziel deklariert, auch hat die CDU in mehreren Gesetzentwürfen[3] eine gesetzgeberische Initiative angeregt - dennoch geht die 8. Legislaturperiode des deutschen Bundestages ohne Reform zu Ende: Bisher wird die Regelung der Mitbestimmung der "längerfristig beabsichtigten Unternehmensrechtsreform"[4] vorgezogen.

Die KAB erwartet auch von den Tarifpartnern in absehbarer Zeit keine Vorstöße, "weil sie die Auswirkungen einer solchen Reform auf ihre eigene verbandliche Position nur schwer kalkulieren können und weil ihre Kräfte weit-

---

1) Bundesverband der KAB (406); vgl. Anlage Nr. 5.5 im Anhang.
Der Entwurf wurde vom wissenschaftlichen Beirat der KAB erarbeitet (Mitglieder u.a. namhafte Vertreter der kath. Soziallehre wie Nawroth und Wallraff) und durch Vorstandsbeschluß vom 26.11.77 zur Diskussion freigegeben.
Die Diskussion über den ersten Entwurf brachte so viele Anregungen zur Änderung, daß vom KAB-Bundesvorstand zum Verbandstag im September 1979 ein revidierter Entwurf (=KAB (406a)) ausgearbeitet wurde, der hier aber nicht mehr berücksichtigt werden konnte. Die Änderungen beziehen sich im wesentlichen auf Konkretisierungen, wobei die Substanz erhalten bleibt.

2) Vgl. dazu die vom ehemaligen Bundesminister für Arbeit und Sozialordnung, Walter Ahrendt, herausgegebene Broschüre "Mitbestimmung" (131a) S. 22 und S. 15

3) Vgl. dazu oben Kapitel 5.21

4) Vgl. Broschüre "Mitbestimmung" (131a) S.15

gehend durch die unsichere Wirtschaftslage, die Beschäftigungs- und Wachstumsprobleme, die sich verschärfenden Verteilungskämpfe und durch den Streit um die Mitbestimmung gebunden sind"[1].

Deshalb sieht sich die KAB dazu herausgefordert, selbst dazu beizutragen, die bislang ungleichberechtigten Arbeitnehmer durch eine rechtliche Anerkennung als "Co-Produzent" in das Unternehmen mit einzubeziehen und damit zum vollen Unternehmensmitglied aufzuwerten: Aus Arbeitnehmern sollen "arbeitende Unternehmensmitglieder" werden[2], wobei für sie ihre bisher erworbenen Rechte und Pflichten "aus dem geltenden Arbeitsrecht in den Mitgliedsstatus übernommen und durch einen Mitgliedsvertrag ausgestalten"[3] werden sollen; gesetzliche Bestimmungen, Tarifverträge und Betriebsvereinbarungen sollen sich in der Konkretisierung dieser Zielsetzung ergänzen.

Das Wirken der KAB als gesellschaftliche "pressure group" für eine neue Unternehmensverfassung ergibt sich aus der Verpflichtung dieser Organisation gegenüber der katholischen Soziallehre, deren wesentliche Aussagen zur rechtlichen und sozialen Stellung der Arbeitnehmer weiter oben zusammengestellt sind.[4]

So hat die KAB diese Leitsätze nicht nur als Begründung für ihr neues Modell an den Anfang ihrer Vorlage[5] gestellt, sondern sie empfindet die christliche Soziallehre darüber hinaus auch als Auftrag, auf diesem gesellschaftspolitischen Feld tätig zu werden.

---

1) So urteilt KAB-Verbandsbildungsreferent Thomas Gunter Vetterlein in seinem Beitrag "Vom Arbeitnehmer zum Unternehmensmitglied" in (762a) S. 187
2) Vgl. KAB (406) S. 4
3) Vgl. KAB (406) S. 5
4) Vgl. dazu: Die Sammlung der sozialen Rundschreiben und andere Dokumente, hrsg. vom Bundesvorstand der KAB (406b); Schasching (647).
5) Vgl. (406) und (406a), unten als Anlage 5.6 und 5.7

Die Forderung nach Integration der Arbeitnehmer in den Unternehmensverband entnimmt die KAB auch dem Grundgesetz:
"Die unantastbare Würde des Menschen (Art. 1 Abs. 1 GG) und die freie Entfaltung seiner Persönlichkeit (Art. 2 Abs. 1 GG) sind in Verbindung mit dem Rechts- und Sozialstaatsprinzip (Art. 20 Abs. 1, Art. 28 Abs. 1 GG) die wichtigsten verfassungsmäßigen Garantien einer freiheitlichen Sozialordnung."[1]

Daraus wird ein Gebot zur Einführung der Mitbestimmung abgeleitet, indem zwei schon von der Mitbestimmungskommission aufgestellte Grundsätze übernommen werden: "Die Mitbestimmung ist der vom Grundsatz der Selbstbestimmung und der Freiheit der Person gebotene Ausgleich der Fremdbestimmtheit des Arbeitnehmers im Unternehmen"[2], und somit ist "Mitbestimmungsanspruch... ein aus dem Schutz der Menschenwürde und der freien Persönlichkeitsentfaltung im Arbeitsvollzug abgeleitetes Grundrecht"[3].

Aus diesen Grundwerten wird gefolgert, daß "das personenbezogene Grundrecht auf Mitbestimmung der Arbeitnehmer als Ausdruck der Personenbezogenheit des Arbeitseinsatzes ... sozialethisch höher (steht) als das Eigentumsrecht (Art. 14 GG), das sich inhaltlich auf den Einsatz von Sachen (Kapital) erstreckt"[4].

In dieser Grundgesetzinterpretation glaubt sich die KAB unterstützt durch die nordrhein-westfälische Landesverfassung, die im Schutz der Arbeitskraft einen Vorrang

---

1) KAB (406) S. 9
2) Dieser Leitsatz aus dem Bericht der Sozialenquête-Kommission von 1967 (69), Ziff. 112, S. 43 dient auch als verfassungsrechtliche Grundlage für das KAB-Modell (S. 9). Die Sozialenquête-Kommission hat im 2. Kapitel "Die rechtliche Ordnung - Prinzipien sozialer Sicherung" die Wertentscheidungen des Verfassungsgebers interpretiert; vgl. S. 52 ff.
3) KAB (406) S. 9. Vgl. Biedenkopfkommission (187) S. 18 und S. 65
4) KAB (406) S. 10

sieht gegenüber dem Schutz materiellen Besitzes[1]. Deshalb geht die KAB auch davon aus, daß das durch ihre Konzeption bedingte "Maß der partnerschaftlichen Befugnis der arbeitenden Unternehmensmitglieder ... die nach Art. 14 GG geschützten Eigentumsrechte nicht"[2] beeinträchtigt und damit also verfassungskonform wäre.

Eindeutig wird hier ein Verfassungsverständnis zugrunde gelegt, das sich primär an der Würde der menschlichen Person - entsprechend den Grundwerten der katholischen Soziallehre - orientiert, zugleich aber auch von dem Pluralismusprinzip geprägt wird dadurch, daß ohne Wertung der jeweiligen Funktion zunächst einmal alle Leistungsträger der mikroökonomischen Organisation als vollwertige und gleichberechtigte Mitglieder betrachtet werden. Daraus wird dann schließlich auch gefolgert, daß alle Teilgruppen materiell wie immateriell beteiligt werden[3], der Unternehmensverband also als "Personenverbund"[4] organisiert wird.

---

1) KAB (406) S. 10; vgl. Landesverfassung NRW Art. 24 Abs. 1 Satz 3 (Recht auf Arbeit für jedermann) und Art. 26 (Recht der Arbeitnehmer auf gleichberechtigte Mitbestimmung bei der Gestaltung der wirtschaftlichen und sozialen Ordnung).
2) KAB (406) S. 11
3) Vgl. KAB (406) S. 12
4) Vgl. Vetterlein (762a) S. 190

5.4 2 Die Organisationsstruktur des Modells

5.421 Das Unternehmen als eigene Rechtspersönlichkeit

Als Grundlage des Modells[1] steht das Unternehmen als Verbund aller Leistungsträger, d.h. also, daß alle Arbeitnehmer einschließlich leitender Angestellter und Geschäftsführer als Vollmitglied des Unternehmens betrachtet werden. Deshalb müssen auch die Unternehmensorgane, die bisher allein den Kapitalgebern vorbehalten waren - soweit nicht durch das Mitbestimmungsrecht nachträglich ein Teil des Aufsichtsrates auch auf die Arbeitnehmer ausgeweitet wurde - für alle Mitglieder des Unternehmens geöffnet werden.

Die bisherige Unternehmensorganisation als Gesellschaft der Kapitalgeber, wobei das "Unternehmen" aus juristischer Sicht eine anonyme, nicht real existierende Größe darstellt, muß zur Verwirklichung der KAB-Grundkonzeption deshalb wesentlich ausgeweitet werden. Vor allem muß das Unternehmen selbst eine eigenständige juristische Person (sui generis) verkörpern, an der dann die verschiedenen Gruppen (Produktionsfaktoren) beteiligt werden. Diese Beteiligung kann wie bisher in Form von verschieden strukturierten Gesellschaften der Kapitalgeber erfolgen, ebenso können sich auch die betroffenen Arbeitnehmer zu Beteiligungsgesellschaften zusammenschließen, die ihrerseits wiederum an dem Unternehmen Anteile erhalten. Darüberhinaus haben die Arbeitnehmer aber auch das Recht, Einzelmitglied des Unternehmens zu werden, oder sich ganz jeglicher Organisation im Unternehmen zu enthalten.

Da "Mitbestimmung und Gewinnbeteiligung ... den Arbeitnehmer heute schon bereits in dem Umfange zum Teilhaber (machen), wie sie ihn durch Übertragung von Verfügungsbefugnissen aus der Abhängigkeit von Kapitaleignern

---

1) Das Modell ist beschrieben im II. Abschnitt der KAB-Broschüre (406) S.14 - 16; soweit nichts anderes angegeben, bezieht sich die Modellanalyse auf diese Quelle.

lösen", bedarf dieser faktisch schon weitgehend entwickelte Tatbestand der Arbeitnehmer-Mitgliedschaft im Unternehmen immer noch einer rechtlichen Anerkennung. Dies sei auch nach dem geltenden BGB-Recht schon möglich, da "gemäß § 706 Abs. 3 BGB auch die Leistung von Diensten als Beitrag eines Gesellschafters"[1] anerkannt werde.

Die Organisationsstruktur des neuen Unternehmens wird demnach - angelehnt an die heute schon vorhandenen Institutionen von Kapitalgesellschaften - wie folgt aufgebaut:

- Alle im Unternehmen tätigen - also auch im Vorstand - oder investierenden Personen sind Mitglied des neuen Unternehmens, sei es direkt personal oder indirekt über Beteiligungsgesellschaften.
- Die drei Organe Hauptversammlung, Aufsichtsrat und Vorstand werden von allen Gruppen partnerschaftlich getragen, die beiden ersten auch paritätisch besetzt.
- Der Vorstand soll die Interessen aller Gruppen in dem Unternehmen vertreten, weshalb er auch von der Mehrheit des Aufsichtsrates gewählt wird.
- Neben diesen eigentlichen Unternehmensorganen sollen die Kapitalgeber und Arbeitnehmer neue Gruppenorgane erhalten bzw. die alten weiter behalten als eigene Interessenvertretungsorgane.
- Dieses in Deutschland bisher gültige duale Organisationsprinzip, also die Trennung von Entscheidung und Kontrolle in zwei selbständige Organe, soll erhalten bleiben, obwohl das Inkompatibilitätsprinzip aufgehoben wird.[2]

Danach ergeben sich fundamentale Unterschiede in der Organisationsstruktur des geltenden und neuen Unternehmensrechts entsprechend folgender Schaubilder:

---

1) KAB-Modell (406) S.11

2) Nach diesem Unvereinbarkeitsprinzip dürfen nach dem deutschen Aktienrecht Mitglieder von Aufsichtsrat oder Vorstand nicht zugleich Mitglied des jeweils anderen Organes sein.

Schaubild 5.3

ALTES UNTERNEHMENSRECHT

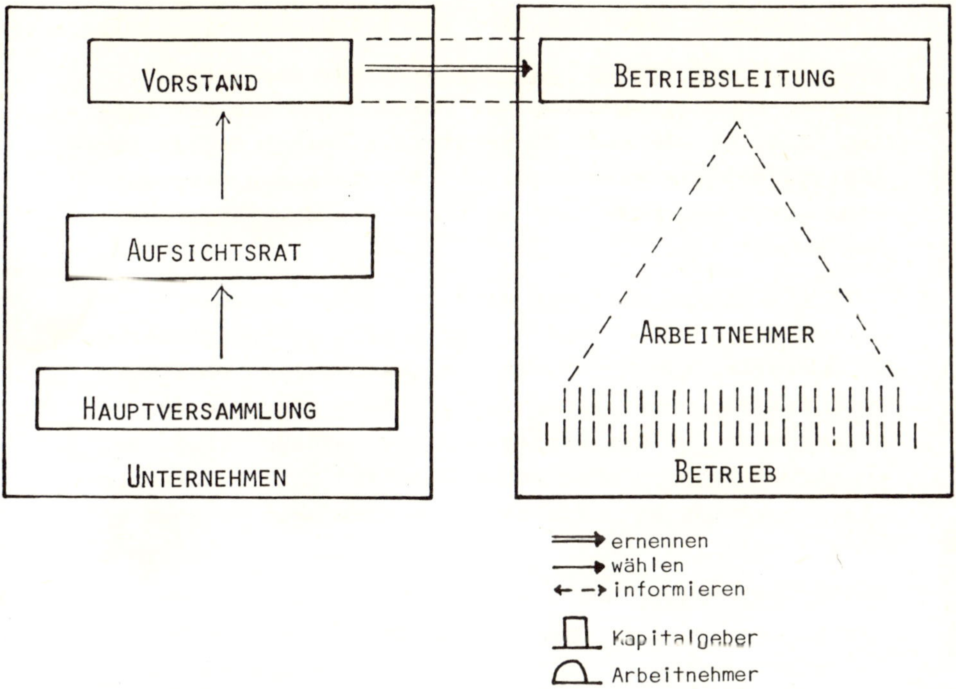

Schaubild 5.4

NEUES UNTERNEHMENSRECHT (KAB-MODELL)

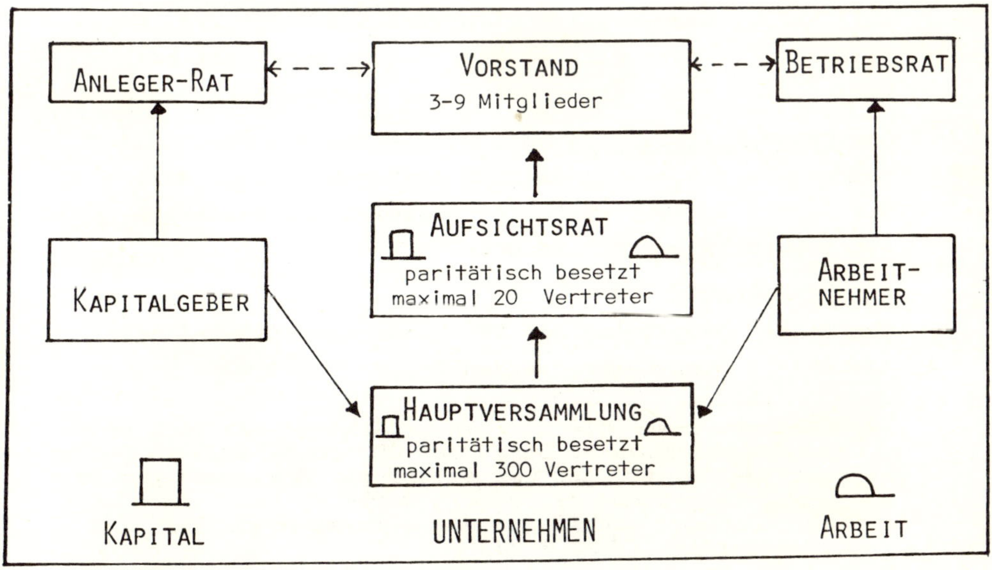

Die Grundprobleme jedes Mitbestimmungskonzeptes, die Detailfragen, sind auch hier nur prinzipiell geregelt:

Zur Größe und Zusammensetzung wird nur festgestellt, daß die Hauptversammlung mit maximal 300 und der Aufsichtsrat mit maximal 20 Vertretern beider Seiten paritätisch besetzt werden sollen; der Vorstand wird auf eine immer ungerade Zahl zwischen 3 und 9 Mitgliedern festgelegt.

Über die Wahlmodalitäten wird lediglich ausgesagt, daß die beiden Gruppen Kapital und Arbeit gleichberechtigt im Sinne der quantitativen und qualitativen Parität sein sollen, wobei innerhalb der Kapitalgruppe das Stimmgewicht an die Kapitaleinlage gebunden wird, bei den Arbeitnehmern aber jedes Mitglied eine vollwertige, gleiche Stimme hat; die Wahlen sollen nach Gruppen getrennt erfolgen.

Zur Pattauflösung bei unlösbaren Konflikten haben die Vorstandsmitglieder, die ja die Unternehmensinteressen insgesamt vertreten sollen, Sitz und Stimme im Aufsichtsrat[1]. Kommt es bei deren Wahl zum Patt, soll eine Einigungsstelle angerufen werden.

Die Haftung der arbeitenden Unternehmensmitglieder soll allein über das Arbeitsplatzrisiko erfolgen, Kapitalhaftung - also eine etwaige Nachschußpflicht bei Verlusten - wird expressis verbis ausgeschlossen.

Der Gültigkeitsbereich soll sich - bis auf zwei Ausnahmen - auf alle Unternehmen erstrecken; dazu sollen die in der Rechtsform "eines Einzelhandelskaufmanns betriebenen Firmen"[2] in Gesellschaften umgewandelt werden.

Von dieser Neuordnung der Unternehmensverfassung sollen allein ausgenommen werden[3]:

---

1) Damit übernimmt die KAB den Vorschlag, der auch schon von den Sozialausschüssen der CDU (CDA) 1973 in Bochum beschlossen, von der CDU selbst auf dem Hamburger Parteitag aber nicht akzeptiert wurde.
Vgl. Bochumer Modell für die Mitbestimmung in: CDA-Programme (151a) S.37

2) Gedacht ist hier wohl an das erste Buch des Handelsgesetzbuchs, das diese Rechtsform regelt.

3) Vgl. Alternativen zur Mitgliedschaft, KAB-Modell (406) S.13

1) Der öffentliche Dienst, insbesondere der Bereich der Hoheitsverwaltung, soweit es sich nicht um Eigenbetriebe der öffentlichen Hand dreht, für die das neue Unternehmensrecht entsprechend anzuwenden ist, und
2) Kleinere Betriebe, "in denen sich durch persönliche Zusammenarbeit oder Nähe zum Arbeitgeber Mitbestimmungsmöglichkeiten ergeben, die als solche schon zur uneingeschränkten Partnerschaft führen können". Genannt werden als Beispiele "Handwerksbetriebe und sonstige kleinere Dienstleistungsunternehmen, Handelsgeschäfte und Produktionsstätten, in denen der Eigentümer bzw. wenigstens ein wesentlicher Miteigentümer unmittelbar mit einer überschaubaren Zahl von Arbeitnehmern zusammenarbeitet und gemeinsam der Arbeitsplatz festgelegt wird".

Nach dem Grundprinzip der Selbstbestimmung kann aber auch der einzelne Arbeitnehmer selbst entscheiden, ob er vollwertiges Mitglied nach dem KAB-Modell werden, oder ob er allein nach den bisherigen Arbeitsvertragsmöglichkeiten tätig sein will.

Allerdings muß er bei der Ablehnung einer Unternehmensmitgliedschaft auch auf die sich aus letzteren ergebenden Mitbestimmungsrechte verzichten und bleibt auf die Möglichkeiten des Arbeitsrechtes begrenzt.

5.4 22 Die Interessenvertretung der Gruppen

Das Arbeitsrecht soll in seinen wesentlichen Bestimmungen weiterhin gültig bleiben, allerdings muß es in zwei zentralen Bereichen der neuen Unternehmensverfassung angepaßt werden:

Nach der Betriebsverfassung ist bislang der Gesprächs- und Verhandlungspartner des Betriebsrates der Unternehmensvorstand bzw. dessen Handlungsbeauftragter, die jeweilige Betriebsleitung, und zwar als Vertreter der

Kapitalgeber. Da der Vorstand nun aus dieser einseitigen Kapitalbindung herausgelöst und die Interessen aller Gruppen vertreten soll, kann er nur noch teilweise Gesprächspartner der Arbeitgeber sein, nämlich nur noch so lange, als durch Vereinbarungen zwischen Betriebsrat und Vorstand keine schwerwiegenden Kapitalinteressen tangiert werden. Das Entscheidungsrecht muß ansonsten vom Vorstand auf die Kapitalseite verlagert werden, wenn es z.B. um den Abschluß einer Betriebsvereinbarung zur Einführung einer betrieblichen Altersversorgung für die Arbeitnehmer geht, denn dadurch werden langfristig erhebliche Kapitalmittel gebunden.

Analog zu dem Betriebsrat als Vertretungsorgan der Arbeitnehmer schlägt die KAB deshalb vor, einen "Anleger-Rat"[1] zu bilden, der dem Vorstand gegenüber die Interessen des Kapitals vertritt.

Die Aufgabenstellung eines solchen neuen Organs verursacht bei der detaillierten Abgrenzung erhebliche Schwierigkeiten: Schon seine Darstellung im KAB-Modell unter der Überschrift "Betriebsverfassung" und die Konzeption "als Gegenpol zum Betriebsrat" erschwert eine eindeutige Zuordnung, zumal der Anleger-Rat als "ein unternehmensbezogenes Gremium der Kapitaleigner" gesehen wird.

Folgerichtig vertritt der Anleger-Rat "die Interessen der Kapitaleigner gegenüber dem Vorstand in gleicher Weise, wie der Betriebsrat auch die Interessen der arbeitenden Unternehmensmitglieder gegenüber dem Vorstand vertritt". Schließlich kann der Anleger-Rat auch die Entscheidung der Einigungsstelle[2] anfordern.

---

1) Vgl. KAB (406) S.16 (ebenso die folgenden Hinweise bis zur nächsten Fundstelle)
Die Funktion des Anlegerrates wird weiter unten erläutert.

2) Wie diese Einigungsstelle im einzelnen aussehen soll, bleibt nach Auffassung der KAB Aufgabe des Gesetzgebers.

Aber auch auf makroökonomischer Ebene kollidiert - zumindest vordergründig - das KAB-Modell mit dem geltenden Arbeitsrecht, besonders im Bereich der Tarifautonomie. Dieses von der Verfassung garantierte "Grundrecht" der Sozialen Marktwirtschaft soll auch weiterhin erhalten bleiben, ohne daß das Prinzip der "Gegnerfreiheit"[1] aufgehoben wird. Deshalb können die Tarifverbände der Kapitaleigner nicht mehr wie bisher von den Unternehmensleitungen besetzt, sondern müssen an rein kapitalorientierte Unternehmensorgane gebunden werden. Als Tarifpartei[2] für die Kapitalgeber bieten sich die neu zu bildenden "Anleger-Räte" an, die auch die branchenbezogenen "Anleger-Verbände" beschicken sollen.

Gegenstand der Tarifverträge soll weiterhin die Gestaltung der Arbeitsverhältnisse und -bedingungen bleiben, außerdem soll der Vertragsbereich ausgeweitet werden auf "die verbindliche Ausgestaltung der Mitgliedsrechte der arbeitenden Mitglieder"[3] im Unternehmen[4].

---

1) Das Prinzip der Gerechtigkeit heißt, daß die Tarifparteien nicht durchsetzt sein dürfen von Vertretern des tarifpolitischen Gegners. Die Verletzung dieses Prinzips wird schon in der geltenden Mitbestimmung gesehen und ist Teil der Begründung der Mitbestimmungsklage.
Vgl. Mitbestimmungsurteil (132)

2) Vgl. dazu den Absatz Tarifautonomie im KAB-Modell (406) S.16

3) KAB (406) S.17

4) Vgl. dazu KAB-Modell (406) S.16

5.423 Die materielle Beteiligung der Arbeitnehmer

Als weiterer Bestandteil der neuen Unternehmensverfassung bleibt schließlich noch der Bereich der materiellen Beteiligung der Arbeitnehmer zu beleuchten. Vorgesehen ist eine fakultative Gewinn- und Kapitalbeteiligung, die nur sehr grobrastrig beschrieben wird:

Wie oben bei der Skizzierung der Gewinnbeteiligung schon erläutert, geht auch die KAB davon aus, daß "den Kapitaleignern von dem ermittelten Gewinn vorab der bankübliche Satz für Haben-Zinsen bei langfristigen Einlagen zugewiesen werden"[1] soll, womit den Kapitaleignern eine Mindestrendite garantiert wird. Den Schlüssel für die Verteilung des Restgewinnes legt die Hauptversammlung mit qualifizierter Mehrheit auf Vorschlag vom Aufsichtsrat und Vorstand des neuen Unternehmens fest.

Die Mittel der Gewinnbeteiligung können entweder bar ausgeschüttet oder wieder reinvestiert werden und zwar als Arbeitnehmer-Darlehen oder in Form von Gesellschafteranteilen. Durch dieses Konzept kann auch die Investitionskraft der Unternehmen verbessert werden. Weitere Regelungen für diesen Bereich sind im Modell nicht getroffen.

5.424 Unternehmensexterne Auswirkungen des Modells

Die in dem Abschnitt III des KAB-Modells angestellten Überlegungen über die "Auswirkungen des neuen Unternehmensrechts auf Kammern, Sozialversicherungen und sonstige Institutionen"[2] greifen zwar zentrale Punkte der bundesdeutschen Wirtschafts- und Sozialordnung auf. Dennoch sollen sie hier nicht detailliert dargelegt werden, da sie den Rahmen dieser Arbeit sprengen. Festzustellen bleibt nur, daß dieser gesamte Rechtskomplex

1) KAB (406) S.5
2) So lautet die Überschrift des III. Abschnittes; vgl. KAB (406) S.17

in seiner Grundstruktur auch nach Realisierung des KAB-Modells erhalten bleiben kann, da das neue Unternehmensrecht sich mit der alten Ordnung als kompatibel erweist. Im einzelnen werden aber Delegations- oder Wahlrechte von den bisherigen Unternehmensleitungen in den Zuständigkeitsbereich der Anleger-Räte und deren Verbände verlagert; damit ergeben sich teilweise auch drittelparitätisch besetzte Organe (Arbeitnehmer, Anleger und Unternehmensleitung), d.h. sie werden etwas ausgeweitet. Andererseits entfällt aber auch die Notwendigkeit von Arbeitnehmerkammern, da die Arbeitnehmerinteressen direkt in den paritätisch besetzten Organen der Industrie- und Handelskammern vertreten werden.

Die Eingliederung des Unternehmens nach dem KAB-Modell in das makroökonomische Umfeld zeigt folgendes Schaubild.

Schaubild 5.5:

Unternehmensbeziehungen nach dem KAB-Modell

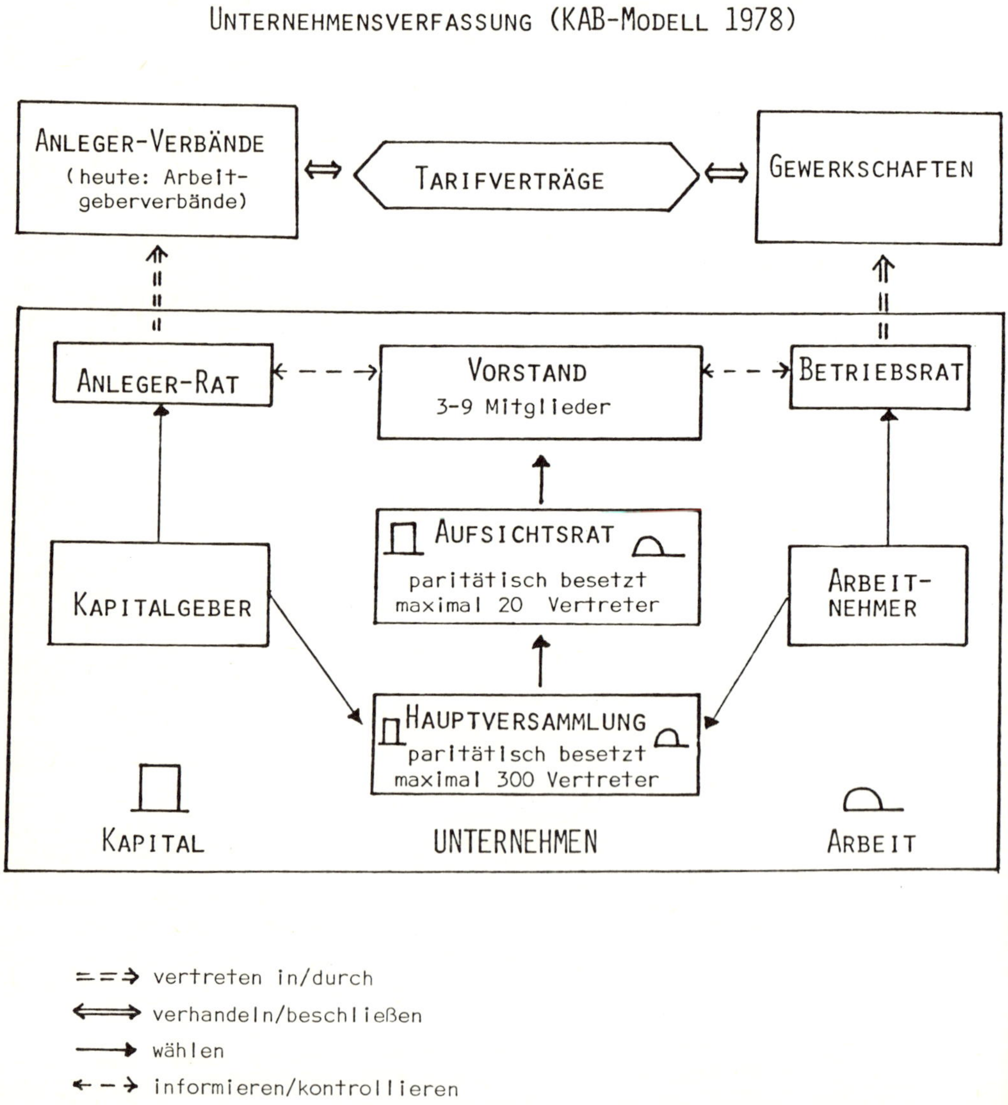

5.43 Konsequenzen des Modells

Die KAB hat selbst entscheidende Argumente für ihre Konzeption zusammengestellt und im Anhang der Modellbroschüre abgedruckt. Bevor sie auf ihre Stichhaltigkeit überprüft werden, sollen sie hier kurz wiedergegeben werden[1].

Zunächst werden als "allgemeine Vorteile" sechs Faktoren genannt:

- Gesellschaftspolitischer Vorteil durch "Abbau von Klassengegensätzen durch Partnerschaft";
- Sozialpolitischer Vorteil durch "Entschärfung des Verteilungskampfes";
- Volkswirtschaftlicher Vorteil durch Verlagerung der Abhängigkeit des Managements (Kapital und Arbeit);
- Ordnungspolitischer Vorteil durch Verstärkung der Transparenz und Teilung wirtschaftlicher Macht durch Arbeitnehmerbeteiligung;
- Marktwirtschaftlicher Vorteil durch Stärkung des Wettbewerbs infolge gegenseitiger Kontrolle von Kapital und Arbeit in ihrer Doppelfunktion als Produzent und Konsument;
- Arbeitsmarktpolitischer Vorteil durch Verbesserung der Mobilität infolge Besitzstandwahrung.

Außer diesen gesamtwirtschaftlichen und -gesellschaftlichen Wirkungen sieht die KAB auch erhebliche "Vorteile für die einzelnen Gruppierungen". Selbstverständlich stehen an der Spitze die Arbeitnehmer, denn

- sie erhalten einen zusätzlichen Freiheitsspielraum durch die Möglichkeit, Mitglied im Unternehmen werden zu können;
- sie vollziehen einen weiteren Schritt zur "Selbstbestimmung im Arbeitsvollzug" durch den Abbau der Fremdbestimmung mittels Partnerschaft;
- alle Arbeitnehmer, auch jene ohne Vollmitgliedschaft (siehe Ausnahmen), profitieren über die allgemeine Solidarität vom Machtzuwachs des Faktors Arbeit.

---

1) KAB (406) S.19 ff. Soweit die Argumente nicht mehr gekürzt werden können, sind sie wörtlich aufgeführt.

Aber auch die Kapitaleigner stärken ihre Position in und mit der neuen Unternehmensverfassung:

- Auf allen Ebenen erhalten sie eigene Interessenvertretungen; ebenso in den entscheidenden Institutionen außerhalb der Unternehmen (z.B. Kammern);
- Die Interessenvertretung erfolgt direkt, da sie nicht erst durch das Management gefiltert wird;
- Die Verzinsung des Kapitals mit banküblichen Sätzen wird gesichert.

Schließlich wird auch die Stellung des Managements erheblich gestärkt:

- Die Legitimationsbasis der Unternehmensleitung wird verbreitert und die einseitige Kapitalabhängigkeit aufgehoben;
- Sachfragen können sachbezogen im Sinne von unternehmerischer Notwendigkeit gelöst werden (Pattauflösung);
- In den Tarifverhandlungen können reine Unternehmensinteressen durch Vorstände besser vertreten werden bis hin zu einer Schlichtungsinstanz.

Entscheidend für die Realisierungschance einer neuen Unternehmensverfassung sind natürlich auch die zu erwartenden Auswirkungen auf die Arbeitnehmerverbände, die Gewerkschaften. Deshalb wird für sie eine Stärkung ihrer Position in Aussicht gestellt:

- Ihre Aufgaben entsprechend Art. 9.3 GG werden erweitert auf die Unterstützung und Interessenvertretung auch der arbeitenden Unternehmensmitglieder;
- In den Tarifverhandlungen können auch die Mitgliedsrechte der vollberechtigten Arbeitnehmer gestaltet werden.
- Der Besitzstand der Gewerkschaften bleibt auf allen Ebenen ungemälert.

Gerade der Hinweis auf den letzten Punkt zeigt, mit welchen Schwierigkeiten eine Reform überkommener Macht- und Herrschaftsstrukturen zu kämpfen hat. Nicht nur sachbezogene Argumente spielen eine Rolle, viel mehr scheint jeder Reformansatz von vornherein zum

Scheitern verurteilt, der Besitzstände von Verbänden oder deren Funktionären tangiert. Diese These - schon mehrfach bestätigt[1] - wird im folgenden Abschnitt bei der Behandlung der Modellkritik weiter überprüft, ebenso wie einzelne von der KAB selbst genannte Thesen zu den positiven Auswirkungen ihres Konzeptes.

5.44 Das Modell im Spiegel der Kritik

5.441 Veröffentlichte Stellungnahmen zum Modell

Laut KNA-Informationsdienst vom 2. Februar 1978 hat die KAB "mit ihrem Vorschlag für eine neue Unternehmensverfassung beträchtliches öffentliches Aufsehen erregt"[2], was zumindest eine von der KAB zusammengestellte Sammlung von Presseberichten bestätigt. Über die reine Berichterstattung und erste vorsichtigte Kritikansätze hinaus scheint - mit ganz wenigen Ausnahmen - das formale Ziel der KAB, die Diskussion um die Unternehmensverfassung neu zu beleben, nur für die kurze Zeit der Aktualität nach der Modellvorstellung erreicht worden zu sein; vielleicht, weil "die Öffentlichkeit die Brisanz des neuen KAB-Vorschlags"[3] noch nicht erkannt hat. Dieser Erkenntnismangel dürfte vor allem darin liegen, daß die grundsätzliche Differenz zu allen anderen realisierten und diskutierten Mitbestimmungsmodellen nicht genau verstanden wird, da in den bislang bekannten Modellen - wie Pawlowski in seiner Analyse[4] festgestellt hat - nirgends die Arbeitnehmer als vollwertige Mitglieder in das Unternehmen eingebunden werden.

So stellt die Tageszeitung "Die Welt" zwar schon in der Überschrift eines Berichtes fest, daß die "Unternehmensverfassung durch (das) KAB-Modell auf den Kopf

1) Vgl. 1. Lesung des CDU-Gesetzentwurfes zur Vermögensbildung im Sommer 1978 (205)
2) KNA-Informationsdienst (742a)
3) Harald Pawlowski (574a) S.12
4) Pawlowski in (574a) S.

gestellt"[1] werde; weiterhin wird auch erwähnt, daß "jeder Mitarbeiter Mitglied des Unternehmens werden" soll, aber die partnerschaftliche Zusammenarbeit als wesentliche Grundlage des Modells wird ausgelassen; stattdessen argumentiert "Die Welt" mit dem Schlüsselbegriff "Parität", die sie fälschlicherweise auch dem Vorstand zuschreibt.

Etwas intensiver hat sich Hajo Goertz im "Rheinischen Merkur"[2] mit dem KAB-Vorschlag auseinandergesetzt: Richtig interpretiert er als Ziel die Statusveränderung der Arbeitnehmer, beurteilt positiv die Verbindung mit der Gewinnbeteiligung, wiederholt aber auch gängige Kritikpunkte: So erscheint die Einbindung der Unternehmensleitung in den Aufsichtsrat (angelsächsisches Board-System) als bedenklich "weil die zu Kontrollierenden sich auf diese Weise selbst mitbeaufsichtigen".

Weiterhin wird bei der Abgrenzung des Geltungsbereiches vor allem das Kriterium "Anonymität" beanstandet; auch "die unmittelbare Ableitung dieses Unternehmensmodells aus Grundideen der katholischen Soziallehre bedarf sicherlich noch der Überprüfung". Die schon erwähnte, ausführliche Stellungnahme von Pawlowski in "Publik-Forum" zieht insgesamt eine positive Bilanz, sieht aber große Schwierigkeiten für die Realisierung für eine "solche tiefgreifende Neuordnung", wobei es um mehr als die "Glaubwürdigkeit der KAB" gehe: "Mit unserer Demokratie wird es nämlich auf Dauer unerträglich sein, auf dem Felde der Wirtschafts- und Gesellschaftpolitik auf einfache 'konzertierte Aktionen' mit Wirtschaftsmächten angewiesen zu sein, deren Legitimation und Perspektiven ganz oder vorrangig vom Kapitalinteresse bestimmt sind."[3]

---

1) "Die Welt" v. 5.12.1977, S.11. Die KAB wird in diesem Artikel als "Gewerkschaftsflügel der CDU" bezeichnet (vielleicht in Verwechslung mit der CDA), obwohl sie gerade keine Parteiorganisation darstellt!
2) Goertz in (306a) S.18
3) Pawlowski (574a) S.14

Konkreter faßt der Theologieprofessor Ermecke[1] in einem Kommentar die Kritik am KAB-Modell[2]: Zunächst räumt er ein, daß der "Postularische Laborismus" des Modells, der in Gegenposition zu den "bislang jedenfalls führenden katholischen Sozialphilosophen, etwa Gustav Gundlach ... und Johannes Messner, (als) ... neue, letztlich doch sozialphilosophische (!) Grundkonzeption ... die seit Jahren stagnierende katholische Gesellschaftslehre"[3] zum Nachdenken zwinge; deshalb sei es auch ein "diskussionswürdiger Versuch". Dennoch bringt er drei wesentliche, jeweils unterschiedlich angesetzte Einwände:

Zum ersten leide das Modell stark an der "Unklarheit der Begrifflichkeit", da kein einziger Begriff eindeutig definiert werde, vor allem fehle die schwierige Definition des "auch in der 'katholischen Soziallehre' noch weithin unbestimmt(en)" Begriffs Arbeiter oder Arbeiterschaft.

Der zweite Kritikpunkt beschäftigt sich mit "der sozialphilosophisch zwar gut gemeinten, aber im Grunde unbewiesenen Behauptung von der 'Gleichberechtigung' von 'Kapital und Arbeit', die, wenn man das überhaupt so formulieren wollte, wohl auf die betriebliche Mitarbeiterschaft, nicht aber, wie hier unbewiesen behauptet wird, auf das Unternehmen angewandt werden könnte."

Der letzte Einwand schließlich richtet sich gegen die "Nichtberücksichtigung der Erkenntnisse der Sozialphilosophie, wie sie bis zur Stunde noch gültig - weil wissenschaftlich begründet - G. Gundlach und J. Messner seit Jahren gerade auch gegen dies hier vorgeschlagene System vorgebracht haben". Ermecke sieht

---

1) Vgl. G. Ermecke (246a)
2) Ermecke in (247a) S.11, ebenso alle weiteren Zitate bis zur nächsten Fundstelle.
3) Sicherlich handelt es sich bei den genannten Personen um namhafte Vertreter der katholischen Soziallehre, allerdings nur einer bestimmten Richtung. Als "führend" kann sicherlich vor allem Oswald von Nell-Breuning bezeichnet werden, einer der geistigen Väter der Grundkonzeption des KAB-Modells.

deshalb in diesem KAB-Modell eine "ideologische ... Überbetonung der 'Arbeit' gegenüber dem 'Kapital'" und nennt es "postularisch", "wegen seiner mehr behaupteten als bewiesenen Grundlagen", ja er vergleicht es vom Ansatz her sogar mit einem "postularischen Atheismus", da "dort wie hier von einem einseitigen anthropologischen Ansatzpunkt aus etwas gefordert (werde), was aus einer umfassenden Anthropologie so nicht gefordert werden kann".

In einem an anderer Stelle veröffentlichten Kommentar[1] faßt er seine Kritik in fünf Thesen zusammen:

1) Der KAB-Vorschlag "bringt keine neuen Erkenntnisse";
2) unzutreffende Bestimmung des Verhältnisses zwischen Betrieb und Unternehmen;
3) keine Geltung für öffentlichen Dienst und kleinere Unternehmen;
4) realisiertes Modell verstärkt "primär die Machtposition der Gewerkschaften";
5) Widerspruch zwischen KAB-Modell und christlich-sozialem Verständnis.

Erweitert und verstärkt wird diese ablehnende Kritik in einer weiteren Stellungnahme Ermeckes[2], womit er auf eine Erläuterung des KAB-Modells von Vetterlein[3] mit 13 Punkten antwortet. Neben schon genannten Punkten weist Ermecke hier[4] auf den fundamentalen Unterschied zwischen Betrieb und Unternehmen hin, weshalb (man) "diese beiden verschieden strukturierten Sozialbereiche nicht durcheinanderwerfen oder in eins setzen kann". Ein Personenverband, den Ermecke lieber als "Personenmehrschaft" bezeichnet, kann nämlich nach

---

1) Ermecke (247c) S.86 ff.
2) Ermecke (247b) S. 248-251
3) Vetterlein (762a) S.186-197
4) Ermecke (247b) S.249
ebenso folgende Zitate

seiner Ansicht sein, entweder

- "freigewählter Art" wie z.B. ein Unternehmen oder
- "gebundener Art" mit wiederum zwei unterschiedlichen Verbindungsmechanismen, nämlich "auf Grund eines naturhaften Bandes" (Familie, Volk, Menschheit) oder "auf Grund eigener Wahl durch Eingliederung in ein bestehendes Ganzes"; zu letzterem gehöre auch die betriebliche Mitarbeitergemeinschaft.

Auch funktional stellt Ermecke Unterschiede fest: während er den Betrieb als eine "wir"-Verbindung nach innen sieht, verbindet das Unternehmen "den Betrieb über sein Produkt mit dem Markt zwecks Weiterverwendung des betrieblich gemeinsam erarbeiteten Produkts".

Weiterhin werden Gefahren für Unternehmen und Wirtschaft aufgezeigt, wenn das KAB-Modell verwirklicht werden sollte, so z.B. durch fehlende Haftung bei der Mitbestimmung, durch "gewerkschaftliche Expertokratie" als ein Hineinregieren von außen oder durch die unrealistische Wahlfreiheit der Arbeitnehmer[1].

Angesichts solcher schwerwiegender Einwände aus grundsätzlicher wie funktionaler Sicht kann Ermecke als Fazit "infolge falscher, weil ideologischer Interpretation selbst lehramtlicher Aussagen der Kirchen"[2] in dem Modell nur "einen postularischen Laborismus" sehen, der abzulehnen sei.

Inwieweit aber dieser Kritikansatz von Ermecke selbst kritikwürdig ist, wird unten nach der Zusammenfassung der Stellungnahmen zu überprüfen sein.

Ebenso ablehnend steht der Deutsche Gewerkschaftsbund dem KAB-Modell gegenüber, da er die kollektiven Beteiligungsrechte den individuellen prinzipiell vorzieht: So beruft sich Karl-Heinz Vorbrücken in einem kommentierenden Bericht in "Welt der Arbeit"[3] auf

---

1) Vgl. Ermecke (247b) S.250
2) Ermecke (247c) S.88
3) Karl-Heinz Vorbrücken (781a) S.6; ebenso folgende Zitate

"geltende Prinzipien", wobei er an Tarifautonomie und Gegnerfreiheit erinnert, dazu gehört für ihn aber auch "die Aufgabe des Ordnungsfaktors Gewerkschaften als Gegenmacht in unserer Gesellschaft", was durch das Modell gefährdet sei.

Auch aus tarifpolitischen Überlegungen spricht sich Vorbrücken gegen das neue Modell aus, da es "konsequent durchdacht nicht nur unlösbare Konflikte in die Gewerkschaften tragen, sondern auch zwei Klassen von Arbeitnehmern schaffen (würde): Mitglieds-Arbeitnehmer und solche mit herkömmlichem Arbeitsvertrag".

5.442 Kritik zur Modellkritik

Zieht man knapp zwei Jahre nach der Veröffentlichung des Modells eine Zwischenbilanz[1] über die bisherige Diskussion, kann man im wesentlichen folgende drei Punkte festhalten:

- Das Modell erzielte nach seiner Bekanntgabe breites öffentliches Interesse in der Berichterstattung[2];
- bis auf wenige Ausnahmen wurde das Modell in die gängige Mitbestimmungsdiskussion und deren Ordnungsprämissen eingereiht, und zwar ohne die Erkenntnis, daß ihm eine völlig neue Qualität von Unternehmensordnung zugrunde liegt ;
- Das Modell findet prinzipielle Zustimmung mit Kritik in Detailfragen[3] oder radikale Ablehnung aus ebenso prinzipiellen oder auch funktionalen Gründen[4].

Damit scheint das Modell in die gleiche Sackgasse zu geraten wie alle bisherigen Mitbestimmungskonzeptionen, zu denen ja gerade eine Alternative angeboten werden

1) Das Modell soll erst im Herbst 1979 nach intensiver, verbandsinterner und öffentlicher Diskussion von der KAB endgültig verabschiedet werden.
2) Vgl. dazu die von der KAB zusammengestellte Presseschau.
3) so z.B. Pawlowski (574a)
4) Ermecke in: (247c) und (247b) und Vorbrücken (781a)

sollte. So vielschichtig die Kritikansätze gegensätzlicher Positionen auch sind, so lassen sich dennoch Argumentationslinien herausschälen und einander zuordnen, ja letztlich auf zwei grundsätzliche Positionen reduzieren:

- Das bestehende Verhältnis der Unterordnung der Arbeitnehmer unter die Arbeitgeber kann zwar quantitativ, nicht aber qualitativ geändert werden; damit bleibt eine völlige Gleichberechtigung der Gruppen im Unternehmen ausgeschlossen.
- Das Verhältnis der Produktionsfaktoren Arbeit und Kapital soll zwar geändert werden, nicht aber zu einem dynamischen Gleichgewicht hin, sondern in eine Unterordnung des Kapitals unter die Arbeit.

Zur Verteidigung der erstgenannten Positionen werden alle aus der Mitbestimmungsdiskussion schon bekannten Argumente wiederholt. Auffällig dabei ist die Verquickung von subjektiven Werturteilen mit angeblich normativen Maßstäben oder auch subjektive Wertungen von Reformanhängern.

So urteilt z.B. Ermecke über den namhaften Sozialtheologen Klüber, der nicht nur zum Kreis der Reformbefürworter zu zählen ist, sondern auch in seinen Arbeiten argumentativ die Rechtsausweitung für die Arbeitnehmer von der christlichen Soziallehre her unterstützt[1], es handele sich dabei um eine Sammlung von "lebensfremden, wissenschaftlich falschen, im Lichte katholischer Soziallehre törichten ideologischen Thesen"[2].

In einer solchen Wertung scheint sich ein bedenkliches Verständnis von Wissenschaft eingeschlichen zu haben: Ermecke spricht selbst von der Dreistufigkeit der "Katholischen Soziallehre", deren zweite Stufe die kirchliche Verkündigung interpretiert, indem sie "jene auf ihren expliziten und impliziten Inhalt untersucht,

1) Vgl. Klüber (422)
2) Ermecke (247) S.265

kritisch systematisch darstellt und dem Kairos gemäß konkretisiert"[1]. Allein die Möglichkeit, wissenschaftlich exakt definieren zu können, was "Kairos gemäß konkretisieren" heißt, muß bezweifelt werden. Auch die dritte Stufe katholischer Soziallehre, die Offenlegung der Fundamente "unter Hinzunahme aller heilsrelevanten Erkenntnisse anderer Sozialwissenschaften"[2] scheint - jedenfalls auf der Basis eines solchen Verständnisses von der Katholischen Soziallehre - die Wertung eines Ordnungsmodells mit wissenschaftlichen Maßstäben unmöglich zu machen, da die Kriterien für "heilsrelevante Erkenntnisse anderer Sozialwissenschaften" weder theoretisch noch empirisch abgrenzbar sind.

Gerade wegen dieser Schwierigkeiten der Eingrenzung hat die katholische Kirche in ihren offiziellen Äußerungen - zumindest im Bereich der Mitbestimmung - es vermieden, neben ethischen Wert- und Zielvorstellungen zu deren Realisierung auch konkrete Ordnungsmodelle vorzuschlagen.

Dennoch glaubt Ermecke, eine wertintegrierende Konkretisierung mit dem Maßstab wissenschaftlicher Objektivität belegen zu können, ohne irgend ein Kriterium dafür zu nennen.

Die Fragwürdigkeit seines Kritikansatzes zeigt auch ein anderes Beispiel: Ermecke meint, daß "das reiche Schrifttum von O.v. Nell-Breuning ... in dieser sozialphilosophisch grundlegenden Diskussion nicht zu erwähnen (sei), da er (Nell-Breuning) von sich sagt ... 'daß ich kein Sozialphilosoph war, sondern Ökonom und Jurist...'. Damit entfallen auch die nun sicher in seinem Sinne von seinem Schüler H.-J. Wallraff als Mitarbeiter an diesem KAB-Papier investierten Gedanken."[3]

---

1) Ermecke (247) S.262
2) Ermecke (247) S. 262
3) Ermecke, in: (427c) S.87; Nell-Breuning (552a) S.118

Wenn Ermecke aber Nell-Breuning und seine Schüler aus einer kritischen Betrachtung ausschließt, nur weil jener von sich einmal sagt, er sei kein Sozialphilosoph, andererseits aber feststellt, die christliche Gesellschaftslehre lebe auch von "heilsrelevanten Erkenntnissen anderer Sozialwissenschaften", scheint in dieser Argumentationsweise ein Widerspruch zu liegen, der einen sehr subjektiv geprägten Wissenschaftsbegriff Ermeckes vermuten läßt.

Insofern muß auch die gesamte Kritik Ermeckes am KAB-Modell und dessen ethischen Grundlagen relativiert werden, wenigstens insoweit, als sie nicht die wissenschaftliche Objektivität der christlichen Soziallehre, noch weniger die anderer Sozialwissenschaften für sich beanspruchen kann.

5.443 Ansätze zur Wertung des Modells

Entsprechend dem dreiteiligen Aufbau des KAB-Modells mit den Abschnitten: allgemeine Grundlagen, das neue Unternehmensrecht und Auswirkungen auf andere Institutionen, scheint auch eine dreigliedrige Wertung sinnvoll, zumal es sich um unterschiedliche Aussagequalitäten im Modell handelt.

Der erste Komplex der Modellbeschreibung ist primär normativ-ethisch geprägt und läßt sich auf die Kernfrage reduzieren: Was sind die - wie auch immer festgelegten - Bestimmungsmerkmale für das Verhältnis von Arbeit und Kapital in der Industriegesellschaft?

Als kirchlich orientierte Organisation bezieht die KAB ihre diesbezüglichen Normen natürlicherweise zunächst aus der christlichen Gesellschaftslehre und hält sich dabei an durchaus gängige Interpretationen des kirchlichen Schrifttums[1]. Diese Normen verknüpft die KAB

---

1) Als Grundlage dienen die Sozialenzykliken und die Aussagen des II. Vatikanischen Konzils; vgl. dazu: KAB (406b)

selbst mit jenen aus der Verfassung der Bundesrepublik und einzelner Bundesländer und stellt darin über weite Strecken eine Gleichheit der intentionalen Aussagen fest.

Mit dieser Gegenüberstellung kann natürlich nicht der Anspruch objektiver Richtigkeit der eigenen Norminterpretation postuliert werden - diesen Anspruch erhebt die KAB auch nicht. Dennoch reicht für sie die Verbindung von sozialethischen und verfassungsnormativen Postulaten aus, um zur Erkenntnis zu gelangen, daß die beiden Gruppen der Arbeitnehmer und Kapitalgeber zumindest gleichrangig neben- und miteinander tätig sein müssen, insofern als eben jede Tätigkeitsart direkt an einzelne Personen gebunden ist.

Diese Wertentscheidung, die sich ohne unauflösbare Widersprüche aus den gesamten Normcodices ableiten läßt und auch in weiten Bereichen verschiedener Wissenschaften ebenso wie in der politischen Praxis anerkannt wird, dient dann als Maßstab für die Bewertung der mikroökonomischen Organisationsstrukturen, wobei ein erheblicher Widerspruch zwischen Theorie und Praxis konstatiert wird. Auch dieser analytische Schritt kann ohne größere Bedenken noch nachvollzogen werden.

Problematischer zeigt sich dann aber der zweite Abschnitt der Modellbeschreibung, und zwar aus vielerlei Gründen: Zunächst ist das Modell in beiden Bereichen sehr allgemein oder skizzenhaft, so daß viel Raum für Mißverständnisse bleibt. So kann die Ausprägung der eigenen Rechtspersönlichkeit für das Unternehmen - das prinzipiell Neue gegenüber dem geltenden Recht - nicht deutlich genug abgeleitet werden; ein Manko, das zu vielen Falschinterpretationen führte.

Selbst wenn es sich bei der Vorlage nur um einen ersten Diskussionsentwurf handelt, sollte das Modell wenigstens so weit umrissen sein, daß interpretatorische Irrwege ausgeschlossen bleiben, da diese Voraussetzung erst die vorgesehene Offenheit der Regelung von Detailfragen ermöglicht[1].

Damit sind auch schon die positiven Punkte des Modells angesprochen: Zunächst muß hier die zugrundegelegte Entscheidungsfreiheit der betroffenen Arbeitnehmer erwähnt werden, mit der das Grundprinzip der negativen Koalitionsfreiheit gewährleistet bleibt, ebenso wie Freiwilligkeit und Vertragsfreiheit als weitere grundlegende Prinzipien unserer Wirtschaftsordnung[2].

Die juristische Fixierung des Unternehmens als Rechtspersönlichkeit sui generis scheint die folgerichtige Konsequenz aus dem ethischen Postulat der Gleichberechtigung aller im Unternehmen tätigen Personen. Auch wenn das Gesellschaftsrecht als zentraler Teil des gesamten Wirtschaftsrechtes durch die lange Tradition juristisch wie faktisch in der geltenden Rechtsform sehr stark ausgeprägt ist und damit ein nicht zu unterschätzendes Beharrungsvermögen haben dürfte, scheint es dennoch möglich, dieses als ein der Verfassung nachgeordnetes Recht mittel- bis langfristig in der von der KAB vorgeschlagenen Richtung weiterentwickeln zu können.

Gerade dadurch, daß die Arbeitnehmermitgliedschaft auf den Arbeitnehmerstatus selbst begründet wird, ohne daß dafür ein materieller Gegenwert in Form einer Kapitaleinlage gefordert wird, unterscheidet sich die KAB-Konzeption von den, wegen chronischem Kapitalmangel nie sehr erfolgreichen, Produktionsgenossenschaften[3]. Auch das von Steinbrenner und Wenkebach vor wenigen Jahren vorgelegte Modell der Arbeitnehmerbeteiligung

---

1) Eine Präzisierung des Modells erfolgte in der zweiten Fassung, die für den Verbandstag der KAB im September 1979 vorbereitet wurde. Vgl. Anlage 5.6 im Anhang.
2) Vgl. dazu Biedenkopf (375p) S.120 ff.
3) Der Kapitalmangel ist nur einer der Gründe für mangelnde Attraktivität der Produktivgenossenschaften. Mangelnde Kreditbonität wird ebenso angeführt, wie das "Close-shop-Verhalten", d.h. die mit dem Erfolg wachsende Tendenz keine weiteren Gesellschafter mehr zuzulassen, sondern sie als Arbeitnehmer einzustellen, womit der Grundstein zur Kapitalgesellschaft gelegt wird.
Vgl. dazu: Hoppe (375).

durch "Arbeitsparte" mit materieller Abstützung fand aus ähnlichen Gründen bisher keine Resonanz[1].

In den Stärken der Produktivgenossenschaften bzw. des Steinbrenner/Wenkebach-Modells liegt zugleich die Schwäche der KAB-Konzeption: Binden die beiden ersteren unternehmerische Tätigkeit der Arbeitnehmer an Kapitalanlagen, womit auch über schwankende Verzinsung und Kapitalwerte eine direkte Mitverantwortung gewährleistet wird, verzichtet die KAB auf diese Koppelung von unternehmensrechtlicher und materieller Beteiligung der Arbeitnehmer. Für die KAB trägt der Arbeitnehmer das Arbeitsplatzrisiko und damit auch Verantwortung für seine Tätigkeit.

Denkt man allein in sozialethischen Kategorien, kann dieser Auffassung nicht widersprochen werden, zumal dann nicht, wenn man, wie die von der KAB vertretene christliche Gesellschaftslehre, in der Arbeit eine fundamentale Funktion des Menschseins sieht. Die Einschränkung oder gar der Verlust des Arbeitsplatzes führt somit direkt zur durch nichts anderes ausgleichbaren Einschränkung der - auch grundsätzlich garantierten - Entfaltungsfreiheit und Selbstverwirklichung der Person.

Für die Praktikabilität von Modellen sind darüberhinaus aber noch andere Faktoren relevant, so vor allem die Kompatibilität mit übergeordneten Ordnungsprinzipien, es sei denn, auch diese Prinzipien werden verändert wegen ihres (möglichen) Widerspruchs zu den ethischen Normen.

Da in dem vorliegenden KAB-Modell aber weder die Soziale Marktwirtschaft noch die rechts- und sozialstaatliche Demokratie in Frage gestellt werden, im Gegenteil gerade deren Institutionen teilweise mit dem neuen Modell verkoppelt werden[2], kann man davon ausgehen, daß eine Stärkung der Ordnungsprinzipien

1) Vgl. Steinbrenner (713)
2) Vgl. dazu Abschnitt III des Modells.

der Gesamtsysteme intendiert ist. Dann aber muß das Modell konsequenterweise auch systemkonform - soweit nicht expressis verbis Reformen angesprochen werden - angelegt sein.

Die Regelung der Haftungsfrage für unternehmerische Entscheidungen bleibt auch unter anderen Perspektiven unbefriedigend: Wer soll den Gläubigern jeglicher Art gegenüber (Kreditgeber, Lieferanten, Arbeitnehmer usw.) die Haftung übernehmen, das Unternehmen oder die Gesellschaft der Kapitalgeber? Tritt hier das neu organisierte Unternehmen in Funktion, in dem die Arbeitnehmer ebenso persönliche Mitglieder sind wie die Kapitaleigner, dann stellen sich eine Reihe bisher unbeantworteter Fragen:

- Wie kann das Unternehmen mit der Kapitalgesellschaft so verbunden werden, daß die Haftung juristisch definierbar und auch justitiabel bleibt?
- Wie werden im Konkursfalle ausstehende Löhne im Vergleich zu Kapitaleinlagen behandelt?
- Wird die Investitionsfreude der Kapitalgeber beeinflußt, wenn sie zwar die maßgeblichen Entscheidungen nicht mehr in ihrer eigenen Gesellschaft mittragen, wohl aber die Haftung für die Ergebnisse übernehmen sollen?[1)]
- Läßt sich die Konzeption im Rahmen des bisherigen Verfassungsverständnisses verwirklichen (vor allem Art. 14) oder ist eine Änderung notwendig?[2)]
- Wie weit kann eine extensive Auslegung der Sozialpflichtigkeit des Privateigentums die Verfügungsgewalt über das Privateigentum einschränken, ohne diese Rechtsinstitution in seiner ursprünglichen Qualität aufzuheben?

Allein schon der Fragenkatalog zum Thema materielle Haftung zeigt überdeutlich, daß ein Modell auch in

---

1) Diese Frage wurde zwar bei jeder Mitbestimmungsausweitung ebenfalls gestellt, ohne daß bislang signifikante Auswirkungen nachgewiesen werden konnten. Vgl. z.B. Biedenkopfkommission (187) Durch die neue Unternehmensverfassung wird aber eine neue Qualität der Rechtsbeziehung geschaffen, deren Auswirkungen anders als bisher auftreten können.

2) Diese Frage hat auch das Bundesverfassungsgericht

den Auswirkungen nicht nur durchdacht, sondern auch beschrieben werden muß, um von vornherein irreparable Fehler auszuschließen und um die Chancen zur Realisierung der Konzeption zu erhalten.

Selbstverständlich können hier, schon aus Gründen mangelnder Modellklarheit, nicht alle Auswirkungen ausgelotet werden.

Ein schwerwiegendes Problem muß allerdings aufgezeigt werden: Den Steuerungsmechanismus für die Investitionsbereitschaft von Kapitalanlegern stellt in der Sozialen Marktwirtschaft die Gewinnerwartung bzw. der tatsächliche Gewinn dar. Danach werden auch die unternehmenspolitischen Entscheidungen wesentlich ausgerichtet.

Dieser Mechanismus scheint aber substantiell verändert, wenn das Risiko auf die Arbeitsplatzsicherheit verlagert wird. Zwar sieht die KAB auch eine Gewinnbeteiligung für die Arbeitnehmer vor, aber eben nur fakultativ; die unternehmensübergreifende Fixierung der Arbeitsentlohnung durch Branchentarifverträge soll voll erhalten bleiben, so daß also das Risiko schwankender Rendite der unternehmerischen Tätigkeit primär auf die Kapitalanleger begrenzt bleibt. Das Lohnrisiko nämlich - z.B. bei Kurzarbeit - wird in der Sozialen Marktwirtschaft durch ein System von Sozialversicherungen und Ausfallentscheidungen von einzelnen Arbeitnehmern auf die Gemeinschaft verlagert, das Gleiche gilt - wiederum aus materieller Sicht - für die Arbeitslosigkeit.[1)]

(Forts. Fußnote)
nicht beantwortet, da die Begründung des Mitbestimmungsurteils sich nur auf den Tatbestand des Mitbestimmungsgesetzes bezog.

1) Vielfach wird sogar diese großzügige materielle Absicherung als eine der Ursachen hoher Arbeitslosigkeit angeführt, da Arbeitsentgelt und Versicherungsleistung oft den gleichen Betrag erreichen. - Die Richtigkeit solcher Thesen konnte in Bezug auf den motivationalen Einfluß bisher nicht eindeutig belegt werden.

In der nicht zu leugnenden Konkurrenz sozialethischer Forderungen und funktionaler Steuerungsprinzipien scheint also bislang das KAB-Modell die Praktikabilität etwas unterbewertet zu haben.

Offen bleibt somit die Frage, ob der Gewinnmechanismus letztlich als Steuerungsprinzip aufgehoben werden soll, oder ob das Modell in der zentralen Vernetzung mit dem gesamtwirtschaftlichen System noch nicht weit genug durchdacht und entsprechend ausgeformt werden konnte.

Schließlich soll noch das neu konzipierte Organ der Kapitalgeber, der "Anleger-Rat", kritisch betrachtet werden. Auch hier sind noch viele Fragen offen:

- Soll der Anleger-Rat die Funktion des bisherigen Aufsichtsrates übernehmen, oder nur Teile davon oder auch andere Aufgaben zusätzlich erhalten?
- In welchem Verhältnis steht er zum Betriebsrat?
- Welchen Einfluß hat die Erweiterung der Kontroll- und Mitentscheidungsorgane neben dem Aufsichtsrat und dem Betriebsrat auf die Funktionsfähigkeit der Unternehmen?
- Wie soll der Anleger-Rat in das geltende Gesellschaftsrecht eingebaut werden, wenn die bisherigen Rechtsformen der Kapitalgesellschafter erhalten bleiben sollen?

Wenn auch die bisher genannten Kritikansätze keinen Anspruch auf Vollständigkeit erheben können, soll die kritische Stellungnahme hier beendet werden, da das Modell mitten in einer breiten Diskussion steht, die viele offene Fragen und schwierige Probleme zu klären hilft.

5.45 Die Bedeutung des KAB-Modells

Ihrem eigenen Anspruch gemäß wollte die KAB mit ihrem Modell die Diskussion um die Unternehmensverfassung mit neuen Argumenten beleben, nachdem mit der Verabschiedung des Mitbestimmungsgesetzes der politische Kampf um die Mitbestimmung für die über viele Jahre laufende Diskussion entschieden war. Ob dies gelingt, kann nach der Veröffentlichung eines ersten Modellentwurfs schwer beurteilt werden: In Parteien, Gewerkschaften und Verbänden wird intern zwar darüber diskutiert, nach außen dringt davon, nachdem der Reiz des Neuen nicht mehr vorhanden ist, nur wenig.

Inwieweit die wirtschafts- und konjunkturpolitische Hauptsorge der Bekämpfung einer über Jahre hinweg gleichermaßen hohen Arbeitslosenquote eine Rolle spielt, kann nur vermutet werden: In Krisenzeiten werden Reformen wohl eher in das zweite Glied politischer Aktivitäten gerückt. Auch das Abwarten der Entscheidung des Bundesverfassungsgerichtes dürfte die Diskussionsfreudigkeit gedämpft haben.

Für die Sache selbst aber bleibt das Modell doch von Bedeutung. Die gegenwärtige Ordnung des Unternehmens steht im Widerspruch zu sozialstaatlichen Vorstellungen, wie diese auch immer begründet sein mögen, und bedarf deshalb einer Reform. Da die bisherigen Mitbestimmungsgesetze nur einen kleinen Teil der Unternehmen erfassen und außerdem auch nur auf der Basis der bisherigen Ordnung angesiedelt sind, bleibt die Realisierung einer neuen Unternehmensverfassung weiterhin eine wichtige politische Aufgabe. Dazu gibt dies KAB-Modell für all diejenigen Richtungshinweise und Arbeitshilfen, die auf die Individualität des Menschen und sein Recht auf Selbstentfaltung und Selbstverwirklichung bauen. Insofern leistet es gute Dienste als Alternative zu den Reformvorstellungen, die den Menschen primär als Glied einer Gesellschaft sehen und deshalb kollektivistisch geprägte Ordnungsmodelle propagieren.

Auch wenn das KAB-Modell noch viele Schwächen aufweist, wie sie teilweise in der Kritik auch genannt wurden, ist es unter verschiedenen Gesichtspunkten für diese Arbeit relevant:

Es geht von der prinzipiellen Gleichberechtigung aller im Unternehmen tätigen Personen aus und fordert deshalb eine neue Unternehmensverfassung, deren Grundlage die Konzeption des "Personalverbandes Unternehmen" darstellt. Die bisherigen Ordnungsprinzipien Entscheidungs-, Vertrags- und Vereinigungsfreiheit bleiben dabei erhalten, ebenso wie die makroökonomische Ordnung der Sozialen Marktwirtschaft.

Damit hat die KAB einen Grundstein für die Entwicklung einer neuen Unternehmensverfassung gelegt, mit dem die Konzeption des Sozialverbandes Unternehmen weiterentwickelt werden kann.

6. Der Sozialverband Unternehmen in der Praxis: Mitarbeiterbeteiligung bei Opel-Hoppmann

6.1 Das Unternehmen

Das 1936 von Martin Hoppmann gegründete Unternehmen verkauft als Opel-Vertragshändler neue und gebrauchte Kraftfahrzeuge einschließlich Ersatzteilen und Zubehör und setzt Fahrzeuge in der eigenen Werkstätte wieder instand[1]. Nach dem Tod des Firmengründers im Jahre 1957 wurde sein Sohn, Klaus Hoppmann, Nachfolger, 1966 Alleininhaber.

In dem Stammbetrieb in Siegen, sowie zwei Zweigbetrieben der näheren Umgebung sind ca. 250 Arbeitnehmer beschäftigt und zwar jeweils zur Hälfte im gewerblichen - meist als Facharbeiter - und kaufmännischen Bereich.

1973 wurde das Unternehmen in eine GmbH umgewandelt, deren Kapital zu 98,5 % von der durch den Inhaber Klaus Hoppmann 1974 gegründeten Stiftung "Demokratie im Alltag" gehalten wird. Für die Jahre 1976/1978 nennt das Unternehmen folgende Kennzahlen[2]:

Tabelle 6.1 Unternehmens-Kennzahlen

	1976	1978
- Stammkapital	2.400 000	2.400 000
- Gesamtumsatz	44.000 000	55.000 000
- Verkauf Neu-Kfz	2.200	2 400
- Verkauf Gebraucht-Kfz	1.800	1 900
- Mitarbeiterkapital	1.345 180	2.100 000
- Beteiligte Mitarbeiter	220	240
- Durchschnittsanteil pro Mitarbeiter	6.115	8 400
- Durchschnitts-Gewinnausschüttung (in % des Monatslohnes)	197 %	177 %

1) Vgl. dazu: Mitdenken bringt Gewinn (375c) S.154 ff.
2) Die Zahlen stammen aus dem Unternehmen selbst, Stand 1979

Diese Zahlen zeigen, daß es sich zwar um ein mittelständisches Unternehmen durchschnittlicher Größenordnung handelt; innerhalb des Bereichs von Kraftfahrzeugverkaufs- und Werkstattbetrieben es aber schon zur Gruppe der Großen zu rechnen ist[1].

Schon 1961, also wenige Jahre nach der Übernahme des Unternehmens, führte der Unternehmer Hoppmann die Gewinnbeteiligung ein, 1969 folgte eine wesentliche Erweiterung[2] durch eine weitgehende Mitbestimmung auf den Ebenen Arbeitsplatz und Unternehmen.

Damit scheint Opel-Hoppmann als Modellunternehmen für die Forschung besonders interessant: Zum einen besteht das Modell schon fast zwei Jahrzehnte, so daß durch die kontinuierliche Zusammenarbeit von Kapital und Arbeit wesentliche Erfahrungen gesammelt und ausgewertet werden können. Zum anderen handelt es sich bei Opel-Hoppmann um eines der umfassendsten der existierendon Modelle, vielleicht sogar um "das interessanteste und weitreichendste Modell zur Humanisierung des Arbeitslebens ... in der Bundesrepublik"[3].

6.2 Entwicklung des Beteiligungsmodells

Wie bei den meisten Beteiligungsmodellen ging auch hier die Initiative vom Firmeninhaber aus: Klaus Hoppmann hat sehr bald nach dem Tod seines Vaters damit begonnen, die Mitarbeiter zu beteiligen.

Zunächst wurde 1961 eine Erfolgsbeteiligung[4] eingeführt, die auch die Voraussetzung für die später

---

1) Schon 1971 lag Opel-Hoppmann auf Platz 23 unter den 995 Opel-Vertragshändlern; vgl.(375c), S.155

2) Die erste Betriebsvereinbarung zur Mitbestimmung wurde am 9.9.69 abgeschlossen, heute ist die 6. Fassung vom 1.8.78 gültig. Der Text ist als Anlage 6.2 vollständig wiedergegeben.

3) Psychologie heute (382) , S.40

4) Das Erfolgsbeteiligungssystem wurde 1969 wesentlich verändert und in der bis heute in ihren Grundsätzen gültigen Form in der Betriebsvereinbarung zur Erfolgsbeteiligung fixiert (BVE). Siehe Anlage Nr. 6.1

institutionalisierte Mitbestimmung schuf. Der "Partnerschaftsausschuß", zuständig für die gemeinsame Erarbeitung und Durchführung der Regularien für die Erfolgsbeteiligung, war in diesem Unternehmen das einzige Organ, in dem sich Vertreter des Unternehmers und der Arbeitnehmer gegenüber saßen.

In jahrelanger Arbeit wurden damit die Erfahrungen in der Zusammenarbeit gesammelt, aufgrund derer dann 1969 die nächste Stufe der Beteiligung eingeführt werden konnte: die Mitbestimmung auf den Ebenen Unternehmen und Arbeitsplatz.

Da das Unternehmen weder nach dem Unternehmens- noch nach dem Arbeitsrecht einen Aufsichtsrat bilden muß, in dem allein gesetzlicherseits wirtschaftliche Mitbestimmung im Unternehmen vorgesehen ist, wurde ein paritätisch besetzter Wirtschaftsausschuß installiert und mit weitgehenden Mitbestimmungsrechten versehen[1].

Im Gegensatz zur Mitbestimmung im Wirtschaftsausschuß vollzieht sich aber die eigentlich persönlichste Art der Mitbestimmung auf der Ebene des Arbeitsplatzes: Die gesamte Belegschaft ist in zwanzig Arbeitsgruppen aufgeteilt, in denen jeder einzelne Arbeitnehmer Mitberatungs- und Entscheidungsrechte direkt wahrnehmen kann und zwar in dem Bereich, der ihn am stärksten betrifft: im täglichen Arbeitsablauf.

Die Rechte der Arbeitnehmer sind vertraglich fixiert in der Betriebsvereinbarung zur Mitbestimmung. Gerade der vertraglichen Regelung kommt eine besondere Bedeutung zu, da die Mitarbeiter damit verbriefte Rechte haben, statt vom Wohlwollen des Unternehmers abhängig zu sein[2].

---

1) Im Gegensatz dazu wird nach dem geltenden BetrVG der Wirtschaftsausschuß nur durch den Betriebsrat eingesetzt; dabei braucht der BR nicht nur eigene Mitglieder zu berufen. Vgl. §§ 106-110.

2) Die Betriebsvereinbarungen lassen sich jederzeit verändern, "wenn die Beteiligten zu besseren Erkenntnissen kommen". Vgl. Informationsblatt (Anlage Nr.6.5a), S.2

Als wesentliches Motiv, seine Mitarbeiter umfassend durch Mitbestimmung auf allen Ebenen am Unternehmen teilhaben zu lassen, nennt der Unternehmer Hoppmann "die Einsicht, daß es der Würde des Menschen entspricht, über seine Verhältnisse selbst zu bestimmen. Deshalb sollte es auch in unserem Betrieb so wenig Fremdbestimmung wie nötig, so viel Selbstbestimmung wie möglich geben. Die für uns denkbar beste Form einer betrieblichen Zusammenarbeit sahen wir in der Mitbestimmung in Verbindung mit einer Erfolgsbeteiligung."[1)]

Diese Grundgedanken sind auch in § 1 der ersten Betriebsvereinbarung zur Mitbestimmung verankert und bis heute unverändert übernommen:

"Der Würde und der freien Entfaltung der Persönlichkeit ist im Betrieb Geltung zu verschaffen. Daher sind autoritäre Führungsmethoden im Betrieb durch demokratische zu ersetzen. Das Direktionsrecht der Geschäftsleitung darf nicht ohne zwingende Notwendigkeit die Selbständigkeit und Eigeninitiative des einzelnen Mitarbeiters und der Arbeitsgruppen einengen. Vielmehr sind die Verantwortung und die entsprechenden Befugnisse so weit wie möglich von der Geschäftsleitung zum Mitarbeiter zu übertragen. Die Mitarbeiter, die Arbeitsgruppen und der Betriebsrat sollen bei den betrieblichen Planungen und Entscheidungen nach Maßgabe dieser Betriebsvereinbarung mitwirken und mitbestimmen."[2)]

Entscheidend für die Doppelgleisigkeit der Mitbestimmung war die Erkenntnis, daß die "Mitbestimmung auf Unternehmensebene ... nur durch Repräsentanten der Arbeitnehmer ausgeübt werden (kann). Es fehlt der Kontakt zur Basis, die Probleme am Arbeitsplatz werden nicht in der gewünschten Weise erfaßt, deshalb wurde das System der Arbeitsgruppen geschaffen."[1)]

1) Klaus Hoppmann (375a) S.1
2) Betriebsvereinbarung zur Mitbestimmung vom 9.9.69
3) Klaus Hoppmann (382) S.41

Da der Betriebsrat sowohl funktionell als auch personell in das gesamte Mitbestimmungssystem eingebunden ist, sind alle drei Ebenen gleichermaßen institutionell durch eine Mitbestimmung abgedeckt und miteinander verzahnt:
Vom Arbeitsplatz (Arbeitsgruppen) über den Betrieb (Betriebsrat) bis zum Unternehmen selbst (Wirtschaftsausschuß[1])).

Damit auch auf Dauer betriebsfremde Einflüsse, z.B. durch Erbfolge in der Unternehmerfamilie, verhindert werden, gründete der Unternehmer 1974 die unauflösbare Stiftung "Demokratie im Alltag", übertrug ihr seinen GmbH-Anteil und neutralisierte damit das Produktivkapital. Er selbst blieb Geschäftsführer der Hoppmann GmbH.

Aufgrund dieser weitgehenden materiellen wie immateriellen Regelungen wird die Mitarbeiterbeteiligung als "rundes System" bezeichnet und auch entsprechend bildlich dargestellt:

Schaubild 6.1
<u>Mitarbeiterbeteiligung bei Opel-Hoppmann - ein rundes System</u>!

Der Zusammenhang der verschiedenen Beteiligungsbereiche geht aus nebenstehendem Schaubild hervor:

Der innere Kreis veranschaulicht die angestrebten Ziele, die äußeren Segmente beschreiben den Weg und die Instrumente der Zielverwirklichung.

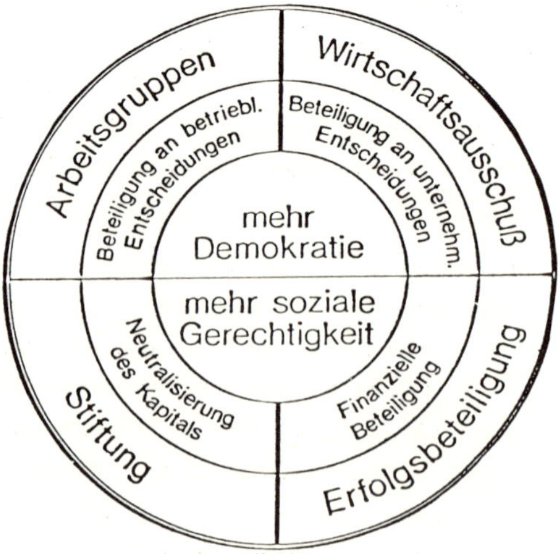

Quelle: BMFT-Forschungsbericht (137) S. 9

1) Gemeint ist hier der Wirtschaftsausschuß entspre-

Schon dieser skizzenhafte Überblick über die Modellentwicklung läßt eine Gewichtung der einzelnen Modellzweige erkennen:

Die Erfolgsbeteiligung wurde zwar als erster Teil eingeführt, sehr bald wurde aber erkannt, "daß die Frage der Selbstverwirklichung des Arbeitnehmers wichtiger ist als die der materiellen Beteiligung"[1].

Schließlich ist noch auf eine andere Modellkomponente hinzuweisen: Bei der Realisierung und Weiterentwicklung der Mitarbeiterbeteiligung wurde auf die Information und Motivation der Arbeitnehmer so großen Wert gelegt, daß die gesamte Belegschaft durch eine breite systematische Seminararbeit sukzessive einbezogen wurde[2].

Diese äußerst aufwendige Seminararbeit - durchgeführt während der normalen Arbeitszeit - schien den Verantwortlichen nötig, um die Betroffenen nicht nur auf die neue Betriebsform vorzubereiten, sondern ihnen auch die Möglichkeit zu geben, selbst an der weiteren Entwicklung mitzuwirken, um sich noch besser mit dem Modell identifizieren zu können.

"Ein Mitbestimmungsmodell funktionsfähig zu machen, ist weitgehend eine pädagogische Aufgabe. Mitarbeiter müssen geschult werden. Sie müssen wirtschaftliches Wissen erwerben und Fähigkeiten, die in Psychologie und Pädagogik als 'soziale Kompetenz' umschrieben werden: Reden mit Kollegen, Vortragen eigener Vorstellungen, Zuhören (dies speziell für Führungskräfte)."[3]

(Forts. Fußnote)
chend der Betriebsvereinbarung, der gegenüber der Regelung nach dem BetrVG II wesentlich mehr Rechte hat.

1) Hoppmann (375d) S.3
2) Seit April 1975 wurden die meisten Seminare mehrtägig mit einem direkten Kostenaufwand von insgesamt DM 380.000,-- durchgeführt, wovon das Bundesministerium für Forschung und Technologie DM 250.000,-- übernommen hat. Die zusätzlichen Kosten durch Arbeitsausfall, Betriebsstörungen usw. sind dabei noch nicht berücksichtigt.
3) Psychologie heute (382) S.40

Mit einer Auto-Allegorie beschreibt ein Hoppmann-Mitarbeiter den Zusammenhang vom Modell und den entsprechenden Maßnahmen zur Realisierung: "Wir haben 1969 einen PS-starken Rennwagen ohne die entsprechende Rennstrecke gebaut. Jetzt haben wir eine solide Straße gebaut und können voll aufdrehen."[1)]

Als Nebenprodukt der Seminararbeit hat die angestrebte Änderung im Führungsverhalten der leitenden Angestellten sich auch in einer Vereinbarung der Führungsgruppe zur "Führung und Mitbestimmung bei Opel-Hoppmann"[2)] niedergeschlagen, die unten noch eingehend analysiert wird.

1) Psychologie heute (382) S.40
2) Vereinbarung der Führungsgruppe nach dem Seminar in Friedewald vom 26.-30.4.1977 (375h)

6.3 Die Betriebsvereinbarung zur Mitbestimmung

6.31 Allgemeiner Überblick

Die derzeit gültige sechste Fassung der Betriebsvereinbarung zur Mitbestimmung (= BVM) vom 1.8.1978 besteht aus vier Teilen:

§ 1	Sinn der Vereinbarung
§§ 2 - 13	Mitbestimmung am Arbeitsplatz
§§ 14 - 19	Mitbestimmung in wirtschaftlichen Angelegenheiten
§§ 20 - 22	Schlußbestimmungen

Die Regelungen über Betriebsrat und Jugendvertretung, wie sie in den beiden ersten Vereinbarungen enthalten waren, wurden mit der dritten Auflage vom 17.10.1972 - nach Verabschiedung des Betriebsverfassungsgesetzes II - ersatzlos gestrichen (ehemals §§ 2 - 12), da sie durch die gesetzlichen Vorschriften hinfällig wurden:
"Wir haben damals bewußt aus den Gesetzesentwürfen abgeschrieben, um angesichts des politischen Streits um diese Bestimmungen durch die Praxis zu beweisen, daß es funktioniert."[1)]

Deshalb wurde in § 1 BVM nach der - oben schon zitierten - Darlegung der Motivation nur noch erklärt, daß die Mitbestimmungsrechte des Betriebsverfassungsgesetzes "ergänzt" werden sollen und zwar durch die Arbeitsgruppen und den Wirtschaftsausschuß.

Die Schlußbestimmungen regeln die Kündigungsfristen § 22), die auf fünf Monate festgelegt sind, wobei sowohl Teile als auch die gesamte Vereinbarung kündbar sind. Letzteres ist aber nur möglich bei gleichzeitiger Verabschiedung einer neuen Vereinbarung. Auch können neue gesetzliche oder tarifliche Bestimmungen nur die jeweils direkt betroffenen Regelungen außer Kraft setzen, nie die gesamte Vereinbarung. Damit enthält die Betriebsvereinbarung zum Schutz der Mitarbeiterbeteiligung ein hohes Maß an Sicherheiten.

---

1) Klaus Hoppmann (375c) S.155

Im Zentrum der BVM stehen die beiden Institutionen Arbeitsgruppe und Wirtschaftsausschuß.

Die Arbeitsgruppen stellen die Ansatzpunkte für die Mitbestimmung am Arbeitsplatz dar, während der Wirtschaftsausschuß der wirtschaftlichen Mitbestimmung auf Unternehmensebene dient.

Der Zusammenhang aller Institutionen wird im folgenden Schaubild verdeutlicht.

Schaubild 6.2

Die Mitbestimmungsorgane bei Opel-Hoppmann

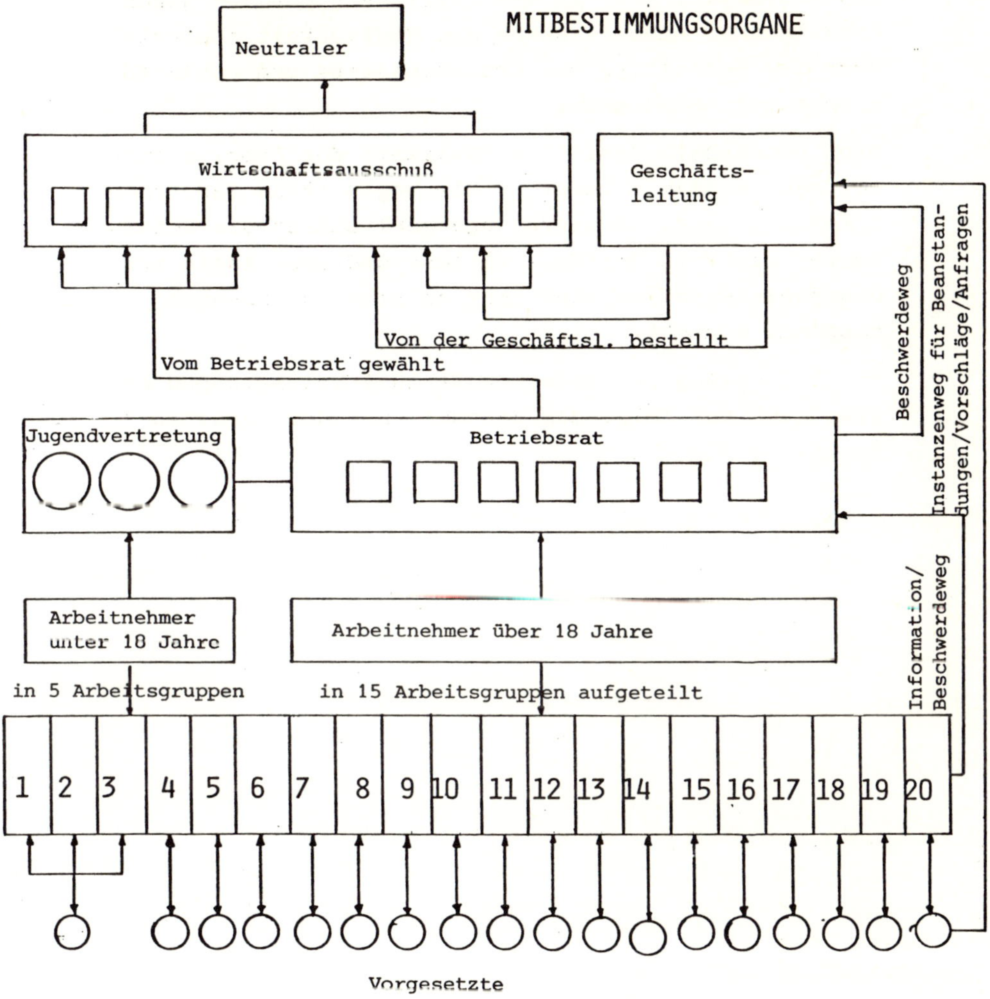

Quelle: Informationsblatt von Opel-Hoppmann

6.32 Die Arbeitsgruppen

Tragende Säule und zugleich permanentes Problem im Mitbestimmungskonzept Hoppmanns stellen die Arbeitsgruppen dar:
Säule deshalb, weil in den Arbeitsgruppen für jeden Arbeitnehmer ohne Ausnahme die Möglichkeit besteht, über die Gestaltung des Arbeitsplatzes und -ablaufs direkt mitzubestimmen.

Problem deshalb, weil die Tätigkeit der Arbeitsgruppen nur sehr mühsam anläuft, viele begleitende Maßnahmen erfordert (z.B. Seminare) und schließlich die Mitarbeiter nicht in dem Maße willens und/oder fähig zur Gruppenintegration sind, wie es sich Unternehmer Hoppmann wünscht.

Die Aufteilung der Belegschaft in Arbeitsgruppen ergibt sich aus folgendem Schema: (auf der nächsten Seite)

Schaubild 6.3

Arbeitsgruppen bei Opel-Hoppmann

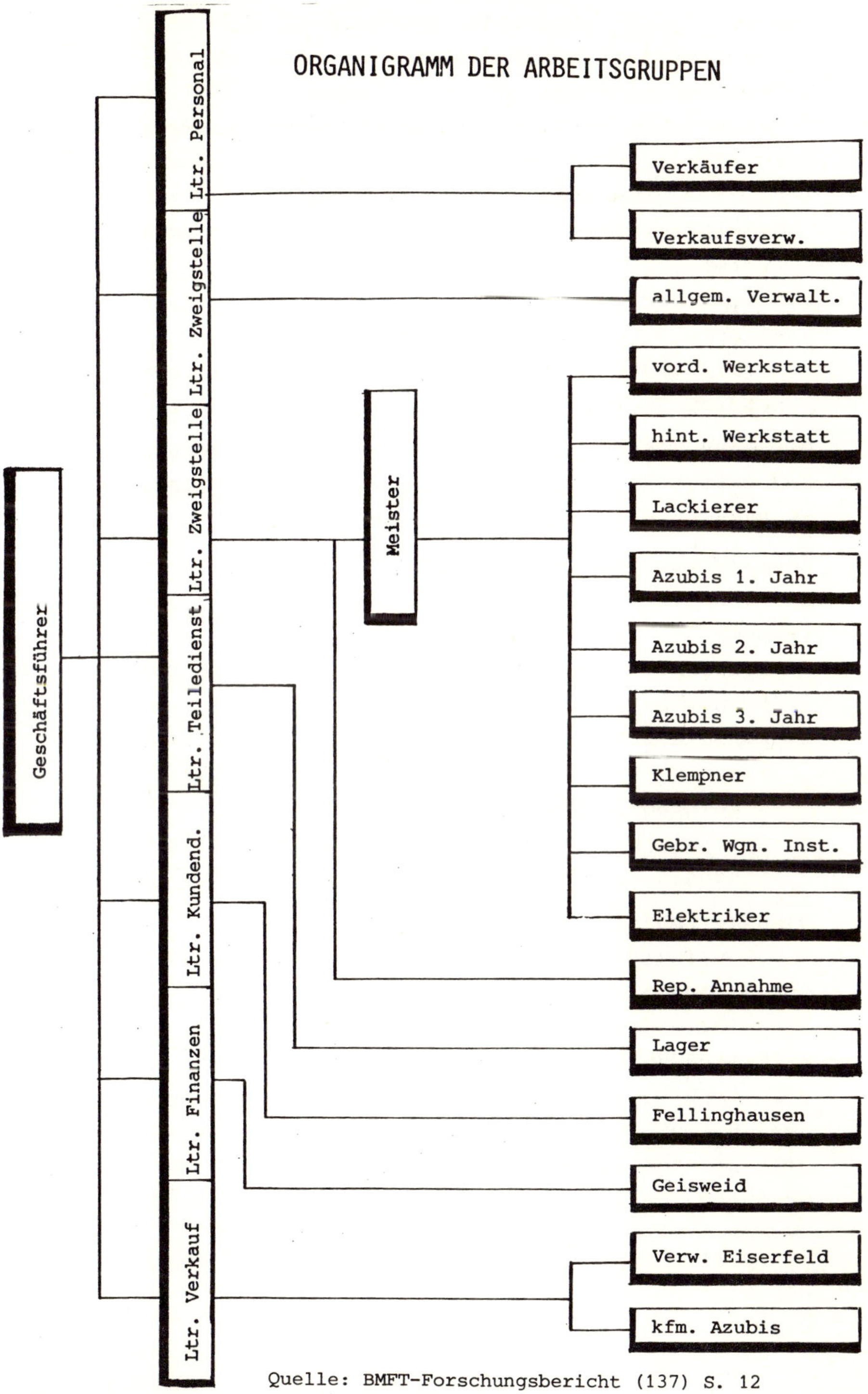

Quelle: BMFT-Forschungsbericht (137) S. 12

Nach § 2 BVM dienen die Arbeitsgruppen
"dazu,
- Informationen auszutauschen
- Probleme am Arbeitsplatz zu lösen
- Beziehungen zu Vorgesetzten und untereinander zu klären
- Verbesserungsvorschläge auszuarbeiten
- Gemeinsame Interessen zu formulieren und zu vertreten
- Absprachen über Arbeitsablauf usw. zu treffen
- Entscheidungen vorzubereiten
- Betriebliche Maßnahmen gemeinsam mit den Vorgesetzten zu entscheiden"[1].

Die mehrmalige Abänderung der Aufgabenfixierung in § 2 seit 1969 zeigt deutlich, daß die Arbeitsgruppen an Bedeutung erheblich gewonnen haben.

Entsprechend dem Aufgaben- bzw. Rechtskatalog haben die Arbeitsgruppen vor allem drei wesentliche Funktionen:

1) Konflikte innerhalb der Gruppe selbst zu regeln, abzubauen oder zu vermindern;
2) Konflikte mit dem Vorgesetzten durch Information, Mitsprache und Mitentscheidung zu entschärfen, zu regeln oder zu vermindern;
3) Gestaltung von Arbeitsplatz und -ablauf in weitestgehender Eigenverantwortung vorzunehmen.

Dazu gelten folgende Bestimmungen:
Die Konfliktsteuerung in der Gruppe (Punkt 1) wird einmal durch eine geringe Zahl von Gruppenmitgliedern (8 - 12) ermöglicht (§ 3), wobei die Gruppen nach den Kriterien der gemeinsamen Arbeitsaufgabe und dem gemeinsamen Vorgesetzten (z.B. Meister) zusammengestellt werden. Zum anderen wird ein Gruppensprecher (neben dem eigentlichen Vorgesetzten!) gewählt, der nicht ohne Gruppenauftrag tätig werden darf (§ 4); für seine

---

1) Betriebsvereinbarung, 6. Fassung, § 2 (375f)

Tätigkeit wird der Sprecher auch "eine angemessene Zeit von der Arbeit" freigestellt.

Außerdem darf bei den ein- bis zweimonatlich vorgesehenen Sitzungen der Arbeitsgruppen der Vorgesetzte nur mit Zustimmung der Gruppe teilnehmen, während ein Mitglied des Betriebsrates jederzeit Zutritt hat (§ 6); Betriebsfachleute können hinzugezogen werden, ebenso Gewerkschaftsvertreter - letztere nur auf Verlangen von mindestens einem Viertel der Mitglieder.

Schließlich muß die Arbeitsgruppe vor Ablauf der Probezeit eines neuen Mitarbeiters bzw. Vorgesetzten die Zustimmung zur Weiterbeschäftigung geben (§ 7). Gerade diese Vorschrift in Ergänzung zur Mitbestimmung des Betriebsrates bei der Einstellung von neuen Arbeitnehmern kann wesentlich zur Stabilisierung einer Gruppe beitragen.

Zum zweiten genannten Schwerpunkt, der Konfliktregelung zwischen der Gruppe und ihrem Vorgesetzten, sind folgende Bestimmungen maßgebend:

Zunächst sind beide Teile gehalten, einvernehmlich Entscheidungen zu treffen, "die für beide Seiten annehmbar sind" (§ 9). Im Konfliktfall kann der Vorgesetzte aber gegen die Arbeitsgruppe entscheiden, wohl um überhaupt eine Funktionsfähigkeit des Betriebes sicherzustellen. Die Gruppe hat aber das Recht, den Betriebsrat anzurufen, der dann entsprechend §§ 84 u. 85 BetrVG II die Angelegenheit mit der Geschäftsführung weiter verhandelt[1].

Der gesamte Entscheidungsprozeß der Arbeitsgruppen erscheint bei einer ersten oberflächlichen Betrachtung sehr kompliziert, hat man aber den Prozeß genauer analysiert, zeigt sich der logische Aufbau: Innerhalb der Betriebsvereinbarung sind eine Entscheidungs- und zwei

---

1) In den §§ 84 und 85 BetrVG II ist das Beschwerderecht der Arbeitnehmer geregelt. Sofern nicht ein Rechtsanspruch besteht, kann im Konfliktfall die betriebliche Einigungsstelle zur Letztentscheidung angerufen werden.

Berufungsinstanzen vorgesehen. Normalerweise verhandelt und einigt sich die Gruppe mit ihrem direkten Vorgesetzten. Erst im Konfliktfall werden zunächst der Abteilungsleiter, dann der Geschäftsführer eingeschaltet. Sollte der Konflikt noch weiterhin bestehen, tritt - wie oben schon erwähnt - die Schlichtung nach dem BetrVG II in Kraft.

Der Entscheidungsablauf ist im Schaubild auf den folgenden Seiten genau skizziert:

Schaubild 6.4

Entscheidungsablauf in den Arbeitsgruppen:

PERSONALEINSTELLUNG UND EINFÜHRUNG

(nach grundsätzlicher Zustimmung aller Beteiligten zur Besetzung einer Stelle)

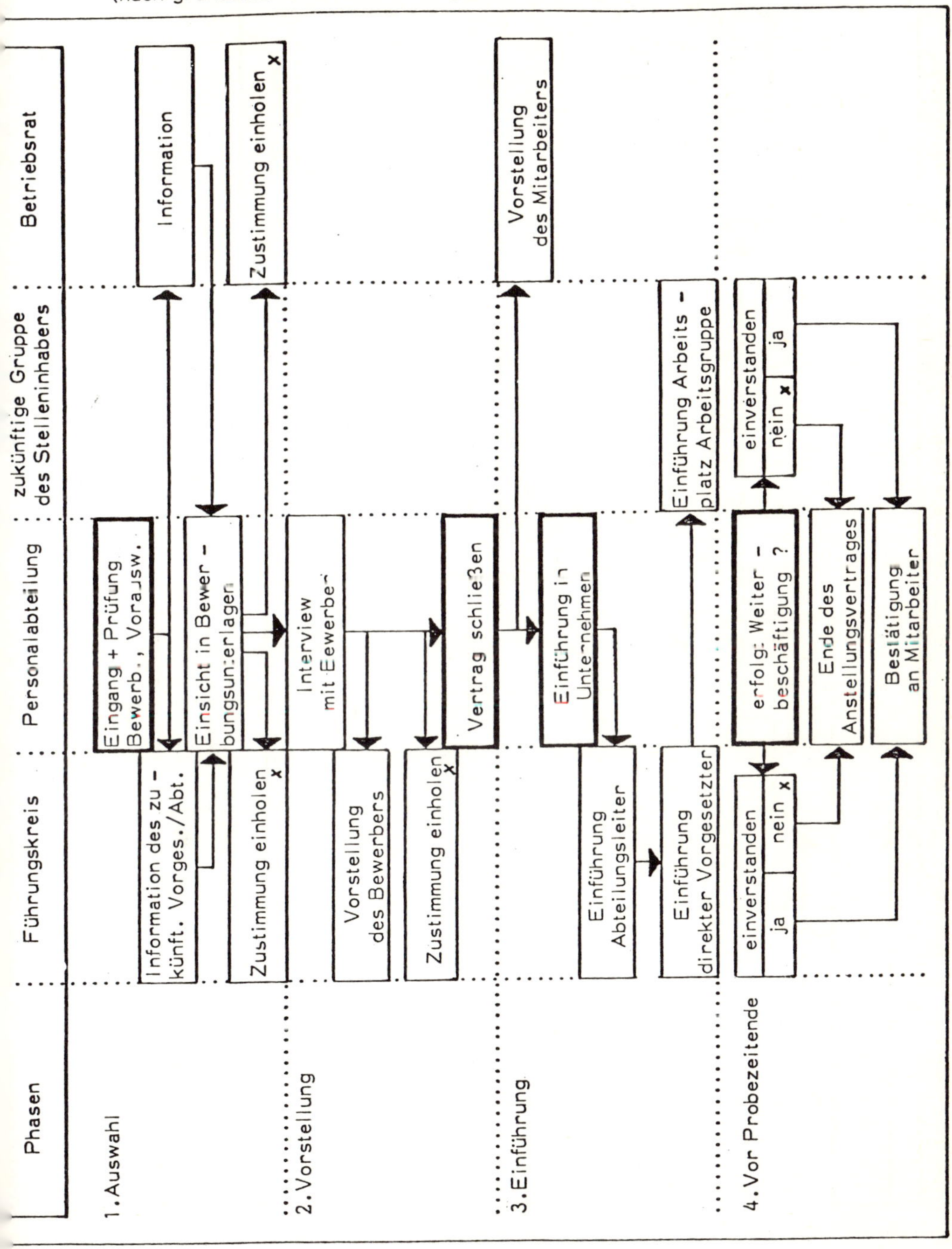

x Wenn Zustimmung verweigert wird und weitere Verhandlungen kein anderes Ergebnis bringen, ist die Maßnahme undurchführbar.

Quelle: BMFT-Forschungsbericht (137) S. 15

Versetzung eines Mitarbeiters der Werkstatt

Sb 6.4

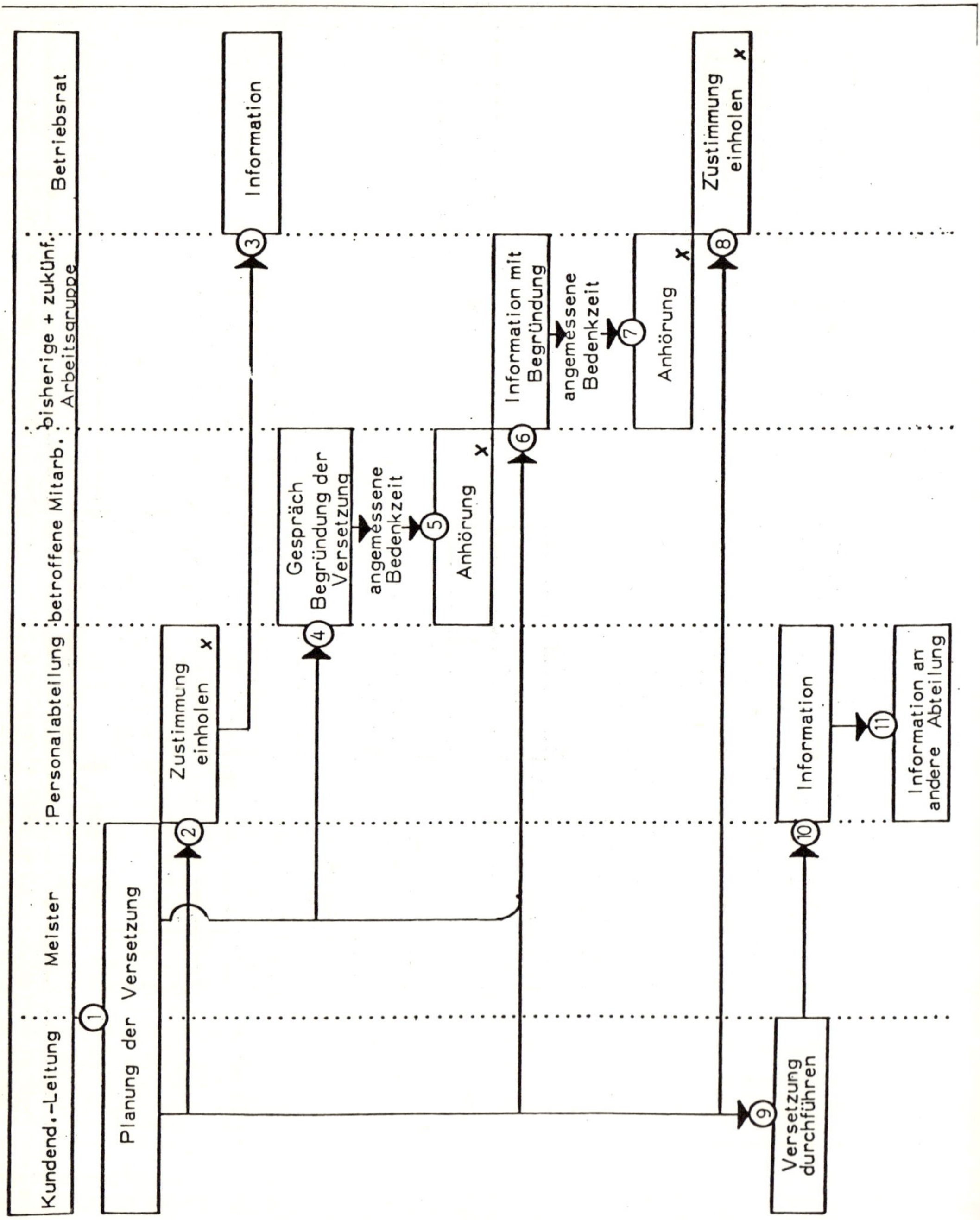

Quelle: BMFT-Forschungsbericht (137) S. 15 a

Der dritte Schwerpunkt betrifft den eigentlichen Kern der Mitbestimmung am Arbeitsplatz: In § 7 ist ein langer Katalog von Fragen zur Arbeitsorganisation und Arbeitsplatzgestaltung bis hin zu personellen Fragen wie die Ernennung neuer Vorarbeiter zusammengestellt, bei denen die Arbeitsgruppe ein Informations- und Anhörungsrecht hat.

Gerade durch dieses Recht wird der jeweilige Vorgesetzte veranlaßt, Anweisungen zu begründen, bevor sie getroffen werden, womit einerseits geplante Maßnahmen einsichtig und für die Betroffenen damit auch annehmbar werden.

Wesentlich für die Unabhängigkeit einer Arbeitsgruppe wirkt sich auch die Möglichkeit aus, im Rahmen der durch den Vorgesetzten gestellten Gesamtaufgabe, "selbständige Absprachen über die Durchführung dieser Aufgabe" zu treffen, über die der Vorgesetzte zwar informiert werden muß, aber nicht anderweitig entscheiden kann (§ 11).

Fast schon selbstverständlich, der Vollständigkeit halber dennoch erwähnenswert, mutet das Initiativrecht für die Arbeitsgruppen an (§ 10), selbstgestaltend tätig zu werden und zwar in all den in § 8 genannten Bereichen.

Der weitere Ausbau der Arbeitsgruppen zu teilautonomen Gruppen konnte aber bisher noch nicht realisiert werden, so sehr dies auch von Unternehmer Hoppmann gewünscht worden war. Als zu stark erwiesen sich Skepsis und Angst vor dem Neuen bzw. vor persönlicher Überforderung bei den Mitarbeitern[1)].

So verlockend die Teilautonomie für den Abbau von Hierarchie, für die Stärkung der Eigenverantwortlichkeit und für die Erweiterung von Entscheidungsbefugnissen auf den unteren Ebenen auch sein mag, hier haben

---

1) Darin sieht der Psychologe Stötzel die wesentliche Ursache.
Psychologie heute (382) S.43

die Hoppmann-Mitarbeiter gestreikt. Die Möglichkeit der Weigerung wurde sogar zum Testfall für die Mitbestimmung: "Na, jetzt können wir 'mal sehen, wie weit es mit unserer Mitbestimmung bestellt ist."[1] Nach der Ursache für diese reservierte Haltung der Mitarbeiter gefragt, nennt der Unternehmer Hoppmann vor allem zwei Gründe:

Zum einen scheuen die Mechaniker in der Werkstatt z.B. den direkten Kontakt mit den Kunden, der ohnehin bei ihrer Arbeit schon zuschauen darf, man will ungestört arbeiten können. Zum anderen erfordert die mit der Teilautonomie verbundene Konzeption der 'job rotation' einen möglichst universell ausgebildeten und befähigten Mitarbeiter. Damit sollte gegen die immer stärker kritisierte Arbeitsmonotonie und Arbeitsentfremdung durch atomisierte Arbeitsschritte vorgegangen werden. Das damit aber auch verbundene Aufgeben der Spezialisierung, für viele Arbeitnehmer ein Hort der persönlichen Sicherheit, scheint ein zu hoher Preis.

Umgekehrt waren bisher aber auch die Angehörigen der verschiedenen Managementebenen kaum bereit, Führungspositionen abzubauen und die Hierarchie zu verkleinern. Dies bekennt Unternehmer Hoppmann ganz offen: "Bei uns ist die Hierarchie nach wie vor erhalten. Auf einem Seminar über Führung und Mitbestimmung mit der Führungsgruppe habe ich einzubringen versucht, daß hierarchische Unterschiede abgebaut werden sollten. Das hat der Diskussion aber nicht standgehalten und ist aus dem Papier herausgenommen worden."[2]

Die Gründe für diese Haltung sind zwar in einer anonymen Umfrage bei den Firmenmitarbeitern, sowie in den Auswertungen von Modellerfahrungen erfaßt worden, können hier aber im einzelnen nicht analysiert werden. Für eine einigermaßen gesicherte Aussage sind die vor-

1) Psychologie heute (382) S.42
2) Psychologie heute (382) S.41

handenen empirischen Daten noch nicht aussagekräftig genug[1].

6.33 Der Wirtschaftsausschuß

Neben den Arbeitsgruppen bildet der Wirtschaftsausschuß die zweite besondere Institution für die Mitbestimmung der Arbeitnehmer. Ähnlich wie bei den gesetzlichen Mitbestimmungsregelungen wird zwischen den Kapitalgeber und die Geschäftsführung ein weiteres Organ gestellt, hier Wirtschaftsausschuß genannt, vergleichbar mit dem Aufsichtsrat von größeren GmbH-Gesellschaften[2].

Der Wirtschaftsausschuß stellt in dem Unternehmen das eigentliche Entscheidungsorgan dar, da nach § 18 BVM die Mitglieder das Recht haben, "wirtschaftliche Maßnahmen zur Entscheidung vorzuschlagen und bei wichtigen Entscheidungen mitzubestimmen". In dem folgenden § 19 ist genau geregelt, was "wichtige Entscheidungen im Sinne des Rechtes auf Mitbestimmung sind:

a) Verkaufs- und Investitionsprogramm
b) Errichtung von Neubauten und größeren Umbauten
c) Investitionen (außer Grundstücken und Gebäuden) mit einem Einzelwert von über 28.000,--, sowie Investitionen ohne Rücksicht auf den Einzelwert, wenn sie insgesamt für das Geschäftsjahr den Wert von DM 140.000,-- übersteigen[3].

---

1) Vgl. dazu: Psychologie heute (382) sowie Stötzel: (137). Eine kritische Stellungnahme folgt am Ende des Kapitels.
2) Nach dem BetrVG II müssen GmbH-Gesellschaften mit mehr als 500 Arbeitnehmern einen Aufsichtsrat bilden, der zu einem Drittel mit Arbeitnehmervertretern besetzt wird.
3) Die Betriebsvereinbarung schreibt vor, daß alle "in c) f) und h) fixierten Beträge ... der Veränderung des Geldwertes anzupassen" sind. So stiegen z.B. die DM-Beträge in Punkt c) von 1974 bis 1978 wie folgt:
von DM 24.000,-- auf DM 28.000,-- und von 120.000,-- auf 140.000,-- .

d) Rationalisierungsvorhaben
e) Einrichtung neuer Planstellen für leitende Angestellte
f) Eingehen von Verpflichtungen oder organisatorischen Veränderungen, die eine Kostenbelastung von über DM 28.000,-- im Jahr zur Folge haben
g) Aufnahme von Krediten, die über die zum Zeitraum der Aufnahme bestehende Kreditlinie hinausgehen
h) Übernahme von Bürgschaften über 28.000,--
i) Beteiligung an anderen Firmen
j) Aufnahme von Teilhabern
k) Erwerb, Veräußerungen und Belastungen von Grundstücken
l) Verkauf oder Verpachtung von wesentlichen Betriebsteilen oder des Unternehmens im ganzen
m) Abschluß von Rechtsgeschäften außerhalb des normalen Geschäftsverkehrs
n) sonstige Vorgänge, die die Interessen der Mitarbeiter wesentlich berühren können
o) bei der Bestellung eines Geschäftsführers wirkt der Wirtschaftsausschuß nach einem besonderen Modus mit, der im Gesellschaftsvertrag der Martin Hoppmann GmbH festgelegt ist[1].

Bevor die Punkte im einzelnen betrachtet werden, ist auf eine interessante Entwicklung hinzuweisen: Bis zur Einführung der "Stiftung Demokratie im Alltag" hatte der Unternehmer als persönlich haftender Gesellschafter bei den Punkten g), h) und k) im Wirtschaftsausschuß ein Vetorecht, das mit der fünften Betriebsvereinbarung vom 7.7.1977 aufgehoben wurde. Zur gleichen Zeit wurde der Mitbestimmungskatalog um den Punkt o) ergänzt.

Entfallen ist in der vierten Betriebsvereinbarung die bis dahin gültige, nach Einrichtung der Stiftung überflüssig gewordene Vorschrift, daß auch mitbestimmungs-

---

1) Wegen der Wichtigkeit dieser Regelung wurde der gesamte Paragraph wörtlich wiedergegeben.

pflichtig sind "Entnahmen des Unternehmers (ohne Steuern), die im Jahr über einen Betrag hinausgehen, welcher der Hälfte des Unternehmerlohnes und der Zinsen des Eigenkapitals entspricht[1].

Ansonsten blieb der Katalog über ein Jahrzehnt - bis auf kleine Änderungen - in seinem Umfang bestehen.

Daraus können zwei Folgerungen zugleich geschlossen werden:

1) Die sehr realistische Konzeption des Modells zu Beginn der Mitbestimmung im Jahr 1969
2) Die Funktionsfähigkeit des Modells

Diese Schlüsse werden noch durch eine weitere Maßnahme zur Modellentwicklung bestätigt:

Anfangs hatte der Wirtschaftsausschuß eine Scheinparität, nämlich je drei Vertreter der Arbeitnehmer und des Unternehmers. Zusätzlich hatte der Unternehmer als Geschäftsführer Sitz und Stimme im Wirtschaftsausschuß. Er verstand sich zwar als quasi neutrales Mitglied, da bei einer reinen paritätischen Besetzung "ein betriebsfremder Neutraler in den Ausschuß berufen werden müßte. Weil das bei unserer Betriebsgröße zu aufwendig erscheint, und weil wir außerdem Rücksicht auf unser Lieferwerk nehmen müssen, mit dem enge Beziehungen bestehen, haben wir von einer Parität abgesehen."[2].

Außerdem darf nicht übersehen werden, daß im Wirtschaftsausschuß Entscheidungen "nicht ständig durch Abstimmungen zustande ... (kommen, sondern) in der Regel wird nach gründlicher Absprache Übereinkunft erzielt. Wenn es aber zu einer Abstimmung kommt, so richtet sich das Stimmenverhältnis nicht nach Fraktionen. Jeder entscheidet nach persönlicher Überzeugung und die Abteilungsleiter[3] vertreten nicht nur die

1) Vgl. 3. Betriebsvereinbarung vom 17.10.72 S.5, § 14,i)
2) Klaus Hoppmann (375b) S.118
3) Die Abteilungsleiter sind als Vertreter des Unternehmens im Wirtschaftsausschuß

Interessen der Geschäftsleitung, sondern auch die speziellen Interessen ihrer Abteilung und sind darüber hinaus noch Arbeitnehmer."[1] Trotz dieser sachlich begründeten Argumente wagte der Unternehmer den Schritt in die volle Parität: Seit dem 21.12.1972 ist der Wirtschaftsausschuß paritätisch besetzt.

Bis heute besteht er aus acht Mitgliedern, wovon vier vom Betriebsrat als Arbeitnehmervertreter gewählt werden. In der Praxis heißt dies, daß vier Betriebsratsmitglieder im Wirtschaftsausschuß vertreten sind[2], was noch dadurch vereinfacht wird, daß die Amtszeit des Wirtschaftsausschusses der des Betriebsrates angepaßt ist.

Als Arbeitgebervertreter haben der Geschäftsführer (also der ehemalige "Unternehmer" Hoppmann) und seine beiden Stellvertreter als ständige Mitglieder ihren Sitz im Wirtschaftsausschuß, dazu kommt als weiteres Mitglied ein Abteilungsleiter im turnusmäßigen Wechsel.

Da bei Stimmengleichheit ein Antrag als abgelehnt gilt und der Geschäftsführer kein Vetorecht mehr hat, wurde zur Pattlösung ein neutrales Mitglied auf unbeschränkte Zeit ernannt[3].

Besondere Mühe wurde bei der Installierung des Wirtschaftsausschusses darauf verwandt, die Verbindung zur Belegschaft aufrecht zu erhalten:

So bestimmt § 17 BVM, daß die Sitzungen "eingeschränkt öffentlich" sind, d.h. es können alle Abteilungsleiter und außerdem "bis zu vier weitere Betriebsangehörige beratend teilnehmen". Die ebenfalls in § 17 geforderte Unterrichtung des Betriebsrates soll "unverzüglich und

---

1) Klaus Hoppmann (375b) S.118
2) Darunter befindet sich der Betriebsratsvorsitzende und ein Angestelltenvertreter, der gleichzeitig Buchhalter ist und als solcher den Finanzbericht erstellt und vorträgt. Damit haben die Arbeitnehmervertreter einen Spezialisten für alle finanziellen Fragen.
3) Ernannt wurde dazu ein Wirtschaftswissenschaftler von der Sozialakademie Friedewald.

vollständig erfolgen"; die Information der Belegschaftsmitglieder ist ebenfalls erwünscht.

Mit diesen Bestimmungen wird von vornherein gegen eine zu große Verselbständigung der Institution Wirtschaftsausschuß gegengesteuert. Dennoch kann natürlich nicht verhindert werden, daß die vier Arbeitnehmervertreter, die sowohl dem Betriebsrat als auch dem Wirtschaftsausschuß angehören, einen wesentlichen Informationsvorsprung gegenüber der Gesamtbelegschaft haben[1].

Vergleicht man den Wirtschaftsausschuß des BetrVG II nach Zusammensetzung und gewährten Rechten[2] mit dem Wirtschaftsausschuß der BVM, so fallen zwar einige Gemeinsamkeiten, aber wesentlich mehr Besonderheiten auf:

Auf einen kurzen Nenner gebracht, kann man feststellen, daß

1) In der Zusammensetzung der Wirtschaftsausschuß bei Hoppmann der entsprechenden Regelung des BetrVG I[3] entspricht;
2) der Themenbereich für die Mitbestimmung den gesetzlichen Rahmen nicht nur umfaßt, sondern weit darüber hinausgeht und
3) der zentrale Unterschied zwischen BetrVG II und BVM darin besteht, daß im BetrVG II der Wirtschaftsausschuß nur ein Informations- und Beratungsrecht hat, in der Betriebsvereinbarung aber für ihn ein volles Mitbestimmungsrecht besteht.

Bei einer so weitgehenden Mitbestimmung, wie sie dem Wirtschaftsausschuß bei Opel-Hoppmann gegeben ist, stellt sich natürlich die Frage nach der Funktionsfähigkeit dieses Organs. Nach eigenen Aussagen des

---

1) Von den sieben Mitgliedern des Betriebsrates, welche 1969 die erste Betriebsvereinbarung unterzeichnet haben, waren 1977 noch drei dabei; bis 1978 ist vor allem der Betriebsratsvorsitzende gleich geblieben.
2) Die Regelungen befinden sich im Betriebsverfassungsgesetz II §§ 106-110
3) Informationsblatt des Unternehmens zum Wirtschaftsausschuß (375m) S.2; Anlage 6.5

Unternehmers bewiesen die Arbeitnehmervertreter "ein hohes Maß an 'unternehmerischer' Verantwortung und ein starkes Interesse am langfristigen Gedeihen des Unternehmens."[1)]

Diese knappe Bewertung der Tätigkeit des Wirtschaftsausschusses zerstreut ein wesentliches Bedenken gegen die direkte Mitbestimmung von Arbeitnehmern in unternehmerischen Fragen. Dazu bedarf es allerdings der Erfüllung wesentlicher Voraussetzungen: Die Arbeitnehmer können und müssen sowohl fachlich als auch intentional dazu befähigt werden.

Die erste Voraussetzung kann nach Hoppmanns Meinung relativ einfach durch theoretische Schulung und praktische Übung gewährleistet werden: "Es ist richtig, daß sich Arbeitnehmervertreter, wenn sie aus dem handwerklichen Bereich kommen, erst in die für sie neue Materie einarbeiten müssen. Dazu sind die monatlichen Sitzungen mit der offenen Diskussion über alle wichtigen Daten der Gewinn- und Verlustrechnung, der Kostenstellenrechnung, dem fore-cast, dem Betriebsvergleich usw. ein gutes Training. Darüber hinaus haben wir betriebswirtschaftliche Schulung für Wirtschaftsausschuß- und Betriebsratsmitglieder durchgeführt. Man ist oft erstaunt, wieviel auch der 'gesunde Menschenverstand' zu Fragen der Unternehmensführung beisteuern kann und wie die Diskussion dadurch belebt wird."[2)]

Das erworbene Wissen der Arbeitnehmervertreter wird bei Hoppmann auch gezielt dadurch erhalten, daß nach einer dreijährigen Amtszeit die Möglichkeit zur einmaligen Wiederwahl besteht.

Schwieriger ist der Aufbau der intentionalen Befähigung bzw. Motivation der Arbeitnehmer, neben ihren Arbeitnehmerinteressen auch Unternehmensziele nicht nur zu verfolgen, sondern diesen die höchste Priorität zu

---

1) Klaus Hoppmann (375b) S.119
2) Klaus Hoppmann (375b) S.119

verleihen. Als wesentlicher Faktor dafür sieht Hoppmann die Verbindung der Mitbestimmung mit der Erfolgsbeteiligung. Wenn sich im Wirtschaftsausschuß nach einer gründlichen Diskussion keine Einigkeit ergibt, sondern eine Entscheidung durch Abstimmung nötig ist, stimmen die Mitglieder "von der Sache her und nicht als Vertreter der Arbeitgeber-und Arbeitnehmerseite ab. Die bisherige Praxis hat bewiesen, daß die Entscheidungen von Sachlichkeit und Verantwortungsbewußtsein getragen werden. Die finanziellen Folgen einer falschen Entscheidung würden ja die Mitarbeiter ebenfalls auszubaden haben."[1)]

Ein weiteres Argument gegen eine gleichwertige Mitbestimmung der Arbeitnehmer entkräftet Hoppmann aufgrund seiner Erfahrungen rein funktional: Die weit verbreitete Angst, das Mitbestimmungsgremium könnte zum "Debattierclub" werden, sei unbegründet, unternehmerische Entscheidungen werden nicht gefährlich lang verzögert: "Natürlich möchte man manchmal einfach etwas anordnen, ohne lange zu begründen, warum. Das ist bequemer und liegt in der menschlichen Natur. Aber meist wird die Diskussion dadurch nur aufgeschoben und die Schwierigkeiten kommen hinterher. Außerdem kann man auf diese Art nicht erreichen, daß die Mitarbeiter sich auch Gedanken machen und mitziehen."[2)]

Dieser kooperative Führungsstil, in dem nicht nur das Management, sondern auch die Arbeitnehmer aller Hierarchiestufen eingebunden sind, wirkt sich also - wie die hier nur kurz ausgeführten Erfahrungen zeigen - für Unternehmen und Arbeitnehmer gleichermaßen positiv aus.

Zusammenfassend läßt sich mit den Worten des Unternehmers folgendes sagen:
"Die Arbeit des Wirtschaftsausschusses war in den vergangenen acht Jahren ausgesprochen fruchtbar. Alle

---

1) Klaus Hoppmann (375c) S.157
2) Klaus Hoppmann (") S.157

wichtigen geschäftlichen Entscheidungen wurden dort gefällt, entweder in den ordentlichen Sitzungen, die jeden Monat einmal stattfinden, oder bei eiligen Anlässen in außerordentlichen Sitzungen. Der wirtschaftliche Erfolg der letzten Jahre bestätigt die Funktionsfähigkeit des Wirtschaftsausschusses. Auch in Krisenzeiten hat sich die Zusammenarbeit bewährt. Gerade dann zeigte sich der Wert regelmäßiger Information und betriebswirtschaftlicher Kenntnisse auch bei den Arbeitnehmervertretern."[1]

---

1) Flugblatt über den Wirtschaftsausschuß (375m) S.2

6.4 Die Betriebsvereinbarung zur Erfolgsbeteiligung

"Beeinflußt von der evangelischen Sozialethik hielt ich es für richtig, die Arbeitnehmer an dem Gewinn zu beteiligen, der nach der Abfindung des Faktors Kapital durch Zinsen und des Faktors Arbeit durch Lohn übrig bleibt."[1)] Damit sollte "die gerechte Teilhabe der Arbeitnehmer am gemeinsamen erwirtschafteten Betriebsergebnis"[2)] verwirklicht werden.

So begründete der Unternehmer Klaus Hoppmann seine ursprüngliche Motivation zur Erfolgsbeteiligung, die er 1961 erstmals eingerichtet hat.

Kennzeichnend für das Modell der Erfolgsbeteiligung[3)] sind folgende Kriterien:

- Der Verteilungsgewinn setzt an der Steuerbilanz an, wobei die Kapitalleistung mit 7 % Zinssatz honoriert wird, die Körperschaftssteuer aber unberücksichtigt bleibt, also am Ende nur auf Kosten des Kapitalgeber-Gewinnanteils geht[4)].
- Der Verteilungsgewinn wird auf die beiden Gruppen Arbeit und Kapital gleichermaßen je zur Hälfte verteilt.
- Die Gewinnzurechnung auf die einzelnen Mitarbeiter erfolgt rein leistungsbezogen, d.h. proportional zum individuellen Jahresgehalt.
- Die Gewinnanteile beider Gruppen werden nochmals in Bar- und Investivanteil halbiert.
- Die Investivanteile werden zwar nur als Darlehen an das Unternehmen gegeben (also keine echte Kapitalbeteiligung), dennoch mit dem gleichen Satz von 7 % wie echtes Kapital jährlich verzinst.
- Die Berechnung und Zuteilung der Erfolgsbeteiligung

---

1) Psychologie heute (382) S.40
2) AGP-Mitteilungen (375d) S.3
3) Vgl. Betriebsvereinbarung zur Erfolgsbeteiligung, Anlage Nr.6.1
4) Die genaue Berechnung des Verteilungsgewinnes wird unten nochmals skizziert bzw. kann dem Flugblatt , Anlage Nr. 6.5 b entnommen werden.

erfolgt monatlich; jeweils ein Drittel der Bar- und Investivanteile werden als Jahresreserve zunächst einbehalten und erst nach der Erstellung des Jahresabschlusses zugeteilt.

- Anteilsberechtigt ist jeder Mitarbeiter nach drei vollen Monaten Betriebszugehörigkeit.
- Die Investivanteile (Mitarbeiterdarlehen) werden nach dem Ausscheiden aus dem Betrieb (Kündigung, Pensionierung, Tod usw.) in 48 Monatsraten ausgezahlt. Bei Ausscheiden nach Kündigung wird zusätzlich ein Jahr Sperrfrist vorgeschaltet.
- Die Investivanteile werden ebenso wie die Baranteile erst bei der Auszahlung versteuert[1].
- Die Investivanteile tragen nur im Konkursfall ein Risiko, falls die Konkursmasse zur Befriedigung aller Gläubigerforderungen nicht ausreicht; zur Abdeckung von Verlusten eines Geschäftsjahres werden die Arbeitnehmerdarlehen nicht herangezogen.

Diese 10 Punkte zeigen deutlich, daß die Erfolgsbeteiligung wesentliche Anforderungen an ein solches Modell erfüllt: Die Interessen der beteiligten Gruppen sind in einem funktionsfähigen Kompromiß austariert. Im einzelnen nennt der Unternehmer Hoppmann folgende Forderungen an ein funktionsfähiges Erfolgsbeteiligungsmodell[2]:

- Eine Erfolgsbeteiligung (EB) muß betriebsindividuell gestaltet sein.
- Eine EB muß verständlich und eindeutig sein.
- Der Unternehmer muß für seine Haftung eine höhere Verzinsung erhalten.
- Die EB soll kurzfristig ausgeschüttet werden.
- Gewinn kann nicht voll konsumiert werden.
- Die EB muß gerecht verteilt werden.

1) Die sogenannte "Zufließtheorie" in der Einkommenssteuer ist noch nicht Allgemeingut; sie muß noch mit dem zuständigen Finanzamt jeweils ausgehandelt und vereinbart werden.
2) Vgl. Hoppmann in Jungblut (375c) S.162 ff.

- Die EB darf nicht die Mobilität der Arbeitnehmer einschränken.
- Die EB muß für die Mitarbeiter interessante Ergebnisse abwerfen.
- Wer am Gewinn beteiligt ist, muß auch das Risiko mittragen.
- Erst eine Beteiligung am Gesellschaftskapital macht den Arbeitnehmer zum voll anerkannten Partner des Unternehmens.
- Zur EB gehört eine laufende Information der Belegschaft über die Entstehung der Ergebnisse.
- Die Belegschaft muß bei der Ausarbeitung des Beteiligungssystems mitwirken.
- Die Vertragspartner müssen bereit sein, das Verfahren ständig zu verbessern und neuen Situationen anzupassen.

Untersucht man die Modalitäten der Erfolgsbeteiligung bei Hoppmann, ist leicht festzustellen, daß er die genannten Vorstellungen weitgehend im Modell seines Unternehmens verwirklichen konnte.

Zum besseren Verständnis werden die verbalen Beschreibungen der BVE in ein Ablaufschema umgesetzt[1)].

---

1) Vgl. dazu Betriebsvereinbarung (Anhang Nr. 6.1) und Flugblatt (Anhang Nr. 6.5 b)

Schaubild 6.5

Erfolgsbeteiligung bei Opel-Hoppmann

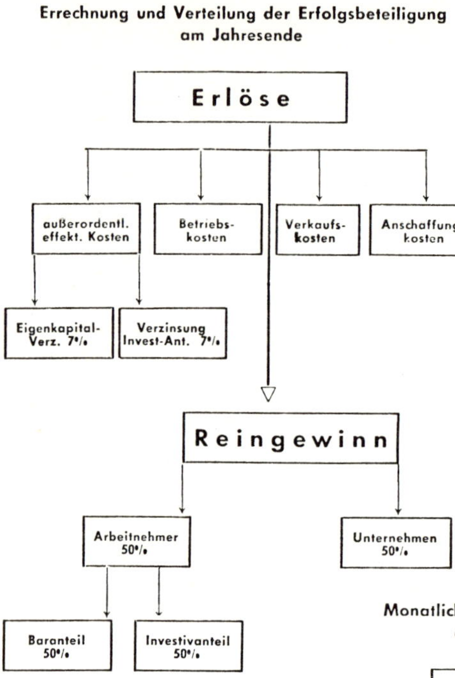

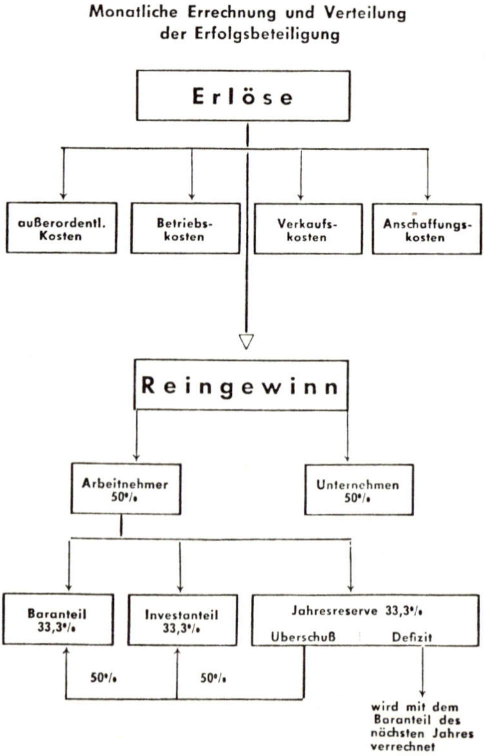

Quelle: AGP-Mitteilungen 20 (1972) N. 172 , S. 4 f.

Entscheidend für die Funktionsfähigkeit der EB ist bei den Mitarbeitern neben der Verständlichkeit und Gerechtigkeit des Systems das materielle Ergebnis[1]: Umgerechnet auf den einzelnen Mitarbeiter lagen die Jahresbeträge bei Opel-Hoppmann zwischen 120% und 254% eines Monatslohnes, mit Ausnahme der beiden Rezessionsjahre 1973 und 1974 (90% bis 42%). Durch die Drittelung der Auszahlungsbeträge bekommt der Mitarbeiter zusätzlich zum Lohn/Gehalt monatlich nochmals eine Summe von ca. 3-6% - bezogen auf Lohn/Gehalt - aus der Erfolgsbeteiligung. Diese Beträge scheinen auf den ersten Blick nicht sehr hoch, dürften aber dennoch ausreichen, um die Geschäftsentwicklung für jeden einzelnen Mitarbeiter auch materiell spürbar werden zu lassen.

Zusammen mit der Auszahlung der Jahresreserve (im Februar des Folgejahres) und der Zinsen für den ständig wachsenden Investivanteil tragen die zusätzlichen materiellen Leistungen doch deutlich zur Verbesserung des Bareinkommens der Mitarbeiter bei.

Außerdem erlangt der Aspekt der Vermögensbildung eine immer größere Bedeutung: Ende 1978 hatte die Belegschaft einen Investivanteil von insgesamt DM 2,1 Mio., was einen durchschnittlichen Anteil von DM 8.400,-- für jeden Mitarbeiter ergibt.

Schließlich bringt die Erfolgsbeteiligung auch materielle Vorteile für das Unternehmen selbst mit sich: In der Anfangsphase schlagen die Steuereinsparungen erheblich zu Buche, da der Investivanteil beim Mitarbeiter erst bei der Auszahlung versteuert werden muß, was zu einer deutlichen Verbesserung der Liquidität des Unternehmens führt. Sobald die fälligen Auszahlungen der Darlehen sich den Neuzugängen aus der Erfolgsbeteiligung annähern, schmilzt dieser Vorteil allerdings dahin. Auch darf nicht übersehen werden, daß die Erfolgsbeteiligung ja aus den Mitteln finanziert wird,

---

1) Die folgenden Zahlen stammen aus Informationen des Unternehmens.

die früher dem Unternehmer für seine Kapitalbildung zur Verfügung standen.

Dennoch bleibt ein wesentlicher Faktor der Beteiligung bestehen: Die Arbeitnehmer verstärken ihr Verantwortungsgefühl für ihre Arbeit und den gesamten Betrieb: "Die Erfolgsbeteiligung wirkt sich dabei weniger auf eine Verbesserung der Mengenleistung als auf Kostenbewußtsein, bessere Zusammenarbeit und Verständnis für die betrieblichen Erfordernisse aus."[1)]

Direkt meßbar sind diese mentalen Verbesserungen in den seltensten Fällen, nicht zuletzt deshalb, weil ein Vergleich mit der Situation ohne Beteiligung fehlt. Dennoch dürften sich gerade im Werkstattbetrieb Auswirkungen zeigen z.B. bei der Zahl von Reklamationen nach schlecht ausgeführten Reparaturen.

Wichtig für das gesamte Beteiligungssystem ist aber auch das "Verständnis für gesamtbetriebliche Erfordernisse", da dies ja eine wesentliche Grundlage für fachgerechte Entscheidungen in den Gremien des Unternehmens (Wirtschaftsausschuß, Betriebsrat, Arbeitsgruppen) darstellt.

Neben den genannten Kriterien könnten noch weitere zur Bewertung des Modells herangezogen werden; alle leiden sie aber unter dem gleichen Manko: Sie selbst sind empirisch nicht genau genug definierbar und damit nur beschränkt für eine Messung tauglich. Eine Ausnahme allerdings ist zu finden, die zugleich auch für Unternehmen in marktwirtschaftlichen Wirtschaftsordnungen die wesentliche Kennzahl darstellt: Der materielle Erfolg des Unternehmens. Das Betriebsergebnis bei Opel-Hoppmann, das selbst in schwierigen Rezessionsjahren in der Gewinnzone lag, zeigt, daß das Unternehmen mit seinem Modell erfolgreich arbeiten kann.

---

1) Unternehmer Hoppmann in:
Beteiligung (375b) S.113

Wie weit dieses positive Ergebnis aber direkt bzw. primär von der Erfolgsbeteiligung abhängt, kann nur vermutet werden, da es sich bei der Mitarbeiterbeteiligung des Unternehmens um ein Gesamtsystem handelt, in dem die Erfolgsbeteiligung nur einen Teil darstellt. Bewertungen von Teilbereichen des Systems scheinen aber wenig sinnvoll, solange man sie nicht unter dem Gesichtspunkt des interdependenten Zusammenspiels der anderen Teilbereiche betrachtet und daraus den speziellen Eigenwert ableitet.

6.5 Die "Stiftung Demokratie im Alltag"

Die "Stiftung Demokratie im Alltag"1) stellt zwar keine unmittelbare Mitarbeiterbeteiligung wie die beiden bisher besprochenen Betriebsvereinbarungen dar, dennoch trägt sie wesentlich zu deren Funktionsfähigkeit bei:

- Da die Stiftung 98,5% des Gesamtfirmenvermögens2) hält, bleibt das Unternehmen von betriebsfremden Einflüssen verschont, so daß sein Bestand von der Kapitalseite her nicht gefährdet wird.
- Da die Stiftung weder Erbschafts- noch Vermögenssteuer bezahlen muß, entstehen Liquiditätsvorteile für das Unternehmen.
- Nach dem Stiftungszweck werden laufend Stiftungsmittel zu Aus- und Weiterbildungsmaßnahmen für Arbeitnehmer verwendet, die allerdings zum größeren Teil betriebsfremden Arbeitnehmern zugute kommen müssen.

Diese Vorteile sind auch die eigentlichen Motive des Unternehmers zur Gründung der Unternehmensträgerstiftung gewesen, wie Hoppmann selbst in einem Flugblatt seines Unternehmens deutlich macht:

"Zu dieser Entscheidung haben mehrere Gründe geführt. Hier sei besonders der Wunsch genannt, dem Unternehmen Kontinuität zu sichern, indem einmal das Firmenvermögen langfristig dem Unternehmen erhalten bleibt, zum anderen die Fortführung der im Betrieb entwickelten Mitarbeiterbeteiligung gewährleistet wird. Schon dem Stif-

1) Vgl. Stiftungsurkunde vom 16.7.73 (Anlage Nr.6.4)

2) In dem derzeit gültigen Gesellschaftsvertrag sind folgende Beträge ausgewiesen:

Gesamtkapital	2,4 Mio
Stiftungskapital	2,363 Mio
Hoppmann GmbH	37.000,--

Tatsächlich ist aber das Kapital schon auf DM 3,2 Mio erhöht; bis zur nächsten Änderung des Gesellschaftsvertrages steht die Differenz über DM 800.000,-- als Rückstellungen im Unternehmen in den Büchern.

ter der Carl-Zeiss-Stiftung Ernst Abbe (1889) ging es darum, 'den durch seine Mitarbeit groß gewordenen Betrieb vor den Fährnissen zufälliger persönlicher Eigentümer oder privater Inhaber zu schützen und möglichst sichere Bedingungen für den Fortbestand und die Weiterentwicklung... zu schaffen'."[1)]

Wie die alte Carl-Zeiss-Stiftung zeigt, ist der Stiftungsgedanke zur Neutralisierung des Produktionskapitals schon seit langem lebendig und auch erfolgreich. Zwar kann das Stiftungsmodell nicht auf alle Unternehmen einer Wirtschaft übertragen werden, da durch die Festlegung der Stiftungsmittel zugleich auch das Produktivkapital seiner Mobilität beraubt wird; dennoch kann im Einzelfall mit dieser Art der Kapitalneutralisierung das Unternehmen vor gefährlichen betriebsfremden Einflüssen geschützt werden.

Bei Opel-Hoppmann trägt dies nicht nur wesentlich zur Erhaltung der Arbeitsplätze bei, sondern verstärkt auch - als Bestandteil des Mitarbeiter-Beteiligungssystems - die Einflußmöglichkeit der Arbeitnehmer: Ihnen steht der alte Unternehmer nicht mehr als Eigentümer mit allen Möglichkeiten der Kapitalverwendung im Sinne der Eigentumsgarantie gegenüber, sondern nur noch als Geschäftsführer. Gerade diese Perspektive dürfte für die Arbeitnehmer ein wesentlicher Faktor zur eigenen Identifizierung mit dem Beteiligungsmodell sein.

Ein weiterer Aspekt scheint hier erwähnenswert:
Ohne daß die "Öffentlichkeit", die ohnehin organisatorisch für eine Mitbestimmung im Unternehmen kaum erfaßt werden kann, direkt am Unternehmen beteiligt ist, fließen infolge der Gemeinnützigkeit der Stiftung außer den Steuern weitere, gewinnabhängige Gelder aus dem Unternehmen dem Staat und der Gesellschaft zu. Entsprechend § 2 der Satzung beschränkt sich nämlich der Stiftungszweck nicht nur auf die Mitarbeiter des Unternehmens, sondern geht weit darüber hinaus:

---

1) Flugblatt: Die Stiftung von Opel-Hoppmann, S.1 (Anlage Nr. 6.5e)

"Die Stiftung verfolgt ausschließlich und unmittelbar gemeinnützige Zwecke. Sie dient der Erziehung, Volks- und Berufsbildung und führt solche Vorhaben durch, die bei den Beteiligten Fähigkeiten für eine demokratische Teilhabe in Wirtschaft und Gesellschaft entwickeln. Die Vorhaben sind

a) die Aus- und Weiterbildung von Arbeitnehmern zur Entfaltung ihrer Persönlichkeit durch Vermittlung von Einsichten in wirtschaftliche, politische und soziale Zusammenhänge und durch praktische Einübung in soziale Fähigkeiten

b) Projekte zur Förderung sozial benachteiligter Kinder im Vorschul- und Schulalter und ihrer Eltern.

Die Stiftung kann sich auch an gemeinnützigen Bürgerinitiativen beteiligen, die zur Lösung konkreter gesellschaftlicher Notstände beitragen und sich um die Ausbildung demokratischer Verhaltensweisen bei ihren Mitgliedern bemühen"[1].

Die hohe Beteiligung der Stiftung zu 98,5% am Unternehmenskapital einerseits und die Festlegung der aus dem Unternehmen zufließenden Gewinne auf gemeinnützige Zwecke andererseits entziehen außerdem der - meist sozialistisch fundierten - Kritik an der Sozialen Marktwirtschaft bzw. an der kapitalistischen Unternehmensordnung den Boden. Von einer "Ausbeutung durch das Kapital" kann nicht mehr gesprochen werden, fließen doch bei Opel-Hoppmann die Gewinne zur einen Hälfte direkt den Arbeitnehmern, zur anderen (knappen) Hälfte über die Stiftung indirekt der Gesellschaft zu.

Gegenüber der "Sozialisierung des Produktivkapitals" bringt die "Neutralisierung" einen erheblichen Vorteil mit sich: Können im ersten Fall Vertreter des sozialisierten Eigentums (aus Staat, Gesellschaft, Verbänden oder dergleichen) unternehmensfremde Einflüsse in das Unternehmen tragen bzw. in ihm durchsetzen, so bleiben die Vertreter der Stiftung auf die Rolle eines Minorpartners beschränkt, obwohl die Stiftung fast das gesamte Kapital hält.

---

1) § 2 der Stiftungsurkunde

In dem Unternehmen mit der Firma Martin"Hoppmann GmbH", deren Gesellschafter die Stiftung und die "Martin-Hoppmann-Verwaltungs GmbH" sind[1], hat die Stiftung kein Stimmrecht, mit einer einzigen Ausnahme:

Wird über "die Bestellung oder Abberufung eines Geschäftsführers der Firma Martin Hoppmann GmbH in der Gesellschafterversammlung beschlossen, so ist die 'Stiftung Demokratie im Alltag' stimmberechtigt. Ihre Stimme wird in diesem Falle mit einem Stimmrecht von DM 20.000,-- bewertet, d.h. sie steht in der Bewertung den Geschäftsanteilen der Firma Hoppmann Verwaltungsgesellschaft mit beschränkter Haftung gleich."[2]

Allerdings ist gerade dabei auch der Wirtschaftsausschuß des Unternehmens mitbestimmungsberechtigt, so daß auch bei der Bestellung des Geschäftsführers die Stiftung als größter Kapitalgeber keine Majorposition hat.

Durch die Zusammensetzung des Vorstandes der Stiftung, der ihre Tätigkeit ebenso wie die Mittelverwendung bestimmt, ist die Stiftung selbst wiederum stark an das Unternehmen gebunden.

Nach § 5 der Stiftungssatzung besteht der Vorstand aus mindestens drei und höchstens fünf Mitgliedern; dabei sind drei zwar nicht namentlich aber von ihrer Funktion festgelegt:

---

1) Die "Martin-Hoppmann-GmbH", an der die Stiftung beteiligt ist, darf selbst keinen Erwerbsbetrieb mit Gewinnabsicht führen, damit die Stiftung ihre Gemeinnützigkeit nicht verliert.
Deshalb mußte eine zweite GmbH gegründet werden, die das Unternehmen Opel-Hoppmann führt. Die Gesellschafter der "Hoppmann-Verwaltungs-GmbH" sind der Unternehmer-Geschäftsführer Klaus Hoppmann und seine beiden Prokuristen.

2) Gesellschaftsvertrag der Firma "Martin-Hoppmann-GmbH" § 7 (vgl. Anhang Nr. 6.3)

a) ein Mitglied der Familie Hoppmann[1]

b) ein Mitarbeiter des Unternehmens, delegiert durch den Betriebsrat[2]

c) ein Sozialwissenschaftler, cooptiert durch die Vorstandsmitglieder nach a) und b) [3].

Die beiden weiteren Mitglieder können durch den Vorstand cooptiert werden - derzeit ein weiterer Mitarbeiter des Unternehmens -, so daß der gesamte Vorstand vier Mitglieder umfaßt.

Das unternehmensrechtliche Organigramm von Opel-Hoppmann zeigt folgendes Schaubild: (auf der nächsten Seite)

1) Erster Vertreter der Familie Hoppmann ist der Stifter und bisherige Unternehmer Klaus Hoppmann.
2) Der Betriebsrat hat Herrn Peterkes, ein ehemaliges Betriebsratsmitglied, in den Vorstand delegiert.
3) Berufen wurde der Dozent Hans Linden aus Siegen.

Schaubild 6.6

Unternehmensrechtliches Organigramm

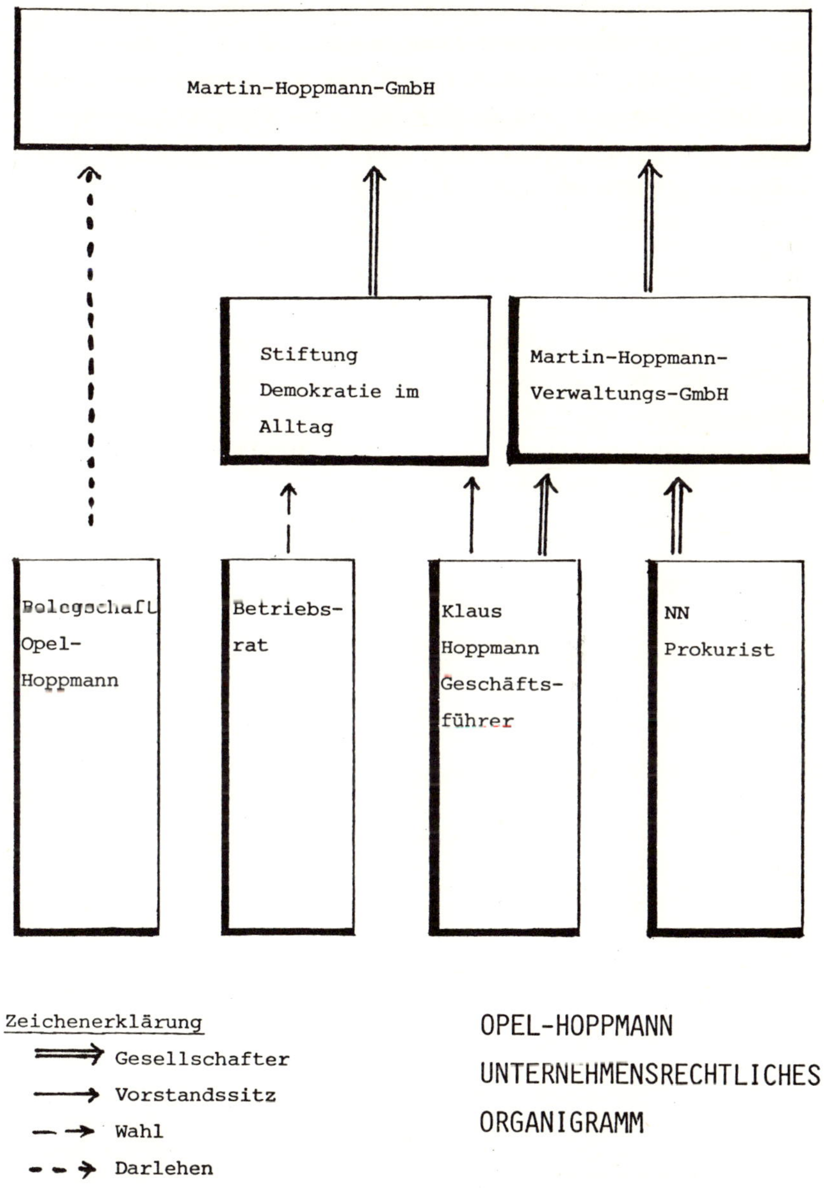

Die in der Satzung niedergelegten Organisationsstrukturen zeigen ebenso wie die Tätigkeiten der Stiftung deren enge Verkoppelung mit dem Unternehmen Opel-Hoppmann. So kann die Stiftung als wesentliches Element des Mitarbeitersystems gesehen werden, da sie die durch das Grundgesetz und die Wirtschaftsordnung gegebenen Rechte der Eigentümer des Produktionsvermögens zwar neutralisiert, aber die Funktion des Kapitals im Unternehmen selbst nicht einengt oder betriebsfremde Einflüsse in das Unternehmen bringt.

Gerade außerbetriebliche Einflüsse will der Unternehmer fernhalten:
"Selbst wenn die Arbeitnehmer die Majorität hätten, würde mich das nicht so stören, als wenn es Leute von außen wären. Also hier ist auf jeden Fall gesichert, daß sich das alles innerhalb des Unternehmens abspielt, das ist ein großer Vorteil."[1)]

---

1) Klaus Hoppmann, in einem Interview mit dem Verfasser am 7.12.1977 in Siegen

6.6 Information und Weiterbildung

6.61 Interdependenz von Arbeitnehmerbewußtsein und Mitarbeiterbeteiligung

"Humanisierung des Arbeitslebens ist in letzter Konsequenz kein betriebsorganisatorisches, sondern ein pädagogisches Problem - jedenfalls immer dann, wenn nicht nur Arbeitsstrukturen effizienter gestaltet, sondern die Möglichkeit der Mitbestimmung und Selbstverwirklichung über den direkten Arbeitsbereich hinaus ausgedehnt werden sollen."[1)]

Diese These zur Interdependenz von Arbeitnehmerbewußtsein und Erfolg einer Mitarbeiterbeteiligung durch die Identifikation und Motivation der Arbeitnehmer selbst wird bei Opel-Hoppmann sehr ernst genommen. Die Selbsterfahrung in Form eines gruppendynamischen Prozesses in den Arbeitsgruppen scheint offenbar nicht auszureichen, um die Arbeitnehmer dazu zu befähigen, die durch die Betriebsvereinbarung zur Mitbestimmung gewährten Kompetenzen und eigenverantwortlichen Arbeitsmöglichkeiten ganz auszufüllen.

Darauf jedenfalls werden die anfänglichen Schwierigkeiten, die Arbeitsgruppen mit Leben zu erfüllen, im wesentlichen zurückgeführt[2)].

Selbstverständlich gibt es darüber hinaus noch weitere Gründe für mangelndes Interesse der Arbeitnehmer an den Arbeitsgruppen, wie Unternehmer Hoppmann selbst vermutet und offen anspricht:
"Das Interesse der Arbeitsgruppen an einer aktiven Mitarbeit ist unterschiedlich groß. Der Unterschied liegt nicht im Bildungsniveau der Mitarbeiter oder in der Arbeitsaufgabe begründet. Ausschlaggebend ist meist die Initiative Einzelner. Es wird oft bezweifelt, daß die Arbeitnehmer tatsächlich ein Bedürfnis hätten mitzu-

---

1) Psychologie heute (382) S.44
2) Vgl. dazu Forschungsbericht (137)

bestimmen. Das Interesse wird zum einen bestimmt durch die Prägung in Elternhaus, Schule usw., zum anderen durch die allgemeinen Erfahrungen des Berufslebens und die besonderen Erfahrungen mit der Mitbestimmung. Schlechte Erfahrungen mit Vorgesetzten, Enttäuschung über nicht aufgegriffene Anregungen rufen häufig eine negative Einstellung gegenüber der Mitbestimmung hervor. Wenn nicht von Zeit zu Zeit die praktischen Erfolge der Arbeitsgruppentätigkeit sichtbar gemacht werden, taucht immer wieder einmal die Frage auf: Was hat es uns eigentlich gebracht?"[1)]

Diese kurzen Ausführungen Hoppmanns zeigen schon deutlich, daß mangelndes Wissen bzw. Erfahrung des Eigenwerts von Arbeitsgruppen ersetzt werden durch individuelle Erlebnisse am Arbeitsplatz, die dann auch als Maßstab zur Bewertung der Mitbestimmung am Arbeitsplatz dienen.

Die Richtigkeit dieser Hypothesen wird wesentlich erhärtet durch die Ergebnisse der Fragebogenerhebung[2)] zur Erforschung spezifischer Einstellungsergebnisse bei den Mitarbeitern von Hoppmann: Aus der Fülle der Daten und deren Interpretationen soll ein Beispiel hier zitiert werden, das sich als besonders signifikant deshalb erweist, weil sich zwischen den beiden Untersuchungen von 1976 und 1978 erhebliche Verschiebungen ergeben haben. In diesem Zeitraum lag nämlich der Schwerpunkt des für die gesamte Hoppmann-Belegschaft durchgeführten Seminarprogramms[3)]:

---

1) Hoppmann in (375d) S.3
2) BMFT-Forschungsbericht (137). Die folgenden Ausführungen lehnen sich eng an diese Untersuchung an, da das Projekt der Bildungsarbeit intensiv durchgeführt und auch begleitend empirisch erfaßt wurde. Der überarbeitete Forschungsbericht soll 1981 veröffentlicht werden (375o).
3) Hierbei handelt es sich um das Seminarprogramm, das im Rahmen der Förderung von Maßnahmen zur "Humanisierung der Arbeitswelt" (131) durch das Bundesministerium für Forschung und Technologie (= BMFT) wegen seiner Bedeutsamkeit unterstützt worden war.

"Auf die Frage: 'Welche der folgend aufgeführten Themen sollten Ihrer Meinung nach in Weiterbildungskursen behandelt werden?' ergaben sich folgende Rangreihen:

Tabelle Nr. 6.2

<u>Gewünschte Weiterbildungsthemen</u>:

	1976 RP	1978 RP
Umgang mit Kollegen/mit Vorgesetzten/ Umgang in Gruppen	1	1
Kenntnisse über unser Mitbestimmungsmodell	2	4
Organisations- und Planungstechniken	3	7
Aussprachen über Schwierigkeiten des Modells	4	5
Diskussionstechniken	5	6
Einordnung des Modells in größere Zusammenhänge der Gesellschaftspolitik	6	9
betriebswirtschaftliche Themen	7	3
Führungslehre (insbesondere Führung in Gruppen)	8	2
allgemeine Wirtschaftsthemen	9	8
wirtschaftspolitische Themen	10	10

$U = 9 < U_{\alpha\,0,05} = 27$; S.!

Quelle: BMFT-Forschungsbericht (137) S. 71

Es wird deutlich, daß sich die Weiterbildungsinteressen der Mitarbeiter bis 1978 in Richtung 'soziale Kompetenz' verdichten (Umgang mit Kollegen/Vorgesetzten/ Gruppen, Führungslehre) sowie betriebswirtschaftlich ausgerichtet sind, in der Hoffnung auf 'Sachverstand' in der Gremienarbeit."[1)]

Die Aussagen der Hoppmann-Mitarbeiter, die in mündlichen Interviews zur Interpretation der Umfrageergeb-

1) BMFT-Forschungsbericht (137) S.71

nisse gemacht wurden, bestätigen die Zahlen. So erklärte dazu z.B. ein Abteilungsleiter:

"Ich erkläre mir das gestiegene Interesse an betriebswirtschaftlichen Themen und Führungslehre eben auch damit, daß ja das Interesse an der Mitbestimmung, wenn auch hier im Rahmen der Arbeitsgruppen, zugenommen hat. Wenn man also in Arbeitsgruppen aktiver werden will, dann ist die Führungslehre, insbesondere die Führung in Gruppen, wie es auch hier heißt, sehr wichtig. Das ist eigentlich sehr naheliegend, daß man auch für betriebswirtschaftliche Themen mehr Interesse hat. Das ist wohl der größeren Aufgeschlossenheit zum Unternehmen und zur aktiven Mitarbeit entwachsen. Daß man die Organisations- und Planungstechniken nicht mehr so hoch einstuft, könnte darauf zurückzuführen sein, daß man inzwischen einen praktischen Fall von organisatorischen Umstellungen im Betrieb sieht, der sich negativ auf den Einzelnen oder sogar auf viele auswirkt. Z.B. die Umstellung auf EDV mit personellen Nachteilen, wie man es sieht, und zumindest mit Personaleinsparungen, was ja auch sehr negativ ist. So könnte ich mir das erklären."[1)]

In der zusammenfassenden "Übersicht über die empirischen Befunde der Begleituntersuchung" zu den Bildungsmaßnahmen wird die Interdependenz von Bewußtsein/Wissen, individueller Einstellung und Mitarbeit in den Gremien nochmals deutlich hervorgehoben:

Vor den Seminaren ergaben die Untersuchungen, "daß die überwiegende Mehrzahl der Mitarbeiter bereits im Jahre 1976 die Arbeitsgruppen-Partizipation am betrieblichen Entscheidungsprozeß akzeptiert hat, ohne jedoch über deren Wirkungsmöglichkeiten und Weiterbildung völlig im klaren zu sein."[2)]

---

1) BMFT-Forschungsbericht (137) S.72
2) BMFT-Forschungsbericht (137) S.101

Nur zwei Jahre später, also 1978, ergaben sich so viele signifikante Änderungen, daß das Projektteam feststellen konnte:
"Die empirischen Meßergebnisse erlauben daher die Schlußfolgerung, daß die Konzeption und Durchführung des Forschungsprojekts im Sinne seiner Zielsetzungen erfolgreich war."[1]

Diese Schlußfolgerung wurde aus der Erkenntnis gezogen, "daß die Bildungsmaßnahmen in den letzten zwei Jahren bei einer größeren Offenheit gegenüber den hier anstehenden Problemen sowohl die zustimmenden Positionen als auch die kritischen Einstellungen deutlicher haben hervortreten lassen. Dies bedeutet, daß die Hoppmann-Mitarbeiter nunmehr mit einer eindeutigeren, entschiedeneren Haltung dem Mitwirkungsmodell entgegentreten, es gibt kaum noch indifferente Positionen, die Zustimmungsbasis ist dabei gleichzeitig erweitert worden."[2]

Trotz dieser eindeutigen Ergebnisse der empirischen Daten darf keine Monokausalität aufgestellt werden. Auch und gerade im Vergleich zwischen den Erfahrungen in den Seminaren und der Praxis in der täglichen Arbeit dürfte eine wesentliche Motivation zur Veränderung der Einstellung liegen, denn die Bildungsarbeit kann nur ins Bewußtsein rücken, was tatsächlich erfahren wird. Deshalb kann nicht nur die Tatsache der Seminararbeit selbst von Bedeutung sein, sondern die gleiche Wichtigkeit liegt sicher auch in deren Form.

Somit müssen Bildungsmethoden und Mitarbeiterbeteiligung nicht nur aneinander angepaßt, sondern auch auf die spezifische Mentalität der einzelnen Mitarbeiter ausgerichtet werden. Insofern scheint es unerläßlich, den Bildungsprozeß selbst hier zu beschreiben.

---

1) BMFT-Forschungsbericht (137) S.104
Kern des Forschungsprojektes war das Ausbildungsprogramm für die Hoppmann-Mitarbeiter.
2) BMFT-Forschungsbericht (137) S.103

6.62 Ziele partizipativer Bildung

Die Zielsetzung der Bildungsarbeit läßt sich weder von der formalen Motivation her noch von den eigentlichen Lernzielen in einem Satz festlegen.

Zum einen verstand und versteht sich die Seminararbeit als Komponente des Mitarbeiterbeteiligungssystems im Sinne einer flankierenden Maßnahme, um für die eigentliche Mitbestimmung bei den Arbeitnehmern Motivation und Befähigung zu verbessern. Aber auch beim Bundesministerium als Projektförderer waren bestimmte Interessen vorhanden, ebenso wie bei der Projektgruppe selbst; nicht zu vergessen sind die Einstellungen und Erwartungen der Teilnehmer. Gerade die letzte Gruppe sollte ja auch bei ihrer eigenen Aus- und Weiterbildung mitbestimmen.

Dies alles wurde in übergreifende Lernziele übertragen, die auch im "Projektantrag fixiert wurden:

- Ausgleich von Informationsdefiziten im Hinblick auf den gesellschaftspolitischen Ansatz, die Zielrichtung und die betriebspraktischen wie rechtlichen Konsequenzen des Modells;
- Erwerb betriebswirtschaftlicher und betriebssoziologischer Kenntnisse, die zur Mitwirkung auf Unternehmens- und Betriebsebene befähigen;
- Erwerb einer auf Partizipation ausgerichteten sozialen Kompetenz. Hierzu gehören unter anderem die Fähigkeit zur kritischen Wahrnehmung eigenen und fremden Verhaltens, Klärung der Bedingungen und Einübung in Formen partizipativer Kommunikation, Kenntnis sozialpsychologischer Voraussetzungen sachlich und persönlich befriedigender Kooperation, Einübung eines Verhaltens in Konfliktsituationen, das die im Beteiligungsmodell vorgegebenen Rechte und Möglichkeiten produktiver Konfliktbearbeitung ausschöpft;
- Anstöße zur Veränderung von Verhaltensweisen im Umgang der Arbeitsgruppen miteinander und in den Beziehungen zwischen Vorgesetzten und nachgeordneten Mitarbeitern, die der Verwirklichung von Mitbestimmung

im Wege stehen;
- Methodische Hilfen für die Arbeitsgruppen, zur Lösung betrieblicher Probleme und zur Weiterentwicklung des Modells."[1]

Die Festlegung dieser Lernziele konnte einen Konflikt nicht verhindern, sondern verstärkte ihn geradezu, nämlich den Konflikt zwischen cognitivem und emotionalem Lernen. Bei allen Beteiligten wurde und wird ständig die Frage diskutiert, wie weit gruppendynamische Prozesse reines theoretisches Lernen bzw. Erarbeiten ersetzen oder ergänzen können.

Entscheidend für die Antwort auf diese Frage ist primär die jeweilige Gruppenerwartung[2] auf dem Seminar. Deshalb fordert die Projektleitung auch "ein flexibles Verhältnis der beiden Elemente: z.B. Information dann anbringen, wenn die Gruppe Information haben möchte, bzw. Störungen dann aussprechen, wenn sie bei der Informationsvermittlung der Aufnahme entgegenstehen."[3]

Daneben bringt ein Seminar auch andere Konflikte mit sich, gerade bei Bildungs-entwöhnten Arbeitnehmern: Überforderung durch theoretisches Arbeiten, Zusammenleben mit der Gruppe, weniger Motivation zur Arbeit als zur Freizeit.

Wieviel Schwierigkeiten diese Bildungsarbeit gerade bei dem Zielfindungsprozeß mit sich bringt, sagt das Projektteam auch deutlich in seinem Bericht: Trotz der vorhandenen Probleme "haben sich die Seminarleiter alle Mühe gegeben, deutlich und verstehbar zu machen, daß es im Seminar sinnvoll und gewissermaßen ausreichend ist, Lösungsmöglichkeiten und -wege aufzuzeigen, auszudenken, vielleicht auch schon probeweise zu vereinbaren. Die eigentliche Arbeit muß von den Teil-

---

1) BMFT-Forschungsbericht (137) S.105 f.
2) Vgl. dazu BMFT-Forschungsbericht (137), Punkt 4.2 Einstellungen und Erwartungen der Teilnehmer, S.108-111
3) BMFT-Forschungsbericht (137) S.107

nehmern am Ort geleistet werden. Ein wahrscheinlich zur Vorbereitung des Einstellungswandels günstiges Vorgehen ist den Leitern eines Seminars erst nachträglich eingefallen: Statt die Theorie der Konfliktbearbeitung in Vorschläge zu kleiden, was die Teilnehmer jetzt oder später tun könnten oder sollten, hätten wir unsere eigene Konflikt-Praxis am Arbeitsplatz, in demokratischen Gremien, im Privatleben beschreiben können. Gemeinsam wäre dann aus diesen Erfahrungen und Berichten über Einzelbeispiele die Theorie herauszufällen bzw. zu abstrahieren gewesen. Insofern haben wir vermutlich die Erwartungen und Voraussetzungen der Teilnehmer falsch eingeschätzt."[1]

6.63 Methoden der Bildungsarbeit: 3-Phasen-Modell: Grund-, Aufbau- und Feedback-Seminar

Bildungsarbeit, die nicht nur auf Wissensvermittlung, sondern auch und gerade auf Einstellungs- und Verhaltensänderung abzielt, kann nicht an einzelnen Seminartagen, in mehr oder weniger dem Zufall überlassener Reihenfolge, durchgeführt werden, sondern muß kontinuierlich und über mehrere Tage hinweg erfolgen; mindestens 5 Tage - besser mehr - sollte eine Seminararbeit dann auch dauern.

Deshalb wurde im Rahmen des Projekts eine feste Seminarstruktur entwickelt, die folgendes Schaubild[2] zeigt: (siehe folgende Seite)

---

1) BMFT-Forschungsbericht (137) S.110
2) Quelle: BMFT-Forschungsbericht (137) S.114

Schaubild 6.7

Seminare im Rahmen des Forschungsprojekts

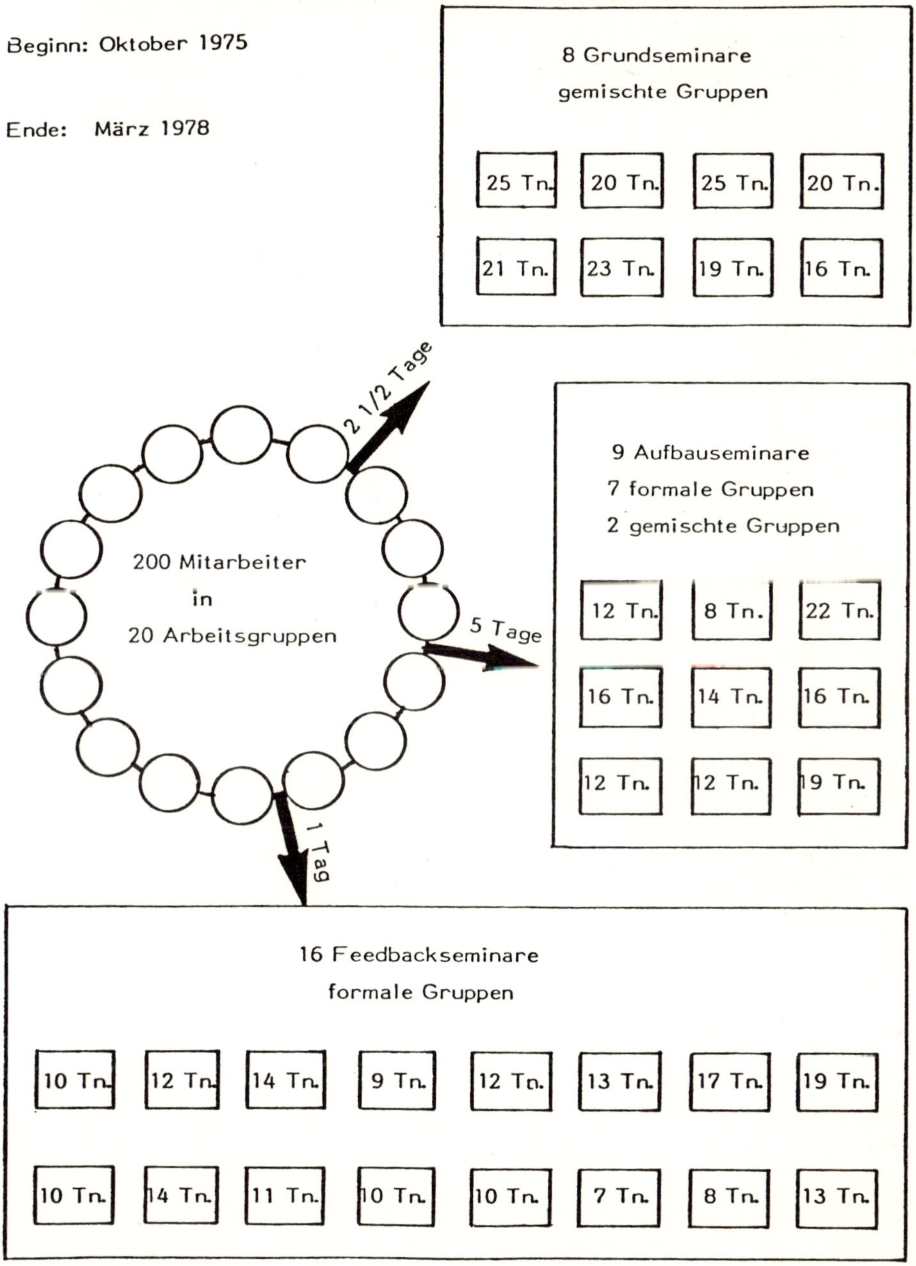

Quelle: BMFT-Forschungsbericht (137) S.114

Die geplanten bzw. tatsächlich behandelten Themen zeigen die beiden folgenden Tabellen, die aus dem Bericht direkt übernommen wurden, da ihnen ein besonderer Modellcharakter bzw. Informationswert beigemessen wird.
(siehe folgende Seiten)

Tabelle 6.3

Quelle:
BMFT-Forschungsbericht (137) S. 117

Ablaufübersicht eines Aufbauseminars mit gewerbl. u. Kfm. Azubis (2. Lehrjahr)

Arbeitseinheit	Montag	Dienstag	Mittwoch	Donnerstag	Freitag
I	- Begrüßung - Vereinbarung von „Spielregeln" - Verantwortung der TN: Mitarbeit	- Zusammenfassung/ Überleitung - Übung: Rückmeldung geben - Berichte - Bedingungen für Erfolg	- Beschreibung demokratischer Führung u. Führungsgrundsätze - Instrumentarium: - Tonbildschau (3) - Rechte u. bisherige eigene Praxis	- Geplant: Rückmeldung - Tatsächlich: Alkoholgenuß, Alkoholmißbrauch	- Rollenspiel „Gruppensitzung" mit Beobachtern - Vorbereitung - Durchführung
II	- Wandzeitung: inhaltl. Wünsche - Ergänzung - Wahl des momentan wichtigsten Themas	- Macht und Einfluß in der Gruppe (1) - Auswertung	- Sammlung von Fragen an Herrn H. u. die JV - Absprache einer Strategie (wer fragt?) und Reihenfolge	- Mögliche Vorteile von Alkohol genauer: Nachteile - Gründe u. Möglichkeiten, sich übertriebenem Trinken zu entziehen	- Auswertung: Beobachtungsmitteilung - Kritik am Seminar - Kritik an einem TN durch andere - Thema: Konfliktbehandlung, Abbruch
	M i t t a g s p a u s e				
III	- Verhältnis zwischen Vorgesetzten u. Azubis - Beschreibung des Ist-, Formulierung des Soll-Zustandes	- Überleitung: Was ist Einfluß/Führung? Wovon hängt sie ab? - Reflexion des Gesprächverlaufs (2) - Forts.: Merkmale demokratischer F.	Fragen - Wofür wird Herr N. bezahlt? - Was hat Herr H. noch zu sagen? - Was machen die JV? Inwiefern sind sie wichtig? Wie wird man das? - Wieviel wird an den	- Überleitung: Wie sage ich wem was? - Nicht-wertende Verhaltensbeschreibung (4) - Auswertung der Übung - Durcharbeiten eines Beispiels	- Klärung d. Ereignisses: Sündenbockjagd - Absprache zischen zwei Betroffenen - Planung: Was ist in Siegen zu tun? - Rückmeldung an Kursleiter - Verarbeitung
IV	- Schlechte Behandlung durch Gesellen - Möglichkeiten der „Gegenwehr"	- Antrag: Ausfall der Sitzung - abgelehnt - Blitzlicht/Metakommunikation als Hilfsmittel - Duzen/Siezen - Vorurteile zwischen gewerbl. u. kfm Azubis; Abbau	Lehrlingen verdient? - Wer wird übernommen? Wer entscheidet? Wie Kriterien? - Beurteilungswesen - Austausch von gewerb. u. kfm. Azubis	- Vorgezogene Abschlußkritik: Gründe/Motive Kritik an „Theorie" Stellungnahmen: positiv/negativ Eigene Mitarbeit Offene Probleme	Ende
	g e m e i n s a m e F r e i z e i t				
	Filme	Kegeln	Fete	TT-Turnier	

Tabelle 6.4

Verteilung der behandelten Themen

VERTEILUNG DER BEHANDELTEN THEMEN	1.	2.	3.	4.	5.	6.	7.	8.	9.	10.	11.	12.	13.	14.
Geisweid	X		X		X				X	X	X		X	
Fellinghausen	X		X	X		X			X	X	X	X	X	X
Gebrauchtwagen	X	X	X	X	X			X	X	X	X	X	X	
Führungsgruppe	X	X			X	X			X	X		X		
Meister	X	X		X	X		X			X	X	X	X	X
Kaufm. und technische Angestellte	X	X	X	X	X	X	X	X	X			X	X	
Gruppensprecher	X	X		X		X		X	X	X	X	X		
Azubis 1977 2. Jahr	X	X	X	X	X	X		X	X		X	X	X	
Azubis 1977 3. Jahr	X	X	X	X		X		X	X		X	X	X	

1. Pro und Contra / Motive der Teilnahme
2. Einstellung zu MB / Sinn und Zweck der MB
3. Schlechte Realität (=Ist) / Ideal. Arbeitsplatz (=Soll)
4. Umgangsformen im Betrieb
5. Tonbildschau : Deine Rechte bei Opel - Hoppmann
6. Theorie und Praxis der MB / Umsetzung
7. Rollenspiel: " Die Kunst zu überzeugen "
8. Rollenspiel: Gruppensitzung / Auswertung
9. Vorbereit., Durch.- und Weiterführung v. Gruppensitz.
10. Offenheit im Gespräch und in Sitzungen
11. Macht / Einfluß / Führung in der Gruppe
12. Konflikte: Bearbeitung und Regelung
13. Wechselseitige Vorurteile: (z.B. Büro Werkstatt)
14. Konflikte zwischen Abteilungen

(Fortsetzung dieser Tabelle auf der nächsten Seite)

Quelle: BMFT-Forschungsbericht (137) S. 123

Fortsetzung	15. Grundsätze demokratischer Führung	16. Die Rolle der Führungskraft bei MB	17. Direkter Führungsstil / Nichtdirektive Beratung	18. Sicherheit der Führungskräfte	19. Arbeitslosigkeit / Lage der Angestellt. / Solidarität	20. Kriterien für Übernahme nach der Ausbildung Beurteilungswesen	21. Alkoholkonsum als Problem	22. Betriebliche sachbezogene Themen	23. Verbesserungsvorschlagswesen	24. Gespräch mit Geschäftsführer / Vorgesetzten ; Anregungen für betriebliche Veränderungen	25. Gespräch mit Betriebsrat / Jugendvertretung	26. Vorschläge, Planung für Weiterführung der MA - Beteiligung. Was ist zu tun ?
Geisweid	X							X				X
Fellinghausen								X		X		X
Grebrauchtwagen								X		X		X
Führungsgruppe	X	X	X	X								X
Meister	X	X					X	X		X		X
Kaufm. und technische Angestellte	X				X					X	X	X
Gruppensprecher								X	X			X
Azubis 1978 2. Jahr	X				X	X	X			X	X	X
Azubis 1977 3. Jahr	X				X	X						X

Quelle: BMFT-Forschungsbericht (137) S. 124

Dieser Themenüberblick zeigt deutlich, daß in den Seminaren primär betriebsbezogen gearbeitet wird. "Auch wenn es um die Verbesserung der Kompetenz im sozialen Bereich geht, steht die betriebliche Umsetzbarkeit im Vordergrund."[1]

Nach Meinung Hoppmanns geschieht dies "nicht deshalb, weil die Seminarleiter betriebsbezogene Beispiele heranziehen würden, sondern weil bei Leuten aus der Wirtschaft, aus dem gewerblichen Bereich, immer deren betriebliche Probleme im Vordergrund stehen. Sie zeigen gar keine Neigung abzuheben, sondern bleiben mit den Füßen auf der Erde"[2].

Schließlich ist noch nach dem Rollenverständnis der Lehrer in den Seminaren zu fragen, das Stötzel mit folgenden Sätzen umschreibt: "Wir verwenden den Begriff 'Gruppendynamik' als Sammelbegriff, um unser methodologisches Vorgehen damit zu belegen. Wir arbeiten also sicher weniger mit schulmeisterlichen Methoden der Stoffvermittlung, des Vortrages, des Referats oder was auch immer, sondern eben sehr stark mit Methoden der Aktivierung, der Selbstaktivierung und der Selbstakzentuierung. Wir berücksichtigen die individuellen Lerndefizite, die individuellen Verhaltensunterschiede, legen sehr viel Wert auf Selbstregulation von Gruppenprozessen, die dort ablaufen, auf Selbststeuerung. Wir sprechen bewußt eher vom 'Trainer' als vom Lehrer oder Leiter, deshalb eben der Begriff Gruppendynamik.

Wir Trainer bieten uns ganz bewußt als Modell an. Wir sagen, wir haben ganz bestimmte Rollenverteilungen einmal vorliegen. Jeder erwartet von uns eine Leitungs- und Führungs- und Pädagogenrolle. Ihr seid die Gruppe, und es entspricht unserer Vorstellung von demokratischer Führung, über die hier eben nicht nur geredet wird, sondern die auch praktiziert werden soll, daß jeder über seine Arbeit Rechenschaft abzulegen hat, und daß es nicht nur euer Recht, sondern eure Pflicht ist,

---

1) Psychologie heute (382) S.44
2) Hoppmann in (382) S.44

die Trainer auch hinsichtlich ihres eigenen Führungsverhaltens, das sie in dieser Seminararbeit an den Tag legen, als Modell positiv oder negativ zu kritisieren. Dieser lernpsychologische Aspekt hat eine große Rolle gespielt und hat auch schon Wirkung gezeigt..."[1]

6.64 Ergebnisse und Wirkungen der Gruppenarbeit

Wenige Monate nach Beendigung des großen Bildungsprojektes, das sich über drei Jahre erstreckte, nach Wirkungen zu fragen, erscheint verfrüht, da ja vor allem Einstellungs- und Verhaltensänderungen erzielt werden sollten.

Neben einigen wenigen spektakulären Erfolgen, die sofort ins Auge fallen, sind dafür vor allem die Ergebnisse der breit angelegten Untersuchungsreihe aufschlußreich, die durch die persönliche Meinung der Teamer oder einzelner Mitarbeiter der Firma Hoppmann noch ergänzt werden - meist im Sinne einer Untermauerung.

Ein solches Beispiel eines persönlichen Eindrucks gibt Stötzel:

"Daß Vorgesetzte sich im Betrieb mit ihren Gruppen zusammengesetzt haben und gesagt haben: Ich habe erlebt, wie nichtdirektive Gesprächsführungen zu besseren Ergebnissen in der Gruppenarbeit führen konnte(n) als direktive Gesprächsführung (auch wenn sie nicht dieselben Begriffe gebrauchen). Ich habe erlebt, daß Abwarten können, bis sich Leute äußern, nicht zu gähnender Langeweile führt, sondern überhaupt erst Aktivität hervorruft. Wir wollen versuchen, das jetzt im Betrieb genauso zu machen. Einige Vorgesetzte berichten amüsiert, wie ihre Gruppe, die sie ganz anders kannte, zunächst

---

1) Stötzel in (382) S.44 f.

einmal baß erstaunt und zum Teil verwirrt darüber war, daß sich der Vorgesetzte hinsetzte und gar nichts sagte, während er sich sonst in seiner Rolle als Vorgesetzter immer so verstanden hatte, daß er sich hinsetzt, das Wort ergreift und loslegt. Das sind Hinweise darauf, daß dieses Modell angenommen wird, oder daß man zumindest versucht, in diesem Sinne sein eigenes Führungsverhalten und seine eigene Kooperationsbasis mit den Mitarbeitern zu verändern."[1] Das hier angesprochene Rollenverhalten der Vorgesetzten bzw. Führungskräfte wurde in den Seminaren nicht nur stark tangiert, sondern durch deren eigene Initiative auch verändert - ein Beispiel aus der Praxis gibt oben der Bericht von Stötzel.

Dazu kommt aber noch eine andere bedeutsame Entwicklung: Die Erfahrungen aus der Praxis der Mitarbeiterbeteiligung wurden auch von den Führungskräften auf den Seminaren theoretisch aufgearbeitet und in einem neuen "Führungsstatut" fixiert: dieses soll wegen seiner Bedeutung für das Gesamtmodell im folgenden Abschnitt detailliert besprochen werden.

Die von der Projektgruppe durchgeführten Befragungen (Erst- und Wiederholungsbefragung) geben anhand der empirischen Daten eine Bestätigung subjektiver Erfahrungen über die Wirkung der Seminararbeit. So schreibt die Gruppe in ihrem Schlußbericht als Fazit:

"Vergleicht man die gruppenspezifischen Analysen der Wiederholungsbefragung mit denen der Erstbefragung (s.o.), so unterstützen diese das Ergebnis der Gesamtbefragung. Die signifikanten Unterschiede zwischen einzelnen Mitarbeitergruppen haben deutlich zugenommen. Dies stützt die bisherige Erfahrung, daß eine der wesentlichsten Wirkungen der durchgeführten Projektmaßnahmen in der Herausbildung eindeutiger Standpunkte zur Mitbestimmung am Arbeitsplatz bestand. Während früher mehr ein diffuses Bild der gruppenspezifischen

---

1) Stötzel in (382) S.45

Einstellungen vorherrschte, stellen sich diese nunmehr als deutlicher abgehobene Struktur von Beziehungen (und Problemen) des formalen und informalen Sozialverhaltens im Betrieb heraus."[1)]

Deutlicher als jede Art von zusammenfassender Wertung wird die Notwendigkeit von solchen Seminaren im Rahmen von Arbeitnehmerbeteiligungen durch die Beschreibung von kritischen Seminarsituationen, wie sie von der Projektgruppe in ihrem Erfahrungsbericht festgehalten wurden und hier - nur wenig gekürzt - wiedergegeben werden.

"Beispiele dafür:

1. Eine Gruppe wagte es das erste Mal, über das Verhältnis ihrer Mitglieder untereinander zu sprechen und auch Kritisches zu äußern - insbesondere gegenüber einem einzelnen Mitglied, das zunächst stark emotional reagierte.
2. In einem Angestellten-Seminar bestanden Spannungen zwischen einzelnen Teilnehmern. Sie kamen aber nicht so deutlich zum Ausdruck. ... Möglicherweise waren die Teilnehmer nicht sehr bedeutsam füreinander, es gab auch wenige direkte Arbeitskollegen. Das Gespräch mit dem Vorgesetzten war vielleicht 'kritisch' insofern, als sich zeigte, daß Solidarität und Gemeinsamkeit noch ungenügend ausgebildet waren. Dies vermerkten auch die Teilnehmer selbstkritisch. Dennoch stellte die Vereinbarung einer Gruppensitzung in der Werkstatt einen Durchbruch dar und weckte die Hoffnung auf Auswirkungen im Betrieb.
3. ...
4. Eine weitere Situation war die Konfrontation von gegenseitigen Bildern, und zwar über den Führungsstil und das Verhalten des anderen. Es kamen Bilder zum Vorschein, die latent vorhanden waren und auch auf das Verhalten der Betreffenden wirkten, die aber bislang nicht in dieser Deutlichkeit ausgesprochen waren.

---

1) BMFT-Forschungsbericht (137) S.96

5. Kritisch war auch die Situation, als das Papier mit den Führungsgrundsätzen diskutiert wurde, und zwar, weil sehr weitgehende Grundsätze, die bei den Führungskräften zuvor Unruhe ausgelöst hatten (z.B. Führung ist Führung auf Zeit) nun im persönlichen Vortrag durch einen Seminarleiter in den Augen der Beteiligten abgeschwächt wurden. Die Teilnehmer hatten das Gefühl, provoziert worden zu sein oder auch ein bißchen auf den Arm genommen zu sein.
6. Schwierig war eine Gesprächssituation, in der im kleinen Kreis über die zukünftige Geschäftsführung und Anforderungen an Personen, die damit beauftragt sind, diskutiert wurde. Hierbei kamen tiefsitzende Bilder (auch Vorurteile und Vorbehalte) ans Tageslicht. Diese Fragen waren deshalb so kritisch, weil sie für den einzelnen existenzielle Bedeutung haben.
7. In einem Feedback-Seminar entstand eine kritische Seminarsituation, als im Gespräch über evtl. Abteilungsleiterkonferenzen bzw. die 'Donnerstagsitzung' Vorbehalte von den mittleren Führungskräften gegenüber den Abteilungsleitern geäußert, aber nicht konkret benannt wurden. Die Gruppen teilten sich zwar zur getrennten Beratung auf, aber der geäußerte Vorbehalt wurde nicht konkretisiert."[1]

Alle Beispiele - mit Ausnahme des ausgelassenen Punktes 3 - spiegeln Konflikte aus der betrieblichen Situation wider, die zwar latent vorhanden, vorher aber nie offen besprochen waren. Gerade für ein Beteiligungsmodell, das wie bei Opel-Hoppmann sehr stark auf das Zusammenwirken aller Arbeitnehmer bis hin zum Geschäftsführer ausgerichtet ist, kommen Konflikte zwischen Individuen ebenso wie zwischen Gruppen einerseits stärker zum Tragen, müssen andererseits aber auch intensiver aufgearbeitet werden, wenn das Modell funktionieren soll.

Allein schon aus diesem formalen, mehr auf die Organi-

---

1) BMFT-Forschungsbericht (137) S.125 ff.

sation selbst als auf den einzelnen Menschen ausgerichteten Grund scheint eine begleitende Seminararbeit in der Form des Bildungsprojektes eine unabdingbare Voraussetzung zu sein für den Erfolg - in der immateriellen wie materiellen Dimension - eines Beteiligungsmodells.

Sieht man das Modell aber nicht als Selbstzweck sondern nur als Mittel zu oben genannten Zielen wie Förderung von Selbstentfaltung, Selbstverwirklichung, Eigenverantwortung u.a. der Arbeitnehmer, so kann auf eine reflektierende, bewußtseinserweiternde und zur Verhaltensänderung motivierende Bildungsarbeit nicht verzichtet werden - die interdependenten Beziehungen zwischen Bewußtsein und praktischen Erfahrungen in der Arbeitswelt - aber auch im Alltag[1] - erscheinen hier evident.

Insofern kann die Hypothese aufgestellt werden, daß durch die Bildungsarbeit die Arbeitnehmer entweder zur Mitbeteiligung befähigt und motiviert werden, woraus eine stärkere Identifikation mit "ihrem Unternehmen" erwachsen oder durch die rationale Beschäftigung mit dem Modell auch eine bewußte Antihaltung hervorgerufen werden kann; darüber hinaus ist damit zu rechnen, daß Schwachstellen des Beteiligungsmodells aufgedeckt, überdacht und verändert werden. Allerdings müssen dazu natürlich Zielsetzung, Inhalte und Methoden der Bildungsarbeit mit dem Wesen des eigentlichen Beteiligungsmodells systemkonform sein. Gerade diese Prämisse bringt allein schon viele Schwierigkeiten mit sich, wie der Erfahrungsbericht der Projektgruppe zeigt.

Die Komponente der verstärkten Antihaltung verdient bei der Bewertung der empirischen Daten besondere Aufmerksamkeit:

---

1) Eike Ballerstedt (33) bezieht bei seiner Untersuchung des "Ahrensburger Modells", einem ähnlich weitgehenden Modell wie bei Opel-Hoppmann, auch Einflüsse und Rückkoppelungen des privaten Bereichs der Arbeitnehmer mit ein.

Da nicht davon auszugehen ist, daß selbst bei einem so weitgehenden Beteiligungsmodell wie bei Opel-Hoppmann eine hundertprozentige Identifikation der Arbeitnehmer mit ihrem Unternehmen zu erreichen ist, läßt das Anwachsen einer Antihaltung zum Modell oder seiner einzelnen Teile einen doppelten Rückschluß zu: In der empirischen Untersuchung wurden zum einen ehrliche Antworten gegeben, was den Wert der Daten erhöht, und zum andern hat die Bildungsarbeit zur Ausformung und Verstärkung persönlicher Einstellungen bei den Arbeitnehmern geführt.

Da die empirischen Daten[1] vor allem höhere Identifizierungsgrade, aber auch - wenn auch wesentlich weniger, so doch signifikant - verstärkte Antihaltungen zeigen, kann der Projektgruppe in ihrer abschließenden Bewertung des Projektes - und damit natürlich primär der Bildungsarbeit - zugestimmt werden[2]:

"In der zusammenfassenden Würdigung der empirischen Befunde ist festzustellen, daß während der beiden Projektjahre eine beträchtliche Zahl signifikanter und hochsignifikanter Veränderungen in den Einstellungen der Mitarbeiter zu Problemen der Beteiligung an betrieblichen Entscheidungsprozessen erzielt werden konnte. Sie bestanden darin, ein günstigeres Kommunikationsklima auf einer verbreiterten Basis der Zustimmung zum Mitwirkungsmodell zu schaffen, verbunden mit einer höheren Bereitschaft zur Mitarbeit und Weiterentwicklung des Modells. Sie gründeten auf Verbesserungen der Entscheidungsprozesse oder ihrer Bedingungen."[3]

---

1) Vgl. dazu im einzelnen die Ergebnisse der Befragungen

2) Auch wenn hier nur wenige mögliche bzw. tatsächliche Zusammenhänge zwischen Zielsetzungen, Maßnahmen und deren Bewertungsmaßstäbe aufgezeigt werden, scheint auf deren Basis eine Bewertung gerechtfertigt, zumal die gesamten signifikanten Daten sowie die in den Bericht aufgenommenen Aussagen aus den mündlichen Interviews eine einheitliche Linie ergeben.

3) BMFT-Forschungsbericht (137) S.104

6.7 Das Führungsstatut

"Zwischen betrieblichen und persönlichen Interessen zu vermitteln, ist eine Aufgabe der Führung."[1]

Dieser Kernsatz aus dem Führungsstatut des Managements der Firma Hoppmann kennzeichnet deutlich Ziele und Methoden zugleich und zwar sowohl bei der Personalführung selbst als auch im gesamten Beteiligungsmodell.

Die starke Ausrichtung des Beteiligungssystems auf die Mitarbeiter wird auch deutlich durch die Anerkennung ihrer Bedürfnisse durch das Management:

"Es kann Situationen geben, wo das Betriebsinteresse hinter den persönlichen Bedürfnissen der Mitarbeiter zurückstecken muß."[2] Die Interpretationsbreite dieses Satzes ist naturgemäß sehr groß: Sie kann bei restriktiver Sichtweise z.B. nicht mehr bedeuten als die Einhaltung gesetzlicher Rechte des Arbeitnehmers, wie sie vor allem im Arbeitsrecht festgelegt sind.

In dem Maße aber, in dem anerkannt wird, "daß die persönlichen Bedürfnisse der Mitarbeiter und auch der Vorgesetzten etwas durchaus natürliches und nichts negatives sind"[3], wird Raum gelassen für eine extensive Auslegung solcher Bedürfnisse.

Im Führungsstatut wird aber auch klar ausgedrückt, daß zwischen den wirtschaftlichen Zielen des Unternehmens einerseits und den persönlichen Interessen der Mitarbeiter andererseits Konflikte entstehen können; diese werden aber nicht antagonistisch gesehen, sondern durch teilweise gleiche Interessenlage für abbaufähig gehalten:

"Dem Mitarbeiter ist jedoch einsichtig (richtige Information vorausgesetzt), daß das Unternehmen ohne wirt-

---

1) Führung und Mitbestimmung bei Opel-Hoppmann. Eine Vereinbarung der Führungsgruppe nach dem Seminar in Friedewald vom 26.-30.4.77 (375h) S. 2 (kurz: Führungsstatut, abgedruckt in: (375o)).
2) Führungsstatut, S. 2
3) Führungsstatut, S. 2

schaftlichen Erfolg nicht existieren kann und daß die sozialen Ziele nur bei ausreichender finanzieller Basis zu erreichen sind. Abgesehen davon, daß jeder Mitarbeiter aufgrund seines Arbeitsvertrages verpflichtet ist, betriebliche Interessen wahrzunehmen, so wird er auch aus Interesse an einem guten Betriebsgewinn (EB), aus Sorge um die Erhaltung seines Arbeitsplatzes, aus Kollegialität und verschiedenen anderen Gründen die betrieblichen Ziele verfolgen. Insoweit decken sich seine persönlichen Ziele mit den Unternehmenszielen bzw. wird er bereit sein, seine privaten Interessen den betrieblichen unterzuordnen."[1]

Bemerkenswert ist weiterhin, daß die Beteiligung der Arbeitnehmer in allen - oben schon unter 6.1 bis 6. 11 skizzierten - Bereichen nicht nur akzeptiert wird, sondern als klare Konsequenz daraus auch "Führung auf ihr sachlich notwendiges Maß zu reduzieren und ausreichend demokratisch zu kontrollieren"[2] ist; die Führungshierarchie soll aber erhalten bleiben und wird deshalb auch nicht in Frage gestellt.

Aus den durch die Mitarbeiterbeteiligung hervorgerufenen Strukturveränderungen in der Organisation ergibt sich für die Führungsgruppe eine doppelte und weitreichende Konsequenz: Sie muß ihr bisheriges, eingespieltes und wahrscheinlich auch sehr erfolgreiches Führungsverhalten verändern, ohne dies früher eingehend gelernt bzw. erprobt zu haben.

Zusätzlich wird für das Management eine gefährliche Situation der Unsicherheit geschaffen, da im Umgang mit einer weitreichenden Mitbestimmung der Arbeitnehmer auf allen drei Ebenen - Arbeitsplatz, Betrieb und Unternehmen - auch aus andern Unternehmen vergleichsweise nur wenige Erfahrungen vorliegen.

Dieser Intra-Rollenkonflikt zwischen Führungsauftrag bzw. -gewohnheit und "demokratischem" Verhalten spiegelt

---

1) Führungsstatut, S.1 f.
2) Führungsstatut, S.2

sich in dem Hauptteil des Führungsstatuts mit der Überschrift: "Demokratische Führung" deutlich wider:

Die Beschreibung des eigenen Verständnisses von Führung ist im Statut gekennzeichnet durch eine vorsichtige Sprache mit Appellen an beide Gruppen (Vorgesetzte und Untergebene), ohne daß dabei im Detail klare Entscheidungen im Sinne einer offenen Verhaltensänderung festgelegt werden, wie dies bei der Umschreibung der eigenen (Management-)Positionen geschieht. So wird z.B. zur Behandlung von "Einwänden der Mitarbeiter" im Statut folgendes gesagt: "Demokratische Führung zeichnet sich auch dadurch aus, daß sachliche Einwände von Mitarbeitern grundsätzlich positiv aufgenommen und nach Möglichkeit verwertet werden. Wenn aber die Führungskraft der Ansicht ist, anders entscheiden zu müssen, so hat sie das ihren Mitarbeitern gegenüber sachlich zu begründen. Vom Mitarbeiter wird erwartet, daß er routinemäßige Anweisungen, die in korrekter Form gegeben werden, ohne Einwände ausführt. Wenn er aber begründete Einwände vorbringt, so wird von ihm die gleiche Sachlichkeit und Höflichkeit verlangt, die er mit Recht von seinem Vorgesetzten fordert. Der Vorgesetzte muß sich darauf verlassen können, daß Aufträge so ausgeführt werden, wie sie abgesprochen wurden."[1)]

Auch die Auflistung der Einzelkomponenten, die für die Weiterentwicklung des demokratischen Führungsstils als notwendig erachtet werden, zeigt eher ein vorsichtiges Herantasten an gebotene Verhaltensänderungen - sind doch etliche Punkte davon in der Betriebsvereinbarung festgelegte Rechte der Mitarbeiter.

Nach der Meinung des Managements zeichnet sich ein demokratischer Führungsstil "insbesondere aus:
- durch Bereitschaft, Machtbefugnisse abzugeben
- durch vorbildliche Information
- durch Anhörung der Betroffenen

---

1) Führungsstatut, S.3

- durch Begründung der Anweisungen
- durch ausdrückliches Zulassen von sachlich formuliertem Widerspruch
- durch Rücksichtnahme auf persönliche Bedürfnisse der Mitarbeiter
- durch strikte Höflichkeit in der Formulierung von Anweisungen (Prinzip der Umkehrbarkeit)
- durch Förderung der fachlichen Fähigkeiten und Selbständigkeit der Mitarbeiter
- durch einen nicht-direktiven Gesprächsstil".[1]

Mißt man diese Führungscharta nicht nur an den Betriebsvereinbarungen, angesichts derer vieles nur als zwingend geboten oder selbstverständlich erscheint, sondern vor allem an der Alltagspraxis deutscher Manager, so kann man doch die ersten wesentlichen und auch schwierigsten Weichenstellungen zur Verhaltensveränderung des Hoppmann-Managements erkennen. Wird doch das deutsche Management als besonders autoritär im Vergleich zu ausländischen Unternehmen beschrieben[2].

Der Schluß des Führungsstatuts umschreibt den "Sicherheit(sanspruch) für Führungskräfte". Zunächst wird offen bekannt, daß "die veränderte Rolle der Führungskräfte zunächst eine verständliche Unsicherheit bei ihnen"[3] auslöst, weshalb dann einige - unpersönlich erhobene - Forderungen[4] angeschlossen werden:

" - Es muß besonders darauf geachtet werden, daß die Führungskraft nicht nur finanziell, sondern auch vor einem Verlust des Ansehens abgesichert wird.
  - Die Planung der Nachfolge für die Abteilungsleiter und für den Geschäftsführer ist eindeutig und für jedermann transparent zu regeln.

---

1) Führungsstatut, S.4
2) Vgl. dazu z.B. Wilpert/Brockmann,(812): "Deutsche Betriebe werden autoritärer geführt als ausländische. Deutsche Manager halten sich selbst nicht für autoritär, für ihre direkten Untergebenen sind sie aber in jeder Beziehung unerreichbar." S.66
3) Führungsstatut, S.5
4) Führungsstatut, S.5; die Forderungen sind ihrer deutlichen Sprache wegen wörtlich wiedergegeben.

- Führungskräfte dürfen (wie andere Mitarbeiter auch) nicht wegen freier Meinungsäußerungen in Schwierigkeiten kommen.
- Den Führungskräften muß weitere Gelegenheit gegeben werden, den offenen, angstfreien Umgang miteinander und mit ihren Mitarbeitern zu lernen.
- An der weiteren Ausgestaltung der Mitbestimmung ist die Führungsgruppe in jeder Phase zu beteiligen."[1]

Offensichtlich handelt es sich bei diesem Forderungskatalog um das Ergebnis aus einer Mischung von anderslaufendenen Erfahrungen, Ängsten vor Macht- bzw. Autoritätsverlust und persönlichem Engagement für das ganze Beteiligungsmodell. Insofern geht es hier um die immer wiederkehrende Erfahrung bei der Realisierung von Arbeitnehmerbeteiligung mit weitgehender Mitbestimmung, daß gerade das Management am stärksten davon betroffen ist.

Da es - zunächst wenigstens aus eigener Sicht - mehr verliert als gewinnt, im Gegensatz zu seinen Untergebenen, und der Anstoß zur Ausweitung der Arbeitnehmerrechte in der Regel vom Unternehmer selbst ausgeht, fehlt auch die Motivation zur Verhaltensänderung.

Vor dem Hintergrund solcher allgemeiner Bedingungen muß die oben kritisch ausgeführte Darstellung des Führungsstatutes durch eine Gesamtwertung ergänzt werden.

Trotz aller aufgezeigten Schwächen hat das Führungsstatut aus folgenden Gründen eine besondere Bedeutung:
- Das Management bekennt sich zur Mitarbeiterbeteiligung und arbeitet nicht dagegen.
- Es ist bereit, das eigene Verhalten auf eine "demokratische Führung" umzustellen.
- Es hat die Gefahren, die vor allem in der Verunsicherung der eigenen Person liegen, theoretisch aufgearbeitet und kann damit Gegenstrategien für die

---

1) Führungsstatut, S.5

Praxis entwickeln.
- Geschäftsführer wie Untergebene haben eine - wenn auch etwas vage - Positionserklärung des Managements und können sich darauf einstellen.

Somit muß dieses Statut als eine wesentliche Komponente mit eigenem Stellenwert im Gesamtsystem betrachtet werden.

6.8 Analyse der Modellauswirkungen

6.81 Allgemeine Aussagen zur Wirtschaftlichkeit

Betrachtet man vordergründig die Komponente Erfolgsbeteiligung, so könnte man zu dem Schluß kommen, durch die Steuerverschiebungen und Liquiditätsverbesserung sei auf jeden Fall ein Wirtschaftlichkeitsvorteil gegeben. Dagegen sind aber auch erhebliche finanzielle Belastungen zu stellen, die sich aus dem Gesamtmodell ergeben:
- Kosten der Gewinnbeteiligung in Form von Barausschüttungen an die Arbeitnehmer
- Kosten für die Organisation und Durchführung des gesamten Beteiligungssystems
- Arbeitsausfall durch Sitzungen der Organe und durch Bildungsmaßnahmen während der Arbeitszeit
- Kosten der Seminare
- Leistungsverminderung durch Unsicherheit (z.B. im Management).

So weit ließen sich die Kosten sogar noch einigermaßen erfassen. Da diese Auswirkungen aber nur einen Teil der möglichen Folgen darstellen, scheint eine solche Kosten-Nutzen-Rechnung wenig sinnvoll. Dennoch lassen sich die Unternehmenskennzahlen vergleichbaren Kfz-Händlern und -Werkstätten gegenüberstellen, was bei Opel-Vertragshändlern ohnehin ständig getan wird. Dabei zeigt es sich deutlich, daß die Firma Hoppmann "seit vielen Jahren immer über dem Durchschnitt"[1)] liegt.

---

1) Psychologie heute, (382) S.45

Zum andern hat das Modell nicht primär betriebswirtschaftliche Zielsetzungen, wenn auch positive materielle Ergebnisse die Funktionsfähigkeit und Motivation der Arbeitnehmer wesentlich unterstützen. Schon die oben erläuterte Konzeption des Gesamtmodells zeigt, daß ein partnerschaftliches Zusammenarbeiten im Sinne einer Gleichberechtigung im Mittelpunkt steht.

6.82 Schwierigkeiten in der Praxis

Ein so vielseitiges, in einzelnen Bereichen sehr weitgehendes Beteiligungsmodell kann, gerade in der Anfangsphase, kaum ohne Komplikationen ablaufen. Erst wenn sich alle Beteiligten auf die neue Situation eingestellt haben, kann ein spürbarer Erfolg des Modells eintreten, der dann eine zusätzliche Motivation bewirkt.

Als erstes ergeben sich bei der Modellrealisierung Probleme durch die Vorgehensweise: Da Kapitalgeber/Unternehmer ja in der herkömmlichen Unternehmensverfassung allein die Entscheidungsgewalt über "ihr" Unternehmen haben, kann eine Änderung - vor allem eine Rechtsausweitung für Arbeitnehmer, sofern sie nicht vom Gesetzgeber oder den Tarifparteien verordnet wird - auch nur von den Kapitalgebern/Unternehmern kommen. Damit muß auch eine partizipative Unternehmensverfassung mehr oder weniger stark von oben oktroyiert werden. Sind die betroffenen Arbeitnehmer nicht von vornherein auch in die eigentliche Modellentwicklung einbezogen, kommt zum natürlichen Widerstand aus Angst vor Veränderung auch das latent immer vorhandene Mißtrauen gegenüber allen Unternehmer-Anordnungen.

Diese Schwierigkeiten waren auch bei Opel-Hoppmann vorhanden, da Klaus Hoppmann zunächst von sich aus ein (Erfolgs-)Beteiligungsmodell 1961 einführte, aber erst 1969 die Arbeitnehmer in die eigentliche Arbeit am Modell einbezog:
"Wir haben sie ab 1969 stärker in die Überlegung mit ein-

bezogen, wir haben auch vorher schon den Partnerschaftsausschuß gehabt, wo die Mitarbeiter an meinen Überlegungen teilnahmen und hatten 1969, als wir umbauten, ein Seminar mit einer Gruppe von 30 Mitarbeitern gemacht, wo immerhin Vorschläge, die von mir kamen, durchdiskutiert und modifiziert wurden. Nur: Die Mitarbeiter, die sich bis dahin ja noch nicht sehr intensiv mit diesen Fragen beschäftigt hatten, konnten auch nicht sehr viel beitragen. Ich habe immer einen großen Informationsvorsprung gehabt."[1]

Konnte das Problem bei der Planung einigermaßen gelöst werden, ergaben sich bei der Modellrealisierung gleich eine Fülle von Schwierigkeiten. Zwei "Problemgruppen" sind hier besonders zu nennen:

Ältere Arbeitnehmer haben Angst, nicht mehr mithalten zu können bzw. erreichte Positionen zu verlieren, wenn die Arbeitsleistung stärker in den Vordergrund der Bewertung rückt. Um diese Unsicherheit abzubauen, wurde speziell für sie eine besondere Vereinbarung getroffen[2].

Die zweite Problemgruppe "sind jüngere Arbeitnehmer mit einer Betriebszugehörigkeit von ungefähr zehn Jahren. Bei der erwähnten Umfrage hat sich herausgestellt, daß sie dem Hoppmann-Modell noch relativ am kritischsten gegenüberstehen"[3]. Da die Umfragen über die Gründe keine signifikanten Ergebnisse zeigen, können nur Vermutungen angestellt werden: "Hinter diesen inneren Reserven steckt etwas, womit man bei allen Humanisierungsbestrebungen rechnen muß. Ich möchte es als eine Art 'Dschungelkämpfer-Mentalität' aufgrund der bisherigen Sozialisation bezeichnen. Die Menschen sind aufgrund ihrer Erziehung und ihrer bisherigen Erfahrung mit dem Leben sehr darauf geprägt zu glauben, man käme als Einzelkämpfer am ehesten weiter. Ihnen fehlt sehr weitgehend Teamfähigkeit, also Verhaltensmuster, die auf

---

1) Psychologie heute (382) S.41
2) Diese Betriebsvereinbarung steht kurz vor dem Abschluß.
3) Psychologie heute (382) S.42

Kooperation oder dergleichen hinausgehen. Hier ist eine Gruppe so zwischen 25 und 40, die sich fachlich voll kompetent, körperlich vollkommen leistungsstark fühlt. Sie hat also echt Angst, ihr Leistungsstandard würde von älteren Mitarbeitern gedrückt, die nicht mehr die volle körperliche Spannkraft haben."[1)]

Weiterhin wird vermutet, daß die vielen Qualifikationen, die in der Arbeitsgruppentätigkeit erworben werden, "Hoppmann-spezifisch" sind und damit später - bei einem eventuellen Arbeitsplatzwechsel - nicht brauchbar sind, da sie sich nicht direkt auf den Beruf beziehen.

Die Ergebnisse der letzten Umfrage zeigen aber - gerade im Vergleich zu den früheren - daß auch diese Gruppe sich mit dem Unternehmen Hoppmann inzwischen stärker identifizieren kann[2)], was wohl auf die Bildungsarbeit zurückzuführen ist.

Sicherlich wären bei einer genauen Modellanalyse noch weitere Schwierigkeiten aufzuführen, dies ist aber nicht die Zielsetzung dieser Arbeit. Vielmehr ging es darum aufzuzeigen, daß ein Beteiligungsmodell nicht konfliktfrei arbeiten kann, die Konflikte aus dem Modell selbst aber auch mit den Methoden des Modells gelöst werden können.

---

1) Psychologie heute (382) S. 42
2) Vgl. Umfragen in BMFT-Forschungsbericht (137), Anlagenteil; Abdruck auch in (375o).

6.83 Signifikante Ergebnisse des Modells

Obwohl die Messung von Wirkungsmechanismen bestimmter Maßnahmen in komplexen Organisationen empirisch nur mit einem gewissen Ungenauigkeitsgrad durchführbar und die Datenauswertung mit einem erheblichen Maß an subjektiven Faktoren möglich ist, kann auf eine Wertung nicht verzichtet werden.

Dazu werden Aussagen von Unternehmer Hoppmann und den Arbeitnehmern des Unternehmens herangezogen. Das stärkste Gewicht kommt aber sicherlich den empirischen Untersuchungen[1] zu, da sie in doppelter Weise aufschlußreich sind:

Erfaßt wurden nämlich Veränderungen im Unternehmen Hoppmann im Zeitraum des Bildungsprojektes (1976-1978), außerdem wurden entsprechende Daten von einem Vergleichsunternehmen erhoben.

Das "höchste Signifikanzniveau der gesamten Befragung"[2] erreichten folgende Ergebnisse auf die Frage:
"Welches der folgenden Mitbestimmungsorgane halten Sie für das wichtigste?"

Tab. 6.5 : Das wichtigste Mitbestimmungsorgan

	1976(%)	1978(%)
1. Die Jugendvertretung	9,1	2,6
2. Der Betriebsrat	48,1	25,0
3. Die Arbeitsgruppen	20,3	37,7
4. Der Wirtschaftsausschuß	19,3	11,3
	96,8	96,6

Quelle: BMFT-Forschungsbericht (137) Anlage 2, S. 6 f.

(Vgl. auch Anlage 6.7 unten S. 449 ff)

=18,14;Fg=3; 0,001!

1) Gemeint sind die empirischen Untersuchungen im Rahmen des BMFT-Forschungsprojektes (137). Alle folgenden Zahlen sind - soweit nicht anders vermerkt - diesen Untersuchungen entnommen.
2) BMFT-Forschungsbericht (137) S. 65

Das Ergebnis zeigt deutlich, daß von den vier vorhandenen Organen die Arbeitsgruppen in kurzer Zeit eine erhebliche Bedeutung gewonnen haben auf Kosten aller anderen Organe; selbst der Betriebsrat hat an Bedeutung verloren, liegt aber immer noch über den Arbeitsgruppen. Da der Wirtschaftsausschuß trotz paritätischer Besetzung und weitgehender Mitbestimmungsmöglichkeiten die stärkste Einbuße erlitten hat, kann sicherlich eine klare Folgerung gezogen werden:

In den Augen der Arbeitnehmer verlagert sich der Ansatz zur Mitbestimmung mit deutlichem Trend auf die unterste Ebene und zwar in dem Maße, wie die Arbeitnehmer am Arbeitsplatz zur Wahrnehmung der Mitbestimmung befähigt werden. Dies stellt auch die Projektgruppe fest: "Die Mitbestimmung bei Hoppmann wird mehr als zu früheren Zeiten als Anliegen des Basisinstruments Arbeitsgruppe gesehen und weniger als Angelegenheit des übergeordneten Delegationsinstruments Wirtschaftsausschuß."[1)]

Die nüchternen Zahlen der Umfrage werden durch die Interviews eindrucksvoll ergänzt und deshalb - für diesen zentralen Punkt - auch auszugsweise als Anlagen Nr. 6.9 bis 6.11 aufgenommen.

Die verbalen Aussagen bestätigen aber nicht nur die Zunahme der Gewichtigkeit der Arbeitsgruppen, sondern deuten den sich daraus ergebenden Konflikt zwischen den Organen an: Vor allem der Betriebsrat sieht sich in Bedrängnis - wie es das Interview mit dem Vorsitzenden zeigt -, wenn Probleme ohne ihn gelöst werden.

Außerdem wird der Einfluß der Gewerkschaften zumindest in Frage gestellt: in dem Maße wie die wirtschaftliche Mitbestimmung auf Unternehmensebene - bei Hoppmann im Wirtschaftsausschuß - in den Augen der Arbeitnehmer an

---

1) BMFT-Forschungsbericht (137) S.66

Bedeutung verliert, sind die Arbeitnehmer auch nicht mehr auf die Unterstützung der Gewerkschaften angewiesen. Zwar ist bei Hoppmann im Betrachtungszeitraum der Prozentsatz der Gewerkschaftsmitglieder von 39,0 % auf 41,1 % gestiegen, bei dem Vergleichsunternehmen sind jedoch 69,2 % gewerkschaftlich organisiert, was im Bereich der IG-Metall dem Durchschnitt nahekommt.

Gerade an diesem Beispiel zeigt sich, wie das Sachziel Mitbestimmung im Konflikt zum Organisationsziel der Gewerkschaften (Einfluß auf Mitarbeiter) dann stehen kann, wenn die Mitbestimmung am Arbeitplatz als unterste Ebene angesiedelt wird.

Als weiteres signifikantes Merkmal des Hoppmann-Modells zeigt sich die hohe Zufriedenheit am Arbeitsplatz mit ca. 90 %, aber auch deren Begründung.

"Es wird deutlich, daß die Arbeitszufriedenheit in zunehmendem Maße aus Veränderungen im sozialen Bereich (Sozialleistungen, Führung, Kollegialität) resultiert, und auch die monetäre Seite deutlicher positiv gesehen wird. Es handelt sich hier um ein hochsignifikantes Ergebnis, das den Schluß zuläßt, daß die Arbeitszufriedenheit in der Firma Hoppmann zunehmend durch aktivierende Faktoren bestimmt ist und nicht, wie in der Vergleichsfirma bei der Erstbefragung..., eine tendenziell resignative Arbeitszufriedenheit vorherrscht."[1)]

Die emotionale Komponente der Arbeitsplatzzufriedenheit zeigt sich auch in der veränderten Einstellung zum Betrieb: Auf die Frage: "Falls der Betrieb in eine sehr schwierige wirtschaftliche Lage käme, wie würden Sie sich verhalten?" stieg die Bereitschaft zum persönlichen Einsatz von 59,4 % auf 65,6 %, beim Vergleichsbetrieb liegt sie bei 56,4 %. Viel deutlicher wird der Unterschied zwischen Hoppmann und dem Vergleichsbetrieb bei der Einschätzung des Verhaltens der Belegschaft in

---

1) BMFT-Forschungsbericht (137) S.55

der gleichen Situation: 38 % trauen bei Hoppmann der Belegschaft einen persönlichen Einsatz zu, dagegen nur 18,2 % im andern Fall.

Auch das Verhältnis zu den Vorgesetzten und deren Führungsverhalten zeigt eine positive Veränderung:

Ein sehr gutes problemloses Verhältnis haben bei Hoppmann zuerst 19,8 %, dann 23,8 %; ein schlechtes und sehr problematisches erst 4,3 %, dann 2,6 %; beim Vergleichsbetrieb bekennen sich 10,9 % zu einem guten, 3,6 % zu einem schlechten Verhältnis.

Der Einfluß der Mitbestimmung auf das Führungsverhalten der Vorgesetzten hat sich bei Hoppmann ebenfalls verändert. Zunächst glaubten 44,4 %, dann 57,0 %, daß sich das Verhalten verbessert habe; hierbei wird der Seminararbeit ein erheblicher Einfluß zugeschrieben, wie ein gewerblicher Mitarbeiter meint:
"Meine persönlichen Erfahrungen sind, daß die Vorgesetzten mitwaren, und man hat in dem Seminar auch mal gehört, daß sie es auch nicht so einfach haben. Vielleicht haben die gehört, was uns an ihnen nicht gefällt, und dadurch hat ein Entgegenkommen stattgefunden. Ich habe z.B. die Erfahrung mit einigen Kollegen dort gemacht, daß ich heute etwas anders darüber denke. Es hat mir also auch persönlich etwas gebracht."[1)]

Auch die Möglichkeit der besseren Konfliktlösung durch die Mitbestimmung wird bei Hoppmann nicht nur hoch eingeschätzt, sondern findet auch mehr Vertrauen, wie aus folgender Tabelle deutlich zu ersehen ist. Auf die Frage: "Was halten Sie vom hier praktizierten Mitbestimmungsmodell in Bezug auf die Lösung von Konflikten in Ihrem Arbeitsbereich?" wurden diese Antworten gegeben: (siche folgende Seite)

---

1) BMFT-Forschungsbericht (137) S.62

Tab. 6.6: Mitbestimmung und Konfliktlösung

	1976(%)	1978(%)
1. Ich glaube, daß die Mitbestimmungsorgane (Arbeitsgruppe, Betriebsrat, Wirtschaftsausschuß) so gut funktionieren, daß Konflikte gar nicht mehr entstehen können	4,3	6,6
2. Konflikte werden frühzeitig durch die Mitbestimmungsorgane beseitigt	41,7	57,6
3. Ich glaube nicht, daß die Mitbestimmungsorgane darauf einen Einfluß haben	34,2	26,5
4. Ich glaube eher, daß durch Mitbestimmungsorgane Konflikte noch verstärkt oder gar hervorgerufen werden	10,7	7,3
	90,9	98,0

Quelle: BMFT-Forschungsbericht (137) Anlage 2, S. 6

(Vgl. auch Anlage 6.7 unten S. 449 ff)

=7,31;Fg=3; 0,05!

Die statistisch signifikanten Veränderungen zeigen, "daß im wesentlichen nicht die Euphorie gewachsen ist, Konflikte können in diesem mitbestimmten Betrieb gar nicht erst entstehen, den stärksten Zuwachs erfährt vielmehr die Einschätzung, nach der Konflikte frühzeitig durch die Organe der Mitbestimmung im Betrieb aufgefangen und beseitigt werden"[1].

Die Bedeutung der Mitbestimmungsorgane wird nicht nur theoretisch gesehen und anerkannt, sondern es hat auch die Bereitschaft zur Mitarbeit in den Organen erheblich zugenommen und zwar von 45,5 % auf 58,3 % der Mitarbeiter. Symptomatisch erscheint dazu die Stellungnahme des Betriebsratsvorsitzenden: "Das kann ich bestätigen. Das Interesse, an unseren Wirtschaftsausschußsitzungen teilzunehmen, ist gestiegen. Früher mußte man jedesmal Leute fragen, heute kommen doch schon

1) BMFT-Forschungsbericht (137) S.63

welche zu uns und fragen, ob sie daran teilnehmen können. Auch ist das Interesse daran, was im Betriebsrat besprochen wird, größer geworden. Wir haben auch gerade jetzt bei den letzten Betriebsratswahlen allerhand neue Kandidaten gehabt. Wir haben jetzt den Wirtschaftsausschuß neu besetzt und dabei habe ich festgestellt, daß alle bereit waren, im Wirtschaftsausschuß tätig zu werden. ... Das war früher nicht der Fall. Ich mußte immer ein bißchen nachhelfen, nun macht das doch mal. Diesmal ist es so geregelt, daß alle sieben im Wechsel mitmachen."[1]

Wie weit das Hoppmann-Modell schon ausgebaut ist, zeigt die erhebliche Meinungsänderung bei der Frage, ob die Rechte ausreichen.

Tabelle 6.7
Sind vereinbarte Mitwirkungsrechte ausreichend?[2]

	1976(%)	1978(%)
1. reichen aus	21,1	29,1
2. reichen nicht aus	17,0	9.9
3. reichen an sich aus, aber werden nicht voll ausgeschöpft	31,0	47,0
4. reichen an sich aus, werden aber durch den Vorgesetzten eingeschränkt	23,4	12,6
	92,5	98,6
	=14,8;Fg=3;	0,005!

Quelle: BMFT-Forschungsbericht (137) Anlage 2, S. 9

(Vgl. Anlage 6.7 unten S. 449 ff)

Zusammen sind 1978 knapp 90 % der Hoppmann-Mitarbeiter der Meinung, daß ihre Rechte ausreichen, aber knapp 60 % meinen, daß sie entweder nicht ausgeschöpft oder von den Vorgesetzten eingeschränkt werden. Hier liegt also noch ein erhebliches Potential für Verhaltensänderungen.

1) BMFT-Forschungsbericht (137) S. 70
2) Quelle: Hoppmann-Umfrage, Frage 33, in: BMFT-Forschungsbericht (137), auch in (375o).

Sicherlich könnten aus den Umfrageergebnissen noch eine Reihe signifikanter Ergebnisse herausgearbeitet und analysiert werden, was allerdings über den Rahmen dieser Arbeit hinausginge[1]. Deshalb soll zum Schluß nur noch auf eine allgemeine Tendenz hingewiesen werden, die sich bei den Umfrageergebnissen herauskristallisiert hat und von der Projektgruppe auch als wesentliche Auswirkung des Bildungsprojektes interpretiert wird: "Sowohl die 'positiven' Werte ... als auch die 'negativen' Werte nehmen zu, die positiven in aller Regel aber deutlicher als die negativen. Außerdem ist durchgängig in der Wiederholungsbefragung eine höhere Beantwortungsfrequenz festzustellen. ... Diese, bei nahezu allen Fragen feststellbare Beantwortungstendenz deutet darauf hin, daß im Sinne eines unspezifischen Transfers eine maßgebliche Wirkung der Projektarbeit darin besteht, daß bei den Mitarbeitern des Betriebes eine allgemeine Aktivierung für betriebliche und überbetriebliche Belange stattgefunden hat und daß zugleich auch eine größere Offenheit in der Darstellung von persönlichen Meinungen zu bemerken ist, verbunden mit einer zunehmenden Kritikbereitschaft. Alles in allem lassen diese Befunde den Schluß zu, daß die fundamentalste Veränderung in den letzten beiden Jahren darin bestand, ein günstigeres Kommunikationsklima im Betrieb zu schaffen und damit eine unabdingbare Voraussetzung für die weitere Entwicklung der Mitbestimmung am Arbeitsplatz."[2]

---

1) Der Bericht des BMFT-Forschungsprojektes soll in absehbarer Zeit veröffentlicht werden, womit dann eine umfassende Analyse vorliegt.
2) BMFT-Forschungsbericht (137) S.85

6.9 Wertung des Gesamtmodells

Die Arbeitnehmerbeteiligung, die 1961 eingeführt und 1969 zu einer weitgehenden Mitarbeiterbeteiligung ausgedehnt worden ist, hat jetzt ein Jahrzehnt ihre praktische Bewährung hinter sich. Danach liegen nun so viele Ergebnisse verschiedener Art vor, daß eine Wertung des Gesamtmodells auch unter wissenschaftlichen Anforderungen möglich scheint.

Schon das schematische Bild zeigt, daß die vier einzelnen, juristisch fixierten Teile des Modells sich zu einer funktionierenden Einheit sinnvoll ergänzen. Die beiden eingeleiteten Prozesse der ständigen Weiterbildung und Führungsanpassung wirken sich als flankierende Maßnahmen motivierend und stabilisierend aus. Die Zusammenhänge zeigt folgendes Schaubild: (siehe nächste Seite)

Schaubild 6.8

Hoppmann-Beteiligungs-Modell - ein interdependentes System

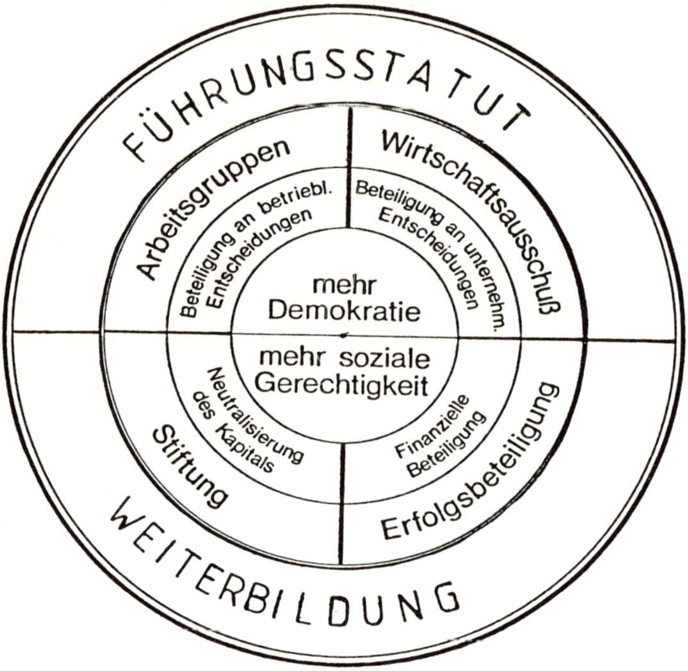

Quelle: Das Schaubild 6.1 (oben S. 251) wurde als Grundlage verwendet und vom Verfasser weiterentwickelt.

Geht man von den Zielsetzungen aus, die für den Sozialverband Unternehmen gesetzt und oben eingehend beschrieben sind, kann man feststellen, daß das Beteiligungsmodell Hoppmann der Sozialverbandstheorie sehr nahe kommt. Für die zentralen Probleme im mikroökonomischen Bereich, in der Organisation Unternehmen, sind praktikable Lösungswege gefunden:

- Legitimation und Kontrolle der Herrschaft
- Selbstentfaltung und Selbstbestimmung
- Verteilung des erwirtschafteten Erfolges

Dieses interdependente Beteiligungssystem kann somit auch als Beispiel dafür dienen, daß der Interessenkonflikt zwischen Kapital und Arbeit nicht nur theoretisch lösbar, sondern in einem funktionsfähigen Konfliktregelungsmodell ebenso praktisch - auch im Rahmen der Sozialen Marktwirtschaft - realisierbar ist. Selbst wenn sich manche Hoppmann-spezifische Daten - z.B. die Stiftung für das Unternehmenskapital - nicht verallgemeinern lassen, kann dennoch die These aufgestellt werden, daß dieses Modell eine führende Position bei der Verwirklichung der Konzeption des Sozialverbandes einnimmt.

Unter diesem Gesichtspunkt sind ständig auftretende Detailprobleme zwar zu analysieren und Lösungsansätze dafür zu finden - z.B. die weitere Integration des Managements -, sie können aber die Funktion und Bedeutung des Gesamtmodells nicht wesentlich einschränken.

Gerade unter den heute für einen Sozialverband noch schwierigen Rahmenbedingungen (Steuer- und Arbeitsrecht, staatliche Förderung der Vermögensbildung und Tarifvertragspraxis) kann deshalb die Leistung des Modellunternehmens Hoppmann nicht hoch genug eingeschätzt werden.

7. Sozialverband Unternehmen - eine leistungsfähige Alternative zur arbeitsrechtlichen Mitbestimmungsstrategie

Wenn die Organisation Unternehmen - wie in der Einleitung aufgeführt - als Wirtschaftssubjekt die Doppelfunktion der Güterversorgung und Gewinnerwirtschaftung hat, dic, resultierend aus der Eigenschaft als soziale Organisation, erweitert wird durch die Funktion der Befriedigung individueller und sozialer Bedürfnisse der Organisationsmitglieder, gibt diese Zwecksetzung zugleich auch den Maßstab zur Bewertung der Effizienz.

Die ersten beiden, also die wirtschaftlichen Ziele werden durch den Einbezug der Interessen der Organisationsmitglieder in den Wirtschaftsprozeß nicht nur nicht beeinträchtigt, sondern sogar wesentlich gefördert:
"Wir können darauf hinweisen, daß wir in den Jahren 1973 und 1974 eine wirtschaftlich schlechte Phase gehabt haben. Die Krise war damals in der Autobranche sehr deutlich - eigentlich nur vergleichbar mit der Bauwirtschaft später -, und damals haben wir uns sehr ernste Gedanken über das Bestehen des Betriebes machen müssen. Damals hat sich das Modell bewährt, die Mitarbeiter haben gut mitgezogen; sie waren gewohnt, Probleme auch mit den Augen des Betriebes zu sehen, und das hat sich bezahlt gemacht."[1)]

Diese Meinung wird von fast allen Unternehmen bestätigt, in denen irgendeine Form von Arbeitnehmerbeteiligung eingeführt ist. Da über die Zusammenhänge von Ursachen und Wirkungen allgemein abgesicherte empirische Daten nicht vorhanden sind (mit Ausnahme von Einzelbefragungen), kann zwar keine verbindliche Schlußfolgerung gezogen werden, aber eine Erhärtung der Arbeitshypothese durch das Praxisbeispiel Opel-Hoppmann erscheint dennoch möglich.

---

1) Hoppmann in: (382) S.45

Das marktwirtschaftliche Steuerungsprinzip, der Gewinn, wird nicht nur für den optimalen Einsatz des Kapitals, sondern auch der Arbeit verwendet und zwar im weitest möglichen Rahmen. Dadurch, daß die Arbeitnehmer nämlich nicht nur am Unternehmenserfolg (Gewinn) beteiligt sind, sondern auch über die verschiedenen Ebenen der Mitbestimmung die Bedingungen und den Prozeß ihrer eigenen Arbeit selbst mit beeinflussen können und dies auch tun, kann man von einer - wenn auch durch die Bindung an die Mitentscheidung des Kapitals begrenzte - Selbststeuerung des Faktors Arbeit sprechen. Somit muß dann, wenn die marktwirtschaftliche Theorie der über den Gewinn gesteuerten dezentralen Entscheidungen anerkannt wird, auch deren systemkonforme Ausweitung den gleichen Stellenwert haben.

Der Impuls zur größeren Wirtschaftlichkeit des Unternehmens ist vor allem mit folgenden Thesen zu erklären:

1) Durch die breite Beteiligung der Arbeitnehmer - materiell am Erfolg, immateriell am Willenbildungs- und Entscheidungsprozeß - werden Konflikte, die aus der als ungerecht empfundenen Verteilung von Gewinn und Herrschaft entstehen, von vornherein vermieden.
2) Durch den Einbezug - theoretisch - aller Mitglieder der Organisation Unternehmen sind Entscheidungen besserer Qualität zu erwarten als bei Einzelentscheidungen eines Unternehmers.

Beide Wirkungen dieses integrierten Beteiligungsmodells schlagen sich meßbar in einer gesteigerten Produktivität nieder, was auch durch empirische Untersuchungen nachzuweisen ist:
"Es ist in diesem Zusammenhang wichtig, wie weit die Zugehörigkeit zum Betrieb auch eine emotionale Basis hat, wie weit die Mitarbeiter bereit sind, für ihren Betrieb einzustehen. Wir haben versucht, dies in unserem Fragebogen zu erfassen, herauszubekommen, wie die Mitarbeiter sich selbst in der - heute fiktiven - Situation

verhalten würden, daß es dem Betrieb sehr schlecht geht, und wie sie glauben, daß sich ihre Kollegen in einer solchen Situation verhalten würden. Kommt es zu Fluchtverhalten - also 'Schnell weg von hier', oder ist man bereit zu kämpfen, Opfer zu bringen, auf Einkommen zu verzichten, um den Betrieb zu retten. Nach der empirischen Erfahrung wird der wahre Wert zwischen der Selbsteinschätzung und der Fremdeinschätzung liegen. Die Fremdeinschätzung ist natürlich wesentlich schlechter als die Selbsteinschätzung, das ist auch nicht anders zu erwarten. Aber wenn man diese beiden Werte miteinander vergleicht, kann man sagen, der Grad der Identifizierung der Mitarbeiter mit dem Betrieb, und das heißt die Bereitschaft zum Durchkämpfen von Durststrecken ist in diesem Betrieb relativ groß. Es ist schwer, dieses absolut einzuschätzen, aber es gibt eine ähnliche Untersuchung in einer vergleichbaren Opel-Firma, und dort fällt genau dieser Wert ganz deutlich und hoch signifikant schlechter aus. Deshalb können wir sagen, hier hat sich etwas verändert, was darauf hindeutet, daß dieser Betrieb krisenfester geworden ist."[1)]

Die Sicherung des zweiten wirtschaftlichen Ziels, die Güterversorgung der Bevölkerung, kann - im Rahmen der Sozialen Marktwirtschaft - aus diesem Wirtschaftssystem selbst abgeleitet werden:
Wenn die These gilt, daß der über den Gewinn dezentral gesteuerte Wirtschaftsprozeß die höchste Produktivität erzeugt, deren Größe an der Gewinnhöhe ablesbar sei, muß im Umkehrschluß auch gelten, daß ein Unternehmen, das aufgrund neuer systemkonformer Maßnahmen einen höheren Gewinn erzielt, auch optimal die Güterversorgung gewährleistet.

Als Ergebnis dieser Folgerung kann also festgehalten werden, daß mit dem Modell Sozialverband das wirtschaftliche Doppelziel nicht beeinträchtigt wird, ja sogar die Wahrscheinlichkeit einer größeren Effizienz gegeben ist.

---

1) Stötzel in (382) S.45 f.

Wie steht es aber nun mit der Erreichung der beiden anderen Ziele, nämlich der Befriedigung individueller und sozialer Bedürfnisse der Organisationsmitglieder in Form von Lösung der Interessenkonflikte und der Legitimation von Macht und Herrschaft im Unternehmen?

Wenn der demokratische Grundsatz gelten soll, daß die Herrschaft von allen Mitgliedern eines Sozialverbandes auszugehen habe, kann dies nur heißen, daß im Unternehmen alle Mitglieder an der Legitimation und Kontrolle der Leitung und Führung teilhaben sollen. Damit dieses Ziel reibungslos erreicht wird, bedarf es eines systemkonformen Regelungsmodells - dies soll durch die Umsetzung des Modells Sozialverband erreicht werden.

Im Falle Hoppmann scheint dies im Vergleich zu anderen Formen oder Modellen optimal gelöst: Durch eine gleichzeitige und abgestimmte Veränderung von Organisationsstrukturen und Beziehungen der Mitglieder wurde die Voraussetzung dafür geschaffen, daß sowohl die einzelnen Interessen zum Tragen kommen als auch die Beziehungen sich in einem ständigen Prozeß neu formen können.

Es ist also keine Gerechtigkeit anstrebende statische Ordnung geschaffen, was mit Dahrendorf als soziale Utopie zu bezeichnen wäre. Vielmehr wird durch die in ein Gesamtkonzept integrierten Maßnahmen erreicht, daß auch die beiden nicht wirtschaftlichen Zielsetzungen

- Legitimation und Kontrolle von Macht und Herrschaft und
- Regelung der Interessenkonflikte

in der Organisation Unternehmen in den Wirtschaftsprozeß einbezogen werden können:

"Das Leben eines Unternehmers in einem solchen Betrieb ist einfacher geworden. Es gibt ja in jedem Betrieb ungeheure Spannungen, und die führen zu einer Belastung des Unternehmers. Solche Spannungen sind nachteilig für das Betriebsergebnis. Es gibt gewiß Menschen, Unternehmer wie Mitarbeiter, denen es nicht so viel ausmacht mit Spannungen zu leben, aber zu solchen Menschen gehöre ich nicht. Mir ging es früher nicht so gut wie es mir heute geht. Ich kann heute besser arbeiten. Mir macht meine Arbeit mehr Spaß als früher."[1)]

Auf eine notwendige Voraussetzung für die Funktionsfähigkeit eines solchen Modells ist noch hinzuweisen: Die Mitglieder der Organisation benötigen zu ihrer speziellen berufsfachlichen noch zwei weitere Qualifikationen:

- Verständnis des Wirtschaftsprozesses im mikro- und makroökonomischen Bereich
- Kenntnis von und Befähigung zum Einsatz von Sozialmechanismen, vor allem für die Zusammenarbeit in jeder Art von Gruppen.

Da die mangelnde Qualifikation auch als Argument gegen jede Art von immaterieller Arbeitnehmerbeteiligung eingesetzt werden kann, andererseits aber die Gefahr des Scheiterns eines Reformmodells gerade von der Erfahrung der Organisationsmitglieder mit Sozialtechniken wesentlich abhängig ist, scheint die Weiterbildung in diesem Bereich eine tragende Säule jedes Modells zu sein:
"Mir scheint noch wichtig zu sein, daß die gesamte Bildungsarbeit in Zusammenhang steht mit der Institutionalisierung des Mitwirkungsmodells. Die Tatsache, daß unsere Leute verbriefte Rechte haben, gibt der ganzen Arbeit an dem Modell etwas verbindliches. Ich glaube, daß die ganze Seminararbeit anders aussehen würde, wenn das nicht im Hintergrund stünde. Ich könnte mir vorstellen, daß das auch ein Problem für die Übertragbarkeit dieses Modells ist. Bei uns ist einmal schon das Bewußtsein, daß es sich hier um eine wichtige Sache handelt, von vornherein vorhanden. Auch im Laufe der pädagogischen Seminare zeigt sich immer wieder die Verbindung zu diesen fixierten Rechten. Das Ganze ist also verbindlich, und niemand kommt auf die Idee, daß es nur ein Sandkastenspiel wäre."[2)]

---

1) Hoppmann in (382) S.45
2) Hoppmann in (382) S.46

Diese These wird auch von dem Forschungsbericht des BMFT über die Bildungsmaßnahmen bei Opel-Hoppmann aufgestellt:
"Wenn sich auch die Ergebnisse der Bildungsarbeit nicht exakt messen lassen, so sind doch eine Reihe von Veränderungen festzustellen. In der Abschlußbefragung stellten 64,2 % der Befragten eine Verbesserung im Hinblick auf die Mitbestimmung am Arbeitsplatz fest, die sich durch die Seminare ergeben hätte. Insbesondere werden die Verbesserungen gesehen
- im Informationsfluß
- in der Zusammenarbeit mit den Kollegen
- in der Zusammenarbeit mit den Vorgesetzten."[1]

Faßt man die Effizienzüberlegungen kurz zusammen, können folgende Thesen aufgestellt werden:
1) Die Arbeitshypothese zeigt sich mit dem dazugehörigen Modell "Sozialverband" in der Praxis funktionsfähig und systemkonform.
2) Diese Konzeption kann
   - das Wirtschaftsdoppelziel als Organisationszweck (Güterversorgung und Gewinnoptimierung)
   - das formale Organisationsziel Legitimation und Kontrolle von Macht und Herrschaft und
   - die Individualziele in Form von persönlichen Interessen gleichermaßen erfüllen.
3) Die Effektivität der zusätzlich aufgewendeten Kosten bleibt erhalten, da infolge einer Verbesserung von Beziehungen auch eine Steigerung der Produktivität eintritt.
4) Das Modell "Sozialverband" scheint allen anderen oben aufgezeigten Konzeptionen zur Problemlösung überlegen zu sein.

Auch wenn die Frage, ob das politische Demokratiemodell auf das Subsystem unverändert übertragen werden kann, noch nicht endgültig beantwortet ist - zumindest nicht aus wissenschaftlicher Sicht - spricht dies prinzipiell nicht gegen das Modell "Sozialverband", da eingangs

---

1) BMFT - Forschungsbericht (137) S.148

als Prämisse aufgestellt wurde, daß ein Ordnungsmodell zu schaffen sei, das die Grundlagen der Demokratietheorie berücksichtigt, daß aber nicht deren praktische Ausformung im politischen Feld, sondern die Theorie angepaßt wird an die besonderen Bedingungen der Organisation Unternehmen.

Durch diese Anpassung der Demokratietheorie an die speziellen Ordnungsbedingungen der Organisation Unternehmen kann auch die These aufgestellt werden, daß ein solches Modell nicht abhängig von einer bestimmten Unternehmensform, -größe oder Branchenzugehörigkeit, sondern im Prinzip für alle Unternehmen realisierbar sein kann - zumindest dann, wenn die Grundbedingungen - wie oben im wesentlichen dargestellt - erfüllt werden:
"Schließlich ist jedoch darauf hinzuweisen, daß größere Unternehmen andererseits auch Vorteile bei der Durchführung des hier entwickelten Partizipationsmodells für Arbeitsgruppen wahrnehmen können: Die relativen Kosten für die personelle, organisatorische und vor allem bildungsmäßige Betreuung solcher Partizipationsverfahren nehmen ab in Unternehmen, die es sich aufgrund ihrer Größenordnung leisten können, für die Arbeitsgruppen eine hauptberuflich tätige Kraft in der Personalverwaltung, eigene Besprechungs- und Seminarräume sowie Referenten bzw. Trainer zur Verfügung zu stellen.

Abgesehen jedoch von den hier angedeuteten, in jedem Unternehmen besonderen organisatorischen Realisierungsbedingungen gibt es eine Reihe allgemeingültiger Erfordernisse, die - insbesondere aufgrund unserer Erfahrungen im Forschungsprojekt - notwendigerweise verwirklicht werden müssen, wenn das hier vorgestellte Modell der Arbeitsgruppen-Partizipation nicht nur eingeführt, sondern funktionstüchtig gemacht werden soll. Wir untergliedern diese Vorbedingungen im folgenden in
- normative Erfordernisse
- organisatorische Erfordernisse
- Bildungserfordernisse."[1]

---

1) BMFT-Forschungsbericht (137) S.157

Durch die Untersuchung der beiden Sozialverbandsmodelle der CDU und KAB konnte auch gezeigt werden, daß das Modell der christlich geprägten Weltanschauung nicht nur nicht widerspricht, sondern daraus sogar abzuleiten ist; auch mit dem Grundgesetz und den einzelnen Länderverfassungen steht es im Einklang.

Abschließend läßt sich also feststellen, daß das Modell "Sozialverband" anhand der in dieser Arbeit verwendeten Bewertungskriterien nicht falsifiziert werden kann. Vielmehr konnte in allen wichtigen Bereichen aufgezeigt werden, daß dieses Modell von der grundsätzlichen Konzeption her geeignet ist, für die zentralen Probleme in der Organisation Unternehmen Mechanismen für die Konfliktregelung bereitzustellen und dabei zugleich die Chance zur Verbesserung der wirtschaftlichen Ziele zu vergrößern. Dies um so mehr, als das Modell "Sozialverband" nur Rahmenbedingungen für die Unternehmensordnung aufstellt, die dann individuell angepaßt werden kann:
"Daß man einem Betrieb nicht einfach ein Beteiligungsschema aufstülpen kann, haben wir in unserer Praxis erfahren. Es hat sogar einige Jahre gedauert, bis wir unsere Form gefunden haben. Man sollte aber nicht meinen, daß die Verhältnisse in den verschiedenen Branchen und Betrieben überhaupt nicht vergleichbar seien. Es wäre schon wünschenswert, einige wenige Grundformen und Mustervereinbarungen zu entwickeln, die die wichtigsten Voraussetzungen bei der Einführung von Beteiligungsverfahren erfüllen und geeignet sind, zur Nachahmung anzuregen."[1]

---

1) Hoppmann in (398) S.163

8. Anlagen

Anlage 0.1 Bundesfinanzhof: Keine Arbeitnehmer-Kommanditisten

„Erwirbt ein Arbeitnehmer einer KG einen Kommanditanteil an der KG und wird ihm eine Mitunternehmerstellung eingeräumt, so gehört die von dem Arbeitnehmer weiterhin bezogene Tätigkeitsvergütung zu den Einkünften aus Gewerbebetrieb i. S. des § 15 Abs. 1 Nr. 2 Halbsatz 2 EStG. Etwas anderes kann nur gelten, wenn das Zusammentreffen von Mitunternehmerschaft und Arbeitsverhältnis nur zufällig (z.B. Erbfall), vorübergehend und kurzfristig ist". Dieses für die betriebliche Mitarbeiterveteiligung wesentliche Urteil fällte der Bundesfinanzhof am 24.01.1980 (AZ IV R 156-157/78).

Sachverhalt

Bei der Klägerin handelt es sich um eine Kommanditgesellschaft, die ein technisches Fachgeschäft betrieb. In den Streitjahren 1970 bis 1974 waren persönlich haftende Gesellschafterin Frau A. und Kommanditisten die Beigeladenen zu 1. und 2. mit Kommanditeinlagen von je 3 000 DM sowie Frau B., Frau C., Frau D. und Frau E. mit Kommanditeinlagen von je 1 000 DM. Die Beigeladenen zu 1. und 2. waren seit vielen Jahren Arbeitnehmer der Klägerin, der Beigeladene zu 1. als kaufmännischer Angestellter, der Beigeladene zu 2. als Meister.

Der Gesellschaftsvertrag regelte u.a. Die Gewinnverteilung sowie das Verfahren beim Austritt eines Kommanditisten. Im übrigen enthielt der Vertrag folgende Bestimmungen: „Solange Frau A. persönlich haftende Gesellschafterin ist, ist das gesetzliche Widerspruchsrecht der Kommanditisten ausgeschlossen. – Nach dem Ableben von Frau A. übernehmen ihre Erben ihren Kaptialanteil als Kommanditistin. Der Beigeladene zu 1. hat das Recht, persönlich haftender Gesellschafter zu werden.

Das Unternehmen der Klägerin wurde 1978 veräußert. Die Beigeladenen zu 1. und 2. erhielten einen Anteil an den durch die Geschäftsveräußerung realisierten stillen Reserven. Bei der Ermittlung der Gewinne und der Gewerbeerträge für die Streitjahre behandelte die Klägerin die den Beigeladenen aufgrund der bestehenden Arbeitsverhältnisse gewährten Bezüge und die aufgewendeten Arbeitgeberanteile zur Sozialversicherung gewinnmindernd. In ihren Gewinnfeststellungserklärungen rechnete die Klägerin den Beigeladenen zu 1. und 2. als Gewinnanteil die Verzinsung der Kapitalkonten und einen Anteil am Restgewinn zu.

Der Beklagte und Revisionsbeklagte (das Finanzamt – FA –) erließ zunächst für 1970 bis 1972 endgültige und für 1973 und 1974 in vollem Umfange vorläufige Gewinnfeststellungsbescheide und Gewerbesteuermeßbescheide nach Maßgabe der Erklärungen der Klägerin. Im Anschluß an eine Betriebsprüfung vertrat das FA jedoch die Auffassung, daß die Vergütungen, die die Klägerin den Beigeladenen zu 1. und 2. aufgrund der bestehenden Arbeitsverhältnisse gewährt hatte und die aufgewendeten Arbeitgeberanteile zur gesetzlichen Sozialversicherung gemäß § 15 Nr. 2 des Einkommensteuergesetzes (EStG) den Gewinn und damit auch den Gewerbeertrag der Klägerin nicht mindern dürften und im Rahmen der einheitlichen und gesonderten Gewinnfeststellung den Beigeladenen zu 1. und 2. als Einkünfte aus Gewerbebetrieb zuzurechnen seien. Das FA änderte die Gewinnfeststellungen und die Gewerbesteuermeßbetragsfestsetzungen entsprechend.

Die Klägerin erhob nach erfolglosem Einspruch sowohl Klage gegen die geänderten Gewinnfeststellungsbescheide 1970 bis 1974 als auch gegen die geänderten Gewerbesteuermeßbescheide 1970 bis 1974. Sie machte geltend, die Beigeladenen zu 1. und 2. seien nach dem Gesamtbild der Verhältnisse nicht als Mitunternehmer i. S. von § 15 Nr. 2 EStG, sondern als Arbeitnehmer mit Gewinnbeteiligung anzusehen. Das Finanzgericht (FG) wies die Klagen ab.

Mit den Revisionen beantragt die Klägerin, die angefochtenen Urteile aufzuheben und die Gesamtbezüge der Beigeladenen zu 1. und 2. einschließlich ihrer Gewinnanteile nicht zu den Gewinnen und zu den Gewerbeerträgen der Klägerin zu rechnen, die Gewinne und die Gewerbesteuermeßbeträge in dem Streitjahr unter Berücksichtigung geminderter Gewerbesteuermeßbeträge entsprechend niedriger festzusetzen und im Rahmen der gesonderten Gewinnfeststellungen den Beigeladenen zu 1. und 2. keine Einkünfte aus Gewerbebetrieb zuzurechnen. Das FA beantragt, die Revision als unbegründet zurückzuweisen.

Der Bundesminster der Finanzen (BdF) ist dem Verfahren beigetreten. Er vertritt die Auffassung, daß § 15 (Abs. 1) Nr. 2 EStG nach seinem eindeutigen Wortlaut auch Tätigkeitsvergütungen sogenannter Arbeitnehmer-Kommanditisten erfasse, sofern diese, wie im Streitfall, die Rechtsstellung von Mitunternehmen hätten. Weder aus dem Systemzusammenhang noch aus dem Zweck des Gesetzes noch aus der Entstehungsgeschichte lasse sich ableiten, daß § 15 (Abs. 1) Nr. 2 Halbsatz 2 EStG nur Vergütungen für Leistungen erfasse, die sich bei wirtschaftlicher Betrachtung als Beitrag zur Förderung des Gesellschaftszwecks darstellten. Hiervon abgesehen wäre im Streitfall auch diesem Erfordernis genügt.

Die Revisionen – so der BFH – sind nicht begründet. Gemäß § 15 Nr. 2 EStG (in der für die Streitjahre 1970 bis 1974 gültigen Fassung) gehören zu den Einkünften aus Gewerbebetrieb u.a. „die Gewinnanteile der Gesellschafter einer offenen Handelsgesellschaft, einer Kommanditgesellschaft und einer anderen Gesellschaft, bei der der Gesellschafter als Unternehmer (Mitunternehmer) anzusehen ist" sowie „die Vergütungen, die der Gesellschafter von der Gesellschaft für seine Tätigkeit im Dienste der Gesellschaft . . . bezogen hat".

Aus der Begründung

Die Beigeladenen zu 1. und 2. waren ursprünglich nur Arbeitnehmer der Klägerin; sie standen zu dieser in einem Arbeitsverhältnis. Zivilrechtlich bestand dieses Arbeitsverhältnis auch noch in den Streitjahren fort. Durch den Gesellschafterbeschluß und den Vertrag vom 3. Dezember 1967 erlangten die Beigeladenen zu 1. und 2. aber außerdem zivilrechtlich die Rechtsstellung von Kommanditisten. Gesellschaftsverhältnis und Arbeitsverhältnis bestanden in den Streitjahren zivilrechtlich nebeneinander.

Es sind keine Anhaltspunkte dafür festgestellt oder auch nur vorgetragen, daß der wirkliche Wille der Beteiligten (§ 133 BGB) ausschließlich darauf gerichtet war, die bestehenden Arbeitsverhältnisse in partiarische Arbeitsverhältnisse umzugestalten und demgemäß zivilrechtlich kein Gesellschaftsverhältnis zu begründen. Die den Beigeladenen zu 1. und 2. im Gesel

:haftsvertrag eingeräumten Rechte gehen über die für ein artiarisches Arbeitsverhältnis kennzeichnende Beteiligung m laufenden Gewinn hinaus; insbesondere haben die Beige-ıdenen zu 1. und 2. im Liquidationsfall und unter bestimm-en Voraussetzungen auch bei einem vorzeitigen Ausscheiden us der Gesellschaft Anteil an den stillen Reserven. Diese .echte werden durch die einem partiarischen Arbeitsver-ältnis wesensfremde Kapitaleinlagepflicht ergänzt.

/ie der Bundesfinanzhof (BFH) wiederholt entschieden hat, eziehen aber auch Personen, die zivilrechtlich zweifelsfrei iesellschafter einer Personengesellschaft, insbesondere Kom-ıanditisten einer KG sind, einkommenssteuerrechtlich nur ann Einkünfte aus Gewerbebetrieb (in Gestalt ihrer Anteile m Bilanzgewinn der Gesellschaft und ihrer Tätigkeits- oder 'utzungsvergütungen i. S. von § 15 Nr. 2 Halbsatz 2 EStG), 'enn sie als Mitunternehmer des gewerblichen Unternehmens er Gesellschaft anzusehen sind (z.B. Urteil vom 8. Februar 979 IV R 163/76. BFHE 127, 188, BSTBl II 1979, 405). Iitunternehmer ist ein Kommanditist einer KG, wenn er 'enigstens in bestimmtem Umfange Mitunternehmerrisiko ägt und Mitunternehmerinitiative entfalten kann.

emgemäß ist, wie der I. Senat des BFH mit Urteil vom 30. ıli 1975 I R 174/73 (BFHE 116, 497, BStBl II 1975, 818) r eine Kommanditgesellschaft entschieden hat, bei der die ommanditisten ihren Gesellschaftsanteil entgeltlich erwor-en hatten, ein Kommanditist dann nicht Mitunternehmer, wenn seine Stellung nach dem Gesellschaftsvertrag und der tsächlichen Handhabung wesentlich hinter dem zurück-leibt, was handelsrechtlich das Bild des Kommanditisten estimmt". Damit stimmt überein, daß nach der ständigen echtsprechung des erkennenden Senats Kinder, die von ren Eltern schenksweise in eine KG aufgenommen werden, ıcht Mitunternehmer sind, wenn ihnen nicht wenigstens nnäherungsweise diejenigen Rechte eingeräumt bzw. belas-n sind, die einem Kommanditisten nach dem Regelstatut s HGB über die KG zukommen (zuletzt BFH-Urteil in FHE 127, 188, BStBl II 1979, 405; siehe ferner BFH-Urteil m 6. April 1979 I R 116/77, BFHE 128, 202, BStBl II 1979, 20).

ie das FG zutreffend entschieden hat, bleibt im Streitfall ich dem Gesellschaftsvertrag die gesellschaftsrechtliche ellung der Beigeladenen nicht wesentlich hinter dem zurück, as handelsrechtlich das Bild des Kommanditisten ausmacht. ie dispositiven Bestimmungen des HGB sind lediglich inso-eit abbedungen, als das Widerspruchsrecht nach § 164 HGB fristet, d.h. solange Frau A persönlich haftende Gesell-hafterin ist, ausgeschlossen ist. Hinzu kommt als weiterer mstand, der das Unternehmerrisiko der Beigeladenen (i.S. ner Teilhabe an den Erfolgschancen des Unternehmens) indert, daß die Beigeladenen bei einem Ausscheiden aus der G gegen den Willen der anderen Gesellschafter und zur Un-it nicht an den stillen Reserven teilhaben sollten.

ingegen entspricht die gesellschaftsrechtliche Stellung der igeladenen dem von den Vorschriften des HGB geprägten itbild eines Kommanditisten (und damit dem Erfordernis, ıß der Kommanditist wenigstens in bestimmten Umfange ıternehmerrisiko trägt und Unternehmerinitiative entfalten nn) insofern, als die Beigeladenen prozentual am Gewinn estgewinn) der Klägerin teilnahmen, ihre Gewinnanteile beschränkt entnehmen konnten, die Kontrollrechte nach 166 HGB hatten, bei einer Auflösung der Gesellschaft nach ıßgabe ihrer prozentualen Gewinnbeteiligung am Liqui-tionserlös und damit an den stillen Reserven einschließlich ıes durch Betriebsveräußerung realisierten Geschäftswerts lhatten und bei einer Kündigung des Gesellschaftsverhält-nisses im Einvernehmen mit den übrigen Gesellschaftern – ebenso wie bei einem Ausscheiden aus der Gesellschaft durch Tod – ein Abfindungsguthaben nach Maßgabe einer Ab-schichtungsbilanz erhalten sollten, in dem das Gesellschafts-vermögen mit dem gemeinsamen Wert (ohne Geschäftswert) anzusetzen ist.

Ob, wie die Revision vorträgt, die Arbeitnehmereigenschaft der Beigeladenen zu 1. und 2. ihre Mitunternehmereigenschaft überwog, ist insoweit unerheblich, als nur zu entscheiden ist, ob die Beigeladenen zu 1. und 2. überhaupt Mitunternehmer waren und ihnen demgemäß mindestens die ihnen nach dem Gesellschaftsvertrag gebührenden Anteile am Bilanzgewinn der Klägerin als Einkünfte aus Gewerbebetrieb zuzurechnen sind.

Die von der Klägerin an die Beigeladenen zu 1. und 2. aufgrund der Arbeitsverhältnisse gezahlten Bezüge und die von der Klägerin aufgewendeten Arbeitgeberanteile zur Sozialversicherung sind auch „Vergütungen, die der Gesellschafter von der Gesellschaft für seine Tätigkeit im Dienste der Gesellschaft . . . bezogen hat".

Nach dem Wortsinn des § 15 Nr. 2 Halbsatz 2 EStG („Tätigkeit im Dienst der Gesellschaft") kann – diesen Wortsinn für sich betrachtet – nicht zweifelhaft sein, daß die Norm nicht nur eine Tätigkeit erfaßt, die zivilrechtlich aufgrund des Gesellschaftsverhältnisses ausgeübt, sondern in gleicher Weise auch eine Tätigkeit, die zivilrechtlich aufgrund eines neben dem Gesellschaftsverhältnis und rechtlich unabhängig von diesem bestehenden schuldrechtlichen Rechtsverhältnisses, insbesondere eines Arbeitsverhältnisses erbracht wird. Demgemäß hat der BFH in der Vergangenheit mehrfach entschieden, daß Vergütungen für eine Tätigkeit im Dienst der Gesellschaft auch die einem Gesellschafter (Mitunternehmer) aufgrund eines Arbeitsverhältnisses geschuldeten Vergütungen sind (z.B. Urteile vom 28. Oktober 1964 IV 155/63, Höchstrichterliche Finanzrechtsprechung 1965 S. 159 – HFR 1965, 159 , mit weiteren Nachweisen, vom 19. November 1964 IV 136, 137/64, HFR 1965, 210). Hieran hält der Senat fest.

Der Senat hält allerdings Fallgestaltungen für denkbar, die von der soeben beschriebenen Zielsetzung des Gesetzes her gesehen nicht mehr dem Regelungsbereich des § 15 Nr. 2 Halbsatz 2 EStG zuzuordnen sind, etwa weil die Tätigkeit und die Mitunternehmereigenschaft desjenigen, der tätig ist, nur zufällig und vorübergehend zusammentreffen und demgemäß jeglicher wirtschaftliche Zusammenhang zwischen Tätigkeit und Mitunternehmerverhältnis ausgeschlossen erscheint. Zu denken ist etwa daran, daß ein Arbeitnehmer einen Kommanditanteil erbt und das Arbeitsverhältnis alsbald nach dem Erbfall beendet wird.

Der Streitfall ist jedoch kein derartiger Fall. Das Zusammentreffen von Arbeitsverhältnis und Gesellschaftsverhältnis (Mitunternehmerverhältnis) wurde von den Beteiligten bewußt herbeigeführt und war auf Dauer angelegt. Die Beigeladenen zu 1. und 2. wurden in die Gesellschaft als Kommanditisten aufgenommen, damit sie in besonderem Maße an den Betrieb gebunden werden und damit auf diese Weise der Fortbestand des Unternehmens gesichert wird. Sie waren zu Kapitaleinlagen verpflichtet, die ihrer Höhe nach – wie das FG zu Recht hervorhebt – mindestens im Verhältnis zur Höhe der Einlagen anderer Kommanditisten nicht schlechthin belanglos erscheinen. Ihre Tätigkeit war für das Unternehmen, so wie dieses in den Streitjahren zugeschnitten war, immerhin von einer gewissen wirtschaftlichen Bedeutung. Die Leistung der Beigeladenen zu 1. und 2. war insbesondere nicht jederzeit durch Dritte ersetzbar, wie das Bestreben der Komplementärin beweist, sie an das Unternehmen zu binden. Quelle: AGP-Mitteilungen (16) v. 15.11.80

Anlage 4.1

Bundesvereinigung der Deutschen Arbeitgeberverbände (BDA): Grundsätze für eine weiterführende Vermögenspolitik

Die Ausgangssituation

Die im Jahre 1968 erklärte Grundsatzbereitschaft der Arbeitgeber zur Tarifierung vermögenswirksamer Leistungen war sachlich und politisch ein Erfolg.
Die Vermögenspolitik wird im VIII. Deutschen Bundestag - unabhängig von seiner Zusammensetzung - einen hohen politischen Stellenwert einnehmen. Die weitere Bildung von Eigentum und Vermögen in breiten Schichten der Bevölkerung wird eine der großen gesellschaftspolitischen Aufgaben unserer Zeit bleiben. Damit unsere Privateigentumsordnung auf Dauer bestehen kann, müssen immer mehr Bürger private Eigentum auch an den Produktionsmitteln erwerben und eine möglichst breite Schicht von Eigentümern diese Ordnung tragen.
Zielrichtung aller Maßnahmen muß die individuelle Vermögensbildung bleiben, zu der sich die Arbeitgeber seit jeher bekannt haben. Im Hinblick auf die zur Siche rung eines angemessenen Wachstums und eines befriedigenden Beschäftigungsstandes notwendige überproportionale Investitionsausweitung ist es jedoch gleichermaßen wichtig, zu einer stärkeren Beteiligung der Arbeitnehmer an dem in der Wirtschaf arbeitenden Kapital zu gelangen.

Der Tarifvertrag als geeignetes Instrument

Bei der instrumentalen Ausgestaltung der Vermögenspolitik bietet sich zwischen gesetzlichem Zwang und individuellem Sparentscheid der Tarifvertrag an. Die Tarifpartner könnten auf diese Weise ihrer wirtschaftspolitischen Verantwortung bei voller Gestaltungsfreiheit im Rahmen der Tarifautonomie in besonderem Maße gerecht werden. Außerdem legt es die Erfolgsbilanz der bisherigen Vermögensbildung über Tarifverträge sehr nahe, diesen Weg für weiterführende Überlegungen zu nutzen.
Bei Überlegungen, die Funktion des Tarifvertrages im Interesse einer weiteren Vermögensbildung zu nutzen und auszubauen, erscheinen folgende Prämissen unverzichtbar: Ziel aller vermögenspolitischen Maßnahmen muß die Bildung individuelle Vermögens bleiben; die finanziellen Belastungen müssen wirtschaftlich vertretbar sein; die Wiedergewinnung einer langfristigen und weitgehenden Stabilität des Geldwertes muß gewährleistet sein; die vermögenspolitischen Maßnahmen, Instrumente und Institutionen müssen sich in die marktwirtschaftliche Ordnung einfügen lassen.
Ausgehend von diesen Grundsätzen sind die Arbeitgeber bereit zu prüfen, ob mit den Gewerkschaften eine gemeinsame Basis zum Abschluß neuer Tarifverträge gefunden werden kann, die im Rahmen des wirtschaftlich Vertretbaren die Gewährung eines bestimmten Leistungsbetrages vorsehen, der bei seiner Anlage zu einer Beteiligung der Arbeitnehmer an dem in der Wirtschaft arbeitenden Kapital führt. Der Leistungsanspruch soll mit einer fünf- bis sechsjährigen unwiderruflichen Verwendungsabrede verknüpft sein. Von den Unternehmen zu diesem Zweck bereits freiwillig erbrachte Leistungen sollen auf die tarifliche Leistungspflicht anrechenbar sein.
Die Anlage der tarifvertraglich vereinbarten Leistungen soll entweder im arbeitgebenden Unternehmen oder auch außerhalb dieses Unternehmens erfolgen können. Jede Zwangsbeteiligung und jede Beteiligung an überbetrieblichen Fonds wird abgelehnt.

Betriebliche Anlagemöglichkeiten

"Ein wichtiges Ziel aller Maßnahmen zur verstärkten Vermögensbildung der Arbeitnehmer ist die Förderung ihrer Bereitschaft, sich unmittelbar an dem in der Wirtschaft arbeitenden Kapital zu beteiligen", stellte die Bundesvereinigung in ihrer Erklärung zur Vermögenspolitik im Jahre 1971 fest. In konsequenter Fortführung dieser Position wäre es wünschenswert, daß die tarifvertraglich neu zu vereinbarenden Leistungen vorrangig im arbeitgebenden Unternehmen angelegt werden. Der integrierende und auch leistungsmotivierende Effekt einer Mitarbeiterbeteiligung kann langfristig nicht hoch genug eingeschätzt werden. Durch geeignete betriebliche Regelungen, die die Interessen der ausscheidenden und verbleibenden Teilhaber angemessen wahren, soll dabei die Mobilität der Arbeitnehmer keine Behinderung erfahren.
Die angestrebte stärkere Beteiligung der Arbeitnehmer an dem in der Wirtschaft arbeitenden Kapital sollte nach Möglichkeit durch die Anlage im arbeitgebenden Unternehmen erreicht werden, wobei unverzichtbare Voraussetzung einer solchen Anlage die beiderseitige Freiwilligkeit bleiben muß... Die Entscheidung, ob und zu welchen Bedingungen den Arbeitnehmern eine Beteiligungsmöglichkeit am haftenden oder am nicht haftenden Kapital eingeräumt werden soll, liegt allein und ausschließlich beim Arbeitgeber. Damit kann sich auch das Problem einer kapitalmäßigen "Überfremdung" überhaupt nicht stellen. Die Angebotsfreiheit des Arbeitgebers korrespondiert mit der Annahmefreiheit des Arbeitnehmers. Will der Arbeitgeber jedoch seinerseits die betriebliche Anlage sicherstellen, wird er marktgerechte Konditionen anbieten müssen.
Als Anlagemöglichkeiten im arbeitgebenden Unternehmen sind insbesondere zu nennen:
Belegschaftsaktien: Heute besitzen etwa 500 000 Arbeitnehmer bereits Aktien ihres arbeitgebenden Unternehmens. Mit der Beseitigung der ertragsteuerlichen Doppelbelastung im Rahmen der Körperschaftsteuerreform wird ab 1977 ein wichtiges Hemmnis für eine größere Verbreitung des Aktiensparens beseitigt werden. Die von den Unternehmen zu einem Vorzugskurs angebotenen Belegschaftsaktien dürften dann wegen der verbesserten Renditeaussichten auf noch stärkere Resonanz bei den Arbeitnehmern stoßen. Bei der Belegschaftsaktienausgabe sollte der Gesetzgeber - wie bereits wiederholt gefordert - die steuerliche Begünstigung den tatsächlichen Bedürfnissen der Praxis anpassen.
Belegschaftsfonds: Wie bei einem normalen Investmentfonds werden hier die eingezahlten Gelder in Aktien oder festverzinslichen Wertpapieren überwiegend außerhalb des arbeitgebenden Unternehmens angelegt. Mit dem Belegschaftsfonds soll für die Mitarbeiter die Möglichkeit geschaffen werden, Beteiligungen auch außerhalb des eigenen Unternehmens zu erwerben. Wegen der engen Verknüpfung mit den arbeitgebenden Unternehmen könnte auch der Belegschaftsfonds als betriebsbezogene Form der Vermögensbildung angesehen weren.
Schuldverschreibungen: Emissionsfähige Kapitalgesellschaften haben die Möglichkeit, ihren Mitarbeitern Schuldverschreibungen anzubieten, die als Vorstufe einer gesellschaftsrechtlichen Beteiligung in Betracht kommen. Besonders deutlich wird dies am Beispiel der Wandelschuldverschreibung. In der Praxis ist auch die Ausgabe von Gewinnschuldverschreibungen anzutreffen; bei ihnen nimmt der Arbeitnehmer als Obligationär häufig in der gleichen Weise am Ertrag des Unternehmens teil wie ein Aktionär.
Kommanditbeteiligung: Diese für eine Kapitalbeteiligung der Arbeitnehmer an Personengesellschaften grundsätzlich geeignete Beteiligungsform scheitert in der Praxis an der Bestimmung des § 15 Abs. 1 Ziff. 2 EStG, nach der schon die geringste Beteiligung eines Arbeitnehmers an einer Personengesellschaft diesen steuerrechtlich zum Mitunternehmer macht mit der Folge, daß die Lohnsumme der beteiligten Arbeitnehmer gewerbesteuerpflichtig wird und die für Lohnbezieher vorgesehenen Steuervorteile entfallen. Zur Beseitigung dieser Hemmnisse erscheint es notwendig, die Einkünfte aus unselbständiger Arbeit der Teilhaber von Personengesellschaften, die als Arbeitnehmer im Unternehmen tätig sind, steuerlich nicht wie Einkünfte aus Gewerbebetrieb zu behandeln, wenn die einzelne Beteiligung einen bestimmten Prozentsatz des Eigenkapitals nicht übersteigt.
Eine entsprechende Neuregelung kann nur durch den Gesetzgeber vorgenommen werden.

Stille Gesellschaft: Durch diese für sämtliche Unternehmensformen geeignete Beteiligungsart können die Arbeitnehmer entweder direkt oder - durch Zwischenschaltung einer Beteiligungsgesellschaft - indirekt stille Gesellschafter ihres Beschäftigungsunternehmens werden.
Darlehen: Eine Darlehensvereinbarung mit den Mitarbeitern bietet sich insbesondere als Vorstufe einer späteren Gesellschaftereinlage an. Bei der Verzinsung des Darlehens sollte einem ertragsabhängigen Zins der Vorzug vor einem festen Zinssatz gegeben werden. Erfolgt die Verzinsung ertragsabhängig, würde sie sich der Gewinnbeteiligung des stillen Gesellschafters annähern. Aus der Sicht des Unternehmens sind Mitarbeiterdarlehen allerdings Fremdkapital, während eine stille Beteiligung, bei der die Verlustbeteiligung nicht ausgeschlossen ist, Eigenkapital darstellt.

Insolvenzsicherung betrieblicher Anlagen

Um dem bekannten Einwand, eine Anlage im Beschäftigungsunternehmen führe zu einer Kumulierung von Arbeitsplatz- und Kapitalrisiko, von vornherein zu begegnen, wäre vorzusehen, solche Anlagen während der Sperrfrist in Höhe des vom Arbeitgeber ursprünglich gewährten Leistungsbetrages gegen das Insolvenzrisiko zu sichern. Damit soll weder der in einer marktwirtschaftlichen Ordnung untrennbare Zusammenhang zwischen Gewinnchance und Verlustrisiko zerrissen, noch sollen dadurch zwei Arten von haftendem Kapital geschaffen werden. Aber angesichts der Zurückhaltung breiterer Schichten der Bevölkerung gegenüber risikobehafteten Anlageformen empfiehlt sich hier ein behutsames Vorgehen.
Außer diesen Gesichtspunkten kann sachlich für eine Insolvenzsicherung angeführt werden, daß die Fungibilität der Beteiligungswerte während der auferlegten Sperrfrist eingeschränkt ist... Nach dem Ende der Sperrfrist ist grundsätzlich die volle Risikoübernahme vorgesehen. Psychologisch könnte es jedoch nützlich sein, die Sicherungsquote nicht plötzlich, sondern sukzessiv abzubauen.
Die Kosten der Insolvenzsicherung sollen auf sämtliche Unternehmen umgelegt werden, die dem jeweiligen Tarifvertrag unterliegen. Dabei sollte eine ausreichende Risikostreuung - gegebenenfalls durch bundesweite Regelungen . gewährleistet werden. Dieses Finanzierungsverfahren entspricht auch der beabsichtigten Präferierung der Kapitalbeteiligung am Beschäftigungsunternehmen. Eine Kostenübernahme nur durch jene Unternehmen, die eine Mitarbeiterbeteiligung tatsächlich praktizieren würde diesen Anlageweg diskriminierend verteuern. Interne Berechnungen haben ergeben, daß bei einer Umlagefinanzierung der für die Insolvenzsicherung pro begünstigten Arbeitnehmer aufzuwendende Betrag im Verhältnis zur abzusichernden Leistung minimal wäre.

Anlagealternativen zur betrieblichen Beteiligung

Da die Beteiligung am arbeitgebenden Unternehmen nur auf der Basis beiderseitiger Freiwilligkeit erfolgen kann, muß jenen Arbeitnehmern, die diese Anlagemöglichkeit nicht wünschen oder denen sie nicht zur Verfügung steht, ein unternehmensexterner Anlageweg eröffnet werden, der - bei Vermeidung überbetrieblicher Vermögensfonds - ebenfalls zur Beteiligung an dem in der Wirtschaft arbeitenden Kapital führt. Diese Anlagealternative soll der individuelle Erwerb börsenfähiger Wertpapiere über ein vom Arbeitnehmer frei zu wählendes Kreditinstitut sein. Die Angebotsenge an direkten Beteiligungswerten macht es erforderlich, auch den Erwerb festverzinslicher Wertpapiere zuzulassen. Der Anlagekatalog soll dementsprechend umfassen: Aktien, Investmentzertifikate, Industrieobligationen, Pfandbriefe und öffentliche Anleihen...

Quelle: Die Zeit Nr. 41/1976

Anlage 5.1

Auszug aus dem "Ahlener Programm" der CDU

Das Programm von Ahlen (1947)

Der Zonenausschuß der CDU für die britische Zone erließ in seiner Tagung vom 1. bis 3. Februar 1947 in Ahlen folgende programmatische Erklärung:

Das kapitalistische Wirtschaftssystem ist den staatlichen und sozialen Lebensinteressen des deutschen Volkes nicht gerecht geworden. Nach dem furchtbaren politischen, wirtschaftlichen und sozialen Zusammenbruch als Folge einer verbrecherischen Machtpolitik kann nur eine Neuordnung von Grund aus erfolgen.

Inhalt und Ziel dieser sozialen und wirtschaftlichen Neuordnung kann nicht mehr das kapitalistische Gewinn- und Machtstreben, sondern nur das Wohlergehen unseres Volkes sein. Durch eine gemeinwirtschaftliche Ordnung soll das deutsche Volk eine Wirtschafts- und Sozialverfassung erhalten, die dem Recht und der Würde des Menschen entspricht, dem geistigen und materiellen Aufbau unseres Volkes dient und den inneren und äußeren Frieden sichert.

In dieser Erkenntnis hat das Parteiprogramm der CDU vom März 1946 folgende Grundsätze aufgestellt:

. . . . .

II. Neue Struktur der deutschen industriellen Wirtschaft

Die neue Struktur der deutschen Wirtschaft muß davon ausgehen, daß die Zeit der unumschränkten Herrschaft des privaten Kapitalismus vorbei ist. Es muß aber ebenso vermieden werden, daß der private Kapitalismus durch den Staatskapitalismus ersetzt wird, der noch gefährlicher für die politische und wirtschaftliche Freiheit des einzelnen sein würde. Es muß eine neue Struktur der Wirtschaft gesucht werden, die die Mängel der Vergangenheit vermeidet und die Möglichkeit zu technischem Fortschritt und zur schöpferischen Initiative des einzelnen läßt.

1. Konzerne und ähnliche wirtschaftliche Gebilde, die nicht technisch, sozial oder wirtschaftlich absolut notwendig sind, sind zu entflechten und in selbständige Einzelunternehmungen zu überführen. Die technische Entwicklung verlangt bei gewissen Unternehmungen eine bestimmte Mindestgröße, namentlich auch, um gegenüber dem Ausland konkurrenzfähig zu sein. Diese Mindestgröße muß derartigen Unternehmungen unbedingt belassen werden.

2. Unternehmungen monopolartigen Charakters, Unternehmungen, die eine bestimmte Größe überschreiten müssen, verleihen eine wirtschaftliche und damit eine politische Macht, die die Freiheit im Staat gefährden kann. Dieser Gefahr muß dadurch vorgebeugt werden, daß entsprechende Kartellgesetze erlassen werden. (Siehe Antrag 1 der CDU-Fraktion im Landtag Nordrhein-Westfalen.) Darüber hinaus soll bei diesen Unternehmungen das machtverteilende Prinzip eingeführt werden, damit jede mit dem Gemeinwohl unverträgliche Beherrschung wesentlicher Wirtschaftszweige durch den Staat, Privatpersonen oder Gruppen ausgeschlossen wird.

a) Zu diesem Zweck sollen öffentliche Körperschaften wie Staat, Land, Gemeinde, Gemeindeverbände, ferner Genossenschaften und die im Betrieb tätigen Arbeitnehmer an diesen Unternehmungen beteiligt werden: der dringend notwendigen Unternehmerinitiative ist der erforderliche Spielraum zu belassen.

b) Weiter soll bei solchen Unternehmungen der private Aktienbesitz, der in einer Hand dem Eigentum oder dem Stimmrecht nach vereinigt ist, in der Höhe gesetzlich begrenzt werden.

3. Bergbau. Monopolartigen Charakter haben die Kohlenbergwerke schlechthin wegen des von ihnen geförderten, für das gesamte Volk lebenswichtigen Urproduktes. Daher ist die Anwendung der in Ziffer II/2 aufgestellten Grundsätze auf sie vordringlich; sie sind somit zu vergesellschaften.

Wenn in besonderen Fällen die Form des Staatsbetriebes zweckmäßiger erscheint, so sollen die vorstehenden Grundsätze der Anwendung dieser Form nicht entgegenstehen.

4. Eisenschaffende Großindustrie. Auch bei der eisenschaffenden Großindustrie ist der Weg der Vergesellschaftung zu beschreiten. (Antrag 2 der CDU-Fraktion im Landtag Nordrhein-Westfalen.)

5. Das Genossenschaftswesen ist mit aller Kraft auszubauen und die Rechtsform der Stiftungen auch in wirtschaftlichem Bereich nachdrücklich zu fördern.

6. Die schon vor 1933 begonnene gesetzliche Kontrolle des Geld- und Bankwesens sowie des Versicherungswesens muß weiter ausgebaut werden.

7. Leistungsfähige Klein- und Mittelbetriebe sind um ihres volkswirtschaftlichen Wertes und ihrer sozialen Aufstiegsmöglichkeiten willen zu fördern. In Industrie, Handel, Handwerk und Gewerbe ist die private Unternehmertätigkeit zu erhalten und zu entwickeln.

8. Rechtmäßig erworbenes Eigentum, mit dem politischer Mißbrauch nicht getrieben wurde, ist im übrigen bei der Durchführung dieser wirtschaftlichen Neuordnung im Rahmen der allgemeinen Gesetze zu achten.

III. Neugestaltung des Verhältnisses zwischen Arbeitgeber und Arbeitnehmer im Betriebe

In den Betrieben, in denen wegen ihrer Größe das Verhältnis zwischen Arbeitnehmer und Unternehmer nicht mehr auf einer persönlichen Grundlage beruht, ist ein Mitbestimmungsrecht der Arbeitnehmer an den grundlegenden Fragen der wirtschaftlichen Planung und sozialen Gestaltung sicherzustellen. Dies muß zunächst dadurch geschehen, daß die Arbeitnehmer des Betriebes in den Aufsichtsorganen, z. B. im Aufsichtsrat des Unternehmens, die ihnen zustehende Vertretung haben. Zu diesem Zweck bedarf es einer Reform des Gesellschaftsrechts. Insbesondere ist dem Aufsichtsrat eine stärkere Stellung gegenüber der Verwaltung zu verleihen.

Bei Großbetrieben mit mehrköpfigem Vorstand sollte Betriebsangehörigen, die in langjähriger Betriebszugehörigkeit sich um den Betrieb verdient gemacht haben, Mitwirkung in der Leitung des Unternehmens durch Berufung in den Vorstand gewährt werden. Die Berufung erfolgt auf Vorschlag der Betriebsangehörigen, die dem Aufsichtsrat mindestens drei Vorschläge zu unterbreiten haben.

Dem von der Belegschaft gewählten Vorsitzenden des Betriebsrates ist Gelegenheit zur Mitwirkung in allen Fragen zu geben, welche die sozialen Interessen der Betriebsangehörigen berühren. Darüber hinaus hat die Betriebsleitung in jedem Fall dem Betriebsrat einmal monatlich Bericht über die Lage des Unternehmens zu erstatten, und den Betriebsratsangehörigen ist ein Anspruch auf Auskunftserteilung in diesen Besprechungen zuzubilligen.

Durch geeignete Maßnahmen soll den Arbeitnehmern eine Beteiligung am Ertrage gesichert werden. Die Formen dieser Beteiligung können verschiedenartig sein und unterliegen besonderer Vereinbarung. (Siehe Antrag 3 der CDU-Fraktion im Landtag Nordrhein-Westfalen.)

2. Betrifft: Änderung der Besitz- und Machtverhältnisse in der Wirtschaft

Die CDU-Fraktion des Landtages stellt folgenden Antrag:

Der Landtag wolle beschließen:

Bei den Schlüsselindustrien des Landes (Bergbau, eisenschaffende und chemische Großindustrie) und bei sonstigen Großunternehmen mit monopolartigem Charakter ist das machtverteilende Prinzip wie folgt zur Anwendung zu bringen:

I. Der Bergbau wird auf dem Wege der Vergesellschaftung in die Form der Gemeinwirtschaft überführt. Wenn sich in besonderen Fällen der Staatsbetrieb als zweckmäßig erweisen sollte, kann auch diese Form gewählt werden. Dabei soll aber die Führung des Betriebes nicht einer staatlichen Regie, sondern Organen übertragen werden, die das Unternehmen bei voller wirtschaftlicher Selbstverantwortlichkeit und Initiative zu führen haben. Erfahrene Männer des Bergbaus müssen entscheidend eingeschaltet bleiben.

Die eisen- und stahlerzeugende sowie chemische Großindustrie und die Großindustrien mit monopolartigem Charakter werden gleichfalls auf gemeinwirtschaftlicher Grundlage neu geordnet.

Die durch gesetzliche Maßnahmen herbeizuführende Gemeinwirtschaft für den Bergbau und die anderen oben aufgeführten Industrien werden dadurch gekennzeichnet, daß die bisherige Vorherrschaft des Privatkapitals aufgehoben und daß ein machtverteilendes Prinzip auf der Grundlage einer Beteiligung von Land, Gemeinden, Gemeindeverbänden, Arbeitnehmern und Genossenschaften herbeigeführt wird. Diese Beteiligungen haben so zu erfolgen, daß die Vertreter des nichtprivaten Kapitals in jedem Falle die Mehrheit des Stimmrechtes besitzen.

II. Zur Verwirklichung dieser Grundsätze sollen die folgenden Maßnahmen getroffen werden:

1. Die Vertreter des nicht-privaten Kapitals sind in der Weise am Aktienkapital dieser Gesellschaften zu beteiligen, daß sie zusammen — jedoch keiner von ihnen allein — die absolute Mehrheit der Stimmen in den Hauptversammlungen dieser Gesellschaften haben.

2. Kein Aktionär der privaten Hand und kein Beauftragter darf über mehr als 10%, kein Aktionär des nicht-privaten Kapitals über mehr als 15% der Stimmen in der Hauptversammlung direkt oder indirekt verfügen.

Hiervon kann abgewichen werden bei Betrieben, die sich bereits im Besitz der öffentlichen Hand befinden oder deren Überführung in die öffentliche Hand sich als zweckmäßig erweist.

3. Die zur Beteiligung der Vertreter des nicht-privaten Kapitals erforderlichen Änderungen der Besitz- und Machtverhältnisse sind wie folgt vorzunehmen:

a) Zunächst ist der bisherige private Besitz heranzuziehen, der entschädigungslos frei wird auf Grund einer Verurteilung als Kriegsverbrecher oder auf Grund der Entziehung aus politischen Gründen im Rahmen der gesetzmäßigen Maßnahmen.

b) Es ist der bisherige private Besitz zu verwenden, der im Rahmen des kommenden Lastenausgleiches und der damit verbundenen direkten oder indirekten Vermögensabgabe frei wird. Im Rahmen der zu erwartenden Maßnahmen kann eine vorschußweise Heranziehung dieses Besitzes erfolgen.

c) Reicht der unter a) und b) genannte freiwerdende Besitz nicht aus, so sind den Vertretern des nicht-privaten Kapitals Aktien mit vielfachem Stimmrecht in dem erforderlichen Umfang zuzuteilen.

4. Rechtmäßig erworbenes Eigentum, mit dem politischer Mißbrauch nicht getrieben wurde, ist im übrigen bei der Durchführung dieser Neuordnung im Rahmen der allgemeinen Gesetze zu achten.

Die Landesregierung wird ersucht, im Sinne dieser Grundsätze bei der Militärregierung vorstellig zu werden, soweit deren Zustimmung erforderlich ist.

3. Betrifft: Neuordnung der Verhältnisse zwischen Arbeitnehmern und Arbeitgebern

Die CDU-Fraktion des Landtages stellt folgenden Antrag:

Der Landtag wolle beschließen:

Die Neuordnung des Verhältnisses zwischen Arbeitnehmern und Arbeitgebern hat unter Zugrundelegung folgender Grundsätze zu erfolgen:

1. In den Betrieben, in denen wegen ihrer Größe das Verhältnis zwischen Arbeitnehmer und Unternehmer nicht mehr auf einer persönlichen Grundlage beruht, ist ein Mitbestimmungsrecht der Arbeitnehmer an den grundlegenden Fragen der wirtschaftlichen Planung und sozialen Gestaltung sicherzustellen.

2. Zu diesem Zweck ist den Arbeitnehmern des Betriebes in den Aufsichtsorganen, z. B. im Aufsichtsrat des Unternehmens, die ihnen zustehende Vertretung einzuräumen. Das Gesellschaftsrecht bedarf einer entsprechenden Reform unter gleichzeitiger Stärkung der Stellung des Aufsichtsrates gegenüber der Verwaltung.

3. Bei Großbetrieben mit mehrköpfigem Vorstand soll ein langjähriger Betriebsangehöriger in den Vorstand des Unternehmens als ordentliches Vorstandsmitglied berufen werden. Die Berufung soll auf Vorschlag der Betriebsangehörigen erfolgen, die dem Aufsichtsrat mindestens drei Vorschläge zu unterbreiten haben.

4. Dem von der Belegschaft gewählten Vorsitzenden des Betriebsrates ist Gelegenheit zur Mitwirkung in allen Fragen zu geben, welche die sozialen Interessen der Betriebsangehörigen berühren. Darüber hinaus hat die Betriebsleitung in jedem Fall dem Betriebsrat einmal monatlich Bericht über die Lage des Unternehmens zu erstatten, und den Betriebsangehörigen ist ein Anspruch auf Auskunftserteilung in diesen Besprechungen zuzubilligen.

5. Durch geeignete Maßnahmen soll den Arbeitnehmern eine Beteiligung am Ertrage gesichert werden. Die Formen dieser Beteiligung können verschiedenartig sein und unterliegen besonderer Vereinbarung.

Die Landesregierung wird ersucht, im Sinne dieser Grundsätze bei der Militärregierung vorstellig zu werden, soweit deren Zustimmung erforderlich ist.

Quelle: Die Programme der CDU (152), S. 9 ff.

Anlage 5.2

Auszug aus dem "Berliner Programm" der CDU zur Mitbestimmung

Mitbestimmung

72. Soziale Marktwirtschaft schließt ein, daß alle an der Wirtschaft beteiligten Kräfte zu funktionsgerechter Mitbestimmung in partnerschaftlicher Zusammenarbeit vereinigt werden.

Wir werden daher ein einheitliches Betriebsverfassungs- und Unternehmensrecht schaffen, das Rechte und Verantwortung der Arbeitnehmer stärkt, die Wettbewerbs- und Leistungsfähigkeit der Unternehmen fördert und im Einklang mit der Tarifautonomie steht.

Deshalb setzen wir uns ein für:

- stärkere Rechte für den einzelnen Arbeitnehmer am Arbeitsplatz,
- Wahl der Arbeitnehmervertreter in den Mitbestimmungsorganen durch die Belegschaft,
- stärkere persönliche Stellung der Mitglieder der Vertretungsorgane der Arbeitnehmer,
- besseren Minderheiten- und Gruppenschutz,
- bessere Vertretungsrechte für die jugendlichen Arbeitnehmer,
- eigene Vertretungsrechte für die leitenden Angestellten,
- Wahl von Arbeitsgruppensprechern,
- erweiterte Zuständigkeiten für den Wirtschaftsausschuß und den Gesamtbetriebsrat,
- verantwortliche Bearbeitung der sozialen und personellen Belange der Arbeitnehmer auf Vorstandsebene.

Auf Unternehmensebene sollen bei Großunternehmen zu den 7 Anteilseignervertretern, die von der Hauptversammlung gewählt werden, 5 Arbeitnehmervertreter hinzukommen, die von den Arbeitnehmern des Unternehmens gewählt werden. Wird ein größerer Aufsichtsrat gebildet, so sind die für Anteilseigner- und Arbeitnehmervertreter vorgesehenen Sitze entsprechend zu vermehren. Bezüglich 1—2 dieser Arbeitnehmer-Sitze haben die im Unternehmen vertretenen Gewerkschaften ein Vorschlagsrecht.

Leitende Angestellte im Sinne des Betriebsverfassungsgesetzes erhalten das aktive und passive Wahlrecht zum Aufsichtsrat.

Beim Verfahren für die Bestellung und Abberufung des Vorstandes muß eine Beteiligung der Arbeitnehmervertreter gewährleistet sein.

Die überbetriebliche Mitbestimmung der Arbeitnehmer im sozialwirtschaftlichen Bereich soll in Arbeitnehmerkammern gesichert werden. Wir empfehlen, solche Kammern als öffentlich-rechtliche Körperschaften zu errichten; ihre Aufgaben sind durch Gesetz festzulegen.

Quelle: Die Programme der CDU (152), S. 62 ff.

Anlage 5.3

Reform des Unternehmensrechts

I

Die Mitbestimmung der Arbeitnehmer ist Ausdruck christlich sozialen Gedankengutes und eine Grundlage der Sozialen Marktwirtschaft. Wir wollen die gleichberechtigte Kooperation der im Unternehmen tätigen Kräfte, denn die Würde des arbeitenden Menschen verlangt seine Teilhabe an den Entscheidungen, die die Bedingungen für seine Arbeitswelt setzen.

Die Vermenschlichung der Arbeitsbedingungen ist eines der wichtigsten Ziele der Mitbestimmung.

II

Die heutige rechtliche Grundlage für die Stellung des Arbeitnehmers im Unternehmen entspricht nicht den Zielvorstellungen der CDU von der partnerschaftlichen Unternehmensordnung. Sie muß deshalb durch ein neues Unternehmensrecht fortentwickelt werden.

Das neue Unternehmensrecht soll

- *den im Unternehmen arbeitenden Menschen als Mitglied des Sozialverbandes Unternehmen behandeln und nicht wie bisher nur als Außenstehenden, der unter Vertrag genommen ist;*
- *ein partnerschaftliches Verhältnis von Arbeitnehmer, Kapitaleigner und Unternehmensleitung auf der Grundlage der Parität gewährleisten;*
- *den ordnungspolitischen Zusammenhang von Koalitionsfreiheit, Privateigentum und Unternehmensautonomie im Rahmen der Sozialen Marktwirtschaft sichern;*
- *den Übergang von der institutionellen zur gleichberechtigten gesellschaftsrechtlichen Mitbestimmung der Arbeitnehmer ermöglichen.*
- *Es wird Bezug genommen auf den Beschluß des Bundesparteitages zur Vermögensbildung.*
- *Unternehmensrecht und Betriebsverfassung miteinander verbinden und das Unternehmensrecht der organisatorischen Entwicklung der Großunternehmen anpassen.*

III

Der Bundesparteitag beauftragt den Bundesvorstand, eine Kommission zu berufen, die die rechtlichen Grundlagen für die Verwirklichung der in Ziffer II genannten Zielvorstellungen der CDU erarbeitet.

IV

Bis zur Neugestaltung des Unternehmensrechts wird die Mitbestimmung der Arbeitnehmer in Großunternehmen durch Stärkung ihrer Mitwirkungs- und Entscheidungsrechte im Aufsichtsrat ausgebaut. Hierfür sollen folgende Grundsätze gelten:

Zusammensetzung des Aufsichtsrates

1. Der Aufsichtsrat besteht aus einer gleichen Zahl von Vertretern der Anteilseigner und der Arbeitnehmer.

2. Unter den Vertretern der Arbeitnehmer muß sich mindestens ein Arbeiter, ein Angestellter und ein leitender Angestellter aus dem Unternehmen befinden. Stellvertretende Vorstandsmitglieder und solche leitenden Angestellten, die in besonderer Nähe zum Vorstand stehen, sind vom aktiven und passiven Wahlrecht zum Aufsichtsrat ausgeschlossen.

Das Wahlverfahren für die Wahl der Arbeitnehmervertreter muß den Gesichtspunkten des Minderheitenschutzes Rechnung tragen.

3. Die überwiegende Zahl der Arbeitnehmervertreter soll im Unternehmen beschäftigt sein. Für zwei außerbetriebliche Vertreter haben Gewerkschaft und Betriebsrat Vorschlagsrecht. Alle Arbeitnehmervertreter werden von der Belegschaft gewählt.

Beschlußfassung im Aufsichtsrat

4. Kommt bei zustimmungspflichtigen Geschäften ein Beschluß im Aufsichtsrat wegen Stimmengleichheit nicht zustande, so kann der Vorstand ohne Zustimmung handeln. Er muß darüber im Geschäftsbericht berichten.

5. Kommt im Aufsichtsrat bei der Bestellung des Vorstandes ein Beschluß wegen Stimmengleichheit nicht zustande, gibt die Stimme des Aufsichtsratsvorsitzenden den Ausschlag.

6. Der Aufsichtsratsvorsitzende wird vom Aufsichtsrat aus dem Kreis seiner Mitglieder mit 2/3-Mehrheit gewählt. Kommt nach wiederholten Wahlgängen ein Beschluß nicht zustande, so entscheidet entsprechend § 8 Montan-Mitbestimmungsgesetz die Hauptversammlung.

Anlage 5.4

Vermögensbildung*

73. Wir bejahen das private Eigentum als grundlegenden Bestandteil der Sozialen Marktwirtschaft und als wesentliches Unterscheidungsmerkmal gegenüber anderen Wirtschafts- und Gesellschaftsordnungen. Das Privateigentum muß allen Bürgern dienen. Unsere Politik der Vermögensbildung will deshalb jedem gleiche Zugangschancen zum privaten Eigentum eröffnen.

Wir wollen die Bildung von personenbezogenem und privatem Vermögen fördern, das den Freiheitsspielraum des einzelnen erweitert und die Anpassung an wirtschaftliche und gesellschaftliche Veränderungen erleichtert. Um die Vermögensverteilung zu verbessern, ist besonders die Vermögensbildung eigentumsschwacher Schichten staatlich zu fördern. Vor allem ist die Beteiligung am Vermögen und damit am Wachstum und Ertrag der Wirtschaft anzustreben. Maßstab für staatliche Förderungsmaßnahmen sollen die individuellen Einkommens- und Vermögensverhältnisse und nicht die Abgrenzung zwischen Arbeitnehmern und Selbständigen sein.

Grundlage für eine breite Beteiligung am Produktivvermögen ist der von uns vorgeschlagene gesetzliche Beteiligungslohn; weiter gehört dazu die Beseitigung der Doppelbelastung von Gewinnen juristischer Personen durch Einführung der Teilhabersteuer.

Wo betriebliche Ertragsbeteiligung möglich ist, sollte sie gefördert werden.

74. Bund, Länder und Gemeinden sollen mit ihrem Erwerbsvermögen und bei ihrer Kapitalaufnahme zur privaten Vermögensbildung beitragen. Die Privatisierung geeigneten öffentlichen Erwerbsvermögens ist vorzusehen. Bei der Finanzierung neuer Industrien mit öffentlichen Mitteln wie bei der Kapitalaufnahme öffentlicher Unternehmen ist eine spätere Privatisierung und der Erwerb von Anteilen durch breite Schichten der Bevölkerung zu ermöglichen.

Die Finanzierung der Sozialinfrastruktur bedarf zusätzlicher Geldquellen; dieser Bereich soll in die private Vermögensbildung einbezogen werden. Deshalb sollen Anleihen und Beteiligungspapiere ausgegeben werden, die mit dem Ziel der Förderung der langfristigen Spar- und Kapitalbildung breiten Bevölkerungsschichten angeboten werden.

75. Wir treten für ein einheitliches Spar- und Bausparförderungsgesetz mit einem einheitlichen Förderungshöchstbetrag ein; die Prämiensätze sind nach Familienstand und Kinderzahl zu staffeln. Die Auswirkungen der Steuerbegünstigung des Bausparens sind auf diesen Höchstbetrag der Bausparprämie zu

* Der 22. Bundesparteitag (18. bis 20. November 1973 in Hamburg) hat ein vermögenspolitisches Grundsatzprogramm verabschiedet; siehe Anhang.

Quelle: Die Programme der CDU (152), S. 63 ff.

Anlage 5.5

Auszug aus dem "Vermögenspolitischen Grundsatzprogramm" der CDU (Hamburg 1973)

● Vermögenspolitisches Grundsatzprogramm

Für die CDU stellt die Vermögenspolitik eine konsequente Verwirklichung ihrer Grundwerte dar. Die Politik der CDU ist

für **Soziale Marktwirtschaft** und gegen sozialistische Planwirtschaft

für **soziale Partnerschaft** und gegen Klassenkampf

für persönlich verfügbares **Miteigentum am Produktivvermögen** und gegen Kollektiveigentum.

Unser Programm für eine persönliche Teilhabe der Arbeitnehmer am Gewinn und Kapital in der Wirtschaft ist eine Kampfansage an die Gegner unserer Gesellschaftsordnung; es ist überzeugende Antwort und konsequente Alternative zu den kollektivistischen Vorstellungen und Plänen der Marxisten.

A. Vorstellungen von der Gesellschaft

I. Die Christlich Demokratische Union bekennt sich zu einer Gesellschaft, in der persönliche Freiheit und soziale Gerechtigkeit gleichen Rang und gleichen Anspruch auf Verwirklichung haben.

Freiheit und soziale Gerechtigkeit verwirklichen heißt: für eine zugleich offene und solidarische Gesellschaft zu arbeiten, in der einerseits Zugangsbeschränkungen aufgehoben und Gleichheit der Chancen gewährleistet werden und in der andererseits soziale Institutionen die Verantwortung der Menschen füreinander fördern.

Das politische Ordnungskonzept für die Erreichung dieser Ziele ist die Soziale Marktwirtschaft. Mit ihren Grundlagen Leistung und soziale Gerechtigkeit, Wettbewerb und Solidarität ist sie ein gesellschaftspolitisches Programm für alle. Dem einzelnen ermöglicht sie Teilhabe am gesellschaftlichen und wirtschaftlichen Fortschritt und erweitert damit seinen persönlichen Freiheitsraum. Der Gesellschaft gewährt sie die Mittel zur Bewältigung der wachsenden Gemeinschaftsaufgaben.

Zur Dynamik der Sozialen Marktwirtschaft gehört sowohl die freie marktwirtschaftliche Ordnungspolitik als auch die Sicherung des sozialen Fortschritts.

Als privilegienfeindliche und gegen staatlichen Dirigismus gerichtete Ordnung hat die Soziale Marktwirtschaft nachgewiesen, daß sie besser als jede andere Konzeption persönliche Freiheit, Gleichheit der Chancen, sozialen Fortschritt, persönliches Eigentum und wachsenden Wohlstand jedes einzelnen Bürgers verwirklichen und sichern kann.

Als auf den Menschen bezogene Ordnung ist sie ein dynamisches Programm für eine humanere Gestaltung unseres sozialen und wirtschaftlichen Lebens.

II. Gleichrangige Wesensmerkmale dieser freien und partnerschaftlichen Wirtschafts- und Gesellschaftsordnung sind

— Leistungswille der Arbeitnehmer und unternehmerische Initiative als Motoren der Wirtschaftsentwicklung und damit des Wohlstandes,

— Wettbewerb zur Sicherung und Verwirklichung der Freiheit des einzelnen gegen wirtschaftliche Marktmacht und autoritäre Vorausbestimmung seiner Bedürfnisse,

— Mitbestimmung als eine der Würde, den Rechten und der Verantwortung des arbeitenden Menschen gerecht werdende Teilhabe an den Entscheidungen in der Wirtschaft,

— privates, persönlich verfügbares Eigentum auch am Produktivvermögen und Teilhabe am Wachstum und Ertrag der Wirtschaft für alle Bürger zur Sicherung und Erweiterung ihres Freiheitsspielraumes.

III. Zu den Zielen der Sozialen Marktwirtschaft gehört, daß

- Kapitaleigner und Arbeitnehmer nicht im Klassengegensatz zueinander stehen,
- jeder Bürger neben seinem Arbeitseinkommen auch über Kapitaleinkommen verfügen kann,
- Arbeitgeber und Arbeitnehmer trotz bestehender Interessengegensätze partnerschaftlich zusammenwirken,
- sowohl die Kapitaleigner als auch die Arbeitnehmer an den ausschlaggebenden Entscheidungsrechten in Betrieb und Unternehmen teilhaben,
- Arbeitnehmer, Unternehmer und Kapitalgeber einen gerechten Anteil an Gewinn und Kapital in der Wirtschaft, dem Ergebnis des partnerschaftlichen Zusammenwirkens, erhalten,
- die Selbstbestimmung des Menschen in Wirtschaft und Gesellschaft Schritt für Schritt verwirklicht wird.

Unser Programm für eine persönliche Teilhabe der Arbeitnehmer am Gewinn und Kapital in der Wirtschaft ist eine Kampfansage an die Gegner unserer Gesellschaftsordnung; es ist eine konsequente Alternative zu kollektivistischen Vorstellungen und Plänen, **in denen die private Konzentration durch öffentliche Konzentration ersetzt und über zentrale Fonds den Bürgern wesentliche Verfügungsrechte vorenthalten werden sollen.**

B. Grundsätze christlich-demokratischer Eigentumspolitik

Privates Eigentum ist ein Grundpfeiler und ein wesentliches Unterscheidungsmerkmal der Sozialen Marktwirtschaft gegenüber anderen Wirtschafts- und Gesellschaftsordnungen. Verstaatlichung und Vergesellschaftung haben in ihr keinen Platz. Das Privateigentum muß allen Bürgern dienen.

Privates Eigentum kann auf Dauer nur garantiert werden, wenn es breit gestreut wird und alle Bürger die Chance des Zugangs zu den verschiedenen Formen des Eigentums erhalten.

Die Bildung von personenbezogenem und privatem Eigentum ist zu fördern. Verfügbares Eigentum

- erweitert den Freiheitsraum des einzelnen für eine persönliche und eigenverantwortliche Lebensgestaltung,
- erleichtert die Anpassung an wirtschaftliche und gesellschaftliche Veränderungen ohne staatliche Bevormundung und
- stärkt die Unabhängigkeit des einzelnen gegenüber dem Staat und den gesellschaftlichen Gruppen.

Vermögenspolitik darf sich also nicht auf Sparförderung und Eigentumsbildung beschränken, sondern muß bewußt auf eine Änderung der Verteilung des Vermögenszuwachses und damit auf einen Abbau der Vermögenskonzentration abzielen. Dadurch wird zugleich der Gefahr der Vereinigung von wirtschaftlicher und politischer Macht entgegengewirkt.

Eine Umverteilung legal erworbenen Eigentums kommt als unvereinbar mit unserer rechtsstaatlichen Ordnung nicht in Betracht.

Die CDU ist für das Eigentum in der Hand der Bürger, und zwar aller Bürger dieses Staates. Sie ist gegen eine Zusammenballung des Produktivkapitals in Händen weniger, sei es weniger Privater, sei es weniger Beamter, sei es weniger Funktionäre.

Nach der Verbesserung der Verteilung von Geldvermögen und Wohnungseigentum ist vorrangiges Ziel die Beteiligung breiter Schichten der Bevölkerung am Produktivvermögen und damit am Wachstum und Ertrag der Wirtschaft. Dies ist eine entscheidende Frage für den Bestand unserer freiheitlichen Wirtschafts- und Gesellschaftsordnung.

Verteilungsgerechtigkeit läßt sich nur verwirklichen, wenn Einkommenspolitik, staatliche Verteilungspolitik und Vermögenspolitik im Rahmen einer durch Stabilität und Vollbeschäftigung gekennzeichneten marktwirtschaftlichen Ordnung zusammenwirken.

Vermögenspolitik setzt Geldwertstabilität voraus. Inflation vernichtet Vermögen. Davon betroffen sind vor allem die Sparer und damit breite Schichten der Bevölkerung. Inflationäre Geldentwertung schafft ständig neue Konflikte und verschärft die sozialen Spannungen.

C. Leitsätze für eine partnerschaftliche Beteiligung am Produktivvermögen

1. Alle unselbständig Tätigen sollen ebenso wie die selbständig Tätigen persönliche Miteigentümer am Produktivvermögen werden und über ihr Eigentumsrecht frei verfügen können.

Der Bundesparteitag beauftragt Bundesvorstand und Bundestagsfraktion, ein Konzept dafür zu erarbeiten, daß auch Hausfrauen und Rentner am Produktivvermögen der Wirtschaft beteiligt werden.

2. Für den Erwerb dieses Eigentums erhält jeder Arbeitnehmer zusätzliches Einkommen, und zwar entweder als Beteiligungslohn oder als investive betriebliche Gewinnbeteiligung.

3. Die für die Vermögensbildung von der Wirtschaft aufzubringenden Mittel müssen in Beteiligungswerten angelegt werden, damit sie der Wirtschaft voll für Investitionen, Wachstum und Vollbeschäftigung bei gleichzeitiger Verbesserung der Finanzierungsstruktur erhalten bleiben.

4. Die CDU hält an der Auffassung fest, daß der Gewinn wichtige Funktionen in der Sozialen Marktwirtschaft erfüllt. **Für die Wirtschaft gibt es kein wirksameres Instrument des Leistungsanreizes, der Lenkung und der Leistungsmessung als den Gewinn.** Die Unternehmensgewinne müssen zu einem für Wachstum und Vollbeschäftigung erforderlichen Teil investiert werden und gleichzeitig das Eigenkapital der Unternehmen stärken. Unter diesen Bedingungen ist eine andere als die bisherige Zuordnung von Gewinnen und Eigentumstiteln möglich.

5. Wer Risiko übernimmt, hat Anspruch auf Beteiligung am Gewinn. Ebenso wie die Kapitaleigner sollen auch die Arbeitnehmer neben ihrem Lohneinkommen ertragsabhängige Entgelte beziehen. Entsprechend dieser Risikoübernahme erhalten sie einen Teil der Risikoprämie und zusätzliche gesellschaftsrechtliche Entscheidungsrechte.

Die Vereinbarung von ganz oder teilweise ertragsabhängigem Arbeitsentgelt oder derartige Erhöhungen des Arbeitsentgeltes anstelle entsprechender Erhöhungen des festen Nominalentgeltes sind auf individueller, einzelbetrieblicher und tarifvertraglicher Basis zu fördern. Dadurch erhalten alle Arbeitnehmer die Chance, nicht erst mit Verzögerung am wirtschaftlichen Aufschwung teilzunehmen. Gleichzeitig wird dadurch ein Beitrag zu konjunkturgerechter Entwicklung von Arbeitnehmereinkommen geleistet. Darüber hinaus wird den Arbeitnehmern der Zugang zur Übernahme von Haftung im Unternehmen mit den sich daraus ergebenden Folgerechten eröffnet.

6. Der Unternehmensgewinn ist im Rahmen der marktwirtschaftlichen Ordnung das Ergebnis partnerschaftlichen Zusammenwirkens von Arbeitnehmern, Unternehmern und Kapitaleignern. In der von der CDU angestrebten Wirtschaftsverfassung hat der Unternehmer auf der Grundlage der Partnerschaft die Funktion, Arbeitsleistung und Kapitaleinsatz so zu kombinieren, daß ein optimales Ergebnis erzielt wird. An dem Erfolg ihrer Unternehmen nehmen im Rahmen der Gewinnbeteiligung die Arbeitnehmer und die Kapitaleigner teil. Der nach Abzug der Einkommen der Arbeitnehmer und Unternehmer sowie der Kapitalkosten und der Risikoprämie verbleibende Gewinn steht Arbeitnehmern und Anteilseignern im angemessenen, vereinbarten Verhältnis zu.

7. Die Verteilung von Kapital und Arbeit in unserer Gesellschaft muß sich immer mehr dahin entwickeln, daß nur noch sehr wenige ausschließlich von

Kapitalgewinn oder ausschließlich von festem Arbeitslohn leben. Zwischen diesen beiden Extremen sollen freie Bürger in der partnerschaftlichen Ordnung Einkünfte aus verschiedenen Einkunftsarten kombiniert beziehen können.

Jeder im Erwerbsleben stehende Bürger soll folgende Arten von Einkünften allein oder kombiniert beziehen können:

- festes Arbeitsentgelt, risikoabhängiges Arbeitsentgelt und Gewinnanteil auf Arbeitseinsatz,
- Zins auf Kapitaleinsatz, Risikoprämie auf Kapitaleinsatz und Gewinnanteil auf Kapitaleinsatz.

8. Die Methoden und Institutionen der Vermögensbildung sind überschaubar, praktikabel und nach marktwirtschaftlichen Ordnungsprinzipien zu gestalten.

Die Vertretungsrechte der einzelnen Aktionäre und Investmentsparer sind zu stärken.

Der marktwirtschaftliche Wettbewerb darf nicht unter dem Deckmantel „Vermögensbildung in Arbeitnehmerhand" zugunsten von mehr zentraler Lenkung des Wirtschaftsablaufs ausgehöhlt werden.

Ebenso ist zu vermeiden, daß die Politik einer breiteren Streuung von Beteiligungsvermögen eine Machtzusammenballung bei den Kreditinstituten oder Konzentrationsprozesse in der Wirtschaft fördern. Deshalb sollten die Kreditinstitute ihre Beteiligungen verringern und sie — z. B. durch Einbringung in Investmentfonds — an breite Bevölkerungsschichten verkaufen. In diesem Zusammenhang sollen Reformen des Universalbankensystems, des Börsenwesens sowie der Vertretungsrechte von Aktionären und Investmentsparern angestrebt werden.

D. Aktionsprogramm

1. Die CDU/CSU-Bundestagsfraktion wird aufgefordert, die von ihr in der VI. Legislaturperiode eingebrachten Gesetzentwürfe auf der Grundlage der „Leitsätze für eine partnerschaftliche Beteiligung am Produktivvermögen" zu überprüfen und danach im Deutschen Bundestag einzubringen.

a) Dazu gehört die breit gestreute Beteiligung am Produktivvermögen auf der Grundlage des gesetzlichen Beteiligungslohns und die damit im Zusammenhang vorgesehenen Maßnahmen zur Verbreiterung des Angebots an Beteiligungswerten.

Ferner gehört dazu die Einführung des Vollanrechnungsverfahrens bei der Körperschaftsteuer, die Beseitigung der Doppelbesteuerung bei der Vermögensteuer und die Freistellung des Lohns von Arbeitnehmerteilhabern bei Personengesellschaften von der Gewerbeertragsteuer, damit jeder nach seinen persönlichen Verhältnissen besteuert wird. *(Vgl. Gesetzentwurf der CDU/CSU-Fraktion über die Beteiligung der Arbeitnehmer am Produktivvermögen und zur Verbesserung der Kapitalstruktur der Wirtschaft, insbesondere des Mittelstandes [Beteiligungslohngesetz — BLG] / Bundestagsdrucksache VI/616 vom 14. April 1970)*

b) Betriebliche Gewinn- und Kapitalbeteiligungen sind zu erleichtern und zu fördern. Soweit sie den gesetzlichen Rahmenbedingungen entsprechen, sind sie auf jeden Fall als Erfüllung allgemeiner Vermögensbildungsvorschriften anzurechnen.

Die Partnerschaft im Betrieb wird ausgebaut. Betriebliche Gewinn- und Kapitalbeteiligung der Arbeitnehmer sollen ebenso gefördert werden wie traditionelle Vermögensanlagen. Die bestehenden steuerlichen Diskriminierungen sollen beseitigt werden. Rahmenvorschriften werden den Arbeitnehmer-Gesellschaftern Mobilität, Garantie der Beteiligung und fundierte Mitwirkungsrechte als Gesellschafter gewährleisten und die Unternehmen vor Liquiditätsverlusten und Überfremdung schützen.

(Vgl. Antrag der CDU/CSU-Fraktion über betriebliche Gewinn- und Kapitalbeteiligung der Arbeitnehmer / Bundestagsdrucksache VI/3613 vom 26. Juni 1972.)

Gesellschaftsrecht, Arbeitsrecht und Steuerrecht, die heute noch weitgehend Hindernisse für die Beteiligung von Arbeitnehmern am Kapital und Gewinn von Unternehmen enthalten, sollen so umgestaltet werden, daß sie diese partnerschaftliche Beteiligung berücksichtigen und erleichtern.

Auch die Einkommensteuer ist mit dem Ziel zu ändern, einen Anreiz zur Vereinbarung ertragsabhängigen Arbeitsentgelts zu schaffen. **Die Arbeitseinkünfte gewinn- und kapitalbeteiligter Arbeitnehmer dürfen nicht als Einkünfte aus Gewerbebetrieben betrachtet werden, folglich auch nicht der Gewerbesteuer unterliegen.**

c) Durch das Vermögensbildungskonzept soll vor allem auch den Klein- und Mittelbetrieben ein wirksames Instrument (Unternehmensbeteiligungsgesellschaften) **gegen sich verschärfende Konzentrationstendenzen in der Wirtschaft** und für mehr Chancengleichheit bei der Kapitalbeschaffung geboten werden.

Durch die Schaffung und Förderung von Unternehmensbeteiligungsgesellschaften wird der mittelständischen Wirtschaft die Aufnahme breit gestreuten Kapitals ermöglicht.

Damit wird die Palette von Vermögensbeteiligungen für alle erweitert und die Chance für die Mitarbeiter verbessert, zu Teilhabern an Personengesellschaften und Einzelunternehmen zu werden. *(Vgl. Entwurf der CDU/CSU-Fraktion eines Gesetzes über Unternehmensbeteiligungsgesellschaften [UBGG] / Bundestagsdrucksache VI/3614 vom 27. Juni 1972 und Entwurf der CDU/CSU-Fraktion eines Gesetzes zur Förderung der Unternehmensbeteiligungen durch Unternehmensbeteiligungsgesellschaften [Förderungsgesetz] / Bundestagsdrucksache VI/3615 vom 26. Juni 1972.)*

d) Durch die weitere Privatisierung geeigneter öffentlicher Erwerbsvermögen soll es mehr Teilhabe am wirtschaftlichen Produktivvermögen geben.

(Vgl. Gesetzentwurf der CDU/CSU-Fraktion zur weiteren sozialen Privatisierung von Bundesunternehmen im Rahmen der Vermögensbildung / Bundestagsdrucksache VI/1434 vom 16. November 1970.)

Vermögenszuwächse, die durch Förderung mit öffentlichen Mitteln entstanden sind, sollen breit gestreut werden.

2. Das Vermögensbildungs-Konzept ist so zu gestalten, daß im Rahmen einer kombinierten Strategie von Barlohnerhöhungen und vermögenswirksamen Leistungen die Verteilungssituation der Arbeitnehmer real verbessert und Zielkonflikte mit der Stabilitätspolitik vermieden werden können. Ein solches Konzept, das zwischen Staat und Sozialpartnern abzustimmen wäre, umfaßt:

- Barlohnerhöhungen zur verteilungspolitischen Status-quo-Absicherung durch die Tarifpartner,
- einen festen Vermögensbildungs-Basisbetrag,
- einen gewinnabhängigen Vermögensbildungs-Zusatzbetrag für den Fall einer günstigen Wirtschaftsentwicklung mit höheren Gewinnen als bei Abschluß der Tarifverträge angenommen.

3. Die bisherigen steuerlichen Hindernisse gegen die Übertragung von Betriebsvermögen auf die Arbeitnehmer in Form von Arbeitnehmerstiftungen sind zu beseitigen.

4. Neben dem sozialen Wohnungsbau sollen die Maßnahmen zur Förderung des allgemeinen Wohnungsbaus umgestellt werden. **Es ist notwendig, die steuerlichen Vergünstigungen zum Erwerb von Wohnungseigentum und die Prämie für das Bausparen aller Bürger in Zukunft in einen Zuschuß umzuwandeln, der in seiner Höhe auf die familiären Verhältnisse des Wohnungsuchenden abgestellt werden soll.**

Im sozialen Wohnungsbau soll der Erwerb von individuellem Wohnungseigentum insbesondere für einkommensschwache Familien Vorrang vor der Förderung von Mietwohnungen großer Baugesellschaften haben. **Im Wohnungsbau muß der Grundsatz lauten: so viele Mietwohnungen wie nötig und so viel Wohnungseigentum wie möglich.** Die öffentlichen Mittel sollen anders als bisher stärker dem Wohnungsuchenden selbst gegeben werden. Der Startnachteil des fehlenden Eigenkapitals soll durch ein kombiniertes System öffentlicher Finanzierungshilfen ausgeglichen werden. **Mindestens die Hälfte der öffentlichen Mittel im sozialen Wohnungsbau soll für dieses Wohnungseigentum eingesetzt werden.**

Es soll darauf hingewirkt werden, daß die gemeinnützigen Wohnungsbaugesellschaften in verstärktem Maße ihren vorhandenen Wohnungsbestand den Mietern zu Eigentumserwerb anbieten. *(Vgl. Gesetzentwurf der CDU/CSU-Fraktion zur Vermögens- und Eigentumsbildung im sozialen Wohnungsbau / Bundestagsdrucksache VI/3526 vom 14. Juni 1972, erneut eingebracht als Bundestagsdrucksache 7/294 vom 8. 3. 1973.)*

Die Mobilisierung im sozialen Wohnungsbau gebundener öffentlicher Mittel soll in das Gesamtkonzept einbezogen werden.

Durch ein neues Förderungsverfahren wird die bisherige Objektförderung stärker durch eine personenbezogene Förderung ersetzt. Da die einkommensschwächeren Bevölkerungsschichten vielfach nicht in der Lage sind, für den Erwerb des Eigenheims und der Eigentumswohnung das hierfür erforderliche Eigenkapital im Wege des Verfahrens aufzubringen, **muß die Vorfinanzierung des fehlenden Eigenkapitals dadurch erleichtert werden, daß für die in der Zwischenzeit aufzunehmenden Eigenkapitaldarlehen seitens der öffentlichen Hand die Bürgschaft übernommen und Eigenkapitalhilfen gewährt werden.** Außerdem ist es notwendig, für die nachträglichen Ansparleistungen **Wohnungsbauprämien** zu gewähren, um die Belastung während der Ansparzeit auf ein tragbares Maß zurückzuführen. Mit diesen Maßnahmen soll zugleich ein Beitrag zur Vermögensbildung für breite Schichten der Bevölkerung mit Vorrang für einkommensschwache, kinderreiche und junge Familien, junge Ehepaare, alleinstehende berufstätige Elternteile mit Kindern, ältere Menschen und Schwerbeschädigte geleistet werden.

Zur Reform aller Wohnungsbauförderungsmaßnahmen wird der Entwurf eines Wohneigentumsgesetzes vorgelegt werden. Der Rahmen der bisherigen öffentlichen Aufwendungen wird dabei nicht überschritten.

Entschließung zum Vermögenspolitischen Grundsatzprogramm:

Der Bundesvorstand der CDU wird aufgefordert, die von der Partei entworfene Konzeption der Beteiligung der Arbeitnehmer am Produktivvermögen weiterzuentwickeln.

Quelle: Programme der CDU (152), S. 90 ff.

Anlage 5.6

KAB: Der Arbeitnehmer als Unternehmensmitglied Diskussionsbeitrag zur Verwirklichung einer neuen Unternehmensverfassung

Ein Wort zuvor

Vor 50 Jahren hat unser von den Nazis ermordeter Verbandssekretär Bernhard Letterhaus die Idee der Mitbestimmung auf den Weg gebracht. Damals wurde er verlacht. Heute weiß jeder, daß mit dieser Mitbestimmungs-Idee eine neue Epoche im Verhältnis von Kapital und Arbeit eingeleitet worden ist. Männer und Frauen der katholisch-sozialen Bewegung haben seitdem tatkräftig und erfolgreich für die rechtliche Verwirklichung der Mitbestimmung gekämpft.

Heute ist es an der Zeit, erneut die Initiative zu ergreifen, um die Arbeitnehmer als gleichberechtigte Mitglieder in ihre Unternehmen einzugliedern; denn mit ihrem persönlichen Arbeitseinsatz tragen sie entscheidend zur Verwirklichung der Unternehmensziele bei.

Der Wissenschaftliche Beirat der KAB Westdeutschlands hat dafür ein Modell einer neuen partnerschaftlichen Unternehmensverfassung ausgearbeitet, das vom Bundesvorstand der Katholischen Arbeitnehmer-Bewegung am 26. 11. 1977 zur Diskussion freigegeben worden ist.

CDU und SPD haben sich zwar in ihren Programmen bereits zu einer neuen Unternehmensverfassung bekannt, jedoch noch keine Vorschläge zu ihrer rechtlichen und materiellen Ausgestaltung vorgelegt. Mit unserem Modellvorschlag wollen wir der Diskussion neue und praktische Impulse geben. Wir werden über dieses hier vorgestellte Modell mit den Parteien, Gewerkschaften, Arbeitgebern und Unternehmern, Bischöfen und allen interessierten Gruppen offene Gespräche führen und alle Stellungnahmen sorgfältig prüfen und auswerten, ehe wir diese neue Unternehmensverfassung auf unserem nächsten Bundesverbandstag zur endgültigen Beschlußfassung einbringen.

Die KAB ist der Überzeugung, daß die neue Unternehmensverfassung die Interessen von Kapital und Arbeit in gleichberechtigter Mitgliedschaft zum Ausgleich bringt, damit auch zur partnerschaftlichen Sinnerfüllung der sozialen Marktwirtschaft und zur Erhaltung des sozialen Friedens in unserem Lande beitragen kann.

Alfons Müller
Bundesvorsitzender der KAB

Einführung in die neue Unternehmensverfassung

Die Katholische Arbeitnehmer-Bewegung hat sich in ihrer über 100jährigen Geschichte stets für die volle rechtliche, soziale, politische und wirtschaftliche Gleichberechtigung der Arbeitnehmer eingesetzt. Vor 50 Jahren eröffnete der KAB-Verbandssekretär Bernhard Letterhaus mit seiner Idee der Mitbestimmung ein neues Kapital im Verhältnis zwischen Kapital und Arbeit. Seitdem hat sich unter tatkräftiger Mitwirkung der katholisch-sozialen Bewegung die rechtliche, soziale und wirtschaftliche Stellung der arbeitenden Menschen durch die Entwicklung des individuellen und kollektiven Arbeitsrechtes, durch Mitwirkungsrechte im Rahmen der Tarifautonomie, der Betriebsverfassung und Mitbestimmung sowie durch soziale Schutzrechte entscheidend verbessert.

Das ändert jedoch nichts an der Tatsache, daß der Unternehmensverband nach dem geltenden Unternehmensrecht auch heute noch allein von der Gesellschaft der Eigentümer getragen wird. Rechtlich und auch tatsächlich sind die Unternehmen „Vereine" der Kapitaleigner. Dagegen sind die Arbeitnehmer nur außenstehende Vertragspartner des Unternehmens geblieben, die von der Gesellschaft der Eigentümer gegen Entgelt zur Verrichtung von Arbeitsleistung in Pflicht genommen werden. Die Arbeitnehmer besitzen keinerlei Mitgliedsrechte,

- obwohl sie dem Unternehmen ihre Arbeitskraft und damit einen wesentlichen Teil ihrer Persönlichkeit zur Verfügung stellen,
- und obwohl sie durch ihren persönlichen Arbeitseinsatz mit ihrem Unternehmen unmittelbarer und enger verbunden sind, als die meisten Kapitaleigner(, deren Verhältnis zu ihrem Unternehmen durch zunehmende Anonymität gekennzeichnet ist).

Deshalb fordert die Katholische Arbeitnehmer-Bewegung in ihrem Gundsatzprogramm (Würzburg 1972) eine neue Unternehmensverfassung, welche die Arbeitnehmer als gleichberechtigte Mitglieder in den Unternehmensverband einbezieht. Die KAB stützt sich mit dieser Forderung sowohl auf die Erkenntnis und das Wertbewußtsein der katholischen Soziallehre als auch auf unsere freiheitlich-soziale Verfassung. Die katholische Soziallehre hat schon frühzeitig das nach wie vor bestehende rechtliche Ungleichheit zwischen Kapital und Arbeit erkannt und demgegenüber den sozialethischen Vorrang der persönlichen Arbeit vor dem bloßen Kapitaleinsatz betont:

„Die Arbeit ist unmittelbarer Ausfluß der menschlichen Person und hat deshalb den Vorrang vor dem Vermögen, dem seiner Natur nach nur der Wert eines Mittels zukommt" (Mater et magistra 107).

Verankerung in den Grundrechten

Die konsequente Ausgestaltung des Mitbestimmungsgedankens durch eine partnerschaftliche Unternehmensverfassung läßt sich aber auch aus den personenbezogenen Grundrechten unserer Verfassung ableiten; denn der Schutz der Menschenwürde (Art. 1 Abs. 1 GG) und die freie Entfaltung der Persönlichkeit (Art. 2 Abs. 1 GG) sind in Verbindung mit dem Rechts- und Sozialstaatsprinzip (Art. 20 Abs. 1, Art. 28 Abs. 1, GG) die wichtigsten verfassungsmäßigen Garantien, aus denen der Anspruch der Arbeitnehmer auf partnerschaftliche Teilhabe an dem Unternehmen abgeleitet werden kann, in dem sie ihre persönliche Arbeitskraft einsetzen.

Nicht zuletzt sprechen auch ökonomische Gründe für eine neue Unternehmensverfassung: Denn im gleichberechtigten Zusammenwirken zwischen Anteilseignern und arbeitenden Unternehmensmitgliedern auf allen Unternehmensebenen ist ein fairer Ausgleich zwischen den Interessen der Trägergruppen zu erwarten. Darüber hinaus wird die Unternehmensleitung von der einseitigen Kapitalabhängigkeit befreit und kann künftig beiden Trägergruppen gegenüber die unternehmerischen Notwendigkeiten im Gesamtinteresse des Unternehmens vertreten. Dadurch werden Unternehmensentscheidungen gefördert, die den übergreifenden Unternehmensinteressen, dem Bestand und der Entwicklung des Unternehmens auf lange Sicht insgesamt gerecht zu werden vermögen.

Die angestrebte partnerschaftliche Gleichberechtigung der arbeitenden Unternehmensmitglieder beeinträchtigt die nach Art. 14 GG geschützten Eigentumsrechte der Kapitaleigner nicht. Diese werden nach der Konzeption der KAB-Modells den aus Art. 1 und 2 GG folgenden Grundrechten der Menschen im Arbeitsvollzug angepaßt und entsprechen damit auch § 903 BGB, wonach das Eigentum seine Schranken im Gesetz und in den Rechten anderer findet.

Die Diskussion vorantreiben

Die großen politischen Parteien haben sich programmatisch bereits zu einer neuen Unternehmensverfassung auf der Grundlage von gleichberechtigter Partnerschaft und paritätischer Mitbestimmung bekannt, jedoch noch keine konkreten gesetzgeberischen Schritte zur Lösung dieser Aufgabe unternommen.

Deshalb tritt die KAB nunmehr an die Öffentlichkeit, um die Diskussion erneut in Gang zu bringen und einer konstruktiven Lösung näher zu kommen. Von den geschilderten Grundsätzen ausgehend, hat der Wissenschaftliche Beirat der KAB Westdeutschland im Auftrage des westdeutschen Verbandsvorstandes den hier erstmals veröffentlichten Modellvorschlag zur Verwirklichung einer neuen Unternehmensverfassung ausgearbeitet, der vom KAB-Bundesvorstand am 26. 11. 1977 zur Diskussion freigegeben worden ist.

An der Erarbeitung dieses Modell-Vorschlages waren insbesondere die folgenden Mitglieder der Kommission Unternehmensrecht des Wissenschaftlichen Beirats beteiligt:

Msgr. Walter Andermahr, Verbandspräses;
Erwin Becker, Dipl.-Volkswirt, Vorsitzender;
Hans-Werner Dahl, Dipl.-Volkswirt;
Prof. Dr. Edgar Nawroth OP;
Heinz Touppen;
Fritz Stricker;
Prof Dr. Hermann-Josef Wallraff SJ;
Dr. jur. Josef Josten;
Hans Ludwig, Dipl.-Ökonom, Bundesgeschäftsführer;
Dr. phil. Thomas-G. Vetterlein, Verbandsbildungsreferent.

Die Grundzüge des KAB-Modells

Der folgende Überblick über die Grundzüge des KAB-Modells dient einer ersten Orientierung, kann und soll jedoch das gründliche Studium des gesamten Vorschlages nicht ersetzen:

Arbeitende Unternehmensmitglieder

Grundgedanke der neuen Unternehmensverfassung ist es, die Arbeitnehmer aufgrund ihres persönlichen Arbeitseinsatzes zu gleichberechtigten Mitgliedern des Unternehmens zu machen, in dem sie beschäftigt sind. Aus Arbeitnehmern werden arbeitende Unternehmensmitglieder. Ihre Rechte und Pflichten werden aus dem geltenden Arbeitsrecht in den Mitgliedsstatus übernommen und durch einen Mitgliedsvertrag ausgestaltet. Die Rechte und Pflichten aus dem Mitgliedsvertrag erhalten ihre inhaltliche Konkretisierung durch gesetzliche Bestimmungen, Tarifverträge und Betriebsvereinbarungen.

Die Unternehmensorgane

Die Unternehmen bilden ein Basisorgan (Hauptversammlung), ein Aufsichtsorgan (Aufsichtsrat) und ein Leitungsorgan (Vorstand).

Hauptversammlung und Aufsichtsrat müssen gleichgewichtig aus Vertretern der arbeitenden Mitglieder und der Kapitaleigner bestehen, die jeweils von ihrer Gruppe gewählt werden. Bei der Wahl der Gruppenvertreter sind die arbeitenden Unternehmensmitglieder nach Köpfen und die Kapitaleigner der Höhe ihrer Beteiligung entsprechend wahlberechtigt.

Das Aufsichtsorgan des Unternehmens wählt eine stets ungerade Zahl von Vorstandsmitgliedern, die als solche für die Dauer ihrer Amtszeit Unternehmensmitglieder werden.

Pattauflösung

Die gewählten Vorstandmitglieder erhalten mit Ausnahme von Entscheidungen, die die persönlichen Belange oder die Wahl eines Vorstandsmitgliedes betreffen, Stimmrecht sowohl im Basisorgan als auch im Aufsichtsorgan.

Läßt sich bei Stimmengleichheit trotz intensiver Vermittlungsbemühungen keine Einigung erzielen, so ist die Einigung durch den Spruch einer Einigungsstelle zu ersetzen.

Wechselseitige Mitgliedschaft

Die arbeitenden Unternehmensmitglieder können durch Kapitaleinlagen Beteiligungsrechte erwerben, ebenso wie die Kapitaleigner durch Mitarbeit Mitgliedsrechte erwerben können.

Gesellschaftliche Anpassung

Die verschiedenen Gesellschaftsformen sind vor allem in ihren Unternehmensorganen und in ihren Haftungsbestimmungen an die neue Unternehmensverfassung anzupassen. Da die Mitgliedsposition der arbeitenden Unternehmensmitglieder allein auf ihrem personalen Arbeitseinsatz beruht, dürfen sie weder in die Kapitalhaftung gegenüber den Gesellschaftsgläubigern einbezogen noch zu Nachschüssen herangezogen werden. Sie haften mit ihrem Arbeitsplatz.

Gewinnbeteiligung

Sofern Gewinnbeteiligung vereinbart wird, soll den Kapitaleignern von dem ermittelten Gewinn vorab der banknübliche Satz für Haben-Zinsen bei langfristigen Einlagen zugewiesen werden (soweit die Höhe des ermittelten Gewinns dazu ausreicht). Durch diese Schutzklausel soll den Kapitaleignern bei ausreichendem Gewinn eine Mindestrendite garantiert werden, damit ihre Kapitalanlage gegenüber anderen Anlageformen langfristig attraktiv und wettbewerbsfähig bleibt.

Über die Verteilung des dann verbleibenden Gewinns machen Vorstand und Aufsichtsrat der Hauptversammlung einen gemeinsamen Vorschlag. Die Hauptversammlung beschließt darüber mit qualifizierter Mehrheit. Die beschlossene Gewinnverteilungsquote kann aufgeschlüsselt werden nach

a) Barausschüttung,
b) Ausgabe von Beteiligungsrechten an den (für Investitionen) einbehaltenen Gewinnanteilen (Zuweisung entsprechender Gesellschaftsanteile) und
c) Darlehenstiteln.

Mit der Wahl zwischen diesen Gewinnbeteiligungsformen steht dem Unternehmen je nach dem Beschluß der Hauptversammlung ein Teil des Gewinns für künftige Investitionen zur Verfügung.

Betriebsverfassung

Durch die Mitgliedschaft im Unternehmen ändert sich die Einordnung des Arbeitnehmers in die Betriebsorganisation grundsätzlich nicht. Das Betriebsverfassungsrecht bleibt daher erhalten, bedarf aber einer Ergänzung aufgrund der neuen Unternehmensverfassung.

Während das bisherige System der Betriebsverfassung die Vertretung der Interessen der Kapitaleigner durch den Unternehmensvorstand vorsieht, wird das neue Unternehmensrecht den Vorstand in gleicher Weise zum Anwalt der Interessen beider Gruppen machen. Folgerichtig muß hier als Gegenpol zum Betriebsrat ein unternehmensbezogenes Gremium der Kapitaleigner gebildet werden, das im Modell als „Anleger-Rat" gekennzeichnet wird. Dieser „Anleger-Rat" vertritt die Interessen der Kapitaleigner gegenüber dem Vorstand in gleicher Weise, wie der Betriebsrat auch die Interessen der arbeitenden Unternehmensmitglieder gegenüber dem Vorstand vertritt. Das gilt auch für Betriebsvereinbarungen.

Tarifautonomie

Die Tarifautonomie bleibt im vollen Umfange erhalten, ist jedoch im Hinblick auf das neue Unternehmensrecht ebenfalls neu zu ordnen. Da die Unternehmensvorstände nach dem neuen Unternehmensrecht künftig den Faktoren Arbeit und Kapital in gleicher Weise verantwortlich sein werden, kann es nicht mehr ihre Aufgabe sein, die Kapitaleigner beim Abschluß von Tarifverträgen zu vertreten. Deshalb sind in Abänderung des Tarifvertragsgesetzes branchenbezogene Verbände der Kapitaleigner zu bilden, die aus den unternehmensbezogenen Anleger-Räten hervorgehen. Diese Anleger-Verbände sollen anstelle der bisherigen, von den Unternehmensleitungen getragenen Arbeitgeberverbände als Tarifpartei mit den Gewerkschaften die Tarifverträge aushandeln.

Die Rechtsstellung und Aufgaben der Gewerkschaften bleiben nach dem neuen Unternehmensrecht in vollem Umfange gewahrt. Gegenstand der Tarifverträge soll künftig auch die verbindliche Ausgestaltung der Mitgliedsrechte der arbeitenden Unternehmensmitglieder sein; insofern kommen auf die Gewerkschaften zusätzliche Aufgaben zu.

Zur Einbringung des unternehmerischen Fachwissens in die Tarifverhandlungen sollen die Unternehmensvorstände durch

a) eine institutionalisierte Beratung der Tarifparteien und
b) ein Tätigwerden als Schlichtungsinstand nach Vereinbarung der Tarifparteien

beteiligt werden.

Sonstige Auswirkungen

Die Kammern, Sozialversicherungsträger und sonstige Institutionen sind in der Zusammsetzung ihrer Organe an die neue Unternehmensverfassung anzupassen. Das KAB-Modell enthält hierfür konkrete Vorschläge.

Alternativen

im öffentlichen Dienst ist anstelle des neuen Unternehmensrechts die Rechtsposition der Bediensteten im Rahmen des Organisations- und Personalvertretungsrechtes weiter zu entwickeln und auszubauen (bei Eigenbetrieben der öffentlichen Hand kann das neue Unternehmensrecht allerdings angewandt werden).

In kleineren Betrieben, auf die das neue Unternehmensrecht keine Anwendung findet, sind Partnerschaftsformen zu entwikkeln und zu pflegen, die sich aus der persönlichen Zusammenarbeit oder Nähe der Arbeitnehmer zum Arbeitgeber ergeben. Schließlich sind den Arbeitnehmern aufgrund ihrer persönlichen Wahlfreiheit auch die bisherigen Arbeitsvertragsmöglichkeiten anzubieten. Das ist vor allem im Hinblick auf diejenigen Bereiche erforderlich, in denen die Arbeitnehmer in ihrem eigenen Interesse das beschäftigende Unternehmen aus struktur-, raum-, zeit- und mobilitätsbedingten Gründen oft wechseln (z. B. im Tiefbau). Ihre Rechtsstellung nach dem geltenden Arbeitsrecht bleibt auch im neuen Unternehmensrecht unberührt.

Ausblick

Die neue Unternehmensverfassung vereinigt nicht nur ordnungspolitische, volkswirtschaftliche, marktwirtschaftliche und sozialpolitische Vorteile in sich, sondern bringt auch allen beteiligten Gruppierungen hohen Nutzen. Die Arbeitnehmer werden voll in das beschäftigende Unternehmen integriert. Die Unternehmensleitungen können sich auf das Vertrauen beider Trägergruppen stützen und die Gesamtinteressen des Unternehmens besser zur Geltung bringen. Die Tarifautonomie bleibt erhalten. Die Gewerkschaften erhalten zusätzliche Gestaltungsmöglichkeiten. Den Kapitaleignern wird eine wirksamere und unmittelbarere Vertretung ihrer Interessen durch eigene Organisationen auf Unternehmens- und Tarifebene sowie ein fairer Interessenausgleich mit den arbeitenden Unternehmensmitgliedern ermöglicht.

Die KAB hofft mit ihrem Diskussionsbeitrag eine Entwicklung einzuleiten, die zu einer tragfähigen, zukunftsweisenden Unternehmensverfassung führt.

Dr. Thomas-G. Vetterlein
Verbandsbildungsreferent

Der Arbeitnehmer als Unternehmensmitglied

Diskussionsbeitrag zur Verwirklichung einer neuen Unternehmensverfassung

I. Abschnitt

Allgemeine Grundlagen

1. Vorbemerkung

1.1 Die Auseinandersetzung zwischen Arbeit und Kapital beschäftigt bereits Generationen. Sie war bislang geprägt von einer überkommenen Vorherrschaft des Sachbesitzes, der andere gegen Entgelt zur Verrichtung von Arbeitsleistung in Pflicht nimmt.

In den wirtschaftlichen Unternehmungen hat der materielle Einsatz von Kapital Entscheidungsvorrang vor dem Einsatz der persönlichen Arbeitskraft. Dieser Skandal hat in der Welt unterschiedliche Folgen, aber noch keine befriedigenden Lösungen hervorgerufen. Sowohl der Ersatz des Privatkapitalismus durch den Staatskapitalismus, vor allem in den kommunistisch regierten Ländern, als auch die Ausbeutung der besitzlosen Arbeitnehmer, insbesondere in vielen lateinamerikanischen Staaten, belegen diesen Mißstand besonders eindrucksvoll.

1.2 In der Bundesrepublik Deutschland ist immer wieder versucht worden, das Spannungsverhältnis zwischen Arbeit und Kapital zu überbrücken. Dies hat zwar die unmittelbare Herausforderung zumindest teilweise entschärft, jedoch das Übel nicht an der Wurzel greifen können. Denn noch heute geht unsere Wirtschaftsordnung davon aus, daß dem Kapital die letzte Entscheidungskompetenz in den Unternehmen zukommt. Arbeits- und Sozialrecht, Tarifautonomie, Betriebsverfassung und die Mitbestimmung der Arbeitnehmer im Unternehmen haben hier zwar Erleichterungen gebracht, den Vorranganspruch des Kapitals aber nicht beseitigen können.

1.3 Hier liegt eine Aufgabe, die sowohl von den Regierungsparteien wie auch von der Opposition gesehen wird, deren Lösung aber auch noch bei der Verabschiedung des Mitbestimmungsgesetzes von 1976 übereinstimmend einer ungewissen Zukunft überlassen wurde.

Die Verwirklichung eines solchen Unternehmensrechtes auf der Grundlage der Partnerschaft und Parität sowie mit dem Ziel, den Arbeitnehmer als Mitglied des Unternehmensverbandes in das Unternehmen zu integrieren, ist für die CDU aber als Forderung ihres Hamburger Parteitages von 1973 verpflichtend. Die Bundesregierung hat im Zusammenhang mit der Einbringung und Verabschiedung des Mitbestimmungsgesetzes von 1976 ebenfalls eine generelle Neugestaltung des Unternehmensrechtes unter Einschluß der Mitbestimmung angekündigt.

1.4 Hieran anknüpfend, will die KAB die Diskussion über eine neue Unternehmensverfassung vorantreiben, um dem Ziel einer Gleichberechtigung von Kapitaleignern und Arbeitnehmern im Unternehmensverband näherzukommen.

2. Begründung und Entfaltung des Grundrechts auf Mitbestimmung

2.1 Die Katholische Soziallehre hat schon frühzeitig auf das Mißverhältnis zwischen den Vorrechten der Kapitaleigner einerseits, der Abhängigkeit der Arbeitnehmer andererseits hingewiesen und ihm den Grundsatz gegenübergestellt, daß in allen gesellschaftlichen Einrichtungen der Mensch vor der Sache kommt:

„Nach dem obersten Grundsatz dieser Lehre muß der Mensch der Träger, Schöpfer und das Ziel aller gesellschaftlichen Einrichtungen sein" (Mater et Magistra, 219).

„... die Ordnung der Dinge muß der Ordnung der Personen dienstbar werden und nicht umgekehrt" (Gaudium et Spes, 26).

„Die Arbeit ist unmittelbarer Ausfluß der menschlichen Person und hat deshalb den Vorrang vor dem Vermögen, dem seiner Natur nach nur der Wert eines Mittels zukommt" (Mater et Magistra, 107).

Für die Unternehmensverfassung ergibt sich daraus die Konsequenz, daß die Rechte derjenigen, die sich durch den Einsatz von Kapital am Unternehmen beteiligen, keinesfalls höher stehen als die Rechte der Arbeitnehmer, die dem Unternehmen ihre Arbeitskraft und damit einen wesentlichen Teil ihrer Persönlichkeit zur Verfügung stellen.

Von diesen Grundsätzen ausgehend, fordert die KAB sowohl in ihrem Grundsatz- als auch in ihrem Aktionsprogramm die konsequente Ausgestaltung des Mitbestimmungsgedankens durch eine partnerschaftliche Unternehmensverfassung, welche die Arbeitnehmer als gleichberechtigte Mitglieder in den Unternehmensverband integriert.

Wir sehen die Mitbestimmung des Arbeitnehmers als Ausdruck der Teilhabe am betrieblichen und unternehmerischen Geschehen, aber auch als einen Grundsatz unserer Verfassung.

2.2 Die unantastbare Würde des Menschen (Art. 1 Abs. 1 GG) und die freie Entfaltung seiner Persönlichkeit (Art. 2 Abs. 1 GG) sind in Verbindung mit dem Rechts- und Sozialstaatsprinzip (Art. 20 Abs. 1, Art. 28 Abs. 1 GG) die wichtigsten verfassungsmäßigen Garantien einer freiheitlichen Sozialordnung (vgl. Bericht der Sozialenquete-Kommission von 1967, Ziff. 112, S. 53).

2.3 Mitbestimmung ist der vom Grundsatz der Selbstbestimmung und der Freiheit der Person gebotene Ausgleich der Fremdbestimmtheit des Arbeitnehmers im Unternehmen (vgl. Teil IV Ziff. 21 Abs. 2 des Mitbestimmungsgutachtens vom Januar 1970 – BT-Drucksache VI/334 S. 65 –).

2.4 Der Mitbestimmungsanspruch ist somit ein aus dem Schutz der Menschenwürde und der freien Persönlichkeitsentfaltung im Arbeitsvollzug abgeleitetes Grundrecht (vgl. auch Teil II Ziff. 7 Abs. 1 und Teil IV Ziff. 21 Abs. 3 des Mitbestimmungsgutachtens a.a.O., S. 18 und 65).

2.5 Das personenbezogene Grundrecht auf Mitbestimmung der Arbeitnehmer als Ausdruck der Personenbezogenheit des Arbeitseinsatzes steht sozialethisch höher als das Eigentumsrecht (Art. 14 GG), das sich inhaltlich auf den Einsatz von Sachen (Kapital) erstreckt. Denn der Mensch ist wichtiger als die Sache (vgl. auch unten Ziff. 5.1).

Dieser Vorrang und der besondere Eigenwert der Arbeit werden z. B. in der nordrhein-westfälischen Landesverfassung eindrucksvoll verdeutlicht: Artikel 24 Absatz 1 Satz d. LVerfNRW (Vorrang des Schutzes der Arbeitskraft vor dem Schutz materiellen Besitzes), Art. 24 Abs. 1 Satz 3 LVerfNRW (Recht auf Arbeit für jedermann) und Art. 26 LVerfNRW (Recht der Arbeitnehmer auf gleichberechtigte Mitbestimmung bei der Gestaltung der wirtschaftlichen und sozialen Ordnung).

3. Mitbestimmung durch Gleichberechtigung

Der sozialethische Vorrang des Grundrechts auf Mitbestimmung des Arbeitnehmers vor den aus dem Eigentumsrecht abgeleiteten Befugnissen der Kapitaleigner erfordert die Verwirklichung der gleichberechtigten Partnerschaft zwischen Arbeitnehmern und Kapitaleignern mit allen sich daraus ergebenden Änderungen des geltenden Unternehmensrechtes.

3.1 Gleichberechtigung ist die Voraussetzung für Partnerschaft. Sie ist die entscheidende Alternative, wo immer das Übergewicht einer Seite die andere Seite in ihre Abhängigkeit zwingt. Dabei dient der ideelle Akzent der Partnerschaft der Fortentwicklung formeller Gleichberechtigung zur welchselseitigen menschlichen Anerkennung und Begegnung, die für die Verwirklichung personenbezogener Grundrechte unentbehrlich ist.

3.2 Das muß auch für das personenbezogene Grundrecht der Arbeitnehmer auf Mitbestimmung gelten, läßt sich aber ohne durchgreifende Änderung unseres derzeitigen Gesellschaftsrechtes nicht verwirklichen. Denn das geltende Gesellschaftsrecht nimmt im Ergebnis den Arbeitnehmer doch nur als Produktionsmittel für das Kapital in Pflicht und macht daher schon vom Ansatz her die Verwirklichung der gleichberechtigten Partnerschaft unmöglich.

4. Gleichberechtigung bedingt Mitgliedschaft

Die so verstandene Partnerschaft zwischen Arbeitnehmern und Kapitaleignern erfordert das Recht des Arbeitnehmers auf Eingliederung als gleichberechtigtes Mitglied in das Unternehmen als Sozialverband.

4.1 Partnerschaft ohne Mitgliedschaft des Arbeitnehmers im Unternehmen ist kein überzeugender Weg. Mitbestimmung und Gewinnbeteiligung machen den Arbeitnehmer heute schon bereits in dem Umfange zum Teilhaber, wie sie ihn durch Übertragung von Verfügungsbefugnissen aus der Abhängigkeit von den Kapitaleignern lösen. Deshalb entspricht es nur konsequenter Fortentwicklung ernstgemeinter Partnerschaft, wenn die durch sie legitimierten Teilhabeansprüche auch rechtlich als das anerkannt werden, was sie tatsächlich sind: nämlich als Mitgliedschaft im Unternehmensverband.

4.2 Ernstgemeinte Partnerschaft kann sich aber nicht mit der Abtretung von eigentumsrechtlich begründeten Entscheidungsbefugnissen an die Arbeitnehmer begnügen, sondern muß die gegenseitigen Rechtspositionen unter Berücksichtigung ihres sozialethischen Stellenwertes partnerschaftlich insgesamt neu ordnen. Das führt zu einer Mitgliedschaft des Arbeitnehmers im Unternehmensverband, die ihn zum Inhaber einer nicht vom Kapital her bestimmten, sondern zum Inhaber einer allein vom eigenen personalen Einsatz begründeten Rechtsposition macht.

4.3 Hier ist zu berücksichtigen, daß schon das heutige Gesellschaftsrecht gem. § 706 Abs. 3 BGB auch die Leistung von Diensten als Beitrag eines Gesellschafters anerkennt. Dieser Gedanke des Gesetzgebers bedarf seiner Fortentwicklung bis hin zu der aus Arbeitsleistung als solcher begründeten Mitgliedschaft im Unternehmen, ohne allerdings diese gleich wieder im herkömmlichen Verfahren durch eine Bewertung zu kapitalisieren und damit wieder in die Abhängigkeit vom Marktwert der Arbeit zu bringen.

5. Gleichberechtigte Mitgliedschaft bedingt Parität

Partnerschaft im Sinne gleichberechtigter Mitgliedschaft von Kapitaleignern und Arbeitnehmern im Unternehmen ist nur auf der Basis der Parität zu verwirklichen.

5.1 Dieses Maß der partnerschaftlichen Befugnisse der arbeitenden Unternehmensmitglieder beeinträchtigt nach unserer Konzeption die nach Art. 14 GG geschützten Eigentumsrechte der Kapitaleigner nicht. Diese werden lediglich den aus Art. 1 und 2 GG folgenden Grundrechten der Menschen im Arbeitsvollzug angepaßt und entsprechen damit auch § 903 BGB, wonach das Eigentum seine Schranken im Gesetz und in den Rechten anderer findet. „Es ist jedoch selbstverständlich, daß jede gesetzliche Inhalts- und Schrankenbestimmung" (des Eigentums) „sowohl die grundlegende Wertentscheidung des Grundgesetzes zugunsten des Privateigentums im herkömmlichen Sinne zu beachten hat als auch mit allen übrigen Verfassungsnormen in Einklang stehen muß, also insbesondere dem Gleichheitssatz, dem Grundrecht auf freie Entfaltung der Persönlichkeit und den Prinzipien der Rechts- und Sozialstaatlichkeit" (vgl. BVerfG, Urteil v. 7. 8. 1962 — BVerfGE 14/263, 277, 278).

5.2 Hinzu kommt, daß in vielen Fällen die Eigentumsbeziehungen in unseren Unternehmungen, nicht zuletzt durch Schachtelbeteiligungen, anonym geworden sind. In dieser zunehmenden Unüberschaubarkeit der Betriebe und Unternehmen und bei der wachsenden Anonymität der Kapitaleigner muß daher ernstgemeinte Partnerschaft erst recht zur paritätischen Aufgliederung der Mitgliedsbefugnisse beider Gruppen führen.

5.3 Folgende Überlegungen sprechen dafür, daß die gleichberechtigte Mitgliedschaft und die paritätische Mitbestimmung der Arbeitnehmer im Unternehmensverband auch ökonomisch sinnvoll und vertretbar erscheinen:

Kapital und Arbeit bringen in ihrem Zusammenwirken das Unternehmensergebnis hervor. Deshalb sollen auch beide Trägergruppen, die ihre Leistung im Unternehmen einbringen, gleichberechtigt über die Ziele des Sozialgebildes Unternehmen bestimmen. Die gleichberechtigte Mitgliedschaft der Arbeitnehmer trägt mehr als die jetzige Regelung dazu bei, daß diese Trägergruppe in Wahrnehmung ihrer spezifischen Interessen als Arbeitnehmer auch an den übergreifenden Zielen des Gesamtunternehmens, an seinem Bestand und an seiner Entwicklung, interessiert wird.

Unternehmen, in denen nur die Anteilseigner über die Unternehmensziele bestimmen, neigen aus Rentabilitätsinteressen tendenziell dazu, nur diejenigen Investitionsentscheidungen zu treffen, die den Gewinnanteil pro Anteilseigner erhöhen. Daraus ergibt sich die Gefahr, daß diejenigen Investitionen, die in ihrer Wirkung unterhalb der bisherigen Gewinnspanne pro Anteilseigner liegen, selbst dann unterbleiben, wenn sie für den Bestand und die Entwicklung des Gesamtunternehmens betriebswirtschaftlich positive Ergebnisse bringen würden. Analog dazu läßt sich bei den Unternehmen, deren Ziele durch Arbeiterselbstverwaltung bestimmt werden, eine Tendenz zur Unterbeschäftigung feststellen. Hier besteht die Gefahr, daß eintrittswillige neue Mitarbeiter nur dann eingestellt werden, wenn sie neben ihrem vertragsbestimmten Lohn zusätzlich mindestens noch den bisher erzielten durchschnittlichen Gewinnanteil pro Mitarbeiter erwirtschaften können. Sofern diese Voraussetzung nicht gegeben ist, unterbleiben Einstellungen neuer Mitarbeiter selbst dann, wenn sie für den Bestand und die Entwicklung des Unternehmens ökonomisch sinnvoll erscheinen. Nur durch gleichberechtigte Mitgliedschaft und paritätische Entscheidungsrechte der Arbeitnehmer im Unternehmen — auch über die Investitionen — lassen sich die dargestellten negativen Effekte einseitiger Zielbestimmung im Unternehmen gegenseitig ausgleichen. Durch die Entkoppelung der Unternehmensleitung von der einseitigen Interessenvertretung wird sie künftig beiden Gruppen gegenüber die unternehmerischen Notwendigkeiten vorrangig im Gesamtinteresse des Unternehmens vertreten können. Im gleichberechtigten Zusammenwirken zwischen Anteilseignern und arbeitenden Unternehmensmitgliedern ist nicht nur ein fairer Ausgleich zwischen den Interessen der Trägergruppen zu erwarten, sondern es werden auch Unternehmensentscheidungen gefördert, die den übergreifenden Unternehmensinteressen, dem Bestand und der Entwicklung des Unternehmens auf lange Sicht insgesamt gerecht zu werden vermögen.

6. Alternativen zur Mitgliedschaft

6.1 Öffentlicher Dienst

6.1.1 Für die Eigenbetriebe der öffentlichen Hand ist das neue Unternehmensrecht entsprechend anzuwenden.

6.1.2 Für den Bereich des übrigen öffentlichen Dienstes, insbesondere der Hoheitsverwaltung, kann das neue Unternehmensrecht keine Anwendung finden. Hier gilt es, im Rahmen des Organisations- und des Personalvertretungsrechts geeignete Formen zur Verbesserung der Rechtsposition der Bediensteten weiterzuentwickeln.

6.2 Kleinere Betriebe

Anstelle des nachfolgend aufgezeigten Unternehmensrechtes ist die Rechtsstellung der Arbeitnehmer in kleineren Betrieben, in denen sich durch persönliche Zusammenarbeit oder Nähe zum Arbeitgeber Mitbestimmungsmöglichkeiten ergeben, die als solche schon zur uneingeschränkten Partnerschaft führen können, zur Verwirklichung dieser Möglichkeiten weiterzuentwickeln. Gedacht ist hier insbesondere an Handwerksbetriebe und sonstige kleinere Dienstleistungsunternehmen, Handelsgeschäfte und Produktionsstätten, in denen der Eigentümer bzw. wenigstens ein wesentlicher Miteigentümer unmittelbar mit einer überschaubaren Zahl von Arbeitnehmern zusammenarbeitet und gemeinsam der Arbeitseinsatz festgelegt wird.

6.3 Wahlmöglichkeiten
Die persönliche Entscheidungsfreiheit des Arbeitnehmers bei der Auswahl des Arbeitsplatzes (Art. 12 GG) macht es erforderlich, ihm neben der Mitgliedschaft im Unternehmensverband auch die bisherigen Arbeitsvertragsmöglichkeiten anzubieten. Das muß vor allem im Hinblick auf diejenigen Bereiche geschehen, in denen die Arbeitnehmer in ihrem eigenen Interesse das beschäftigende Unternehmen aus strukstur- und raumbedingten Gründen oft wechseln (z. B. im Tiefbau). Dabei können Mitbestimmungsrechte auf Unternehmensebene aber nur den arbeitenden Mitgliedern des Unternehmensverbandes für die Arbeitnehmerseite zugestanden werden. Im übrigen bleibt die bisherige Rechtsstellung der Arbeitnehmer mit Arbeitsvertrag auch im neuen Unternehmensrecht unberührt.

II. Abschnitt

Das neue Unternehmensrecht

7. Unternehmens-verfassung

7.1 Bildung der Unternehmensorgane

7.1.1 Alle Unternehmen mit Ausnahme der oben genannten bilden ein Basisorgan (Hauptversammlung), ein Aufsichtsorgan (Aufsichtsrat) und ein Leitungsorgan (Vorstand).

7.1.2 Das Basisorgan des Unternehmens wie auch das Aufsichtsorgan muß gleichgewichtig aus Vertretern der arbeitenden Mitglieder und der Kapitaleigner bestehen, die jeweils von ihrer Gruppe gewählt werden.

7.1.3 Das Basisorgan sollte je nach Unternehmensgröße bis zu 300 Vertreter der beiden Seiten und das Aufsichtsorgan bis zu 20 Vertreter beider Seiten umfassen. Der Vorstand sollte aus mindestens 3 und höchstens 9 Mitgliedern bestehen.

7.1.4 Bei der Wahl der Gruppenvertreter sind die arbeitenden Unternehmensmitglieder nach Köpfen und die Kapitaleigner der Höhe ihrer Beteiligung entsprechend wahlberechtigt.

7.1.5 Die Mehrheit der Gruppenvertreter der arbeitenden Mitglieder im Aufsichtsorgan des Unternehmens (auf volle Sitze abgerundet) müssen selbst dem Unternehmensverband als Mitglieder angehören. Im übrigen ist Vertretung zulässig.

7.1.6 Das Aufsichtsorgan des Unternehmens wählt eine stets ungerade Zahl von Vorstandsmitgliedern, die als solche für die Dauer ihrer Amtszeit Unternehmensmitglieder werden.

7.1.7 Die Beteiligungsrechte der Vorstandsmitglieder bestehen in ihrem Stimmrecht gem. Ziff. 7.2.1; weitere Beteiligungsrechte aus Arbeit oder Kapitalbeteiligung – unbeschadet der reinen Bezugsrechte – stehen ihnen nicht zu. Ihre übrigen Rechte und Pflichten ergeben sich aus dem zwischen ihnen und dem Aufsichtsorgan ausgehandelten Mitgliedsvertrag, soweit nicht gesetzlich etwas anderes bestimmt ist.

7.2 Pattauflösung

7.2.1 Die gewählten Vorstandsmitglieder erhalten mit Ausnahme von Entscheidungen, die die persönlichen Belange oder die Wahl eines Vorstandsmitgliedes betreffen, Stimmrecht sowohl im Basisorgan als auch im Aufsichtsorgan.

7.2.2 Kommt es bei Entscheidungen, die die persönlichen Belange oder die Wahl eines Vorstandsmitgliedes betreffen, zur Stimmengleichheit und läßt sich trotz intensiver Vermittlungsbemühungen keine Einigung erzielen, so ist die Einigung durch den Spruch einer Einigungsstelle zu ersetzen.

7.3 Rechte und Pflichten der arbeitenden Unternehmensmitglieder

7.3.1 Die Rechte und Pflichten der arbeitenden Unternehmensmitglieder werden aus dem geltenden Arbeitsrecht in den Mitgliedsstatus übernommen sowie durch einen Mitgliedschaftsvertrag ausgestaltet. Die Fürsorgepflicht des Arbeitgebers ist durch die spezifische Verantwortung des Unternehmens, als juristische Person vertreten durch den Vorstand, seinen arbeitenden Mitgliedern gegenüber zu ersetzen.

7.3.2 Diese besondere Rechtsstellung ist als Ausgleich für den dem Eigentum gegenüber sozialethisch höherwertigen personalen Einsatz gerechtfertigt, soweit sie nicht schon zur Vermeidung von Gesundheitsschäden, zum Schutz vor sozialen Risiken und zur Sicherung eines menschenwürdigen Arbeitsvollzuges geboten ist.

7.3.3 Die Rechte und Pflichten aus dem Mitgliedsvertrag werden inhaltlich durch gesetzliche Bestimmungen, Tarifverträge und Betriebsvereinbarungen konkretisiert.

7.4 Wechselseitige Mitgliedschaft

Die arbeitenden Unternehmensmitglieder können durch Kapitaleinlagen Beteiligungsrechte erwerben, ebenso wie die Kapitaleigner durch Mitarbeit Mitgliedsrechte erwerben können.

7.5 Wechsel des Arbeitsplatzes

7.5.1 Arbeitenden Unternehmensmitgliedern muß ein Arbeitsplatzwechsel ohne Rechtsverluste ermöglicht werden.

7.6 Gesellschaftsrechtliche Konsequenzen

7.6.1 Die bisher als Unternehmen eines Einzelhandelskaufmannes betriebenen Firmen sind in eine Gesellschaft umzuwandeln, soweit es sich nicht um einen Betrieb im Sinne von Ziff. 6.2 handelt.

7.6.2 Die Gesellschaft nach dem BGB sowie die offene Handelsgesellschaft (OHG) und die Kommanditgesellschaft (KG) sind, namentlich was die Haftungsbestimmungen angeht, an die neue Unternehmensverfassung anzupassen. Denn sonst würden die arbeitenden Unternehmensmitglieder in eine unbeschränkte Kapitalhaftung gegenüber den Gesellschaftsgläubigern einbezogen, die ihrer auf dem personalen Arbeitseinsatz beruhenden Mitgliedsposition nicht entspricht. Es ist ausdrücklich festzulegen, daß die arbeitenden Unternehmensmitglieder aus ihrer Mitgliedschaft nicht zu Nachschüssen herangezogen werden.

7.6.3 Die bisherigen Unternehmensorgane sind gegen die oben beschriebenen Organe der neuen Unternehmensverfassung auszutauschen, behalten im übrigen aber ihre Zuständigkeiten, soweit sich aus dem neuen Unternehmensrecht nichts anderes ergibt. Den Gesellschaften ist die Möglichkeit einzuräumen, das Unternehmen auch weiterhin im Rahmen der Vertragsfreiheit den neuen Gegebenheiten anzupassen. Im übrigen ist insbesondere für die Dienstleistungsbetriebe ein Gesellschaftstyp vorzuhalten, der auch bei geringem Eigenkapital realisiert werden kann.

7.7 Gewinnbeteiligung

Sofern Formen der Gewinnbeteiligung vereinbart werden, ist folgendes Verfahren anzuwenden:

7.7.1 Vor Ermittlung des Gewinns des Unternehmens sind neben den sonst üblichen Bilanzfaktoren die Arbeitsentgelte der arbeitenden Unternehmensmitglieder einschließlich Nebenleistungen als Personalkosten in der Gewinn- und Verlustrechnung auszuweisen. Das gilt auch hinsichtlich der Entgelte der Vorstandsmitglieder.
7.7.2 Von dem dann ermittelten Gewinn ist den Kapitaleignern vorab der bankübliche Satz für Habenzinsen bei langfristigen Einlagen zuzuweisen.

7.7.3 Vorstand und Aufsichtsrat machen der Hauptversammlung einen gemeinsamen Vorschlag über die Verteilung des verbleibenden Gewinns. Die Hauptversammlung beschließt darüber mit qualifizierter Mehrheit. Die beschlossene Gewinnverteilungsquote kann aufgeschlüsselt werden nach

a) Barausschüttung
b) Ausgabe von Beteiligungsrechten an den (für Investitionen) einbehaltenen Gewinnanteilen (Zuweisung entsprechender Gesellschaftsanteile) und
c) Darlehenstiteln

8. Betriebsverfassung

8.1 Durch die Mitgliedschaft im Unternehmen ändert sich die Einordnung des Arbeitnehmers in die Betriebsorganisation grundsätzlich nicht. Das Betriebsverfassungsrecht muß daher nicht nur für die Arbeitnehmer mit Arbeitsvertrag, sondern auch für die arbeitenden Unternehmensmitglieder erhalten bleiben, bedarf aber einer Ergänzung aufgrund der neuen Unternehmensverfassung.

8.2 Während das bisherige System der Betriebsverfassung die Vertretung der Interessen der Kapitaleigner durch den Unternehmensvorstand vorsieht, wird das neue Unternehmensrecht den Vorstand in gleicher Weise zum Anwalt der Interessen beider Gruppen machen. Folgerichtig muß hier als Gegenpol zum Betriebsrat ein unternehmensbezogenes Gremium der Kapitaleigner gebildet werden, das wir „Anleger-Rat“ nennen.

8.3 Der „Anleger-Rat“ vertritt die Interessen der Kapitaleigner gegenüber dem Vorstand in gleicher Weise, wie der Betriebsrat auch die Interessen der arbeitenden Unternehmensmitglieder gegenüber dem Vorstand vertritt. Das gilt auch für Betriebsvereinbarungen.

8.3.1 Der Anleger-Rat ist auch seinerseits neben Vorstand und Betriebsrat berechtigt, in den gesetzlich noch näher zu bestimmenden Fällen die Entscheidung der Einigungsstelle herbeizuführen.

8.4 Der Einigungsstelle sollte je ein Vertreter der beiden Seiten und je ein von diesen Seiten benanntes Vorstandsmitglied aus dem eigenen oder aus einem Unternehmen der gleichen Branche angehören.

9. Tarifautonomie

9.1 Das bisherige System der Tarifautonomie ist im Hinblick auf das neue Unternehmensrecht ebenfalls neu zu ordnen.

9.1.1 Das hier vorgeschlagene neue Unternehmensrecht macht die Unternehmensleitungen zu Unternehmensvorständen, die den Faktoren Arbeit und Kapital in gleicher Weise verantwortlich sind. Es ist deshalb nicht mehr ihre Aufgabe, bei Abschluß von Tarifverträgen mit den Gewerkschaften den Interessenausgleich als Vertreter der Kapitaleigner herbeizuführen.

9.1.2 Deshalb sind in Abänderung des Tarifvertragsgesetzes branchenbezogene Verbände der Kapitaleigner zu bilden, die anstelle der bisherigen, von den Unternehmensleitungen getragenen Arbeitgeberverbände als Tarifpartei mit den Gewerkschaften die Tarifverträge aushandeln. Bei Firmentarifen ist der Anleger-Rat die Tarif-Partei der Kapitaleigner. Die branchenbezogenen Anleger-Verbände werden aus den unternehmensbezogenen Anleger-Räten gebildet.

9.2 Zur Einbringung des unternehmerischen Fachwissens ist die Beteiligung von Vertretern der Unternehmensvorstände jedoch unentbehrlich.
Diese Beteiligung wird erreicht durch

a) eine institutionalisierte Beratung der Tarifparteien und

b) ein Tätigwerden als Schlichtungsinstanz nach Vereinbarung der Tarifparteien.

9.3 Gegenstand von Tarifverträgen ist neben der bisherigen Gestaltung der Arbeitsverhältnisse der Arbeitnehmer, die nicht Mitglieder des Unternehmens werden, auch die verbindliche Ausgestaltung der Mitgliedsrechte der arbeitenden Mitglieder.

III. Abschnitt

Auswirkungen des neuen Unternehmensrechtes auf Kammern, Sozialversicherungen und sonstige Institutionen

10. Kammern

10.1 Die Industrie- und Handelskammern, die Handwerkskammern und die Landwirtschaftskammern sind Selbstverwaltungskörperschaften des öffentlichen Rechts zur Vertretung der Interessen der gewerblichen Wirtschaft, des Handwerks und der Land- und Forstwirtschaft, denen gleichzeitig die Überwachung der beruflichen Bildung und das dazu gehörende Prüfungswesen für ihren Bereich als öffentlich-rechtliche Aufgabe übertragen ist.

10.2 Wahlberechtigt zu den Kammern sind die jeweiligen Betriebe der zugeordneten Gewerbezweige; sie wählen das Basisorgan der Kammer (vgl. § 2 d. G. zur vorl. Regelung d. Rechts der IHK § 96 HandwO; § 5 des LandwKammerG-NRW). Dabei besteht die Mehrheit der Mitglieder der Basisorgane aus Vertretern der Unternehmensleitungen (§ 5 Abs. 2 d. vorl. IHK-G; § 93 HandwO. Das gilt auch für die Landwirtschaftskammern, obgleich hier auch die ständig in der Landwirtschaft tätigen Arbeitnehmer wahlberechtigt sind (§§ 5 Abs. 1, 4 Abs. 2 LandKammerG NRW). In den Berufsausbildungsausschüssen sind Vertreter der Arbeitgeber und Arbeitnehmer gleich stark vertreten (§§ 50 Abs. 1, 54 Abs. 1, 56 Abs. 1 BerBildG, § 43 Abs. 1 HandwO).

10.3 Die Vertreter der Unternehmensleitungen bzw. der Arbeitgeber nehmen nach geltendem Recht wiederum die Interessen der Kapitaleigner wahr. Dieser Umstand hat bereits in einigen Bundesländern zur Errichtung von Arbeitskammern als Gegengewicht für die Arbeitnehmerseite geführt, während von gewerkschaftlicher Seite die paritätische Besetzung der Kammerorgane gefordert wird.

10.4 Das neue Unternehmensrecht wird bereits über die paritätische Legitimation der Unternehmensvorstände den Ausgleich zwischen den Faktoren Arbeit und Kapital auch bei den Kammern bringen. Daher könnte künftig die Kammer mit den Arbeitskammern verschmolzen werden, ohne daß einer der tragenden Faktoren benachteiligt würde.

10.5 Um einen angemessenen Interessenausgleich zu bekommen, empfiehlt es sich, die Basisorgane der Kammern künftig zur Hälfte mit Vertretern der unter das neue Unternehmensrecht fallenden Unternehmen und je zu einem Viertel mit Vertretern der Kapitaleigner und der nicht unter das neue Unternehmensrecht fallenden Unternehmen von Ziff. 6.2 einerseits sowie der Gewerkschaften andererseits zu besetzen. Bei den Berufsbildungsausschüssen bietet sich eine entsprechende Aufteilung der bisher Arbeitgeber- und Arbeitnehmervertretern zugeteilten Sitze an.

11. Sozialversicherung

In den Vertreterversammlungen der Sozialversicherungsträger wirken Vertreter der Versicherten und ihrer Arbeitgeber zusammen (§ 2 des Selbstverwaltungsgesetzes). Künftig werden anstelle dieser beiden Gruppen deren Sitze im Verhältnis 3 : 3 : 3 auf die Vertreter der Kapitaleigner und der unter Ziff. 6.2 fallenden Unternehmen neben den Vertretern der Versicherten (Arbeitnehmer) sowie den Vertretern der unter das neue Unternehmensrecht fallenden Unternehmen aufzuteilen sein.

12. Bundesanstalt für Arbeit

Für den Verwaltungsrat der Bundesanstalt für Arbeit, der gem. § 192 Abs. 1 AFG zu je einem Drittel aus Vertretern der Arbeitnehmer, der Arbeitgeber und der öffentlichen Körperschaften zusammengesetzt ist, ergibt sich aus dem neuen Unternehmensrecht ebenfalls eine Änderung, die einerseits die Vertreter der Kapitaleigner und der unter Ziff. 6.2 fallenden Unternehmen und andererseits die Arbeitnehmervertreter sowie zum Dritten die Vertreter der unter das neue Unternehmensrecht fallenden Unternehmen und zum Vierten die Vertreter der öffentlichen Körperschaften gleichberechtigt berücksichtigen sollte.

13. Sonstige Institutionen

Auch die Besetzung der Verwaltungsräte und ähnlicher Gremien sonstiger Institutionen ist in vorstehendem Sinne dem neuen Unternehmensrecht anzupassen (z. B. die Verwaltungsräte der Bundesbahn und der Bundespost — § 10 Abs. 2 BuBahnG; § 5 Abs. 2 PostVerwG).

Anhang:

Gründe, die für das neue Unternehmensrecht sprechen

1. Allgemeine Vorteile

1.1 Abbau von Klassengegensätzen durch Partnerschaft als gesellschaftspolitischer Vorteil.

1.2 Entschärfung des Verteilungskampfes durch gesicherte Teilhabe als sozialpolitischer Vorteil.

1.3 Befreiung des Managementes aus der einseitigen Abhängigkeit vom Kapital auf allen Ebenen als volkswirtschaftlicher Vorteil.

1.4 Zunehmende Transparenz wirtschaftlicher Machtkonzentrationen und die Verhütung ihres politischen Mißbrauchs durch Teilhabe der Arbeitnehmer an den unternehmerischen Planungs- und Entscheidungskompetenzen als ordnungspolitischer Vorteil.

1.5 Stärkung des Wettbewerbs durch gleichgewichtige gegenseitige Kontrolle der Faktoren Arbeit und Kapital auf Unternehmensebene in ihrer Doppelfunktion als Produzent und Verbraucher als marktwirtschaftlicher Vorteil.

1.6 Verbesserung der Mobilität der Berufstätigen durch Besitzstandswahrung bei Arbeitsplatzwechsel als arbeitsmarktpolitischer Vorteil.

2. Vorteile für einzelne Gruppierungen

2.1 Die Stellung der Arbeitnehmer

2.1.1 Hier erschließt das Wahlrecht zwischen Mitgliedschaft und Arbeitsverhältnis dem Arbeitnehmer einen zusätzlichen Freiheitsspielraum.

2.1.2 Die Rechtsstellung der Arbeitnehmer, die arbeitende Mitglieder des Unternehmensverbandes werden, bleibt ohne Einbuße hinsichtlich des arbeitsrechtlichen Besitzstandes, ist aber als Mitgliedschaft mit zusätzlicher Gewinnbeteiligung partnerschaftlich ausgestaltet. Dadurch wird nicht nur die noch immer unerreichte volle Parität zwischen Arbeit und Kapital verwirklicht. Es wird vielmehr insbesondere auch durch die unmittelbare Wahl der Gruppenvertreter der notwendige Ausgleich der Fremdbestimmtheit des Arbeitnehmers durch zusätzliche Möglichkeiten der Selbstbestimmung im Arbeitsvollzug bewirkt.

2.1.3 Die Rechte der Arbeitnehmer, die nicht arbeitende Mitglieder eines Unternehmensverbandes werden, werden in das neue Unternehmensrecht übergeleitet. Dabei bleiben ihre Rechte und Interessenvertretungen auf Tarifvertragsebene und auf Betriebsebene unberührt. Nur auf Unternehmensebene werden ihre Belange künftig nicht mehr von ihnen unmittelbar mitbestimmt, sondern von den Vertretern der arbeitenden Unternehmensmitglieder. Sie profitieren aber in der allgemeinen Solidarität der Arbeitenden aus der verstärkten Position der arbeitenden Unternehmensmitglieder.

2.2 Die Stellung der Kapitaleigner

2.2.1 Sowohl auf Unternehmens-, Betriebs- und Tarifvertragsebene erhalten die Kapitaleigner eigene Interessenvertretungen. Das gleiche gilt bei den Kammern und den sonstigen bisher mit Arbeitgebervertretern beschickten Institutionen.

2.2.2 Dadurch können die Kapitaleigner ihre besonderen Ziele und Interessen künftig deutlicher machen, weil sie nicht erst durch den unternehmerischen Filter der Unternehmensvorstände bzw. der Arbeitgeberverbände gehen. Daraus ergibt sich mittelbar wiederum eine erhebliche Verbesserung für die notwendige Pflege der Anlagebereitschaft.

2.2.3 Auch wird den Kapitaleignern als Voraus eine Verzinsung ihrer Einlagen in Höhe der banküblichen Habenzinsen für langfristige Einlagen zufließen.

2.3 Die Stellung des Managements

2.3.1 Die Legitimation der Vorstandsmitglieder in gleicher Weise durch Arbeit und Kapital wird die Verbesserung der unternehmerischen Arbeit zur Folge haben. Durch die Entbindung des Managementes von der einseitigen Interessenvertretung wird es künftig beiden Gruppen gegenüber die unternehmerischen Notwendigkeiten allein unter Sachgesichtspunkten vertreten können.

2.3.2 Auf Unternehmensebene wird es darüber hinaus bei Sachfragen zur Pattauflösung im Sinne der unternehmerischen Notwendigkeiten beitragen können.

2.3.3 Auch auf Tarifvertragsebene werden die Vertreter der Unternehmensvorstände die unternehmerischen Aspekte nachhaltig in die Tarifauseinandersetzungen bis hin zur Schlichtungsinstanz einbringen können.

8.4 Die Stellung der Gewerkschaften

2.4.1 Im neuen Unternehmensrecht kommt im Einklang mit Art. 9 Abs. 3 GG auf die Gewerkschaften eine zusätzliche Aufgabe zu. Sie werden künftig als berufene Interessenvertretung sowohl den Arbeitnehmern mit Arbeitsvertrag als auch den arbeitenden Unternehmensmitgliedern auf allen Ebenen zur Seite stehen.

2.4.2 Als Tarifpartei werden die Gewerkschaften künftig bei Abschluß von Tarifverträgen auch Mitgliedsrechte der arbeitenden Unternehmensmitglieder gestalten können.

2.4.2 Im übrigen bleibt der Besitzstand der Gewerkschaften sowohl auf Unternehmens-, Betriebs- und Tarifvertragsebene ungeschmälert.

Quelle: KAB (406)

Anlage 5.7

Wissenschaftlicher Beirat
der KAB Westdeutschlands

Kommission Unternehmensrecht

Der Arbeitnehmer als Unternehmensmitglied - Diskussionsbeitrag zur Verwirklichung einer neuen Unternehmensverfassung

2. Fassung

I. Allgemeine Grundlagen:

1. Vorbemerkung

1.1 Im Verlaufe einer mühevollen Entwicklung ist es gelungen, dem Recht der Arbeitnehmer weithin Raum zu verschaffen durch Arbeitsschutz und Sozialversicherungen, Tarifautonomie, Betriebsverfassung und Mitbestimmung, Lohn- und Beschäftigungspolitik. Trotz aller Erfolge aber ist es bei einem Vorrang der Kapitaleigner geblieben, wenn es um die unternehmerischen Entscheidungen geht.

1.2 Diesem Vorrang hat Bernhard Letterhaus, der frühere Verbandssekretär der KAB Westdeutschlands, bereits vor 50 Jahren die Forderung nach einer umfassenden Mitbestimmung der Arbeitnehmer entgegengesetzt, die von Grund auf partnerschaftlich gestaltet ist. Die geltenden Mitbestimmungsgesetze entsprechen dieser Forderung nicht, weil die Unternehmen nach wie vor allein vom Kapital getragen werden und die Mitbestimmung lediglich von außen her aufgestülpt ist.

1.3 Daran anknüpfend hat der Nestor der Katholischen Soziallehre, Prof. von Nell-Breuning, bereits in den 60ziger Jahren die Grundzüge einer Unternehmensverfassung auf der Grundlage von Partnerschaft und Parität entwickelt. In den Folgejahren führten diese Gedanken zu verschiedenen Vorschlägen für eine Ausgestaltung der Mitbestimmung der Arbeitnehmer im Unternehmen. Daraus entwickelte sich die Forderung nach einem neuen Unternehmensrecht auf der Grundlage der Partnerschaft und Parität sowie mit dem Ziel, den Arbeitnehmer als Mitglied des Unternehmensverbandes in das Unternehmen zu integrieren (CDU-Parteitage Hamburg 1973 und Ludwigshafen 1978, Absichtserklärung der Bundesregierung 1976 in Zusammenhang mit der Einbringung und Verabschiedung des Mitbestimmungsgesetzes 1976). Die KAB hat bereits in ihrem Grundsatzprogramm 1972 hierzu konkrete Vorschläge unterbreitet.

1.4 Angesichts der Tatsache, daß die von anderer Seite eingesetzten Gremien nicht zuletzt aufgrund rechtstechnischer Schwierigkeiten ihren Auftrag bislang nicht erfüllen konnten, sah sich die KAB veranlaßt, an dieser schwierigen und drängenden ordnungspolitischen Aufgaben konsequent weiterzuarbeiten. Der daraufhin vom Wissenschaftlichen Beirat der KAB Westdeutschlands erarbeitete "Diskussionsbeitrag zur Verwirklichung einer neuen Unternehmensverfassung" wurde vom KAB-Bundesvorstand am 26.11.1977 freigegeben. Dies führte zu einer äußerst lebhaften Diskussion in der Öffentlichkeit und im Verband, die in der nunmehr vorliegenden zweiten Fassung ihren Niederschlag gefunden hat.

1.5 Die KAB legt in ihrem Diskussionsbeitrag besonderen Wert auf die Ausgestaltung und Konkretisierung der persönlichen Mitgliedschaft des Arbeitnehmers im Unternehmen. Sie gibt sich weder zufrieden mit einem rechtlich unbestimmten noch mit einem kollektiven Mitgliedschaftsbegriff.

1.6 Die KAB wird durch ihre Vorschläge nicht gehindert, auch andere Unternehmensrechtsmodelle ernsthaft zu prüfen und dann zu unterstützen, wenn sie in der Sache weiterführen, vor allem also den Grundsätzen von Partnerschaft und Parität auf der Grundlage einer auch rechtlich ausgestalteten Mitgliedschaft des einzelnen Arbeitnehmers im Unternehmen Rechnung tragen.

1.7 Die KAB sieht sich in ihrer Auffassung durch das Urteil des BVerfG vom 1.3.1979 ausdrücklich bestätigt. Dieses Urteil macht deutlich, daß die Grenzen verfassungsrechtlicher Mitbestimmung durch das unterparitätische Mitbestimmungsgesetz von 1976 noch nicht erreicht sind.

2. Begründung und Entfaltung des Grundrechts auf Mitbestimmung

Die Katholische Soziallehre hat schon frühzeitig auf das Mißverhältnis zwischen den Vorrechten der Kapitaleigner einerseits, der Abhängigkeit der Arbeitnehmer andererseits hingewiesen und ihm den Grundsatz gegenübergestellt, daß in allen gesellschaftlichen Einrichtungen der Mensch vor der Sache kommt. Darüber hinaus spricht sie sich für eine Unternehmensordnung aus, in der auch die im Unternehmen Beschäftigten an den Angelegenheiten des Unternehmens aktiv beteiligt sind.*)
Für die Unternehmensverfassung ergibt sich daraus die Konsequenz, daß die Rechte derjenigen, die sich durch den Einsatz von Kapital am Unternehmen beteiligen, keinesfalls höher stehen als die Rechte der Arbeitnehmer, die dem Unternehmen ihre Arbeitskraft und damit einen wesentlichen Teil ihrer Persönlichkeit zur Verfügung stellen.

Von diesen Grundsätzen ausgehend, fordert die KAB sowohl in ihrem Grundsatz- als auch in ihrem Aktionsprogramm die konsequente Ausgestaltung des Mitbestimmungsgedankens durch eine partnerschaftliche Unternehmensverfassung, welche die Arbeitnehmer als gleichberechtigte Mitglieder in den Unternehmensverband integriert.

2.1 Wir sehen die Mitbestimmung des Arbeitnehmers als Ausdruck der Teilhabe am betrieblichen und unternehmerischen Geschehen aber auch als einen Grundsatz unserer Verfassung.

2.2 Die unantastbare Würde des Menschen (Art. 1 Abs. 1 GG) und di freie Entfaltung seiner Persönlichkeit (Art. 2 Abs. 1 GG) sind in Verbindung mit dem Rechts- und Sozialstaatsprinzip (Art. 2o Abs. 1, Art. 28 Abs. 1 GG) die wichtigsten verfassungsmäßigen Garantien einer freiheitlichen Sozialordnung (vgl. Bericht der Sozialenquete-Kommission von 1967, Ziff. 11 S. 53).

2.3 Mitbestimmung ist der vom Grundsatz der Selbstbestimmung und der Freiheit der Person gebotene Ausgleich der Fremdbestimmtheit des Arbeitnehmers im Unternehmen (vgl. Teil IV Ziff. 21 Abs. 2 des Mitbestimmungsgutachtens vom Januar 197o - BT-Drucksache VI/334 S. 65-).

2.4 Der Mitbestimmungsanspruch ist somit ein aus dem Schutz der Menschenwürde und der freien Persönlichkeitsentfaltung im Arbeitsvollzug abgeleitetes Grundrecht (vgl. auch Teil II Ziff. 7 Abs. 1 und Teil IV Ziff. 21 Abs. 3 des Mitbestimmungsgutachtens a.a.O., S. 18 und 65).

2.5 Das personenbezogene Grundrecht auf Mitbestimmung der Arbeitnehmer als Ausdruck der Personenbezogenheit des Arbeitseinsatzes steht sozialethisch höher als das Eigentumsrecht (Art. 14 GG), das sich inhaltlich auf den Einsatz von Sachen (Kapital) erstreckt. Denn der Mensch ist wichtiger als die Sache (vgl. auch unten Ziff. 5.1).
Dieser Vorrang und der besondere Eigenwert der Arbeit werden z.B. in der nordrhein-westfälischen Landesverfassung eindrucksvoll verdeutlicht: Artikel 24 Absatz 1 Satz 2 LVerfNRW (Vorrang des Schutzes der Arbeitskraft vor dem Schutz materiellen Besitzes), Art. 24 Abs. 1 Satz 3 LVerfNRW (Recht auf Arbeit für jedermann) und Art. 26 LVerfNRW (Recht der Arbeitnehmer auf gleichberechtigte Mitbestimmung bei der Gestaltung der wirtschaftlichen und sozialen Ordnung).

.6 Zu berücksichtigen ist ferner, daß die Anteilseigner auf die Hilfe der Arbeitnehmer angewiesen sind, "die ebenfalls Träger des Grundrechtes aus Artikel 12 Abs.1 GG sind" (BVerfG, Urteil vom 1.3.1979, C. III.3.a)bb)) und ihrerseits der Nutzung" des Eigentumsobjekts in ihrer Freiheitssicherung und verantwortlichen Lebensgestaltung bedürfen" (BVerfG, Urteil a.a.O., C.I.3.a)).

3. Mitbestimmung durch Gleichberechtigung

Der sozialethische Vorrang des Grundrechts auf Mitbestimmung des Arbeitnehmers vor den aus dem Eigentumsrecht abgeleiteten Befugnissen der Kapitaleigner erfordert die Verwirklichung der gleichberechtigten Partnerschaft zwischen Arbeitnehmern und Kapitaleignern mit allen sich daraus ergebenden Änderungen des geltenden Unternehmensrechtes.

3.1 Gleichberechtigung ist die Voraussetzung für Partnerschaft. Sie ist die entscheidende Alternative, wo immer das Übergewicht einer Seite die andere Seite in ihre Abhängigkeit zwingt. Dabei dient der ideelle Akzent der Partnerschaft der Fortentwicklung formeller Gleichberechtigung zur wechselseitigen menschlichen Anerkennung und Begegnung, die für die Verwirklichung personenbezogener Grundrechte unentbehrlich ist.

3.2 Das muß auch für das personenbezogene Grundrecht der Arbeitnehmer auf Mitbestimmung gelten. Es läßt sich nur verwirklichen, wenn das derzeitige Gesellschaftsrecht durch ein neues Unternehmensrecht mit dem Ziel einer partnerschaftlichen Unternehmens verfassung ergänzt und fortentwickelt wird.

Das geltende Gesellschaftsrecht nimmt im Ergebnis den Arbeitnehmer nur als Produktionsmittel für das Kapital in Pflicht und macht daher schon vom Ansatz her die Verwirklichung der gleichberechtigten Partnerschaft unmöglich.

4. Gleichberechtigung bedingt Mitgliedschaft

Die so verstandene Partnerschaft zwischen Arbeitnehmern und Kapitaleignern erfordert das Recht des Arbeitnehmers auf Eingliederung als gleichberechtigtes Mitglied in das Unternehmen.

4.1 Partnerschaft ohne Mitgliedschaft des Arbeitnehmers im Unternehmen ist kein überzeugender Weg. Mitbestimmung und Gewinnbeteiligung machen den Arbeitnehmer heute schon bereits in dem Umfange zum Teilhaber, wie sie ihn durch Übertragung von Verfügungsbefugnissen aus der Abhängigkeit von den Kapitaleignern lösen. Deshalb entspricht es nur konsequenter Fortentwicklung institutionalisierter Partnerschaft, wenn die durch sie legitimierten Teilhabeansprüche auch rechtlich als das anerkannt werden, was sie tatsächlich sind: nämlich als Mitgliedschaft im Unternehmensverband.

Arbeitende Mitglieder

4.2 Institutionalisierte Partnerschaft kann sich aber nicht mit der Abtretung von eigentumsrechtlich begründeten Entscheidungsbefugnissen an die Arbeitnehmer begnügen, sondern muß die gegenseitigen Rechtspositionen unter Berücksichtigung ihres sozialethischen Stellenwertes partnerschaftlich insgesamt neu ordnen. Das führt zu einer Mitgliedschaft des Arbeitnehmers im Unternehmensverband, die ihn zum Inhaber einer nicht vom Kapital her bestimmten, sondern zum Inhaber einer allein vom eigenen personalen Einsatz begründeten Rechtsposition macht.

4.3 Hier ist zu berücksichtigen, daß schon das heutige Gesellschaftsrecht gem. § 706 Abs. 3 BGB auch die Leistung von Diensten als Beitrag eines Gesellschafters anerkennt. Dieser Gedanke des Gesetzgebers bedarf seiner Fortentwicklung bis hin zu der aus Arbeitsleistung als solcher begründeten Mitgliedschaft im Unternehmen, ohne allerdings diese gleich wieder im herkömmlichen Verfahren durch eine Bewertung zu kapitalisieren und damit wieder in die Abhängigkeit vom Marktwert der Arbeit zu bringen.

5. Gleichberechtigte Mitgliedschaft bedingt Parität

Partnerschaft im Sinne gleichberechtigter Mitgliedschaft von Kapitaleignern und Arbeitnehmern im Unternehmen ist nur auf der Basis der Parität zu verwirklichen.

5.1 Dieses Maß der partnerschaftlichen Befugnisse der arbeitenden Unternehmensmitglieder beeinträchtigt nach unserer Konzeption die nach Art. 14 GG geschützten Eigentumsrechte der Kapitaleigner nicht. Diese werden lediglich den in der Verfassung verankerten Grundrechten der Menschen im Arbeitsvollzug angepaßt und entsprechen damit auch § 903 BGB, wonach das Eigentum seine Schranken im Gesetz und in den Rechten anderer findet. "Es ist jedoch selbstverständlich, daß jede gesetzliche Inhalts- und Schrankenbestimmung" (des Eigentums) "sowohl die grundlegende Wertentscheidung des Grundgesetzes zugunsten des Privateigentums im herkömmlichen Sinne zu beachten hat als auch mit allen übrigen Verfassungsnormen in Einklang stehen muß, also insbesondere dem Gleichheitssatz, dem Grundrecht auf freie Entfaltung der Persönlichkeit und den Prinzipien der Rechts- und Sozialstaatlichkeit" (vgl. BVerfG, Urteil v. 7.8.1962 - BVerfGE 14/263, 277, 278). "Demgegenüber liegt die bedeutende soziale Funktion des Anteilseigentums auf der Hand. Sein sozialer Bezug zeigt sich bereits darin, daß es in aller Regel in der Gemeinschaft mit anderen an einer Gesellschaft besteht, die Eigentümer von Prouktionsmitteln ist. Vor allem bedarf es zur Nutzung des Anteilseigentums immer der Mitwirkung der Arbeitnehmer; die Ausübung der Verfügungsbefugnis durch den Eigentümer kann sich sogleich auf deren Daseinsgrundlage auswirken. Sie berührt damit die Grundrechtssphäre der Arbeitnehmer." (BVerfG, Urteil vom 1.3.1979, C.III.1. b)bb)).

.2 Hinzu kommt, daß in vielen Fällen die Eigentumsbeziehungen in unseren Unternehmungen, nicht zuletzt durch Schachtelbeteiligungen, anonym geworden sind. In dieser zunehmenden Unüberschaubarkeit der Betriebe und Unternehmen und bei der wachsenden Anonymität der Kapitaleigner muß daher institutionnalisierte Partnerschaft erst recht zur paritätischen Aufgliederung der Mitgliedsbefugnisse beider Gruppen führen.

<u>Ökonomische Begründung</u>

.3 Folgende Überlegungen sprechen dafür, daß die gleichberechtigte Mitgliedschaft und die paritätische Mitbestimmung der Arbeitnehmer im Unternehmensverband auch ökonomisch sinnvoll und vertretbar erscheinen:

Kapital und Arbeit bringen in ihrem Zusammenwirken das Unternehmensergebnis hervor. Deshalb sollten auch beide Trägergruppen, die ihre Leistung im Unternehmen einbringen, gleichberechtigt über die Ziele des Unternehmens bestimmen. Die gleichberechtigte Mitgliedschaft der Arbeitnehmer trägt mehr al die jetzige Regelung dazu bei, daß diese Trägergruppe in Wahrnehmung ihrer spezifischen Interessen als Arbeitnehmer auch an den übergreifenden Zielen des Gesamtunternehmens, an seinem Bestand und an seiner Entwicklung, interessiert wird.

Die oft geäußerte Sorge, gleichberechtigte Mitbestimmung der Arbeitnehmer im Unternehmen ginge zu Lasten der ökonomischen Leistungswirksamkeit, ist längst durch Erfahrung widerlegt. Nur durch gleichberechtigte Mitgliedschaft und paritätische Entscheidungsrechte der Arbeitnehmer im Unternehmen - auch über die Investitionen - lassen sich die negativen Effekte einseitiger Zielbestimmung im Unternehmen gegenseitig ausgleichen. Durch die Entkoppelung der Unternehmensleitung von der einseitigen Interessenvertretung wird sie künftig beiden Gruppen gegenüber die unternehmerischen Notwendigkeiten vorrangig im Gesamtinteresse des Unternehmens vertreten können. Im gleichberechtigten Zusammenwirken zwischen Anteilseignern und arbeitenden Unternehmensmitgliedern ist nicht nur ein fairer Ausgleich zwischen den Interessen der Trägergruppen zu erwarten, sondern es werden auch Unternehmensentscheidungen gefördert, die der ökonomischen Zielsetzung und Leistungsfähigkeit dem Bestand und der Entwicklung des Unternehmens im marktwirtschaftlichen Wettbewerb auf lange Sicht insgesamt gerecht zu werden vermögen.

6.1 Öffentlicher Dienst

6.1.1 Für die Betriebe der öffentlichen Hand ist das neue Unternehmensrecht entsprechend anzuwenden.

6.1.2 Für den Bereich des öffentlichen Dienstes, insbesondere der Hoheitsverwaltung, kann das neue Unternehmensrecht keine Anwendung finden. Hier gilt es, im Rahmen des Organisations- und des Personalvertretungsrechts geeignete Forderungen zur Verbesserung der Rechtsposition der Bediensteten weiterzuentwickeln.

6.2 Kleine Betriebe und kleinere Mittelbetriebe

Anstelle des nachfolgend aufgezeigten Unternehmensrechtes ist die Rechtsstellung der Arbeitnehmer in kleinen Betrieben und kleineren Mittelbetrieben, in denen sich durch persönliche Zusammenarbeit oder Nähe zum Arbeitgeber Mitbestimmungsmöglichkeiten ergeben, die als solche schon zur uneingeschränkten Partnerschaft führen können, zur Verwirklichung dieser Möglichkeiten weiterzuentwickeln. Gedacht ist hier insbesondere an Handwerksbetriebe und sonstige kleinere und mittlere Dienstleistungsunternehmen, Handelsgeschäfte und Produktionsstätten, in denen der Eigentümer bzw. wenigstens ein wesentlicher Miteigentümer unmittelbar mit einer überschaubaren Zahl von Arbeitnehmern zusammenarbeitet und der Arbeitseinsatz gemeinsam festgelegt wird.

Unternehmensverfassung

.1 Grundlagen

.1.1 Unternehmensverständnis

Im Gegensatz zum herkömmlichen Rechtsverständnis ist das Unternehmen nicht als bloßes Eigentümer-Objekt zu betrachten, sondern als Verbund von Personen oder Gruppen, die durch den Einsatz sachlicher Produktionsmittel einerseits und persönlicher Arbeitskraft andererseits zusammenwirken, um unter einheitlicher Leitung Güter und/oder Dienstleistungen zur wirtschaftlichen Bedarfsdeckung mit Aussicht auf wirtschaftlichen Ertrag zu produzieren. Das so verstandene Unternehmen bedarf einer rechtlichen Verfassung, die der Tatsache Rechnung trägt, daß es seine produktive Leistung erst im kombinierten Zusammenwirken des Einsatzes beider Seiten entfalten kann.

Das Unternehmen erhält also eine rechtliche Verfassung als selbständige juristische Person, die sowohl von Kapitaleignern als auch von arbeitenden Mitgliedern gleichberechtigt getragen wird. Aber auch die Mitglieder der Unternehmensleitung, die ihren besonderen Sachverstand in das Unternehmen einbringen, sind neben den arbeitenden Mitgliedern und den Kapitaleignern zur Mitgliedschaft im Unternehmen berufen.

1.2 Ausgestaltung der Mitgliedschaft der Arbeitnehmer

7.1.2.1 Gruppenmitgliedschaft ohne deren juristische Verfassung

Ein sich vom juristischen Mitgliedschaftsbegriff unterscheidender soziologischer Mitgliedschaftsbegriff führt auf der Grundlage einer diffusen Mitgliedschaft im wesentlichen nur zur gleichgewichtigen Repräsentanz der Arbeitnehmer im Grund- und Aufsichtsorgan des Unternehmens. Sie läßt kein Umschreibung der Rechte und Pflichten hinsichtlich der Rechtstellung des einzelnen Arbeitnehmers erkennen und wirkt daher erkennbar über die bisherigen Regelungen nicht hinaus.

7.1.2.2 Juristisch verfaßte Gruppenmitgliedschaft

Die Mitgliedschaft einer juristisch verfaßten Gruppe der Arbeitnehmer als solche läßt die Unternehmensmitgliedschaft der einzelnen Arbeitnehmer nicht zu. Sie gestattet aber im Rahmen der Satzung eine Ausgestaltung der Gruppenmitgliedschaft des einzelnen Arbeitnehmers, die ihn auf das Verhalten der Gruppe im Unternehmen anteilig Einfluß und ihn dabei auch ggf. Minderheitenschutz in Anspruch nehmen läßt. Auch kann davon ausgegangen werden, daß die Arbeitnehmerinteressen durch die Gruppe als solche den Kapitaleignern gegenüber gleichgewichtig und gleichberechtigt zur Geltung gebracht werden. Die Mitgliedschaft zur Gruppe bringt aber den sozialethisch begründeten und in den Grundrechten verankerten Mitbestimmungsanspruch des Arbeitnehmers grundsätzlich nur kollektiv zur Entfaltung und verkürzt damit diesen von seiner Natur her höchstpersönlichen Anspruch. Zwar darf nicht verkannt werden, daß Mitbestimmung auf Unternehmensebene - zumal im Unternehmensrat - ohne Delegation von Rechten der Arbeitnehmer auf ihre Bevollmächtigten undurchführbar ist. Gleichwohl gibt es aber - insbesondere auch in einer Reihe von kleineren und Mittelbetrieben - Möglichkeiten gleichgewichtiger personaler Begegnung auch des einzelnen Arbeitnehmers mit den Kapitaleignern (Eigentümer), wenn sie auf gleicher Ebene (Mitgliedschaft) stattfindet. Im übrigen wird die vielfach beklagte Anonymität der Kapitaleignerseite gerade dort, wo es Partnerschaft durch wechselseitige Begegnung und Anerkennung zu erschließen gilt, also dem Arbeitnehmer gegenüber durch eine kollektive Anonymisierung auch noch der Arbeitnehmerseite endgültig festgeschrieben. Schließlich kann auch der Unternehmensleitung gegenüber die Unternehmensmitgliedschaft der Arbeitnehmergruppe als solche nicht zu einem individuellen Ausgleich der innerbetrieblich zwangsläufig gegebenen Fremdbestimmtheit des einzelnen Arbeitnehmers im Unternehmen in dem Maße beitragen, wie es bei einer Unternehmensmitgliedschaft des einzelnen Arbeitnehmers der Fall wäre.

1.2.3 Juristisch verfaßte individuelle Mitgliedschaft

Die individuelle Mitgliedschaft des Arbeitnehmers im juristisch verfaßten Unternehmen macht ihn zum gleichberechtigten Partner der Kapitaleigner mit fest umschriebenen Rechten und Pflichten. Sie delegiert den höchstpersönlichen Mitbestimmungsanspruch der Arbeitnehmer nur insoweit, wie Größe und Arbeitsfähigkeit des Unternehmens eine unmittelbare persönliche Wahrnehmung dieses Rechts unmöglich machen und darüber hinaus nur, soweit es der Arbeitnehmer selbst wünscht (Koalitionsfreiheit). Im übrigen bleibt der Freiheitsraum des Arbeitnehmers bei der Verwirklichung seines Mitbestimmungsanspruchs unberührt.

Die KAB gibt daher ungeachtet der Tatsache, daß auch die Konstruktion über eine juristisch verfaßte Gruppenmitgliedschaft als gangbarer Weg anzuerkennen ist, der individuellen Mitgliedschaft des Arbeitnehmers im Unternehmen den Vorzug, weil sie dem sozialethisch und grundrechtlich begründeten Mitbestimmungsanspruch des Arbeitnehmers die umfassendere Entfaltungsmöglichkeit erschließt.

Die nachfolgende Unternehmensverfassung ist daher auf der Grundlage einer solchen individuellen Mitgliedschaft des Arbeitnehmers im Unternehmen aufgebaut und kann nicht unverändert auf einen anderen Mitgliedschaftsbegriff übertragen werden.

1.3 Erwerb und Verlust der Mitgliedschaft aus Arbeit

7.1.3.1 Nach einer bestimmten Anwartschaftsfrist wird jeder Arbeitneh Mitglied in dem beschäftigenden Unternehmen. Die Mitgliedschaft eröffnet ihm gleichberechtigte Mitbestimmung und Vertretung seiner Interessen in den Unternehmensorganen einschließlich der Wahl und Kontrolle der Unternehmensleitung, Beteiligung am erwirtschafteten Gewinn und eine erhöhte Beschäftigungssicherheit.Als arbeitendes Mitglie ist er dem Unternehmen gegenüber verpflichtet, seine Pflichte aus dem Arbeitsvertrag zu erfüllen: Verpflichteter Arbeitseinsatz. Da er als Mitglied zugleich auch den Arbeitnehmerstatus beibehält, Arbeitsverhältnis und Mitgliedschaft aus Arbeit also miteinander gekoppelt sind, bleiben auch die Rechte und Pflichten aus dem Arbeitsvertrag, den geltenden Betriebsvereinbarungen und Tarifverträgen einschließlich des arbeitsrechtlichen Schutzes in vollem Umfange erhalten.

7.1.3.2 Dem Arbeitnehmer steht es frei, auf seine Mitgliedschaftsrechte widerruflich zu verzichten und sich auf das Arbeitsverhältnis zu beschränken.

Die Mitgliedschaft muß für beide Seiten lösbar sein. Wenn das Arbeitsverhältnis aufgelöst wird, erlischt die Mitgliedschaft aus Arbeit. Die Aberkennung der Mitgliedschaft bei fortbestehendem Arbeitsvertrag kann nur aufgrund rechtlich geregelter Tatbestände durch gerichtliche Entscheidung erfolgen.

7.2 Bildung der Unternehmensorgane

7.2.1 Organisation des Unternehmens

Alle Unternehmen mit Ausnahme der unter Ziff. 6.1.2 und 6.2 genannten erhalten eine Unternehmensversammlung (Basisorgan) einen Unternehmensrat (Aufsichtsrat) und einen Unternehmensvorstand (Leitungsorgan)

7.2.2 Die Unternehmensversammlung und der Unternehmensrat müssen gleichgewichtig aus Vertretern der arbeitenden Mitglieder und der Kapitaleigner bestehen, die jeweils von ihrer Gruppe gewählt werden.

7.2.3 Bei der Wahl der Gruppenvertreter sind die arbeitenden Unternehmensmitglieder nach Köpfen und die Kapitaleigner der Höhe ihrer Beteiligung entsprechend wahlberechtigt.

7.2.4 Die Unternehmensversammlung sollte je nach Unternehmensgröße insgesamt bis zu 600, der Unternehmensrat insgesamt bis zu 20 Mitgliedern bzw. Stimmen beider Gruppen bestehen. Auf beide Gruppen entfällt jeweils die Hälfte der Stimmen. Jede Gruppe wählt die ihnen zustehende Anzahl von Vertretern und deren Stellvertreter in die Unternehmensorgane.
Die Mitglieder der Unternehmensorgane sind in ihrer Stimmabgabe frei und nicht an Beschlüsse ihrer Gruppe gebunden. Die Unternehmensversammlung trifft alle das Unternehmen betreffenden Entscheidungen, die nach geltendem Recht der Haupt- bzw. Gesellschafterversammlung zustehen. Ein genauer Aufgaben-und Zuständigkeitskatalog ist gesetzlich festzulegen. Aufgaben und Zuständigkeit des Unternehmensrates werden durch einen gesetzlichen Rahmen abgegrenzt und durch Satzungsbeschluß der Unternehmensversammlung im einzelnen festgelegt.

7.2.5 Die Gruppenvertreter der arbeitenden Mitglieder in der Unternehmensversammlung müssen mindestens zu 2/3 dem Unternehmen angehören. Die Mehrheit der Gruppenvertreter der arbeitenden Mitglieder im Unternehmensrat (auf volle Sitze abgerundet) müssen selbst dem Unternehmensverband als Mitglieder angehören. Im übrigen ist - wie auf der Kapitaleignerseite - die Wahl von Vertretern zulässig, die nicht dem Unternehmen angehören.

7.2.6 Der Unternehmensrat wählt einen oder eine stets ungerade Zahl von Vorstandsmitgliedern, der/die als solche für die Dauer ihrer Amtszeit Unternehmensmitglied/er wird/werden.

7.2.7 Die Beteiligungsrechte der Vorstandsmitglieder bestehen in ihrem Stimmrecht gem. Ziff. 7.2.8; weitere Beteiligungsrechte aus Arbeit oder Kapitalbeteiligung - unbeschadet der reinen Bezugsrechte - stehen ihnen nicht zu. Ihre übrigen Rechte und Pflichten ergeben sich aus dem zwischen ihnen und dem

Unternehmensrat ausgehandelten Mitgliedsvertrag, soweit nicht gesetzlich etwas anderes bestimmt ist.

7.2.8 Die gewählten Vorstandsmitglieder erhalten mit Ausnahme von Entscheidungen, die die persönlichen Belange oder die Wahl eines Vorstandsmitgliedes betreffen, Stimmrecht sowohl in der Unternehmensversammlung wie auch im Unternehmensrat.*)

7.2.9 Kommt es bei Entscheidungen, die die persönlichen Belange oder die Wahl eines Vorstandsmitgliedes betreffen, zur Stimmengleichheit und läßt sich trotz intensiver Vermittlungsbemühungen keine Einigung erzielen, so ist die Einigun durch den Spruch einer Einigungsstelle zu ersetzen. Der Einigungsstelle gehören neben dem Präsidenten des jeweils zuständigen Landgerichts oder einem von ihm beauftragten Richter als Vorsitzendem je ein von beiden Gruppen bestellt Mitglied an, das dem Vorstand nicht angehört.

---

*) Für die Behandlung der Patt-Situation im Unternehmensrat sind folgende Alternativen in Erwägung zu ziehen:

a) <u>Reine, unaufgelöste Parität:</u> Sie bringt das Risiko der Entscheidungsunfähigkeit mit sich.

b) <u>Übergewicht einer Gruppe:</u> Sie verstößt gegen den Grundsatz der Gleichberechtigung beider Seiten. Dies gilt auch bei Stichentscheid des Aufsichtsratsvorsitzenden, d einer der beiden Seiten angehört.

c) <u>Pattauflösung von außen (z.B. durch "neutralen Mann" oder "dritte Bank"):</u>
Sie überträgt die Entscheidungslast auf Unternehmensfremde, die oft überfordert und von unternehmensfremden Interessen geleitet sind.

d) <u>Pattauflösung durch Einbeziehung des Vorstandes:</u>
Sie ermöglicht eine Entscheidung zwischen Mitgliedern des Unternehmens bei gleichzeitiger Wahrung des Gleichgewichts beider Seiten. Sie ist deshalb Bestandteil des KAB-Vorschlages.

Sollten sich im Verlauf der Diskussion neue, überzeugende Möglichkeiten der Pattauflösung abzeichnen, so können diese in die neue Unternehmensverfassung integriert werden.

7.3 Rechte und Pflichten der arbeitenden Unternehmensmitglieder

7.3.1 Die Rechte und Pflichten der arbeitenden Unternehmensmitglieder aus dem geltenden Arbeitsrecht bleiben als Bestandteil des Arbeitsvertrages bestehen und werden als solche gleichzeitig Bestandteil der Mitgliedschaft.

7.3.2 Sowohl die Rechte und Pflichten aus dem Arbeitsvertrag wie auch aus der Mitgliedschaft werden inhaltlich durch gesetzliche Bestimmungen, Tarifverträge und Betriebsvereinbarungen konkretisiert.

7.3.3. Für die Arbeitnehmer, die auf eine Mitgliedschaft ausdrücklich verzichten, gilt der bisherige Rechtsstatus der Arbeitnehmer (Arbeitsrecht, Tarifvertragsrecht, Betriebsverfassung) mit Ausnahme der typischen unternehmensbezogenen Mitbestimmungsrechte, die an die neue Unternehmensverfassung angepaßt und damit zu Mitgliedsrechten werden.

7.4 Wechselseitige Mitgliedschaft

Die arbeitenden Unternehmensmitglieder können durch Kapitaleinlagen Beteiligungsrechte erwerben, ebenso wie die Kapitaleigner durch Mitarbeit Mitgliedsrechte erwerben können.

.5 Wechsel des beschäftigenden Unternehmens

.5.1 Arbeitenden Mitgliedern muß ein Unternehmenswechsel ohne Rechtsverluste möglich sein.

.5.2 Die Anwartschaftsfrist auf Mitgliedschaft in dem beschäftigenden Unternehmen gilt nur für Arbeitnehmer, die bisher noch nicht Mitglied eines Unternehmens gewesen sind. Falls ein arbeitendes Unternehmensmitglied das beschäftigende Unternehmen wechselt, kann es ohne erneute Anwartschaftsfrist mit dem neuaufgenommenen Beschäftigungsverhältnis zugleich auch die Mitgliedschaft im Unternehmen erwerben.

6 Organisatorische Konsequenzen

6.1 Die bisher von einem Einzelkaufmann, von einer Personengesellschaft oder einer Kapitalgesellschaft betriebenen Unternehmen sind in Unternehmen der neuen Unternehmensverfassung umzuwandeln, soweit es sich nicht um Unternehmen im Sinne der Ziff. 6.2 handelt. Das Unternehmen selbst haftet nur mit dem eingebrachten Kapital.

7.6.2 Der Kapitaleignerseite bleibt es unbenommen, ihrerseits die bisherige Rechtsform beizuhalten oder sich in einer der übrigen herkömmlichen Rechtsformen neu zu organisieren, die jedoch nicht mehr mit dem Unternehmen und seinen Organen nach dieser Unternehmensverfassung identisch sind, sondern nur die Ausübung der Mitgliedsrechte der Kapitaleigner im Unternehmen organisieren.

7.6.3 Die Mitgliedschaft der Kapitaleigner kann mit der Kapitaleinlage veräußert werden. Eine Auseinandersetzung durch Liquidation des Unternehmens können die Kapitaleigner unter Einhaltung qualifizierter Kündigungsfristen und unter Wahrung der Mitbestimmungsrechte des Betriebsrates fordern. In diesem Falle sind die Forderungen der Arbeitnehmer einschließlich der Kosten von Sozialplänen vorab aus den Auseinandersetzungserlösen zu befriedigen. Aus der verbleibenden Masse wird die Einlage der Kapitaleigner zurückgezahlt. Ein Zugewinn wird im Verhältnis von 50 : 50 den Kapitaleignern und arbeitenden Mitgliedern zugewiesen.

7.7 Gewinnbeteiligung

Sofern Formen der Gewinnbeteiligung vereinbart werden, wird folgendes Verfahren empfohlen:

7.7.1 Vor Ermittlung des Gewinns des Unternehmens werden neben den sonst üblichen Bilanzfaktoren die Arbeitsentgelte der arbeitenden Unternehmensmitglieder einschließlich Nebenleistungen als Personalkosten in der Gewinn- und Verlustrechnung ausgewiesen. Das gilt auch hinsichtlich der Entgelte der Vorstandsmitglieder.

7.7.2 Von dem dann ermittelten Gewinn wird den Kapitaleignern vorab der banküblich Satz für Habenzinsen bei langfristigen Einlagen zugewiesen.

7.7.3 Vorstand und Aufsichtsrat machen der Hauptversammlung einen gemeinsamen Vorschlag über die Verteilung des verbleibenden Gewinns. Die Hauptversammlung beschließt darüber mit qualifizierter Mehrheit. Die beschlossene Gewinnverteilung kann aufgeschlüsselt werden nach

a) Barausschüttung
b) Ausgabe von Beteiligungsrechten an den (für Investitionen) einbehaltenen Gewinnanteilen (Zuweisung entsprechender Gesellschaftsanteile) und
c) Darlehenstiteln.

8. Betriebsverfassung

8.1 Durch die Mitgliedschaft im Unternehmen ändert sich die Einordnung des Arbeitnehmers in die Betriebsorganisation grundsätzlich nicht. Das Betriebsverfassungsrecht muß daher nicht nur für die Arbeitnehmer mit Arbeitsvertrag, sondern auch für die arbeitenden Unternehmensmitglieder erhalten bleiben, bedarf aber einer Ergänzung aufgrund der neuen Unternehmensverfassung.

8.2 Während das bisherige System der Betriebsverfassung die Vertretung der Interessen der Kapitaleigner durch den Unternehmensvorstand vorsieht, wird das neue Unternehmensrecht den Vorstand in gleicher Weise zum Anwalt der Interessen beider Gruppen machen. Folgerichtig muß hier als Gegenpol zum Betriebsrat ein unternehmensbezogenes Gremium der Kapitaleigner gebildet werden, das wir "Anleger-Rat" nennen.

8.3 Ähnlich wie beim Betriebsrat wird auch die Mitbestimmung des Anleger-Rates bei wirtschaftlich bzw. ergebnisrelevanten Entscheidungen von besonderer Bedeutung für die Anteilseigner nach unterschiedlichen Stufen der Mitwirkungsrechtes zu regeln sein.

8.3.1 Der Anleger-Rat ist auch seinerseits neben Vorstand und Betriebsrat berechtigt, in den gesetzlich noch näher zu bestimmenden Fällen die Entscheidung der Einigungsstelle herbeizuführen.

8.4 Der Einigungsstelle sollte je ein Vertreter der beiden Seiten und je ein von diesen Seiten benanntes Vorstandsmitglied angehören. Der Vorsitzende ist nach § 76 BetrVG zu bestellen.

9. Tarifautonomie

9.1 Das bisherige System der Tarifautonomie ist im Hinblick auf das Urteil des Bundesverfassungsgerichtes vom 1.3.79 so lange nicht - aus dem Gesichtspunkt der Gegnerunabhängigkeit - gefährdet, wie die Parität nicht bis in die Spitze der Arbeitgeberkoalition durchschlägt: Das ist aber jedenfalls so lange nicht der Fall, wie den Arbeitgebervereinigungen auch Unternehmen in erheblichem Umfang angehören, die nicht einer paritätischen Mitbestimmung bzw. künftig der hier beschriebenen Unternehmensverfassung unterliegen (Vergleiche oben, Ziff. 6.2). Spätestens in den Arbeitgeberverbänden, als zweite Stufe der 'Arbeitgeberkoalition', ist mit einer Mehrheit der Anteilseignervertreter zu rechnen, die sie dem Gegner gegenüber unabhängig genug macht. Darüber hinaus kann dieses Ergebnis innerhalb der Arbeitgeberkoalition auch durch eine Satzung zusätzlich abgesichert werden (siehe Urteil des BVerfG vom 1.3.1979 C.IV.2.c)bb)). Hiernach könnte es auch im Rahmen der neuen Unternehmensverfassung beim bisherigen Tarifvertragssystem bleiben.

9.2 Allerdings macht das hier vorgeschlagene Unternehmensrecht die Unternehmensleitungen zu Unternehmensvorständen, die den Faktoren Arbeit und Kapital in gleicher Weise verantwortlich sind. Es ist deshalb grundsätzlich nicht mehr ihre Aufgabe, bei Abschluß von Tarifverträgen mit den Gewerkschaften den Interessenausgleich als Vertreter der Kapitaleigner herbeizuführen.

9.3 Deshalb liegt es nahe, in Abänderung des Tarifvertragsgesetzes Verbände der Kapitaleigner zu bilden, die anstelle der bisherigen, von den Unternehmensleitungen getragenen Arbeitgeberverbände als Tarifpartei mit den Gewerkschaften die Tarifverträge aushandeln. Bei Firmentarifen ist der Anleger-Rat die Tarifpartei der Kapitaleigner. Die Anleger-Verbände werden aus den unternehmensbezogenen Anleger-Räten gebildet.

9.4 Zur Einbringung des unternehmerischen Fachwissens ist die Beteiligung von Vertretern der Unternehmensvorstände jedoch unentbehrlich. Diese Beteiligung wird erreicht durch

a) eine institutionalisierte Beratung der Tarifparteien und
b) ein Tätigwerden als Schlichtungsinstanz nach Vereinbarung der Tarifparteien.

9.5 Gegenstand von Tarifverträgen ist neben der bisherigen Gestaltung der Arbeitsverhältnisse der Arbeitnehmer, die nicht Mitglieder des Unternehmens werden, auch die verbindliche Ausgestaltung der Mitgliedsrechte der arbeitenden Mitglieder.

Anlage 6.1

Betriebsvereinbarung zur Erfolgsbeteiligung

Zwischen der Firma Martin Hoppmann GmbH und ihren Mitarbeitern wird folgende Betriebsvereinbarung getroffen:

Sinn der Betriebsvereinbarung

§ 1 Die Mitarbeiter werden am Erfolg des Unternehmens finanziell beteiligt. Berechnungsmethode, Verteilungsgrundsätze und Auszahlungsweise der Erfolgsbeteiligung (EB) regelt diese Betriebsvereinbarung.

Berechnung

§ 2 Grundlage für die EB ist der Reingewinn lt. Finanzbericht (Steuerbilanz) zuzüglich Gewinn der Hoppmann Versicherungs- und Finanzierungsdienst GmbH und Gewinn bzw. Verlust aus Beteiligungen abzüglich einer 7 %igen Verzinsung vom Eigenkapital (Stammkapital + Gewinnvortrag + Rücklagen), jedoch vor Abzug der Körperschaftssteuer. Der sich so ergebende Gewinn fließt zur einen Hälfte dem Unternehmen zu, zur anderen Hälfte kommt er als EB den Mitarbeitern zugute.
Eine Beteiligung am Verlust ist ausgeschlossen.

§ 3 Die hohe Beteiligung läßt eine volle Barauszahlung nicht zu, wenn nicht die Wettbewerbsfähigkeit des Unternehmens gefährdet werden soll. Deshalb wird die EB nur zur Hälfte bar ausgezahlt, die andere Hälfte wird als Investivanteil festgelegt.

§ 4 Um einen Zusammenhang zwischen der betrieblichen Leistung und der EB herzustellen, wird der Baranteil auf der Grundlage unserer Betriebsabrechnung monatlich ermittelt. Damit Überzahlungen infolge von Saisonschwankungen während des Jahres vermieden werden, wird monatlich nur ein Abschlag in Höhe von 2/3 des Baranteils ausgezahlt.

Verteilung

§ 5 Die EB wird zur Gesamtsumme der anteilsberechtigten Löhne und Gehälter ins Verhältnis gesetzt und jedem Mitarbeiter in diesem Verhältnis zu seiner Lohn- und Gehaltssumme (ausschließlich Fahrgeld, Gratifikationen und Urlaubsgeld) zugerechnet. Für die Verkäufer gelten als anteilsberechtigtes Gehalt 125 % ihres Tarifgehaltes.

§ 6 Für die tariflich vereinbarte Urlaubszeit und bei Krankheit erhält der Mitarbeiter seine vollen Erfolgsanteile entsprechend dem Urlaubsentgelt bzw. der Lohnfortzahlung. Bei Errechnung des Urlaubsentgeltes und der Lohnfortzahlung im Krankheitsfall gehört die EB nicht zur Berechnungsgrundlage.

§ 7 Ausscheidende Mitarbeiter nehmen an der Erfolgsbeteiligung bis zur Beendigung ihres Arbeitsverhältnisses voll teil. Den Baranteil erhalten sie bis zum letzten Auszahlungstermin vor ihrem Ausscheiden. Bei der Jahresschlußabrechnung wird die EB ermittelt, die ihnen entsprechend ihrem Arbeitseinkommen zusteht. Von der so errechneten EB wird der bereits erhaltene Baranteil abgesetzt. Der Rest wird dem Investivkonto gutgeschrieben.
Entsprechendes gilt für Mitarbeiter, die zur Bundeswehr eingezogen werden.

§ 8 Anteilsberechtigt für die EB ist jeder Mitarbeiter nach dem dritten vollen Monat seiner Tätigkeit im Unternehmen. Mitarbeiter mit befristetem Arbeitsverhältnis sind vom Investivanteil ausgeschlossen.

§ 9 Mitarbeiter, die durch ihr Verhalten die Zusammenarbeit erheblich stören oder den Betriebserfolg mindern, kann der Wirtschaftsausschuß mit Zustimmung des Betriebsrates befristet von der EB ausschließen. Gegebenenfalls kann er ihnen den noch nicht gutgeschriebenen Investivanteil entziehen.

Auszahlung und Gutschrift

§ 10 In der Jahresschlußabrechnung werden die monatlichen EB-Zahlungen beim Baranteil als Abschlag berücksichtigt. Der restliche Baranteil wird ausgezahlt. Ein im Laufe des Jahres zuviel gezahlter Baranteil wird mit dem Investivanteil des laufenden Jahres, ggf. mit der EB des nächsten Jahres, verrechnet. Der Investivanteil wird am Jahresende auf ein persönliches Investivkonto gutgeschrieben.

§ 11 Die Abzüge für Lohnsteuer und Sozialbeiträge werden beim Baranteil in der monatlichen Lohn- und Gehaltsabrechnung vorgenommen. Die Versteuerung des Investivanteils erfolgt erst zum Zeitpunkt der Auszahlung.

§ 12 Der Investivanteil bleibt bis zum Ausscheiden bzw. bis zur Pensionierung stehen. Er wird noch zum 31. 12. des abgelaufenen Geschäftsjahres den Mitarbeitern gutgeschrieben und mit 7 %, beginnend mit dem 1. Januar des folgenden Jahres verzinst. DieZinsen werden jährlich ausgezahlt.

§ 13 Die Auszahlung bei Pensionierung erfolgt in 48 Monatsraten (Mindestrate DM 300,--). Wenn die wirtschaftliche Lage es zwingend erfordert, kann der Wirtschaftsausschuß die Verteilung auf einen längeren Zeitraum beschließen. Die Mindestrate ist in jedem Fall auszuzahlen.

§ 14 Im Todesfalle eines Mitarbeiters gehen seine Ansprüche voll auf seine Erben über. In diesem Fall gilt für die Auszahlung das gleiche wie bei Pensionierung.

§ 15 Im Falle des Ausscheidens aufgrund einer Kündigung durch den Mitarbeiter oder des Unternehmens wird mit der Auszahlung des Investivanteils erst ein Jahr nach dem Ausscheiden begonnen. Die Auszahlung erfolgt in 48 gleichen Monatsraten (Mindestrate DM 300,--). Wenn die wirtschaftliche Lage es zwingend erfordert, kann der Wirtschaftsausschuß die Verteilung auf einen längeren Zeitraum beschließen. Anteile unter DM 300,-- werden sofort ausgezahlt.

§ 16 Mit dem Ausscheiden durch Kündigung gilt der Investivanteil als gekündigt. Gekündigte Investivanteile werden nur mit einem Zinssatz von 4 % verzinst.

§ 17 Die Ansprüche an Investivanteile sind nicht abtretbar, außer an die Firma Martin Hoppmann GmbH, und unpfändbar.

Information

§ 18 Jeder Mitarbeiter erhält jährlich einen Kontoauszug, aus dem der Zugang zum Investivanteil und sein Gesamtguthaben hervorgehen.

§ 19 Die Information über die Erfolgsbeteiligung erfolgt über die Organe der Betriebsverfassung, durch Aushang einer einfachen Fassung der Betriebsabrechnung und durch unseren Mitarbeiterbrief.

§ 20 Die monatlichen Betriebsabrechnungen werden dem Wirtschaftsausschuß vorgelegt. Die Jahresbilanz und die daraus errechnete EB werden von zwei Mitgliedern des Wirtschaftsausschusses, von denen eines ein vom Betriebsrat bestimmtes Mitglied sein soll, geprüft und durch ihre Unterschrift bestätigt. Der Wirtschaftsausschuß hat den Betriebsrat über den Stand der EB zu informieren.

Schlußbestimmungen

§ 21 Diese Betriebsvereinbarung löst die Vereinbarung vom 17.10.1972 ab und tritt mit dem Tage des Abschlusses in Kraft.

§ 22 Sofern Teile dieser Vereinbarung gesetzlichen oder tariflichen Bestimmungen widersprechen, beschränkt sich die Nichtigkeit auf diese Teile.

§ 23 Die Betriebsvereinbarung gilt bis auf weiteres und kann nur durch eine neue Vereinbarung mit einer Kündigungsfrist von 6 Monaten zum Ende eines GEschäftsjahres abgeändert werden. Wenn eine Gewinnbeteiligung oder Vermögensbildung für Arbeitnehmer durch gesetzliche oder tarifliche Vorschriften für uns bindend wird, so können die dadurch für das Unternehmen entstehenden Verpflichtungen mit den Verpflichtungen aus dieser Vereinbarung verrechnet werden. In diesem Falle ist eine besondere Kündigung nicht erforderlich.

§ 24 Im Falle einer Kündigung dieser Betriebsvereinbarung verlieren die §§ 12 - 17 ihre Gültigkeit nicht.

Siegen, den 7.7.1977

Martin Hoppmann GmbH

gez. Klaus Hoppmann

Der Betriebsrat:

gez. Herbert Weiß
gez. Hans-Lothar Rüggeberg
gez. Alex Peterkes
gez. Rudolf Löhr
gez. Hartmut Heinze
gez. Horst Schell
gez. Steffen Kleeberg

1. Fassung 9. 9. 1969
2. Fassung 1. 12. 1970
3. Fassung 17. 10. 1972

Anlage 6.2

Betriebsvereinbarung zur Mitbestimmung 6. Fassung

(1. Fassung 9.9.1969)

Zwischen der Firma Martin Hoppmann GmbH und ihren Mitarbeitern wird folgende Betriebsvereinbarung getroffen:

Sinn der Vereinbarung

§ 1 Der Würde und der freien Entfaltung der Persönlichkeit ist im Betrieb Geltung zu verschaffen. Eine Voraussetzung ist die Anwendung demokratischer Führungsmethoden. Das Direktionsrecht der Geschäftsleitung darf nicht ohne zwingende Notwendigkeit die Selbständigkeit und Eigeninitiative des einzelnen Mitarbeiters und der Arbeitsgruppen einengen. Vielmehr sind die Verantwortung und die entsprechenden Befugnisse so weit wie möglich von der Geschäftsleitung zum Mitarbeiter zu übertragen. Die Mitarbeiter, die Arbeitsgruppen und der Betriebsrat sollen bei den betrieblichen Planungen und Entscheidungen nach Maßgabe der Betriebsvereinbarung mitwirken und mitbestimmen.
Die Zuständigkeit des Betriebsrates ist im Betriebsverfassungsgesetz geregelt. Die dort gewährten Mitbestimmungsrechte werden durch diese Betriebsvereinbarung ergänzt: am Arbeitsplatz durch die Einrichtung von Arbeitsgruppen, auf Unternehmensebene durch die Erweiterung der Rechte des Wirtschaftsausschusses.

Mitbestimmung am Arbeitsplatz

§ 2 In allen Abteilungen werden Arbeitsgruppen gebildet. Sie dienen dazu,
- Informationen auszutauschen
- Probleme am Arbeitsplatz zu lösen
- Beziehungen zu Vorgesetzten und untereinander zu klären
- Verbesserungsvorschläge auszuarbeiten
- gemeinsame Interessen zu formulieren und zu vertreten
- Absprachen über den Arbeitsablauf usw. zu treffen
- Entscheidungen vorzubereiten
- betriebliche Maßnahmen gemeinsam mit den Vorgesetzten zu entscheiden

§ 3 Die Arbeitsgruppen sollen nach Möglichkeit nicht weniger als 8 und nicht mehr als 12 Mitarbeiter umfassen. Dabei sollen sich solche Mitarbeiter zu ständigen Arbeitsgruppen zusammenschließen, die eine gemeinsame Arbeitsaufgabe und einen gemeinsamen Vorgesetzten haben. Bei besonderen Anlässen können sich Gruppen auf Zeit in anderer Zusammensetzung bilden.

§ 4 Jede Arbeitsgruppe wählt aus ihren Reihen für die Dauer von mindestens einem Jahr oder für eine längere Periode einen Arbeitsgruppensprecher. Eine Neuwahl findet spätestens nach 3 Jahren statt. Wiederwahl ist möglich.
Der Gruppensprecher verhandelt nur mit dem Vorgesetzten, wenn er dazu von der Gruppe beauftragt ist.
Zur Vorbereitung der Gruppensitzungen und für Gespräche mit dem Vorgesetzten ist der Gruppensprecher für eine angemessene Zeit von der Arbeit freizustellen.

§ 5 Die Bildung von Arbeitsgruppen und die Wahl der Arbeitsgruppensprecher findet unter Aufsicht des Betriebsrates statt.

§ 6 Eine Arbeitsgruppenbesprechung wird nach Bedarf, möglichst einmal im Monat, mindestens aber alle zwei Monate, auf Verlangen der Mitarbeiter oder des Vorgesetzten vom Arbeitsgruppensprecher im Einvernehmen mit dem Betriebsrat einberufen. Ein Mitglied des Betriebsrates hat jederzeit Zutritt zur Arbeitsgruppenbesprechung der Vorgesetzte nur mit Zustimmung der Arbeitsgruppen, In jedem Fall ist aber der Vorgesetzte wenigstens für den Abschluß der Besprechung einzuladen, um die Ergebnisse der Beratung entgegennehmen zu können. Die Arbeitsgruppe hat auch das Recht, Betriebsfachleute hinzuzuziehen.
Wenn ein Viertel der Mitglieder der Arbeitsgruppe es verlangt, ist ein Vertreter der Gewerkschaft zu Arbeitsgruppenbesprechungen einzuladen.
Die Arbeitsgruppenbesprechungen finden in der Regel während der Arbeitszeit statt und werden bezahlt. Die Arbeitsgruppe hat bei der Wahl des Zeitpunktes von Besprechungen auf die betrieblichen Notwendigkeiten Rücksicht zu nehmen. Der Vorgesetzte ist über den Termin der Besprechung rechtzeitig zu verständigen.
Der Vorgesetzte hat die Gruppenbesprechung zu fördern und die Gruppe durch Beratung und Information in ihren Bemühungen zu unterstützen.

§ 7 Vor Ablauf der Probezeit eines neuen Mitarbeiters, insbesondere eines Vorgesetzten, ist die Zustimmung der Arbeitsgruppe zur Weiterbeschäftigung einzuholen. Bei Versetzungen ist auf Wunsch des Betroffenen, der Arbeitsgruppe oder des Vorgesetzten eine Probezeit zu vereinbaren und dann wie bei Einstellungen zu verfahren.

§ 8 Die Arbeitsgruppe ist von beabsichtigten Maßnahmen der Betriebsleitung bzw. des Vorgesetzten grundsätzlich vorher zu unterrichten, wenn davon die Arbeitsgruppe unmittelbar betroffen wird. Diese Information muß so rechtzeitig erfolgen, daß die Arbeitsgruppe darüber beraten, dazu Stellung nehmen und am Entscheidungsprozeß beteiligt werden kann.
Das Informations- und Anhörungsrecht der Arbeitsgruppe bezieht sich insbesondere auf Einführung neuer Arbeitsverfahren, Errichtung von Neubauten, Einrichten neuer Arbeitsplätze, Änderung von Arbeitsplätzen und Arbeitsbedingungen, des Arbeitsablaufs oder des Dienstweges, der Arbeitsvorgaben, der Arbeitsteilung oder der Geschäftsbereiche, der Materialanlieferung, der Dienstanweisungen und Verdienstabrechnungen, Zuweisung und Wegnahme von Arbeitskräften, Wechsel des Arbeitsplatzes, Ernennung neuer Vorarbeiter oder anderer Vorgesetzter. Außerdem hat die Arbeitsgruppe ein Anhörungsrecht in Fragen der Lärm- und Schmutzbelästigung, Heizung und Lüftung, ausstehender Reparaturen, Überstunden, Qualitätskontrollen und sozialer Einrichtungen.
Wenn der Vorgesetzte Maßnahmen aus zwingenden Gründen ohne vorherige Arbeitsgruppenbesprechung anordnet, so steht der Arbeitsgruppe das Recht zu, nachträglich die Gründe zu erfahren, weshalb die Maßnahme ohne vorherige Information durchgeführt werden mußte.

§ 9 In der Zusammenarbeit zwischen Vorgesetzten und Arbeitsgruppen sollen Entscheidungen angestrebt werden, die für beide Seiten annehmbar sind. Wird keine Übereinstimmung erzielt, so ist der Vorgesetzte für seine endgültige Entscheidung nicht an die Stellungnahme der Arbeitsgruppe gebunden. Trifft ein Vorgesetzter eine Entscheidung gegen den erklärten Willen der Arbeitsgruppe, so muß er das ihr gegenüber begründen. Die Arbeitsgruppe hat das Recht, dagegen auch nachträglich noch den Betriebsrat anzurufen. Die Angelegenheit wird dann entsprechend §§ 84 und 85 Betr.V.G. zwischen dem Betriebsrat und der Geschäftsleitung weiter verhandelt.

§ 10 Die Arbeitsgruppe kann gemeinschaftlich Verbesserungsvorschläge einreichen. Über die Verwendung der Prämie für einen solchen Vorschlag entscheidet die einreichende Arbeitsgruppe selbst. Das weitere regelt unsere Vereinbarung über das betriebliche Vorschlagswesen.

§ 11 Die Arbeitsgruppe kann im Rahmen der Gesamtaufgabe, die ihr durch den Vorgesetzten gestellt ist, selbständige Absprachen über die Durchführung dieser Aufgabe treffen. Diese Absprachen müssen dem Vorgesetzten zur Kenntnis gebracht werden. Er kann keine Einwände gegen die Art der Durchführung erheben, wenn die Erfüllung der Gesamtaufgabe gewährleistet ist.

§ 12 Über jede Arbeitsgruppenbesprechung ist ein Kurzprotokoll (Ergebnisprotokoll) zu führen. Das Protokoll wird dem jeweiligen Vorgesetzten, dem Betriebsrat und der Geschäftsleitung zur Kenntnisnahme vorgelegt.
Der Vorgesetzte nimmt auf dem Protokoll zu den einzelnen Besprechungspunkten Stellung. Fragen, die der Vorgesetzte nicht entscheiden oder für die Gruppe zufriedenstellend beantworten kann, werden schriftlich an die Geschäftsleitung weitergereicht bei gleichzeitiger Unterrichtung des Betriebsrates.

§ 13 Die Arbeitsgruppe hat Anspruch auf einen Seminartag im Jahr, zusätzlich zu den von der Geschäftsleitung angesetzten Seminaren. Das Programm ist mit der Geschäftsleitung abzustimmen. Der Seminartag soll möglichst in der normalen Arbeitszeit liegen. Wenn dies aus betrieblichen Gründen nicht möglich ist, soll er auf's Wochenende verlegt werden. Dann ist er mit Urlaub abzugelten.

Mitbestimmung in wirtschaftlichen Angelegenheiten

§ 14 Es wird ein Wirtschaftsausschuß mit 8 Mitgliedern gebildet, die sämtlich im Unternehmen tätig sein müssen. 4 Mitglieder werden vom Betriebsrat gewählt. Davon muß eins Betriebsratsmitglied sein. Die Wahl erfolgt jeweils für die Dauer der Amtszeit des Betriebsrates.
Bei Vorliegen besonderer Gründe können Arbeitnehmervertreter vorzeitig durch den Betriebsrat abberufen werden.
Die 4 Arbeitgebervertreter sind der Geschäftsführer und die beiden Stellvertreter als ständige Mitglieder sowie jeweils ein weiterer Abteilungsleiter im turnusmäßigen Wechsel. In Ausnahme von diesem Wechsel ist jeweils der Abteilungsleiter stimmberechtigt, über dessen Aufgabenbereich eine Entscheidung zu treffen ist. Jedes Mitglied ist in seinen Entscheidungen unabhängig.

§ 15 Arbeitnehmer- und Arbeitgebervertreter einigen sich auf einen Neutralen.

§ 16 Bei Stimmengleichheit gilt ein Antrag als abgelehnt. Arbeitnehmervertreter und Geschäftsleitung können, wenn keine Mehrheit zustandekommt, eine Sitzung verlangen, zu der der Neutrale hinzugezogen wird.

§ 17 Soweit erforderlich, können zur Sitzung des Wirtschaftsausschusses ohne Stimmrecht sachkundige Personen hinzugezogen werden. Sofern es sich dabei um nicht im Betrieb tätige Personen handelt, ist hierfür ein Mehrheitsbeschluß notwendig.
Die Sitzungen sind eingeschränkt öffentlich, d. h. es können die Abteilungsleiter und bis zu vier weitere Betriebsangehörige beratend teilnehmen.
Der Wirtschaftsausschuß hat über jede Sitzung dem Betriebsrat unverzüglich und vollständig zu berichten. Es ist erwünscht, daß er auch die Belegschaftsmitglieder informiert.

§ 18 Im Wirtschaftsausschuß haben Arbeitgeber- und Arbeitnehmervertreter die Aufgabe, wirtschaftliche Angelegenheiten miteinander zu beraten und zu entscheiden. Der Wirtschaftsausschuß wird über die wirtschaftliche und finanzielle Situation und Entwicklung des Unternehmens von der Geschäftsleitung informiert. Er hat die monatliche Erfolgsrechnung zu prüfen. Die Mitglieder des Wirtschaftsausschusses haben das Recht, wirtschaftliche Maßnahmen zur Entscheidung vorzuschlagen und bei wichtigen Entscheidungen mitzubestimmen.

§ 19 Wichtige Entscheidungen im Sinne des Rechtes auf Mitbestimmung sind:

a) Verkaufs- und Investitionsprogramm
b) Errichtung von Neubauten und größeren Umbauten
c) Investitionen (außer Grundstücken und Gebäuden) mit einem Einzelwert von über DM 28.000,-- sowie Investitionen ohne Rücksicht auf den Einzelwert, wenn sie insgesamt für das Geschäftsjahr den Wert von DM 140.000,-- übersteigen 1)
d) Rationalisierungsvorhaben
e) Einrichtung neuer Planstellen
f) Eingehen von Verpflichtungen oder organisatorischen Veränderungen, die eine Kostenbelastung von über DM 28.000,-- im Jahr zur Folge haben 1)
g) Aufnahme von Krediten, die über die zum Zeitpunkt der Aufnahme bestehende Kreditlinie hinausgehen
h) Übernahme von Bürgschaften über DM 28.000,-- 1)
i) Beteiligung an anderen Firmen
j) Aufnahme von Teilhabern
k) Erwerb, Veräußerungen und Belastungen von Grundstücken
l) Verkauf oder Verpachtung von wesentlichen Betriebsteilen oder des Unternehmens im ganzen
m) Abschluß von Rechtsgeschäften außerhalb des normalen Geschäftsverkehrs
n) sonstige Vorgänge, die die Interessen der Mitarbeiter wesentlich berühren können
o) bei der Bestellung eines Geschäftsführers wirkt der Wirtschaftsausschuß nach einem besonderen Modus mit, der im Gesellschaftsvertrag der Martin Hoppmann GmbH festgelegt ist.

1) Die in c)f) und h) fixierten Beträge sind der Veränderung des Geldwertes anzupassen.

Schlußbestimmungen

§ 20 Die Betriebsvereinbarung tritt mit dem Tage des Abschlusses in Kraft. Alle früheren Betriebsvereinbarungen, die Fragen der Mitbestimmung zum Inhalt haben, sind damit gegenstandslos.

§ 21 Sofern Teile dieser Vereinbarung gesetzlichen oder tariflichen Bestimmungen widersprechen, beschränkt sich die Nichtigkeit auf diese Teile.

§ 22 Die Betriebsvereinbarung gilt bis auf weiteres und kann nur durch eine neue Vereinbarung mit einer Kündigungsfrist von 5 Monaten abgeändert werden. Mit gleicher Frist können auch Teile dieser Vereinbarung gekündigt werden, ohne daß die Gültigkeit der übrigen Teile dadurch berührt wird.

Siegen, den 1.8.1978

Martin Hoppmann GmbH — Der Betriebsrat

Anlage 6.3

Gesellschaftsvertrag der Firma Martin Hoppmann

Gesellschaft mit beschränkter Haftung
in der Neufassung vom 27. Dezember 1972, unter Berücksichtigung der Änderung vom 13. Juni 1977.

§ 1 Die Firma der Gesellschaft lautet: "Martin Hoppmann Gesellschaft mit beschränkter Haftung".

§ 2 Zweck der Gesellschaft ist die Fortführung des bisher unter Der Firma Martin Hoppmann betriebenen Einzelunternehmens, das sich mit dem Handel und der Reparatur von Kraftfahrzeugen befaßt.
Die Gesellschaft darf sich an anderen Unternehmen beteiligen.

§ 3 Sitz der Gesellschaft ist Siegen in Westfalen.
§ 4 Das Stammkapital der Gesellschaft beträgt 1 300 000,-- DM

Hieran sind beteiligt:

a) die Firma Hoppmann Verwaltungsgesellschaft mit beschränkter Haftung mit einem Geschäftsanteil von 20.000,-- DM
b) die "Stiftung Demokratie im Alltag" mit einem Geschäftsanteil von 1 280 000,-- DM

§ 5 Die Veräußerung und Teilung von Geschäftsanteilen bedarf der Zustimmung der Gesellschaft.

§ 6 Die Gesellschaft hat einen oder mehrere Geschäftsführer. Zum ersten Geschäftsführer wird der Kaufmann Klaus Hoppmann bestellt. Das Entgelt der Geschäftsführer ist durch besondere Anstellungsverträge zu regeln.

§ 7 a) Der Geschäftsführer der Gesellschaft hat die Gesellschaft zu den Gesellschafterversammlungen mit einer Frist von 14 Tagen schriftlich unter Angabe der Tagesordnung zu laden.

b) Bei den Gesellschafterversammlungen entfallen auf je 1.000,-- DM eine Stimme.

c) Der Geschäftsanteil der Stiftung "Demokratie im Alltag" hat kein Stimmrecht. Wird jedoch über die Bestellung oder Abberufung eines Geschäftsführers der Firma Martin Hoppmann GmbH in der Gesellschafterversammlung beschlossen, so ist die Stiftung "Demokratie im Alltag" stimmberechtigt. Ihre Stimme wird in diesem Falle mit einem Stimmrecht von 20.000,-- DM bewertet, d.h. sie steht in der Bewertung den Geschäftsanteilen der Firma Hoppmann Verwaltungsgesellschaft mit beschränkter Haftung gleich.
Die Wahl oder Abberufung eines Geschäftsführers bedarf ferner der Zustimmung des Wirtschaftsausschusses der Firma Martin Hoppmann GmbH nach der Betriebsvereinbarung vom 8.5.1974.
Dieser hat auf Verlangen der Gesellschafter einen Treuhänder zu bestimmen, der die Zustimmung oder Ablehnung des Wirtschaftsausschusses abgibt und seine Weisung dazu auf Verlangen schriftlich nachzuweisen hat.
Der Treuhänder darf die Zustimmung nur dann verweigern, wenn dies aus Gründen geboten ist, die in der Person des Geschäftsführers liegen.

d) Übersteigt der Gewinn des abgelaufenen Geschäftsjahres 2 % der Bilanzsumme, so sind 15 % des überschießenden Betrages an die Gesellschafter auszuschütten.

e) Bei der Beschlußfassung über die Gewinnausschüttung ist ein Mitglied des Stiftungsvorstandes zur Beratung zuzulassen.

f) Die Gesellschaft bedarf zur Änderung vorstehender Bestimmungen zu § 7d) der Zustimmung des Vorstandes der Stiftung "Demokratie im Alltag".

§ 8 Wird über das Vermögen eines Gesellschafters das Konkurs- oder Vergleichsverfahren eröffnet, oder wird der Gesellschaftsanteil eines Gesellschafters gepfändet, so kann die Gesellschafterversammlung die Einziehung des Geschäftsanteiles beschließen.

Anlage 6.5 a

Mitarbeiterbeteiligung bei Opel Hoppmann - ein rundes System!

Das Unternehmen

Von Martin Hoppmann 1936 gegründet, beschäftigt sich das Unternehmen mit dem Verkauf von neuen und gebrauchten Kraftfahrzeugen, Ersatzteilen und Zubehör sowie mit Kfz.-Instandsetzungen. 1973 in eine GmbH umgewandelt, deren Vermögen zu 98,5% von einer Stiftung gehalten wird. Stammkapital DM 2.4oo.ooo. Gesamtumsatz ca. DM 44.ooo.ooo. 2.2oo neue, 1.8oo gebrauchte Fahrzeuge im Jahr 1976.
In einem Stammbetrieb und zwei Zweigbetrieben sind ca. 25o Mitarbeiter beschäftigt, davon je die Hälfte gewerblich und kaufmännisch. Die gewerblichen Mitarbeiter sind durchweg Facharbeiter.

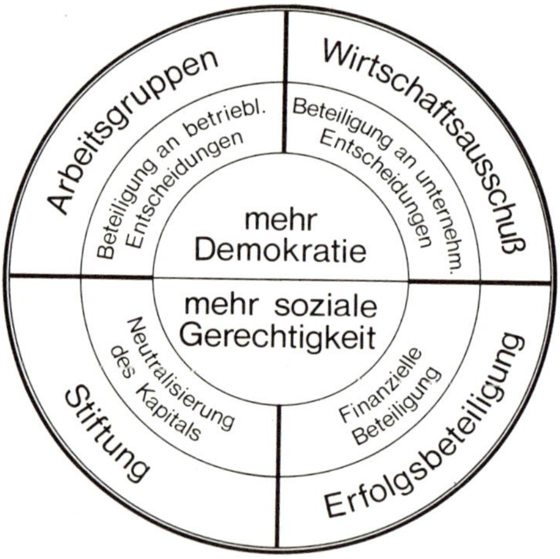

Finanzielle Beteiligung

Unter dem Einfluß der evangelischen Sozialethik entwickelte Klaus Hoppmann, Sohn des Gründers, Gedanken zu einer neuen Betriebsverfassung. 1961 führte er eine Gewinnbeteiligung für alle Mitarbeiter ein. Seit 1969 : Der Gewinn wird, nach Abzug einer 7%igen Eigenkapitalverzinsung, zwischen Unternehmen und Mitarbeitern halbiert.

Beteiligung an unternehmerischen Entscheidungen

Wenn die Mitarbeiter am Erfolg beteiligt sind, so sollen sie auch an den Entscheidungen teilhaben, die den Erfolg beeinflussen. Deshalb wurde der vom Gesetz vorgeschriebene Wirtschaftsausschuß über seine Beratungsrechte hinaus mit erheblichen Kompetenzen ausgestattet. Er ist paritätisch besetzt und bestimmt in wichtigen unternehmerischen Entscheidungen mit.

Beteiligung an betrieblichen Entscheidungen

Die Probleme am Arbeitsplatz werden durch Wirtschaftsausschuß und Betriebsrat nur teilweise erfaßt. Unmittelbare Mitwirkung bei Entscheidungen über seine hautnahen Probleme erhält der Arbeitnehmer durch das System der Arbeitsgruppen.

Stiftung

Der Systemkreis schließt sich, als im Jahr 1974 die Stiftung "Demokratie im Alltag" errichtet wird, auf die der Unternehmer seinen GmbH-Anteil überträgt. Damit wird das Firmenvermögen neutralisiert und langfristig für das Unternehmen gesichert.

Die Mitarbeiterbeteiligung ist in allen Teilen durch Betriebsvereinbarungen verbindlich festgelegt. Diese Vereinbarungen lassen sich aber (mit Ausnahme der Stiftung) jederzeit verändern, wenn die Beteiligten zu besseren Erkenntnissen kommen.

Wir bezeichnen unsere Mitarbeiterbeteiligung als "rundes System", weil die Beteiligung auf verschiedenen Ebenen stattfindet, materiell wie immateriell, die in einer inneren Beziehung und Abhängigkeit zu- und voneinander stehen.

Die Rolle des Betriebsrates

Der Betriebsrat ist Vertragspartner beim Abschluß der Mitbestimmungsvereinbarungen. Seine Aufgaben nach Betr.V.G. bleiben ungeschmälert. Darüber hinaus ist er an der Zusammensetzung der Mitwirkungsorgane beteiligt. Sein Informationsgrad ist größer geworden.

Information

Zwei Faktoren sind zum Gelingen eines solchen Vorhabens von besonderer Bedeutung: Information und Weiterbildung. Die Mitarbeiter müssen, sollen sie am betrieblichen Geschehen interessiert bleiben, offen, umfassend, rechtzeitig und verständlich informiert werden. Unsere Informationsmittel reichen vom "Blauen Brett" über den Mitarbeiterbrief "info aktuell" bis zur Tonbildschau und Videoaufzeichnung. Sie werden im Gedankenaustausch mit den Mitarbeitern ständig weiterentwickelt.

Weiterbildung

Unsere Mitarbeiter haben die Möglichkeit, sich in gruppenpädagogischen Seminaren mit dem System vertraut zu machen und ihre Fähigkeit zur Mitwirkung weiterzuentwickeln. Mitarbeiterbeteiligung kann durch einen Rechtsakt eingeführt werden. Aber danach kommt es entscheidend darauf an, sie mit Leben zu füllen.

Heute können wir feststellen, daß das Klima der Zusammenarbeit gut ist und die Aufgeschlossenheit für betriebliche Probleme weiter zugenommen hat. Das kommt auch unseren Kunden zugute. Jeder im Hause weiß, daß wir auf unsere Kunden angewiesen sind. Zufriedene Kunden sind die Grundvoraussetzung unserer Mitarbeiterbeteiligung.

Martin Hoppmann GmbH, Eiserfelder Straße 196, D-59oo Siegen 1, Telefon o271/336o91

Stand Okt/77

Die Mitbestimmungs-Organe bei Opel Hoppmann

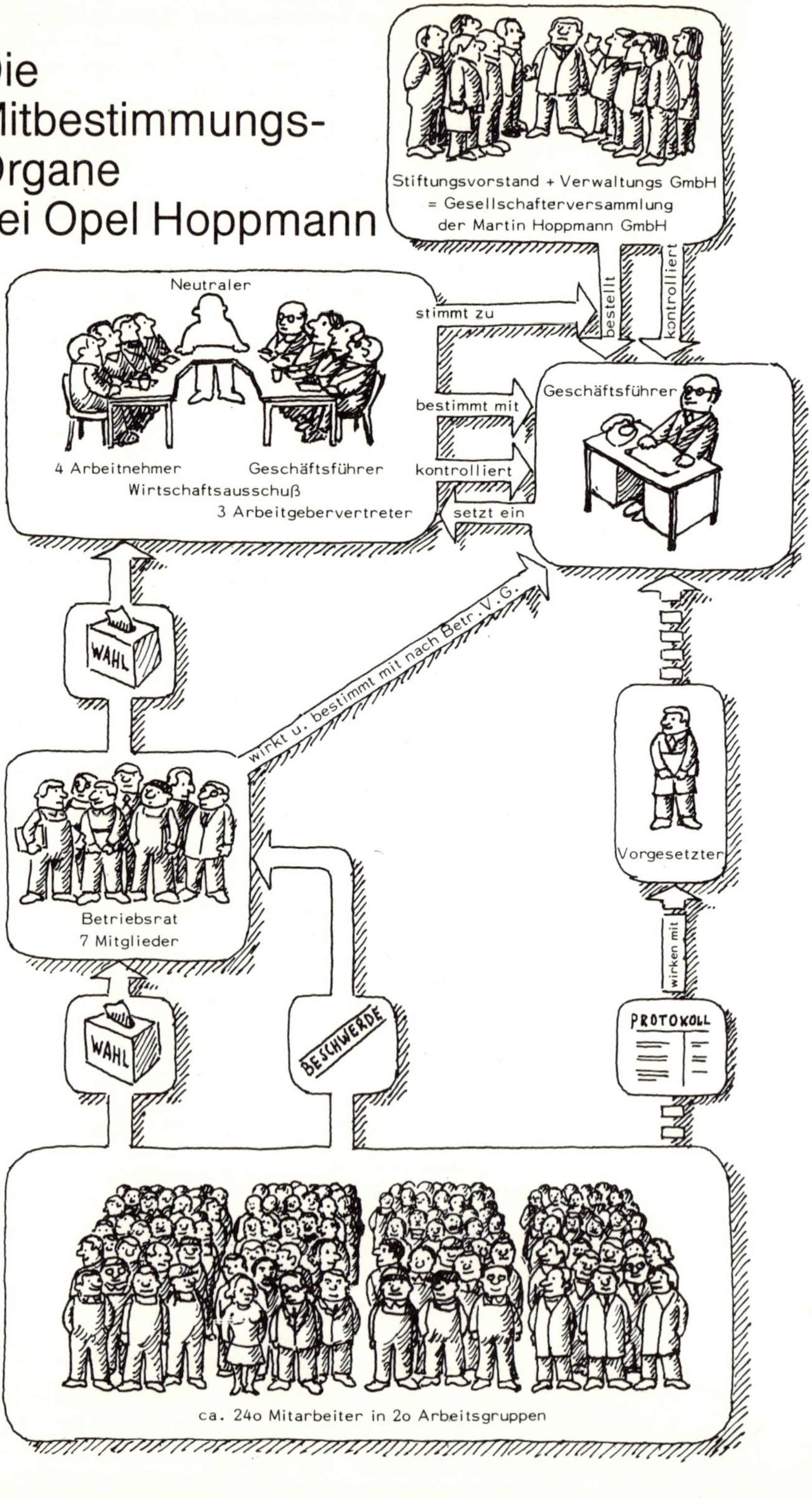

Anlage 6.5 b

Erfolgsbeteiligung (EB) bei Opel Hoppmann

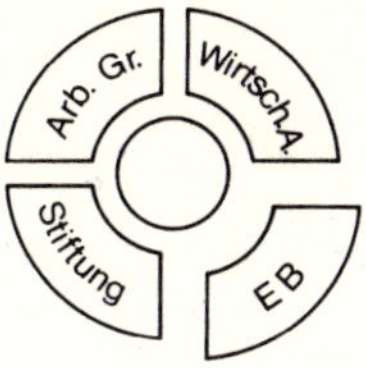

Die EB wurde 1961 eingerichtet, 1969 in die noch heute gültige Form gebracht. Rechtliche Grundlage: Betriebsvereinbarung von 1969.

Die EB kann nicht einseitig aufgekündigt oder verändert werden.

Grundgedanke

Der Unternehmenserfolg ist das Ergebnis gemeinsamer Anstrengungen aller; besonders dann, wenn die Mitarbeiter am Zielfindungsprozeß beteiligt sind.

Arbeitslohn und Kapitalverzinsung sind Grundabfindungen. Darüber hinaus Erwirtschaftetes soll auf Mitarbeiter und Kapitalgeber "gerecht" verteilt werden.

Grundlage

Unternehmensgewinn einschließlich der Gewinne von Tochterfirma Hoppmann-Versicherungs- und Finanzierungs GmbH und Beteiligungen bei Techno-Einkauf und Interleasing abzüglich 7% Eigenkapitalverzinsung. Die Körperschaftssteuer bleibt bei der Ermittlung des verteilbaren Gewinnes unberücksichtigt, geht also nicht zu Lasten der EB.
Eine Beteiligung am Verlust wurde ausgeschlossen.

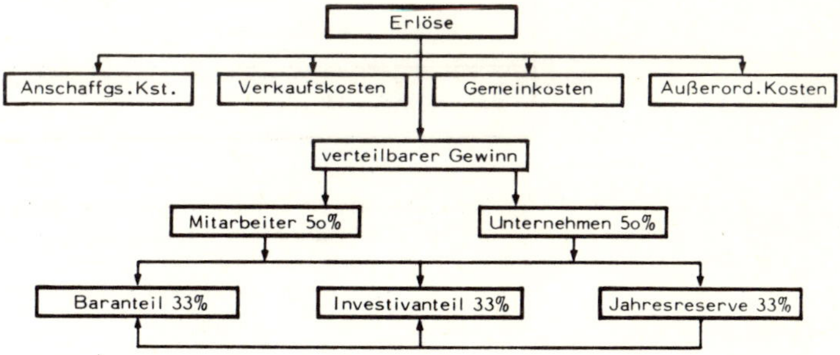

Verteilung

Der verteilbare Gewinn wird zwischen Unternehmen und Mitarbeitern halbiert. Diese Aufschlüsselung ist betriebswirtschaftlich und nicht verteilungspolitisch begründet (höchstmöglicher Mitarbeiteranteil bei langfristiger Sicherung der Unternehmensbelange).

Investivanteil

§ 3 Betriebsvereinbarung: „Die hohe Beteiligung läßt,eine volle Barauszahlung nicht zu, wenn nicht die Wettbewerbsfähigkeit des Unternehmens gefährdet werden soll. Deshalb wird die EB nur zur Hälfte bar ausgezahlt, die andere Hälfte wird als Investivanteil festgelegt."

Die Investivanteile der Mitarbeiter werden auf persönlichen Darlehnskonten im Unternehmen angespart und wie das Eigenkapital des Unternehmens mit 7% verzinst. Die Zinsen aus dem Investivanteil werden jährlich ausgezahlt.

Baranteil

Monatliche Auszahlung jeweils zum 21. des Folgemonats. Um saisonbedingte Überzahlungen zu vermeiden, wird während des Jahres der Baranteil zu 2/3 ausgezahlt. 1/3 bleibt in der "Jahresreserve". Der Stand der Jahresreserve wird monatlich bekanntgegeben. Auszahlung nach exakter Jahresschlußabrechnung im Februar des Folgejahres.

Mitarbeiter Information

Ausführlich monatlich vor dem Wirtschaftsausschuß. Kurze Zusammenfassung der Gewinn- und Verlustrechnung für alle Mitarbeiter monatlich am "Blauen Brett". Erläuterung im Mitarbeiterbrief "Info aktuell".

Beispiel

EB-Errechnung eines Monats	
Erlöse	3.680.000,-
./. Anschaffungskosten	2.862.000,-
./. Verkaufskosten	128.000,-
./. Gemeinkosten	540.000,-
= Betriebsgewinn	150.000,-
./. außerordentliche Aufwendungen	109.000,-
	<> 41.000,-
+ außerordentliche Erträge	57.000,-
= verteilbarer Gewinn	98.000,-
davon 50% EB	49.000,-

Erläuterungen zur EB-Errechnung

Erlöse (Umsätze) = Summe aller im Abrechnungszeitraum ausgehenden Rechnungen und Provisionseinnahmen

Anschaffungskosten = Einkaufskosten für Fahrzeuge und Ersatzteile und produktive Löhne

Verkaufskosten = umsatzabhängige Kosten; Verkäuferprovision, Fertigmachen von neuen und gebrauchten Fahrzeugen, Gewährleistungen, Kulanz usw.

Gemeinkosten (Kosten der Klasse 4 außer Verkaufskosten) = Hilfslöhne, Gehälter, gesetzliche und freiwillige soziale Aufwendungen, Telefonkosten, Porto, Heizkosten, Strom, Gas, Wasser, Werbekosten usw.

Außerordentliche Aufwendungen = Abschreibungen auf Forderungen, Gebäudekosten, Zinsaufwendungen, alle Aufwendungen, die nicht das laufende Geschäftsjahr betreffen, eine 7%ige Eigenkapitalverzinsung usw.

Außerordentliche Erträge = Grundstücks- und Gebäudeerträge, Zinserträge, alle Erträge, die nicht das laufende Geschäftsjahr betreffen usw.

Über Darlehnskonto und Jahreszinsen erhält der Mitarbeiter zum Jahresende einen Konto-Auszug

OPEL HOPPMANN ERFOLGSBETEILIGUNGSKONTOAUSZUG

Meier, Josef 16.8.1935 Pers.-Nr. 0068

altes Guthaben 1.01.1976 DM 7.862,—
Zugang Investivanteil 1976 DM 2.072,—
Gesamt Guthaben 1.01.1977 DM 9.934,—

7 % Zinsen für 1976
von DM 7.862,— = DM 550,34
wurden am 10.12.1976 ausgezahlt.

Siegen, den 22. 2. 1977

Martin Hoppmann GmbH

persönlicher Anteil

Der einzelne Mitarbeiter nimmt seinem Lohn bzw. Gehalt entsprechend an der EB teil. Der Prozentsatz, den der Mitarbeiter von seinem Lohn erhält, errechnet sich wie folgt:

$$\frac{\text{Gesamt EB} \times 1oo}{\text{Gesamtlohnsumme}} = \text{EB-Prozentsatz}$$

Anteilsberechtigt ist jeder Mitarbeiter nach dem 3. vollen Monat seiner Betriebszugehörigkeit. Auszahlungsberechtigt ist er bei Pensionierung bzw. Ausscheiden. Auszahlung in 48 Monatsraten (Mindestrate DM 3oo,--). Bei Ausscheiden nach Kündigung 1 Jahr Sperrfrist.

Im Todesfall gehen die Ansprüche voll auf die Erben über.

Steuer

Baranteile werden nach dem monatlichen Einkommen versteuert, Investivanteile bei der Auszahlung.

Entwicklung der EB 1969 - 1976

	1969	1976
beteiligte Mitarbeiter	183	22o
Lohnsumme	1.377.76o,-	4.2oo.641,-
EB Bar- und Investivanteil	179.219,-	689.447,-
Investivanteil - Anlagesumme	83.9o2,-	1.345.18o,-
Zinsen Investivanteil	-	69.241,-
ausgezahlte Investivguthaben im Jahr	-	35.295,-
dto. 1969 - 1976	-	168.479,-
Stand des Investivguthabens eines qualifizierten Kfz.-Handwerkers, der schon 1969 im Unternehmen war.	526	9.934,-

Jahr	EB Bar- u. Investiv	in % eines Monatslohns
1969	179.219,-	156
197o	387.8o4,-	254
1971	397.186,-	195
1972	28o.945,-	12o
1973	232.28o,-	9o
1974	12o.641,-	42
1975	792.1o6,-	248
1976	689.447,-	197
Gesamt	3.o79.628,-	

Risiko der Mitarbeiter

Am Verlust eines Geschäftsjahres nehmen die Mitarbeiter, wie oben erwähnt, nicht teil. Sie tragen aber das Risiko, im Konkursfall ihren Investivanteil zu verlieren. In einem solchen Falle würden ihre Forderungen an das Unternehmen wie alle Gläubigerforderungen aus der Konkursmasse befriedigt werden müssen. Bei gleicher Verzinsung tragen die Mitarbeiter also auch das gleiche Risiko wie andere Darlehnsgeber und wie der Kapitaleigner (die Stiftung), der allerdings zusätzlich noch eventuelle Verlustjahre ausgleichen müßte.

Was bleibt vom Gewinn ?

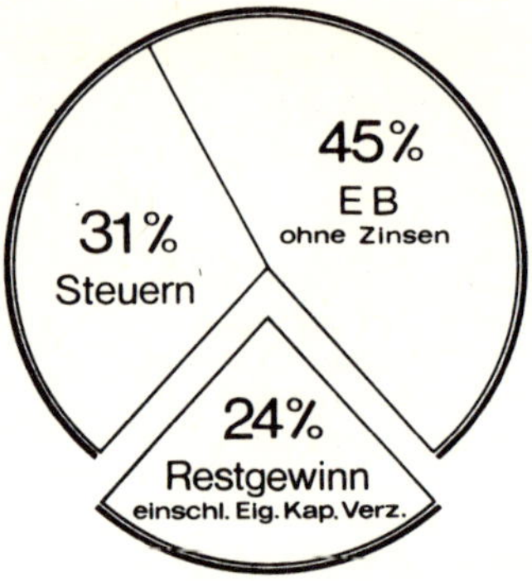

steuerliche Vorteile

Häufig wird behauptet, Mitarbeiterbeteiligungen würden von den Unternehmen aus steuerlichen Gründen eingeführt; die Unternehmen würden am Ende sogar noch einen finanziellen Vorteil haben. Das ist so nicht zutreffend. Ein steuerlicher Vorteil entsteht zwar zunächst einmal dadurch, daß die Steuer für den Mitarbeiter sehr viel niedriger ist als die Steuer für das Unternehmen. Würde der Gewinn nicht verteilt, so würde er selbstverständlich voll den höheren Steuersätzen unterliegen, die das Unternehmen zu zahlen hat.

Ein Vorteil liegt auch darin, daß der Investivanteil beim Mitarbeiter erst nach Auszahlung versteuert werden muß. Bis dahin bleibt also die Steuer hierfür im Unternehmen stehen und verbessert die Liquidität des Unternehmens. Da sich mit der Zeit die Auszahlungsverpflichtungen (durch Ausscheiden von Mitarbeitern) erhöhen und den neu angesparten Investivanteilen immer näher kommen, verliert der Liquiditätsvorteil an Bedeutung.

Es darf auch nicht übersehen werden, daß die Mitarbeiteranteile den Vermögenszuwachs des ursprünglichen Kapitaleigners verringern. Bei uns werden sie zu Mitarbeiter-Darlehn und damit zu Fremdkapital, in anderen Modellen zu Kapitalanteilen der Mitarbeitergesellschafter. Schließlich müssen die Darlehn verzinst werden, ein nicht unbeträchtlicher Kostenfaktor.

Daß die Erfolgsbeteiligung das Unternehmen nichts kostet, ist also eine falsche Behauptung. Trotzdem sehen wir viele Gründe, die für eine Erfolgsbeteiligung sprechen.

Anlage 6.5 c

Der Wirtschaftsausschuß bei Opel Hoppmann

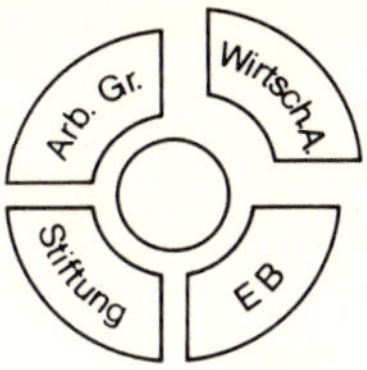

Auszug aus der Betriebsvereinbarung vom 7.7.1977

Organisation

§ 12 Es wird ein Wirtschaftsausschuß mit 8 Mitgliedern gebildet, die sämtlich im Unternehmen tätig sein müssen. 4 Mitglieder werden vom Betriebsrat gewählt. Davon muß eins Betriebsratsmitglied sein. Die Wahl erfolgt jeweils für die Dauer der Amtszeit des Betriebsrates (3 Jahre).

Bei Vorliegen besonderer Gründe können Arbeitnehmervertreter vorzeitig durch den Betriebsrat abberufen werden.

Die 4 Arbeitgebervertreter sind der Geschäftsführer und die beiden Stellvertreter als ständige stimmberechtigte Mitglieder sowie jeweils ein weiterer Abteilungsleiter im turnusmäßigen Wechsel. In Ausnahme von diesem Wechsel ist jeweils der Abteilungsleiter stimmberechtigt, über dessen Aufgabenbereich eine Entscheidung zu treffen ist.

Jedes Mitglied ist in seinen Entscheidungen unabhängig

Neutraler

§ 13 Arbeitnehmer- und Arbeitgebervertreter einigen sich auf einen betriebsfremden Neutralen.
§ 14 Bei Stimmengleichheit gilt ein Antrag als abgelehnt. Arbeitnehmervertreter und Geschäftsleitung können, wenn keine Mehrheit zustandekommt, eine Sitzung verlangen, zu der der Neutrale hinzugezogen wird.
(Anm.: Von dieser Bestimmung wurde in acht Jahren noch nicht Gebrauch gemacht.)

Gäste

§ 15 Soweit erforderlich, können zur Sitzung des Wirtschaftsausschusses ohne Stimmrecht sachkundige Personen hinzugezogen werden. Sofern es sich dabei um nicht im Betrieb tätige Personen handelt, ist hierfür ein Mehrheitsbeschluß notwendig.

Die Sitzungen sind den Mitarbeitern eingeschränkt zugänglich, d. h. es können bis zu drei weitere Betriebsangehörige beratend teilnehmen.

Aufgaben

Der Wirtschaftsausschuß hat über jede Sitzung dem Betriebsrat unverzüglich und vollständig zu berichten. Es ist erwünscht, daß er auch die Belegschaftsmitglieder informiert.

§ 16 Im Wirtschaftsausschuß haben Arbeitgeber- und Arbeitnehmervertreter die Aufgabe, wirtschaftliche Angelegenheiten miteinander zu beraten und zu entscheiden. Der Wirtschaftsausschuß wird über die wirtschaftliche und finanzielle Situation und Entwicklung des Unternehmens von der Geschäftsleitung informiert.

Er hat die monatliche Erfolgsrechnung zu prüfen. Die Mitglieder des Wirtschaftsausschusses haben das Recht, wirtschaftliche Maßnahmen zur Entscheidung vorzuschlagen und bei wichtigen Entscheidungen mitzubestimmen.

Rechte

§ 17 Wichtige Entscheidungen im Sinne des Rechtes auf Mitbestimmung sind:

a) Verkaufs- und Investitionsprogramm
b) Errichtung von Neubauten und größeren Umbauten
c) Investitionen (außer Grundstücken und Gebäuden) mit einem Einzelwert von über DM 28.ooo,-- sowie Investitionen ohne Rücksicht auf den Einzelwert, wenn sie insgesamt für das Geschäftsjahr den Wert von DM 14o.ooo,-- übersteigen +)
(Anm.: In der Praxis werden auch kleinere Investitionen dem Wirtschaftsausschuß zur Entscheidung vorgelegt.)
d) Rationalisierungsvorhaben
e) Einrichtung neuer Planstellen
f) Eingehen von Verpflichtungen oder organisatorischen Veränderungen, die eine Kostenbelastung von über DM 28.ooo,-- im Jahr zur Folge haben +)
g) Aufnahme von Krediten, die über die zum Zeitpunkt der Aufnahme bestehende Kreditlinie hinausgehen
h) Übernahme von Bürgschaften über DM 28.ooo,-- +)
i) Beteiligung an anderen Firmen
j) Aufnahme von Teilhabern
k) Erwerb, Veräußerungen und Belastungen von Grundstücken
l) Verkauf oder Verpachtung von wesentlichen Betriebsteilen oder des Unternehmens im ganzen
m) Abschluß von Rechtsgeschäften außerhalb des normalen Geschäftsverkehrs
n) sonstige Vorgänge, die die Interessen der Mitarbeiter wesentlich berühren können
o) bei der Bestellung eines Geschäftsführers wirkt der Wirtschaftsausschuß nach einem besonderen Modus mit, der im Gesellschaftsvertrag der Martin Hoppmann GmbH festgelegt ist.

+) Die in c) f) und h) fixierten Beträge sind der Veränderung des Geldwertes anzupassen.

Erfahrungen

Die Arbeit des Wirtschaftsausschusses war in den vergangenen acht Jahren ausgesprochen fruchtbar. Alle wichtigen geschäftlichen Entscheidungen wurden dort gefällt, entweder in den ordentlichen Sitzungen, die jeden Monat einmal stattfinden oder bei eiligen Anlässen in außerordentlichen Sitzungen. Der wirtschaftliche Erfolg der letzten Jahre bestätigt die Funktionsfähigkeit des Wirtschaftsausschusses. Auch in Krisenzeiten hat sich die Zusammenarbeit bewährt. Gerade dann zeigte sich der Wert regelmäßiger Information und betriebswirtschaftlicher Kenntnisse auch bei den Arbeitnehmervertretern.
Die meisten Beschlüsse kamen nach gründlicher Diskussion in Übereinstimmung zustande. Bei Mehrheitsbeschlüssen ging die Stimmenverteilung quer durch die "Fraktionen".

Die Arbeitnehmervertreter bewiesen ein hohes Maß an "unternehmerischer" Verantwortung und ein starkes Interesse am langfristigen Gedeihen des Unternehmens.

Martin Hoppmann GmbH, Eiserfelder Straße 196, D-59oo Siegen 1, Telefon o271/336o91

Stand Okt/77

Anlage 6.5 d

Mitwirkung von Arbeitsgruppen bei Opel Hoppmann

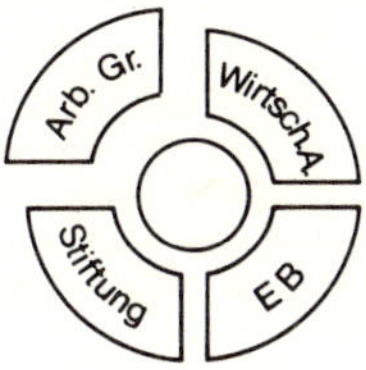

Grundgedanke

Die Probleme am Arbeitsplatz werden durch Wirtschaftausschuß und Betriebsrat, in denen die Interessen der Arbeitnehmer jeweils durch gewählte Repräsentanten wahrgenommen werden, nur teilweise erfaßt. Unmittelbare Mitwirkung bei der Entscheidung über seine hautnahen Probleme erhält der Arbeitnehmer bei uns durch ein System von Arbeitsgruppen.

Organisation

Es wurden 2o Arbeitsgruppen gebildet, die alle Mitarbeiter, auch die leitenden Angestellten, erfassen. Kriterien für die Zusammensetzung der Arbeitsgruppen sind die gemeinsame Arbeitsaufgabe und der gemeinsame Vorgesetzte (z. B. Meister).

Die Betriebsvereinbarung (BV) räumt den Arbeitsgruppen folgende Rechte ein:

1. Recht auf Gruppenbesprechungen (§ 6 BV)

   Die Gruppen können jederzeit nach Bedarf und auf Verlangen der Mitarbeiter oder des Vorgesetzten eine Gruppenbesprechung ansetzen. Die Besprechungen finden in der Regel während der Arbeitszeit statt; wenn dies die betrieblichen Erfordernisse nicht zulassen, nach Feierabend. Der Zeitaufwand wird in jedem Falle bezahlt; wenn Arbeitsgruppensitzungen außerhalb der Arbeitszeit stattfinden, mit Überstundenzuschlag.

2. Recht auf Information (§ 7 BV)

   Der Vorgesetzte muß über alle Veränderungen des Arbeitsplatzes, der Arbeitsbedingungen, über die Einführung neuer Arbeitsmethoden, das Auswechseln von Arbeitskräften und die Ernennung von Vorgesetzten so rechtzeitig informieren, daß die Arbeitsgruppe darüber beraten, dazu Stellung nehmen und am Entscheidungsprozeß beteiligt werden kann.

3. Anhörungsrecht (§ 7 BV)

   Es genügt nicht, daß der Vorgesetzte seine Gruppe informiert. Er muß in allen Fragen, in denen er eine Informationspflicht hat, die Meinung der Gruppe einholen und in seine Entscheidung einbeziehen.

4. Beschwerderecht (§ 8 BV)

   Wenn ein Einvernehmen zwischen der Gruppe und dem Vorgesetzten nicht erzielt wird, steht der Gruppe das Recht der Beschwerde zu. Die Beschwerde wird über den Betriebsrat an die Geschäftsleitung weitergegeben. Durch Einschaltung des Betriebsrates und durch die Möglichkeit, die strittigen Fragen auch im paritätisch besetzten Wirtschaftsausschuß vorzubringen, wird aus einem Mitspracherecht ein echtes Mitbestimmungsrecht.

5. Initiativrecht (§ 9 BV)

   Es umfaßt das betriebliche Vorschlagswesen, geht aber in der Praxis darüber hinaus und gibt der Gruppe in den in § 7 genannten Bereichen die Möglichkeit, von sich aus gestaltend wirksam zu werden. (Die Anzahl der Verbesserungsvorschläge ist gegenüber dem Jahr 1969 um das 6-fache gestiegen.)

6. Recht auf selbständige Absprachen (§ 1o BV)

   Im Rahmen der Gesamtarbeitsaufgabe, die der Gruppe gestellt ist, kann sie über Modalitäten der Arbeitsplanung und -ausführung selbständige Absprachen treffen, wobei sie den Vorgesetzten nicht zu fragen, sondern lediglich zu informieren hat.

Gruppensprecher

Zur Vorbereitung und Leitung von Arbeitsgruppenbesprechungen bestimmt jede Gruppe einen Sprecher. Der Vorgesetzte verhandelt aber bei Problemen, die die Arbeitsgruppe betreffen, stets mit der Gesamtgruppe.

Mitwirkungsfeld

Die Arbeitsgruppensitzungen dienen dazu,

- Informationen auszutauschen
- Probleme am Arbeitsplatz zu lösen
- Beziehungen zu Vorgesetzten und untereinander zu klären
- Verbesserungsvorschläge auszuarbeiten
- gemeinsame Interessen zu formulieren und zu vertreten
- Absprachen über den Arbeitsablauf usw. zu treffen
- Entscheidungen vorzubereiten
- betriebliche Maßnahmen gemeinsam mit den Vorgesetzten zu entscheiden

Anlage 6.5 e

Die Stiftung von Opel Hoppmann

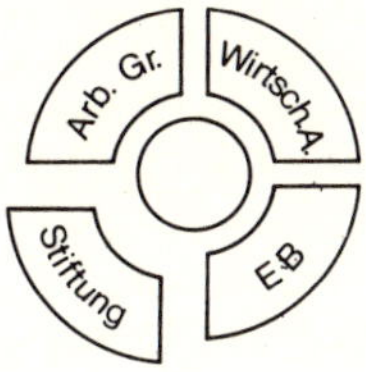

1974 errichtete der Unternehmer die gemeinnützige Stiftung „Demokratie im Alltag" und übertrug ihr seine GmbH Anteile. Die Stiftung wurde vom Innenminister des Landes Nordrhein-Westfalen genehmigt. Ihre Gemeinnützigkeit wurde von der Finanzbehörde anerkannt. Sie unterliegt der Stiftungsaufsicht. Die Übertragung des Eigentums auf die Stiftung ist damit unabänderlich.

Motive

Zu dieser Entscheidung haben mehrere Gründe geführt. Hier sei besonders der Wunsch genannt, dem Unternehmen Kontinuität zu sichern, indem einmal das Firmenvermögen langfristig dem Unternehmen erhalten bleibt, zum anderen die Fortführung der im Betrieb entwickelten Mitarbeiterbeteiligung gewährleistet wird. Schon dem Stifter der Carl-Zeiss-Stiftung Ernst Abbe (1889) ging es darum, „den durch seine Mitarbeit groß gewordenen Betrieb vor den Fahrnissen zufälliger persönlicher Eigentümer oder privater Inhaber zu schützen und möglichst sichere Bedingungen für den Fortbestand und die Weiterentwicklung ... zu schaffen."

steuerliche Vorteile

Die Übertragung auf die Stiftung erfolgte aufgrund der Gemeinnützigkeit steuerfrei. Weil ein künftiger Erbfall vermieden wird, kann das Unternehmen nicht, wie es sonst häufig vorkommt, durch Erbschaftssteuer in Liquiditätsschwierigkeiten geraten. Die Stiftung zahlt keine Vermögenssteuer. Sonstige Steuervorteile sind mit der Stiftung nicht verbunden.

Beteiligung am Unternehmen

Die Stiftung ist als „Unternehmensträgerstiftung" am Stammkapital der GmbH mit 2.363.ooo,- DM und somit zu 98,5% am Gesamtfirmenvermögen beteiligt. Die Gemeinnützigkeitsverordnung verbietet gemeinnützigen Institutionen eine unternehmerische Tätigkeit. Deshalb erhielt die Stiftung in der Gesellschafterversammlung der GmbH kein Stimmrecht und keinen Einfluß auf die Geschäftspolitik. In Ausnahme zu dieser Regelung ist sie bei der Bestellung eines Geschäftsführers mit 5o% Anteilen stimmberechtigt.

Vorstand

Der Vorstand besteht aus einem Mitglied der Familie Hoppmann, zwei Betriebsangehörigen, von denen einer durch den Betriebsrat entsendet, der andere hinzugewählt wurde, und einem Sozialwissenschaftler. Ein weiteres Vorstandsmitglied, das auf dem Gebiet der Arbeitnehmerweiterbildung Erfahrung haben soll, wird noch bestimmt.

Zweck

Dem Stifter lag daran, daß der Bürger Demokratie nicht nur am Wahltag wahrnimmt, sondern als eine ständige Alltagsaufgabe und -möglichkeit begreift. Das kommt im Namen der Stiftung „Demokratie im Alltag" zum Ausdruck und bestimmt den Stiftungszweck. Die Stiftung „führt solche Vorhaben durch, die bei den Beteiligten Fähigkeiten für eine demokratische Teilhabe in Wirtschaft und Gesellschaft entwickeln". Das sind in erster Linie Aus- und Weiterbildungsmaßnahmen für Arbeitnehmer und Projekte zur Förderung sozial benachteiligter Kinder im Vorschul- und Schulalter unter Einbeziehung ihrer Eltern.

Finanzierung

Die Stiftung wird durch Gewinnausschüttungen und Spenden finanziert. Sie verfügt zur Zeit über einen jährlichen Etat von ca. 5o.ooo,- DM.

bisherige Aktivitäten

In den Schuljahren 1975/76 und 1976/77 wurde je ein Modellversuch zur Förderung lernschwacher Kinder an Grundschulen in Eiserfeld und Neunkirchen-Salchendorf durchgeführt. Zur pädagogischen Betreuung von Kindern einer Obdachlosensiedlung mit Schulaufgabenhilfe und Spielen wurde eine Sozialpädagogin im Anerkennungsjahr eingestellt. Seminare für Arbeitnehmer sind für das Jahr 1978 geplant.

Martin Hoppmann GmbH, Eiserfelder Straße 196, D-59oo Siegen 1, Telefon o271/336o91

Stand Okt/77

Anlage 6.10

Interviews zur Stellung der Arbeitsgruppen

Geschäftsführer:

"Vergleicht man die beiden Positionen Arbeitsgruppe und Wirtschaftsausschuß, dann finde ich diese Entwicklung außerordentlich erfreulich, weil sie zeigt, daß die Leute es nicht mehr so sehr irgendeinem Gremium an der Spitze überlassen wollen, sondern daß sie ihre Sache selbst in die Hand nehmen wollen. Das begrüße ich sehr und empfinde ich als ein sehr schönes Ergebnis."

Abteilungsleiter:

"Dieses Ergebnis leuchtet mir ein. Was den Wirtschaftsausschuß betrifft, so ist der Mann an der Basis doch sehr weit vom Wirtschaftsausschuß entfernt und sieht da kaum eine Möglichkeit, selbst mitzubestimmen. Anders bei der Arbeitsgruppe. Die Möglichkeiten bei der Arbeitsgruppe sind ja in den Seminaren deutlich geworden. So leuchtet mir das ein, daß die Zahl von 20 auf 37 % gestiegen ist."

Meister:

"Daß die Arbeitsgruppen unheimlich zugenommen haben, liegt daran, daß die Arbeitsgruppen ernsthaft etwas anpacken und daß es fast immer zu Erfolgen geführt hat. Ganz gleich, welche Probleme das waren. Ich glaube, das ist die Antwort darauf. Die Arbeitsgruppen arbeiten durch die Schulung, die sie erfahren haben, jetzt wesentlich produktiver. Deshalb auch dieser kolossale Aufwärtstrend. ...
Viele Probleme werden schon unten gelöst. Es gehen wahrscheinlich gar nicht mehr so viele Probleme bis nach oben. Wir können die Geschäftsführung langsam immer mehr beschneiden."

Mitarbeiter (gewerblich):

"Wir haben ja bewiesen, wenn sich eine Arbeitsgruppe einig ist, kann sie unheimlich viel erreichen, was die letzten zwei Jahre ja auch der Fall war, beispielsweise in der Klempnerei und teilweise auch die Lackiererei, da halten die alle zusammen. ... Der Ausschuß kann natürlich Investitionen blockieren, er kann Investitionen herbeiführen, das ist allgemein bekannt. Aber das Interesse am Wirtschaftsausschuß richtet sich hauptsächlich auf die Dividende."

Kaufmännischer Angestellter:

"Durch den Betriebsrat können wir alle nicht persönlich an der Mitbestimmung teilnehmen, aber durch die Arbeitsgruppen sind wir persönlich beteiligt. Ich glaube, das ist vielen aufgefallen, vielleicht auch durch positive Ergebnisse."

Verkäufer:

"Die Mehrheit in unserem Betrieb, sei es in der Verwaltung oder in der Werkstatt, können ihre Belange der Mitbestimmung am Arbeitsplatz ja nur über die Arbeitsgruppen durchsetzen. Somit steht das Interesse im Vordergrund. Danach kommt zwangsläufig der Betriebsrat, während die Führungsschicht in erster Linie den Wirtschaftsausschuß in den Vordergrund stellt. Das Anwachsen der Arbeitsgruppenbesprechung ist positiv zu bewerten."

Quelle: BMFT - Forschungsbericht (137) S.66-68

E Literaturverzeichnis

1. Abendroth, Wolfgang: Das Grundgesetz, Eine Einführung in seine politischen Probleme, Pfullingen 1967

2. Adam, Hermann: Macht und Vermögen in der Wirtschaft, Köln 1974

3. - Pluralismus oder Herrschaft des Kapitals? Überlegungen zu Theorien gesellschaftlicher Machtverteilung in der Bundesrepublik, in: aus politik und zeitgeschichte, beilage zur wochenzeitung das parlament, B 14/74, S.26-38

4. - Wer herrscht in der Bundesrepublik? in: Die Neue Gesellschaft, 22.Jg.(1975) S.392-96

5. Ahlbrecht, Hans-Jürgen: Mitbestimmung und Mitbeteiligung, Berlin 1976 (Diss.)

6. Alemann, Ulrich von (Hrsg.): Partizipation - Demokratisierung - Mitbestimmung. Problemstellung und Literatur in Politik, Wirtschaft, Bildung und Wissenschaft. Eine Einführung. Opladen (2)1978

7. Andersen, Uwe: Einführung in die Vermögenspolitik, München 1976

8. Andresen, Gerd / Dust, Wolfgang (Hrsg.): Menschengerechte Arbeitsbedingungen in der betrieblichen Praxis. Modelle humaner Arbeitsgestaltung, in: cbs Schriftenreihe "Dokumentation", Heft 6, Ahrensburg 1976

9. Anker-Ording, Aake: Betriebsdemokratie. Gesellschaftlicher Forschritt durch Mitbestimmung. Frankfurt 1971 [(4)1972]

10. Anträge und Entschließungen mit den Empfehlungen der Antragsberatungskommission, 11. ordentlicher Bundeskongreß des DGB, Hamburg 21.-27.5.78. in: Parlament der Arbeit, Düsseldorf 1978

11. Arbeitsgemeinschaft christlicher Arbeitnehmerorganisationen (ACA): Warum Investivlohn? Was ist Investivlohn? Stuttgart 1962

12. Arbeitsgemeinschaft zur Förderung der Partnerschaft in der Wirtschaft - AGP (Hrsg.): Humanisierung der Arbeitswelt, Köln 1975

12a. - Pressemitteilung zum DGB-Bundeskongreß in Hamburg. Frechen 1978

13. - Referate und Diskussionsbeiträge zum Thema: "Bedarf das Betriebsverfassungsgesetz der Ergänzung?" AGP-Tagung am 27. Oktober 1966 in München, in: AGP: Untersuchungen und Berichte, Veröffentlichungen der AGP, Reihe II, Heft 8, Hilden 1966

14. - Untersuchungen und Berichte, Veröffentlichungen der AGP, Reihe I und II

15. - Vereinssatzung, Frechen bei Köln 1976

16. Arbeitsgemeinschaft zur Förderung der Partnerschaft in der Wirtschaft: AGP-Mitteilungen, Frechen 23 (1978)

17. Arbeitsgesetze, Textausgabe mit einer Einführung von Gerhard Etzel, Stand: 13. Mai 1976, Neuwied/Darmstadt 1976

18. Arbeitsgruppe "Alternative Wirtschaftspolitik": Memorandum "Alternativen der Wirtschaftspolitik", Köln 1978

19. Arendt, Walter / Vetter, Heinz O.: Ansichten zum Thema Mitbestimmung, in: Die Neue Gesellschaft, 23.Jg. (1976) S.268-276

20. Argumente zu Wirtschaftsfragen. Hrsg.: Institut der deutschen Wirtschaft, Köln o.Jg.

21. Arndt, Helmut: Wirtschaftliche Macht. Tatsachen und Theorien, München (2)1977

22. Arnold, Wolfgang: Personelle Einkommensverteilung in Entwicklungsländern. Eine entwicklungspolitisch orientierte Analyse personeller Verteilungstheorien, Tübingen/Basel 1979

23. Arnold-Knoblauch-Institut: Materialien zur Vermögensbildung in Arbeitnehmerhand. Thesen, Pläne, Gesetze 1946 - 1965, Bonn 1965

24. - Materialien zur Vermögensbildung in Arbeitnehmerhand. Thesen, Pläne, Gesetze. Zweite Folge: 1965 - 1968, Bonn 1968

25. Aubin, Hermann / Zorn, Wolfgang (Hrsg.): Handbuch der deutschen Wirtschafts- und Sozialgeschichte, Bd. II: Das 19. und 20. Jahrhundert, Stuttgart 1976

26. Aufsichtsratswahlen: Gewerkschaften vorn - Absage an Spaltervereine, in: Die Quelle, 29. Jg. (1978), S. 492-494

27. Aufsichtsratswahlen nach dem Mitbestimmungsgesetz 1976. Gesamtergebnis aus 457 Unternehmen. Eine Tabelle, in: Die Quelle, 29. Jg. (1979) S.495

28. aus politik und zeitgeschichte. beilage zur wochenzeitung das parlament, hrsg. von der Bundeszentrale für politische Bildung, Bonn o.Jg. (1978)

29. Die Ausgestaltung der Tariffonds ist umstritten, in: Handelsblatt vom 5.6.1979

30. Die Auswirkungen der Beschlüsse zur Mitbestimmung und Vermögensbildung auf die Funktionsfähigkeit der Unternehmen. Podiumsdiskussion des Arbeitskreises Gesellschaftspolitik im Verein Deutscher Maschinenbau-Anstalten e.V. (VDMA) am 17. Mai 1974 in München, Hrsg. Abteilung Wirtschaft- und Gesellschaftspolitik im Verein Deutscher Maschinenbauanstalten e.V. (VDMA) Frankfurt o.J.

30a. Badstübner, Ralf: Zur Problematik und historischen Bedeutung des Ahlener Programms der westdeutschen CDU, in: Zeitschrift für Geschichtswissenschaft, 9. Jg. (1961), S. 1789-1824

31. Baetge, Jörg: Systemtheorie, in: Handwörterbuch der Wirtschaftswissenschaften (HdWW), Band 7, S.510-534, Stuttgart/New York/Tübingen/Göttingen/Zürich 1977

32. Bäumer, Christian: Die Anwendung des Mitbestimmungsgesetzes auf Kommanditgesellschaften, Königstein 1978

33. Ballerstedt, Eike: Soziologische Aspekte der innerbetrieblichen Partnerschaft. Das Ahrensburger Modell, München 1971

34. Ballerstedt, Eike / Glatzer, Wolfgang: Soziologischer Almanach. Handbuch gesellschaftspolitischer Daten und Indikatoren für die Bundesrepublik Deutschland, Frankfurt/New York (2)1977

35. Balser, Heinrich / Meyer, Witold / Pichura, Vincent: Die GmbH. Ein Handbuch für die wirtschaftliche, notarielle und gerichtliche Praxis mit Erläuterungen, Beispielen, Formularen, Freiburg (5)1972

36. Balser, Heinrich / Meyer, Witold / Bokelmann, Gunter: OHG, KG, Einzelkaufmann, Freiburg (3)1972

37. Bartel, Karl: Öffentliche Infrastruktur oder privates Vermögen: Die vermögenswirksame Schuldenpolitik als Mittel zur Lösung eines Zielkonfliktes, Berlin 1975

38. Bartholomäi, Reinhart / Bodenbender, Wolfgang / Henkel, Hardo / Hüttel, Renate: Sozialpolitik nach 1945. Geschichte und Analysen, Bonn-Bad Godesberg 1977

39. Bayern, Gesetzentwurf des Freistaates. Entwurf eines Gesetzes zum Abbau steuerlicher Hemmnisse für die Vermögensbeteiligung der Arbeitnehmer, Manuskript o.O.u.o.J. (1977)

40. Beckhard, Richard: Organisationsentwicklung. Strategien und Modelle, Baden-Baden/Bad Homburg 1972

41. Beiträge zur Wirtschafts- und Sozialpolitik. Hrsg.: Institut der deutschen Wirtschaft, Köln o.Jg.

42. Bell, Daniel: Die nachindustrielle Gesellschaft, Frankfurt 1975

43. - Die Zukunft der westlichen Welt. Kultur und Technologien im Widerstreit, Frankfurt 1976

44. Bell, Daniel / Kristol, Irving (Hrsg.): Kapitalismus heute, Frankfurt/New York 1974

45. Bellebaum, Alfred: Soziologische Grundbegriffe. Eine Einführung für soziale Berufe, Stuttgart (5)1974, (6)1974 (1972)

46. Bendixen, Peter: Kreativität und Unternehmensorganisation, Köln 1976

47. Bennis, Warren G.: Organisationsentwicklung. Ihr Wesen, ihr Ursprung, ihre Aussichten, Baden-Baden/Bad Homburg 1972

48. Berchtold, Alfred: Wenn die Belegschaft den Betrieb übernimmt. Der Entwurf einer laboristischen Ordnung, in: Publik Forum 8(1979) Nr.6, S.4-5

49. Die Beteiligung von Mitarbeitern. Unternehmer stellen vor, wie ihre Mitarbeiter zu Mitunternehmern wurden, zwölf Praxisbeispiele. Mit einer Einleitung von Guido Fischer, Herne 1973

50. Bethusy-Huc, Viola Gräfin v.: Das Sozialleistungssystem der Bundesrepublik Deutschland, Tübingen (2)1976

51. Betriebsverfassungsgesetz mit Wahlordnung, München o.J. (Stand v. 1.8.75)

52. Betriebsverfassungsgesetz und Wahlordnung. Mit Mitbestimmungsgesetzen, Tarifvertragsgesetz, Kündigungsschutzgesetz, Auszügen aus Aktiengesetz und Arbeitsgerichtsgesetz. Mit einer Einführung, München (26)1976

53. Biedenkopf, Kurt H.: Demokratisierung in Betrieb und Unternehmen, in: Erhard/Brüß/Hagemayer: Grenzen der Demokratie, Düsseldorf/Wien 1973

54. - Fortschritt in Freiheit. Umrisse einer politischen Strategie, München 1974

55. - Mitbestimmung. Beiträge zur ordnungspolitischen Diskussion, Köln 1972

56. - Mitbestimmung in Recht und Freiheit. Rede auf dem a.o. Bundeskongreß des CGB am 21.10.77 in Bonn, Konrad-Adenauer-Haus, Bonn 1977

57. Bihl, Gerhard: Von der Mitbestimmung zur Selbstbestimmung. Das skandinavische Modell der selbststeuernden Gruppen, München 1973

58. Birkwald, Reimar / Pornschlegel, Hans (Hrsg.): Mitbestimmen im Betrieb. Ein arbeits- und betriebskundliches Handbuch für Arbeitnehmervertreter, Köln 1973

59. Blake, Robert R. / Mouton, Jane S.: Verhaltenspsychologie im Betrieb. Das Verhaltensgitter, eine Methode zur optimalen Führung in Wirtschaft und Verwaltung, Düsseldorf/Wien (4)1974 (1968)

60. Blanke, Thomas / Erd, Rainer / Mückenberger, Ulrich / Stascheit, Ulrich (Hrsg.): Kollektives Arbeitsrecht. Quellentexte zur Geschichte des Arbeitsrechts in Deutschland. Band 2: 1933 bis zur Gegenwart. Reinbek 1975

61. Bleistein, Franzjosef: Mitbestimmung im Betrieb. Leitfaden für die Praxis der Betriebe und Betriebsräte mit vollständigem Gesetzestext, Bonn 1972

62. Blüm, Norbert: Gewerkschaften zwischen Allmacht und Ohnmacht. Ihre Rolle in der pluralistischen Gesellschaft, Stuttgart 1979

63. Bock-Rosenthal, Erika / Hachmeister, Heiner / Sorge, Arndt: Mitbestimmung am Arbeitsplatz, Göttingen 1977

64a. Böckenförde, Ernst-Wolfgang (Hrsg.): Staat und Gesellschaft, Darmstadt 1976

64b. - Die verfassungstheoretische Unterscheidung von Staat und Gesellschaft als Bedingung der individuellen Freiheit, hrsg. von der Rheinisch-Westfälischen Akademie der Wissenschaften, Opladen 1973

65. Böhm, Franz / Briefs, Götz (Hrsg.): Mitbestimmung - Ordnungselement oder politischer Kompromiß. Erwägungen im Anschluß an den "Bericht der Sachverständigen-Kommission zur Auswertung der bisherigen Erfahrungen bei der Mitbestimmung" (Biedenkopf-Gutachten), Stuttgart 1971

66. Böttcher, Conrad / Zartmann, Hugo / Faut, Eberhard: Stille Gesellschaft und Unterbeteiligung. Wege zu anonymer Partnerschaft an Personenunternehmen und Kapitalgesellschaften, Stuttgart (3)1978

67. Boettcher, Erik: Kooperation und Demokratie in der Wirtschaft, Tübingen 1974

68. Boettcher, Erik / Hax, Karl / Kunze, Otto / v. Nell-Breuning, Oswald / Ortlieb, Heinz-Dietrich / Preller, Ludwig: Unternehmensverfassung als gesellschaftspolitische Forderung. Ein Bericht, Berlin 1968

69. Bogs, Walter / Achinger, H. / Meinhold, Helmut / Neundörfer, L. / Schreiber, W.: Soziale Sicherung in der Bundesrepublik Deutschland. Bericht der Sozialenquête-Kommission, Hauptband und Anlagenband, Stuttgart/Berlin/Köln/Mainz o.J.

70. Bolz, Klaus (Hrsg.): Ist eine gerechte Einkommensverteilung möglich? Grundfragen der Einkommens- und Vermögenspolitik, München 1972

71. Bombach, Gottfried u.a. (Hrsg.): Neue Aspekte der Verteilungstheorie, Tübingen 1974

72. Borsdorf, Ulrich / Hemmer, Hans-Otto: Gewerkschaften, Wissenschaft, Mitbestimmung. 25 Jahre Studien- und Mitbestimmungsförderung des Deutschen Gewerkschaftsbundes, Köln 1979

73. Borsdorf, Ulrich / Hemmer, Hans O./ Leminsky, Gerhard / Markmann, Heinz (Hrsg.): Gewerkschaftliche Politik: Reform aus Solidarität. Zum 60. Geburtstag von Heinz O. Vetter, Köln 1977

74. Bossle, Lothar / Bonkosch, Konrad (Hrsg.): Kreativität des Handelns. Vom Ingenium des Unternehmers. Festschrift für Ludwig Eckes zum 65. Geburtstag, Würzburg 1978

75. Bottomore, Thomas / Bolte, Karl Martin / Recker, Helga / Horstmann, Kurt: Soziale Schichtung und Mobilität, Stuttgart (2)1976

76. Bräutigam, Karl-Heinz: Arbeitspsychologie und Arbeitssoziologie. Einführung in arbeitswissenschaftliche Grundprobleme, Hamburg 1974

77. Brauch, Michael: Die Erweiterung der Mitbestimmungsrechte des Betriebsrates im Bereich der sozialen und personellen Angelegenheiten durch das Betriebsverfassungsgesetz vom 15.1.1972 und deren Auswirkungen auf die Rechtsstellung der einzelnen Arbeitnehmer, München 1975

78. Braune-Krickau, Michael: Weiterbildung zum OE-Berater. Ein Arbeitskreis für Organisations-Entwicklung des Gottlieb-Duttweiler-Instituts, in Congress extra 3/1978, S.38-41

79. Bredl, Wenzel: Demokratischer Sozialismus - Alternative zum Marxismus, in: Die Neue Gesellschaft, 23. Jg., Nr.7 (1976), S.593-596

80. - Die Verteilung des Produktionsfaktors Kapital ist eine Notwendigkeit, in: Die Neue Gesellschaft, 23.Jg.(1976) Nr.6, S.495-98

81. - Verteilungspolitik zwischen Sozialisierung und überbetrieblicher Beteiligung am Produktivvermögen, in: Die Neue Gesellschaft, 22.Jg. (1975), Nr.4, S.335-338

82. Brenner, Otto: Das Aktions-Programm. Referat vor dem 4. ordentl. Bundeskongreß des DGB in Hamburg, 1.-6. Oktober 1956, Hamburg

83. - Aus Reden und Aufsätzen, Frankfurt/Köln 1972

84. - Durch Mitbestimmung zur sozialen Demokratie. Referat des 1. Vorsitzenden der IG Metall für die Bundesrep. Deutschland auf dem 7. ordentl. Gewerkschaftstag in Essen 1962, Frankfurt 1962

85. - Für eine bessere Welt. Aufsätze zur Gewerkschaftspolitik, Frankfurt (3)1972

86. - Perspektiven der deutschen Mitbestimmung, Frankfurt 1972

87. Briefs, Goetz (Hrsg.): Mitbestimmung? Beiträge zur Problematik der paritätischen Mitbestimmung in der Wirtschaft, Stuttgart 1967 [(2)1968]

88. Briefs, Ulrich: "Organisationsentwicklung" im Spannungsfeld von Systembedingungen und "Humanisierungs"anspruch. - Anmerkungen zur OE aus gewerkschaftlicher Sicht. Vortrag auf dem 1. Europäischen Forum über OE in Aachen, am 30.10. - 1.11.1978. Kurzfassung in: 1. Europäisches Forum über OE, Kurzfassungen der Vorträge, Darmstadt 1978

89. Brinkmann, Theodor: Unternehmensgewinn - Motor des Fortschritts oder Ausbeutung?, Köln 1976

90. - Der Unternehmergewinn. Begriff - Höhe - Funktion, Köln 1974

91. - Verteilungskonflikt contra Gleichgewicht, Köln 1977

92. Brinkmann-Herz, Dorothea: Die Unternehmensmitbestimmung in der BRD. Der lange Weg einer Reformidee, Köln 1975

93. Brock, Adolf / Hindrichs, Wolfgang / Hoffmann, Reinhard / Pöhler, Willi / Sund, Olaf: Industriearbeit und Herrschaft, Bremen (2)1975

94. - Die Interessenvertretung der Arbeitnehmer im Betrieb, Köln 1976

95. - Der Konflikt um Lohn und Leistung, Köln 1975 (überarb. NeuA.)

96. Brock, Adolf / Hinrichs, Wolfgang / Hoffmann, Reinhard / Pöhler, Willi / Sund, Olaf: Die Würde des Menschen in der Arbeitswelt, Köln (2)1975

97. Brodersen, Arvid: Macht und Recht in der Soziologie Max Webers, in: Recht und Macht in Politik und Wirtschaft, S.31-49, Zürich 1976

98. Broich, Josef: Arbeitsrecht. Rollenspiele für Lehrlinge und Schüler, Frankfurt (3)1977

99. Broschell, Heinz / Dobroschke, Eduard (Hrsg.): Entwurf eines Gesetzes zur Mitarbeiter-Kapitalbeteiligung. Ein Diskussionsbeitrag, München 1971

100. Budäus, Dietrich: Entscheidungsprozeß und Mitbestimmung, Wiesbaden 1975

101. Budde, Heinz: Christentum und Soziale Bewegung, Aschaffenburg (2)1962

102. - Handbuch der christlich sozialen Bewegung, Recklinghausen 1967

103. Bühl, Walter L. (Hrsg.): Konflikt und Konfliktstrategie. Ansätze zu einer soziologischen Konflikttheorie, München 1972

104. - Theorien Sozialer Konflikte, Darmstadt 1976

105. Bund Katholischer Unternehmer e.V. (Hrsg.): Arbeitswelt menschlicher gestalten. Humanität oder Rentabilität - ein Widerspruch?, Köln 1974

Bundesgesetzblatt

106. - Aktiengesetz vom 6. September 1965, BGBl I S.1089 Geändert durch Einführungsgesetz ... MitbestG vom 4. Mai 1976 (BGBl I S.1153)

Betriebsverfassung

107. - Betriebsverfassungsgesetz 1952, Wahlordnung in der Fassung des Betriebsverfassungsgesetzes vom 15. Januar 1972 (BGBl I S.13), zuletzt geändert durch Mitbestimmungsgesetz vom 4. Mai 1976 (BGBl I S.1153)

108. - Betriebsverfassungsgesetz (1952) vom 11. Oktober 1972, BGBl I S.681

109. - Betriebsverfassungsgesetz (1972) vom 15. Januar 1972 BGBl 1972 I S.13

110. - Gesetz über die Bildung eines Sachverständigenrates zur Begutachtung der gesamtwirtschaftlichen Entwicklung vom 14. August 1963, BGBl 1963 I S.685

111. - Gesetz zur Förderung der Stabilität und des Wachstums der Wirtschaft vom 8. Juni 1967, BGBl 1967 I S.582

Mitbestimmung

112. - Bundespersonalvertretungsgesetz (BPersVG) vom 15. März 1974, BGBl 1974 I S.693

113. - Gesetz über die Mitbestimmung der Arbeitnehmer in den Aufsichtsräten und Vorständen der Unternehmen des Bergbaus und der Eisen und Stahl erzeugenden Industrie vom 21. Mai 1951, BGBl I S.347, zuletzt geändert durch das Einführungsgesetz zum Aktiengesetz vom 6. Sept. 1965 (BGBl I S.1185)

114. - Gesetz zur Ergänzung des Gesetzes über die Mitbestimmung der Arbeitnehmer in den Aufsichtsräten und Vorständen der Unternehmen des Bergbaus und der Eisen und Stahl erzeugenden Industrie, vom 7. August 1956, BGBl I S.707, in der Fassung der Gesetze vom 15. Juli 1957, BGBl I S.714, vom 6. September 1965, BGBl I S.1185, und vom 27. April 1967, BGBl I S.505

115. - Gesetz über die Mitbestimmung der Arbeitnehmer (Mitbestimmungsgesetz - MitbestG) vom 4. Mai 1976, BGBl 1976 I S.1153

116. - Erstc Wahlordnung zum Mitbestimmungsgesetz (1. WO MitbestG) vom 23. Juni 1977, BGBl 1977 I S.861

117. - Zweite Wahlordnung zum Mitbestimmungsgesetz (2. WO MitbestG) vom 23. Juni 1977, BGBl 1977 I S.893

118. - Dritte Wahlordnung zum Mitbestimmungsgesetz (3. WO MitbestG) vom 23. Juni 1977, BGBL 1977 I S.934

119. - Tarifvertragsgesetz (TVG) vom 9. April 1949. Gesetzblatt der Verwaltung des Vereinigten Wirtschaftsgebietes S.55, in der Fassung der Bekanntmachung vom 25. August 1969 (BGBl. I S.1323), geändert durch Heimarbeitsänderungsgesetz vom 29. Oktober 1974 (BGBl I S.2879)

120. - Gesetz zur Verbesserung der betrieblichen Altersversorgung vom 19. Dezember 1974, BGBl 1974 I S.3610

Vermögensbildung

121. - Bekanntmachung der Neufassung des Dritten Gesetzes zur Förderung der Vermögensbildung der Arbeitnehmer, vom 15. Januar 1975, BGBl 1975 I S.257

122. - Spar-Prämiengesetz in der Fassung vom 28. August 1974 (SparPG 1975), BGBl 1974 I S. 2109, zuletzt geändert durch das Gesetz zur Verbesserung der Haushaltsstruktur (Haushaltsstrukturgesetz - HStruktG) vom 18.12.75 (BGBl 1975 I S.3091)

123. - Spar-Prämiengesetz in der Fassung vom 20. Dezember 1977 (SparPG 1977), BGBl 1977 I S.3165

124. - Wohnungsbau-Prämiengesetz in der Fassung vom 28. August 1974 (WoPG) 1975), BGBl 1974 I S.2105, zuletzt geändert durch das Gesetz zur Verbesserung der Haushaltsstruktur (Haushaltsstrukturgesetz - HStruktG) vom 18.12.1975 (BGBL 1975 1975 I S.3091)

125. - Wohnungsbau-Prämiengesetz in der Fassung vom 20. Dezember 1977 (WoPG 1977), BGBl 1977 I S.3171

126. Bundeskanzler Willy Brandt: Regierungserklärung vor dem Deutschen Bundestag am 28. Oktober 1969, Bonn

127. - Regierungserklärung des zweiten Kabinetts Brandt/Scheel vom 18. Januar 1973, Bonn

128. Bundeskanzler Helmut Schmidt: Kontinuität und Konzentration. Regierungserklärung vom 17. Mai 1974, Bonn

129. - Regierungserklärung vor dem Deutschen Bundestag 16. Dezember 1976, Bonn

130. Bundesminister für Arbeit und Sozialordnung (Hrsg.): Einkommens- und Vermögensverteilung in der Bundesrepublik Deutschland. Ausgabe 1976, Bonn 1976

131. - Forschung zur Humanisierung des Arbeitslebens, in: Sozialpolitische Informationen, VIII. Jg., 8. Mai 1974, Sonderausgabe

131a. - Mitbestimmung. Mitbestimmungsgesetz / Montan-Mitbestimmung / Betriebsverfassung, Bonn 1976

132. - Mitbestimmung. Mitbestimmungs-Gesetz, Montan-Mitbestimmung, Betriebsverfassung, Mitbestimmungsurteil des Bundesverfassungsgerichts, Bonn 1979

133. - Reform der Betriebsverfassung. Erläuterungen, Gesetz, Wahlordnung, Bonn 1971

134. - Sozialbericht '78, Bonn 1978

135. - Sozialgesetzbuch - Allgemeiner Teil, Bonn 1976

136. - Vermögenspolitik in einer wachsenden Wirtschaft. Grundsätze und Modelle, Bonn 1969

137. Bundesminister für Forschung und Technologie: Forschungsbericht Humanisierung des Arbeitslebens. Mitwirkung von Arbeitsgruppen am betrieblichen Entscheidungsprozeß, November 1978

138. Bundesminister der Justiz: Konstituierende Sitzung der Unternehmensrechtskommission, in: recht, Informationen des Bundesministers der Justiz, Nr.44 und 45 vom 9. Mai 1972

138a. - Bericht über die Verhandlungen der Unternehmensrechtskommission, Köln 1980

138b. - Unternehmensrechtskommission übergibt Bundesjustizminister Dr. Vogel ihren Bericht. Unternehmensrecht wird fortentwickelt, in: recht, Informationen des Bundesministers der Justiz, 18.12.1979, S. 1-15

139. Bundesminister für Wirtschaft: Realistische Vorschläge zur Fortentwicklung der Vermögenspolitik, Bonn 1976 (BMWI-Dokumentation Nr.229)

140. Bundesverband der Katholischen Arbeitnehmer-Bewegung (KAB) Deutschlands (Hrsg.): Texte zur katholischen Soziallehre. Die sozialen Rundschreiben der Päpste und andere kirchliche Dokumente. Mit einer Einführung von Oswald von Nell-Breuning SJ, Kevelaer (4)1977

141. Bundesvereinigung der Deutschen Arbeitgeberverbände: Grundsätze zur Vermögenspolitik, in: AGP-Mitteilungen 23 (1976), Nr.204, S.6-7

142. - stellungnahme des arbeitskreises mitbestimmung zum bericht der sachverständigenkommission: mitbestimmung im unternehmen (Bundestagsdrucksache VI/334), Köln 1970

143. - Stellungnahme des Arbeitskreises Mitbestimmung zum Entwurf eines Gesetzes über die Mitbestimmung der Arbeitnehmer (MitbestG), Bundestags-Drucksache 7/2172, Köln 1974

144. Bundesvereinigung der Deutschen Arbeitgeberverbände: Stellungnahme des Arbeitskreises Mitbestimmung zum Entwurf eines Gesetzes über die Mitbestimmung der Arbeitnehmer, Köln 1974

145. - Unternehmer zur Mitbestimmung. Erklärung des "Arbeitskreises Mitbestimmung", März 1973, Köln 1973

146. Bundesverfassungsgericht: Urteil über die erweiterte Mitbestimmung der Arbeitnehmer nach dem Mitbestimmungsgesetz vom 4.5.1976 nach einer Verfassungsbeschwerde von Unternehmen und Arbeitgeberverbänden, Karlsruhe 1. März 1979

147. Burgbacher, Fritz: Produktivkapital für Jeden. Die Pflicht zum Eigentum, Stuttgart/Berlin/Köln/Mainz 1971

148. Buttler, Günter / Hof, Bernd: Bevölkerung und Arbeitsmarkt bis zum Jahr 2000, Köln 1977

149. Cassel, Dieter/ Thieme, H. Jörg (Hrsg.): Einkommensverteilung im Systemvergleich, Stuttgart 1976

150. Chmielewicz, Klaus: Arbeitnehmerinteressen und Kapitalismuskritik in der Betriebswirtschaftslehre, Reinbek 1975

151. Christlich-Demokratische Arbeitnehmerschaft (CDA) - Bundesvorstand: Gedanke der Partnerschaft bekräftigt. Stellungnahme des Geschäftsführenden Bundesvorstandes der CDA (zum Mitbestimmungsurteil des Bundesverfassungsgerichts), in: Soziale Ordnung 32 (1979), Nr.4, S.11 - 14

151a. - Programme, Köln o.J.

152. Christlich-Demokratische Union: Die Programme der CDU - Dokumentation. Ahlener Programm (1947), Düsseldorfer Leitsätze (1949), Hamburger Programm (1953), Berliner Programm (1971) mit Beschlüssen des Hamburger Parteitages (1973), Mannheimer Erklärung (1975); herausgg. v.d. CDU-Bundesgeschäftsstelle, Bonn o.J.

153. - 22. Bundesparteitag Hamburg 1973, 18.-20. Nobember 1973, Niederschrift, Bonn o.J.

154. - Humanität im Arbeitsleben. Der Mensch ist wichtiger als die Sache. Referate und Ergebnisse des Kongresses "Humanität im Arbeitsleben" am 6./7. Dezember 1974 in Leverkusen, Bonn 1975

155. - Der Vermögensplan der CDU. Davon kann sich die SPD 'ne Scheibe abschneiden, o.O. o.J. (CDU-Bundesgeschäftsstelle, Materialien)

156. - Der Vermögensplan der CDU. Rednerdienst Kurzfassung, o.O. o.J.

157. - Zum Thema: Lohnnivellierung. Ökonomische und soziale Konsequenzen der sog. "Schlüsselfrage sozialdemokratischer Politik", Stand: 13.2.1978, Bonn 1978

158. Christmann, Alfred: Wirtschaftliche Mitbestimmung im Meinungsstreit. Band I, hrsgg. und eingeleitet von Otto Kunze, Köln 1964

159. Christmann, Alfred / Leminsky, Gerhard / Kunze, Otto (Hrsg.): Wirtschaftliche Mitbestimmung im Meinungsstreit. Band II (Dokumentation), Köln 1964

160. Claussen, Wilhem / Uecker, Fritz: Praktikable Wege zur Erfolgsbeteiligung im Rahmen des Gesetzes zur Förderung der Vermögensbildung der Arbeitnehmer. Einleitende Referate auf einer Tagung der AGP, Hilden 1963

161. Coböken, Udo / Hennemann, Udo: Vermögensbildung Lexikon, Bonn 1976

162. Däubler, Wolfgang: Das Grundrecht auf Mitbestimmung und seine Realisierung durch tarifvertragliche Begründung von Beteiligungsrechten, Frankfurt 1973

163. Däubler, Wolfgang / Hege, Hans: Koalitionsfreiheit. Ein Kommentar, Baden-Baden 1976

164. Dahrendorf, Ralf: Gesellschaft und Demokratie in Deutschland, München 1965

165. - Homo Sociologicus. Ein Versuch zur Geschichte, Bedeutung und Kritik der Kategorie der sozialen Rolle, Köln/Opladen (7)1968

166. - Industrie- und Betriebssoziologie, Berlin 1956

167. - Konflikt und Freiheit. Auf dem Weg zur Dienstklassengesellschaft, München 1972

168. - Das Mitbestimmungsproblem in der deutschen Sozialforschung. Eine Kritik, Tübingen 1963

169. - Über den Ursprung der Ungleichheit unter den Menschen, Tübingen 1961

170. Dettling, Warnfried: Demokratisierung. Wege und Irrwege, Köln (3)1974

171. Deutsche Angestellten-Gewerkschaft - Bundesvorstand: Forderungen zur Beteiligung der Arbeitnehmer am Produktivvermögen, Hamburg o.J.

Deutscher Bundestag

Betriebsverfassung

172. - Antrag der Fraktion der CDU/CSU: Entwurf eines Gesetzes zur Änderung des Betriebsverfassungsgesetzes, Drucksache V/2234 vom 2. November 1967

173. - Antrag der Fraktion der SPD: Entwurf eines Gesetzes zur Neuregelung der Betriebsverfassung, Drucksache V/3658 vom 16. Dezember 1968

174. - Antrag der Fraktion der FDP: Entwurf eines Gesetzes zur Änderung des Betriebsverfassungsgesetzes, Drucksache V/4011 vom 20. März 1969

175. - Entwurf eines Betriebsverfassungsgesetzes (Entwurf der Bundesregierung), Drucksache VI/1786 vom 29. Januar 1971

176. - Entwurf eines Gesetzes über die Mitbestimmung der Arbeitnehmer in Betrieb und Unternehmen (Gesetzentwurf der Fraktion der CDU/CSU), Drucksache VI/1806 vom 5. Februar 1971

177. - 6. Wahlperiode, 10. Ausschuß, Protokolle der 45. und 46. Sitzung: Öffentliche Informationssitzung des Ausschusses für Arbeit und Sozialordnung am 24. und 25. Februar 1971, Bonn, Bundeshaus, über
1. Entwurf eines Betriebsverfassungsgesetzes (Regierung), Drucksachen VI/1786, zu 1786
2. Antrag der CDU/CSU-Fraktion ... Drucksachen VI/1806
3. Entwurf über die befristete Fortgeltung ... Drucksachen VI/1785, zu VI/1785

Anhörung von Sachverständigen

178. - Entwurf eines Gesetzes über die Errichtung eines Bundeswirtschafts- und Sozialrates (Antrag der Abgeordneten Dichgans, Blank, Dr. Becker/Mönchengladbach, Dr. Unland, Russe und Genossen), Drucksache VI/2514 vom 16. August 1971

179. - Entwürfe
a) eines Gesetzes über Gesellschaft mit beschränkter Haftung (GmbH)
b) eines Einführungsgesetzes zum Gesetz über Gesellschaften mit beschränkter Haftung

(Gesetzentwürfe der Bundesregierung, Bundestagsdrucksache VI/3088 vom 31.1.1972)

Jahresgutachten / Jahreswirtschaftsbericht

180. - Jahresgutachten 1972 des Sachverständigenrates zur Begutachtung der gesamtwirtschaftlichen Entwicklung, Drucksache 7/2 vom 24. November 1972

181. - Jahresgutachten 1975 des Sachverständigenrates zur Begutachtung der gesamtwirtschaftlichen Entwicklung, Drucksache 7/4326 vom 24.11.75

182. - Jahresgutachten 1976/77 des Sachverständigenrates zur Begutachtung der gesamtwirtschaftlichen Entwicklung, Drucksache 7/5902 vom 25.11.76

183. - Jahresgutachten 1978/79 des Sachverständigenrates zur Begutachtung der gesamtwirtschaftlichen Entwicklung, Drucksache 8/2313 vom 23.11.78

184. - Jahreswirtschaftsbericht 1978 der Bundesregierung, Drucksache 8/1471 vom 26.1.1978

185. - Stenographischer Bericht: 227. Sitzung, Bonn, 11. März 1976
Beratung des Jahresgutachtens 1975 des Sachverständigenrates - Drucksache 7/4326 -
Beratung des Jahreswirtschaftsberichts 1976 - Drucksache 7/4677 -
Beratung des Antrags der Fraktion der CDU/CSU betr. Förderung der betrieblichen Gewinn- und Kapitalbeteiligung der Arbeitnehmer - Drucksache 7/3664 - S.15755 B - 15838 D

186. - Stenographischer Bericht: 21. Sitzung, Bonn, 24. März 1977
Beratung des Jahresgutachtens 1976/77 des Sachverständigenrates zur Begutachtung der gesamtwirtschaftlichen Entwicklung - Drucksache 7/5902 -
Beratung des Jahreswirtschaftsberichts der Bundesregierung - Drucksache 8/72 -, S.1258 D - 1343 A

Mitbestimmung

187. - Mitbestimmung im Unternehmen. Bericht der Sachverständigenkommission zur Auswartung der bisherigen Erfahrungen bei der Mitbestimmung (Mitbestimmungskommission), Bochum im Januar 1970, Bundestagsdrucksache VI/334 vom 4.2.1970

188. - Gesetzentwurf der Bundesregierung. Entwurf eines Gesetzes über die Mitbestimmung der Arbeitnehmer (Mitbestimmungsgesetz - MitbestG), Drucksache 7/2172 vom 29.4.74

189. - Antrag des Ausschusses für Arbeit und Sozialordnung (11. Ausschuß) zu dem von der Bundesregierung eingebrachten Entwurf eines Gesetzes über die Mitbestimmung der Arbeitnehmer... - Drucksache 7/2172 Drucksache 7/4787 vom 23.2.76

190. - Bericht des Ausschusses für Arbeit und Sozialordnung (11. Ausschuß) zu dem von der Bundesregierung eingebrachten Entwurf eines Gesetzes über die Mitbestimmung der Arbeitnehmer... - Drucksache 7/2172 - Bericht der Abgeordneten Sund, Franke (Osnabrück) und Schmidt (Kempten) - Drucksache 7/4845 vom 10.3.76

191. - 6. Wahlperiode, 150. Sitzung, Bonn, 10. November 1971. Entwurf eines Betriebsverfassungsgesetzes (Regierungsentwurf - Drucksache VI/1786). Zweite und dritte Beratung
in Verbindung mit Entwurf eines Gesetzes über die Mitbestimmung der Arbeitnehmer ... (CDU/CSU-Entwurf, Drucksache VI/1806). Zweite Beratung. Stenographischer Bericht, S.8585 C - 8689 C

192. - 7. Wahlperiode, 110. Sitzung, Bonn, 20. Juni 1974. Entwurf eines Gesetzes über die Mitbestimmung der Arbeitnehmer ... - Drucksache 7/2172 - Erste Beratung. Stenographischer Bericht, S.1760 D - 7544 D

193. - 7. Wahlperiode, 11. Ausschuß, 51. Sitzung, Bonn, 16.10.74. Öffentliche Informationssitzung des Ausschusses für Arbeit und Sozialordnung am 16. Oktober 1974 über Entwurf eines Gesetzes über die Mitbestimmung der Arbeitnehmer ... - Drucksache 7/2172 - Anhörung von Sachverständigen zum Thema: Erfahrungen mit der bisherigen Mitbestimmung und Gesamtwürdigung des Gesetzentwurfs. Stenographisches Protokoll

194. - 7. Wahlperiode, 11. Ausschuß, 52. Sitzung, Bonn, 4.11.74. Öffentliche Informationssitzung des Ausschusses für Arbeit und Sozialordnung am 4. November 1974 über Entwurf eines Gesetzes über die Mitbestimmung der Arbeitnehmer ... - Drucksache 7/2172 - Anhörung von Sachverständigen zu den Themen:
1. Willensbildung und Entscheidungsprozesse im Aufsichtsrat
2. Wechsel im Vorsitz des Aufsichtsrats
3. Beurteilung des Gesetzentwurfs in Verbindung mit dem Entwurf des Europäischen Parlaments des Europäischen Unternehmensrechts

Stenographisches Protokoll

195. - 7. Wahlperiode, 11. Ausschuß, 55. Sitzung, Bonn, 7.11.1974. Öffentliche Informationssitzung des Ausschusses für Arbeit und Sozialordnung am 7. November 1974 über Entwurf eines Gesetzes über die Mitbestimmung der Arbeitnehmer ... - Drucksache 7/2172 - Anhörung von Sachverständigen zu den Themen:
1. Die Stellung der Leitenden Angestellten
2. Das Wahlverfahren
3. Der Geltungsbereich des Gesetzes
4. Sonstige Fragen
Stenographisches Protokoll

196. - 7. Wahlperiode, 11. Ausschuß, 62. Sitzung, Bonn, 19.12.74. Öffentliche Informationssitzung des Ausschusses für Arbeit und Sozialordnung am 19. Dezember 1974 über Entwurf eines Gesetzes über die Mitbestimmung der Arbeitnehmer ... - Drucksache 7/2172 - Anhörung von Sachverständigen zum Thema: Vereinbarkeit des Gesetzentwurfs der Bundesregierung über die Mitbestimmung der Arbeitnehmer mit Artikel 9 Abs.3 und Artikel 14 Grundgesetz. Stenographisches Protokoll

197. - 7. Wahlperiode, 230. Sitzung, Bonn, 18. März 1976. Stenographischer Bericht: Zweite und dritte Beratung des (Regierungs-)Entwurfs ... eines Gesetzes über die Mitbestimmung der Arbeitnehmer - Drucksache 7/2172 - ... S. 1597 C - 16035 C und 16058 C - 16092 D

Sozialbericht

198. - Sozialbericht 1976. Unterrichtung durch die Bundesregierung. Teil A: Bilanz der Gesellschafts- und Sozialpolitik in der 7. Legislaturperiode von 1972-1976 - Stand 15. März 1976 -. Teil B: Sozialbudget. Drucksache 7/4953 vom 1.4.76

199. - Sozialbericht 1978. Unterrichtung durch die Bundesregierung. Teil A: Maßnahmen und Vorhaben der Sozial- und Gesellschaftspolitik - Stand 13. April 1978 -. Teil B: Sozialbudget 1978. Drucksache 8/1805 vom 12.5.78

Vermögensbildung

200. - Entwurf eines Gesetzes über die Beteiligung der Arbeitnehmer am Produktivvermögen und zur Verbesserung der Kapitalstruktur der Wirtschaft, insbesondere des Mittelstandes (Beteiligungslohngesetz - BLG) - Antrag der Fraktion der CDU-CSU, Drucksache VI/616

201. - Antrag der Abgeordneten Pieroth, Katzer, Dr. Burgbacher, Dr. von Bismarck, Dr. Pinger, Vogt und der Fraktion der CDU/CSU betr. betriebliche Gewinn- und Kapitalbeteiligung der Arbeitnehmer, Drucksache VI/3613 vom 26. Juni 1972

202. - Antrag der Abgeordneten Pieroth, Dr. Burgbacher und der Fraktion der CDU/CSU betr. Förderung der betrieblichen Gewinn- und Kapitalbeteiligung der Arbeitnehmer, Drucksache 7/3664 vom 21.5.75

203. - Gesetzentwurf des Bundesrates. Entwurf eines Gesetzes zum Abbau steuerlicher Hemmnisse für die Vermögensbeteiligung der Arbeitnehmer, Drucksache 8/1418 vom 13.1.78

204. - Gesetzentwurf der Abgeordneten Pieroth, Vogt (Düren), Dr. Barzel ... (u.a.) und der Fraktion der CDU/CSU. Entwurf eines Gesetzes zur Förderung freiwilliger betrieblicher Gewinn- und Kapitalbeteiligung, Drucksache 8/1565 vom 24.2.78

205. - Stenographischer Bericht: 100. Sitzung, Bonn, 22. Juni 1978 - Erste Beratung des Entwurfs eines Gesetzes zur Förderung freiwilliger betrieblicher Gewinn- und Kapitalbeteiligung - Drucksache 8/1565 - in Verbindung mit Erster Beratung des Entwurfs eines Gesetzes zum Abbau steuerlicher Hemmnisse ... - Drucksache 8/1418 - S.7935 B - 7959 A

Deutscher Gewerkschaftsbund (DGB)

205a. - Ablehnung betrieblicher Mitarbeiter - Beteiligung in: AGP-Mitteilungen 23 (1978) Nr.216, S.5-9

206. - Aktionsprogramm '72, beschlossen auf dem 9. Ordentlichen Bundeskongreß des DGB, Juni 1972 in Berlin, Düsseldorf 1972

207. - Aktionsprogramm '79, in: Die Quelle, 30.Jg. (1979) S.389-395

208. - Angenommene Anträge und Entschließungen des 10. Ordentlichen Bundeskongresses vom 25. - 30. Mai 1975 in Hamburg, Düsseldorf 1975

209. - Anträge und Entschließungen des 10. Ordentlichen Bundeskongresses vom 25. Mai bis 31. Mai 1975 in Hamburg, Düsseldorf o.J. (1975), Manuskript

210. - Antragsberatungskommission. Beratungsunterlagen für die Sitzung vom 7. bis 11. April 1975, o.O. o.J. Düsseldorf 1975), Manuskript

211. - Entwurf für ein Arbeitsverhältnisgesetz, 5.4.1977, DGB-Bundesvorstand, Manuskript

212. - Forderungen des DGB zur Bundestagswahl 1976. Referentenmaterial zu den Wahlprüfsteinen, 1976 (Ms)

213. - Für ein besseres Betriebsverfassungsgesetz. Eine Stellungnahme des DGB zum Gesetzentwurf der CDU/CSU über die Mitbestimmung der Arbeitnehmer in Betrieb und Unternehmen, Düsseldorf 1971

214. - Für ein besseres Betriebsverfassunggesetz. Eine vergleichende Darstellung zum Regierungsentwurf, Düsseldorf 1971

215. - Gewerkschaften und Mitbestimmung. Ein Referentenleitfaden aus dem Curriculumprojekt "Mitbestimmung und politische Bildung des DGB", Düsseldorf 1977

216. - Grundsatzprogramm. Beschlossen auf dem a.o. Bundeskongreß des DGB am 21. und 22. Nov. 1963 in Düsseldorf, Düsseldorf o.J.

217. - Grundsatzprogramm des Deutschen Gewerkschaftsbundes, November 1978. Revidierter Vorentwurf. Änderungsvorschläge mit Begründungen, Alternative I

218. - Grundsatzprogramm des Deutschen Gewerkschaftsbundes, November 1978. Revidierter Vorentwurf. Überarbeitung, Alternative II

219. - Mitbestimmung - eine Forderung unserer Zeit, Düsseldorf 1971

220. - Mitbestimmung jetzt - und keine halben Sachen. Referentenmaterial zur Mitbestimmung, Düsseldorf (2)1974

220a. - Stellungnahme des Bundesausschusses des DGB zum Urteil des Bundesverfassungsgerichts zu den Verfassungsbeschwerden gegen das Mitbestimmungsgesetz von 1976, in: Das Mitbestimmungsgespräch 25 (1979), S.62

221. - Vorschläge des DGB zur Änderung des Betriebsverfassungsgesetzes, Düsseldorf 1970

222. DGB-Unternehmen. Mit Arbeitergroschen zur Wirtschaftsmacht, in: Wirtschaftswoche, 33. Jg. (1979), Nr.40, S.46-62

223. Deutscher Juristentag, Studienkommission: Untersuchungen zur Reform des Unternehmensrechts. Bericht der Studienkommission, Teil II: Die Partnerschaft der Arbeitnehmer, Tübingen 1957

224. Dichgans, Hans / Rosenberg, Ludwig / Scheel, Walter / Schmidt, Helmut: Warum Mitbestimmung und wie? Eine Diskussion, Düsseldorf/Wien 1970

225. Dierkes, Meinolf: Die Sozialbilanz. Ein gesellschaftsbezogenes Informations- und Rechnungssystem, Frankfurt/New York 1974

226. Dittmar, Rupprecht: Lohn und Vermögensverteilung. Über die Lohngestaltung und ihren Zusammenhang mit der Kapital- und Vermögensbildung und der Verteilung der Vermögenszuwächse, Göttingen 1974

227. Dobroschke, Eduard: Die Kapitalbeteiligung der Mitarbeiter am arbeitgebenden Unternehmen, Hilden 1971

228. Dräger, Christian: Belegschaftsaktien optimal geeignet, in: AGP-Mitteilungen, 26. Jg., Nr.217 vom 1.1.1979, S.1-2,4

229. - Mehr Unternehmen an die Börse - Aspekte der Vermögensbildung. Referat, gehalten vor dem Arbeitskreis zur Förderung der Aktie e.V. am 7. November 1978 in Rolandseck (Manuskript)

230. Drechsler, Wolfgang: Garantiegemeinschaft für Mitarbeiterbeteiligungen. Eine Untersuchung der Bedürfnisse und der Möglichkeiten, kapitalmäßige Beteiligungen von Arbeitnehmern am Beschäftigungsunternehmen für den Konkursfall abzusichern, Basel 1976

231. - Konsequente Vermögenspolitik: Aktien für alle und Beteiligungen für Mitarbeiter, Stuttgart 1976

232. Drulović, Milojko: Arbeiterselbstverwaltung auf dem Prüfstand. Erfahrungen in Jugoslawien, Berlin/Bonn-Bad Godesberg 1976

233. Dyckerhoff, Gert: Sozialer Kapitalismus für alle. Ansprache des Bundesvorsitzenden des BJU anläßlich der Jahresversammlung 1976 am 15.10.76 in Frankfurt, Bonn o.J.

234. EGmagazin. Hrsg.: Kommission der Europäischen Gemeinschaften, Presse- und Informationsbüro Bonn, Bonn o.Jg. (1978)

235. Ehrenberg, Herbert: Thesen zum Thema "soziale Revolution", in: Die Neue Gesellschaft, 23. Jg., (1976) S.332-335

236. Ehrenberg, Herbert / Streichan, Peter: Dokumente zur Vermögenspolitik, Bonn-Bad Godesberg 1974

237. Eichele, Hans: Forschungsbericht über Belegschaftsaktien, München 1971

238. Engels, Wolfram: 30 Jahre Soziale Marktwirtschaft - erlebt aber unverstanden. Vortrag, gehalten bei einem Empfang der Landesbank Rheinland-Pfalz - Girozentrale - in Mainz am 21.6.77, Vortragsreihe der Landesbank Rheinland-Pfalz, Heft 6

239. - Soziale Marktwirtschaft. Verschmähte Zukunft? Streitschrift wider falsche Propheten mit Bart und Computer, Stuttgart 1972

240. Engels, Wolfram (Hrsg.): Neue Wege in der Arbeitswelt. Horst Knapp zum 60. Geburtstag, Frankfurt/ New York 1978

241. Engels, Wolfram / Sablotny, H. / Zickler, D. : Das Volksvermögen. Seine verteilungs- und wohlstandspolitische Bedeutung, Frankfurt, New York 1974

242. Engels, Wolfram / Wenkebach, Hans H.: Die Verteilung des Wohlstandes. Eine Betrachtung über die Bedeutung von Vermögen und Einkommen, Köln 1976

243. Entscheidungsfähige Unternehmen, Motor für Fortschritt und Sicherheit. Vorträge - gehalten auf der unternehmerischen Großkundgebung am 26. März 1974 in Köln - zu den Beschlüssen der Regierungskoalition zur Mitbestimmung und Vermögensbildung. Hrsg. v.d. Bundesvereinigung der Deutschen Arbeitgeberverbände, Köln 1974

244. Erd, Rainer: Verrechtlichung industrieller Konflikte. Normative Rahmenbedingungen des dualen Systems der Interessenvertretung, Frankfurt 1978

245. Erhard, Ludwig / Brüß, Kurt / Hagemeyer, Bernhard (Hrsg.): Grenzen der Demokratie? Probleme und Konsequenzen der Demokratisierung von Politik, Wirtschaft und Gesellschaft, Düsseldorf, Wien 1973

246. Erhard, Ludwig / Müller-Armack, Alfred (Hrsg.): Soziale Marktwirtschaft, Manifest '72, Frankfurt/ Berlin/Wien 1972

246a. Ermecke, Gustav: Beiträge zur christlichen Gesellschaftslehre, Paderborn 1977

247. - Katholische Soziallehre im Disput. Antithesen und Thesen - Ideologien gegen Wahrheit, in: Gesellschaftspolitische Kommentare, 25. Jg. (1978), S.262-265

247a. - Keine letztgültige Begründung, in: Rheinischer Merkur Nr.7/78 vom 17.2.1978, S.11

247b. - Noch einmal: Der postularische Laborismus der KAB. in: Gesellschaftspolitische Kommentare, 25. Jg. (1978), S.248-251

247c. - Der postularische Laborismus der KAB. Zum KAB-Papier über eine neue Unternehmensverfassung, in: Gesellschaftspolitische Kommentare, 25. Jg. (1978), S.86-88

248. Esser, Klaus / Faltlhauser, Kurt: Beteiligungsmodelle, München 1974

249. Esser, Otto: Stellungnahme zur Verfassungsbeschwerde gegen das Mitbestimmungsgesetz vor dem Bundesverfassungsgericht, in: Gewerkschaftliche Monatshefte, 29. Jg. Dezember 1978, S.810-818

250. Esser, Werner Michael: Individuelles Konfliktverhalten in Organisationen, Stuttgart 1975

251. Etzel, Gerhard: Betriebsverfassungsrecht. Eine systematische Darstellung, Neuwied/Darmstadt 1977

252. Etzioni, Amitai: Soziologie der Organisationen, München (5)1978 (1. Aufl. 1967)

253. Europa '74: Demokratisierung der Wirtschaft in Europa, Köln o.J.

254. Europäische Aktiengesellschaft. Der Arbeiter hat ein Recht auf Mitsprache. Interview mit Finn Olav Gundelach, in EG - Europäische Gemeinschaft 6/1975, S.7-8

255. Europäische Gemeinschaften: Das Statut der Europäischen Aktiengesellschaft, Bonn Mai 1975 (Manuskript)

256. Europäische Gemeinschaften, Kommission: Mitbestimmung der Arbeitnehmer und Struktur der Gesellschaften in der Europäischen Gemeinschaft, in: Bulletin der Europäischen Gemeinschaften, Beilage 8/75, Köln 1975

257. 1. Europäisches Forum über Organisationsentwicklung, 30.10. - 1.11.1978 in Aachen, Kurzfassungen der Vorträge, Darmstadt 1978

258. Fabian, Franz (Hrsg.): Arbeiter übernehmen ihren Betrieb oder der Erfolg des Modells Süßmuth, Reinbek 1972

259. Fabricius, Fritz: Marktwirtschaft und Mitbestimmung. Paritätische Mitbestimmung der Arbeitnehmer in der Wirtschaft - notwendiges Element in einer freiheitlich-demokratischen, marktwirtschaftlich ausgerichteten Gesellschaft. Ein rechtshistorischer (gesellschafts-, wirtschafts- und rechtspolitischer) Problemaufriß, Neuwied 1977

260. - Mitbestimmung in der Wirtschaft. Ein gesellschafts-, wirtschafts- und rechtspolitisches Problem, Frankfurt/Main 1970

260a. Fakten der Forschung. Fließband-Stopp, in: Wirtschaftswoche 29 (1975) Nr.32. S.39

261. Faltlhauser, Kurt: Mitarbeiterbeteiligung bei Pieroth GmbH, Herne o.J

262. - Miteigentum. Das "Pieroth-Modell" in der Praxis, Düsseldorf/Wien 1971

263. Feichtinger, Peter: Neueste Rechtssprechung zum Betriebsverfassungsgesetz. Eine praxisorientierte Darstellung wichtiger arbeitsrechtlicher Entscheidungen zum Betriebsverfassungsrecht, Kissing 1977

264. Fetscher, Iring (Hrsg.): Grundbegriffe des Marxismus. Eine lexikalische Einführung, Hamburg 1976

265. Fetscher, Iring: Karl Marx und der Marxismus. Von der Philosophie des Proletariats zur proletarischen Weltanschauung, München 1967

266. Finger, Otto: Philosophie der Revolution. Studie zur Herausbildung der marxistisch-leninistischen Theorie der Revolution als materialistisch-dialektischer Entwicklungstheorie und zur Kritik gegenrevolutionärer Ideologien der Gegenwart, Berlin (Ost) 1975

267. Finking, Gerhard: Vermögenskonzentration und überbetriebliche Gewinnbeteiligung: eine systemtheoretische Studie ihrer ökonomischen und politischen Bedeutung und Problematik, Bochum 1975

268. Fischer, Guido: Grundlage und Gestaltung der betrieblichen Partnerschaft, Hilden (3)1967

269. Fitting, Karl / Auffarth, Fritz / Kaiser, Heinrich: Handkommentar zum Betriebsverfassungsgesetz mit Wahlordnung, München (12)1977

270. Fitting-Wlotzke-Wißmann: Mitbestimmungsgesetz. Kommentar, München 1976

271. Föhl, Carl: Obligatorische Gewinnbeteiligung in Frankrein ein nachahmenswertes Vorbild? Gutachten, erstellt im Auftrage des Bundesarbeitsministeriums, Berlin 1969

272. - Kreislaufanalytische Untersuchung der Vermögensbildung in der Bundesrepublik Deutschland und der Beeinflußbarkeit ihrer Verteilung. Gutachten, erstellt im Auftrag des BMW, Tübingen 1974

273. Forsthoff, Ernst: Der Staat der Industriegesellschaft. Dargestellt am Beispiel der Bundesrepublik Deutschland, München 1971

274. Forsthoff, Ernst (Hrsg.): Rechtsstaatlichkeit und Sozialstaatlichkeit. Aufsätze und Essays, Darmstadt 1968

275. Freie Demokratische Partei (FDP): Die Freiburger Thesen. Programm der Liberalen Gesellschaftspolitik, beschlossen auf dem F.D.P.-Parteitag vom 25.-27. Oktober 1971 in Freiburg, Bonn 1971

276. - (Bundestagsfraktion): Der richtige Weg zum Eigentum? Anhörung von Sachverständigen durch die Bundestagsfraktion der Freien Demokraten. Zum Entwurf eines 2. Gesetzes zur Förderung der Vermögensbildung in Arbeitnehmerhand, Bonn o.J. (1965?)

277. Fricke, Werner: Arbeitsorganisation und Qualifikation. Ein industriesoziologischer Beitrag zur Humanisierung der Arbeitswelt, Bonn-Bad Godesberg 1975

278. Fricke, Wolfgang / Geißler, Arnuld (Hrsg.): Demokratisierung der Wirtschaft. Über die Bedeutung der Modell-Unternehmen für eine Demokratisierungsstrategie, Hamburg 1973

279. Friderichs, Hans: Mut zum Markt. Wirtschaftspolitik ohne Illusionen, Stuttgart 1974

280. Friedrich, Otto A., in: Welt der Arbeit, XXI. Jg., Nr.15

281. Fröhlich, Peter: Ein neuer Anlauf zur Vermögensbildung, in: liberal, 20. Jg., Heft 7 1978, S.512-516

282. Froemer, Friedhelm (Hrsg.): Arbeitshumanisierung. Eine Darstellung der Bestrebungen, die Arbeitswelt menschlicher zu gestalten, Opladen 1975

283. - Vermögensbildung in weiten Bevölkerungskreisen. 58 Modelle, Meinungen und Gesetze mit Einführung und einer Synopse, Opladen 1973

284. Fürstenberg, Friedrich: Einführung in die Arbeitssoziologie, Darmstadt 1977

285. - Wirtschaftssoziologie, Berlin 1970

286. Fürstenberg, Friedrich (Hrsg.): Industriesoziologie II, Darmstadt/Neuwied 1974

287. - Industriesoziologie III. Industrie und Gesellschaft, Darmstadt/Neuwied 1965

288. Furtak, Robert K.: Jugoslawien. Politik. Gesellschaft. Wirtschaft, Hamburg 1975

289. Gärtner, Ulrich / Luder, Peter: Ziele und Wege einer Demokratisierung der Wirtschaft, Diessenhofen 1979

290. Galbraith, John Kenneth: Die moderne Industriegesellschaft, München/Zürich 1968 / (6)1973

291. Galperin, Hans / Gaugler, Eduard: Bedarf das Betriebsverfassungsgesetz der Ergänzung? Referate zum Thema. AGP-Tagung am 30. Oktober 1967 in Düsseldorf, Hilden 1968

292. Galperin, Hans / Marienhagen, Rolf: Kommentar zum Betriebsverfassungsgesetz. Band I: Organisation der Betriebsverfassung (§§1 - 73 und Wahlordnung), Heidelberg 1975

293. Gaspari, Christof / Millendorfer, Hans: Konturen einer Wende, Strategien für die Zukunft, Graz/Wien/Köln 1978

294. Gaugler, Eduard: Innerbetriebliche Information als Führungsaufgabe, Hilden (2)1967

295. - "Partnerschaft = Wirtschaftsdemokratie?", in: Mitbestimmung contra Partnerschaft?, Referate und Protokolle des 1. Ahrensburger Forums, S.14-17, Ahrensburg 1971

296. Gaugler, Eduard / Kolb, Meinulf / Ling, Bernhard: Humanisierung der Arbeitswelt und Produktivität. Literaturanalyse, praktizierte Beispiele, Empfehlungen für die Praxis, Mannheim 1976

297. Gaugler, Eduard / Kuchinka, Horst: Mitarbeiterbeteiligung und Steuerrecht, Hilden 1972

298. Gehlen, Arnold: Macht. I: Soziologie der Macht, in : Handwörterbuch der Sozialwissenschaften, Bd.7, S.77-81, Stuttgart/Tübingen/Göttingen 1961

299. Geigant, Friedrich / Sobotka, Dieter / Westphal, Horst M.: Lexikon der Volkswirtschaft, München 1975

300. Geißler, Arnulf /Fricke, Wolfgang (Hrsg.): Das Ahrensburger Modell. Ein Weg zur Demokratisierung der Wirtschaft. Carl Backhaus - zum 70. Geburtstag, Ahrensburg 1972

301. Geißler, Heiner: Die Neue Soziale Frage. Armut im Wohlfahrtsstaat. Die Übermacht der Organisierten. Rentner haben keine Lobby, Freiburg 1976

302. Geitner, Dirk / Pulte, Peter: Betriebsverfassungsrecht. Anwendungen, Durchführung, Besonderheiten, München 1979

302a. Gemeinsame Synode der Bistümer in der Bundesrepublik Deutschland, Beschlüsse der Vollversammlung, offizielle Gesamtausgabe I, Freiburg/Breisgau 1976

303. Gemper, Bodo D. (Hrsg.): Gewinn und Verlust. Beiträge zur einzel- und gesamtwirtschaftlichen Funktion der Gewinnmaximierung, Köln 1976

304. Gerke, Wolfgang: Kapitalbeteiligungsgesellschaften. Ihre Problematik und ihre gesetzliche Regelung, Frankfurt/Zürich 1974

305. Gesellschaftspolitik + Wirtschaftsordnung, Informationsdienst. Analysen, Dokumentation, Meinungen, Modelle. Hrsg. Werner Roth. Springe bei Hannover, 7 (1978)

306. Gesellschaftspolitische Kommentare. Hrsg.: Arbeitsgemeinschaft für volksbildnerische und gesellschaftspolitische Schulung und Bildung e.V., Abteilung Gesellschaftspolitische Kommentare, Bonn, 25 (1978)

306a. Goertz, Hajo: Der Arbeitnehmer wird Mitglied. KAB-Modell für eine neue Unternehmensverfassung, in: Rheinischer Merkur, Nr.49 vom 9.12.1977, S.18

307. Götz, Hilmar: Arbeitsrecht, Braunschweig 1976

308. Gohl, Jürgen (Hrsg.): Arbeit im Konflikt. Probleme der Humanisierungsdebatte, München 1977

309. Gottlieb-Duttweiler-Institut (Hrsg.): Mitbestimmung, Weg zur Selbstbestimmung?, Stuttgart 1974

310. Gottschall, Dietmar: Auf dem Psychotrip. Gruppendynamik im Betrieb, in: manager magazin, 8. Jg. (1979), Nr.1, S.56-62

310a. - Die Betroffenen zu Beteiligten machen, in: manager magazin, 7.Jg. (1978), Nr.10, S.48-57

310b. - Organisationsentwicklung in der Praxis eines Großbetriebs. Das Beispiel des Edelstahlwerks Schmidt + Clemens in Kaiserau, in: Congress & Seminar 5 (1978), S.43-48

311. Grabatin, Günther: Humanisierung des Arbeitslebens. Themenbesprechung XXIX, in: Literatur-Berater Wirtschaft Nr.3-4/78, S.9-16

312. Graetz, Wolfhard: Demokratisierung der Wirtschaft durch Mitbestimmung. Möglichkeiten und Grenzen eines Postulates in der Unternehmung, Diessenhofen 1974

313. Greiffenhagen, Martin (Hrsg.): Demokratisierung in Staat und Gesellschaft. Reader zur Politologie, Soziologie und Ökonomie, München 1973

314. Grochla, Erwin (Hrsg.): Organisationstheorie. 2 Bände, Stuttgart 1975/76

315. - Unternehmensorganisation. Neue Ansätze und Konzeptionen, Reinbek 1972

316. - Unternehmung und Betrieb, in: Handwörterbuch der Sozialwissenschaften, Bd.10, S.583-588

317. von der Groeben, Hans / Vetter, Heinz Oskar / Friedrich, Otto A.: Europäische Aktiengesellschaft. Beitrag zur sozialen Integration?, Bonn 1972

318. Gross, Herbert: Kreativität im Geistkapitalismus. Gedanken zum Modell Lenz, Düsseldorf/Wien 1972

319. Gruber, Utta: Einkommensverteilung. Wirtschaft und Gerechtigkeit, München, Wien 1974

320. Grünbeck, Josef: Vermögensbildung in Arbeitnehmerhand, in: AGP-Mitteilungen , 26.Jg. (1979) Nr.219/20, S.3-4

321. Gülden, K. / Krutz, W. / Krutz-Ahlring, I.: Humanisierung der Arbeit? Ansätze zur Veränderung von Form und Inhalt industrieller Arbeitswelt, Berlin 1973

322. Gundelach, Finn Olav: Mitbestimmung in Europa, in: AGP-Mitteilungen 23 (1976), Nr. 202, S.1-4

323. Guserl, Richard: Das Harzburger Modell - Idee und Wirklichkeit, Wiesbaden 1973

324. Guski, Hans-Günter: Ausgewählte Modelle betrieblicher Vermögensbeteiligung II, Köln 1971

325. - Ausgewählte Modelle betrieblicher Vermögensbeteiligung III, Köln 1972

326. - Die tarifliche Vermögensbildung in der BRD. Bilanz und Perspektiven, Köln 1972

327. - Vermögensbildung - Bilanz und Perspektiven, Köln 1975

328. - Verteilungstheoretische Aspekte der Vermögenspolitik, Köln 1973

329. - Wo bleibt das vermögenspolitische Gesetz?, in: AGP-Mitteilungen, 25. Jg. (1978) Nr.213, S.5

330. Guski, Hans-Günter / Schneider, Hans J.: Betriebliche Vermögensbildung in der Bundesrepublik Deutschland. Eine Bestandsaufnahme, Köln 1977

331. Gutenberg, Erich: Grundlagen der Betriebswirtschaftslehre, Band 1: Die Produktion, Berlin/Heidelberg/New York (14)1968

332. Haas, G. / Scheuer, W. / Strasser, R. : Mitbestimmung in der Praxis. Gesetz und Erläuterungen zum Mitbestimmungsgesetz 1976, o.O. 1976

333. Haberkorn, Kurt: Motivation als Führungsmittel, in: Das Personalbüro in Recht und Praxis, Heft Nr.2 vom 8.2.1977, Gruppe 9, S.211-224

334. Haberland, Jürgen / Seiler, Dietmar: Mitbestimmungsgesetz, Leverkusen 1976

335. Hättich, Manfred: Grundbegriffe der Politikwissenschaft, Darmstadt 1969

336. - Lehrbuch der Politikwissenschaft
1. Band: Grundlegung und Systematik
2. Band: Theorie der politischen Ordnung
3. Band: Theorie der politischen Prozesse
Mainz 1967/69/72

337. Häussler, Erwin / Stehle, German: Eine Idee bricht sich Bahn. Investivlohn - Beteiligungslohn - eigener Arbeitsplatz. Ein sozialpolitisches Handbuch, Rottweil 1972

338. Hager, Karlheinz: Die Betriebswirtschaftlichen Auswirkungen der Erfolgsbeteiligung, München 1971 (Dissertation)

339. Halbach, Günter: Materialien zur Vermögensbildung in Arbeitnehmerhand. Thesen, Pläne, Gesetze. Dritte Folge: 1969 bis 1973, Bonn 1973

340. - Materialien zur Vermögensbildung in Arbeitnehmerhand. Thesen - Pläne - Gesetze. Vierte Folge: 1973 bis 1977, Bonn 1977

341. Halberstadt, Gerhard: Der Wirtschaftsausschuß nach dem Betriebsverfassungsgesetz, in: Das Personalbüro in Recht und Praxis, Heft Nr.5 vom 21.5.1973, Gruppe 3, S.413-430

342. Hamann, A.: Das Grundgesetz, Berlin 1956

343. Hamann, Michael: Möglichkeiten und Wirkungen betrieblicher Erfolgsbeteiligung. Diplomarbeit (BWL), Frankfurt 1975

344. Handbuch des Betriebsverfassungsrechts. Teil 1: Betriebsverfassungsgesetz vom 15. Januar 1972 in der ab 1. Januar 1975 geltenden Fassung, und Wahlordnungen (Erste und Zweite VO zur Durchführung des BetrVG) vom Januar und 24. Oktober 1972, Hannover (4)1975

345. - Teil 2: Die Organisation der Arbeitnehmerschaft, Hannover (4)1978

346. Handbuch einkommens-, vermögens- und sozialpolitischer Daten. Tabellen und Kommentare (Loseblattsammlung), Köln 1970 ff.

347. v. Hauff, Michael: Die wirtschaftliche Macht der Gewerkschaften. Eine Analyse gewerkschaftsinterner Machtstrukturen und wirtschaftlicher Machtbereiche unter besonderer Berücksichtigung der Situation in der Bundesrepublik Deutschland, Stuttgart 1977 (Diss.)

348. Hauser, Richard: Macht, in: Staatslexikon Recht, Wirtschaft, Gesellschaft, Bd.5, Sp. 499-507, Freiburg (6)1960

349. Hax, Herbert / Laux, Helmut (Hrsg.): Die Finanzierung der Unternehmung, Köln 1975

349a. Hayek, Friedrich August von: Die Verfassung der Freiheit, Tübingen 1961

350. Heilmann, Martin: Die Umverteilung der Einkommen durch den Staat in der Bundesrepublik in den Jahren 1960-72, Göttingen 1975

351. Heilmann, Martin: Die Umverteilungswirkungen der Einkommensteuerreform 1975, Göttingen 1976

352. Heinemann, Gerd / Wever, Ulrich: Organisations-Entwicklung: Sachzwänge, Einsichten, Versuche, in: Congress & seminar 5. Jg. (1978) Nr.3, Beilage: Congress extra S.33

353. Hempel, Carl G.: Typologische Methoden in den Sozialwissenschaften, in: Topitsch, Ernst (Hrsg.): Logik der Sozialwissenschaften, Köln (9)1976, S.85-103

354. Henke, Klaus-Dirk: Die Verteilung von Gütern und Diensten auf die verschiedenen Bevölkerungsschichten. Eine Literaturstudie zu Problemen der Messung und der politischen Beeinflußbarkeit, Göttingen 1975

355. Henkel, Hardo: Mitbestimmung der Arbeitnehmer in der Europäischen Gemeinschaft, in: Das Mitbestimmungsgespräch 23 (1977), S.100-102

356. Hennis, Wilhelm: Demokratisierung, in: Demokratisches System und Politische Praxis der Bundesrepublik Deutschland. Festschrift für Theodor Eschenburg, S.68 ff.

357. - Die mißverstandene Demokratie. Demokratisierung - Zur Problematik eines Begriffs. Verfassung und Verfassungswirklichkeit. Die Rolle des Parlaments und die Parteiendemokratie, Freiburg 1973

358. Hensel, K. Paul: Grundformen der Wirtschaftsordnung. Marktwirtschaft - Zentralverwaltungswirtschaft, München (2)1974

359. - Löst die Soziale Marktwirtschaft das Machtproblem?, in: Fragen der Freiheit, Folge 108, 1974, S.7-20

360. Hergt, Siegfried (Hrsg.): Mitbestimmung. 35 Modelle und Meinungen zu einem gesellschaftspolitischen Problem, Opladen (2)1974

361. Herrmann, Kurt A.: Vermögensstatistik, in: Handwörterbuch der Sozialwissenschaften, Bd.11, S.148-153, Tübingen/Göttingen 1961

362. Herzberg, Frederik: Work and the Natur of Man, Cleveland/Ohio 1966

363. Hesselbach, Walter: Die gemeinwirtschaftlichen Unternehmen. Instrumente gewerkschaftlicher und genossenschaftlicher Struktur- und Wettbewerbspolitik, Frankfurt 1971

364. Hettinger, Theodor: Humanisierung der Arbeit. Die Anwendung der Arbeitswissenschaft in der betrieblichen Praxis, Köln 1975

365. Hillmann, Günter: Die Befreiung der Arbeit. Die Entwicklung kooperativer Selbstorganisation und die Auflösung bürokratisch-hierarchischer Herrschaft, Reinbek 1970

366. Hillmann, Henning: Gesellschaftspolitik und Wirtschaftsordnung, in: liberal, 19. Jg. (1977) S.184-190

367. Himmelmann, Gerhard: Lohnbildung durch Kollektivverhandlungen. Eine politologische Analyse unter besonderer Berücksichtigung der Strategie und Taktik der Gewerkschaften, Berlin 1971

367a. Höffner, Joseph: Christliche Gesellschaftslehre, Kevelaer/Rheinland 1962

368. Hohn, Reinhard: Führungsbrevier der Wirtschaft. Das Harzburger Modell, Bad Harzburg 1970

369. - Das Harzburger Modell in der Praxis. Rundgespräch über die Erfahrungen mit dem neuen Führungsstil in der Wirtschaft, Bad Harzburg 1970

370. Höhnen, Wilfried: Die vermögenspolitischen Gesetze und Maßnahmen in der Bundesrepublik Deutschland. Entwicklung, Ergebnisse und kritische Beurteilung, Köln 1966 (Dissertationsdruck)

371. Höhnen, Wilfried / Wehner, Hans Georg: Staatsfinanzen, Steuern, Arbeitnehmer, Köln 1978

372. Hoffmann / Lehmann / Weinmann: Mitbestimmungsgesetz. Kommentar, München 1978

373. Hondrich, Karl Otto: Mitbestimmung in Europa. Ein Diskussionsbeitrag, Köln 1970

374. - Wirtschaftliche Entwicklung, soziale Konflikte und politische Freiheiten, Frankfurt 1970

375. Hoppe, Michael: Die klassische und neoklassische Theorie der Genossenschaften. Ein Beitrag zur Dogmengeschichte und zur neueren Genossenschaftstheorie, Berlin 1976

375a. Hoppmann, Klaus: Mitbestimmung am Arbeitsplatz. Kurzfassung eines Referats, gehalten auf der Tagung "Partizipation als Unternehmenspolitik"des Gottlieb-Duttweiler-Instituts vom 30.9.-5.10.1974 Ms.

375b. - Mitbestimmung und Erfolgsbeteiligung bei Opel Hoppmann, in: Die Beteiligung von Mitarbeitern. Unternehmer stellen vor, wie ihre Mitarbeiter zu Mitunternehmern wurden, zwölf Praxisbeispiele, S.110-125, Herne 1973

375c. - Mitdenken bringt Gewinn. Wer mitbestimmt muß auch am Erfolg teilhaben, in: Michael Jungblut: Nicht vom Lohn allein. Elf Modelle für Mitbestimmung und Gewinnbeteiligung, S.154-166, Hamburg 1973

375d. - Opel-Hoppmann, Siegen, in: AGP-Mitteilungen Nr.172 vom 15.2.1972, S.3-6

375e. Hoppmann. Opel - : Betriebsvereinbarung zur Erfolgsbeteiligung vom 7.7.1977 (4. Fassung)

375f. - Betriebsvereinbarung zur Mitbestimmung, 6. Fassung vom 1.8.1978 (1. Fassung vom 9.9.1969), Ms.

375g. - Erfolgsbeteiligung (EB) bei Opel Hoppmann, Oktober 1977 (Flugblatt)

375h. - Führung und Mitbestimmung bei Opel-Hoppmann. Eine Vereinbarung der Führungsgruppe nach dem Seminar in Friedewald vom 26.-30.4.1977

375i. - Mitarbeiterbeteiligung bei Opel-Hoppmann - ein rundes System!, Siegen, Oktober 1977 (Flugblatt)

375j. - Mitwirkung von Arbeitsgruppen bei Opel Hoppmann, Siegen, Oktober 1977 (Flugblatt)

375k. - Notariatsurkunde vom 12. Juli 1973 ("Stiftung Demokratie im Alltag")

375l. - Die Stiftung von Opel Hoppmann, Siegen, Oktober 1977 (Flugblatt)

375m. - Der Wirtschaftsausschuß bei Opel Hoppmann. Siegen Oktober 1977 (Flugblatt)

375n. - Gesellschaftsvertrag der Firma Martin Hoppmann, Gesellschaft mit beschränkter Haftung in der Neufassung vom 27. Dezember 1972, unter Berücksichtigung der Änderung vom 13. Juni 1977

375o.Hoppmann, Klaus/Stötzel, Bernhard: Demokratie am Arbeitsplatz. Ein Modellversuch zur Mitwirkung von Arbeitnehmern an betrieblichen Entscheidungsprozessen, Frankfurt 1981

375p. Horn, Norbert (Hrsg.): Pro und contra Arbeitspartizipation. Beiträge zu einer arbeitsorientierten Unternehmensverfassung, Königstein 1978

376. Huber, Ernst Rudolf: Grundgesetz und wirtschaftliche Mitbestimmung, Stuttgart 1970

377. Huber, Josef / Kosta, Jiří (Hrsg.): Wirtschaftsdemokratie in der Diskussion, Köln/Frankfurt 1978

378. Hueck / Nipperdey: Grundriß des Arbeitsrechts, (5)1970

379. Human Relations im Wirtschaftsleben von heute. Eine Anleitung zur Aktion. Mit einer Einführung zur deutschen Ausgabe von Rev. J.F. Cronin, S.S.. Deutsche Übertragung von Dr. U. Gruber u. J.Ph. Kopeitko aus der amerikanischen Originalausgabe, New York 1949, Bad Nauheim 1952

380. Humanisierung der Arbeitswelt und menschengerechte Arbeitsgestaltung, Köln 1975

381. Humanisierung des Arbeitslebens. Sonderdruck von: Psychologie heute, 3/77, 3/75, 2/75; hrsg. v. Beltz-Leserdienst, Weinheim und Basel 1977

382. Humanisierung des Arbeitslebens. Sonderteil in: Psychologie heute, 4. Jg. (1977) Nr.9, S.39-46

383. Industriegewerkschaft Metall (Hrsg.): Aufgabe Zukunft. Beiträge zur 4. int. Arbeitstagung der IG Metall für die Bundesrep. Deutschland, 11.-14.4.1972 in Oberhausen.
Band 1: Qualität des Lebens
Band 2 Bildung
Band 3: Verkehr
Band 4: Umwelt
Band 5: Gesundheit
Band 6: Regionalentwicklung
Band 7: Qualitatives Wachstum
Band 8: Demokratisierung
Band 9: Zukunft der Gewerkschaften
Band 10: Register
Frankfurt 1972

384. - Krise und Reform in der Industriegesellschaft. Zur IG Metall-Tagung 17.-18.5.1976 in Köln.
Band 1: Materialien
Band 2: Protokolle
Köln/Frankfurt 1976

385. - Textsammlung zur Mitbestimmung. Schriftenreihe der IG Metall, 1973 (?)

386. Institut der deutschen Wirtschaft (Hrsg.): Auf dem Weg in den Gewerkschaftsstaat?, Köln 1974

387. - Das Eigentum als Fundament der Rechts- und Gesellschaftsordnung. IW-Jahrestagung am 23.10.1973 in Bonn, Köln 1973

388. - Einkommensverteilung und Konjunktur, Köln 1979

389. - Mitbestimmung heute: Stand - Probleme - Aspekte, Köln 1979

390. Jaeggi. Urs: Kapital und Arbeit in der Bundesrepublik. Elemente einer gesamtgesellschaftlichen Analyse, Frankfurt/Main 1973

391. Jenkins, David: Job Power. Demokratie im Betrieb, Stuttgart 1973

392. Jetzt ist der Kanzler im Obligo. Mitarbeiterbeteiligung, in: Industriemagazin. Management Marketing Technologie, Heft 11, 1978, S.50-54

393. Johannson, Kurt: Der Betriebsrat. Erläuterungen zur Betriebsratsarbeit, Köln (2)1978

394. Jonas, Friedrich: Die Institutionenlehre Arnold Gehlens, Tübingen 1966

395. Judith, Rudolf: Stellungnahme zur Verfassungsbeschwerde gegen das Mitbestimmungsgesetz vor dem Bundesverfassungsgericht, in: Gewerkschaftliche Monatshefte, 29. Jg., Dezember 1978, S.806-810

396. Juncker, Klaus u. Schlegelmilch, Klaus (Hrsg.): Die Kapitalbeteiligungsgesellschaft in Theorie und Praxis, Frankfurt/Main 1976

397. Jungblut, Michael: Angst vor Vermögen. Scheitert die Beteiligung der Arbeitnehmer diesmal an den Gewerkschaften?, in: Die Zeit, 31.Jg. (1976), Nr.41, S.21

398. - Nicht vom Lohn allein. Elf Modelle für Mitbestimmung und Gewinnbeteiligung, Hamburg 1973

399. Kaiser, Joseph H.: Die Parität der Sozialpartner, Karlsruhe 1973

400. Kalveram, W. (Hrsg.): Die Gewinnbeteiligung der Arbeitnehmer. Vom Wunsch zur Wirklichkeit. Erweitertes Sonderheft der Zeitschrift für Betriebswirtschaft, Wiesbaden 1951

401. Kammer für Arbeiter und Angestellte für Wien: Beiträge zur Wirtschaftspolitik und Wirtschaftswissenschaft VI. Kapitalakkumulation und Vermögensbildung. Die Lohnentwicklung in der Wiener Industrie in den sechziger Jahren, Wien o.J.

402. Kampschulte, Ferdinand: Mitbestimmung und Beteiligungslohn im leistungsorientierten Unternehmen, Köln 1975

403. Kapital-Gesellschaft. Gewinnbeteiligung in Deutschland, in: Kapital 14 (1975) Nr.12, S.30-34

404. Kapp, William K. / Vilmar, Fritz (Hrsg.): Sozialisierung der Verluste? Die sozialen Kosten eines privatwirtschaftlichen Systems, München 1972

405. Kasteleiner, Rolf H.: Humane Arbeitswelt. Schlagwort oder Realität? Partnerschaft und humane Arbeitswelt im Unternehmen von morgen. Wert- und Zielvorstellungen eines Unternehmers, Düsseldorf 1974

406. Katholische Arbeitnehmer-Bewegung (KAB): Der Arbeitnehmer als Unternehmensmitglied. Diskussionsbeitrag zur Verwirklichung einer neuen Unternehmensverfassung, Köln 1977

406a. - Revidierter Entwurf: Der Arbeitnehmer als Unternehmensmitglied - Diskussionsbeitrag zur Verwirklichung einer neuen Unternehmensverfassung, 2. Fassung (Köln 1979) Ms.

406b. - Texte zur katholischen Soziallehre. Die sozialen Rundschreiben der Päpste und andere kirchliche Dokumente. Mit einer Einführung von Oswald von Nell-Breuning SJ. Kevelaer (4)1977

407. Katzer, Hans: Aspekte moderner Sozialpolitik, Köln 1969

408. Die Kaufkrafttheorie ist falsch. Institut für Weltwirtschaft Kiel, in: Frankfurter Allgemeine Zeitung, Nr.173, 12.8.1978, S.9

409. Keil, G. / Oster, A.: Humanisierung des Arbeitslebens. Reden und Artikel von Arendt, Biedenkopf, Blüm, Ehmke, Kohl, Matthöfer, Rohde, Schleyer, Vetter u.a., Bad Honnef 1976

410. Kelb, Berni: Betriebsfibel. Ratschläge für die Taktik am Arbeitsplatz, Berlin 1973

411. Kempen, Otto Ernst: Sozialstaatsprinzip und Wirtschaftsordnung, Frankfurt 1976

412. - Strukturwandel der Arbeitsverfassung, in: Gewerkschaftliche Monatshefte, 28. Jg., August 1977, S.473-481

413. Kernig, Claus D. (Hrsg.): Sowjetsystem und demokratische Gesellschaft. Eine vergleichende Enzyklopädie, 6 Bde., Freiburg/Basel/Wien 1966-1972

413a. Kettelerhaus der KAB Westdeutschlands (Hrsg.): Der Arbeitnehmer als Unternehmensmitglied. Zur Diskussion über eine neue Unternehmensverfassung mit Beiträgen von Alfons Müller, Elmar Pieroth, Hermann-Josef Wallraff, Oswald von Nell-Breuning, Heribert Scharrenbroich und Heinz Touppen, in: Bildungsbriefe der KAB Westdeutschlands Nr. 4, Köln 1979

414. Kevenhöster, Paul: Das Rätesystem als Instrument zur Kontrolle politischer und wirtschaftlicher Macht, Opladen 1974

415. Kieffer, Karl Werner: Konsequenzen der Krise. Manager vor alternativen Überlegungen, Karlsruhe 1978

416. - Die kritische Schwelle. Gedanken zum Eigentum am Unternehmen, Kaiserslautern 1975

417. Kittner, Michael: Zur verfassungsrechtlichen Zukunft von Reformpolitik, Mitbestimmung und Gewerkschaftsfreiheit, in: Gewerkschaftliche Monatshefte 6/79, S.321 ff.

418. Kittner, Michael / Fuchs, Harald / Zachert, Ulrich: Arbeitnehmervertreter im Aufsichtsrat. Teil I: Erläuterungen, Teil II: Muster und Texte, Köln 1977

419. Klein, Friedrich: Eigentumsbindung, Enteignung, Sozialisierung und Gemeinwirtschaft im Sinne des Bonner Grundgesetzes, Tübingen 1972

420. - Vermögensbildung und Eigentumsgarantie. Verfassungsrechtliche Probleme der Beteiligung der Arbeitnehmer am Produktivvermögen, Karlsruhe 1974

421. Klein, Lisl: Was die Sozialwissenschaften bieten, wie man es anwendet und welche Probleme sich dabei ergeben. Vortrag vor dem Plenum des 1. Europäischen Forums über Organisations-Entwicklung, Aachen 30.10. - 1.11.1978 (Manuskript)

422. Klüber, Franz: Arbeit, Mitbestimmung und Eigentum nach katholischer Soziallehre, in: Gewerkschaftliche Monatshefte, 28. Jg., August 1977, S.495-506

423. Knecht, Michael: Möglichkeiten der Erfassung betrieblicher Partnerschaft unter Berücksichtigung der Organisationsentwicklung, Wuppertal 1975 (Examensarbeit BWL)

424. König, Dieter: Der Europäische Gewerkschaftsbund spricht für 38. Mio. Arbeitnehmer aus 18 Ländern, in: EG-magazin (1977) Nr.2, S.21-25

425. Körner, Manfred: Mitbestimmung der Arbeitnehmer als Instrument gesamtwirtschaftlicher Einkommenspolitik, Göttingen 1974

426. Köser, Helmut: Die Kontrolle wirtschaftlicher Macht. Heinrich Deist und das Godesberger Programm, in: aus politik und zeitgeschichte, beilage zur wochenzeitung das parlament, B 14/74 vom 6. April 1974, S.3-25

427. Köstler, Roland: Mitbestimmung im Aufsichtsrat - kein Thema im Betrieb?, in: Das Mitbestimmungsgespräch 25 (1979), S.217-218

428. Kohn, Helmut / Latzelsberger, Friedrich: Steuerungsprobleme in Wirtschaft und Gesellschaft. Zum Gutachten der Kommission für wirtschaftlichen und sozialen Wandel, in: aus politik und zeitgeschichte, B 18/77 v. 7.5.1977

429. Kommission der Europäischen Gemeinschaften: Geänderter Vorschlag einer Verordnung des Rates über das Statut für Europäische Aktiengesellschaften, Teil I - III, Luxemburg 1975

430. Kommission für wirtschaftlichen und sozialen Wandel: Wirtschaftlicher und sozialer Wandel in der Bundesrepublik Deutschland. Gutachten, Bonn 1976

431. Konegen, Norbert / Kracht, Gerhard (Hrsg.): Sozialismus und Sozialisierung, Kronberg 1975

432. Kosiol, Erich: Die Unternehmung als wirtschaftliches Aktionszentrum. Einführung in die Betriebswirtschaftslehre, Reinbek (5)1971

432a. Kraemer, Konrad W. (Hrsg.): Papst Paul VI. an die Welt. Ansprachen und Botschaften 1963-1969, Osnabrück 1970

433. Kral, Fritz: Mitbestimmung '78: Statt "Neuer Ära" Start ins Ungewisse. Unternehmer wehren sich gegen Parität im Aufsichtsrat/Viele Fluchtwege, aber nur wenig Handhaben der Gewerkschaft, in: Frankfurter Rundschau, Nr.304 vom 31.12.77

434. Krelle, Wilhelm: Verteilungstheorie, Wiesbaden 1962

435. Krelle, Wilhelm / Schunk, Johann / Siebke, Jürgen: Überbetriebliche Ertragsbeteiligung der Arbeitnehmer. Mit einer Vermögensstruktur der Bundesrepublik Deutschland. Forschungsauftrag des Bundesministeriums für Arbeit und Sozialordnung (2 Bde.), Tübingen 1968

436. Kritik aus wissenschaftlicher Sicht. Zum Regierungsentwurf eines Mitbestimmungsgesetzes. Eine Sammlung publizistischer Beiträge. Hrsg. v.d. Bundesvereinigung der Deutschen Arbeitgeberverbände, Köln 1974

437. Krüger, Hartmut: Mitbestimmung. Recht und Anmaßung, München/Wien 1973

438. Krüger, Herbert: Paritätische Mitbestimmung - Unternehmensverfassung - Mitbestimmung der Allgemeinheit, Düsseldorf 1973

439. Krüper, Manfred: Vorhandene Modelle nicht verketzen, in: AGP-Mitteilungen 26 (1979) Nr.221, S.7

440. Krupp, Hans-Jürgen: Möglichkeiten der Verbesserung der Einkommens- und Vermögensstatistik, Göttingen 1975

441. Krysmanski, Hans Jürgen: Soziologie des Konflikts. Materialien und Modelle, Reinbek 1971

442. Kuchinka, Horst: Die Gewinn- und Vermögensbeteiligung der Arbeitnehmer in Einzelunternehmungen und Personengesellschaften, Köln 1975

443. Kübler, Friedrich / Schmidt, Walter / Simitis, Spiros: Mitbestimmung als gesetzgebungspolitische Aufgabe. Zur Verfassungsmäßigkeit des Mitbestimmungsgesetzes 1976, Baden-Baden 1978

444. Kühne, Karl: Das gemeinwirtschaftliche Unternehmen als Wettbewerbsfaktor. Anregungen für den Weiterbau der Theorie der unvollkommenen Konkurrenz, Frankfurt 1971

445. Küller, Hans-Detlev: Betriebliche Vermögensbildung als Element unternehmerischer Strategie, in: Gewerkschaftliche Monatshefte 28 (1977), S.319-328

446. - Reform der Sparförderung: Falscher Weg der CDU/CSU, in: Die Quelle 29.Jg. (1978) S.613-15; ausführlicher in: AGP-Mitteilungen, 25.Jg. (1978) Nr.216, S.5-9

447. - Vor einer Tendenzwende in der Vermögenspolitik, in: Die Quelle 29 (1978), S.17-19

448. Külp, Bernhard: Der Lohnfindungsprozeß der Tarifpartner: Bestimmungsgründe, Auswirkungen, Reformvorschläge, Darmstadt 1977

449. - Verteilungstheorie, Stuttgart 1974

450. Külp, Bernhard / Schreiber, Wilfrid (Hrsg.): Soziale Sicherheit, Köln/Berlin 1971

451. Küpper, Hans-Ulrich: Grundlagen einer Theorie der betrieblichen Mitbestimmung. Wissenschaftslogische und realtheoretische Perspektiven einer betriebswirtschaftlichen Analyse der Betrieblichen Mitbestimmung, Berlin 1974

452. Kuhn, Helmut: Die Fundamente retten!, in: die politische meinung, 19.Jg. (1974), Nr.153, S.9-18

453. Kuppler, Benno: Duplizität des Risikos bei Kapitalbeteiligungen der Arbeitnehmer am arbeitgebenden Unternehmen. Möglichkeiten für eine Lösung, Bad Kreuznach 1974

454. Lambsdorff, Otto Graf: Die Rechnung des DGB kann nicht aufgehen. Die leitenden Angestellten im neuen Unternehmensrecht, in: Frankfurter Allgemeine Zeitung Nr.10 vom 13.1.77, S.8

455. Lampert, Heinz: Die Wirtschafts- und Sozialordnung der BRD, München (5)1976

456. Lanc, Otto: Ergonomie. Psychologie der technischen Welt, Stuttgart 1975

457. Landeszentrale für politische Bildung Baden-Württemberg (Hrsg.): Arbeitskonflikte in der Bundesrepublik. Reihe: Der Bürger im Staat, 27.Jg., Hefte 3, Sept. 1977

458. Landeszentrale für politische Bildung Nordrhein-Westfalen (Hrsg.): Demokratische Gesellschaft. Konsensus und Konflikt. Teil 1 und 2, München 1975

459. Lang, R. / Hellpach, W.: Gruppenfabrikation, Berlin 1972

460. Leber, Georg: Vermögensbildung in Arbeitnehmerhand. Ein Programm und sein Echo, Frankfurt 1964

461. - Vermögensbildung in Arbeitnehmerhand. Ein Programm und sein Echo. Dokumentation 1 und 2, Frankfurt 1964

462. - Vermögensbildung in Arbeitnehmerhand. Wissenschaftliche Beiträge. Dokumentation 3, Frankfurt 1965

463. Lederer, Emil / Marschak, Jakob: Der neue Mittelstand, in: Grundriß der Sozialökonomik, IX. Abtlg.: Das System des Kapitalismus, I. Teil: Die gesellschaftliche Schichtung im Kapitalismus, S.120-141, Tübingen 1926

464. Lehmann, Karl Heinz / Heinsius, Theodor: Aktienrecht und Mitbestimmung, Niederkassel-Mondorf (3)1976

465. Leisewitz, André: Klassen in der Bundesrepublik Deutschland heute, Frankfurt am Main 1977

466. Lemân, Gudrun: Das jugoslawische Modell. Wege zur Demokatisierung, Frankfurt, Köln 1976

467. Leminsky, Gerhard / Otto, Bernd: Politik und Programmatik des Deutschen Gewerkschaftsbundes, Köln 1974

468. Letzter Anlauf zur Vermögensbildung. Beratungen der zuständigen Minister und Koalitionsgespräch / Tariffonds umstritten, in: Frankfurter Allgemeine Zeitung vom 11.9.79, S.11

469. Lezius, Michael: DGB und Vermögenspolitik, in: AGP-Mitteilungen 26. Jg. (1979) Nr.219/20, S.6

470. Leisner, Walter: Sozialbindung des Eigentums, Berlin 1972

471. liberal. Beiträge zur Entwicklung einer freiheitlichen Ordnung. Hrsg. v. Hans Wolfgang Rubin, Hildegard Hamm-Brücher, Werner Maihofer, Peter Menke-Glückert, Klaus Scholder, Bonn 20 (1978)

472. Lipowsky, Emil: Vermögensbildende Erfolgsbeteiligung: Versuch einer integrierten Betrachtungsweise, Frankfurt/Bern 1975

473. Lobkowicz, Nikolaus: Entfremdung, in: Sowjetsystem und demokratische Gesellschaft, Bd.2, hrsg. von C.D.Kernig, Freiburg 1968

474. Loesch, Achim v.: Die gemeinwirtschaftliche Unternehmung. Vom antikapitalistischen Ordnungsprinzip zum marktwirtschaftlichen Regulativ, Köln 1977

475. Lösch, Dieter: Produktionsmitteleigentum und Wirtschafts- und Gesellschaftssystem. Ein Beitrag zur Diskussion um die sozioökonomisch-politische Relevant der Produktiveigentumsverhältnisse, Hamburg 1978

476. Löw, Konrad: Ausbeutung des Menschen durch den Menschen, Band I und II, Köln 1976

477. - Demokratie als Mißverständnis, in: die politische Meinung, 19. Jg. (1974), Nr.153, S.34-42

478. - Rechtsstaat - Demokratie - Sozialstaat. Unser Staat heute - und morgen?, München (2)1974

479. Löwisch, Manfred (Hrsg.): Kommentar zum BetrVerfG. Band II: Regelung der Mitbestimmung, Heidelberg (5)1976

480. Lütge, Friedrich: Deutsche Sozial- und Wirtschaftsgeschichte. Ein Überblick, Berlin, Göttingen, Heidelberg (2)1960

481. Luhmann, Niklas: Rechtssoziologie. 2 Bände, Reinbek 1972

482. Lutter, Marcus: Europäisches Gesellschaftsrecht. Texte und Materialien zur Rechtsangleichung nebst Einführung, Berlin 1979

483. - Mitbestimmung im Konzern. Eine Stellungnahme zu den konzernrechtlichen Vorschlägen des Regierungsentwurfs eines Mitbestimmungsgesetzes, o.O. 1975

484. - Vermögensbildung und Unternehmensrecht (Vortrag am 27.11.1974), Karlsruhe 1975

485. Lux, Hans-Joachim: Mitbestimmungsgesetz, Stuttgart/Wiesbaden 1977

486. Maher, J.R. (Hrsg.): Job Enrichement. Motivierung durch Arbeitsgestaltung, München 1976

487. Maier, Kurt: Betriebliche Partnerschaft - als dritter Weg in der sozialen Marktwirtschaft?, in: Fragen der Freiheit 1974, Folge 109, S.7-29

488. - Interdependenzen zwischen Mitbestimmung und betrieblicher Partnerschaft, Berlin 1969

489. Maier, N.: Teilautonome Arbeitsgruppen. Möglichkeiten und Grenzen eines Modells zur Humanisierung der Arbeit, Meisenheim 1977

490. Maiwald, Klaus-Jürgen: Zur Entwicklung des Sozialstaatsbegriffs, in: Die Neue Gesellschaft, 23.Jg. (1976), S.340-343

491. Mandel, Ernest: Die Bürokratie, Frankfurt (4)1976

492. Mannheim, Karl, Freedom, Power and Democratic Planning, New York 1950

493. Marx, Karl / Engels, Friedrich: Werke, Berlin (Ost) 1957-1968 (MEW)

494. Marx, Karl: Deutsche Ideologie, MEW 3

495. - Das Kapital, Erster Band, MEW 23

496. - Ökonomisch-Philosophische Manuskripte (1844), Kap. XXII, Die entfremdete Arbeit, MEW-EB I, S.510-522

497. Maslow, A.H.: Psychologie des Seins. Ein Entwurf, München 1973

497a. Mater et magistra. Die Sozialenzyklika Papst Johannes' XXIII. Mit einem ausführlichen Kommentar und einer Einführung in die Soziallehre der Päpste von Leo XIII. bis Johannes XXIII. von Eberhard Welty OP, Freiburg/Breisgau (6)1965

498. Matthöfer, Hans: Humanisierung der Arbeit und Produktivität in der Industriegesellschaft, Köln/Frankfurt 1977

499. Maunz/Dürig: Grundgesetz, München/Berlin 1966

500. May, Hermann: Die Kapitalbeteiligungsgesellschaft als Instrument zur Realisierung des Intensivlohns, Baden-Baden 1974

501. Mayer, Udo: Paritätische Mitbestimmung und Arbeitsverhältnis, Köln/Frankfurt 1976

502. Mayer, Udo / Reich, Norbert (Hrsg.): Mitbestimmung contra Grundgesetz? Argumente und Materialien zu einer überfälligen Reform, Darmstadt/Neuwied 1975

503. Mayntz, Renate: Soziologie der Organisation, Reinbek 1963 [(8)1976]

504. McGregor, Douglas: Der Mensch im Unternehmen. (The Human Side of Enterprise), Düsseldorf/Wien (3)1973 (1970)

505. Meilicke, Heinz / Meilicke, Wienand: Kommentar zum Mitbestimmungsgesetz 1976, Heidelberg 1976

506. Meining, Wolfgang: Private Vermögensbildung mit festverzinslichen Wertpapieren, Wiesbaden 1975

507. Meisel, Peter: Die Mitwirkung und Mitbestimmung des Betriebsrates in personellen Angelegenheiten, Heidelberg (4)1974

508. - Synopse zum Betriebsverfassungsgesetz. Vergleichende Gegenüberstellung des bisher gültigen BetrVG 1972 und des BetrVG 1972, Köln 1972

509. Meister, Herbert: Gewinnbeteiligung, Gesellschaftsrecht und Unternehmensverfassung, in: liberal, 17. Jg.(1975) Heft 12, S.939-944

510. Mestmäcker, Ernst-Joachim: Über Mitbestimmung und Vermögensverteilung. Alternativen zur Umverteilung von Besitzständen, Tübingen 1973

511. Methodenstreit um Vermögensbildung. Nur im Prinzip sind sich die Politiker einig, in: Handelsblatt 23./24.6. 1978

512. Meyer, Hermann: Mitbestimmung der Arbeitnehmer, Vermögensbildung in Arbeitnehmerhand, Donauwörth 1973

513. Meyers Handbuch über die Wirtschaft (hrsg. Fachredaktion Recht und Wirtschaft des Bibliographischen Instituts), Mannheim/Wien/Zürich (3)1974

514. Ministerium für Arbeit, Soziales und Gesundheit Nordrhein-Westfalen (MAGS): Indikatoren zur Humanisierung der Arbeitswelt. Forschungsbericht (hergestellt von infas). Arbeit und Beruf 12, Essen 1974

515. Die mitbestimmten Unternehmen bis zum 30. Juni 1978. Kurzmitteilung, in: WSI-Mitteilungen 9 (1978), S.532 - 535

516. Mitbestimmung. Vom Schlechten das Beste, in: Wirtschaftswoche 29 (1975) Nr.52/53, S.22-24

517. Mitbestimmung und Miteigentum in Europa. Internationale Begegnung europäischer christlicher Arbeitnehmer am 31.3. und 1.4.1960 in Konstanz, veranstaltet von dem Landessozialausschuß der christlich-demokratischen Arbeitnehmerschaft Südbadens, Freiburg 1960

518. Mitbestimmung und Produktivität, in: AGP-Mitteilungen 26 (1979), Nr.217, S.5

519. Mitbestimmung - Weg einer Idee, in: ötv-magazin Nr.6/74 - Nr.12/74

520. Mitbestimmungsergänzungsgesetz, BGBl I S.707, in der Fassung der Gesetze vom 15. Juli 1957, BGBl I, S.714; vom September 1965, BGBl I S.1185 und vom 27. April 1967, BGBl I S.505

521. Mitbestimmungsgesetz, Textausgabe mit 11 einführenden Aufsätzen, Neuwied/Darmstadt 1976

522. Mitbestimmungsgesetz, die Wahlordnungen zum ... Textausgabe mit ausführlichen Erläuterungen von Hans-Christoph Matthes, Neuwied/Darmstadt 1977

523. Mitbestimmungsgesetze in den Unternehmen mit allen Wahlordnungen, München 1977

524. Das Mitbestimmungsgespräch. Monatszeitschrift für die Förderer, Freunde und Stipendiaten der Hans-Böckler-Stiftung. Hrsg.: Hans-Böckler-Stiftung, Düsseldorf 24 (1978)

525. Mitbestimmungsurteil des Bundesverfassungsgerichts, in: Der Bundesminister für Arbeit und Sozialordnung: Mitbestimmung, Bonn 1979

526. Molitor, Bruno: Vermögensverteilung als wirtschaftspolitisches Problem, Tübingen 1965

527. Molitor, Regina (Hrsg.): Zehn Jahre Sachverständigenrat zur Begutachtung der gesamtwirtschaftlichen Entwicklung. Eine kritische Bestandsaufnahme, Frankfurt 1973

528. Montanmitbestimmungsgesetz, 25 Jahre. Berichte aus der Praxis, in: Das Mitbestimmungsgespräch, 22. Jg. (1976) S.82-151

529. Moser, Helmut: Einstellungen der Industriearbeitnehmerschaft zur Mitbestimmung. Versuch einer hypothesenbildenden Grundlagen-Untersuchung unter besonderer Berücksichtigung methodologischer Problemstellungen. Dissertation, Hamburg 1976

530. Mückl, Wolfgang J.: Vermögenspolitische Konzepte in der Bundesrepublik Deutschland, Göttingen 1975

531. Mückl, Wolfgang / Hauser, Richard: Die Wirkungen der Inflation auf die Einkommens- und Vermögensverteilung. Zwei Literaturstudien, Göttingen 1975

531a. Müller, Adam: Ausgewählte Abhandlungen, hrsg. von Jakob Braxa, Jena (2)1931

532. Müller, Emil-Peter: Zwischen Pluralismus und Zwei-Klassen-Modell, in: aus politik und zeitgeschichte, B 11/77 vom 19.5.1977

533. Müller, Gerhard: Das Mitbestimmungsurteil des Bundesverfassungsgerichts vom 1. März 1979, Beilage Nr.5/79 zu BB, Heft 16/1979

534. Müller-Armack, Alfred: Genealogie der Sozialen Marktwirtschaft. Frühschriften und weiterführende Konzepte, Bern/Stuttgart 1974

535. Müller-Armack, Alfred: Wirtschaftsordnung und Wirtschaftspolitik. Studien und Konzepte zur Sozialen Marktwirtschaft und zur Europäischen Integration, Freiburg 1966

536. Müller-Bader, Peter: Betriebspsychologie, München 1977

537. Müller-Hagen, Dorothee: Mensch am Arbeitsplatz. Theorie und Praxis einer Humanisierung der Arbeitswelt, Köln 1973

538. Müller-Vogg, Hugo: Die Arbeitnehmer leben nicht vom Lohn allein. Die staatliche Umverteilungspolitik in Deutschland war nicht erfolglos. Hohe Selbstfinanzierungsquote, in: Frankfurter Allgemeine Zeitung Nr.62, 30.3.1978, S.14

539. Münch, Richard: Theorie sozialer Systeme. Eine Einführung in Grundbegriffe, Grundannahmen und logische Struktur, Opladen 1976

540. Die mündliche Verhandlung im Spiegel der Presse (betr. Verfassungsmäßigkeit des MitbestG 1976 vor dem Bundesverfassungsgericht), in: Das Mitbestimmungsgespräch 25 (1979), S.6-9

541. Muszynski, Bernhard: Kooperative Führungsstile und Mitbestimmung, in: Das Mitbestimmungsgespräch, 22. Jg. (1976), S.33-36

542. - Die Mitbestimmungsgesetze aus konfliktsoziologischer Perspektive, in: Das Mitbestimmungsgespräch , 23. Jg. (1977), S.96-99

543. - Wirtschaftliche Mitbestimmung aus der Sicht unterschiedlicher Konfliktansätze, in: Das Mitbestimmungsgespräch, 23.Jg. (1977), S.12-15; S.34-36; S.45-47

544. - Wirtschaftliche Mitbestimmung zwischen Konflikt- und Harmoniekonzeptionen. Theoretische Voraussetzungen, geschichtliche Grundlagen und Hauptprobleme der Mitbestimmungsdiskussion der BRD, Meisenheim am Glan 1975

545. Naendrup, Peter-Hubert: Mitbestimmung und Verfassung, Neuwied 1977

546. Nagels, Karlheinz: Überbetriebliche Partizipation von Arbeitnehmern in Europa, Frankfurt/New York 1978

547. Nagels, Karlheinz / Sorge, Arndt: Industrielle Demokratie in Europa, Mitbestimmung und Kontrolle in der Europäischen Aktiengesellschaft, Frankfurt/New York 1977

548. Naphtali, Fritz: Wirtschaftsdemokratie. Ihr Wesen, Weg und Ziel, Frankfurt (2)1968

549. Nawroth, Edgar: Integraler Humanismus. Ordnungsdenken der Kirche im Wandel der Zeit, in: die neue Ordnung in Kirche, Staat, Gesellschaft, Kultur, 29. Jg. (1975) S.12-28

550. von Nell-Breuning, Oswald: Eigentum, Wirtschaftsordnung und wirtschaftliche Mitbestimmung, Frankfurt o.J. (1975?) Schriftenreihe der IG Metall, Bd.64

551. von Nell-Breuning, Oswald: Der Mensch in der heutigen Wirtschaftsgesellschaft, München 1975

551a.- Mitbestimmung, Frankfurt (4)1969

551b.- Soziallehre der Kirche. Erläuterungen der lehramtlichen Dokumente, hrsg. von der Katholischen Sozialakademie Österreichs, Wien (2)1978

552. - Streit um Mitbestimmung,Frankfurt 1968

552a.- Wie sozial ist die Kirche? Leistungen und Versagen der katholischen Soziallehre, Düsseldorf 1972

553. Neuberger, Osswald: Theorien der Arbeitszufriedenheit. Sozioökonomie 7, Stuttgart 1974

554. Die Neue Gesellschaft. Hrsg. für die Friedrich-Ebert-Stiftung von Willy Brandt, Reimut Jochimsen, Peter Lengsfeld, Friedel Schirmer, Carlo Schmid, Theodor Strohm, Heinz O. Vetter, Bonn 25 (1978)

555. die neue ordnung in Kirche, Staat, Gesellschaft, Kultur. Hrsg.: Albertus-Magnus-Akademie zu Walberberg, Paderborn 32 (1978)

556. Neuloh, Otto: Die deutsche Betriebsverfassung und ihre Sozialformen bis zur Mitbestimmung, Tübingen 1956

557. - Der neue Betriebsstil. Untersuchungen über Wirklichkeit und Wirkungen der Mitbestimmung, Tübingen 1960

558. Neumann, Karl: Vermögensverteilung und Vermögenspolitik, Möglichkeiten und Grenzen, Köln, Frankfurt 1976

559. Niedenhoff, Horst-Udo: Auf in den Gewerkschaftsstaat, Köln (2)1974

560. - Mitbestimmung in der Bundesrepublik Deutschland, Köln (2)1977

561. - Die unbekannte Macht. Unternehmer DGB, Köln 1975

562. - Wirtschaftsdemokratie oder Unternehmerwillkür? Köln 1978

563. Oberhauser, Alois: Die wirtschaftlichen Auswirkungen und Grenzen des Investivlohnes, Paderborn o.J. (1959/60)

564. Oberndörfer, Dieter / Jäger, Wolfgang: Marx - Lenin - Mao. Revolution und neue Gesellschaft, Stuttgart 1974

565. Oberndörfer, Dieter / Jäger, Wolfgang (Hrsg.): Die neue Elite. Eine Kritik der kritischen Demokratietheorie, Freiburg 1975

566. Oertzen, Peter v.: Grundbegriffe und Grundprobleme der Mitbestimmung, o.O. o.J. (um 66), Industriegewerkschaft Metall, Arbeitsheft 210

567. - Die Stellung der Arbeitnehmer in der modernen Industriegesellschaft und die Funktion der Mitbestimmung, o.O. o.J. (um 66), Industriegewerkschaft Metall, Arbeitsheft 211

568. Ohm, Wolfgang: Mitbestimmung und Grundgesetz. Der Regierungsentwurf im Urteil der Sachverständigen, Köln 1975

569. - Unternehmensrecht und Mitbestimmung, Köln 1973

570. Ortlieb, Heinz-Dietrich: Vom Volkskapitalismus zur Playboy-Demokratie, Zürich 1974

571. Ortlieb, Heinz-Dietrich / Lösch, Dieter: Sozialismus. II: Sozialismus als Leitbild der Wirtschaftsordnung, in: Handwörterbuch der Wirtschaftswissenschaften (HdWW), Band 7, S.28-41, Stuttgart/New York/Tübingen/Göttingen/Zürich 1977

572. Osers, Jan: Das Suchen nach einem dritten Weg. Zu den heutigen Gesellschaftskonzeptionen von Ota Sik, Roger Garaudy und Eugen Löbl, in: Fragen der Freiheit, Folge 108, 1974, S.21-41

573. Otto, Bernd: Gewerkschaftliche Konzeptionen überbetrieblicher Mitbestimmung, Köln 1971 (Diss. Köln)

574. Parsons, Talcott: Beiträge zur soziologischen Theorie, hrsg. von Dietrich Rüschemeyer, Neuwied (2)1968

574a. Pawlowski, Harald: Das Übel an der Wurzel gepackt. Die Neue Unternehmensverfassung. Ein bedeutender Vorschlag der Katholischen Arbeitnehmerbewegung, in: Publik-Forum, Nr.1 vom 13.1.1978, S.12-14

574b. Pehl, Günter: Lebensstandard: Vorsprung der Selbständigen wurde noch größer, in: Die Quelle, 29.Jg. September 1978, S.467-468

575. - Selbständige vergrößerten auch 1977 ihren Einkommensvorsprung, in: Die Quelle, 29.Jg., September 1978, S.479-481

576. Pernthaler, Peter: Qualifizierte Mitbestimmung und Verfassungsrecht, Berlin 1972

577. Peters, Jürgen: Arbeitnehmerkammern in der BRD?, München 1973

578. Pfromm, Hans-Adam: Einkommenspolitik und Verteilungskonflikt, Köln 1975

579. - Solidarische Lohnpolitik. Zur wirtschaftlichen und sozialen Problematik tariflicher Lohnstrukturnivellierung, Köln/Frankfurt/Main 1978

580. Philipp, Wolfgang: Eine seltsame demokratische Wahl. Zu einer aktuellen Frage der Mitbestimmung, in: Frankfurter Allgemeine Zeitung Nr.26 vom 1.2.77, S.9

581. - Rechtliche Risiken des Wahlmännerverfahrens nach dem Mitbestimmungsgesetz. Ausschlußdrohung - Einheitsliste - Wahlfiktion, in: Betriebs-Berater Heft 11 vom 20.4.77, S.549-52

582. Pieroth, Elmar: Kollektiveigentum oder Eigentum für alle?, in: Sonde, 6.Jg., Nr.3-4/73, S.49-61

583. - Welche Auswirkungen auf Unternehmensverfassung und Willensbildung im Unternehmen sind zu erwarten, wenn größere Teile der Belegschaft Anteilseigner sind?, in: Die Bedeutung gesellschaftlicher Veränderungen für die Willensbildung im Unternehmen, Schriften des Vereins für Socialpolitik, Neue Folge, Bd.88, Berlin 1976

584. Pieroth, Elmar (Hrsg.): Die 8 Stunden am Tag. Eine sozialkritische Studie, München 1974

585. Das Pieroth-Modell der Mitarbeiterbeteiligung, Burg Layen o.J.

586. Das Pieroth-Sozialsystem. Gesamtzusammenstellung, Heft 1, Burg Layen 1.5.1976

587. Pilz, Frank: Das sozialstaatliche System der Bundesrepublik Deutschland. Grundzüge der Sozial- und Gesellschaftspolitik, München 1978

588. - Das System der Sozialen Marktwirtschaft. Konzeption, Wirklichkeit, Perspektiven, München/Basel 1974

589. Pipkorn, Jörn: Die Europäische Aktiengesellschaft. Eine neue Initiative der Kommission, in: EG-Europäische Gemeinschaft 6/1975, S.VIII-XII

590. Pitz, Karl H. (Hrsg.): Das Nein zur Vermögenspolitik. Gewerkschaftliche Argumente und Alternativen zur Vermögensbildung, Reinbek 1974

591. Plesser, Ernst H. (Hrsg.): Was machen die Unternehmer? Über wirtschaftliche Macht und gesellschaftliche Verantwortung, Freiburg 1974

592. Pohl, Hans-Joachim: Wandlungsbereitschaft von Arbeitnehmern. Eine empirische Untersuchung, in: AGP-Mitteilungen 25 (1978), Nr.214, S.4-5

593. Die politische Meinung. Zweimonatshefte für die Fragen der Zeit. Hrsg. v. Bruno Heck, Bonn 23 (1978)

594. Post, Manfried: Die stille Beteiligung am Unternehmen der Kapitalgesellschaft. Recht, Steuer, Betriebswirtschaft, Bielefeld 1975

595. Potthoff, Erich: Personelle Unternehmungsorganisation, Berlin/New York 1976

596. Premßler, Manfred: Arbeitsrecht in der Bundesrepublik. Sozialdemagogie und Wirklichkeit, Frankfurt 1975

597. Projektgruppe Gewerkschaftsforschung, Tarifpolitik unter Krisenbedingungen. Darstellung und Analyse der Tarifbewegungen 1975 und 1976 in der Chemischen Industrie und in der Druckindustrie, Frankfurt 1977

598. Pross, Helge: Revolution oder Reform?, in: Szcesny (Hrsg.), Club Voltaire, Jahrbuch für kritische Aufklärung, Bd.IV, S.76-93, Reinbek 1970

599. Pufendorf, Ulrich von / Gather, Gernot (Hrsg.): Überforderte Demokratie? Grundfragen des demokratischen Prozesses. Ansätze zu soziokultureller Innovation. Aktivierung der Bürger. Kommentare zu ausgewählter Literatur, Frankfurt 1975

600. Pulte, Peter: Vermögensbildung. Vermögensverteilung, Berlin 1973

601. Die Quelle. Funktionärszeitschrift des Deutschen Gewerkschaftsbundes, Köln 29 (1978)

602. Raehlmann, Irene: Der Interessenstreit zwischen DGB und BDA um die Ausweitung der qualifizierten Mitbestimmung. Eine ideologiekritische Untersuchung, Köln 1975

603. Rahner, Karl / Vorgrimmler, Herbert: Kleines Konzilskompendium. Sämtliche Texte des Zweiten Vatikanums mit Einführungen und ausführlichem Sachregister, Freiburg/Breisgau 1966

604. Raisch, Peter: Mitbestimmung und Koalitionsfreiheit. Die Vereinbarkeit der paritätischen Mitbestimmung mit der durch Art.9 Abs3 Grundgesetz garantierten Koalitionsfreiheit, Köln 1975

605. - Unternehmensrecht, 1-2. Unternehmensprivatrecht: Handels- und Gesellschaftsrecht, Aktien- und Konzernrecht, Mitbestimmung und Fusionskontrolle, Reinbek 1973/74

606. Raiser, Thomas: Grundgesetz und paritätische Mitbestimmung. Die Vereinbarkeit der Entwürfe eines Gesetzes über die Mitbestimmung der Arbeitnehmer mit dem Grundgesetz, Berlin/New York 1975

607. - Marktwirtschaft und paritätische Mitbestimmung. Zur Kritik des Berichts der Mitbestimmungskommission, Heidelberg 1973

608. - Mitbestimmungsgesetz nebst Wahlordnungen. Kommentar, Berlin/New York 1977

609. - Das Unternehmen als Organisation. Kritik und Erneuerung der juristischen Unternehmenslehre, Berlin 1969

610. - Die Vereinbarkeit der Entwürfe eines Gesetzes über die Mitbestimmung der Arbeitnehmer mit dem Grundgesetz. Rechtsgutachten, Gießen 1974

611. Rat der EKD (Hrsg.): Sozialethische Erwägungen zur Mitbestimmung in der Wirtschaft der Bundesrepublik Deutschland, Hamburg 1968

612. Rationalisierungs-Kuratorium der Deutschen Wirtschaft (RKW) e.V.: Menschengerechte Arbeit - Erfahrungsaustausch zwischen Forschung und betrieblicher Praxis. Dokumentation zum RKW-Kongreß am 6. und 7. April 1976 in Essen, Gruga-Hallen, Frankfurt (2)1977

613. Rauscher, Anton (Hrsg.): Mitbestimmung. Referate und Diskussion auf der Tagung katholischer Sozialwissenschaftler 1968 in Mönchengladbach, Köln 1968 [(2)1968]

614. Reber, Gerhard: Personales Verhalten im Betrieb. Analyse entscheidungstheoretischer Ansätze, Stuttgart 1973

614a. Reichensperger, Peter Franz: Die Agrarfrage, Trier 1847

615. Reichling, Joachim: Konflikt, Kritik, Emanzipation. Schlüsselwörter zur Verwirrung des demokratischen Grundkonsens?, Köln 1978

616. Reichsversicherungsordnung mit: Arbeiterrentenversicherungs-Neuregelungsgesetz. Rentenreform. Stand: 1. Juni 1973, München 1973

617. Rich, Arthur: Mitbestimmung in der Industrie. Probleme - Modelle - Kritische Beurteilung, eine sozialethische Orientierung, Zürich 1973

618. Rieger, W.: Einführung in die Privatwirtschaftslehre, Stuttgart (5)1966

619. Reuter, Dieter / Streckel, Siegmar: Grundfragen der betriebsverfassungsrechtlichen Mitbestimmung, Frankfurt 1973

620. Rinsche, Günter: Zukunftsperspektiven rationaler Wirtschafts- und Mittelstandspolitik. Problemanalysen, Prognosen, Programmvorschläge, Stuttgart 1974

621. Rittig, Gisbert: Macht. II: Macht in der Wirtschaft, in: Handwörterbuch der Sozialwissenschaften, Bd.7, S.81-88, Stuttgart/Tübingen/Göttingen 1961

622. Rittstieg, Helmut: Eigentum als Verfassungsproblem. Zur Geschichte und Gegenwart des bürgerlichen Verfassungsstaates, Darmstadt 1975

623. Robert, Rüdiger: Mitbestimmung und Grundgesetz. Der Verfassungsstreit über das Mitbestimmungsgesetz 1976, in: aus politik und zeitgeschichte, Beilage 16/79

624. Roberts, Benjamin C.: Ziele der Gewerkschaften in Westeuropa, in: Europa-Archiv, Folge 15/1977, S.499-506

625. Roberts, Charles C.: Soziale Macht im Verteilungsprozeß, in: WSI Mitteilungen, 28. Jg., August 1975, S.406-417

626. Roloff, Wolf-Rainer: Interpretation und Analyse der lohn- und sozialpolitischen Zielsetzungen der Industriegewerkschaft Bau-Steine-Erden. Ein Beitrag zur Theorie der Gewerkschaftspolitik, Hilden 1971

627. Roos, Lothar: Ordnung und Gestaltung der Wirtschaft. Grundlagen und Grundsätze der Wirtschaftsethik nach dem II. Vatikanischen Konzil, Köln 1971

628. Rosenberg, Ludwig / Tacke, Bernhard: Der Weg zur Einheitsgewerkschaft, Düsseldorf 1977

629. Rosenkranz, Hans: Soziale Betriebsorganisation, München 1973

630. Rosenstiel, Lutz v.: Die motivationalen Grundlagen des Verhaltens in Organisationen. Leistung und Zufriedenheit, Berlin 1975

631. Rosenstiel, Lutz v. / Molt, Walter / Rüttinger, Bruno: Organisationspsychologie. Sozioökonomie 1, Stuttgart (3)1977

632. Rüthers, Bernd / Ulmer, Peter: Gesetz über die Mitbestimmung der Arbeitnehmer. Kommentar, München 1977

633. Rüttinger, Bruno: Konflikt und Konfliktlösungen, München 1977

634. Rüttinger, Bruno / v. Rosenstiel, Lutz / Molt, Walter: Motivation des wirtschaftlichen Verhaltens. Sozioökonomie 4, Stuttgart 1974

635. Ruf, Thomas: Soziale Marktwirtschaft und soziale Partnerschaft, in: Gesellschaftspolitische Kommentare 25 (1978), S.244-247

636. Rumpff, Klaus: Mitbestimmung in wirtschaftlichen Angelegenheiten und bei der Unternehmensplanung und Personalplanung, Heidelberg (2)1978

637. Runge, Harry: Der Einfluß der personellen Einkommensverteilung auf den Wert des Volkseinkommens, Berlin/München 1976

638. Rupp, Hans H.: Grundgesetz und Wirtschaftsverfassung, Tübingen 1974

639. Sahm, August: Humanisierung der Arbeitswelt. Verhaltenstraining statt Verordnung, Freiburg 1976

640. - Humanisierung im Führungsstil, Frankfurt 1977

641. - Verhaltenstraining im Betrieb? Sonderdruck aus Personalführung 6/78

642. Sahmer, Heinz: Betriebsverfassungsgesetz. Kommentar, Frankfurt 1978

643. Sauermann, Heinz / Mestmäcker, Ernst-Joachim (Hrsg.): Wirtschaftsordnung und Staatsverfassung. Festschrift für Franz Böhm zum 80. Geburtstag, Tübingen 1975

644. Schachtschabel, Hans G.: Die gewerkschaftliche Forderung nach Mitbestimmung der Arbeitnehmer auf überbetrieblicher Ebene und ihre Vereinbarkeit mit anderen Konzeptionen, in: Weddigen: Zur Theorie und Praxis der Mitbestimmung, II, Berlin 1964

645. - Die Mitbestimmung der Arbeitnehmer in der Wirtschaftsführung der Unternehmung auf betrieblicher Ebene in der Auffassung der Gewerkschaften und der Arbeitgeberverbände, in: Weddigen: Zur Theorie und Praxis der Mitbestimmung, II, Berlin 1964

646. Schäfer, Claus: Humanisierung der Arbeitsbedingungen durch Vermögenspolitik?, in: Die Neue Gesellschaft, 25. Jg. (1978) Nr.4, S.281-284

647. Schasching, Johannes: Die soziale Botschaft der Kirche. Von Leo XIII. bis Johannes XXIII., Innsbruck/Wien/ München (2)1963

648. Schelsky, Helmut: Die neuen Formen der Herrschaft: Belehrung, Betreuung, Beplanung, in: Recht und Macht in Politik und Wirtschaft, S.93-107, Zürich 1976

649. - Systemüberwindung, Demokratisierung, Gewaltenteilung. Grundsatzkonflikte der Bundesrepublik, München 1973

650. Schenck, Guntram von: Wirtschaftsdemokratie, in: Gewerkschaftliche Monatshefte, 26. Jg., April 1975, S.251-259

651. Scheuermann, Karl: Arbeitsrecht, Recklinghausen 1964

652. Schiemenz, Bernd / Seiwert, Lothar: Ziele und Zielbeziehungen in der Unternehmung, in: Zeitschrift für Betriebswirtschaft, 49. Jg. (1979) Nr.7, S.581-603

653. Schillert, Ulrich: Gewinne als Quelle der Vermögenspolitik? Die Belastbarkeit der Unternehmensgewinne durch vermögenspolitische Maßnahmen, Berlin 1976

654. Schillert, Ulrich / Molsberger, Josef: Vermögenspolitik und Eigenkapitalversorgung mittelständischer Unternehmen, Köln 1976

655. Schleyer, Hanns Martin: Argumente und Stellungnahme zum Koalitionsbeschluß über Mitbestimmung und Vermögensbildung. Marktwirtschaftfeindlich. Wettbewerbsgefährdend. Syndikalistisch. Hrsg. v. d. Bundesvereinigung der Deutschen Arbeitgeberverbände, Köln 1974

656. Schlicht, Ekkehart: Einführung in die Verteilungstheorie, Reinbek (Hamburg) 1976

657. Schmidt, Ralf-Bodo: Wirtschaftslehre der Unternehmung. Band 1: Grundlagen und Zielsetzung. Band 2: Zielerreichung, Stuttgart 1969

658. Schmidt, Ralf-Bodo (Hrsg.): Probleme der Unternehmungsverfassung. Gedanken zum 70. Geburtstag von Martin Lohmann, Tübingen 1971

659. Schmölders, Günter (Hrsg.): Unsere Wirtschaftsordnung und ihre Hauptprobleme. Ein Überblick, Essen 1975

660. Schneider, Erich: Einführung in die Wirtschaftstheorie I, Tübingen (14)1969

661. Schneider, Hans J. (Hrsg.): Handbuch der Mitarbeiter-Kapitalbeteiligung, Köln 1977

662. Schneider, Hans J.: Die partnerschaftliche Kapitalbeteiligung der Arbeitnehmer am mittelständischen Industrieunternehmen, Köln, Bonn 1973

663. Schneider, Hans K. / Watrin, Christian (Hrsg.): Macht und ökonomisches Gesetz. Verhandlungen auf der Tagung des Vereins für Sozialpolitik, Gesellschaft für Wirtschafts- und Sozialwissenschaften in Bonn 1972, 2 Bände, Berlin 1973

664. Schneider, Wolfgang: 5 Jahre Betriebsverfassungsgesetz 1972 - eine Zwischenbilanz, in: Das Mitbestimmungsgespräch 23.Jg. (1977), S.23-31

665. Schneider/Kuda: Mitbestimmung - Weg zur industriellen Demokratie?, München 1969

666. Schnur, Roman: Staat am Scheidewege, in: die politische meinung, 19. Jg. (1974), Nr.153, S.19-33

667. Schnurr, Karl Joachim: Die Eignung der erweiterten Mitbestimmung zur Kontrolle von Marktmacht, Marburg 1970. Dissertation

668. Schoeck, Helmut: Umverteilung als Klassenkampf? Zur Politik und Psychologie der Vermögensbildung, Osnabrück 1973

669. Schönbohm, Wulf / Wissmann, Matthias (Hrsg.): Für eine humane Gesellschaft. Beiträge zum Programmdenken der jungen Generation, Frankfurt/Berlin/Wien 1976

670. Scholz, Rupert: Paritätische Mitbestimmung und Grundgesetz. Verfassungsrechtliche Fragen zur gesetzlichen Einführung der paritätischen Unternehmensmitbestimmung, Berlin 1974

671. - Rechtsgutachten der paritätischen Mitbestimmung unter besonderer Berücksichtigung des Regierungsentwurfs eines Gesetzes über die Mitbestimmung der Arbeitnehmer (MbesrG) vom 22.2.1974 (Bundesratsdrucksache 200/74). Ausschuß für Arbeit und Sozialordnung 7. Wahlperiode, Ausschußdrucksache 341

672. Schoßig, Bernhard: Emanzipatorische Gewerkschaftspolitik und überbetriebliche Mitbestimmung. Zur Kritik der DGB-Konzeption einer gesamtwirtschaftlichen Mitbestimmung, Hamburg 1974

673. Schreyögg, Georg: Demokratie in der Arbeitswelt, Nürnberg 1974

674. Schroff, Hildegard: Genossenschaftliche Unternehmensmodelle und Partnerschaftsbetriebe - ein Vergleich ihrer Grundlagen, Strukturen und Wirkungen, Nürnberg 1975, Examensarbeit (Dipl. Kaufmann) (Ms)

675. Schüffler, Heinz: Die Entwicklung der betrieblichen Vermögensbildung. Diplomarbeit (Volkswirtschaft), 1975 (Ms)

676. Schüssler, Karlheinz (Hrsg.): BetrVG - Entscheidungen. Entscheidungssammlung zum neuen Betriebsverfassungsgesetz vom 15.1.1976 nebst Wahlordnung (Loseblattsammlung), 1974

677. Schütze, Leo: Humanisierung der Arbeitswelt, in: Sonde, 6.Jg (1973), Nr.3-4, S.62-69

678. Schulz, Katrin L.: Sparprämien - Wohnungsbauprämien, Freiburg/Br. (5)1976

679. Schumm-Garling, Ursula: Herrschaft in der industriellen Arbeitsorganisation, Frankfurt 1972

680. Schumpeter, Joseph A.: Kapitalismus, Sozialismus und Demokratie, München (4) 1975 (1950)

680a.Schwaderlapp, Werner: Eigentum und Arbeit bei Oswald von Nell-Breuning, Düsseldorf 1980

681. Schwedes, R.: Grundriß des Arbeitsrechts, in: Steuer- und Wirtschafts-Kurzpost, Heft Nr.6 vom 10.3.1975, Gruppe 19, S.1293-1374

682. Schwerdtfeger, Gunther: Mitbestimmung in privaten Unternehmen, Berlin/New York 1973

683. - Unternehmerische Mitbestimmung der Arbeitnehmer und Grundgesetz, Frankfurt 1972

684. Seidel, Heinz: Sozialer Konflikt, Partnerschaft und Mitbestimmung, in: Das Mitbestimmungsgespräch, 11. Jg., 5/65

685. - Das Verhältnis der Angestellten zur Mitbestimmung, Frankfurt 1972,(2)1973

686. Seitenzahl, Rolf: Einkommenspolitik durch Konzertierte Aktion und Orientierungsdaten, Köln 1974

687. Seitenzahl, Rolf: Gewerkschaften zwischen Kooperation und Konflikt. Von einer quantitativen Tariflohnpolitik zur umfassenden Verteilungspolitik, Frankfurt/ Köln 1976

688. Seiwert, Lothar: Mitbestimmung und Zielsystem der Unternehmung. Ansätze zu einem erweiterten Unternehmungsmodell der Betriebswirtschaftslehre, Göttingen 1979

689. - Moderne Formen der Arbeitsorganisation, in: Wirtschaftswissenschaftliches Studium, 8. Jg., Heft 3 und 4 (1979) S.129-131/185-187

690. Sidney / Webb: Industrial Democraty 1897, deutsch: Theorie und Praxis der englischen Genossenschaftsvereine, Stuttgart 1906

691. Sieling-Wendeling, Ulrike: Die mündliche Verhandlung über die Verfassungsmäßigkeit des MitbestG 1976 vor dem Bundesverfassungsgericht. Ein Kurzbericht, in: Das Mitbestimmungsgespräch 25 (1979), S.3-6

691a. Šik, Ota: Argumente für den Dritten Weg, Hamburg 1973

691b. - Der dritte Weg. Die marxistisch-leninistische Theorie und die moderne Industriegesellschaft, Hamburg 1972

692. Simon, Gerhard: Gewinnverteilung an die Belegschaft als Wirtschaftsprinzip, in: liberal, 16. Jg., Heft 8/9, August/Sept. 1974, S.624-32

693. Sinzheimer, Hugo: Arbeitsrecht und Rechtssoziologie. Gesammelte Aufsätze und Reden, Band 1-2, Frankfurt/ Köln 1976

694. Sombart, Werner: Die Ordnung des Wirtschaftslebens, Berlin (2)1927

695. Sonderegger, J.J.: Mitsprache und Mitbestimmung im Industrieunternehmen, Erlenbach-Zürich 1973

696. Sozialdemokratische Partei Deutschlands: 2. Entwurf eines ökonomisch-politischen Prientierungsrahmens für die Jahre 1975-1985, Bonn o.J.

697. - Ökonomisch-politischer Orientierungsrahmen für die Jahre 1975-1985 in der vom Mannheimer Parteitag der SPD am 14. November 1975 beschlossenen Fassung, Bonn 1975

698. - Vermögensbildung. Beschlüsse auf dem Parteitag Hannover 1973, Bonn 1973

699. Sozialer Rechtsstaat - Weg oder Irrweg? Begriff und Problematik der Sozialstaatsklausel unseres Grundgesetzes. Vorträge und Ansprachen auf der 5. beamtenpolitischen Arbeitstagung des DBB vom 10.-12. Januar 1963 auf Bühler Höhe, Bad Godesberg 1963

700. Sperner, Rudolf: Referat des 1. Vorsitzenden der IG Bau-Steine-Erden auf dem 10. ordentl. Gewerkschaftstag 1975 in Hamburg, Frankfurt 1975

701. Spiegelhalter, Franz: Ziele und Möglichkeiten der Ergebnisbeteiligung der Arbeitnehmer, Paderborn o.J. (1959/60)

702. Spindler, Gert P.: Neue Antworten im sozialen Raum. Leitbilder für Unternehmer, Düsseldorf/Wien 1964

703. - Praxis der Partnerschaft, Düsseldorf/Wien 1970

704. - Unternehmensführung und Partnerschaft. Vortrag vor der Deutschen Gesellschaft für Betriebswirtschaft in Düsseldorf am 21.2.1957, Hilden 1957

705. Stackelberg, Karl-Georg von (Hrsg.): Wirtschaft im Wandel. Die neuen Gesetze des Wettbewerbs, Düsseldorf/Wien 1967

706. Stadelbauer, Josef: Die Messung der realen Einkommens- und Vermögensverteilung. Ein Konzept zur Messung der Realverteilungseffekte von Preisstruktur- und Preisniveauveränderungen, Köln 1977

706a. Standfest, Erich: Demokratischer Sozial- oder autoritärer Wohlfahrtsstaat?, in: WSI-Mitteilungen 29 (1976), August, S.11-14

707. Statistisches Bundesamt (Hrsg.): Statistisches Jahrbuch 1976 für die Bundesrepublik Deutschland, Wiesbaden 1976

708. Stauffacher, Werner: Gefährdet Mitbestimmung den Arbeitsfrieden?, Zürich 1975

709. Stegmann, Franz Josef: Der soziale Katholizismus und die Mitbestimmung in Deutschland. Vom Beginn der Industrialisierung bis zum Jahre 1933, Paderborn 1974

710. Stein, Ekkehart: Qualifizierte Mitbestimmung unter dem Grundgesetz. Zur verfassungsrechtlichen Problematik einer allgemeinen Einführung des Montanmodells, Köln/Frankfurt 1976

711. - Vermögenspolitik und Grundrechte. Zur verfassungsrechtlichen Beurteilung der Modelle von SPD, FDP und CDU, Köln 1974

712. Stein, Lorenz von: Blicke auf den Socialismus und Communismus in Deutschland und ihre Zukunft. Der Begriff der Arbeit und die Principien des Arbeitslohnes in ihrem Verhältnis zum Socialismus und Communismus, Darmstadt 1974 (Unveränderter Nachdruck aus: Deutsche Vierteljahresschrift, 1844, 2. Heft, S.1-61)

713. Steinbrenner, Hans Peter: Arbeitspartizipation: Modelle einer neuen Unternehmensverfassung zur Emanzipation der Mitarbeiter, Frankfurt, Zürich 1974

714. Steinmann, Horst: Das Großunternehmen im Interessenkonflikt. Eine wirtschaftswissenschaftlicher Diskussionsbeitrag zu Grundfragen einer Reform der Unternehmensordnung in hochentwickelten Industriegesellschaften, Stuttgart 1969

715. Stellungnahme des Bundesausschusses des DGB zum Urteil des Bundesverfassungsgerichts zu den Verfassungsbeschwerden gegen das Mitbestimmungsgesetz von 1976, in: Das Mitbestimmungsgespräch 25 (1979), S.62

716. Stiftung Mitbestimmung - Hans-Böckler-Gesellschaft (Hrsg.): Fachausschuß 3: Sprache, Information und Mitbestimmung, Köln 1975

717. - Fachausschuß 9: Führungsstil, Führungsorganisation und Mitbestimmung, Köln 1973

718. Stimmen der Zeit. Hrsg. Wolfgang Seibel, Freiburg 103 (1978)

719. Stollreithor, Konrad: Mitbestimmung. Ideologie oder Partnerschaft?, München 1975

720. Strasser, Rudolf (Hrsg.): Partnerschaft in Theorie und Parxis. Das Bauhütte-Leitl-Modell, Wien 1974

721. Studienstiftungsgesellschaft zur Förderung der angewandten Sozial- und Wirtschaftswissenschaften GmbH, Lübeck: Vermögelspolitik heute. Ein Diskussionsbeitrag Bombach - Dräger, Düsseldorf 1968

722. Studienvereinigung zur Gesellschaftspolitik e.V.: Eigener Arbeitsplatz. Persönlicher Kapitalbesitz - besser als Sozialismus. Leitsätze zur Kapital-Vermögensbildung in den breiten Schichten, Stuttgart 1960

723. Stuke, Horst: Sozialismus. I: Geschichte, in: Handwörterbuch der Wirtschaftswissenschaften (HdWW), Band 7, S.1-28, Stuttgart/New York/Tübingen/Göttingen/Zürich 1977

724. Syrbius, Gerhard: Die Kostenersparnisbeteiligung der Firma Felix Schoeller jr. GmbH. Ein Erfahrungsbericht, Hilden (2)1961

725. Systemveränderung durch Mitbestimmung. Thesen des Kölner Verfassungsgutachtens, in: Handelsblatt Nr.155 vom 15.8.1977, S.8

726. Tegtmeier, Werner: Wirkungen der Mitbestimmung der Arbeitnehmer. Eine sozial-ökonomische Analyse potentieller und faktischer Wirkungen der Mitbestimmung im Unternehmen und im unternehmensexternen Bereich, Göttingen 1973

727. Teuteberg, Hans Jürgen: Geschichte der industriellen Mitbestimmung in Deutschland. Ursprung und Entwicklung ihrer Vorläufer im Denken und in der Wirklichkeit des 19. Jahrhunderts, Tübingen 1961

727a. Thomae, Hans (Hrsg.): Handbuch der Psychologie. Band II: Motivation, Göttingen 1965

728. Thomas, William I.: Person und Sozialverhalten, New York 1951, Neuwied, Berlin 1967

729. Tietmeyer, Hans: Die Grenzen zwischen systemkonformer und dirigistischer Staatsintervention. Referat beim IX. FIW-Symposion am 4. März 1976 in Innsbruck, Manuskript o.O. o.J.

730. Tinbergen, Jan: Einkommensverteilung. Auf dem Weg zu einer neuen Einkommensgerechtigkeit, Wiesbaden 1978

731. Tomann, Horst: Risikoübertragung als Mittel der Vermögenspolitik: Entscheidungsprobleme und gesamtwirtschaftliche Wirkungen, Köln 1975

732. Topitsch, Ernst (Hrsg.): Logik der Sozialwissenschaften, Köln (9)1976

733. Trebesch, Karsten: Erstes europäisches Forum über Organisations-Entwicklung im Eurogress Aachen, in: Congress extra 3/1978, S.35-37

734. - Organisationspsychologie und -soziologie. Themenbesprechung in: Literaturberater Wirtschaft 2/77, S.9-12

734a. Troxler, Ferdinand: Die Lehre vom Eigentum bei Thomas von Aquin und Karl Marx. Eine Konfrontation, Freiburg/Schweiz 1973

735. Tuchel, Klaus: Ziele und Aufgaben einer Philosophie der Gesellschaft, in: Frankfurter Hefte, 25.Jg., Heft 5 (Mai 1970), S.319-325

736. Tuchfeldt, Egon (Hrsg.): Soziale Marktwirtschaft im Wandel, Freiburg/Breisgau 1973

737. Uhl, Bernd: Die Idee des christlichen Sozialismus in Deutschland 1945-1947, Mainz 1975

738. Ullmann, Gerhard: Begründung und Auswirkung von gemeinsamer Anwendung erweiterter Mitbestimmungsregelungen und Mitarbeiterbeteiligung auf Unternehmensentscheidungen. Studienarbeit, Darmstadt 1979

739. Ulmaner, Peter: Die Bedeutung des Mitbestimmungsurteils des Bundesverfassungsgerichts für die Auslegung von Mitbestimmungs- und Gesellschaftsrecht, in: BB 8/79, S.398 ff.

740. Ulrich, Hans: Die Unternehmung als produktives soziales System. Grundlagen der allgemeinen Unternehmenslehre, Bern/Stuttgart 1968

741. Ulrich, Hans / Ganz-Keppeler, Vera (Hrsg.): Strukturwandlungen der Unternehmung. Festschrift für Emil Gesell, Bern/Stuttgart 1969

742. Unger, Bernd / Fischer, Johannes: Entwicklung und Einführung neuer Arbeits- und Organisationsstrukturen zur Verminderung des Absentismus. Eine empirische Analyse, Frankfurt 1978, Manuskript d. Battelle-Instituts

742a. Unternehmensverfassung: KAB-Modell im Blickpunkt, in: KNA-Informationsdienst Nr.5/6 vom 2.2.1978, S.6

742b. Unternehmerische Mitbestimmung der Arbeitnehmer und Grundgesetz, Festschrift für Abendroth, 1972

743. Unternehmerisches Handeln. Sonderdruck aus: psychologie heute, Nr.11/76, 4/76, 3/76, 11/75, 2/75. Hrsg.: Beltz Leserdienst, Weinheim und Basel 1977

743a. Utz, Arthur Fridolin/Groner, Joseph-Fulko (Hrsg.): Aufbau und Entfaltung des gesellschaftlichen Lebens. Soziale Summe Pius XII., 3 Bde., Freiburg/Schweiz 1954-1961

744. Utz, Arthur / Streithofen, Heinrich Basilius (Hrsg.): Die christlichen Konzeptionen der pluralistischen Demokratie. Akten des internationalen Symposiums Madrid 1976, Stuttgart 1977

745. Vahlbrauk, Karl Heinz: Unternehmer neu programmiert. Evolution im Betrieb, Köln 1973

746. Vanek, Jaroslav: Marktwirtschaft und Arbeiterselbstverwaltung, Frankfurt/New York 1975

747. Vaubel, Roland: "Alternativen der Wirtschaftspolitik"? Das Memorandum der 130: Eine Widerlegung, Kiel 1978

748. Verband der Metallindustrie Baden-Württemberg e.V.: Manteltarifvertrag für die Arbeiter der Metallindustrie in Nordwürttemberg-Nordbaden, gültig ab 1.11.73, Stuttgart 1973

749. Vermögensbeteiligung. Der Griff in die Trickkiste, in: Wirtschaftswoche Nr.12, 17.3.1978, S.56 f.

750. Vermögensbildung. Der DGB bleibt weiter bei seiner ablehnenden Haltung, in: Handelsblatt Nr.201, 26.10.78, S.3

751. Vermögensbildung. Gesetzestexte mit Erläuterungen. Vermögensbildung, Sparprämien, Wohnungsbau, Privatisierung. Stand: 1. Juni 1974, München 1974

752. Vermögensbildung. Kapitalistische Lustgefühle, in: Wirtschaftswoche 33.Jg. (1979) Nr.39, S.48-60

753. Das Vermögenspapier der Arbeitgeber, in: Die Zeit Nr.41 vom 1.10.1976

754. Vermögenspolitischer Arbeitskreis der Gesellschaft zur Förderung der Westfälischen Wilhelms-Universität Münster (Hrsg.), Beiträge zum Kolloquium: Vermögenspolitik am 28. Mai 1975 in Münster, Münster 1976

755. Vetter, Ernst Günter: Pokerspiel um den Lohn. Tarifautonomie - wie lange noch?, Stuttgart (3)1975 (1974)

756. Vetter, Heinz Oskar, Christian Götz befragt und porträtiert den Vorsitzenden des Deutschen Gewerkschaftsbundes, Köln/Frankfurt 1977

757. Vetter, Heinz O.: Das DGB-Aktionsprogramm '79 ist eine Aufgabe für alle, in: Die Quelle 7/8 1979, S.387-88

758. - Mitbestimmung - Idee, Wege, Ziel. Beiträge zur Gesellschaftspolitik 1969-1979, Köln 1979

759. - Mitbestimmung, Wirtschaftsordnung, Grundgesetz. Protokoll der wissenschaftlichen Konferenz des DGB vom 1.-3.10.1975 in Frankfurt, Frankfurt 1976

759a.- Mitbestimmungspolitik und Mitbestimmungspraxis im gewerkschaftlichen Selbstverständnis, in: Das Mitbestimmungsgespräch 22 (1974), S.61-64

760. - Stellungnahme zur Verfassungsbeschwerde gegen das Mitbestimmungsgesetz vor dem Bundesverfassungsgericht, in: Gewerkschaftliche Monatshefte, 29. Jg., Dezember 1978, S.800-806

761. Vetter, Heinz Oskar (Hrsg.): Humanisierung der Arbeit als gesellschaftspolitische und gewerkschaftliche Aufgabe. Protokoll der Konferenz des DGB vom 16. und 17. Mai 1974 in München, Frankfurt/Köln 1974

762. - (Hrsg.): Vom Sozialistengesetz zur Mitbestimmung (Zum 100. Geburtstag von Hans Böckler), Köln 1975

762a. Vetterlein, Thomas-Gunter: Vom Arbeitnehmer zum Unternehmensmitglied. Ein Vorschlag der Katholischen Arbeitnehmer-Bewegung zur Verwirklichung einer partnerschaftlichen Unternehmensverfassung, in: die neue ordnung, 32. Jg. (1978) S.186-197

763. Vilmar, Fritz: Entwurf eines integralen Konzepts für die Bundesrepublik Deutschland, in: aus politik und zeitgeschichte B 43/77 v. 29.10.1977

764. - Industrielle Arbeitswelt. Grundriß einer kritischen Betriebssoziologie, Stein/Nürnberg 1974

765. - Mitbestimmung am Arbeitsplatz. Basis demokratischer Betriebspolitik, Neuwied 1971

766. - Die Mitbestimmung muß am Arbeitsplatz beginnen, in: Gewerkschaftliche Monatshefte 19.Jg (1968), S.472-476

767. - Politik und Mitbestimmung: Kritische Zwischenbilanz - integrales Konzept, Kronberg 1977

768. - Strategien der Demokratisierung. Band I: Theorie und Praxis, Darmstadt/Neuwied 1963

769. - Strategien der Demokratisierung. Band I: Theorie und Praxis, Band II: Modelle und Kämpfe der Praxis, Darmstadt/Neuwied 1973

770. Vilmar, Fritz (Hrsg.): Industrielle Demokratie in Westeuropa. Menschenwürde im Betrieb II, Reinbek 1975

771. - (Hrsg.): Menschenwürde im Betrieb. Modelle der Humanisierung und Demokratisierung der industriellen Arbeitswelt, Reinbek 1973

772. Vilmar, Fritz / Sattler, Karl Otto: Wirtschaftsdemokratie und Humanisierung der Arbeit. Systematische Integration der wichtigsten Konzepte, Köln/Frankfurt 1978

773. Vitt, Werner: Humanisierung der Arbeit. Vortrag beim DGB-Kongreß "Humanisierung der Arbeit" am 16.-17.5.1974 (Manuskript)

774. Völker, Robert: Partnerschaft im Baubetrieb. Ertragsbeteiligung und Vermögensbildung - ein Beispiel aus der Praxis, Hilden 1965

775. - Wesen und Ziel betrieblicher Partnerschaft, Hilden (2)1966

776. Vogel, Hans-Jochen: Macht über Menschen bedarf der Legitimation, in: Manager-Magazin 7/76

777. - Stellungnahme zur Verfassungsbeschwerde gegen das Mitbestimmungsgesetz vor dem Bundesverfassungsgericht, in: Gewerkschaftliche Monatshefte, 29.Jg., Dezember 1978, S.818-822

778. Vogt, Hermann: Mitbestimmung. Sammelbesprechung, in: Literatur-Berater Wirtschaft 2/76, S.5-8

779. - Mitbestimmung II., Sammelbesprechung, in: Literatur-Berater Wirtschaft 1/77, S.13-16

780. - Vermögensbildung der Arbeitnehmer. Sammelbesprechung, in: Literatur-Berater Wirtschaft 5/76, S.13-17

781. Vollmer, Lothar: Die Entwicklung partnerschaftlicher Unternehmensverfassungen, Köln/Berlin/Bonn/München 1976

781a. Vorbrücken, Karl-Heinz: Arbeitnehmer 1. und 2. Klasse. KAB-Unternehmensmodell mit Haken und Ösen, in: Welt der Arbeit, Nr.40 vom 6.10.1977, S.6

782. Voss, Joachim: Zum Stand der Mitbestimmungsdiskussion in Großbritannien, in: Das Mitbestimmungsgespräch 25 (1979), S.110-113

783. von Voss, Rüdiger: Projekt "Mitbestimmungsgesetz". Sach- und Personenregister zur 1. Lesung, zur Anhörung und zum Biedenkopf-Bericht, Köln 1975

784. - u.a.: Partnerschaft und Parität. Modellstudien zur Mitbestimmung und Vermögensbildung in Unternehmen und in der Wirtschaft, Bonn 1974

785. Wagner, Klaus Michael: Die wirtschaftliche Arbeitnehmermitbestimmung in einer Europäischen Aktiengesellschaft, Frankfurt 1977

786. Wagner, Udo: Die Unterbeteiligung an einem OHG-Anteil. Zugleich ein Beitrag zur rechtlichen Struktur der Personengesellschaften, Berlin 1975

787. Wallraff, Hermann Josef: Aktuell-funktionale Gemeinwirtschaft, Frankfurt 1971

788. Walter-Raymond-Stiftung: Eigentum -Wirtschaft - Fortschritt. Zur Ordnungsfunktion des privaten Produktiveigentums, Köln 1970

789. Walterscheid, Arnold: Vermögenspolitik sachgerecht diskutieren. Eigenkapitalbasis, betrieblichen Lebensabschnitt, Betriebsgröße und Verwaltungsaufwand berücksichtigen, in: Gesellschaftspolitische Kommentare 25 (1978), S.279-282

790. Watrin, Christian: Fragen an die Kritiker von Wettbewerbsgesellschaften, in: Rauscher: Kapitalismuskritik, S.33-63

791. Watrin, Christian (Hrsg.): Information, Motivation und Entscheidung. Studien zum Vergleich von Wirtschaftssystemen, Berlin 1973

792. Weber, Erich/Bitzer, Walter: Arbeitsrechts- und Sozialfibel, Köln (10)1973

793. Weber, Max: Wirtschaft und Gesellschaft, Studienausgabe, Tübingen (5)1972

793a.- Wirtschaftsgeschichte. Abriß der universalen Sozial- und Wirtschaftsgeschichte, hrsg. von S. Hellmann und M. Palyi, Berlin (3)1958

794. Weber, Ulrich: Vermögensbildung, Weg in die Sackgasse? Eine Kritische Darstellung der bestehenden Vermögensbildungsmodelle, Hamburg 1974

795. Weber, Werner: Die verfassungsrechtlichen Grenzen spzialstaatlicher Forderungen, in: Der Staat 4 (1965)

796. Weddigen, Walter: Mitbestimmung, in: Handwörterbuch der Sozialwissenschaften, Bd.7, S.367-380, Tübingen/ Göttingen 1961

797. - Die wirtschaftlichen Folgen des Investivlohns. Unter besonderer Berücksichtigung der Belastung des gewerblichen Mittelstandes, Berlin 1964

798. Weddigen, Walter (Hrsg.): Zur Theorie und Praxis der Mitbestimmung. Bd.1/2, Berlin 1962

799. Wehler, Hans-Ulrich: Bibliographie zur modernen deutschen Sozialgeschichte. (18.-20.Jhdt.), Göttingen 1976

800. - Moderne deutsche Sozialgeschichte, Köln (5)1976

801. Weis, Josef: Wirtschaftliche Mitbestimmung - Element einer menschenwürdigen Wirtschaftsordnung, Limburg 1975

802. Weiss, Manfred: Betriebsverfassungsgesetz. Ein Kommentar für Studium und Praxis, Baden-Baden 1978

803. Weiss, Gerhard: Vermögen und Vermögenspolitik, in: Handwörterbuch der Sozialwissenschaften, Bd.11, S.163-187, Tübingen/Göttingen 1961

804. Weisser, Wilhelm: Einkommensverteilung. Gerecht oder ungerecht?, Köln 1975

805. Weltz, Friedrich: Kooperative Konfliktverarbeitung in Industriebetrieben, in: Gewerkschaftliche Monatshefte 28. Jg., August 1977, S.489-494

806. Wersich, Rüdiger Bernd: Betriebsdemokratie und Mitbestimmung in Schweden, in: aus politik und zeitgeschichte. beilage zur wochenzeitung das parlament B 19/74 S.25-38

807. Werth, Wolfgang: Mitbestimmung. Deutsche Reformpolitik auf falschen Wegen, München 1973

808. Wiehn, Ergard R./Mayer, Karl Ulrich: Soziale Schichtung und Mobilität. Eine kritische Einführung, München 1975

809. Wienert, Hans-Bernhard: Arbeitsrecht vor neuen Problemen. Neues Arbeitsgesetzbuch in Vorbereitung, in: die neue ordnung 32 (1978), S.197-205

810. Willgerodt, Hans: Vermögensstreuung und Mitbestimmung der Eigentümer, in: Wirtschaftspolitische Chronik, Heft 2, 1972, S.15-30 (Hrsg. Institut für Wirtschaftspolitik an der Universität zu Köln)

811. Willgerodt, Hans / Bartel, Karl / Schillert, Ulrich: Vermögen für alle. Probleme der Bildung, Verteilung und Werterhaltung des Vermögens in der Marktwirtschaft, Düsseldorf, Wien 1971

812. Wilpert, Bernhard / Brockmann, Marlene: Wie deutsch sind deutsche Manager, in: Psychologie heute, 4.Jg. (1977), Nr.9, S.66-71

813. Winter, Gerd (Hrsg.): Sozialisierung von Unternehmen. Bedingungen und Begründungen. 4 Rechts- und wirtschaftswissenschaftliche Studien, Köln 1976

814. Winter, Hans-Werner: Das Betriebsverfassungsgesetz. Ein Leitfaden für die Praxis unter Berücksichtigung des Mitbestimmungsgesetzes 1976, Stuttgart/Berlin/Köln/Mainz 1977

815. Winterhager, Wolfgang Dietrich: Humanisierung der Arbeitswelt, Berlin/New York 1975

816. Wirtschafts- und Sozialwissenschaftliches Institut des DGB (WSI) - Projektgruppe: Grundelemente einer arbeitsorientierten Einzelwirtschaftslehre. Ein Beitrag zur politischen Ökonomie der Unternehmung, Köln 1974

817. Wirtschaftspolitische Gesellschaft von 1947 (Hrsg.): Überforderte Demokratie? Grundfragen des demokratischen Prozesses, Ansätze zu soziokultureller Innovation, Aktivierung der Bürger, Kommentare zu ausgewählter Literatur, Frankfurt 1975

818. Wirtschaftsrat der CDU e.V.: DGB - Interessenvertretung der Arbeitnehmer und/oder Systemüberwindung. Materialien zur Auseinandersetzung mit dem DGB, Bonn 1979 (Manuskript)

819. WSI-Mitteilungen. Zeitschrift des Wirtschafts- und Sozialwissenschaftlichen Instituts des Deutschen Gewerkschaftsbundes GmbH, Köln 31 (1978)

820. Wulff, Manfred: Die Problematik der staatlichen Vermögenspolitik und die Erfolgsaussichten einer positiven (progressiven) und negativen (regressiven) Vermögenssteuer. Aus: Buchholz/Schimmelbusch/Wulff: Grenzen der Planung. Aufsätze zur Sozial- und Wirtschaftsordnung, Tübingen 1976

821. Zacher, Hans F.: Sozialstaatsprinzip, in: Handwörterbuch der Wirtschaftswissenschaften (HdWW), Band 7, S.152-160, Stuttgart/New York/Tübingen/Göttingen/Zürich 1977

822. Zachert, Ulrich: Die Arbeitnehmervertreter im Aufsichtsrat. Rechtliche, praktische und mitbestimmungspolitische Aspekte unter Einschluß des Mitbestimmungsgesetzes vom 1. Juli 1976, in: Das Mitbestimmungsgespräch, Sonderdruck aus den Heften 8-12/1976

823. Zander, Ernst: Taschenbuch der Erfolgsbeteiligung, Heidelberg 1973

824. Zanetti, Bernardo: Vorschlag für ein Mitwirkungsgesetz (Bundesgesetz über die Mitwirkung der Arbeitnehmer), in: Schweizer Rundschau 75 (1976) Nr.5, S.5-16

825. Zapf, Wolfgang (Hrsg.): Soziale Indikatoren. Konzepte und Forschungsansätze, Band I-III, Frankfurt/New York 1974-75

826. Zentralkomitee der deutschen Katholiken: Vermögenspolitik als gesellschaftspolitische Aufgabe. Erklärung bei der Frühjahrs-Vollversammlung vom 19.-20. Mai 1978 in Freiburg, in: AGP-Mitteilungen, 25. Jg. (1978)Nr.214 S.8-10

827. Zeppernick, Ralf: Staat und Einkommensverteilung, Tübingen 1976

828. Zink, Klaus J.: Differenzierung der Theorie der Arbeitsmotivation von F. Herzberg zur Gestaltung soziotechnologischer Systeme, Frankfurt/Zürcch 1975

829. Zöllner, Wolfgang / Seiter, Hugo: Paritätische Mitbestimmung und Artikel 9 Abs.3 Grundgesetz, Köln/Berlon/Bonn/München 1970

830. Zurhorst, Günter: Gewerkschaftspolitik und technischer Fortschritt. Zum Problem einer basisorientierten Mitbestimmung, Berlin 1975 (Diss. Berlin)

F Namensverzeichnis

G Stichwortverzeichnis